# MANUAL *de* PRÁTICA CIVIL

Grupo
Editorial
Nacional

O GEN | Grupo Editorial Nacional – maior plataforma editorial brasileira no segmento científico, técnico e profissional – publica conteúdos nas áreas de concursos, ciências jurídicas, humanas, exatas, da saúde e sociais aplicadas, além de prover serviços direcionados à educação continuada.

As editoras que integram o GEN, das mais respeitadas no mercado editorial, construíram catálogos inigualáveis, com obras decisivas para a formação acadêmica e o aperfeiçoamento de várias gerações de profissionais e estudantes, tendo se tornado sinônimo de qualidade e seriedade.

A missão do GEN e dos núcleos de conteúdo que o compõem é prover a melhor informação científica e distribuí-la de maneira flexível e conveniente, a preços justos, gerando benefícios e servindo a autores, docentes, livreiros, funcionários, colaboradores e acionistas.

Nosso comportamento ético incondicional e nossa responsabilidade social e ambiental são reforçados pela natureza educacional de nossa atividade e dão sustentabilidade ao crescimento contínuo e à rentabilidade do grupo.

# FERNANDA **TARTUCE**
# LUIZ **DELLORE**

# MANUAL *de* PRÁTICA CIVIL

EDIÇÃO COMEMORATIVA

**20ª** edição

gen

EDITORA **MÉTODO**

■ Direitos exclusivos para a língua portuguesa
*Copyright © 2025 by*
**Editora Forense Ltda.**
*Uma editora integrante do GEN | Grupo Editorial Nacional*
Travessa do Ouvidor, 11 – Térreo e 6º andar
Rio de Janeiro – RJ – 20040-040
www.grupogen.com.br

■ Capa: Aurélio Corrêa

■ **CIP-BRASIL. CATALOGAÇÃO NA PUBLICAÇÃO**
**SINDICATO NACIONAL DOS EDITORES DE LIVROS, RJ**

---

T198m
20. ed.

Tartuce, Fernanda
Manual de prática civil / Fernanda Tartuce, Luiz Dellore. - 20. ed., rev., atual. e ampl. - Rio de Janeiro : Método, 2025.
544 p. ; 24 cm.

Inclui bibliografia
ISBN 978-85-3099-721-2

1. Processo civil - Brasil. 2. Direito processual civil - Brasil. I. Dellore, Luiz. II. Título.

25-96896.0                  CDU: 347.91/.95(81)

Meri Gleice Rodrigues de Souza - Bibliotecária - CRB-7/6439

A Deus, pela chama vivente;
aos meus pais, CÉSAR (*in memoriam*) e ELIANA, pelo estímulo desde sempre;
ao meu amado ODAIR, por tanto apoio e compreensão;
ao irmão FLÁVIO, pelas primeiras e reiteradas oportunidades;
aos alunos e ex-alunos, pelo incentivo e pelos preciosos relatos sobre a
utilidade desta obra.

FERNANDA TARTUCE

A Deus Todo-Poderoso, pois "até aqui nos ajudou o Senhor" (I Sm 7:12);
aos meus pais, ALDO e LÚCIA, pelo constante auxílio;
à minha querida DANIELA, pela compreensão nos momentos de ausência;
ao mestre SÉRGIO LUIZ MONTEIRO SALLES (*in memoriam*),
exemplo de professor, em quem me espelho, por ter despertado em mim o
gosto pela docência;
ao mestre JOSÉ IGNACIO BOTELHO DE MESQUITA (*in memoriam*),
pelo aprendizado, pelos ricos debates ao longo de anos e pela orientação na
pós *stricto sensu*;
à amiga FERNANDA TARTUCE,
pela parceria desde os tempos de graduação, por esta e tantas outras obras
em conjunto;
aos meus alunos, de ontem e de hoje, pelo estímulo para que eu escreva —
com destaque para os bacharéis da turma de 2004 da Faditu,
1ª turma que me honrou com a escolha como paraninfo.

LUIZ DELLORE

# SOBRE OS AUTORES

## FERNANDA TARTUCE

Doutora e Mestra em Direito Processual pela USP. Professora no Programa de Mestrado, coordenadora e professora em cursos de especialização na Escola Paulista de Direito (EPD). Presidente das Comissões de Soluções Consensuais de Conflitos da OAB/SP, de Processo Civil do Instituto Brasileiro de Direito de Família (IBDFAM) e de Mediação do Instituto Brasileiro de Direito Contratual (IBDCont). Diretora do Centro de Estudos Avançados de Processo (Ceapro). Vice-Presidente da Comissão de Mediação do Instituto Brasileiro de Direito Processual (IBDP). Membro do Instituto dos Advogados de São Paulo (Iasp) e da Associação Brasileira Elas no Processo (Abep). Advogada e mediadora.

*Site: www.fernandatartuce.com.br*
*Site: http://genjuridico.com.br/tag/fernanda-tartuce/*
*Facebook: Fernanda Tartuce*
*Instagram: fernandatartuceii*
*X: @fernandatartuce*
*LinkedIn: Fernanda Tartuce*
*YouTube: Fernanda Tartuce*

## LUIZ DELLORE

Doutor e Mestre em Direito Processual pela USP. Mestre em Direito Constitucional pela PUC-SP. *Visiting Scholar* (pós-doutorado) na Syracuse University e na Cornell University (EUA). Membro do Instituto Brasileiro de Direito Processual (IBDP), do Instituto Iberoamericano de Dirieto Processual (IIDP), da Comissão de Processo Civil da OAB/SP e do Centro de Estudos Avançados de Processo (Ceapro). Professor de Direito Processual Civil da Universidade Presbiteriana Mackenzie, do IBMEC e da Escola Paulista de Direito (EPD/SP). Ex-assessor de Ministro do STJ. Advogado concursado da Caixa Econômica Federal e consultor jurídico.

*Site: www.dellore.com*
*Site: genJuridico.com.br/luizdellore/*
*Facebook: /luizdellore*
*Instagram: @luizdellore*
*X: @dellore*
*LinkedIn: Luiz Dellore*

# PREFÁCIO

Honrou-me muito o convite formulado pelos professores Fernanda Tartuce e Luiz Dellore para prefaciar este *Manual*. O convite me fez retornar ao passado, ao ano de 2000, quando iniciei minhas atividades como professor de Direito em curso preparatório para a prova de segunda fase do exame da Ordem dos Advogados do Brasil (Seção de São Paulo), na área cível.

Naquela época e nos três anos que se seguiram, ouvíamos reclamações dos alunos que se preparavam para aquele exame quanto à falta de um bom manual, apto a esclarecer as principais questões e os pontos solicitados no certame qualificatório. A presente obra veio, portanto, preencher um vazio que existia há certo tempo no meio jurídico.

Entretanto, não é só. Esta obra também é fundamental para aqueles que se dedicam à prática da advocacia na área cível, tão tormentosa e cheia de percalços. Por isso, já se pode afirmar que o presente trabalho tem grande utilidade.

Tal utilidade, contudo, não é dupla, é tripla. Este *Manual* serve, ainda, para aqueles que se preparam para concursos públicos em que a prática cível consta do edital, mais precisamente os concursos visando às Defensorias Públicas dos Estados, às Procuradorias de Justiça, aos Ministérios Públicos estaduais e às Procuradorias federais.

Finalmente, uma quádrupla função pode ser considerada, já que a obra pode ser utilizada como livro-texto na disciplina de Prática Civil, usualmente ministrada nos últimos semestres do curso de graduação em Direito. Nesse campo, a propósito, esta obra conquistou nos últimos anos grande prestígio entre as principais faculdades de Direito pelo País.

Analisando o conteúdo da obra, ela preenche esses espaços, sendo fundamental para todas essas dificuldades existentes. Escrita em linguagem clara, não deixa também de analisar as questões polêmicas e controvertidas do Direito material e do Direito processual. Além disso, o leitor pode entrar em contato com casos práticos corriqueiros e com questões que são geralmente solicitadas em provas e concursos em geral. A partir da 12ª edição, do ano de 2016, a obra foi revista e minuciosamente atualizada com base no Código de Processo Civil de 2015.

Os autores revelam intimidade com a matéria, visto que ela faz parte do seu cotidiano, teórico e prático.

Luiz Dellore é advogado militante e professor exemplar, tendo obtido o título de Mestre em Direito Processual Civil pela Universidade de São Paulo, sob a orientação do renomado professor José Ignacio Botelho de Mesquita, jurista responsável pela formação de muitas gerações de aplicadores de Direito (como é o caso deste prefaciador). Defendeu, ainda, tese de Doutorado na mesma instituição sob a orientação do professor Walter Piva Rodrigues e Mestrado na PUC/SP, em Direito Constitucional, orientado pelo professor Marcelo Figueiredo. Também se bacharelou pela USP, tendo sido diretor do Departamento Jurídico XI de Agosto. No mais, esteve por um período no exterior para pesquisas de pós-doutorado, analisando especificamente institutos que inspiraram o Código de Processo Civil de 2015. Assim, conhece tanto a prática da advocacia quanto a das provas em geral.

Quanto à sua coautora, é difícil falar. Fernanda Tartuce é minha querida irmã, amiga inigualável, jurista reconhecida por seus pares e alunos. Para não cair nas raias da emoção, cabe-me apenas dizer que é advogada orientadora do Departamento Jurídico XI de Agosto da USP, onde também estagiou. É professora do Programa de Mestrado na Escola Paulista de Direito (EPD, São Paulo), atuando também tanto como docente como coordenadora em cursos de especialização. A autora também defendeu Mestrado na Universidade de São Paulo, onde se bacharelou, escrevendo dissertação sobre a mediação como meio de composição das controvérsias civis. Por fim, defendeu tese de Doutorado na mesma instituição para abordar a igualdade e a vulnerabilidade no Processo Civil.

A leitura do presente trabalho é mais do que recomendável. Ela é primordial para aqueles que têm dúvidas variadas quanto à prática forense cível. Isso já foi percebido pelo meio jurídico, uma vez que a obra está agora na 20ª edição e é adotada pelas principais faculdades de Direito do Brasil, reafirme-se.

Boa leitura e bons estudos, portanto, é o que se deseja, mais uma vez.

São Paulo, março de 2025.

*Flávio Tartuce*

# NOTA À 20ª EDIÇÃO

Com alegria e agradecendo a todos os leitores pela constante acolhida, apresentamos a 20ª edição do *Manual de Prática Civil*.

No momento em que se chega aos 10 anos da publicação do atual Código de Processo Civil, trazemos um *Manual* que, fiel ao seu objetivo inicial, busca auxiliar o leitor na atuação prática no âmbito civil, fornecendo subsídios desde a elaboração da procuração até a interposição do recurso para tribunal superior, sem descurar da fase executiva.

As atualizações legislativas (como a contagem de prazo nos feriados locais) e jurisprudenciais mais relevantes também foram incorporadas a esta edição.

No mais, comentários e sugestões adicionais seguem sendo considerados muito bem-vindos para que continuemos aprimorando esta obra.

Esperamos que a leitura da 20ª edição seja tão produtiva para cada leitor(a) quanto foi proveitosa a atualização para nós!

*Fernanda Tartuce*
*Luiz Dellore*

# APRESENTAÇÃO

A presente obra tem como finalidade auxiliar o operador do Direito em diversos contextos: o advogado, na sua postulação em juízo, na área cível; e o estudante, tanto na graduação (na disciplina de prática forense) quanto na preparação para a 2ª fase do Exame de Ordem e concursos públicos – quando exigida a elaboração de uma peça prática.

Tendo em mente tal propósito, a obra é dividida em duas partes: **Parte I:** *Informações necessárias para uma apropriada postulação em juízo*; **Parte II:** *Principais ações e recursos (com modelos de peças) para a atuação do advogado em juízo*.

Na **Parte I**, o leitor tem um roteiro minucioso em que são expostos, passo a passo, todos os itens a serem observados para a promoção de demandas em juízo, a apresentação de defesa do réu e a interposição de recursos. São abordados todos os aspectos necessários para que isso ocorra, desde o primeiro contato com o cliente (elaboração de procuração), passando pela escolha da medida a ser ajuizada até a interposição de recursos.

A Parte I é dividida em doze capítulos, sendo o primeiro apenas introdutório.

O segundo capítulo (*Solução de litígios perante o Poder Judiciário*) traz orientações para que o aluno e o profissional saibam identificar diretrizes gerais sobre o sistema processual.

Já o terceiro capítulo (*Providências prévias ao ajuizamento da demanda*) busca contemplar as informações relacionadas à fase de preparação para o ingresso em juízo: capacidades, procuração, substabelecimento, custas etc.

O quarto capítulo (*Petição inicial*) apresenta o roteiro "passo a passo" de como ingressar em juízo, sob o enfoque do autor.

O quinto capítulo é destinado à *audiência de mediação ou conciliação*. Com o CPC/2015, passou a ser cada vez mais importante ter informações sobre a atuação baseada em premissas consensuais, razão pela qual são destacados aspectos relevantes da atuação do advogado em tal audiência.

O sexto capítulo trata detalhadamente da *Tutela provisória*, tema muito relevante no dia a dia da prática processual.

No capítulo seguinte (*Da resposta do réu*), enfocam-se as possíveis reações do demandado.

O oitavo capítulo visa abordar com detalhamento as providências preliminares e o julgamento conforme o estado do processo, com destaque para a réplica e outros pontos relevantes da tramitação do processo rumo à sentença.

O nono capítulo (*Processo de execução e fase de cumprimento de sentença*) trata da fase executiva, que muitas vezes é negligenciada nos estudos, mas é fundamental para que haja o efetivo êxito da pretensão do cliente.

O décimo capítulo (*Procedimentos especiais*) traz visão geral e petições relacionadas ao tema.

Já o capítulo 11 da Parte I trata dos *recursos* para explicitar o sistema recursal do Código de Processo Civil, salientando as importantes mudanças verificadas em relação ao sistema anterior. Trata-se do maior capítulo do livro.

Por fim, o capítulo 12 apresenta uma visão geral acerca da coisa julgada e da ação rescisória, tema que a cada dia é mais relevante no cotidiano forense.

Com exceção dos dois primeiros e do quinto, cada um dos capítulos da Parte I traz uma **petição comentada**. Os comentários inseridos no bojo da peça procuram esclarecer as principais dúvidas existentes sobre cada um de seus aspectos. Entendemos que essa iniciativa irá colaborar para a compreensão e a fixação do conteúdo visto em cada um dos capítulos.

Dessa forma, após a leitura dos tópicos acerca de determinado tema, haverá uma petição em que todas as informações serão sintetizadas. E aqui é que se destaca a experiência dos autores desta obra – professores que lecionam prática forense na graduação e que também atuam na preparação de bacharéis para a prova prático-profissional da OAB, na área cível.

Assim, como já dito, a Parte I visa auxiliar o estudante ou o profissional na compreensão de tudo o que é necessário para uma adequada e segura postulação em juízo.

Por sua vez, o enfoque da **Parte II** é consideravelmente distinto. Nela, não se busca uma visão macro do processo, mas, sim, um olhar particular e específico sobre determinadas petições. Procura oferecer, por meio de consulta rápida e objetiva, a solução para casos concretos que estudantes e profissionais enfrentam em seu cotidiano; é a parte que irá tirar a dúvida em relação a requisito de determinada peça no plano concreto.

Desse modo, nos capítulos *Processo de conhecimento; Execução, cumprimento de sentença e suas defesas; Tutela provisória* e *Recursos*, serão apresentadas diversas ações e recursos, partindo de um problema e sua solução com a respectiva fundamentação legal e finalizando com um modelo de peça que servirá como guia na elaboração da peça prática pelo estudante ou pelo profissional. Tendo em mente especialmente o bacharel que se prepara para o Exame da OAB, nessa parte, por vezes, utilizamos problemas apresentados em questões oficiais de provas da 2ª fase.

Cabe aqui a lembrança: o modelo deve ser, tão somente, um guia, uma fonte de auxílio, um norte para que cada um elabore sua própria petição. No modelo serão vistos os requisitos básicos de uma peça, os dispositivos legais aplicáveis, como formular o pedido etc.

Em razão de ter sido escrita por dois autores, a obra apresenta estilos distintos de redação forense, podendo o estudante, o bacharel ou o advogado vislumbrar (tal como ocorre no foro) não apenas uma forma de elaboração de petições, mas duas. Espera-se que isso o auxilie na busca de seu próprio estilo de escrita técnica.

Boa leitura e que o livro seja útil para que os seus objetivos sejam atingidos!

*Fernanda Tartuce*
*Luiz Dellore*

# SUMÁRIO

## PARTE II
## PRINCIPAIS AÇÕES E RECURSOS
## (COM MODELOS DE PEÇAS)
## PARA A ATUAÇÃO DA ADVOCACIA EM JUÍZO

# PARTE I
## INFORMAÇÕES NECESSÁRIAS PARA UMA APROPRIADA POSTULAÇÃO EM JUÍZO

# 1

# INTRODUÇÃO

Consoante exposto na apresentação desta obra, nesta Parte I buscaremos fornecer as informações necessárias para que se possa acionar o Judiciário de modo adequado, com segurança sobre como proceder.

Por tal razão, as possíveis atitudes do autor e do réu (bem como do recorrente) serão analisadas com vagar, trazendo indicação das bases legais e de exemplos em cada um dos tópicos abordados. O foco desta parte, portanto, não é a apresentação de modelos (temática objeto da Parte II), mas, sim, a visão do processo como um todo.

Em nosso entender, esta primeira parte constitui o ponto central do livro, sendo complementada pelos modelos da Parte II.

De qualquer forma, ao final de determinados tópicos será apresentado um modelo de petição – mas não será apenas a reprodução de uma peça. Com vistas a uma melhor orientação na elaboração de tal peça processual, serão inseridos, em destaque, notas e comentários ao longo da petição, buscando um diálogo com o leitor para ajudar na reflexão sobre como peticionar. Tudo com o objetivo de auxiliar no desenvolvimento do raciocínio crítico do leitor.

Bons estudos e boa elaboração de peças!

Assista ao vídeo sobre a obra.

> https://uqr.to/fvoh

# SOLUÇÃO DE LITÍGIOS PERANTE O PODER JUDICIÁRIO

 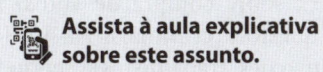

**Assista à aula explicativa sobre este assunto.**

> *https://uqr.to/fvoi*

## 2.1 ESTRUTURA JURISDICIONAL BRASILEIRA

A jurisdição, como indica a própria formação da palavra (*juris* = direito, *dição* = dicção, dizer), é o poder incontrastável do Estado[1] de aplicar o direito em cada caso concreto, definindo a norma jurídica aplicável à situação concreta (em muitos casos, para decidir um conflito).

Tratando-se de conceito ligado à soberania, a jurisdição é uma enquanto função estatal; porém, sua atribuição a diversos órgãos judiciais pode ser dividida. A quantidade de jurisdição atribuída aos órgãos jurisdicionais para que possam aplicar o direito é denominada *competência*. Para que a "divisão do trabalho" relativa à administração da justiça seja bem-sucedida, há vários critérios previstos pelo legislador, como demonstram os quadros a seguir:

| | |
|---|---|
| Justiça comum (ordinária) | Federal (CF, art. 109, I) |
| | Estadual (CF, art. 125) |
| Justiça especializada (extraordinária) | Trabalhista (CF, art. 114) |
| | Eleitoral (CF, art. 118) |
| | Penal Militar (CF, art. 122) |

---

[1] Nos últimos tempos vem ocorrendo debate sobre a possibilidade de existir jurisdição não apenas estatal, mas também privada; exemplo típico é a arbitragem.

Conforme a natureza do conflito de interesses (litígio) discutido em juízo, uma das "justiças" será a competente, em detrimento de qualquer outra (conforme a competência prevista na Constituição Federal).

As Justiças Trabalhista, Eleitoral e Penal Militar são conhecidas como "justiças especializadas" (ou extraordinária), em contraposição à "justiça comum" (ou ordinária), que compreende as Justiças Federal e Estadual.

Há estruturas diferenciadas nas diferentes "justiças" em vários aspectos – inclusive para fins recursais (cuja apreciação é feita, em regra, pelos Tribunais). Assim, há peculiaridades quanto ao *período de dias sem expediente*, a necessidade de recolhimento e os valores de *custas*, além da existência de diferentes *regimentos internos* dos diversos Tribunais, entre outros aspectos.

Na Justiça Comum, tanto a Estadual como a Federal julgam causas que tratam de matérias cíveis e criminais. Na Estadual, uma batida de carro e os prejuízos daí decorrentes constituem matéria cível, ao passo que situações de lesão corporal e homicídio serão tratados na esfera criminal.

Na Justiça Especializada, há situações cíveis (como o direito de resposta na propaganda eleitoral) e criminais (por ex., sobre compra de votos) na Justiça Eleitoral. Já na Justiça Militar apenas são julgadas questões criminais. Na Justiça do Trabalho, a rigor, somente se julga matéria cível (reclamações trabalhistas), sendo que eventuais crimes ligados ao trabalho são julgados no âmbito federal. Contudo, há algum debate doutrinário sobre a existência de jurisdição penal na Justiça do Trabalho, ainda que reduzida e residual, como eventual julgamento de *habeas corpus* nesse ramo do Judiciário.

A estrutura jurisdicional brasileira, levando em consideração o 1º e o 2º graus do Estado de São Paulo, é a seguinte:

| 1º Grau | Tribunal | Tribunal Superior |
|---|---|---|
| Justiça Estadual (juízes estaduais acumulam varas eleitorais) | TJ (Tribunal de Justiça) | STJ (Superior Tribunal de Justiça) |
| Justiça Federal (juízes federais) | TRF 3ª Região (Tribunal Regional Federal jurisdição em SP e MS) | STJ (Superior Tribunal de Justiça) |
| Justiça do Trabalho (juízes do trabalho) | TRT 2ª e 15ª Regiões (Tribunal Regional do Trabalho – 2.ª: SP e litoral; 15.ª: interior SP) | TST (Tribunal Superior do Trabalho) |
| Justiça Eleitoral (juízes estaduais acumulam varas eleitorais) | TRE (Tribunal Regional Eleitoral) | TSE (Tribunal Superior Eleitoral) |
| Justiça Militar da União (juízes-auditores e Conselhos de Justiça) | – | STM (Superior Tribunal de Militar – cf. competência na Lei 8.457/1992) |

Em alguns Estados, há Justiça Militar Estadual, com competência envolvendo policiais militares tanto para crimes como para situações disciplinares (CF, art. 125, §§ 4º e 5º). Onde existir essa Justiça, haverá um Tribunal de Justiça Militar (atualmente, há em MG, no RS e em SP); onde não existir, essas causas serão julgadas pela própria Justiça Estadual. Tomando por base o quadro acima, esses tribunais militares estaduais se inserem na Justiça Estadual – e não na Justiça Militar, que é exclusiva da União.

No que se refere à Justiça Estadual, cada Estado da Federação e o DF possuem o seu respectivo Tribunal de Justiça (TJ), com sede na capital.

No âmbito da Justiça Federal, existem no Brasil seis Tribunais Regionais Federais.[2]

Além de tais órgãos julgadores, a Constituição Federal, no art. 98, prevê a existência de Juizados Especiais para causas cíveis (de menor complexidade).[3]

A Lei nº 9.099/1995 criou os Juizados Especiais Cíveis (JEC) no âmbito estadual, cuja competência é relativa: as partes podem optar pela tramitação em tal órgão julgador se a causa tiver valor de até 40 salários mínimos.[4]

A Lei nº 10.259/2001 criou os Juizados Especiais Federais (JEF) com competência absoluta para demandas em que o valor da causa não ultrapassa 60 salários mínimos. E se o valor superar tal montante?

A Primeira Seção do STJ fixou a seguinte tese no julgamento do Tema 1.030 (sob o rito de recursos repetitivos): "Ao autor que deseje litigar no âmbito de juizado especial federal cível, é lícito renunciar, de modo expresso e para fins de atribuição de valor à causa, ao montante que exceda os 60 salários mínimos previstos no artigo 3º, *caput*, da Lei 10.259/2001, aí incluídas, sendo o caso, até 12 prestações vincendas, nos termos do artigo 3º, parágrafo 2º, da referida lei, combinado com o artigo 292, parágrafos 1º e 2º, do Código de Processo Civil de 2015".

A Lei nº 12.153/2009[5] criou os Juizados Especiais das Fazendas Públicas no âmbito dos Estados, do Distrito Federal, dos Territórios e dos Municípios com competência absoluta para apreciar causas cíveis envolvendo tais entes em demandas cujo valor não ultrapassa 60 (sessenta) salários mínimos.

Vale destacar que os Juizados não contam, em sua estrutura, com Tribunais. O duplo grau de jurisdição é realizado pelos Colégios Recursais (compostos por três juízes que atuam na primeira instância). Este órgão colegiado irá apreciar e julgar os recursos interpostos contra a decisão proferida pelo juiz de primeira instância dos Juizados.

Finalmente, como guardião da Constituição, acima de todos esses órgãos julgadores, está o Supremo Tribunal Federal (STF), cuja competência se encontra expressa no art. 102 da CF.[6]

---

[2] Os Tribunais Regionais Federais são os seguintes: 1ª Região, com sede em Brasília, abrangendo os Estados do Norte, BA, PI, MA, DF, GO e MT; 2ª Região, com sede no Rio de Janeiro: RJ e ES; 3ª Região, com sede em São Paulo: SP e MS; 4ª Região, com sede em Porto Alegre: RS, SC e PR; 5ª Região, com sede em Pernambuco: AL, CE, PB, PE, RN e SE; 6ª Região, com sede em Belo Horizonte: Estado de MG.

[3] A competência inclui também a abordagem de causas criminais de menor potencial ofensivo.

[4] Se o valor da causa for superior a tal montante e a parte promover a ação no Juizado, haverá renúncia do montante excedente (nos termos do art. 3º, § 3º, da Lei nº 9.099/1995, "a opção pelo procedimento previsto nesta Lei importará em renúncia ao crédito excedente ao limite estabelecido neste artigo, excetuada a hipótese de conciliação").

[5] Segundo os artigos 14 e 22 do referido diploma, incumbe aos Tribunais de Justiça dos Estados e do Distrito Federal instalar tais Juizados, podendo haver o aproveitamento total ou parcial das estruturas das atuais Varas da Fazenda Pública.

[6] "Compete ao Supremo Tribunal Federal, precipuamente, a guarda da Constituição, cabendo-lhe: (...) II – julgar, em recurso ordinário: a) o *habeas corpus*, o mandado de segurança, o *habeas data* e o mandado de injunção decididos em única instância pelos Tribunais Superiores, se denegatória a decisão; b) o crime político; III – julgar, mediante recurso extraordinário, as causas decididas em única ou última instância, quando a decisão recorrida: a) contrariar dispositivo desta Cons-

O Conselho Nacional de Justiça (CNJ), previsto no art. 103-B da CF, foi criado em 2004 para promover o "controle da atuação administrativa e financeira do Poder Judiciário e do cumprimento dos deveres funcionais dos juízes".[7]

Cada uma das "justiças" é dotada de carreiras e estruturas físicas próprias.

Constitui exceção a Justiça Eleitoral, que é exercida por magistrados estaduais e federais. No 1º grau, ela é composta somente por juízes estaduais sendo, em regra, fisicamente localizada na mesma sede da Justiça Estadual. No 2º grau, há sede própria do Tribunal Regional Eleitoral (TRE), que é composto por desembargadores estaduais e federais, além de advogados.[8] Já o Tribunal Superior Eleitoral (TSE, também dotado de sede própria) é composto por ministros do STJ e do STF, além de advogados.

O Ministério Público (MP) é uma instituição destinada à preservação dos valores fundamentais do Estado. O art. 127 da CF o define como instituição permanente e essencial à função jurisdicional, sendo responsável pela defesa da ordem jurídica, do regime democrático e dos interesses sociais.

No âmbito criminal, o MP é responsável pela acusação (repressão ao crime, que viola valores fundamentais da sociedade). No âmbito cível, pode atuar como fiscal da ordem jurídica ou como parte em certas hipóteses, nos termos dos artigos 176 e 178 do CPC. O MP está presente, portanto, em toda a estrutura jurisdicional brasileira.

---

tituição; b) declarar a inconstitucionalidade de tratado ou lei federal; c) julgar válida lei ou ato de governo local contestado em face desta Constituição; d) julgar válida lei local contestada em face de lei federal".

[7] CF, art. 103-B, § 4º: "Compete ao Conselho o controle da atuação administrativa e financeira do Poder Judiciário e do cumprimento dos deveres funcionais dos juízes, cabendo-lhe, além de outras atribuições que lhe forem conferidas pelo Estatuto da Magistratura: I – zelar pela autonomia do Poder Judiciário e pelo cumprimento do Estatuto da Magistratura, podendo expedir atos regulamentares, no âmbito de sua competência, ou recomendar providências; II – zelar pela observância do art. 37 e apreciar, de ofício ou mediante provocação, a legalidade dos atos administrativos praticados por membros ou órgãos do Poder Judiciário, podendo desconstituí-los, revê-los ou fixar prazo para que se adotem as providências necessárias ao exato cumprimento da lei, sem prejuízo da competência do Tribunal de Contas da União; III – receber e conhecer das reclamações contra membros ou órgãos do Poder Judiciário, inclusive contra seus serviços auxiliares, serventias e órgãos prestadores de serviços notariais e de registro que atuem por delegação do poder público ou oficializados, sem prejuízo da competência disciplinar e correicional dos tribunais, podendo avocar processos disciplinares em curso, determinar a remoção ou a disponibilidade e aplicar outras sanções administrativas, assegurada ampla defesa; IV – representar ao Ministério Público, no caso de crime contra a administração pública ou de abuso de autoridade; V – rever, de ofício ou mediante provocação, os processos disciplinares de juízes e membros de tribunais julgados há menos de um ano; VI – elaborar semestralmente relatório estatístico sobre processos e sentenças prolatadas, por unidade da Federação, nos diferentes órgãos do Poder Judiciário; VII – elaborar relatório anual, propondo as providências que julgar necessárias, sobre a situação do Poder Judiciário no País e as atividades do Conselho, o qual deve integrar mensagem do Presidente do Supremo Tribunal Federal a ser remetida ao Congresso Nacional, por ocasião da abertura da sessão legislativa".

[8] CF, art. 120: "Haverá um Tribunal Regional Eleitoral na Capital de cada Estado e no Distrito Federal. § 1º Os Tribunais Regionais Eleitorais compor-se-ão: I – mediante eleição, pelo voto secreto: *a*) de dois juízes dentre os desembargadores do Tribunal de Justiça; *b*) de dois juízes, dentre juízes de direito, escolhidos pelo Tribunal de Justiça; II – de um juiz do Tribunal Regional Federal com sede na Capital do Estado ou no Distrito Federal, ou, não havendo, de juiz federal, escolhido, em qualquer caso, pelo Tribunal Regional Federal respectivo; III – por nomeação, pelo Presidente da República, de dois juízes dentre seis advogados de notável saber jurídico e idoneidade moral, indicados pelo Tribunal de Justiça".

A Constituição, no art. 128, divide o MP em Ministério Público da União (MPU) e Ministério Público Estadual (MPE).

O MPU compreende o MP Federal (que atua no STF, no STJ e na Justiça Federal), o MP do Trabalho (que exerce atividades perante a Justiça do Trabalho), o MP Militar (atuante na Justiça Militar da União) e o MPDFT (pertinente ao Distrito Federal e Territórios). As carreiras e os concursos são diferenciados segundo as variadas áreas de atuação.

Não há previsão constitucional de Ministério Público Eleitoral. Assim, a atuação na Justiça Eleitoral é semelhante à verificada quanto aos juízes: no 1º grau atua o MPE e no 2º grau o MPF. O MPE atua ainda na Justiça Militar Estadual.

A nomenclatura dos membros do MP é distinta, conforme a carreira e o grau de atuação. Inicialmente, apresenta-se o MPU e, em seguida, o MPE.

| Órgão | 1º grau | 2º grau | Chefia |
|---|---|---|---|
| MP Federal | Procurador da República | Procurador Regional da República | Procurador-Geral da República |
| MP do Trabalho | Procurador do Trabalho | Procurador Regional do Trabalho | Procurador-Geral do Trabalho |
| MP Militar | Promotor de Justiça Militar | Procurador de Justiça Militar | Procurador-Geral da Justiça Militar |
| MP Estadual | Promotor de Justiça | Procurador de Justiça | Procurador-Geral da Justiça |

A chefia do MPU é exercida pelo Procurador-Geral da República, que nomeia os chefes do Ministério Público do Trabalho (MPT) e do Ministério Público Militar (MPM).

À semelhança do CNJ e com as mesmas atribuições (voltadas ao MP), foi criado o Conselho Nacional do Ministério Público (CNMP).[9]

Merecem ainda destaque as pessoas que atuam na advocacia e na Defensoria Pública.

O advogado, dotado de capacidade postulatória, é "indispensável à administração da justiça" (CF, art. 133) e representa as partes em juízo.

A defensoria é instituição pública que presta serviços de assistência jurídica à população carente (CF, art. 134). Há, no âmbito federal, a Defensoria Pública da União (DPU) e, nos Estados, as Defensorias Estaduais (CF, art. 134, §§ 1º e 2º).

A Defensoria Pública, que tem suas principais diretrizes na Lei Complementar nº 80/1994, passou a ser contemplada no CPC entre os arts. 185 e 187.

Vale apontar algumas das prerrogativas processuais conferidas à Defensoria Pública: a) intimação pessoal do defensor público e contagem em dobro dos prazos processuais (LC 80/1994, art. 128, I e CPC, art. 186); b) intimação pessoal da pessoa assistida (CPC, art. 186, § 2º); c) intimação pessoal das testemunhas arroladas (CPC, art. 455,

---

[9] CF, art. 130-A: "O Conselho Nacional do Ministério Público compõe-se de quatorze membros nomeados pelo Presidente da República, depois de aprovada a escolha pela maioria absoluta do Senado Federal, para um mandato de dois anos, admitida uma recondução, sendo: I – o Procurador-Geral da República, que o preside; II – quatro membros do Ministério Público da União, assegurada a representação de cada uma de suas carreiras; III – três membros do Ministério Público dos Estados; IV – dois juízes, indicados um pelo Supremo Tribunal Federal e outro pelo Superior Tribunal de Justiça; V – dois advogados, indicados pelo Conselho Federal da Ordem dos Advogados do Brasil; VI – dois cidadãos de notável saber jurídico e reputação ilibada, indicados um pela Câmara dos Deputados e outro pelo Senado Federal".

§ 4º, IV); d) dispensa de mandato para representação da parte (LC 80/1994, art. 128, XI, e CPC, art. 287, II); e) possibilidade de contestação por negativa geral (CPC, art. 341, parágrafo único).

O STF declarou inconstitucional a exigência de inscrição de defensor público na OAB, pois a atuação deste perante a Justiça decorre tão somente de sua nomeação e posse no cargo, conforme previsto na Lei Complementar nº 80/1994; houve ainda a fixação da tese: "É inconstitucional a exigência de inscrição do defensor público nos quadros da Ordem dos Advogados do Brasil" (decisão proferida no RE 1240999, com repercussão geral reconhecida – Tema 1.074).[10]

O Estado (nas suas três esferas – Federal, Estadual e Municipal) também necessita de advogados para atuar em juízo. Esses profissionais usualmente recebem o nome de procuradores (da União, do Estado ou dos Municípios) e compõem a advocacia pública.

Para a defesa da União, o art. 131 da CF prevê a atuação da Advocacia-Geral da União (AGU). Assim, a representação da União é feita pelos advogados da União que integram a AGU.

Por sua vez, a representação dos demais órgãos federais (INSS, Incra etc.) é feita pelos procuradores federais.[11]

Para a execução da dívida ativa (débitos tributários), há a Procuradoria-Geral da Fazenda Nacional (PGFN, conforme CF, art. 131, § 3º); tais carreiras são distintas da AGU.

No âmbito estadual, para a defesa dos Estados da Federação, atuam as Procuradorias-Gerais dos Estados (PGEs).

No âmbito municipal, atuam os procuradores municipais; as cidades maiores têm a carreira estruturada em uma Procuradoria-Geral do Município (PGM).

| Ente | Responsável pela postulação | Chefia do órgão |
| --- | --- | --- |
| União | Advogado da União (AGU) | Advogado-Geral da União |
| Outros órgãos federais | Procurador federal | Procurador-Geral Federal |
| União (débitos tributários) | Procurador da Fazenda Nacional | Procurador-Geral da Fazenda Nacional |
| Estado | Procurador do Estado (PGE) | Procurador-Geral do Estado |
| Município | Procurador do Município (PGM) | Procurador-Geral do Município |

## 2.2 LIDE, PROCESSO E PROCEDIMENTO

### 2.2.1 Escolha, mecanismos e critérios para solução de conflitos

Todos os indivíduos têm necessidades e a posição favorável à satisfação delas é denominada de *interesse*. Quando alguém visa satisfazer seu interesse e não consegue fazê-lo em virtude da conduta do outro envolvido, surge então a *pretensão*, que pode ser definida como a exigência que a outra parte se sujeite ao cumprimento do interesse alheio.

---

[10] Disponível em: <https://portal.stf.jus.br/noticias/verNoticiaDetalhe.asp?idConteudo=476129&ori=1>. Acesso em: 30 mar. 2024.

[11] Em empresas estatais há corpo próprio de advogados escolhidos por meio de concurso público (ex.: Correios, Infraero e Caixa Econômica Federal).

Quando surge a pretensão, o outro envolvido na situação pode se submeter a ela ou não. Havendo resistência, chegamos à clássica definição de *lide*:[12] conflito de interesses qualificado por uma pretensão resistida.

Lide é sinônimo de disputa, litígio, conflito.

Qual é a melhor forma de abordar um conflito? Essa pergunta tem se revelado importante para litigantes, advogados e magistrados, já que a gestão de controvérsias é um tema que interessa a todos os participantes do cenário jurídico. Atualmente, considera-se importante contar com variadas opções de encaminhamento para os conflitos.

Nos últimos tempos, tem sido incentivada a adoção de meios adequados de composição de conflitos (inicialmente denominados como meios alternativos de solução dos conflitos – MASCs, na terminologia em inglês, *alternative dispute resolution* – ADRs).

A realização da justiça pode se verificar por três tipos de mecanismos: 1) autotutela; 2) meios consensuais (autocomposição); 3) meios adjudicatórios (heterocomposição).

Em alguns poucos casos, a lei permite a autotutela (autodefesa) pelo próprio titular do interesse. No âmbito civil, o exemplo mais visível de tal possibilidade se encontra no âmbito da posse: o ordenamento permite a atuação direta e imediata do próprio possuidor lesado no sentido de agir em legítima defesa para manter sua posse ou, se esbulhado, atuar em desforço imediato para se reintegrar.[13]

Caso não queiram ou não possam agir em termos de autotutela, as pessoas envolvidas em disputas poderão atuar por si mesmas visando à autocomposição, valendo-se de meios consensuais para compor os conflitos.

A forma mais comum de autocomposição é a negociação, atividade de comunicação direta entre os interessados para resolver os conflitos. Caso os envolvidos não consigam e/ou não desejem definir diretamente a situação, poderão considerar a participação de uma terceira pessoa apta a atuar como facilitadora do diálogo em uma mediação ou conciliação.

A Resolução 125[14] do Conselho Nacional de Justiça foi editada em 2010 para dispor sobre "a Política Judiciária Nacional de tratamento adequado dos conflitos de interesses no âmbito do Poder Judiciário". A proposta previu, entre outras iniciativas, a criação de Centros Judiciários de Solução de Conflitos e Cidadania ("Centros" ou "CEJUSCs"), unidades do Poder Judiciário preferencialmente responsáveis pela realização das sessões e audiências de conciliação e mediação que estejam a cargo de conciliadores e mediadores. Uma vez instalados tais "Centros", a prática judiciária começou a sentir um forte impacto, já que passaram a ser priorizadas técnicas consensuais no enfrentamento de controvérsias. O atual CPC se alinhou a tal tendência ao prever a existência dos CEJUSCs no art. 166.

Para buscar a concordância entre os envolvidos na disputa, vêm sendo estimuladas tentativas de facilitação da comunicação pela mediação (aproximação dos envolvidos para possibilitar o diálogo e a resolução conjunta da disputa pelos próprios interessados, sem

---

[12] O conceito de lide foi desenvolvido por Francesco Carnelutti, autor italiano da virada do século XIX para o XX (*Sistema di diritto processuale*. 1936. v. 1, n. 2 e 14); tal definição foi posteriormente depurada por outro jurista italiano, Enrico Tullio Liebman, que residiu no Brasil no período da II Guerra Mundial e muito influenciou o Direito Processual brasileiro.

[13] Código Civil, art. 1.210, § 1º: "O possuidor turbado, ou esbulhado, poderá manter-se ou restituir-se por sua própria força, contanto que o faça logo; os atos de defesa, ou de desforço, não podem ir além do indispensável à manutenção, ou restituição da posse".

[14] CNJ – Resolução 125, de 29 de novembro de 2010, disponível em <http://atos.cnj.jus.br/atos/detalhar/atos-normativos?documento=156>.

propostas por parte do mediador) e pela conciliação (facilitação por um terceiro para que as partes se componham, podendo o conciliador apresentar soluções).[15]

Identificado o perfil dos meios consensuais, cabe indagar: quando devem as partes buscá-los? E quando devem se valer de métodos impositivos (adjudicatórios/relativos à heterocomposição, em que uma terceira pessoa decide quem tem razão)?

Um primeiro critério para entender o método mais adequado é considerar os objetivos das partes com a resolução da disputa; geralmente são eles: (i) minimização de custos; (ii) celeridade; (iii) privacidade/confidencialidade; (iv) manutenção/aprimoramento do relacionamento; (v) revanche; (vi) obtenção de uma opinião neutra; (vii) criação de precedente; (viii) maximização ou minimização de recuperação.[16]

Infrutífera a negociação direta entre os envolvidos na controvérsia, a mediação[17] como escolha subsequente, por exemplo, satisfaz melhor os citados itens i, ii, iii e iv, mas não é o melhor mecanismo para os demais anseios. A arbitragem, por seu turno, atende melhor à necessidade de obter uma opinião neutra de terceiro e de maximizar/minimizar recuperação (itens vi e viii).

O segundo critério para avaliar qual é o melhor mecanismo diz respeito aos impedimentos ao acordo e aos meios de ultrapassá-los; eis os mais comuns: (i) comunicação falha; (ii) necessidade de expressar emoções; (iii) diferentes visões dos fatos; (iv) diferentes visões do direito; (v) questões de princípio; (vi) pressões de constituintes, como procuradores; (vii) ligações com outras disputas; (viii) existência de múltiplas partes; (ix) conflitos de agência; e (x) *jackpot syndrome* (síndrome de preferir arriscar para atingir o benefício máximo).[18]

Recomenda-se que a análise sobre a escolha do método adequado à disputa faça distinção entre o interesse público e o interesse privado das partes; embora haja casos em que uma delas prefira a vingança (mesmo que para isso precise se valer de um método mais custoso), não é conveniente ao interesse público o gasto de tantos recursos com a resolução da disputa, sendo mais interessante, por tal perspectiva, que as pessoas busquem superar consensualmente suas diferenças.[19]

Em alguns casos, métodos facilitadores como a negociação e a mediação podem ser menos benéficos ao interesse público do que a adjudicação; são exemplos os casos: (i) em que a definição de uma decisão se torna um precedente que traz segurança e previsibilidade a uma série de outras disputas semelhantes; (ii) de má-fé ou fraude em que decisões ajudam a estancar violações recorrentes; (iii) em que há necessidade de sanção ou

---

[15] Mediação é o meio consensual de abordagem de controvérsias em que uma pessoa isenta atua tecnicamente para facilitar a comunicação entre as partes para propiciar que elas possam protagonizar saídas conjuntas para os impasses em que estão envolvidas. O tema, que foi desenvolvido pela coautora com detalhamento na obra *Mediação nos conflitos civis* (7. ed. São Paulo: Método, 2024) será retomado no capítulo 4, quando da abordagem do art. 319, VII, do CPC, e no capítulo 5.

[16] SANDER, Frank E. A. & GOLDBERG, Stephen B. Fitting the forum to the fuss: a user-friendly guide to selecting an ADR procedure. *Negot. J.*, v. 10, p. 49-68, 1994.

[17] Na doutrina americana não se costuma falar em conciliação, sendo o termo mediação o mais usado.

[18] SANDER, Frank E. A. & GOLDBERG, Stephen B. Fitting the forum to the fuss: a user-friendly guide to selecting an ADR procedure. *Negot. J.*, v. 10, p. 49-68, 1994.

[19] TARTUCE, Fernanda; FALECK, Diego; GABBAY, Daniela. *Meios alternativos de solução de conflitos*. Rio de Janeiro: FGV, 2014, p. 7.

coerção estatal; (iv) em que uma das partes é incapaz de negociar efetivamente, havendo comprometedor desequilíbrio de poder e habilidades.[20]

Como se percebe, vários aspectos precisarão ser objeto de conversação entre a parte e a(o) advogada(o) para que possam identificar se a mediação ou a conciliação podem ser pertinentes logo no início do processamento da demanda.

## 2.2.2 Tentativa consensual prévia e via contenciosa

Se as partes em conflito não identificarem proveito na autotutela (que, como visto, é permitida poucas vezes em nosso sistema), nem nos meios consensuais, e preferirem contar com a decisão impositiva de outrem, poderão se valer da arbitragem mediante a inserção de cláusulas compromissórias nos contratos, nos termos da Lei nº 9.307/1996, para dirimir conflitos ligados a direitos patrimoniais disponíveis. As pessoas físicas maiores e capazes, assim como as pessoas jurídicas, poderão escolher alguém de sua confiança para decidir o conflito referente a direitos disponíveis, evitando a solução pelo Poder Judiciário.

Caso não desejem ou não possam se valer da via arbitral, caberá aos litigantes buscar a solução judicial pela provocação da jurisdição.

Como regra, não há como exigir que o indivíduo esgote outras tentativas de resolução antes de requerer a solução judicial. A única previsão de passagem obrigatória prévia diz respeito à Justiça Desportiva, já que a Constituição, no art. 217, § 1º, prevê que "o Poder Judiciário só admitirá ações relativas à disciplina e às competições desportivas após esgotarem-se as instâncias da justiça desportiva, reguladas em lei".

De todo modo, a existência de lide (ou litígio) costuma ser vista como elemento essencial para a necessária prestação da atividade estatal de distribuir justiça; afinal, quando não há resistência, em princípio inexiste interesse de invocar a proteção estatal.

Nos últimos tempos, foi retomada a seguinte discussão (que volta e meia vem à baila nos debates jurídicos): as partes são obrigadas a demonstrar que tentaram consensualmente resolver a situação controvertida antes de promover demanda judicial?

O tema é controvertido, sendo objeto de polêmica entre os autores deste livro.

Para o coautor desta obra, é necessária uma releitura do princípio do acesso à justiça de modo a se admitir, em alguns casos, a exigência de prévio requerimento administrativo antes da propositura da ação judicial. Tal entendimento não violaria os arts. 5º, XXXV, da CF e 3º do CPC e ao mesmo tempo incentivaria a adoção de meios extrajudiciais de solução de conflitos.[21]

Nessa linha, a tentativa de solução extrajudicial do conflito como condição prévia para propositura da demanda judicial tem sido atualmente admitida pelos tribunais superiores, como nos casos de concessão de benefício previdenciário perante o INSS e de exibição de documentos pelos bancos. Essa seria uma forma de dar concretude à necessidade de comprovação do interesse processual quando do ingresso da ação judicial, além de cola-

---

[20] SANDER, Frank E. A. & GOLDBERG, Stephen B. Fitting the forum to the fuss: a user-friendly guide to selecting an ADR procedure. *Negot. J.*, v. 10, p. 49-68, 1994.

[21] ROQUE, Andre Vasconcelos; GAJARDONI, Fernando da Fonseca; MACHADO, Marcelo Pacheco; Duarte de Oliveira Jr, Zulmar. *Releitura do princípio do acesso à Justiça:* a necessidade de prévio requerimento e o uso da plataforma consumidor.gov.br. Disponível em: <https://www.migalhas. com.br/TendenciasdoProcessoCivil/134,MI304544,91041-Releitura+do+principio+do+acesso+a+Jus tica+A+necessidade+de+previo>. Acesso em: 30 mar. 2024.

borar com a racionalização do acesso à justiça e o prestígio dos mecanismos extrajudiciais de solução de conflitos.[22]

Por essa visão, a exigência pode ser ampliada para outros conflitos, como os que envolvem relações de consumo: os consumidores devem fazer uso da plataforma "consumidor.gov.br" na tentativa de solucionar extrajudicialmente o conflito antes de ingressarem no Judiciário. Essa exigência só seria admitida nos casos em que os fornecedores forem cadastrados na plataforma e apresentarem "histórico razoável de solução extrajudicial de litígios por esta plataforma". Não solucionado o problema pela via extrajudicial e tendo o fornecedor não se empenhado para isso, poderia ser dispensada a audiência de conciliação obrigatória prevista no art. 334 do CPC e no art. 21 da Lei 9.099/1995.[23]

No entanto, a exigência não pode impedir o consumidor de acessar o Poder Judiciário em casos de ineficiência do mecanismo extrajudicial em solucionar o problema (como por exemplo no caso de tempo não razoável de resposta) ou de urgência do pedido.[24]

A coautora desta obra discorda. Mecanismos consensuais devem ser valorizados e estimulados como instrumentos de pacificação social e estímulo a uma cultura de paz, e não com a premissa de limitar o acesso à Justiça com vistas a reduzir o número de ações judiciais.

Para que os meios consensuais possam se desenvolver de forma proveitosa, é essencial que as pessoas estejam abertas ao diálogo – o que é dificilmente obtido quando a participação em mecanismos extrajudiciais é condição prévia para a propositura de demandas judiciais.[25]

É princípio basilar da autocomposição a voluntariedade. Quando se impõe a obrigatoriedade da realização, os métodos autocompositivos tendem a não avançar rumo à solução da controvérsia. As partes devem ser livres para participar ou não de mecanismos extrajudiciais; isso não significa que eles não devam ser estimulados – pelo contrário, devem ser divulgados e sua participação, incentivada.[26]

A exigência de prévia utilização de meios consensuais para viabilizar o acesso ao Poder Judiciário não se mostra adequada para a tarefa de gerar mudança de mentalidade e simpatia em prol da autocomposição. Em vez de incentivar a busca pelo consenso, essa exigência desprestigia a autonomia da vontade e obstaculiza o acesso à justiça.[27]

O debate está aberto na doutrina. Do ponto de vista prático, vem prevalecendo majoritariamente o entendimento de não haver necessidade de uso prévio do *site* consumidor. gov – ainda que existam decisões judiciais indagando autores se eles se valeram dessa

---

22  ROQUE, Andre Vasconcelos et al. Releitura do princípio do acesso à Justiça: a necessidade de prévio requerimento e o uso da plataforma consumidor.gov.br, cit.

23  ROQUE, Andre Vasconcelos et al. Releitura do princípio do acesso à Justiça: a necessidade de prévio requerimento e o uso da plataforma consumidor.gov.br, cit.

24  ROQUE, Andre Vasconcelos et al. Releitura do princípio do acesso à Justiça: a necessidade de prévio requerimento e o uso da plataforma consumidor.gov.br, cit.

25  TARTUCE, Fernanda. Mediação de conflitos: proposta de emenda constitucional e tentativas consensuais prévias à jurisdição. *Revista Magister de Direito Civil e Processual Civil*, nº 82, jan.-fev. 2018, p. 8-9.

26  TARTUCE, Fernanda. Mediação de conflitos: proposta de emenda constitucional e tentativas consensuais prévias à jurisdição. *Revista Magister de Direito Civil e Processual Civil*, nº 82, jan.-fev. 2018, p. 8-9.

27  TARTUCE, Fernanda. Mediação de conflitos: proposta de emenda constitucional e tentativas consensuais prévias à jurisdição. *Revista Magister de Direito Civil e Processual Civil*, nº 82, jan.-fev. 2018, p. 8-9.

ferramenta e outras exigindo a demonstração concreta da tentativa extrajudicial. A matéria ainda não foi enfrentada no STJ ou STF[28].

Resta verificar como será a evolução do tema nos próximos anos.

Quanto ao leitor, é importante conhecer esse debate para se posicionar e entender como isso pode eventualmente impactar o ajuizamento de algumas demandas.

## 2.2.3 Jurisdição voluntária e conclusão sobre a via contenciosa

O Estado exige, em certos casos, que os interessados submetam a situação jurídica à verificação judicial: nas hipóteses de jurisdição voluntária, o magistrado precisa verificar certas circunstâncias para haver a válida produção dos efeitos pretendidos pelas partes.

Na atividade inerente à jurisdição voluntária, classicamente identificada com a "administração pública de interesses privados", a observância da legalidade estrita não é obrigatória e o juiz pode julgar conforme a conveniência e a oportunidade. Como exemplo, considere que um tutor pretenda vender um bem do órfão que representa (CPC, art. 730); ainda que o incapaz esteja de acordo com a alienação, se o juiz entender não ser ela conveniente ou oportuna, poderá indeferir o pedido, já que a lei processual o autoriza a fazê-lo.[29]

Voltemos nossa atenção ao sistema contencioso. Para cada situação litigiosa (lide) pendente de solução, diante da resistência do suposto obrigado e em razão da proibição da vingança privada, o sistema jurídico disponibiliza um mecanismo adequado para buscar sanar a situação problemática. Nessa lógica, o conflito não será solucionado pelas partes, mas sim pela atuação do Poder Judiciário.

Vale lembrar que o Poder Judiciário é inerte, não se manifestando sem que haja a provocação da parte interessada (por força do princípio dispositivo ou da inércia).

---

[28] Em 2024, o TJMG fixou tese no IRDR 91 no sentido de que a caracterização do interesse de agir nas ações de natureza prestacional das relações de consumo *depende* da comprovação da prévia tentativa de solução extrajudicial da controvérsia por quaisquer canais oficiais de serviço de atendimento mantido pelo fornecedor, PROCON, órgão fiscalizadores como Banco Central, agências reguladoras, plataformas públicas (consumidor.gov) e privadas (Reclame Aqui e outras) de reclamação/solicitação e notificação extrajudicial por carta com Aviso de Recebimento ou via cartorária. Não basta, nos registros realizados perante o SAC mantido pelo fornecedor, a mera indicação pelo consumidor de número de protocolo. Nas hipóteses em que a reclamação não for registrada em órgãos ou plataformas públicas que já disponham de regramento e prazo próprio, mostra-se razoável a adoção, por analogia, do decurso de mais de 10 (dez) dias úteis sem decisão/resposta do fornecedor; a partir daí restará configurado o interesse de agir do consumidor para defender seus direitos em juízo. Quando o fornecedor responder à reclamação/solicitação, a resposta deverá ser carreada aos documentos da petição inicial, juntamente com o pedido administrativo do consumidor. A exigência da prévia tentativa de solução extrajudicial poderá ser excepcionada quando o consumidor comprovar risco de perecimento do direito (inclusive na eventualidade de iminente transcurso de prazo prescricional ou decadencial), situação em que o julgador deverá aferir o interesse de agir de forma diferida. Nesses casos, caberá ao consumidor exibir a prova da tentativa de solução extrajudicial em até 30 (trinta) dias úteis da intimação da decisão que analisou o pedido de concessão da tutela de urgência, sob pena de extinção do processo sem resolução do mérito, nos termos do art. 485, VI, do CPC. Como se percebe, o TJMG impôs a necessidade de prévio requerimento administrativo, para configuração do interesse de agir. De qualquer forma, é uma decisão restrita apenas às causas da Justiça Estadual de MG, sendo que há diversos juízes que não a aplicam.

[29] Segundo o art. 723, parágrafo único, do CPC, nos procedimentos de jurisdição voluntária "o juiz não é obrigado a observar critério de legalidade estrita, podendo adotar em cada caso a solução que considerar mais conveniente ou oportuna".

Assim, o direito de ação pode ser entendido como o poder de provocar a atuação do Estado-juiz para pedir a aplicação do direito a certo caso concreto. Tal direito, porém, para que seja plenamente exercido, deve contar com certos requisitos (que serão analisados posteriormente). Na prática do foro, fala-se em "propor uma ação" no sentido de demandar (instaurar uma demanda), promover uma causa.

O processo é o instrumento que o Estado coloca à disposição dos litigantes para decidir a lide. Assim, é o sistema concebido para compor o conflito.

O legislador disponibiliza diferentes instrumentos para a solução dos conflitos, sendo tradicionalmente feita a classificação dos processos segundo o tipo de proteção conferida pelo ordenamento ao demandante.

Na perspectiva do atual CPC, há dois tipos de processos, conforme o tipo de prestação jurisdicional pedida pelo autor, ao exercer o direito de ação: processos de *conhecimento* e de *execução*.

Definido o tipo de processo apto a resolver o litígio, é preciso apontar como ele funcionará, como irá se exteriorizar e desenvolver. A forma material pela qual o processo se verifica, por meio de uma sequência de atos processuais, é denominada procedimento; em outras palavras, procedimento é a forma, a maneira, o modo pelo qual o processo se desenvolve.

Segue tabela elucidativa do panorama de resolução de litígios em nosso sistema:

| Solução de conflitos | |
| --- | --- |
| Autotutela | O próprio jurisdicionado providencia a solução |
| | Exige previsão legal expressa, permitida em poucas situações. Ex.: lide possessória – CC, 1.210, § 1.º |
| Formas alternativas/ "adequadas" de solução de conflitos | Arbitragem – Lei 9.307/1996 |
| | Mediação – Lei 13.140/2015 |
| | Conciliação |
| Jurisdição (heterotutela, solução judicial) | Garantia constitucional inafastável |
| | Opera por meio de uma relação jurídica conforme o devido processo legal |
| | Instauração de uma demanda, por meio de um processo e segundo determinado procedimento (processo é conteúdo; procedimento é forma) |

## 2.3 PROCESSO DE CONHECIMENTO

### 2.3.1 Cabimento e utilidade

Também denominado *processo cognitivo*, ou *de cognição*, constitui o sistema apto a definir, a partir da análise dos fatos (que serão objeto de conhecimento) trazidos a juízo, a existência (ou inexistência) do direito no caso concreto.

Pode-se dizer, de forma simplificada, que "o juiz transformará os fatos em direito", com ampla atividade para conhecer detalhes sobre a causa. Por tal processo, para decidir a lide, formula-se a norma jurídica aplicável ao caso concreto mediante a prolação, pelo juiz, de uma sentença de mérito.[30]

---

[30] BARBOSA MOREIRA, José Carlos. *O novo processo civil brasileiro*. 29. ed. Rio de Janeiro: Forense, 2012, p. 4.

O Estado-juiz, ante uma pretensão insatisfeita (um conflito entre as partes, uma lide), define a vontade concreta da lei declarando-a em uma sentença de mérito e dando resposta definitiva ao pedido do autor. Ao fazê-lo, o Poder Judiciário reconhece quem tem razão no caso submetido à sua apreciação (o autor, no caso de procedência do pedido, ou o réu no caso de improcedência).

Se "A" afirma ser titular do direito à reparação de danos causados por "B" (p. ex., em um acidente de veículo), o meio para a obtenção de provimento jurisdicional que resolva essa lide será o processo de conhecimento. O juiz buscará conhecer a realidade dos fatos e sobre eles formará seu convencimento a partir da coleta de manifestação das partes e da produção das provas necessárias ao deslinde da causa.

O processo de conhecimento, conforme o tipo de litígio e de proteção pedidos pelo demandante, pode comportar decisões de conteúdo meramente *declaratório*, *constitutivo* ou *condenatório*, segundo a doutrina tradicional. A decisão do juiz pode ainda, segundo alguns, ter caráter mandamental e executivo *lato sensu*.

Se o litígio estiver centrado na dúvida, na incerteza sobre a existência ou inexistência de certa relação jurídica, bastando tal reconhecimento para satisfazer o interesse do litigante, ele pedirá que o juiz profira uma decisão declaratória.

O juiz conhecerá os fatos e, ao final, julgando procedente o pedido, irá declarar a existência – ou inexistência – da relação jurídica.[31] É o que ocorre, por exemplo, nas disputas relativas à autenticidade da assinatura em um documento, ao reconhecimento da usucapião[32] e à investigação de paternidade.[33]

Se a causa disser respeito a uma modificação de situação ou relação jurídica, a decisão judicial terá caráter constitutivo. São exemplos de pleitos desconstitutivos o pedido de divórcio (para mudar o estado civil) e a ação de rescisão contratual.

Já se o conflito disser respeito ao inadimplemento de uma obrigação (de dar, pagar, fazer ou não fazer) ainda não reconhecida em um título executivo,[34] o interessado deverá pedir ao juiz que condene o devedor a cumprir a prestação que lhe cabe. O pedido condenatório é o mais comum no cotidiano forense.

Para a doutrina clássica, tanto a tutela mandamental quanto a executiva *lato sensu* são espécies da tutela condenatória, que apresentam algumas características específicas.

Para a doutrina que aceita essa divisão (e isso consta do nosso Código, que menciona a tutela mandamental), a decisão de caráter mandamental é aquela em que o juiz, a pedido do autor, determina uma ordem à outra parte. Em tal caso, o mandamento se

---

[31] CPC, art. 19: "O interesse do autor pode limitar-se à declaração: I – da existência, da inexistência ou do modo de ser de uma relação jurídica".

[32] Tratando-se de forma originária de aquisição de propriedade, não é necessário qualquer negócio jurídico para que o possuidor se torne proprietário, bastando a configuração dos requisitos legais (posse mansa, pacífica, ininterrupta etc.).

[33] Por algum tempo houve debate sobre a índole de tal demanda investigatória: seria constitutiva de uma nova situação (*status* de pai) ou a sentença se limitaria a reconhecer uma situação preexistente (já se é pai desde a concepção)? Prevaleceu a última posição a partir do amplo reconhecimento do caráter declaratório de tal sentença.

[34] Caso o crédito esteja reconhecido em título executivo referente à obrigação líquida, certa e vencida, o credor poderá se valer do processo de execução; afinal, conforme o art. 783 do CPC, "a execução para cobrança de crédito fundar-se-á sempre em título de obrigação certa, líquida e exigível". Não dispondo de tal instrumento, o demandante buscará sua pretensão por meio do processo de conhecimento (por exemplo, promovendo ação de cobrança ou monitória).

justifica por não ser possível que o juiz providencie o que foi omitido, sendo necessária a conduta do próprio envolvido na relação jurídica.

O descumprimento[35] caracteriza desobediência à ordem estatal e torna o destinatário passível de sanções civis (como a imposição de multa de até 20%[36]) ou mesmo sanções de caráter penal. São exemplos de decisões mandamentais: a) a que determina o desconto em folha de pagamento do montante devido a título de alimentos (CPC, art. 529, § 1º); b) a decisão proferida nas lides em que se busca a tutela de um direito líquido e certo pela via do mandado de segurança (disciplinado pela Lei nº 12.016/2009).

Finalmente, a sentença executiva *lato sensu* é aquela em que a produção de efeitos práticos se opera pela efetivação da própria decisão, independendo de posterior processo (autônomo) de execução. O exemplo clássico é das ações de despejo e das ações possessórias: os mandados para entrega da posse sempre dispensaram o ajuizamento de processo executivo para seu cumprimento.

Tal decisão difere da tutela mandamental porque, na decisão de caráter executivo *lato sensu*, se o próprio envolvido na relação jurídica não fizer o que o juiz determinou, a ordem judicial pode ser implementada de forma impositiva (basta imaginar um oficial de justiça retirando, se necessário com força policial, o invasor das terras).

Segue quadro esquemático sobre os temas deste tópico:

| Objeto do litígio | Pedido/sentença | Processo |
|---|---|---|
| Dúvida, incerteza | Declaratório | |
| Modificação de situação jurídica | Constitutivo | Processo de conhecimento |
| Falta de pagamento (inadimplemento de obrigação de dar, pagar, fazer ou não fazer) | Condenatório | |
| | Mandamental | |
| | Executivo *lato sensu* | |
| Presentes os requisitos legais, pode haver expedição de mandado inicial para cumprimento de providências (cf. item 2.3.1 *infra*) | – Se houver previsão específica de liminar na legislação pertinente, esta pode ser requerida.<br>– Ausente previsão específica, cabe pleitear tutela provisória (de urgência ou evidência – CPC, arts. 300 e 311). | |

O quadro anterior aponta o panorama clássico do processo civil brasileiro. Contudo, alterações legislativas foram trazendo modificações nesse quadro. Antigamente, com a prolação de uma sentença condenatória, a parte deveria valer-se de um novo processo para satisfazer o seu crédito, instaurando um processo executivo.

---

[35] CPC, art. 77: "Além de outros previstos neste Código, são deveres das partes, de seus procuradores e de todos aqueles que de qualquer forma participem do processo: (...) IV – cumprir com exatidão as decisões jurisdicionais, de natureza provisória ou final, e não criar embaraços à sua efetivação; (...) VI – não praticar inovação ilegal no estado de fato de bem ou direito litigioso".

[36] CPC, art. 77, § 2º: "A violação ao disposto nos incisos IV e VI constitui ato atentatório à dignidade da justiça, devendo o juiz, sem prejuízo das sanções criminais, civis e processuais cabíveis, aplicar ao responsável multa de até vinte por cento do valor da causa, de acordo com a gravidade da conduta".

A partir das modificações realizadas no CPC anterior pela Lei nº 11.232/2005, passou a ser desnecessário ajuizar processo autônomo de execução para buscar o adimplemento da obrigação constante em título executivo judicial.[37]

Para obter um crédito reconhecido judicialmente, em vez de promover um novo processo (autônomo, de execução, separado do processo de conhecimento), o credor hoje apenas precisa instaurar uma fase procedimental no processo de conhecimento: a fase de cumprimento da sentença. Assim, tendo em vista essa alteração legislativa e à luz da classificação quinária já apresentada, estaríamos, nesse caso, diante de uma sentença executiva *lato sensu*.

Maiores explicações sobre o tema constam no capítulo referente ao *Processo de execução e fase de cumprimento de sentença*.

## 2.3.2 Procedimento

Quanto ao seu trâmite ou à forma de se exteriorizar (procedimento), o processo de conhecimento pode adotar sequências de atos diferenciadas e previstas em leis esparsas ou no CPC: os *procedimentos especiais*.

Caso não haja previsão específica, o processo irá tramitar segundo o regramento-padrão previsto no CPC, o procedimento *comum*.

Assim, sendo o processo o instrumento que o Estado coloca à disposição dos litigantes para solucionar a lide, o procedimento é a forma pela qual o *processo* se desenvolve. No processo de conhecimento, o procedimento será especial ou comum.

### 2.3.2.1 Procedimentos especiais

Definido que se está diante de um caso em que deverá ser utilizado o processo de conhecimento, o primeiro passo para definir o procedimento pelo qual tramitará a causa é responder à seguinte pergunta: há lei especial estabelecendo um procedimento adequado à matéria?

É preciso verificar, inicialmente, a existência de eventual lei esparsa sobre o tema; são exemplos a Lei nº 9.099/1995 (que trata dos Juizados Especiais Cíveis Estaduais), a Lei de Locação (Lei nº 8.245/1991) e a Lei de Alimentos (Lei nº 5.478/1968).

Inexistindo lei específica, há ainda outra fonte de procedimentos especiais: o Código de Processo Civil. Ao fazer uma leitura rápida do índice do CPC, constata-se a presença dos seguintes procedimentos especiais:

- *de jurisdição contenciosa*: ação de consignação em pagamento, ação de exigir contas, ações possessórias, ação de divisão e da demarcação de terras particulares, ação de dissolução parcial de sociedade, inventário e partilha, embargos de terceiro, oposição, habilitação, ações de família, ação monitória, homologação do penhor legal, regulação de avaria grossa, restauração de autos;
- *de jurisdição voluntária*: notificação e interpelação, alienação judicial, divórcio e separação consensuais, extinção consensual de união estável, alteração do regime de bens do matrimônio, testamentos e codicilos, herança jacente, bens de ausentes,

---

[37] Esse fenômeno em que não há mais claras fronteiras entre os processos é denominado "sincretismo processual".

coisas vagas, interdição, nomeação e remoção de tutor e curador, organização e fiscalização das fundações, ratificação de protestos marítimos e de processos testemunháveis formados a bordo.

Não sendo o caso de adoção de algum procedimento especial por ausência de previsão específica, então o processo de conhecimento tramitará pelo procedimento comum.

De aplicação residual e subsidiária, o procedimento comum é o que conta com mais detalhes em relação ao andamento. Conhecê-lo bem é de suma importância, já que os procedimentos especiais, depois de verificadas as peculiaridades que os caracterizam, geralmente contam com normas que remetem ao procedimento comum e às suas regras.[38]

Vale destacar que no regime do CPC/1973 o procedimento comum tinha como possibilidades os ritos sumário e ordinário; como no sistema do CPC vigente o rito sumário foi extinto, não há mais sentido falar em rito ou ação ordinária. Portanto, atualmente somente há procedimentos especiais e comum. Portanto, do ponto de vista técnico, desde o início da vigência do atual CPC é inadequado falar em "ação ordinária", sendo o correto falar em "ação pelo procedimento comum".

De qualquer forma, como mentalidades demoram a mudar e a tradição jurídica tem seus impactos no cotidiano forense, é ainda comum encontrar, em manifestações de juízes e advogados, o uso da expressão "ação ordinária".

## 2.4 PROCESSO DE EXECUÇÃO

Para que a parte possa se valer do processo executivo, deve contar com dois elementos: a existência de um *título executivo extrajudicial* (documento revelador de ato jurídico reconhecido pelo ordenamento como apto a permitir que o patrimônio do devedor seja acessado para a satisfação da obrigação) e o *inadimplemento* (não tendo sido cumprida a obrigação constante do título no prazo estipulado).[39]

Assim, ante a falta de pagamento e a presença do título executivo, a atuação do juiz será diferente daquela verificada no processo de conhecimento. Em tal caso, não haverá a necessidade de que o juiz diga "quem tem direito" (situação típica do processo cognitivo), mas sim que o Poder Judiciário atue para que a obrigação seja cumprida.

Na atuação executiva, o juiz buscará transformar o direito reconhecido no título em fatos para satisfazer o crédito constante no título ao qual o ordenamento atribuiu eficácia executiva. Eis porque se afirma que o processo executivo visa à "atuação prática da norma concreta".[40]

Conforme a natureza da prestação descumprida, o sistema prevê diferentes modalidades executivas (que podem ser entendidas como os diversos procedimentos do processo de execução, que não conhece a divisão entre procedimentos comum e especial): execução

---

[38] Exemplo disso pode ser observado na regra prevista no art. 566 do CPC; após as previsões anteriores, que especificam regras especiais da ação de reintegração de posse, consta que se aplica "quanto ao mais, o procedimento comum".

[39] Vale destacar que o CPC prevê que, mesmo existindo título executivo, é possível à parte optar pelo ajuizamento do processo de conhecimento: segundo o art. 785, "a existência de título executivo extrajudicial não impede a parte de optar pelo processo de conhecimento, a fim de obter título executivo judicial".

[40] Barbosa Moreira, ob. cit., p. 3.

para a entrega de coisa, execução de obrigação de fazer ou de não fazer, execução por quantia certa etc.

Como exposto, no passado o sistema processual previa o processo executivo de forma autônoma e sequencial em relação ao processo de conhecimento. Proferida uma senten-ça condenatória, sendo inadimplente o devedor, precisava o credor promover uma nova demanda, instaurando um processo executivo para buscar receber o que lhe competia. Essa lógica não mais subsiste desde o advento da Lei nº 11.232/2005 (que alterou o CPC anterior). A partir de então, a obrigação reconhecida em título judicial inadimplida deve ser exigida no próprio processo de conhecimento na fase de cumprimento de sentença.

Mais informações sobre o cumprimento de sentença e o processo de execução encontram-se em capítulo próprio adiante.

## 2.5 TUTELA PROVISÓRIA

É possível que a demora no andamento do processo comprometa de forma gravíssima (ou mesmo fatal) o direito da parte. Assim, caso a demandante precise de uma ordem judicial inicial para satisfazer, desde logo, certos aspectos da sua pretensão que não podem esperar, pode formular um pedido de "liminar".[41]

Tal medida poderá ser requerida no processo de conhecimento no início da demanda ou no curso desta, desde que observados os requisitos exigidos pela lei.

A medida liminar tem previsões específicas em certos procedimentos especiais (como no regramento das ações possessórias[42]).

Caso não haja previsão específica de medida liminar, a parte poderá requerer formular requerimento de *tutela provisória de urgência*, seja ela cautelar, seja antecipatória de tutela (observados os requisitos legais).

A tutela provisória configura um gênero no qual existem duas espécies: tutela de urgên-cia e tutela de evidência. A tutela de urgência, por sua vez, divide-se em duas subespécies: tutela de urgência cautelar e tutela de urgência antecipada (CPC, art. 294, parágrafo único).

O sistema processual distingue as duas espécies ao indicar objetivos diversos: o re-querente irá pleitear tutela provisória cautelar quando buscar *assegurar ou resguar*dar um direito.[43] Caso ele não possa aguardar as soluções dos processos cognitivo ou executivo, havendo situação de urgência em conservar determinadas situações fáticas até que se aguarde a solução definitiva, a parte poderá se valer da tutela provisória cautelar.

Exemplo de tal medida se verifica quando o credor de uma quantia certa quer assegurar que, quando da execução, ainda haja patrimônio suficiente para receber o pagamento devi-do; para assegurar seu direito de crédito ele poderá valer-se da tutela cautelar de arresto.[44]

---

[41] Por liminar deve-se entender a medida judicial pleiteada (e eventualmente concedida) no início do trâmite ou processamento da demanda (início do ponto de vista lógico e cronológico).

[42] CPC, art. 558: "Regem o procedimento de manutenção e de reintegração de posse as normas da Seção II deste Capítulo quando a ação for proposta dentro de ano e dia da turbação ou do esbulho afirmado na petição inicial".

[43] CPC, art. 305: "A petição inicial da ação que visa à prestação de tutela cautelar em caráter ante-cedente indicará a lide e seu fundamento, a exposição sumária do *direito que se objetiva assegurar* e o perigo de dano ou o risco ao resultado útil do processo".

[44] O arresto, que no CPC/1973 era dotado de um procedimento específico e toda uma regulamen-tação, conta agora apenas com a menção em um dispositivo do Código.

Quando o requerente se referir a um direito que busca realizar, de forma a *satisfazer* sua pretensão,[45] irá pleitear uma tutela provisória antecipatória de tutela. O pedido do autor poderá ser, total ou parcialmente, adiantado em seus efeitos práticos durante o processo, desde que se verifiquem os pressupostos legais. Exemplo é a medida de urgência em que o paciente demanda seu contratante (plano de saúde) para realizar imediatamente o procedimento cirúrgico de que necessita.

Embora o CPC distinga as espécies de tutela de urgência em relação ao objetivo visado pelo requerente, ele unifica os pressupostos exigidos para a sua concessão.

São requisitos da tutela de urgência (CPC, art. 300): a) a presença de elementos que evidenciem a probabilidade do direito (bom argumento ou *fumus boni iuris*); b) a existência de perigo de dano ou risco ao resultado útil do processo(ou *periculum in mora*). Ambos os pressupostos são exigidos tanto nas tutelas provisórias de urgência cautelares como nas tutelas provisórias antecipatórias de tutela.

Em determinadas situações no cenário do CPC anterior, ante a diversidade de concepções sobre o tema, não se sabia com segurança se a medida tinha a finalidade de "realizar/satisfazer" ou de "assegurar/resguardar" o direito. Por tal razão, o legislador acrescentou a tal Código uma importante norma para flexibilizar a adoção das tutelas de urgência, instituindo a fungibilidade entre elas. A regra foi repetida no CPC atual: nos termos do art. 305, parágrafo único, se o juiz entender que o pedido veiculado como tutela cautelar antecedente tem natureza de tutela antecipada, ele observará o regramento relativo a esta. O tema será desenvolvido com maior detalhamento no capítulo referente à tutela provisória.

O CPC destaca ainda a possibilidade de a parte requerer uma tutela provisória baseada na evidência do direito.

Eis a ideia concretizada pelo legislador: estando o demandante na presença de um direito evidente, cabe em seu favor a concessão de uma tutela provisória ainda que não haja urgência no seu deferimento. Como exemplo, mesmo não havendo uma situação de grave perigo, se a tese debatida pelo autor é tão sólida que em seu favor já foi emitida uma súmula vinculante, prevê o CPC que o demandante não precisa aguardar o término do processo para usufruir do seu pedido.

Segundo o art. 311 do CPC, a tutela da evidência será concedida, independentemente da demonstração de perigo de dano ou de risco ao resultado útil do processo, quando:

I – ficar caracterizado abuso do direito de defesa ou manifesto propósito protelatório da parte;

II – as alegações de fato puderem ser comprovadas apenas documentalmente e houver tese firmada em julgamento de casos repetitivos ou em súmula vinculante;

III – se tratar de pedido reipersecutório fundado em prova documental adequada do contrato de depósito, caso em que será decretada a ordem de entrega do objeto custodiado sob cominação de multa;

IV – a petição inicial for instruída com prova documental suficiente dos fatos constitutivos do direito do autor, a que o réu não oponha prova capaz de gerar dúvida razoável.

---

[45] CPC, art. 303: "Nos casos em que a urgência for contemporânea à propositura da ação, a petição inicial pode limitar-se ao requerimento da tutela antecipada e à indicação do pedido de tutela final, com a exposição da lide, do *direito que se busca realizar* e do perigo de dano ou do risco ao resultado útil do processo".

A abordagem anterior procurou trazer um breve panorama do assunto para situar o leitor quando houver menções a ele; haverá, em capítulo próprio, maior detalhamento sobre os aspectos práticos da tutela provisória.

## 2.6 ESCOLHA DA MEDIDA JUDICIAL ADEQUADA

Ao promover uma demanda, é preciso atentar para as regras referentes ao tipo de pedido, de processo e de procedimento. Para auxiliar o demandante em tal caminho, propomos os quadros a seguir, que combinam os elementos anteriormente mencionados.

A primeira análise diz respeito ao objeto do conflito e à situação fática existente.

| Objeto do litígio | Pedido/sentença | Processo |
|---|---|---|
| Dúvida, incerteza | Declaratório | Processo de conhecimento |
| Modificação de situação jurídica | Constitutivo | |
| Falta de pagamento (inadimplemento de obrigação de dar, pagar, fazer ou não fazer, ausente um título executivo em termos) | Condenatório | |
| | Mandamental | |
| | Executivo *lato sensu* | |
| Necessidade de concessão de medida liminar (de urgência ou de evidência) | Cabe pleito para a concessão de liminar (prevista no procedimento especial ou de tutela provisória) | Durante o curso do processo, a qualquer tempo, desde que presentes os requisitos legais |

Caso haja urgência em conservar a situação de fato até o fim de outro processo, deverá ser requerida uma tutela provisória de urgência cautelar. Esta poderá ser promovida antes do processo de conhecimento ou execução (tutela *cautelar antecedente*) ou, então, encaminhada ao juízo em que já tramita a causa cuja utilidade se pretende preservar (tutela cautelar incidental).

| Gênero | Espécies | Subespécies |
|---|---|---|
| Tutela provisória | Tutela de urgência | Tutela cautelar |
| | | Tutela antecipada |
| | Tutela de evidência | -- |

Caso, porém, a parte autora necessite de uma medida para realizar, desde logo, a satisfação de seu direito, ela deverá: a) em caso de procedimento especial, pleitear a concessão da medida liminar existente no regramento específico (por exemplo, a liminar possessória prevista no art. 588 do CPC); b) em caso de demanda que tramite pelo procedimento comum, pleitear a concessão de tutela provisória antecipada antecedente (demonstrando a observância dos requisitos previstos no art. 300 do CPC: presença de elementos que evidenciem a probabilidade do direito e perigo de dano ou risco ao resultado útil do processo).[46]

---

[46] Como exposto, no dia a dia forense, diante de um caso, pode surgir dúvida entre requerer tutela de urgência cautelar ou antecipatória. Tendo em vista essa notória dificuldade, o legislador inseriu,

| Processo | Procedimento | |
|---|---|---|
| Processo de conhecimento | Procedimentos especiais | – previstos em leis esparsas |
| | | – previstos no CPC |
| | Procedimento comum | |

Por sua vez, ante a existência de título executivo extrajudicial, não será necessário ao autor se valer do processo de conhecimento, existindo, para isso, o processo de execução:

| Processo | Procedimento | | |
|---|---|---|---|
| Processo de conhecimento | Procedimentos especiais | – previstos em leis esparsas | |
| | Procedimento comum | – previstos no CPC | Jurisdição contenciosa Jurisdição voluntária |
| Processo de execução | Diversas espécies de execução, procedimento variável conforme a obrigação constante no título | Execução de entregar | Coisa certa |
| | | | Coisa incerta |
| | | Execução de obrigação de fazer | |
| | | Execução de obrigação de não fazer | |
| | | Execução de pagar quantia | |
| | | Execuções especiais (contra Fazenda Pública e execução de alimentos) | |
| | | Execuções previstas em leis esparsas (ex.: execução fiscal, Lei 6.830/1980) | |

## 2.7 EXERCÍCIOS PARA A ESCOLHA DA MEDIDA JUDICIAL ADEQUADA

Para facilitar a compreensão dos conceitos já expostos, propomos alguns exercícios para a identificação do caminho a ser seguido para o correto ajuizamento de uma demanda.

Como as questões foram retiradas de Exames de Segunda Fase (área cível) da Ordem dos Advogados do Brasil, elas precisaram ser adaptadas por força de alterações legislativas verificadas após a sua aplicação. As respostas oficiais (com as devidas inserções) se encontram no final de cada questão.

---

na legislação processual, a fungibilidade entre tais tutelas; se o juiz entender que o pedido que consta no requerimento de tutela provisória cautelar tem natureza antecipada, ele observará o regramento relativo a esta (CPC, art. 305, parágrafo único). O tema será desenvolvido com detalhamento no capítulo referente à tutela provisória.

**I) QUESTÃO PRÁTICA** (OAB/SP, 140º Exame de Ordem/Exame de Ordem Nacional CESPE – com adaptações*)

Marla, por meio de contrato escrito, emprestou a Ana R$ 110 mil, que deveriam ser devolvidos em 30/4/2020*. Na data do vencimento, Luíza, na condição de terceira juridicamente interessada, procurou Marla para efetuar o pagamento, e esta se recusou a recebê-lo. Em razão da recusa, Luíza procurou advogado para informar-se a respeito da medida judicial cabível para proteger o direito de Ana, sobretudo, em razão da mora. Em face dessa situação hipotética, indique a providência judicial cabível e esclareça se Luíza possui legitimidade para o seu ajuizamento. Indique, também, o(s) efeito(s) jurídico(s) do pagamento caso Marla venha a receber a quantia consignada, tudo devidamente fundamentado.

– Primeira identificação: cerne do pedido – "efetuar o pagamento" ante a recusa e propor "medida judicial cabível para proteger o direito de Ana, sobretudo, em razão da mora". A ideia é resolver o problema definitivamente. O processo é de conhecimento.

– Há procedimento específico para tanto? Inicialmente, é preciso checar em leis esparsas; não havendo, deve-se verificar no índice do CPC. A jurisdição é voluntária ou contenciosa? Há um procedimento especial?

– Qual a previsão legal?

 **RESPOSTA:**

Luíza tem legitimidade, como terceira juridicamente interessada, nos termos do art. 304 do Código Civil, para propor ação de consignação em pagamento (art. 539 do CPC), que dispõe que qualquer interessado na extinção da dívida pode pagá-la usando dos meios conducentes à liberação do devedor, caso se oponha o credor. Caso Marla venha a aceitar o pagamento, o efeito jurídico será o de extinção da obrigação.

 **II) PEÇA PRÁTICA** (OAB/SP, 122º Exame de Ordem, ponto 1)

Carlos celebrou com Pierre, artista plástico de renome internacional, contrato por meio do qual este se comprometia a pintar, pessoalmente, 2 (duas) telas com motivos alusivos à nova mansão campestre por aquele adquirida. Pelo trabalho, Pierre receberia a quantia de R$ 200.000,00 (duzentos mil reais), dos quais R$ 100.000,00 (cem mil reais) lhe foram adiantados, e as telas deveriam ser entregues no prazo de um ano. Passado o prazo, Pierre entregou a Carlos as duas obras de arte, as quais, contudo, foram elaboradas por Jacques, discípulo de Pierre. Carlos negou-se a receber as obras, uma vez que havia especificamente determinado que Pierre deveria ser seu autor.

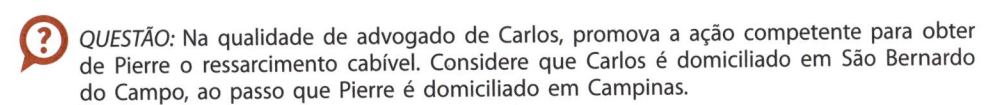 *QUESTÃO:* Na qualidade de advogado de Carlos, promova a ação competente para obter de Pierre o ressarcimento cabível. Considere que Carlos é domiciliado em São Bernardo do Campo, ao passo que Pierre é domiciliado em Campinas.

– Primeira identificação: cerne do pedido – "promova a ação competente para obter de Pierre o ressarcimento cabível". Pretende-se o pagamento de uma soma em dinheiro.

– Há título executivo? O problema não indica; portanto, a resposta é não.

– Há mera necessidade de conservar a utilidade de um futuro processo? Não.

– Pedido: condenatório. O processo é de conhecimento.

– Verificar se há previsão específica de procedimento. Há previsão de procedimento especial para essa matéria? Não. Portanto, o procedimento será comum.

 *GABARITO DIVULGADO PELA OAB/SP:*

Propositura de ação, pelo procedimento comum, perante alguma das varas cíveis da comarca de Campinas, visando ao recebimento dos R$ 100.000,00 (cem mil reais) que foram adiantados a Pierre, atualizados monetariamente e acrescidos de juros moratórios. Deverá o candidato sustentar que houve rompimento do contrato e que, na impossibilidade de as obras de arte serem elaboradas por outra pessoa, a obrigação resolve-se em perdas e danos (Código Civil, art. 247). Poderá ainda ser requerida indenização por danos morais ou outra plausível, com fundamento no art. 402 do Código Civil.

 **III) PEÇA PRÁTICA** (OAB/SP, 121º Exame de Ordem, ponto 2 – com adaptações*)

Dagoberto é beneficiário de duplicata de prestação de serviços emitida por Afonso contra Carlino, no valor de R$ 50.000,00 (cinquenta mil reais), cujo vencimento ocorreu em 20 de setembro de 2021*. Dagoberto recebeu a cártula por endosso em preto, diretamente do sacador, e tem em seu poder o respectivo comprovante de prestação de serviços, devidamente assinado pelo sacado. A duplicata não foi aceita por Carlino, embora se saiba que ele não se opôs expressamente a essa providência. Vencido o título e não pago, Dagoberto promoveu o protesto no dia 15 de dezembro de 2021*.

 *QUESTÃO:* Na qualidade de advogado de Dagoberto, aja em seu proveito. Considere que Dagoberto e Afonso residem em São Paulo, ao passo que Carlino é domiciliado em Santos, praça de pagamento do título.

– Primeira identificação: cerne do pedido – "aja em seu proveito". Pretende-se o pagamento de uma soma em dinheiro.

– Há título executivo? Sim, existe uma duplicata de prestação de serviços vencida e não paga.

– O processo é de execução. Segundo a natureza da prestação, a execução será por quantia certa.

 **GABARITO** *DIVULGADO PELA OAB/SP (com adaptações*):*

Propositura de execução por quantia, por Dagoberto, em face exclusivamente de Carlino, nos termos dos arts. 784, I, do CPC, e 15 e segs. da Lei nº 5.474/1968. A execução não deve ser movida contra Afonso, uma vez que o protesto posterior a 30 dias do vencimento do título opera a perda do direito de regresso contra o endossante, consoante dispõe o art. 13, § 4º, da Lei nº 5.474/1968. A execução deve ser movida perante algumas das varas cíveis de Santos (domicílio do devedor e local de pagamento do título) e explicitar na cobrança, amparar-se esta nos requisitos do art. 15 da Lei de Duplicatas.

 **IV) PEÇA PRÁTICA** (OAB/SP, 126º Exame de Ordem, ponto 2)

A ação ordinária movida por ABC Empreendimentos Ltda. contra Aristides da Silva foi julgada procedente, para condenar este ao pagamento da quantia de R$ 100.000,00 (cem mil reais) a título de perdas e danos causados por má prestação de serviços. Aristides recorreu, e o recurso aguarda distribuição no Tribunal competente. Enquanto isso, a ABC Empreendimentos Ltda. descobriu que Aristides pôs à venda os dois únicos imóveis desembaraçados de sua propriedade – um na cidade de Poá e outro na cidade de Itu – e pretende dilapidar seu patrimônio para furtar-se ao pagamento da indenização.

 *QUESTÃO:* Como advogado de ABC Empreendimentos Ltda., tome a medida cabível para a defesa de seus interesses. Considere que a ação tramitou perante a 20ª Vara Cível da Comarca de Santos, domicílio de Aristides e sede da ABC Empreendimentos Ltda.

– Primeira identificação: cerne do pedido – "medida cabível para a defesa de seus interesses". Pretende-se evitar a conduta do devedor que "pretende dilapidar seu patrimônio para furtar-se ao pagamento da indenização".

Pretende-se a conservação de uma situação. O processo não é de conhecimento nem de execução, porque não se busca uma solução definitiva da lide, mas apenas uma medida conservativa. Portanto, é pertinente o requerimento de tutela provisória cautelar fundada na urgência.

– Verificar se há previsão específica de procedimento.

– Quais são as previsões legais aplicáveis à espécie?

**GABARITO** *DIVULGADO PELA OAB/SP (com adaptações\*):*

> Propositura de tutela provisória de urgência cautelar mediante arresto, com fundamento no art. 301 do CPC. A ação deverá ser proposta diretamente no Tribunal de Justiça de São Paulo (CPC, art. 299, parágrafo único) e endereçada ao seu presidente, na falta de relator designado. O candidato deverá arguir a existência dos pressupostos da tutela provisória, quais sejam, a presença de elementos que evidenciem a probabilidade do direito (sentença condenatória) e o perigo de dano ou o risco ao resultado útil do processo (art. 300 do CPC), representado pela necessidade de obstar as alienações dos imóveis antes de consumadas.

## 2.8 ELEMENTOS VISUAIS FACILITADORES NOS ATOS PROCESSUAIS (*VISUAL LAW*)

 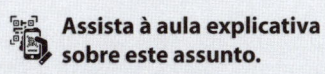 **Assista à aula explicativa sobre este assunto.**

> *https://uqr.to/14cq7*

Na era digital, as Tecnologias de Informação e Comunicação (TICs) assumem grande relevância. A sigla TIC retrata um conjunto de recursos tecnológicos integrados entre si que proporcionam, por meio das funções de *hardware, software* e telecomunicações, a automação e as transmissões referentes a negócios, pesquisa, ensino e aprendizagem; são exemplos de TICs os computadores, os telefones celulares e a internet.[47]

Os avanços digitais cotidianos são consideráveis; o uso massivo de "e-mails" e aplicativos contribui para desafiar as formas de interação e comunicação.[48]

A ampliada utilização de recursos eletrônicos, aliada ao desenvolvimento de novas ferramentas, tem gerado debates sobre o emprego de elementos visuais para retratar situações relevantes sob o prisma jurídico.

*Legal Design* (*design jurídico*) é a aplicação de técnicas próprias do *design* ao Direito na busca de resolver problemas da área jurídica, sendo uma de suas ferramentas o uso de elementos visuais.[49]

Vale destacar que o *design* (que pode ser traduzido como "desenho") se vincula à funcionalidade, e não à estética, visando principalmente a identificar e resolver problemas, promovendo o bem-estar do usuário/destinatário "por meio de uma abordagem estratégica, prática e criativa, centrada em suas necessidades".[50]

---

[47] TICs – Tecnologias da informação e comunicação. *Canal TI.* 2017. Disponível em: <https://www.canalti.com.br/tecnologia-da-informacao/tics-tecnologias-da-informacao-e-comunicacao/>. Acesso em: 30 mar. 2024.

[48] TARTUCE, Fernanda; BRANDÃO, Debora. Convivência familiar por meios tecnológicos. In: EHRHARDT JÚNIOR, Marcos; CATALAN, Marcos; MALHEIROS, Pablo (Coord). *Direito civil e tecnologia*, Belo Horizonte: Fórum, 2021. t. II, p. 452.

[49] CORREIA DA SILVA, Julia Vianna. Breve análise do uso de elementos do *visual law* no âmbito do Poder Judiciário. Disponível em: <https://emporiododireito.com.br/leitura/breve-analise-do-uso-de-elementos-do-visual-law-no-ambito-do-poder-judiciario>. Acesso em: 30 nov. 2021.

[50] PRESGRAVE, Ana Beatriz et al. Visual Law: o *design* em prol do aprimoramento da advocacia. Brasília: OAB Editora, 2021. p. 20.

A abordagem do *legal design* não pode se pautar somente por critérios quantitativos – como o volume de processos judiciais ou a demora em sua tramitação: ela "deve considerar também critérios qualitativos, como o acesso à justiça, o devido processo legal e o contraditório".[51]

A linguagem, enquanto meio de comunicação de informações, é sempre um ponto fundamental a ser considerado, já que sua configuração se mostra essencial para a integral compreensão de conteúdos; simplificar a transmissão de informações promove um contato mais fácil com o teor a ser comunicado.[52]

*Visual Law* (direito visual) é expressão que retrata o conjunto de ferramentas visuais empregadas para facilitar a compreensão dos fatos apresentados em atos processuais; são exemplos: vídeos, infográficos, fluxogramas, *storyboards*, ícones e QR codes[53] (estes levam o autor a um sítio na internet em que um assunto é desenvolvido com mais profundidade).

A proposta é, assim,

"(usar) técnicas que, intencionalmente, conectam a linguagem escrita com a linguagem visual ou audiovisual (em qualquer interface), mormente pelas possibilidades de aplicação em documentos jurídicos, como contratos, petições, comunicações com clientes, ofícios etc., para tornar as informações mais objetivas, diretas, compreensíveis e acessíveis, mesmo para pessoas que não integram o meio jurídico".[54]

O predomínio de expressões técnico-jurídicas faz com que muitas pessoas se sintam alijadas da comunicação entabulada entre advogados, magistrados, servidores e membros do Ministério Público. Mesmo ao buscar informações em serventias judiciais é comum que jurisdicionados não consigam entender o teor de diversas frases compostas por expressões jurídicas ininteligíveis para leigos.

O Conselho Nacional de Justiça, atento a tal realidade, editou duas resoluções em que contempla expressamente a necessidade de facilitar o entendimento geral.

A Resolução 347/2020 dispõe sobre a Política de Governança das Contratações Públicas no Poder Judiciário; nos termos de seu art. 32, parágrafo único, "sempre que possível, dever-se-á utilizar recursos de *visual law* que tornem a linguagem de todos os documentos, dados estatísticos em ambiente digital, análise de dados e dos fluxos de trabalho mais claros, usuais e acessíveis".

Na mesma linha, a Resolução 395/2021 do CNJ, ao instituir a Política de Gestão da Inovação no âmbito do Poder Judiciário, reconheceu a necessidade da adoção de "metodologias ágeis e de recursos tecnológicos para, mediante a otimização dos processos de trabalho, aprimorar a prestação jurisdicional e posicionar o usuário como peça central na execução do serviço público". Para os fins da Resolução, considera-se o *Visual law* como

---

[51] PRESGRAVE, Ana Beatriz et al. Visual Law: o *design* em prol do aprimoramento da advocacia, cit., p. 30.

[52] TARTUCE, Fernanda; BORTOLAI, Luis. Mediação de conflitos, inclusão social e linguagem jurídica: potencialidades e superações. *Civil Procedure Review*, v. 6, p. 120, 2015.

[53] ROCHA, Gustavo. Afinal, *Visual Law* é importante? Disponível em: <https://www.jornaljurid.com.br/noticias/afinal-visual-law-e-importante>. Acesso em: 30 mar. 2024.

[54] PRESGRAVE, Ana Beatriz et al. Visual Law: o *design* em prol do aprimoramento da advocacia, cit., p. 14.

"subárea do *Legal Design* que utiliza elementos visuais tais como imagens, infográficos e fluxogramas, para tornar o Direito mais claro e compreensível".

Antes mesmo da edição de tais atos normativos, algumas inovações na comunicação com os jurisdicionados já eram encontradas; como exemplo, um magistrado federal em Natal/RN começou, a partir de 2020, a promover citações e penhoras com sinalizações visuais do teor. O mandado de citação e intimação de penhora, nesse formato,

> "contém pictogramas, ícones, telefones para contato, QR *Code* e *link* para um vídeo em que o próprio juiz explica, em uma mensagem clara e descomplicada, o conteúdo do mandado judicial ao cidadão que deixou de cumprir suas obrigações fiscais, por exemplo. Para processos complexos, o juiz desenvolveu fluxogramas com pictogramas para todos compreenderem corretamente o fluxo processual".[55]

Vale destacar que o uso de elementos visuais nos atos processuais não dispensa a adequada fundamentação; o formato tradicional pode vir acompanhado de uma apresentação visual facilitadora para que haja maior compreensão por parte dos destinatários.

Como exemplo, usar ferramentas visuais em demandas de direito de família pode: (a) melhorar a exposição do trinômio necessidade/possibilidade/proporcionalidade em relação aos alimentos; (b) retratar de forma mais acessível as responsabilidades e prerrogativas decorrentes do poder familiar, chegando até a normatizar a convivência familiar de forma lúdica;[56] (c) a partir do uso de *storyboards* (quadros de histórias) ou infográficos, contribuir para demonstrar fatos ao longo do tempo.[57]

Segundo a doutrina, o *visual law* é "possível a partir do avanço tecnológico e, por consequência, dos novos meios que estão à disposição dos operadores do Direito".[58]

Quando alguém simpático à adoção não se sente apto a aplicar ferramentas visuais, como pode proceder? Nesse caso, a pessoa pode aprender por si mesma "a criar seus modelos de trabalho e recursos gráficos e de *design* que tragam mais empatia, entendimento e celeridade na compreensão da linguagem utilizada, seja por parte do cliente seja por parte do sistema de Justiça".[59]

Mas uma reflexão vale ser feita: será que o emprego de elementos visuais para retratar o conteúdo de atos processuais não passa de um modismo?

Dizer que algo novo é moda equivale a dizer que a inovação não vai perdurar ao longo do tempo; assim, para afirmar se a técnica de *Visual Law* é um modismo, deve-se

---

[55] Disponível em: <https://amagis.com.br/posts/comunicacao-visual-aprimora-praticas-juridicas>. Acesso em: 6 dez. 2021.

[56] COELHO, Marianna Keller Lima. Tecnologia no direito das famílias: perspectivas e inovações. Disponível em: <https://www.migalhas.com.br/depeso/355798/tecnologia-no-direito-das-familias--perspectivas-e-inovacoes>. Acesso em: 30 mar. 2024.

[57] ROCHA, Gustavo. Afinal, *Visual Law* é importante? Disponível em: <https://www.jornaljurid.com.br/noticias/afinal-visual-law-e-importante>. Acesso em: 30 mar. 2024.

[58] Dierle Nunes e Larissa Holanda Andrade Rodrigues, O contraditório e sua implementação pelo *design*: *design thinking*, *legal design* e *visual law* como abordagens de implementação efetiva da influência. In: NUNES, Dierle; LUCON, Paulo Henrique dos Santos; WOLKART, Erik Navarro (Coord.). *Inteligência artificial e direito processual*: os impactos da virada tecnológica no direito processual. Salvador: Juspodivm, 2020. p. 240.

[59] GOLDHAR, Tatiane Gonçalves Miranda. O que é *Legal Design*: 5 mitos que te contam sobre a área. Disponível em: <https://blog.sajadv.com.br/o-que-e-legal-design/>. Acesso em: 6 dez. 2021.

avaliar empiricamente se realmente ela terá – ou não – aptidão para ser incorporada, definitivamente, nas rotinas dos operadores do direito.[60]

Para o coautor deste livro, o *visual law*, com o passar do tempo, ficará restrito a situações específicas, em que o suporte ao apoio visual será necessário para a compreensão da lide. Isso porque, considerando o volume imenso de processos existentes no Judiciário, é necessária (inclusive como se destaca ao longo deste livro) apresentar petições sucintas, objetivas e técnicas. Nesse sentido, com milhares de processos pendentes de julgamento, entende o coautor que os juízes não param a leitura de uma petição para abrir um *QR Code* que leve a uma exposição oral do advogado do caso.

Já para a coautora deste *Manual* o uso de elementos visuais tende a se prodigalizar e ganhar cada vez mais campo – especialmente a partir do momento em que tivermos novos profissionais das gerações mais afeitas a interações tecnológicas, em número prevalecente nas carreiras jurídicas. Nesse sentido, a resposta negativa à questão sobre ser modismo, bem delineada por Cristiane Iwakura, merece adesão; eis sua conclusão:

"resta evidente que as críticas em torno do *Visual Law* são bem-vindas, desde que construtivas. A resposta do usuário é elemento essencial para o desenvolvimento e aperfeiçoamento do *Visual Law*. Mas isto não pode servir como uma barreira ou um desincentivo para o avanço desta técnica, pelo contrário. Tudo faz parte de um processo dialógico".[61]

No ponto, cabe citar interessante pesquisa em que 147 magistrados federais atuantes em 17 estados do país responderam, entre maio e novembro de 2020, a um questionário sobre sua visão quanto ao uso de elementos visuais:

"no geral, QR *Codes* (39,2%) e vídeos (34,6%) foram apontados pelos respondentes como os principais recursos que não devem ser aplicados em petições (...); 77,12% dos magistrados concordaram que os elementos visuais facilitam a análise das petições, desde que usados de forma moderada".[62]

O *legal design* é uma área em desenvolvimento no Brasil.[63]

Para quem decidir inovar, vale o lembrete: utilizar ferramentas visuais pode ser útil desde que a iniciativa seja tomada com moderação, sem perder o foco de facilitar a compreensão dos destinatários.

[60] IWAKURA, Cristiane Rodrigues. *Visual Law* é modismo? Disponível em: <https://www.migalhas.com.br/coluna/elas-no-processo/353530/visual-law-e-modismo>. Acesso em: 30 nov. 2021.

[61] IWAKURA, Cristiane Rodrigues. *Visual Law* é modismo? Disponível em: <https://www.migalhas.com.br/coluna/elas-no-processo/353530/visual-law-e-modismo>. Acesso em: 30 nov. 2021.

[62] AZEVEDO, Bernardo de. Elementos visuais em petições na visão da magistratura federal. *Visulaw*, 2021 (arquivo eletrônico).

[63] PRESGRAVE, Ana Beatriz et al. Visual Law: o *design* em prol do aprimoramento da advocacia, cit., p. 17.

3

# PROVIDÊNCIAS PRÉVIAS
# AO AJUIZAMENTO DA DEMANDA

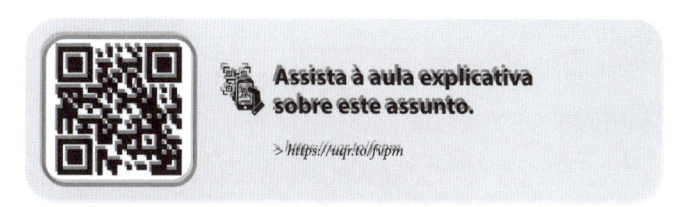

## 3.1 CONSIDERAÇÕES INICIAIS

Para que possa se desenvolver de forma válida e regular, o processo deve observar certos requisitos, os chamados pressupostos processuais. Embora a lei processual os mencione de forma genérica no art. 485, IV ("pressupostos de constituição e de desenvolvimento válido e regular do processo"), a doutrina os especifica: órgão julgador competente e imparcial, petição inicial tecnicamente formulada, citação do réu e capacidade das partes.[1] Neste momento, o objetivo é analisar o último desses requisitos.

É necessário considerar as condições de discernimento e atuação dos litigantes. Afinal, os sujeitos parciais do processo (partes e/ou interessados) devem estar devidamente indicados e representados nos autos, sob pena de a ausência de tais elementos comprometer a validade e a utilidade da relação processual.

## 3.2 PARTES E INTERESSADOS

A nomenclatura dos sujeitos do processo pode variar conforme o tipo de processo e de procedimento em que atuam.

No processo de conhecimento de índole contenciosa, fala-se em *autor* (parte que pede) e *réu* (parte que resiste à pretensão alheia).

---

[1] Esta é uma relação básica dos pressupostos (e suficiente para os objetivos desta obra). Contudo, cabe destacar que há alguma variação na doutrina.

Em processos de conhecimento sem conflito (sem lide), ou seja, procedimentos especiais de jurisdição voluntária, como o divórcio consensual, os cônjuges são *interessados* no resultado comum e não propriamente autor e réu em litígio. Por força da praxe, acabam sendo denominados como requerente e requerido.

No processo de execução e no cumprimento de sentença, a nomenclatura mais adequada para as partes envolve os termos *exequente* e *executado*.

Como o mesmo fenômeno se verifica em certos incidentes processuais e fases do processo, apresentamos a seguinte tabela com o intuito de elucidar a denominação mais utilizada, destacando que não há maiores consequências se não for utilizada exatamente a nomenclatura a seguir indicada.

| Petições | | Polo Ativo | Polo Passivo |
|---|---|---|---|
| Processo de conhecimento | Jurisdição contenciosa | Autor | Réu |
| | Jurisdição voluntária (interessados) | Requerente | Requerido |
| Processo de execução | | Exequente | Executado |
| Embargos | | Embargante | Embargado |
| Chamamento ao processo | | Chamante | Chamado |
| Denunciação da lide | | Denunciante | Denunciado |
| Mandado de segurança | | Impetrante | Impetrado |
| Apelação | | Apelante | Apelado |
| Agravo | | Agravante | Agravado |

## 3.3 CAPACIDADE DE SER PARTE

A capacidade de ser parte está ligada à personalidade jurídica (CPC, art. 75). Em regra, poderá ser parte quem puder ser titular de direitos (CC, art. 1º). Assim, a rigor, não é possível que um ser inanimado seja parte em um processo judicial.

Nessa lógica, somente seria parte quem fosse dotado de personalidade jurídica. Entretanto, por questões de ordem prática (para solucionar problemas verificados na vida social e no dia a dia forense), o legislador entendeu conveniente atribuir capacidade de ser parte a determinados entes despersonalizados (CPC, art. 75, V, VI, VII, IX e XI).

Portanto, em nosso sistema não há grandes restrições para figurar como parte. Além das pessoas físicas e jurídicas, mesmo entes despersonalizados – que não configurem propriamente pessoas jurídicas, como a sociedade irregular e a massa falida –, podem demandar e ser demandados. Isto é importante para evitar que entidades irregulares se valham da falta de oficialização a ponto de não responder em juízo. Nos termos do art. 75, § 2º, do CPC, "a sociedade ou associação sem personalidade jurídica não poderá opor a irregularidade de sua constituição quando demandada".

No entanto, existem algumas polêmicas.

Considerando que o feto não tem personalidade jurídica (pois esta inicia com o nascimento com vida, conforme previsto no CC, art. 2º), a posição clássica é que o nascituro não tem capacidade de ser parte, ainda que seus direitos possam ser tutelados por seus pais – conforme prevê o referido art. 2º do CC. Mas há quem, na doutrina, defenda uma interpretação extensiva da capacidade de ser parte e já admita o feto sendo autor, há, inclusive, algumas decisões judiciais nesse sentido. De qualquer forma, nada obsta que os pais pleiteiem eventuais direitos do nascituro. Nesse sentido, em termos de alimentos gravídicos, a própria lei prevê seu pleito pela mãe e não pelo feto (Lei nº 11.804/2008, arts. 1º e 6º).

Outro tema debatido é a possibilidade de animais (como gatos e cachorros) figurarem no processo como partes. Novamente, pela interpretação clássica isso não é possível, sendo essa a posição doutrinária e jurisprudencial amplamente dominante. Contudo, há que defenda que os animais já possam figurar como partes, o que começa a receber algum acolhimento da jurisprudência.

A posição mais segura para evitar determinações de emenda da inicial, ter um processo mais rápido e para se manifestar em provas e bancas de concurso é seguir o posicionamento tradicional.

Entretanto, por certo, se o profissional acredita na tese e entende que eventual demora é um custo a ser aceito em prol da evolução jurisprudencial, então, a iniciativa pode valer a pena.

## 3.4 CAPACIDADE PROCESSUAL

*Capacidade processual* (ou *legitimatio ad processum*) significa a aptidão para o exercício – por si só e sem auxílio de outros – de direitos e obrigações processuais.

Ela deve estar sempre presente sob pena de haver vício formal por ausência de pressuposto processual atinente à capacidade de estar em juízo. Há capacidade processual para quem se "encontre no exercício de seus direitos" (CPC, art. 70), sendo que a lei processual se vale da capacidade de exercício do Código Civil em que existe o absolutamente incapaz (menor de 16 anos – CC, art. 3º), que é representado, e o relativamente incapaz (entre 16 e 18 anos – CC, art. 4º), que é assistido.

Em caso de incapacidade, é possível que esta seja suprida? Sim – com a regularização do assistente/representante, com sua inclusão na demanda nessa condição, bem como com a regularização da procuração.

Não havendo tal correção, o processo será extinto (se a omissão for do autor), será decretada a revelia (caso a omissão seja do réu ou de terceiro que se encontre no polo passivo da relação processual) ou haverá a exclusão do processo (no caso de terceiro que figure no polo ativo da relação processual), segundo dispõe o § 1º do art. 76 do CPC.

### 3.4.1 Capacidade processual das pessoas físicas

A capacidade processual representa a aptidão de participar dos atos em juízo por si mesmo sem precisar do auxílio de outrem.

Um bebê[2] tem capacidade de ser parte (em abstrato, pode litigar pedindo alimentos ou petição de herança, por exemplo), mas não pode atuar sozinho no polo da relação jurídica processual; assim, embora tenha capacidade de ser parte, não tem capacidade processual, devendo estar acompanhado em juízo de seu representante para que seja suprida sua incapacidade processual.

---

[2] O que ocorre se quem demanda ainda não nasceu? Nesse caso, duas respostas são possíveis: a) a petição inicial contará, na qualificação, com a expressão "Nascituro de (nome da mãe)" – entendimento esposado pela coautora desta obra; b) a genitora constará no polo ativo atuando pelo feto – posição sustentada pelo coautor do livro. Há visões divergentes também na jurisprudência sobre o tema. A posição mais tradicional é no sentido de somente se colocar o bebê no polo ativo após o nascimento com vida.

O incapaz, portanto, deverá atuar em conformidade com os institutos da representação ou da assistência, consoante seu grau de incapacidade seja absoluto ou relativo (CC, arts. 3º e 4º[3]).

Sendo a pessoa absolutamente incapaz (menor impúbere – já que não há mais menção no CC a quem, por enfermidade ou deficiência mental, não tem discernimento[4]), ela deverá integrar a relação processual por meio de seu representante legal (seus pais, seu tutor ou um curador nomeado judicialmente).

A procuração: a) será assinada por esse representante, já que o absolutamente incapaz não tem vontade juridicamente relevante; b) pode ser feita por instrumento (público ou particular) de mandato ao advogado, já que o representante assina em nome próprio.

Quando o indivíduo é relativamente incapaz (por exemplo, menor púbere entre 16 e 18 anos), é assistido por alguém e ambos devem assinar conjuntamente a procuração para que o advogado possa atuar em juízo (o menor será assistido pelo seu assistente, mesmo em tal ato).

É possível que o menor púbere (assistido, por exemplo, pela mãe) outorgue procuração ao advogado por instrumento particular ou exige-se instrumento público?

Há quem exija a outorga de poderes em procuração por instrumento público com base na interpretação a *contrario sensu* do art. 654 do Código Civil;[5] que regula o contrato de mandato em geral.

Contudo, prevalece a visão de que o Código Civil regula o mandato *ad negotia* (ou seja, extrajudicial, para atos como uma compra e venda), sendo o mandato judicial regulado pelo CPC. Como a lei processual não diferencia os menores púberes dos impúberes, é possível a outorga de procuração por instrumento particular pelo relativamente incapaz assistido por seu responsável; esse entendimento se revela apropriado também por evitar ônus desnecessários ao menor púbere.[6]

O Código prevê, ainda, em determinados casos, a figura de um curador especial, pessoa nomeada pelo juiz para atuar em prol de certos litigantes com vistas a assegurar sua ampla defesa.[7] Nos termos do art. 72 do CPC, o juiz dará curador especial: I – ao incapaz, se não tiver representante legal, ou se os interesses deste colidirem com os daquele, enquanto durar a incapacidade; II – ao réu preso revel, bem como ao revel citado por edital ou com hora certa, enquanto não for constituído advogado.

Finalmente, há que se apontar a situação das pessoas que têm plena capacidade de direito, mas encontram restrições em sua capacidade processual pelo fato de serem casadas ou viverem em união estável.[8]

---

[3] Vale destacar que esses artigos foram alterados pela Lei nº 13.146/2015 (Estatuto da pessoa com deficiência). Atualmente, são absolutamente incapazes apenas os menores de 16 anos (art. 3º), sendo relativamente incapazes os maiores de 16 (e menores de 18 anos), os ébrios habituais, os viciados em tóxico e aqueles que, por causa transitória ou permanente, não puderem exprimir sua vontade.

[4] A respeito de pessoas com deficiência, a Lei nº 13.146/2015 prevê, dentre outros dispositivos, que: (i) "A deficiência não afeta a plena capacidade civil da pessoa" (art. 6º) e (ii) "A pessoa com deficiência tem assegurado o direito ao exercício de sua capacidade legal em igualdade de condições com as demais pessoas" (art. 84).

[5] CC, art. 654. "Todas as pessoas capazes são aptas para dar procuração mediante instrumento particular, que valerá desde que tenha a assinatura do outorgante".

[6] TARTUCE, Fernanda. *Processo civil no Direito de Família*: teoria e prática. 8. ed. rev., atual. e ampl. São Paulo: Método, 2024, p. 53.

[7] Normalmente, um advogado é nomeado para fazer a defesa do ausente. Por não ter contato direto com a parte, a lei faculta que ele formule defesa por negativa geral.

[8] Nos termos do art. 73 do CPC, o cônjuge necessita do consentimento do outro para propor ação que verse sobre direito real imobiliário, salvo quando casados sob o regime de separação

Se a pessoa for autora, usualmente não necessitará da presença nem do consentimento do cônjuge/companheiro para propor a demanda. A *regra* é essa, já que não haverá potencial perda de patrimônio, mas acréscimo.

Como *exceção*, para propor ações que versem sobre direitos reais imobiliários,[9] será necessário contar com a *outorga uxória* (autorização outorgada pela mulher ao marido), a *outorga marital* (autorização outorgada pelo marido à mulher) ou a autorização do convivente (se viver em união estável). A lei exige, portanto, que cônjuges e conviventes declarem estar cientes da propositura de tais demandas – a não ser que o regime de bens seja o da separação total (CPC, art. 73, *caput*).

Se houver discordância entre os cônjuges, dispõe o art. 74 do CPC que o consentimento do marido ou da mulher poderá ser suprido judicialmente (quando um cônjuge a recuse ao outro sem justo motivo ou, principalmente, quando for impossível dá-la, como em caso de um coma médico). A ação para o suprimento judicial é essencial já que, segundo o parágrafo único do mesmo dispositivo, "a falta de consentimento, quando necessário e não suprido pelo juiz, invalida o processo".

Se for demandada uma pessoa casada ou que vive em união estável, será necessária a participação de seu cônjuge ou companheiro na ação, como corréu, em *litisconsórcio necessário*,[10] em certas demandas que possam gerar perdas patrimoniais relevantes. O art. 73, § 1º, do CPC indica que isso se aplica às ações: I – que versam sobre direito real imobiliário (salvo quando casados sob o regime de separação absoluta de bens); II – resultantes de fato que diga respeito a ambos os cônjuges ou de ato praticado por eles; III – fundadas em dívida contraída por um dos cônjuges a bem da família; IV – que tenham por objeto o reconhecimento, a constituição ou a extinção de ônus sobre imóvel de um ou de ambos os cônjuges.

Nas ações possessórias, a participação do cônjuge ou convivente de autor ou réu só será indispensável em dois casos: composse ou ato praticado por ambos (CPC, art. 73, § 2º).

Se descumpridas as normas anteriores, variarão as consequências dependendo da posição ocupada pelo indivíduo no processo: verificando o juiz a incapacidade processual ou a irregularidade da representação das partes, suspenderá o processo e marcará prazo razoável para ser sanado o defeito (CPC, art. 76).

Não sanado o defeito, poderá ocorrer uma das seguintes hipóteses:

| NÃO CUMPRIMENTO DA DECISÃO DETERMINADORA DA REGULARIZAÇÃO | |
| --- | --- |
| Pelo autor | Extinção do processo sem resolução de mérito |
| Pelo réu | Será considerado revel |
| Pelo terceiro | Será considerado revel (se no polo passivo) ou excluído do processo (se no polo ativo) |
| A matéria constitui pressuposto processual. Caso o processo prossiga com a incapacidade, será extinto, se a providência couber ao autor, e haverá revelia, se a providência couber ao réu (art. 76, § 1º). | |

---

absoluta de bens. Segundo o § 3º de tal dispositivo, aplica-se a regra à união estável comprovada nos autos.

[9] São exemplos a ação de usucapião de bem imóvel e a ação reivindicatória, ambas fundadas no alegado direito de propriedade.

[10] A respeito, vale lembrar a célebre frase dita em casamentos: "Juntos, na alegria e na *tristeza*...".

### 3.4.2 Capacidade processual das pessoas jurídicas

As pessoas jurídicas[11] atuam no mundo por meio de pessoas físicas que as representam.

Como mencionado, há certos grupos despersonalizados que, embora não tenham personalidade civil, têm capacidade processual e podem estar em juízo. São exemplos o condomínio, a massa falida, o espólio, as heranças jacente e vacante, a sociedade despersonalizada etc. Tais entes são representados nos autos, em regra, pela pessoa que administra seus bens ou que gere suas atividades (como, por exemplo, o síndico do condomínio, o administrador judicial da falência, o inventariante do espólio).

O art. 75 do CPC especifica como deve ocorrer a representação das pessoas jurídicas em juízo, afirmando que serão representados em juízo, ativa e passivamente:

I – a União, pela Advocacia-Geral da União, diretamente ou mediante órgão vinculado;

II – o Estado e o Distrito Federal, por seus procuradores;

III – o Município, por seu prefeito, procurador ou Associação de Representação de Municípios, quando expressamente autorizada;

IV – a autarquia e a fundação de direito público, por quem a lei do ente federado designar;

V – a massa falida, pelo administrador judicial;

VI – a herança jacente ou vacante, por seu curador;

VII – o espólio, pelo inventariante;

VIII – a pessoa jurídica, por quem os respectivos atos constitutivos designarem ou, não havendo essa designação, por seus diretores;

IX – a sociedade e a associação irregulares e outros entes organizados sem personalidade jurídica, pela pessoa a quem couber a administração de seus bens;

X – a pessoa jurídica estrangeira, pelo gerente, representante ou administrador de sua filial, agência ou sucursal aberta ou instalada no Brasil;

XI – o condomínio, pelo administrador ou síndico.

Merece destaque a previsão sobre a representação de pessoa jurídica no Juizado Especial Civil: segundo o art. 9º, § 4º, da Lei nº 9.099/1995, na qualidade de ré, ela poderá ser representada por preposto credenciado, munido de carta de preposição com poderes para transigir, *sem* haver necessidade de vínculo empregatício – tal fato foi considerado importante a ponto de ser explicitado da norma porque alguns juízes, de maneira indevida e sem base legal, exigiam que o preposto fosse empregado da empresa ré.

## 3.5 CAPACIDADE POSTULATÓRIA

Além das capacidades de ser parte e de estar em juízo, exige-se que a pessoa atue em juízo com capacidade postulatória, aptidão para postular perante o Poder Judiciário.

Por capacidade postulatória entende-se a capacidade de representar as partes em juízo, a *capacidade de postular (pedir em sentido amplo; formular pedidos e requerimentos das partes e a eles resistir) perante os órgãos do Poder Judiciário.*

---

[11] O mais significativo regramento da matéria encontra-se no Código Civil entre os arts. 40 e 52.

Para formular pleitos adequadamente perante o juiz, o sistema em regra exige que a parte aja por meio de um profissional com habilitação técnica:[12] o advogado legalmente reconhecido pela Ordem dos Advogados do Brasil, constituído como procurador da parte.

Excepcionalmente a lei permite que a parte atue diretamente perante os órgãos jurisdicionais, formulando pleitos sem a intervenção técnica do advogado. Isso ocorre nas seguintes situações:

– Juizados Especiais,[13] nas causas cujo valor não for superior a 20 salários mínimos: Lei nº 9.099/1995, art. 9º (JEC); Lei nº 12.153/2009, art. 27 (JEFP), e Lei nº 10.259/2001, art. 1º (JEF[14]);

– Ação de Alimentos: Lei nº 5.478/1968, art. 2.º;

– *Habeas Corpus* (HC): CPP, art. 654 e Lei nº 8.906/1994, art. 1º, § 1.º;

– Justiça do Trabalho: CLT, art. 791.

## 3.6 DOS PROCURADORES

Segundo a lei, "a parte será representada em juízo por advogado regularmente inscrito na Ordem dos Advogados do Brasil" (CPC, art. 103).[15]

Para comprovar a representação, o advogado deverá apresentar o instrumento de mandato, isto é, a procuração (CPC, art. 104). A exigência legal é clara, muito embora o próprio artigo estabeleça regras de balanceamento para evitar excessivo rigor burocrático, permitindo, por exemplo, que o advogado atue sem procuração para praticar "ato considerado urgente".[16]

Nesse caso, o advogado terá 15 dias para juntar a procuração, prorrogáveis por mais 15, com autorização do juiz (CPC, art. 104, § 1º). Não havendo a juntada da procuração nesse prazo, o ato realizado será considerado ineficaz, respondendo o advogado por perdas e danos (CPC, art. 104, § 2º).

Caso a parte seja hipossuficiente (pobre na acepção jurídica do termo, não tendo como recolher custas e despesas sem prejuízo do sustento próprio e da família) e conte com assistência jurídica integral e gratuita prestada pela Defensoria Pública, a situação será diferente por causa da prerrogativa processual conferida a esta: há previsões legais que a dispensam de apresentar mandato para representação da parte (LC 80/1994, art. 128, XI, e CPC, art. 287, II).

---

[12] Justifica-se a obrigatoriedade de advogado porque, além de ser essencial contar com alguém dotado de conhecimento técnico (para viabilizar a decisão informada sobre consequências jurídicas), a atuação de uma pessoa estranha ao conflito (e, por isso, com melhores condições psicológicas de atuar na causa) favorece a objetividade no trato dos temas.

[13] A ADIn nº 1.127 foi julgada procedente para reconhecer a inconstitucionalidade do art. 1º, I, da Lei nº 8.906/1994 ("O STF por unanimidade, em relação ao inciso I do art. 1º, julgou prejudicada a alegação de inconstitucionalidade relativamente à expressão 'juizados especiais', e, por maioria, quanto à expressão, por maioria, quanto à expressão 'qualquer', julgou procedente a ação direta").

[14] Em relação ao JEF e JEFP, não há limitação da lei quanto aos 20 salários; usualmente se admite a postulação sem advogado até o teto desses Juizados (60 salários mínimos).

[15] Pode a parte postular em causa própria quando for advogada (CPC, art. 103, parágrafo único).

[16] Sob as penas da lei: "Art. 104. (...) § 2º O ato não ratificado será considerado ineficaz relativamente àquele em cujo nome foi praticado, respondendo o advogado pelas despesas e por perdas e danos" (CPC).

E se a parte hipossuficiente for representada por outra entidade que presta assistência jurídica? Nos termos da Súmula 644 do STJ, "o núcleo de prática jurídica deve apresentar o instrumento de mandato quando constituído pelo réu hipossuficiente, salvo nas hipóteses em que é nomeado pelo juízo".

No ponto, uma nova situação merece ser considerada pelo potencial de gerar um olhar excessivamente crítico em relação às procurações – sobretudo as assinadas por pessoas vulneráveis economicamente.

A Recomendação nº 159/2024 do Conselho Nacional de Justiça (CNJ) sugere a adoção de medidas para identificar, tratar e prevenir a litigância abusiva que configura, segundo seu art. 1º, "desvio ou manifesto excesso dos limites impostos pela finalidade social, jurídica, política e/ou econômica do direito de acesso ao Poder Judiciário, inclusive no polo passivo, comprometendo a capacidade de prestação jurisdicional e o acesso à Justiça".

Na caracterização do gênero "litigância abusiva" ou "litigância predatória", devem ser consideradas como espécies as condutas ou "demandas sem lastro, temerárias, artificiais, procrastinatórias, frívolas, fraudulentas, desnecessariamente fracionadas, configuradoras de assédio processual ou violadoras do dever de mitigação de prejuízos, entre outras, as quais, conforme sua extensão e impactos, podem constituir litigância predatória" (CNJ, Recomendação nº 159, art. 1º, parágrafo único).

Como exemplo, o Centro de Inteligência do TJMS afirmou ter identificado 27 mil ações sobre empréstimo consignado assinadas por um mesmo advogado no Estado: as petições tinham a "narrativa hipotética" de que os autores não se lembravam de ter celebrado empréstimo, vinham desacompanhadas de extrato bancário, a procuração tinha "conteúdo genérico" e, em 99% dos casos, era pedida a dispensa da audiência de conciliação.[17]

Como se nota, foi apontado criticamente o teor do instrumento de mandato. Em relação às procurações, consta no anexo A da Recomendação n. 159/2024 do CNJ uma lista exemplificativa de condutas processuais potencialmente abusivas com as seguintes indicações:

11) apresentação de procurações incompletas, com inserção manual de informações, outorgadas por mandante já falecido(a), ou mediante assinatura eletrônica não qualificada e lançada sem o emprego de certificado digital de padrão ICP-Brasil; (...)

18) apresentação em juízo de notificações extrajudiciais destinadas à comprovação do interesse de agir, formuladas por mandatários(as), sem que tenham sido instruídas com procuração, ou, se for o caso, com prova de outorga de poderes especiais para requerer informações e dados resguardados por sigilo em nome do(a) mandante.

Voltando ao ponto inicial, vale destacar como exemplo que o Departamento Jurídico XI de Agosto,[18] núcleo de prática jurídica da Faculdade de Direito da USP, costuma usar há décadas um modelo de procuração em que os assistidos completam manualmente seus dados para facilitar o atendimento. Apenas tal fato não deve fazer crer que haja litigância abusiva, mas infelizmente isso já ocorreu.

---

17 Centros de inteligência de tribunais se unem contra a litigância predatória. Disponível em: https://www.conjur.com.br/2024-fev-10/centros-de-inteligencia-de-tribunais-se-unem-contra-a-litigancia-predatoria/. Acesso em: 24 jan. 2025.

18 A instituição atua desde 1919 em prol da população hipossuficiente na capital paulista.

O tema da litigância abusiva/ predatória desperta altas controvérsias. Apesar de ser aplicada por alguns magistrados, a Recomendação n. 159/2024 do CNJ não vincula os juízes e muitos não a aplicam no cotidiano forense – até por falta de base legal. De todo modo, como ela tem potencial de aplicação, é importante que a advocacia conheça suas diretrizes.

Ainda que a recomendação não seja vinculante, o STJ decidiu, em março de 2025, em recurso repetitivo (Tema 1.198), portanto vinculante, o seguinte: "Constatados indícios de litigância abusiva, o juiz pode exigir, de modo fundamentado e com observância à razoabilidade do caso concreto, a emenda da petição inicial para demonstrar o interesse de agir e a autenticidade da postulação, respeitadas as regras da distribuição do ônus da prova". No entanto, como se percebe, o Tema 1.198 é mais genérico e restritivo que a Recomendação CNJ 159/2024.

### 3.6.1 Da procuração judicial

Conforme explicitado, a parte será representada em juízo por advogado legalmente habilitado, que deverá comprovar a respectiva regularidade com a procuração, que é o instrumento do mandato.[19]

A procuração, quando destinada a nomear advogado e levada a juízo, é conhecida como procuração judicial, ou procuração *ad judicia*, e poderá apresentar-se segundo diversas formas e classificações.

Primeiramente, pode-se observar a variedade de instrumentos: a procuração pode ser conferida por instrumento público ou por *instrumento particular*[20] assinado pela parte.

Note-se, porém, que a lei é clara ao afirmar que "todas as pessoas capazes são aptas para dar procuração mediante instrumento particular, que valerá desde que tenha a assinatura do outorgante" (art. 654 do CC).

Admite-se procuração assinada digitalmente (CPC, art. 105, § 1º).

É preciso, porém, atentar-se para a qualidade da assinatura eletrônica. Consta no anexo A da Recomendação n. 159/2024 do CNJ, na lista exemplificativa de condutas processuais potencialmente abusivas, a apresentação de procurações incompletas, com inserção manual de informações, outorgadas por mandante já falecido(a), ou mediante assinatura eletrônica não qualificada e lançada sem o emprego de certificado digital de padrão ICP-Brasil (item 11).

Em relação aos absolutamente incapazes (menores de 16 anos, conforme art. 3º do Código Civil), a rigor, não seria possível firmar instrumento particular de mandato, mas houve mitigação de exigências. Assim, tem-se aceitado, em regra, procuração particular tanto no caso de menor de 16 anos (absolutamente incapaz – procuração assinada so-

---

[19] Segundo o art. 656 do CC, "o mandato pode ser expresso ou tácito, verbal ou escrito". Dispõe o art. 659 do mesmo Código que "a aceitação do mandato pode ser tácita, e resulta do começo de execução".

[20] Nos exatos termos do CC: "Art. 654. *Todas as pessoas capazes são aptas para dar procuração mediante instrumento particular, que valerá desde que tenha a assinatura do outorgante. § 1º O instrumento particular deve conter a indicação do lugar onde foi passado, a qualificação do outorgante e do outorgado, a data e o objetivo da outorga com a designação e a extensão dos poderes conferidos. § 2º O terceiro com quem o mandatário tratar poderá exigir que a procuração traga a firma reconhecida*".

mente por seu representante) quanto no caso do menor entre 16 e 18 anos (relativamente incapaz – procuração assinada pelo menor assistido por seu representante).[21]

Da mesma forma, embora tenham plena capacidade civil, os analfabetos não podem firmar procuração particular: eles devem outorgar procuração pública com determinada especificidade, também conhecida como *procuração a rogo*. Ela é assim denominada porque o mandante, não podendo assinar por ser analfabeto ou acometido de impedimento físico, pede (roga) ao tabelião que lavre o instrumento.

No tocante aos poderes conferidos pelo outorgante ao procurador, a procuração pode ser geral ou com poderes especiais.[22] A lei define quais poderes especiais devem ser expressamente indicados ao se outorgar poderes. Os demais poderes estão, de forma residual, contidos na procuração geral:

> "CPC, Art. 105. A procuração geral para o foro, outorgada por instrumento público ou particular assinado pela parte, habilita o advogado a praticar todos os atos do processo, exceto receber citação, confessar, reconhecer a procedência do pedido, transigir, desistir, renunciar ao direito sobre o qual se funda a ação, receber, dar quitação, firmar compromisso e assinar declaração de hipossuficiência econômica, que devem constar de cláusula específica."

A leitura do artigo torna claro que poderes específicos – como os poderes para "receber citação, confessar, reconhecer a procedência do pedido, transigir, desistir, renunciar ao direito sobre o qual se funda a ação, receber, dar quitação, firmar compromisso e assinar declaração de hipossuficiência econômica" – precisam estar expressamente mencionados no instrumento. Se não constarem da procuração, portanto, reputa-se que não foram outorgados.

Há, contudo, entendimento no sentido de que a mera menção aos "poderes especiais" do art. 105 do CPC[23] seria suficiente para conferir todos os poderes ao advogado. Entretanto, reafirmamos nosso entendimento quanto à necessidade de especificação.

Partindo da ideia de que não podem ser presumidos os poderes especiais, sustentamos que compete ao advogado ponderar sobre a oportunidade ou não de incluí-los no instrumento. No exercício de seu juízo de oportunidade, o advogado deverá lembrar que o mandato é um contrato que gera não apenas *direitos*, mas também *deveres*.[24]

---

[21] Neste sentido, basta conferir os julgados constantes da nota 1ª ao art. 38 (Negrão, Theotonio. *Código de Processo Civil e legislação processual em vigor*. São Paulo: Saraiva, 2013), bem como a opinião exposta por Rosa Maria de Andrade Nery e Nelson Nery Junior, nas notas ao mesmo artigo (*Código de Processo Civil comentado*. São Paulo: RT, 2013).

[22] O Código Civil também estabelece critérios semelhantes no art. 660: "O mandato pode ser especial a um ou mais negócios determinadamente, ou geral a todos os do mandante. Art. 661. O mandato em termos gerais só confere poderes de administração. § 1º Para alienar, hipotecar, transigir, ou praticar outros quaisquer atos que exorbitem da administração ordinária, depende a procuração de poderes especiais e expressos. § 2º O poder de transigir não importa o de firmar compromisso. Art. 662. Os atos praticados por quem não tenha mandato, ou o tenha sem poderes suficientes, são ineficazes em relação àquele em cujo nome foram praticados, salvo se este os ratificar. Parágrafo único. A ratificação há de ser expressa, ou resultar de ato inequívoco, e retroagirá à data do ato".

[23] Entendimento à luz do art. 38 do CPC/1973, que tinha redação semelhante à do atual art. 105.

[24] Os deveres do mandatário estão previstos entre os *arts. 667 e 674* do Código Civil. Segundo o art. 77 do CPC, são deveres do *mandatário judicial*: Além de outros previstos neste Código, são deveres das partes, de seus procuradores e de todos aqueles que de qualquer forma participem

Embora não seja objeto direto do estudo da prática, acreditamos ser importante destacar considerações sobre a representação, motivo pelo qual teceremos comentários com o objetivo de fornecer elementos para a adequada elaboração de instrumentos diretamente ligados ao exercício da advocacia.

### 3.6.1.1 Deveres éticos quanto à representação

Antes de elaborarmos o instrumento de mandato, é importante considerar que os advogados, além das normas legais, devem observar os deveres que estão previstos no Código de Ética e Disciplina da OAB (CED/2015).

Assim, nem sempre o advogado pode aceitar a representação de um cliente. Antes de firmar o instrumento de mandato, deve averiguar se existe alguma restrição ética para a aceitação.

A primeira restrição a ser verificada é a que se encontra prevista no art. 14 do CED/2015 e diz respeito à atitude respeitosa que deve existir em relação a todos os colegas: por tal regra, o "advogado não deve aceitar procuração de quem já tenha patrono constituído, sem prévio conhecimento deste, salvo por motivo plenamente justificável ou para adoção de medidas judiciais urgentes e inadiáveis".

Tal regra decorre do dever que o advogado tem de resguardar o segredo profissional e as informações reservadas ou privilegiadas que lhe tenham sido confiadas pelo cliente. A regra é mais explicitada ainda no art. 21 do CED/2015, que determina que o "advogado, ao postular em nome de terceiros, contra ex-cliente ou ex-empregador, judicial e extrajudicialmente, deve resguardar o sigilo profissional".

O art. 22 do CED/2015 apresenta ainda duas hipóteses de vedação de patrocínio. A primeira estabelece a obrigação de "abster-se de patrocinar causa contrária à validade ou legitimidade de ato jurídico em cuja formação haja colaborado ou intervindo de qualquer maneira". A segunda diz respeito à situação em que "houver conflito de interesses motivado por intervenção anterior no trato de assunto que se prenda ao patrocínio solicitado".

O art. 25 do CED/2015 também estabelece a vedação do exercício profissional ao advogado que pretenda "funcionar no mesmo processo, simultaneamente, como patrono e preposto do empregador ou cliente". Vale destacar que esta proibição é de ordem ética; do ponto de vista processual, inexiste dispositivo contemplando essa vedação.

No mais, há regras aplicadas aos advogados que fazem parte de sociedades de advogados; como exemplos:

a) as procurações devem ser outorgadas individualmente aos advogados e indicar a sociedade de que façam parte (art. 15, § 3º, da Lei nº 8.906/1994 – Estatuto da Advocacia e da Ordem dos Advogados do Brasil);

---

do processo: I – expor os fatos em juízo conforme a verdade; II – não formular pretensão ou de apresentar defesa quando cientes de que são destituídas de fundamento; III – não produzir provas e não praticar atos inúteis ou desnecessários à declaração ou à defesa do direito; IV – cumprir com exatidão as decisões jurisdicionais, de natureza provisória ou final, e não criar embaraços à sua efetivação; V – declinar, no primeiro momento que lhes couber falar nos autos, o endereço residencial ou profissional onde receberão intimações, atualizando essa informação sempre que ocorrer qualquer modificação temporária ou definitiva; VI – não praticar inovação ilegal no estado de fato de bem ou direito litigioso; VII – informar e manter atualizados seus dados cadastrais perante os órgãos do Poder Judiciário e, no caso do § 6º do art. 246 deste Código, da Administração Tributária, para recebimento de citações e intimações".

b) os advogados sócios de uma mesma sociedade profissional não podem representar em juízo clientes de interesses opostos (art. 15, § 6º, da Lei nº 8.906/1994[25]).

### 3.6.1.2 Modelo de procuração judicial

**PROCURAÇÃO**[1]

Pelo presente instrumento particular de mandato, ABC COMERCIAL LTDA., empresa inscrita no CNPJ sob o n. 01.010.101/0001-01, estabelecida nesta Capital, na Rua Mártir da Independência, 100, Centro, CEP 01010-010, neste ato representada por seu administrador,[2] Fulano de Tal, brasileiro, solteiro, administrador de empresas, portador da Cédula de Identidade RG 10.101.010 SSP/SP e inscrito no CPF sob n. 010.101.010-10, domiciliado nesta Capital, na Rua Mártir da Independência, 100, Centro, CEP 01010-010, nomeia e constitui como seu procurador Beltrano de Tal, brasileiro, advogado, solteiro, inscrito na Ordem dos Advogados do Brasil, Secção de São Paulo sob o n. 000.000, portador da Cédula de Identidade RG 10.101.010 SSP/SP e inscrito no CPF sob n. 010.101.010-10, domiciliado nesta Capital, na Avenida Brasil, 150, Centro, CEP 02020-010, ao qual outorga os poderes para a representação no foro em geral e, ainda, poderes especiais[3] para confessar, reconhecer a procedência do pedido, transigir, desistir, renunciar ao direito sobre que se funda a ação, receber, dar quitação, firmar compromisso e assinar declaração de hipossuficiência econômica, notadamente, nos autos da ação indenizatória, Processo 0000010-01.2016.5.26.00.0602, que lhe promove Sicrano da Silva, perante a 1ª Vara Cível da Comarca de Sorocaba.[4]

São Paulo, (data da procuração).

_____

Fulano de Tal[5-6]

Administrador da ABC COMERCIAL LTDA.

> 1. Segundo a lei: Art. 654, § 1º, do CC: O instrumento particular deve conter a indicação do lugar onde foi passado, a qualificação do outorgante e do outorgado, a data e o objetivo da outorga com a designação e a extensão dos poderes conferidos.
>
> 2. Em algumas procurações, encontramos a expressão *bastante procurador*, que significa que esse procurador é *suficiente* para representar o outorgante em juízo. Não é requisito do documento.
>
> 3. Como antes exposto, há alguma divergência se há necessidade de se indicar cada um dos poderes especiais ao se elaborar a procuração. No caso, há indicação de todos os poderes especiais, para que não haja dúvida quanto ao que o advogado pode fazer – até porque é possível que se outorgue uma procuração com poderes para transigir, mas não para receber quitação.

_____

[25] A mesma previsão encontra-se no art. 19 do CED/2015.

4. Embora não obrigatória a indicação do processo, trata-se de algo usual e que delimita a atuação naquela causa.

5. Tratando-se de procuração judicial, não há necessidade de reconhecimento de firma.

6. Apenas o outorgante assina a procuração, não havendo necessidade de quem recebe os poderes também firmá-la.

## 3.6.2 Da procuração extrajudicial

Procuração extrajudicial é o instrumento por meio do qual se outorgam poderes para realizar negócios ou praticar *atos fora do Poder Judiciário*, sendo espécie dela a procuração *ad negotia*.

Diz-se *ad negotia* a procuração que tem por finalidade a outorga de poderes para administrar negócios, atividades empresariais ou conferir outros mandatos decorrentes da mesma atividade.

Como se percebe, tanto na procuração *ad judicia* como na extrajudicial há a representação de interesses, devendo a primeira ser utilizada em juízo (*ad judicia*) e a segunda fora dele (extrajudicial ou *ad negocia*).

Sobre o tema, vale ressaltar uma atualidade. Na Recomendação n. 159/2024 do CNJ, figura como conduta processual potencialmente abusiva a apresentação em juízo de notificações extrajudiciais destinadas à comprovação do interesse de agir, formuladas por mandatários(as), sem que tenham sido instruídas com procuração, ou, se for o caso, com prova de outorga de poderes especiais para requerer informações e dados resguardados por sigilo em nome do(a) mandante (anexo A, item 18).

### 3.6.2.1 Modelo de procuração extrajudicial

### PROCURAÇÃO

ABC COMERCIAL LTDA., empresa inscrita no CNPJ sob o n. 01.010.101/0001-01, estabelecida nesta Capital, na Rua Mártir da Independência, 100, Centro, CEP 01010-010, neste ato representada por seu administrador, Fulano de Tal, brasileiro, solteiro, administrador de empresas, portador da Cédula de Identidade RG n. 10.101.010 SSP/SP e inscrito no CPF sob n. 010.101.010-10, domiciliado nesta Capital, na Rua Mártir da Independência, 100, Centro, CEP 01010-010, nomeia e constitui como seu bastante procurador[1] Beltrano de Tal, brasileiro, contador, portador da Cédula de Identidade RG n. 10.101.010 SSP/SP e inscrito no CPF sob n. 010.101.010-10, domiciliado nesta Capital, na Avenida Brasil, 50, Centro, CEP 02020-010, ao qual outorga os mais amplos e gerais poderes de representação perante as Juntas Comerciais e cartórios extrajudiciais,[2] para o fim de praticar todos os atos que se fizerem necessários ao pedido de alteração de contrato social, elaborar manifestações, comprovações, receber e pagar taxas e emolumentos, anuidades, requerer buscas, prorrogações, transferências, alterações, cancelamentos, retirar certidões e documentos, cumprir exigências, sanar nulidades administrativas, peticionar, restaurar, desarquivar, desistir, renunciar, além de notificar e contranotificar extrajudicialmente, requerer enfim tudo o que for do interesse da outorgante, bem como praticar todos os atos que se fazem necessários para o bom e fiel cumprimento deste mandato.[3]

Rio de Janeiro, (data da procuração).

_____

Fulano de Tal[4]

Administrador da ABC COMERCIAL LTDA.

> 1. Segundo a lei, art. 654, § 1º, do CC: O instrumento particular deve conter a indicação do lugar onde foi passado, a qualificação do outorgante e do outorgado, a data e o objetivo da outorga, com a designação e a extensão dos poderes conferidos.
>
> 2. Fizemos juntar aqui um modelo comum de procuração referente à alteração de contrato social (especificado o fim). Mas é possível (e comum) uma procuração com amplos poderes, para realizar todos os atos extrajudiciais.
>
> 3. Apesar de inexistir a obrigatoriedade de apresentar todo um extenso rol de poderes que o advogado recebe, é algo comum no cotidiano assim proceder em procurações extrajudiciais. Mas, a rigor, bastaria a indicação de "praticar todos os atos que se fazem necessários para o bom e fiel cumprimento deste mandato". Contudo, há algumas repartições públicas que somente aceitam a procuração se há indicação específica de algum poder (isso deve ser verificado à luz do caso concreto).
>
> 4. Tratando-se de procuração extrajudicial, poderá o terceiro requerer que haja reconhecimento de firma.

### 3.6.3 Da procuração *ad judicia et extra*

Somados os poderes da cláusula extrajudicial com os poderes da procuração judicial, temos a procuração *ad judicia et extra*, que pode ser utilizada tanto nos autos do processo judicial como fora dele, com todos os poderes que lhe forem conferidos.

Existiu dúvida em relação à necessidade de ser exigível o reconhecimento de firma nessa espécie de procuração, tendo decidido o STJ que *não há necessidade* de reconhecimento de firma.[26]

Portanto, quando a procuração *ad judicia et extra* é utilizada em juízo, não há necessidade do reconhecimento de firma. Mas, fora do âmbito processual, o reconhecimento da firma da parte ainda é exigível como prova de validade dos atos jurídicos perante terceiros, que não estão sujeitos ao processo (CC, art. 654, § 2º).[27]

No mais, vale reiterar o necessário cuidado com o instrumento do mandato. No anexo A da Recomendação n. 159/2024 do CNJ consta, na lista exemplificativa de condutas processuais potencialmente abusivas, a apresentação de procurações incompletas, com

_____

[26] "(...) Firmou-se o entendimento nesta Corte Superior no sentido de que o art. 38 do Código de Processo Civil, com a redação dada pela Lei nº 8.952/94, dispensa o reconhecimento de firma nas procurações *ad judicia* utilizadas em processo judicial, ainda que contenham poderes especiais. Precedentes do STJ. (...)" (STJ – AgRgREsp 1259489-PR, 2011/0143086-0, 3ª T., rel. Min. Paulo de Tarso Sanseverino, j. 24.09.2013, *DJe* 30.09.2013).

[27] "§ 2º O terceiro com quem o mandatário tratar poderá exigir que a procuração traga a firma reconhecida."

inserção manual de informações, outorgadas por mandante já falecido(a), ou mediante assinatura eletrônica não qualificada e lançada sem o emprego de certificado digital de padrão ICP-Brasil (item 11).

### 3.6.3.1 Modelo de procuração ad judicia et extra para advogados integrantes de sociedade de advogados

#### PROCURAÇÃO

Pelo presente instrumento particular de mandato,[1] ABC COMERCIAL LTDA., empresa inscrita no CNPJ sob o n. 01.010.101/0001-01, estabelecida nesta Capital, na Avenida Mártir da Independência, 100, Centro, CEP 01010-010, neste ato representada por seu administrador, Fulano de Tal, brasileiro, solteiro, administrador de empresas, portador da Cédula de Identidade com Registro Geral n. 10.101.010 emitida pela SSP/SP e inscrito no CPF/MF sob n.º 010.101.010-10, domiciliado nesta Capital, na Avenida Mártir da Independência, 100, Centro, CEP 01010-010, conforme autoriza o respectivo contrato social, nomeia e constitui como seus procuradores os advogados Beltrano de Tal, solteiro, inscrito na Ordem dos Advogados do Brasil, Secção de São Paulo sob o n. 101.010, portador da Cédula de Identidade RG n. 10.101.010 SSP/SP e inscrito no CPF sob n. 010.101.010-10, Sicrano de Tal, casado, inscrito na Ordem dos Advogados do Brasil, Secção de São Paulo sob n. 20.202, portador da Cédula de Identidade RG n. 20.101.020 SSP/SP e inscrito no CPF sob n. 010.201.020-10, e Fulana de Tal, solteira, inscrita na Ordem dos Advogados do Brasil, Secção de São Paulo sob n. 111.001, portadora da Cédula de Identidade RG n. 30.301.010 SSP/SP e inscrita no CPF sob n. 030.103.010-10, todos brasileiros e integrantes da sociedade de advogados[2] Tal e Tal Advogados Associados, inscrita na Ordem dos Advogados do Brasil, Secção de São Paulo sob n. 1.010, e no CNPJ sob o n. 01.000.000.0001-90, com sede nesta Capital, na Rua da Justiça, 10, 11.º andar, Centro, CEP 01010-010, aos quais outorga os poderes para a representação no foro em geral, para propor demandas em favor da outorgante e defendê-la nas contrárias[3] conferindo-lhe, ainda, apenas os poderes especiais do art. 105 do CPC/2015: reconhecer a procedência do pedido, transigir, desistir, renunciar ao direito sobre que se funda a ação, receber e dar quitação[4]. Além disso, outorga os poderes da cláusula ad negotia[5], para atuação em todas as autarquias, órgãos da administração pública, repartições públicas, cartórios, bancos, empresas de telefonia, água, luz, gás e outras concessionárias de serviços públicos, para representar os interesses do outorgante. Assim, são concedidos todos os poderes necessários à boa e fiel representação da empresa, em juízo e fora dele.

São Paulo, data da procuração.

_____

Fulano de Tal

Administrador da ABC COMERCIAL LTDA.

1. Segundo o art. 654, § 1º, do CC: "O instrumento particular deve conter a indicação do lugar onde foi passado, a qualificação do outorgante e do outorgado, a data e o objetivo da outorga com a designação e a extensão dos poderes conferidos".

2. As procurações devem ser outorgadas individualmente aos advogados e indicar a sociedade de que façam parte (art. 15, § 3º, do EAOAB). Descabe, portanto, a outorga apenas para a sociedade de advogados. Algo muito comum é

a outorga a um dos advogados, que, por sua vez, substabelece, com reserva de poderes, os demais colegas.

3. Nesse caso, tratando-se de procuração de empresa para sociedade, possivelmente para várias causas, mostra-se mais simples que haja a outorga de poderes para todos os processos, de forma genérica. Trata-se de algo totalmente possível.

4. Nesse exemplo, há outorga de apenas alguns poderes especiais, mas não todos. Isso é admissível e vai depender do que foi estipulado entre as partes (no caso, retirou-se, por exemplo, o poder de receber citação – pois não interessa ao outorgante que isso ocorra, especialmente porque o advogado é externo e não é do quadro de empregados da empresa; tratando-se de advogado empregado, essa cláusula é bastante comum).

5. Esta procuração, além de ser judicial, é negocial (extrajudicial e, mais especificamente, *ad negotia*). E aqui houve concessão genérica de poderes, para diversos locais. Nesse caso, como já exposto em modelo anterior, pode ser que algum órgão não judicial requeira o reconhecimento de firma.

### 3.6.4 Substabelecimento

Substabelecimento é o ato de transferência dos poderes recebidos para outra pessoa.[28] Tal situação é corriqueira no meio jurídico, pois, por diversas vezes, o advogado é obrigado a contar com o auxílio de colegas para o desempenho de suas atividades. Neste caso, o substabelecente permanece atuando no processo.

Há situações em que o advogado repassa a causa a outro colega; nesse caso, uma forma de promover a transferência é por meio do substabelecimento. Nesta segunda hipótese, o substabelecente deixa de atuar no processo.

Temos, assim, as duas hipóteses de substabelecimento: *com reserva de poderes* e *sem reserva de poderes*.

O *substabelecimento com reserva de poderes* é aquele no qual o mandatário NÃO SE DESLIGA do mandato e apenas compartilha poderes para outro mandatário também agir. Neste caso, o instrumento traz geralmente a declaração *com reserva para mim dos mesmos poderes*.

Já o *substabelecimento sem reserva de poderes* é aquele no qual o mandatário SE DESLIGA do mandato. Neste caso, o instrumento traz geralmente a declaração *sem reserva dos poderes*. Apenas neste caso de substabelecimento há a extinção do mandato outorgado ao advogado original.

Os advogados devem observar normas éticas com relação ao substabelecimento do mandato. Assim, nos termos do art. 26 do CED/2015, o substabelecimento do mandato, com reserva de poderes, é "ato pessoal do advogado da causa". Em virtude de tal ato, permanece o substabelecente na relação profissional.

Isso significa dizer que o advogado "substabelecido com reserva de poderes deve ajustar antecipadamente seus honorários com o substabelecente".[29] Ou seja, o advogado que recebeu os poderes do colega não receberá seus honorários do cliente (mandante), mas, sim, do advogado substabelecente.

---

[28] No cotidiano forense é muito comum a referência a esse instrumento pelo termo reduzido "subs".

[29] CED/2015, art. 26, § 2º.

No substabelecimento sem reservas, os advogados também devem observar normas éticas. O § 1º do art. 26 do CED/2015 estabelece que o "substabelecimento do mandato sem reservas de poderes exige o prévio e inequívoco conhecimento do cliente". Afinal, o cliente deve conhecer e confiar no novo patrono.

### 3.6.4.1 Modelo de substabelecimento com reserva de poderes

**SUBSTABELECIMENTO COM RESERVAS DE PODERES**[1]

Outorgante: Fulano de tal, inscrito na OAB n. 1234, CPF n. 000.000.000-00, demais qualificações na procuração presente nos autos.[2]

Outorgado: Sicrano de Tal, casado, inscrito na OAB n. 4321, CPF n. 111.111.111-11, com endereço nesta Capital, na Rua da Justiça, 10, 11º andar, Centro, CEP 01010-010.

Processo n. 0000198-12.2015.8.44.0100, 10.ª Vara de Execução Fiscal da Capital.[3]

Poderes: Substabelecimento, com reserva de iguais, dos poderes outorgados por ABC COMERCIAL LTDA., devidamente qualificada nos autos acima indicados.

Cidade, data do substabelecimento.

_____

Fulano de Tal[4]

OAB/SP n. 10.101

1. Sendo substabelecimento com reservas, em que o outorgante permanece nos autos, a forma pode ser bastante simples.

2. Como o advogado segue nos autos e nele há procuração com todas as qualificações, não há necessidade de, novamente, qualificar o advogado – mas nada impede que assim se faça.

3. É conveniente, por segurança, que haja a indicação de qual processo se trata. Mas, do ponto de vista legal, nada impede que haja a indicação "os poderes conferidos neste processo" – que será aquele que receberá a juntada desse substabelecimento. Vez ou outra algum juiz não aceita o substabelecimento genérico, mas trata-se de exceção.

4. Apenas o substabelecente assina o substabelecimento, exatamente como ocorre na procuração.

### 3.6.4.2 Modelo de substabelecimento SEM reserva de poderes

**SUBSTABELECIMENTO SEM RESERVA DE PODERES**

Pelo presente instrumento particular, substabeleço, SEM reserva de iguais,[1] os poderes que me foram conferidos por ABC COMERCIAL LTDA., devidamente qualificada nos presentes autos, em trâmite perante a 10ª Vara Cível da Comarca da Capital, nos autos do processo n.

0000198-12.2016.8.26.0100,[2] ao advogado Sicrano de Tal, casado, inscrito na Ordem dos Advogados do Brasil, Secção de São Paulo, sob n. 10.101, portador da Cédula de Identidade RG n. 20.101.020 SSP/SP e inscrito no CPF sob n. 010.201.020-10, integrante da sociedade de advogados[3] Tal e Tal Advogados Associados, inscrita na OAB sob n. 1.010, e no CNPJ sob o n. 01.000.000.0001-90, com sede nesta Capital, na Rua da Justiça, 10, 11º andar, Centro, CEP 01010-010.

Cidade, data.

_____

Beltrano de Tal

OAB/SP n. 10.101

> 1. Para não haver dúvidas do que é um substabelecimento sem reservas, ou seja, que o advogado substabelecente deixará de atuar na causa, vale esse destaque a ser SEM reservas (mas, por certo, não é algo obrigatório).
>
> 2. Em substabelecimento sem reservas, para evitar qualquer dúvida e uso indevido do instrumento, conveniente que se indique qual o processo. Porém, não há previsão legal assim determinando.
>
> 3. Na hipótese de advogado integrante de sociedade de advogados, não basta a indicação da sociedade, mas necessário tanto o advogado quanto a sociedade de que faça parte (art. 15, § 3º, do EAOAB).

### 3.6.5 Saída do advogado do processo: renúncia e revogação do mandato

Não é apenas via substabelecimento sem reservas que ocorre a saída do advogado do processo.

O exercício da atividade de advocacia se inicia com a constituição do advogado (por meio do mandato) e com a assinatura do instrumento que o comprova (a procuração). Porém, é certo que esse exercício pode cessar. Tanto por vontade do advogado (renúncia), como por parte do cliente (revogação).

Se não houver renúncia ou revogação, o término do mandato se dá com o fim do processo; nesse sentido dispõe o art. 13 do CED/2015: "concluída a causa ou arquivado o processo, presume-se cumprido e extinto o mandato".

Qualquer que seja o motivo (conclusão, renúncia ou revogação), com ou sem a extinção do mandato, o advogado ficará obrigado a "devolver ao cliente bens, valores e documentos que lhe hajam sido confiados e ainda estejam em seu poder, bem como a prestar-lhe contas" (CED/2015, art. 12).

As formas de extinção do mandato estão definidas na lei.[30] Nos termos do art. 682 do CC, "cessa o mandato: I – pela revogação[31] ou pela renúncia; II – pela morte ou

_____

[30] Ante a inexistência de regras diferenciadas entre os mandatos judicial e extrajudicial, as formas de extinção são as definidas no art. 682 do CC diante da aplicação do art. 692: "O mandato judicial fica subordinado às normas que lhe dizem respeito, constantes da legislação processual, e, supletivamente, às estabelecidas neste Código".

[31] Com as seguintes observações: "Art. 683. Quando o mandato contiver a cláusula de irrevogabilidade e o mandante o revogar, pagará perdas e danos. Art. 684. Quando a cláusula de irrevogabilidade

interdição de uma das partes; III – pela mudança de estado que inabilite o mandante a conferir os poderes, ou o mandatário para os exercer; IV – pelo término do prazo ou pela conclusão do negócio".

Serão enfocadas, neste momento, a renúncia e a revogação.

Iniciemos pela primeira: a renúncia pelo advogado "deve ser feita *sem menção ao motivo* que a determinou" (art. 16 do CED/2015).

A lei processual confere ao advogado o direito de "renunciar ao mandato a qualquer tempo, provando, na forma prevista neste Código, que comunicou a renúncia ao mandante, a fim de que este nomeie sucessor" (CPC, art. 112).

Para não haver dúvida quanto à ciência do outorgante sobre a renúncia, é necessário comprovar o recebimento da comunicação, o que pode ser feito por um "ciente" no próprio documento (conforme modelo a seguir apresentado), por envio de telegrama com aviso de recebimento – AR (que prova o teor e o recebimento) ou notificação extrajudicial realizada por cartório. Uma carta com AR prova a entrega, mas não o teor – e acaba não sendo, portanto, tão conveniente. Quanto a e-mail, se houver recebimento e resposta, há segurança para apresentação em juízo. Se houver apenas o envio, isso pode trazer dúvida sobre se de fato houve o recebimento.

Com os avanços tecnológicos, há quem realize a comunicação mediante envio por aplicativo de mensagens (por exemplo, WhatsApp): é válida tal iniciativa? O tema é novo e, enquanto não houver regulamentação, ensejará dúvidas e polêmicas.

Na busca de decisões, são encontrados julgados favoráveis à validade da notificação extrajudicial de renúncia enviada por meio de mensagens WhatsApp, desde que demonstrados o recebimento e a ciência inequívoca por parte do mandante.[32]

Como seria tal demonstração? Há quem rechace a mera juntada de print da tela,[33] afirmando ser este "inidôneo para comprovar a ciência inequívoca da notificação de renúncia, pois não é possível a averiguação da identidade de quem a recepcionou" – no caso, a mensagem foi apenas visualizada, e não houve confirmação, sendo "inviável aferir se o destinatário do e-mail encaminhado seria o mandante".[34]

A razão da recusa a aceitar o envio de mensagem por WhatsApp se dá por ser "meio inidôneo à finalidade pretendida, porquanto não há como confirmar a identidade de quem recebeu a mensagem" e a renúncia "só se aperfeiçoa com a notificação inequívoca do mandante".[35]

Nessa linha, entendeu o TJRS que, embora o procurador tivesse renunciado ao mandato, inexistia nos autos a demonstração da ciência do cliente quanto a tal fato e a noti-

---

for condição de um negócio bilateral, ou tiver sido estipulada no exclusivo interesse do mandatário, a revogação do mandato será ineficaz".

[32] TJDF, AGI 07347.20-48.2021.8.07.0000, Ac. 140.6135, Sétima Turma Cível, rel. Des. Cruz Macedo, j. 09.03.2022; Publ. *DJe* 23.03.2022; TJSP; AI 2256358-30.2024.8.26.0000; São Paulo; Décima Sexta Câmara de Direito Privado; Rel. Des. Marco Pelegrini, j. 18.11.2024.

[33] "O *print* de tela de suposto envio pelo aplicativo WhatsApp de renúncia dos advogados aos poderes que lhes foram conferidos pela parte, não constitui prova de notificação inequívoca do outorgante quanto à renúncia, nos termos do artigo 112 do CPC. (...)" (TJMG, APCV 5000878-83.2020.8.13.0555, Décima Quinta Câmara Cível, rel. Juiz Conv. Joemilson Donizetti Lopes, j. 28.01.2022; *DJEMG* 03.02.2022).

[34] TJSP, AI 2244890-74.2021.8.26.0000, Ac. 15560720, Praia Grande, Sétima Câmara de Direito Privado; Rel.ª Des.ª Maria de Lourdes Lopez Gil, j. 06.04.2022, *DJESP* 11.04.2022, p. 1.916.

[35] TJSP, AI 2105097-86.2022.8.26.0000, Ac. 16184134, Rio Claro, Segunda Câmara de Direito Privado, rel. Des. Álvaro Augusto dos Passos, j. 26.10.2022, rep. *DJESP* 07.11.2022, p. 2.678.

ficação realizada pelo patrono via WhatsApp não foi considerada hábil para comprovar a ciência inequívoca quanto à renúncia. A captura de tela indicava apenas o nome e a foto do destinatário, não havendo como o Juízo averiguar se a pessoa da foto era realmente a parte nem se o número cadastrado pelo advogado pertencia a ela, já que o cadastro foi feito unilateralmente pelo procurador[36].

Como se nota, o uso de tal tipo de comunicação exige cautela. Há quem entenda que o uso de WhatsApp pode ser útil enquanto complementação: em certo caso o mandatário, além de enviar carta com AR para o endereço da parte, demonstrou que ela tomou ciência por meio de resposta por WhatsApp, que foi levada aos autos por meio de ata notarial – a renúncia foi então reputada válida.[37]

Vale lembrar que após a renúncia o advogado tem o dever de continuar na representação durante os 10 dias seguintes – desde que a atuação seja necessária para evitar prejuízo ao mandante (CPC, art. 112, § 1º).

De seu turno, a revogação decorre de um ato de vontade do cliente. Diferentemente do que se viu em relação à renúncia (quando o advogado deve dar ciência ao cliente), o Código não traz a necessidade de o cliente (mandante) comprovar que deu ciência ao advogado (mandatário) da revogação. Tal regra consta no art. 111 do CPC, que apenas determina que a parte "que revogar o mandato outorgado a seu advogado constituirá, no mesmo ato, outro que assuma o patrocínio da causa".

Outro aspecto relativo à revogação se refere aos honorários: é certo que a revogação não afasta o cliente do pagamento de honorários. O ideal é que o contrato de honorários preveja exatamente o que ocorrerá no caso de revogação.

De seu turno, o art. 17 do CED/2015 determina: "a revogação do mandato judicial por vontade do cliente não o desobriga do pagamento das verbas honorárias contratadas, assim como não retira o direito do advogado de receber o quanto lhe seja devido em eventual verba honorária de sucumbência, calculada proporcionalmente, em face do serviço efetivamente prestado".

Neste livro, são elaboradas as peças típicas da atividade do advogado, havendo modelos de *substabelecimento com reserva de poderes*, de *substabelecimento sem reserva de poderes* e de *renúncia e revogação*.

### 3.6.5.1 *Modelo de renúncia ao mandato por advogado (comunicação ao cliente e petição)*

Rio de Janeiro, data.

A/C Sr. Fulano de Tal[1]

Administrador de ABC COMERCIAL LTDA.

Avenida Mártir da Independência, 100, Centro

Rio de Janeiro – RJ

CEP 01010-010

---

[36] TJRS; AI 5191015-26.2024.8.21.7000; Sétima Câmara Cível; REL. Des. Carlos Eduardo Zietlow Duro; j. 28.08.2024; *DJERS* 28.08.2024.

[37] TJPR, AgInstr 0034588-46.2022.8.16.0000, Colombo, Décima Segunda Câmara Cível, rel. Des. Luis Cesar de Paula Espindola, j. 30.01.2023, *DJPR* 31.01.2023.

Vimos pela presente renunciar[2] aos poderes que nos foram outorgados por ABC COMER-CIAL LTDA., para representá-la perante a 10ª Vara Cível da Comarca da Capital, nos autos da ação de conhecimento, Processo 0000198-12.2014.8.26.6121[3].

A presente renúncia é comunicada nos termos do art. 688 do Código Civil, ressaltando, ainda, a continuidade da representação pelos próximos 10 dias, desde que necessário para evitar qualquer prejuízo, conforme art. 112, § 1º, do Código de Processo Civil.

_____

Sicrano de Tal

OAB/SP n. 10.101

Ciente, na data de _____:[4]

_____

Fulano de Tal

Administrador de ABC COMERCIAL LTDA.

1. É conveniente indicar o mandante ou o atual responsável pela administração do mandante.

2. Fundamental que exista a indicação exata do processo ao qual se refere a renúncia. Se for a renúncia a diversos processos, todos eles deverão ser indicados na manifestação.

3. Como esse documento será levado aos autos para comprovar a ciência do outorgante, cabe lembrar que não deve haver menção ao motivo da renúncia.

4. TJPR, AgInstr 0034588-46.2022.8.16.0000, Colombo, Décima Segunda Câmara Cível, rel. Des. Luis Cesar de Paula Espindola, j. 30-01-2023, *DJPR* 31-01-2023. Uma carta com aviso de recebimento prova a entrega, mas não o teor – e acaba não sendo, portanto, tão conveniente. Quanto a e-mail, se houver o recebimento e resposta, há segurança para apresentação em juízo. Se houver apenas o envio, poderá haver dúvida se de fato houve o recebimento.

Com base na comunicação anterior, devidamente recebida pelo cliente, o advogado vai aos autos informar, por petição, que houve a renúncia.

EXCELENTÍSSIMO SENHOR DOUTOR JUIZ FEDERAL DA 1ª VARA FEDERAL DA SUBSEÇÃO JUDICIÁRIA DO RIO DE JANEIRO.[1]

Processo 0001999-04.2024.4.03.6121

SICRANO DE TAL[2], advogado, devidamente constituído nos presentes autos para representar os interesses de ABC COMERCIAL LTDA., autora da presente demanda, vem à presença de Vossa Excelência comunicar a sua renúncia[3] ao patrocínio, informando que continuará a representar os interesses da autora até o dia \_\_\_ de _____ de 2016, caso haja alguma situação de urgência (CPC, art. 112, § 1º).[4]

Outrossim, requer a juntada da comunicação de renúncia ao outorgante, nos termos exigidos pela lei processual.

Termos em que
pede deferimento

Local, data.

_____

SICRANO DE TAL

ADVOGADO – OAB/SP 000.000

> 1. Indicar a vara competente.
>
> 2. A petição é feita em nome do advogado e não mais do cliente (considerando exatamente a renúncia).
>
> 3. Reitere-se que o advogado não deve comunicar o motivo da renúncia.
>
> 4. O CPC destaca que deverá existir a atuação apenas se houver algum ato urgente (como um prazo a ser cumprido). Assim, é conveniente fazer também essa menção.

### 3.6.5.2 Modelo de petição e termo de revogação de mandato

EXMO. SR. DR. JUIZ DE DIREITO DA 1.ª VARA CÍVEL DA COMARCA DE RIBEIRÃO PRETO – SÃO PAULO

Autos 0000122-12.2024.8.26.0602

**FULANO DE TAL**, já devidamente qualificado nos autos do processo em epígrafe, que move em face de **BELTRANO**, vem, respeitosamente perante V. Exa., por meio do advogado que esta subscreve, expor e requerer o quanto segue.

O autor vem comunicar ao juízo a REVOGAÇÃO do mandato outorgado ao antigo patrono, **(NOME DO ADVOGADO)**, comprovando, inclusive, já haver cientificado[1] o interessado, conforme documento anexo.

Assim, nos termos do art. 111 do CPC, o autor nomeia outro patrono para lhe representar na causa[2]: o subscritor da presente petição, conforme procuração anexa.[3]

Termos em que,

Pede deferimento.

Cidade, data

(NOME DO ADVOGADO CONSTITUÍDO)

ADVOGADO – OAB/SP 000.000

> 1. Como exposto, pelo CPC (art. 111), não é necessário dar ciência ao mandatário. Contudo, trata-se de providência recomendável para evitar conflito entre patronos e cliente.
>
> 2. Esta é a obrigação prevista em lei.
>
> 3. Diante da revogação do mandato, não haverá outra solução senão a juntada de nova procuração. Para evitar qualquer infração ética (CED/2015, art. 14), é fundamental que haja a devida comunicação ao patrono anterior.

REVOGAÇÃO DE MANDATO

Sr. (NOME DO ADVOGADO, qualificações)

EM MÃOS

Pelo presente instrumento, fica V. Sa. ciente da REVOGAÇÃO do mandato que lhe foi outorgado pelo subscritor do presente documento, para atuar no processo n. 1234/2015, em trâmite perante a 1ª Vara do Trabalho de Uberlândia-MG.

Os honorários eventualmente cabíveis serão suportados no momento devido, nos termos do contrato celebrado entre as partes.

Local, data.

FULANO DE TAL

Recebi em ___/___/_____.

(ASSINATURA)

(NOME DO ADVOGADO)

## 3.7 CUSTAS INICIAIS E TAXAS

A competência para a fixação das custas dos serviços forenses é atribuída concorrentemente à União, aos Estados e ao Distrito Federal (CF, art. 24, IV).

*Cada unidade da Federação* tem competência para fixar as custas devidas para cada ato processual, no tocante à *Justiça Estadual*. No que se refere à *Justiça Federal*, compete à *União* fixar os valores devidos.

Caso sejam hipossuficientes (pobres na acepção jurídica do termo, a ponto de não ter como recolher custas e despesas sem prejuízo do sustento próprio e da família), as partes poderão requerer gratuidade processual: com a liberação do pagamento das despesas do processo, os litigantes serão isentos do seu recolhimento.

Em alguns casos, porém, o juiz poderá entender ausente a total precariedade econômica e conceder "justiça gratuita parcial" por meio: a) do reconhecimento da gratuidade para alguns atos processuais; b) da redução de parte das despesas (CPC, art. 98, § 5º); c) do parcelamento de despesas, "se for o caso" (CPC, art. 98, § 6º). O CPC não traz qualquer critério para a aplicação dessas situações[38]. Do ponto de vista prático, essa previsão vem sendo muito pouco utilizada, mas pode ser uma boa opção quando não for factível o requerimento de gratuidade, considerando a situação econômica da parte.

Voltemos à regra geral: salvo nos casos de justiça gratuita, cabe às partes prover as despesas dos atos que realizam ou requerem no processo, antecipando-lhes o pagamento desde o início até a sentença final (art. 82 do CPC). No caso de atos de ofício ou requeridos pelo MP como fiscal da lei, o adiantamento deverá ser realizado pelo autor (art. 82, § 1º, do CPC).

Portanto, como regra não se impõe ao autor o pagamento das despesas de atos requeridos pelo réu ou por terceiro interessado.

Outrossim, é importante destacar que o conceito de *despesa* é mais amplo do que o de *custas processuais*. A lei é clara ao apontar que as despesas "abrangem as custas dos atos do processo, a indenização de viagem, a remuneração do assistente técnico e a diária de testemunha" (CPC, art. 84).

No cotidiano forense, muitas despesas são ignoradas. Por exemplo, o art. 462 do CPC prevê que a testemunha pode requerer o pagamento "da despesa que efetuou para comparecimento à audiência", cabendo o pagamento à parte que arrolou essa testemunha. Embora essa exigência seja pouco comum, não poderá ser tomado como incorreto o requerimento, uma vez que previsto na lei. A oposição ao requerimento apenas pode ser feita pelo beneficiário da gratuidade da justiça, pois o benefício compreende todos os atos do processo até decisão final do litígio, em todas as instâncias.

No tocante à responsabilidade pelo pagamento das despesas, o CPC foi bastante minucioso, prevendo um amplo rol de situações e as regras sobre quem responde em cada caso. Assim, temos as seguintes responsabilidades:

a) **proporcional entre as partes**, na hipótese de cada parte ser vencedora e vencida ao mesmo tempo (CPC, art. 86);

b) **da parte que sucumbir da maior parte do pedido**, na hipótese de cada parte ser vencedora e vencida ao mesmo tempo, porém uma delas sucumbir em parte mínima do pedido (CPC, art. 86, parágrafo único);

c) **dos vencidos, nas respectivas proporções**, na hipótese de concorrerem diversos autores ou diversos réus (CPC, art. 87);

d) **dos vencidos**, na hipótese de as despesas dos atos processuais serem efetuadas a requerimento do Ministério Público, da Fazenda Pública ou da Defensoria Pública (CPC, art. 91);

e) **de todos os interessados, em rateio**, na hipótese de procedimento de jurisdição voluntária, com o adiantamento das despesas pelo requerente (CPC, art. 88);

f) **dos interessados, nas respectivas proporções dos quinhões**, na hipótese de juízos divisórios, sem litígio (CPC, art. 89);

---

[38] DELLORE, Luiz; TARTUCE, Fernanda. *1.001 dicas sobre o Novo CPC*. 2. ed. Indaiatuba: Foco, 2016. p. 189.

**g) da parte que desistiu, renunciou ou reconheceu o pedido**, nas respectivas hipóteses de desistência, renúncia ou reconhecimento do pedido (CPC, art. 90);

**h) das partes, divididas igualmente**, na hipótese de transação sem definição de quem seria o responsável (CPC, art. 90, § 2º).

Sendo inviável comentar o regime de custas de cada uma das 27 unidades da Federação, destacamos a importância de que a advocacia busque conhecimentos sobre as normas administrativas dos respectivos tribunais. Além disso, existem diferenças de custas entre a Justiça Estadual e a Justiça Federal.

## 3.8 HONORÁRIOS ADVOCATÍCIOS

Segundo o art. 22 da Lei nº 8.906/1994, a prestação de serviço profissional assegura aos inscritos na OAB o direito a (i) honorários *convencionados/contratados*, (ii) *honorários fixados por arbitramento judicial* e (iii) *honorários* de *sucumbência.*

Nas relações privadas, temos os honorários convencionados ou contratados, que são aqueles estabelecidos entre advogado e cliente objetivando a remuneração do serviço prestado.

Os honorários fixados por arbitramento judicial decorrem, principalmente, da falta de estipulação ou acordo entre o cliente e o advogado. Os honorários são fixados em decorrência de um processo judicial, pelo juiz, que fixará uma remuneração compatível com o trabalho e o valor econômico da questão, não podendo ser inferior ao estabelecido na tabela organizada pelo Conselho Seccional da OAB (art. 22, § 2º, da Lei nº 8.906/1994).

Por fim, temos ainda os honorários de sucumbência que decorrem da lei, a saber, do art. 85 do CPC, fixando a obrigação do vencido de pagar ao vencedor os honorários advocatícios.

Uma atualização legislativa importante merece destaque: a Lei nº 15.109/2025 alterou o CPC[39] para dispensar o adiantamento de custas em cobranças, execuções e cumprimentos de sentença referentes a honorários advocatícios. Se ao final restar reconhecido que o advogado tinha razão, ele não pagará custas, já que quem deu causa ao processo foi o devedor. Porém, se o pleito for improcedente ou o processo for extinto sem análise de mérito, o advogado deverá recolher as custas ao final. Como se nota, pela dicção legal há apenas o diferimento do recolhimento da despesa processual.

Importante frisar que isso só se refere à cobrança de honorários advocatícios, seja no processo de conhecimento, cumprimento de sentença ou execução de título extrajudicial. Para os demais honorários (como médicos) ou para cumprimento de sentença da dívida principal (já que os honorários são um acessório), há necessidade de normal recolhimento de custas.

A previsão se aplica a todos os ramos do Judiciário, englobando quaisquer custas, seja na Justiça Federal, Estadual ou Trabalhista.

---

[39] O art. 82 do CPC passou a constar com o § 3º: "Nas ações de cobrança por qualquer procedimento, comum ou especial, bem como nas execuções ou cumprimentos de sentença de honorários advocatícios, o advogado ficará dispensado de adiantar o pagamento de custas processuais, e caberá ao réu ou executado suprir, ao final do processo, o seu pagamento, se tiver dado causa ao processo".

### 3.8.1 Dos honorários contratados

Para o advogado privado, trata-se de tema de grande relevância.

Embora o contrato de mandato tenha natureza gratuita, há regra diversa para os profissionais que se valem da representação como profissão. Assim dispõe o CC:

> "Art. 658. O mandato presume-se gratuito quando não houver sido estipulada retribuição, exceto se o seu objeto corresponder ao daqueles que o mandatário trata por ofício ou profissão lucrativa.
>
> Parágrafo único. Se o mandato for oneroso, caberá ao mandatário a retribuição prevista em lei ou no contrato. Sendo estes omissos, será ela determinada pelos usos do lugar, ou, na falta destes, por arbitramento".

Portanto, é necessário que o advogado estipule inicialmente seus honorários para evitar posteriores aborrecimentos (ou mesmo litígio) com o cliente.

Nesse sentido, o Código de Ética da OAB (CED/2015) destaca que a prestação de serviços do advogado "será contratada, preferentemente, por escrito" (art. 48), sendo que o § 1º deste artigo destaca que esse contrato deve estabelecer "os honorários ajustados, a forma de pagamento, a extensão do patrocínio, esclarecendo se este abrangerá todos os atos do processo ou limitar-se-á a determinado grau de jurisdição, além de dispor sobre a hipótese de a causa encerrar-se mediante transação ou acordo".

E qual será o valor a ser cobrado pelo advogado? A Seccional da OAB, em cada Estado da Federação, elabora uma tabela de honorários com a previsão de valores mínimos, mas não há qualquer teto de valores.

Assim, não é possível, do ponto de ética profissional, a prestação de serviços por *valores abaixo da tabela*, pois isso caracterizaria "aviltamento dos serviços profissionais".[40]

Por sua vez, nada impede – e é algo comum – que o advogado fixe honorários, em comum acordo com o cliente, em *valores superiores* aos da tabela. Contudo, o CED/2015 afirma que "os honorários profissionais devem ser fixados com moderação, atendidos os elementos seguintes" (art. 49):

> I – a relevância, o vulto, a complexidade e a dificuldade das questões versadas;
>
> II – o trabalho e o tempo a ser empregados;
>
> III – a possibilidade de ficar o advogado impedido de intervir em outros casos, ou de se desavir com outros clientes ou terceiros;
>
> IV – o valor da causa, a condição econômica do cliente e o proveito para este resultante do serviço profissional;
>
> V – o caráter da intervenção, conforme se trate de serviço a cliente eventual, frequente ou constante;

---

[40] Art. 48, § 6º, do CED/2015: "Deverá o advogado observar o valor mínimo da Tabela de Honorários instituída pelo respectivo Conselho Seccional onde for realizado o serviço, inclusive aquele referente às diligências, sob pena de caracterizar-se aviltamento de honorários".

VI – o lugar da prestação dos serviços, conforme se trate do domicílio do advogado ou de outro;

VII – a competência do profissional;

VIII – a praxe do foro sobre trabalhos análogos.

Assim, há grande subjetividade para se verificar o que seria a moderação.

Além disso, não há uma única forma de se estipular os honorários, a partir de um valor específico, previamente definido. Nesse contexto, são comuns as cláusulas *quota litis* e por êxito (*ad exitum*).

### 3.8.1.1 Da cláusula quota litis

A cláusula *quota litis* significa que o advogado receberá honorários considerando a vantagem obtida pelo cliente por força do processo.

Segundo o CED/2015, a cláusula é admitida, mas com algumas ressalvas; nesse sentido, o art. 50 dispõe:

"Na hipótese da adoção de cláusula *quota litis*, os honorários devem ser necessariamente representados por pecúnia e, quando acrescidos dos honorários da sucumbência, não podem ser superiores às vantagens advindas a favor do cliente.

§ 1º A participação do advogado em bens particulares do cliente só é admitida em caráter excepcional, quando esse, comprovadamente, não tiver condições pecuniárias de satisfazer o débito de honorários e ajustar com o seu patrono, em instrumento contratual, tal forma de pagamento.

§ 2º Quando o objeto do serviço jurídico versar sobre prestações vencidas e vincendas, os honorários advocatícios poderão incidir sobre o valor de umas e outras, atendidos os requisitos da moderação e da razoabilidade".

Ou seja, a remuneração do advogado está vinculada ao sucesso do cliente na demanda.

Em algum grau, há semelhança com a cláusula de êxito. Mas qual a distinção entre ambas?

### 3.8.1.2 Da cláusula de êxito

A principal distinção entre a cláusula *quota litis* e a *ad exitum* reside no fato de que nesta a remuneração *não está condicionada ao sucesso*, mas, sim, que, no caso de êxito, o advogado receberá um valor adicional.

Assim, usualmente se tem a cláusula *quota litis* em situação na qual o cliente não tem condições financeiras para arcar com os honorários. Já na cláusula *ad exitum*, essa pode não ser a hipótese, mas uma opção considerando o risco da demanda e a conveniência na contratação do advogado dessa maneira.

## 3.8.2 Modelos de contratos de honorários

Para bem compreender a lógica relativa aos honorários contratuais, a seguir são apresentados três modelos de contratos: (i) contrato com valor já estipulado (valor fixo, sem qualquer variação), (ii) contrato com cláusula de êxito (com remuneração extra no caso de sucesso na demanda) e (iii) contrato com cláusula *quota litis* (em que só há remuneração se houver sucesso na demanda).

### 3.8.2.1 Modelo de contrato de honorários (com valor já estipulado)

### CONTRATO DE PRESTAÇÃO DE SERVIÇOS PROFISSIONAIS DE ADVOGADO

Pelo presente instrumento particular,[1] de um lado, ABC COMERCIAL LTDA., empresa inscrita no CNPJ sob o n. 01.010.101/0001-01, estabelecida nesta Capital, na Avenida Mártir da Independência, 100, Centro, CEP 01010-010, neste ato representada por seu administrador, Fulano de Tal, brasileiro, solteiro, administrador de empresas, portador da Cédula de Identidade com Registro Geral n. 10.101.010, emitida pela SSP/SP, conforme autoriza o respectivo contrato social, doravante denominado contratante, e, de outro, Fulana de Tal, brasileira, solteira, advogada, inscrita na Ordem dos Advogados do Brasil, Secção de São Paulo sob n. 111.001, e inscrita no CPF/MF sob n. 010.101.010-10, residente e domiciliada nesta Capital, na Avenida Brasil, 50, conjunto 10, doravante denominada contratada, firmam contrato de prestação de serviços profissionais, conforme as cláusulas e condições a seguir:

> 1. O contrato deverá indicar a qualificação das partes contratantes, com os dados pertinentes.

### I – DOS SERVIÇOS

O objeto deste contrato é o ajuizamento de ação de cobrança para o recebimento de dívida comprovada em contrato no importe de R$ 100.000,00 (cem mil reais).

Os serviços ora contratados englobam todas as atividades necessárias ao sucesso da presente demanda, incluídos os recursos para a reforma de eventual decisão desfavorável, proferida em primeiro grau de jurisdição até Tribunal Superior, compreendendo todos os atos necessários ao andamento do processo.[2]

> 2. É possível pactuar o serviço a ser prestado da forma que as partes quiserem. Por vezes, para recursos para tribunal superior ou sustentações orais, o contrato original não prevê os honorários. Mas o mais comum é a contratação de forma ampla.

### II – DOS HONORÁRIOS[3]

> 3. Como exposto no item 3.8, a fixação deve obedecer a alguns critérios previstos no CED (mínimo da tabela e fixados "com moderação").

Em conformidade com os critérios fixados pela Tabela de Honorários Advocatícios da Ordem dos Advogados do Brasil desta Secção, os honorários ficam estabelecidos no valor de R$ xxxx (xxxx mil reais), divididos em três parcelas, pagas da seguinte forma:

a) a primeira na contratação;

b) a segunda em, no máximo, 30 dias após a sentença; e

c) a última no final do processo.

Sobre os valores incidirá a correção monetária, sendo utilizada a variação do IPCA, ou, caso esse índice seja descontinuado, outro índice de inflação que venha a ser considerado oficial.

O contratante tem ciência que eventual condenação em verba de sucumbência[4] não altera os valores aqui previstos, considerando que essa verba é de titularidade do advogado.

> 4. Não se trata de cláusula obrigatória. Mas, para evitar conflitos ao final do processo (e alegação do cliente de que não foi informado a respeito disso), é conveniente que se inclua.

## III – DAS DESPESAS

Fica estabelecido ainda que serão de responsabilidade do contratante as despesas decorrentes do andamento do processo no que diz respeito a quaisquer taxas e custas devidas ao Poder Judiciário, cópias de documentos e encargos postais, pagamento de perito e assistentes técnicos, cujos valores deverão ser adiantados pelo contratante.

Além disso, havendo necessidade de viagens, despesas com transporte, alimentação e hospedagem também serão de responsabilidade do contratante. Esses valores poderão ser adiantados ou reembolsados, mediante prestação de contas.

Para o início da demanda, a tabela anexa indica quais são os valores desde logo devidos. Para fazer frente às despesas iniciais, a contratante adiantará a importância de R$ 2.000,00 (dois mil reais).[5]

> 5. Novamente, esta cláusula não é obrigatória, mas se trata de algo conveniente para que não haja qualquer posterior discussão entre advogado e cliente em relação a quem deve arcar com as custas – e quais os seus valores.

## IV – DISPOSIÇÕES FINAIS

Acordam os contratantes a eleição do foro desta cidade,[6] atual domicílio de todos, para dirimir quaisquer dúvidas e pendências decorrentes deste contrato, inclusive eventual execução nos termos da lei.

> 6. Na maior parte das vezes, ainda se tem a opção por foro de eleição, que deve ter alguma pertinência com as partes (CPC, art. 63, § 1º). Mas cada vez mais

> verifica-se a existência de cláusulas que prevejam a mediação como tentativa inicial de solução de conflitos. Trata-se de algo interessante e conveniente, inclusive para que o próprio advogado estimule os métodos alternativos de solução dos conflitos.

Por estarem justos e contratados, assinam o presente instrumento em duas vias de idêntico teor, para os devidos efeitos legais.

Cidade, data do contrato.

Fulano de Tal,

Administrador da ABC COMERCIAL LTDA.

Fulana de Tal, advogada

OAB/SP n. 111.001

### 3.8.2.2 Modelo de contrato de honorários com sociedade de advogados – honorários estipulados com cláusula ad exitum

## CONTRATO DE PRESTAÇÃO DE SERVIÇOS PROFISSIONAIS DE ADVOGADO

Pelo presente instrumento,[1] de um lado, ABC COMERCIAL LTDA., empresa inscrita no CNPJ sob o n. 01.010.101/0001-01, estabelecida nesta Capital, na Avenida Mártir da Independência, 100, Centro, CEP 01010-010, neste ato representada por seu administrador, Fulano da Silva, brasileiro, solteiro, administrador de empresas, portador da Cédula de Identidade com Registro Geral n. 10.101.010, emitida pela SSP/SP, e inscrito no CPF/MF sob n. 010.101.010-10, conforme autoriza o respectivo contrato social, doravante denominado contratante, e, de outro, TAL ADVOGADOS, sociedade de advogados regularmente inscrita na Ordem dos Advogados do Brasil, sob n. 1.101, neste ato representada por sua sócia titular, Fulana de Tal, brasileira, solteira, advogada, inscrita na Ordem dos Advogados do Brasil, sob n. 111.001, e inscrita no CPF/MF sob n. 020.202.020-20, sediada nesta Capital na Avenida Brasil, 50, conjunto 10, doravante denominada sociedade contratada, firmam contrato de prestação de serviços profissionais, conforme as cláusulas e condições a seguir estabelecidas:

> 1. O contrato deverá indicar inicialmente a qualificação das partes contratantes, com os dados pertinentes.

### I – DOS SERVIÇOS

O objeto deste contrato é o ajuizamento de ação de cobrança para o recebimento de dívida comprovada em contrato no importe de R$ 300.000,00 (trezentos mil reais).

Os serviços ora contratados englobam todas as atividades necessárias à condução da presente demanda, desde o primeiro grau a, se necessário, atuação em tribunal superior, com a interposição de todos os recursos necessários, bem como realização de sustentações orais.

## II – DOS HONORÁRIOS: VALOR FIXO E ÊXITO[2]

> 2. Como exposto no item 3.8, a fixação deve obedecer a alguns critérios previstos no CED (mínimo da tabela e fixados "com moderação"). E, neste caso, há ainda a particularidade de existir cláusula de êxito.

Conforme negociação entre as partes, os honorários ficam estabelecidos no valor de R$ xxxx (xxx mil reais), divididos em três parcelas de R$ xxxx (xxx mil reais), que serão pagas:

a) a primeira na contratação;

b) a segunda até a decisão de primeiro grau; e

c) a última no final do processo.

Sobre os valores incidirá a correção monetária, sendo utilizada a variação do IPCA, ou, caso esse índice seja extinto, outro índice que venha a ser considerado como oficial.

A título de honorários *ad exitum*, a contratante pagará à contratada, ao final da causa, honorários no importe de 10% (dez por cento) sobre o benefício econômico efetivamente auferido, sem prejuízo dos honorários acima convencionados.[3]

> 3. Como exposto, a cláusula de êxito prevê uma quantia *adicional* para o advogado, caso o resultado seja favorável. Quando se tem a remuneração exclusivamente no êxito, a hipótese é de cláusula *quota litis* (vide contrato seguinte).

O contratante tem ciência de que eventual condenação em verba de sucumbência não altera os valores aqui previstos, considerando que essa verba é de titularidade do advogado.

## III – DAS DESPESAS

Fica estabelecido ainda que serão de responsabilidade do contratante as despesas decorrentes do andamento do processo no que diz respeito a quaisquer taxas e custas devidas ao Poder Judiciário, cópias de documentos e encargos postais, pagamento de perito e assistentes técnicos, cujos valores deverão ser adiantados pelo contratante.

Além disso, havendo necessidade de viagens, despesas com transporte, alimentação e hospedagem também serão de responsabilidade do contratante. Esses valores poderão ser adiantados ou reembolsados, mediante prestação de contas.

Para o início da demanda, a tabela anexa indica quais são os valores desde logo devidos.

## IV – DISPOSIÇÕES FINAIS

Acordam os contratantes a eleição do foro desta Comarca, atual domicílio de todos, para dirimir quaisquer dúvidas e pendências decorrentes deste contrato, inclusive eventual execução nos termos da lei.

Por estarem justos e contratados, assinam o presente instrumento em duas vias de idêntico teor, para os devidos efeitos legais.

Local, data.

_____

Fulano de Tal

Administrador da ABC COMERCIAL LTDA.

_____

Fulana de Tal

Sócia titular de TAL ADVOGADOS

### 3.8.2.3 Modelo de contrato de honorários com cláusula quota litis

**CONTRATO DE PRESTAÇÃO DE SERVIÇOS E HONORÁRIOS
ADVOCATÍCIOS CONDICIONADOS À VITÓRIA NA DEMANDA (*QUOTA LITIS*)**

Pelo presente instrumento particular,[1] de um lado, Sicrana da Silva, brasileira, solteira, professora, portadora da Cédula de Identidade RG n. 11.222.001-2 SSP/SP.001, e inscrita no CPF/MF sob n. 010.101.010-10, residente e domiciliada nesta Capital, na Rua Branca, n. 10, doravante denominada contratante, e, de outro, Fulana de Tal, brasileira, solteira, advogada, inscrita na Ordem dos Advogados do Brasil, sob n. 111.111 e inscrita no CPF/MF sob n. 010.101.010-10, residente e domiciliada nesta Capital, na Avenida Brasil, 50, conjunto 10, doravante denominada contratada, firmam contrato de prestação de serviços profissionais, conforme as cláusulas e condições a seguir:

> 1. O contrato deverá indicar inicialmente a qualificação das partes contratantes, com os dados pertinentes.

**I – DOS SERVIÇOS**

O objeto deste contrato é a propositura de ação de indenização por danos morais e materiais em face da empresa VIAÇÃO ABC LTDA., responsável pelo dano que sofreu a contratante, em virtude de acidente de trânsito.

Os serviços ora contratados englobam todas as atividades necessárias à condução da presente demanda, do primeiro grau a, se o caso, atuação em tribunal superior, com a interposição de todos os recursos necessários, bem como realização de sustentações orais.

**II – DOS HONORÁRIOS: CLÁUSULA *QUOTA LITIS*[2]**

> 2. Tratando-se de cláusula *quota litis*, isso deve ser expressamente previsto em contrato e devidamente delimitadas as condições (vide item 3.8.1.1).

Pelos serviços discriminados no item anterior, a contratante somente pagará à contratada, ao final da causa, honorários no importe de 30% (trinta por cento) sobre o valor da indenização recebida. Caso não haja condenação em favor da contratante, a contratada não perceberá remuneração.

Na eventualidade de a causa se encerrar por transação, antes da sentença de mérito, os honorários advocatícios ficam fixados no importe de 30% (trinta por cento) sobre o valor da indenização recebida.[3]

> 3. No contrato com cláusula *quota litis*, o advogado somente é remunerado se houver o êxito. Na cláusula *ad exitum* (vide contrato anterior), tem-se uma remuneração extra quando a parte é vencedora.

O contratante tem ciência que eventual condenação em verba de sucumbência não altera os valores aqui previstos, considerando que essa verba é de titularidade do advogado.

## III – DAS DESPESAS

Considerando que será requerida a justiça gratuita, a rigor não haverá a necessidade de pagamento de custas e taxas ao Estado.

Caso, no entanto, não haja a concessão de gratuidade, haverá a interposição dos recursos cabíveis, para que essa situação busque ser revertida. Contudo, ficam as partes cientes que, no caso de necessidade de recolhimento de custas, elas serão suportadas pela contratante, sendo que, caso não haja o recolhimento, o processo será extinto, sem apreciação do pedido.[4]

> 4. Sendo contrato *quota litis*, possivelmente o cliente não terá condições de arcar com as despesas e será caso de justiça gratuita. De qualquer forma, conveniente esclarecer em contrato o que ocorrerá caso não seja concedida a gratuidade.

## IV – DISPOSIÇÕES FINAIS

Acordam os contratantes a eleição do foro desta Capital, atual domicílio de todos, para dirimir quaisquer dúvidas e pendências decorrentes deste contrato, inclusive eventual execução nos termos da lei.

Por estarem justos e contratados, assinam o presente instrumento em duas vias de idêntico teor, para os devidos efeitos legais.

Local, data.

_____

Sicrana da Silva

RG n. 11.222.001-2 SSP/SP

_____

Fulana de Tal

OAB/SP n. 111.001

### 3.8.3 Dos honorários sucumbenciais

Como visto no tópico 3.8.1, o cliente, ao contratar seu advogado, define os honorários que pagará ao profissional. Esses são os honorários contratuais, não regulados no âmbito do processo, mas do direito material (contrato de mandato – CC, art. 653 e ss.).

Além dos contratuais, existem os honorários sucumbenciais, que são os que decorrem do processo judicial. Pagos pela parte vencida ao patrono da parte vencedora, eles são regulados no CPC, mais precisamente nos arts. 85 e seguintes.

Prevê o art. 23 da Lei nº 8.906/1994 que os honorários advocatícios são do advogado. Reforça o CPC ser dos advogados a titularidade dos honorários sucumbenciais, inclusive pelo próprio art. 85: "A sentença condenará o vencido a pagar honorários ao advogado do vencedor".

De qualquer forma, tratando-se de direito disponível, é lícito que haja convenção entre advogado e constituinte a respeito dessa verba.[41]

A *fixação* dos honorários não é livre por parte do magistrado. O juiz deverá fixar os honorários em entre 10% e 20% do valor da condenação, do proveito econômico ou valor atualizado da causa (CPC, art. 85, § 2º), considerando os seguintes critérios: grau de zelo, lugar de prestação do serviço, relevância da causa, trabalho e tempo utilizados pelo patrono (art. 85, § 2º, incisos I a IV).

Quanto à base de cálculo, a grandeza preferencial é o *valor da condenação*. Mas não é apenas essa. É possível que o juiz considere o *proveito econômico* obtido (que não necessariamente é sinônimo da condenação) ou, subsidiariamente, o *valor atualizado da causa*. Assim, havendo condenação, essa deve ser a base de cálculo (ex.: condenação ao pagamento de quantia a título de danos materiais e morais); se não houver efetivamente condenação, deve ser considerado o proveito econômico obtido (ex.: declara-se a nulidade de uma cláusula contratual entre um locador e locatário – e isso importa em um desconto no valor do pagamento devido pelo locatário); inexistindo possibilidade de avaliar o proveito econômico, leva-se em conta o valor da causa (ex.: nulidade de cláusula contratual em locação da qual não decorra nenhuma modificação no valor locatício ou dos encargos).

No caso de improcedência ou extinção sem mérito, a fixação dos honorários em favor do réu vencedor deve seguir os mesmos critérios na hipótese de o autor ser o vencedor. Como não há procedência, não há valor da condenação. Assim, a base de cálculo será, principalmente, o *valor da causa* atualizado (art. 85, § 6º). No cotidiano forense pós-vigência do CPC/2015, percebeu-se grande resistência dos magistrados em aplicar esse dispositivo. Por isso, o legislador alterou o Código para deixar ainda mais claro que a fixação deve ter o mínimo de 10% do valor da causa, em caso de improcedência ou extinção, com a inserção do seguinte parágrafo no art. 85:[42]

> § 6º-A. Quando o valor da condenação ou do proveito econômico obtido ou o valor atualizado da causa for líquido ou liquidável, para fins de fixação dos honorários advocatícios, nos termos dos §§ 2º e 3º, é proibida a apreciação equitativa, salvo nas hipóteses expressamente previstas no § 8º deste artigo.

---

[41] Vale lembrar que o § 3º do art. 24 do Estatuto da Advocacia, que previa a nulidade de cláusula que retirasse do advogado os honorários, foi declarado inconstitucional (ADI 1194, rel. Acórdão Min. Cármen Lúcia, Tribunal Pleno, j. 20.05.2009, *DJe*-171).

[42] Dispositivo incluído pela Lei nº 14.365/2022.

O STJ fixou a matéria em recurso repetitivo (Tema 1.076), por apertada maioria, felizmente reafirmando o que está escrito na lei. As teses fixadas foram as seguintes:

1) A fixação dos honorários por apreciação equitativa não é permitida quando os valores da condenação ou da causa, ou o proveito econômico da demanda, forem elevados. É obrigatória, nesses casos, a observância dos percentuais previstos nos §§ 2º ou 3º do art. 85 do Código de Processo Civil (CPC) – a depender da presença da Fazenda Pública na lide –, os quais serão subsequentemente calculados sobre o valor: (a) da condenação; ou (b) do proveito econômico obtido; ou (c) do valor atualizado da causa.

2) Apenas se admite o arbitramento de honorários por equidade quando, havendo ou não condenação: (a) o proveito econômico obtido pelo vencedor for inestimável ou irrisório; ou (b) o valor da causa for muito baixo.

Apesar da lei processual e do julgamento do recurso repetitivo, ainda há magistrados que insistem em fixar honorários abaixo do piso de 10% do valor da causa. Se isso ocorrer, caberá ao advogado recorrer e buscar a reforma da decisão sobre os honorários erroneamente estipulados.

Quando for parte um ente público (federal, estadual e municipal, bem como suas autarquias e fundações), a regra é distinta (art. 85, § 3º). Prevê o Código uma situação de escalonamento: quanto mais alto o valor da condenação ou do proveito econômico (base de cálculo dos honorários), menor o percentual a ser utilizado na fixação dos honorários. Enquanto para o particular a variação é sempre entre 10% e 20%, quando o Estado for parte, inicia-se nesse mesmo percentual (nas causas de até 200 salários mínimos) e chega-se até 1% e 3% (nas causas acima de 100 mil salários mínimos). Portanto, para uma demanda que esteja na última faixa de valor, a condenação contra um particular (em demanda entre particulares) será sempre de, no mínimo, 10%; ao passo que, sendo o Estado parte (polo ativo ou passivo), os honorários serão de, no mínimo, 1%.

Prevê o CPC a fixação de honorários recursais (art. 85, § 11). Assim, a cada recurso, há a majoração na condenação em honorários – além daqueles já fixados anteriormente. O teto para a fixação dos honorários é o limite previsto no § 2º (20%, no caso de particulares) e § 3º (3% a 20%, conforme a faixa, no caso da Fazenda Pública).

Ou seja, mesmo com a sucumbência recursal, o teto de 20% de honorários não poderá ser ultrapassado. Assim, hipoteticamente, tem-se 10% na sentença, 15% no julgamento da apelação (que mantém a sentença) e 20% no julgamento do recurso especial (que mantém o acórdão).

Há debate a respeito de quais seriam os recursos que permitiriam a fixação da sucumbência recursal. Não há dúvida quanto à aplicação da sucumbência recursal na apelação e nos recursos especial e extraordinário. A jurisprudência está se inclinando a deixar de aplicá-la nos embargos de declaração e no agravo interno, mas a situação não está efetivamente definida pelos Tribunais Superiores.[43]

O art. 85, § 14, do CPC afirma a *natureza alimentar* dos honorários advocatícios, sendo dois os principais efeitos práticos: (i) impenhorabilidade dos honorários (salvo para créditos alimentares devidos pelo advogado); (ii) preferência dos honorários em relação

---

[43] A respeito do tema, conferir TARTUCE, Fernanda et alii. *CPC na jurisprudência*. 4. ed. Indaiatuba: Foco, 2025

a outros créditos, seja na recuperação judicial ou nas execuções. Assim, na ordem de preferência, os honorários estão no mesmo patamar dos créditos trabalhistas, antes dos créditos tributários. Porém, ainda não está definido pelo STJ se, para o advogado receber honorários, é possível penhorar salários dos devedores.

O mesmo § 14 afasta a possibilidade de compensação de honorários. Havendo sucumbência recíproca (art. 86), em que cada parte deve arcar com parte dos honorários (um cliente pagando para o outro), é possível a compensação? A Súmula 306/STJ previa que sim;[44] mas o dispositivo afirma que não. Dessa forma, é de se concluir que a súmula resta superada pela legislação, ainda que o STJ, até o momento, não a tenha revogado.

A legislação prevê a possibilidade de pagamento dos honorários, de titularidade do advogado, em favor de sociedade da qual seja sócio (art. 85, § 15). Uma das grandes vantagens do pagamento dos honorários em favor da sociedade é de ordem tributária: as alíquotas de imposto de renda da sociedade são inferiores à da pessoa física.

Se o advogado atuar em causa própria, também deverá haver a condenação de honorários sucumbenciais (art. 85, § 17). Se assim não fosse, (i) o advogado seria prejudicado em relação às demais partes e (ii) isso estimularia a simples simulação de um colega assinando pelo outro, apenas para fins dos honorários.

Por fim, nesta breve análise dos honorários sucumbenciais no CPC, cabe notar que o § 19 prevê que os advogados públicos receberão honorários "nos termos da lei". Atualmente, há carreiras nas quais os procuradores já recebem honorários sucumbenciais, e outras nas quais não há percebimento dessa verba honorária. De qualquer forma, o próprio dispositivo remete para outra lei, de modo que somente serão devidos os honorários sucumbenciais quando da edição de lei ou outro ato por parte de cada ente (uma lei para cada ente federado e sua respectiva procuradoria, além de uma lei para a União). Isso não significa, por certo, que hoje não haja a condenação de honorários em favor dos entes estatais; existe e ocorre normalmente, mas os honorários não necessariamente são revertidos aos seus respectivos procuradores.

Ao ponto, vale destacar situação polêmica envolvendo a Defensoria Pública. Pelo enunciado da Súmula 421 do STJ, "os honorários advocatícios não são devidos à Defensoria Pública quando ela atua contra a pessoa jurídica de direito público à qual pertença". Esse entendimento não foi confirmado pelo STF.[45]

Em 2018, houve o reconhecimento de repercussão geral no RE 1.140.005 (Tema 1.002) para discutir, "à luz do art. 134, §§ 2º e 3º, da Constituição da República, se a proibição de recebimento de honorários advocatícios pela Defensoria Pública, quando represente litigante vencedor em demanda ajuizada contra o ente ao qual é vinculada, viola a sua autonomia funcional, administrativa e institucional".

No final de 2023, o caso foi julgado pelo STF, com o seguinte resultado:

> *"1. É devido o pagamento de honorários sucumbenciais à Defensoria Pública, quando representa parte vencedora em demanda ajuizada contra qualquer ente público, inclusive aquele que integra;*

---

[44] Súmula 306/STJ: "Os honorários advocatícios devem ser compensados quando houver sucumbência recíproca, assegurado o direito autônomo do advogado à execução do saldo sem excluir a legitimidade da própria parte".

[45] No AR 1.937, julgado em 30.06.2017, o Plenário do Supremo Tribunal Federal entendeu de forma unânime ser possível a condenação da União ao pagamento de honorários em favor da Defensoria Pública da União.

*2. O valor recebido a título de honorários sucumbenciais deve ser destinado, exclusivamente, ao aparelhamento das Defensorias Públicas, vedado o seu rateio entre os membros da instituição".*

### 3.8.4 Percepção de honorários na conciliação e na mediação

Contar com variadas possibilidades de atender o cliente é iniciativa que revela não só a versatilidade da advocacia como também propicia maior chance de satisfação do destinatário da atuação, ensejando a fidelização e a valorização da atividade advocatícia.

Embora alguns profissionais rechacem a iniciativa de atuar em frentes diversificadas, a resistência não se justifica. O advogado pode ganhar em reputação e em lealdade ao conquistar a clientela mostrando eficiência e versatilidade no encaminhamento das controvérsias e proporcionando-lhe resultados satisfatórios em diversas searas.

Diante disso, o profissional atualizado em meios diferenciados de solução de conflitos deve repensar a forma de cobrar os honorários advocatícios e buscar considerar opções que também contemplem a atuação extrajudicial.

O CED/2015, no art. 48 § 1º, destaca que o contrato deve estabelecer diversos elementos (como honorários ajustados, forma de pagamento e extensão do patrocínio), além de dispor sobre a hipótese de a causa encerrar-se mediante transação ou acordo.

Será importante promover a superação de paradigmas errôneos. Na tradição brasileira de conciliações, por muito tempo foi comum ouvir da magistratura a definição de que, firmado acordo, cada parte deveria arcar com os honorários advocatícios de seus patronos; isso ensejava frustrações consideráveis aos profissionais por acabar reduzindo o quantum esperado em termos de ganho com a demanda[46].

Para evitar surpresas como essa e assegurar previsibilidade, é importante que os advogados façam constar, nos contratos com os clientes, cláusulas relacionadas às várias alternativas de prestação de serviços como gestor de conflitos.

Assim, deve ficar para trás a conduta de advogados que se limitam a estipular valores percebidos por atos processuais restringindo-se ao horizonte contencioso. Nos meios consensuais, afinal, o padrão de remunerar o advogado a partir das fases do processo litigioso não terá utilidade.

A cobrança segundo a lógica contenciosa acaba estimulando o advogado à prolongação do litígio, já que poderá extrair ganhos maiores conforme continue o trâmite processual.

O advogado que atua nos meios consensuais desempenhará atividades de consulta, orientação e acompanhamento; ele se comunicará com o cliente antes das sessões consensuais para preparar a abordagem a ser feita. É possível que após algumas reuniões já sejam visíveis os resultados; nesse cenário, uma cobrança com base nas horas trabalhadas pode ser interessante.

Há casos em que os advogados ajustam com seus clientes a percepção de honorários que somam as horas trabalhadas a um valor fixado a título de êxito, um percentual adicional pelo fim do trabalho decorrente da celebração do acordo.

A percepção imediata e célere dos honorários por sua remuneração na preparação e no assessoramento durante as sessões consensuais atende a interesses econômicos dos advogados.

---

[46]  TARTUCE, Fernanda. *Mediação nos conflitos civis*. 7. ed. São Paulo: Método, 2024. p. 99.

Além disso, a cobrança poderá considerar a atuação técnica necessária para tornar o acordo um título executivo (extrajudicial ou judicial, conforme o interesse das partes).

Ao ponto, merece destaque nova previsão do CED/2015 sobre o tema: "é vedada, em qualquer hipótese, a diminuição dos honorários contratados em decorrência da solução do litígio por qualquer mecanismo adequado de solução extrajudicial" (art. 48, § 5º). Como se percebe, é importante que advogada(o) e cliente conversem sobre o assunto com clareza no momento da contratação.

A Tabela de Honorários da OAB/SP traz bons referenciais mínimos no tópico 20, que se destina a "Atividades em assessoria jurídica em métodos autocompositivos[47]".

A iniciativa de selecionar adequadamente as disputas que serão encaminhadas aos meios consensuais tem enorme relevância[48].

A expressão "sempre que possível" prevista no art. 3º, § 2º, do CPC, que trata do dever estatal de promover a autocomposição, ressalta a importância de serem analisadas chances e limitações referentes à adoção de iniciativas em prol de entendimentos.

A seleção e o encaminhamento de causas à autocomposição, portanto, configuram atividades técnicas importantes a serem exercidas pela advocacia[49]; na Tabela de Honorários da OAB/SP o tópico destinado às "atividades em assessoria jurídica em métodos autocompositivos" conta, nos primeiros 3 (três) itens, com menções a consultorias e análises que envolvem benefícios e características do uso de meios consensuais:

> *20.1 Consulta genérica acerca dos benefícios e características da utilização dos métodos autocompositivos de solução de conflitos;*
>
> *20.2 Consulta para identificação do método autocompositivo adequado à solução do conflito, observando o caso concreto com análise detalhada de documentos;*
>
> *20.3 Hora técnica e intelectual para análise dos elementos do conflito e assessoria jurídico-estratégica[50].*

A participação da advocacia durante as sessões consensuais em juízo é primordial para orientar juridicamente o cliente e auxiliá-lo na adequada compreensão tanto dos debates como das consequências de celebrar ou não ajustes[51].

---

[47] Tabela de honorários advocatícios 2024 – OABSP. Disponível em: https://www.oabsp.org.br/upload/1885288261.pdf. Acesso em: 26 jan. 2025. Vale ressaltar que ali consta expressamente um alerta: "*os serviços não contemplados nos itens específicos aqui elencados, assim como quando a mediação, conciliação, negociação ou outro método autocompositivo for incluído de forma escalonada como método prévio ou concomitante ao processo judicial, arbitral ou administrativo, os honorários deverão seguir o quanto disposto nas atividades próprias constantes na tabela de honorários ou da regra geral, sempre a critério do(a) profissional".

[48] TARTUCE, Fernanda. *Mediação nos conflitos civis*. 7. ed. São Paulo: Método, 2024. p. 116.

[49] TARTUCE, Fernanda. Soluções consensuais e honorários advocatícios. In: SICA, Leonardo (org.) *Honorários e prerrogativas*: pilares da advocacia. São Paulo: Tirant lo Blanch, 2024. p. 95.

[50] Tabela de honorários advocatícios 2024 – OABSP. Disponível em: em: https://www.oabsp.org.br/upload/1885288261.pdf. Acesso 26 jul. 2024.

[51] DEMARCHI, Juliana. Técnicas de conciliação e mediação. In: GRINOVER, Ada Pellegrini; WATANABE, Kazuo; LAGRASTA NETO, Caetano (coord.). *Mediação e gerenciamento do processo*. São Paulo: Atlas, 2007. p. 56.

Na Tabela de Honorários da OAB/SP, o mencionado tópico sobre "Atividades em assessoria jurídica em métodos autocompositivos" ressalta que devem ser destacadas e mensuradas as seguintes iniciativas:

> *20.4 Acompanhamento em sessão ou reunião de Práticas Colaborativas, Mediação, Conciliação, Negociação ou qualquer método autocompositivo (por ato);*
>
> *20.5 Elaboração e/ou revisão de Termo de Acordo total ou parcial resultante do encerramento de Práticas Colaborativas, Mediação, Conciliação, Negociação ou qualquer método autocompositivo*[52].

Será importante estar pronto para dialogar sobre o assunto na audiência inclusive porque há orientação do Conselho Nacional de Justiça (expressa em treinamentos e cursos de aperfeiçoamento de mediadores/ conciliadores) para que o terceiro imparcial crie um momento na sessão para abordar os honorários do advogado, convidando os participantes a conversar sobre o tema antes do início dos trabalhos[53].

Por fim, nos casos em que o acordo foi negociado fora do Poder Judiciário, a cobrança poderá considerar a atuação técnica necessária para inserir a transação em um título executivo (extrajudicial ou judicial, conforme interesse das partes). A Tabela de Honorários da OAB/SP destaca que tal atividade precisa ser considerada na fixação do valor devido no item 20.6 (Requerimento de homologação de acordo realizado em esfera extrajudicial perante o Poder Judiciário)[54].

Como se nota, a atuação da advocacia na assessoria técnica consensual tende a ser ampla e merece ser valorizada proporcionalmente aos ganhos que enseja para a clientela. Nada mais justo, portanto, que também repercuta em termos de credibilidade, fidelização e ganhos materiais a serem percebidos de forma célere pelo profissional da advocacia[55].

---

[52] Tabela de honorários advocatícios 2024 – OABSP. Disponível em: https://www.oabsp.org.br/upload/1885288261.pdf. Acesso em: 26 jul. 2024.

[53] HENRIQUES, Therezinha do Menino Jesus Matos. Honorários advocatícios na mediação, Migalhas, 14 jun. 2024. Disponível em: https://www.migalhas.com.br/depeso/367929/honorarios-advocaticios-na-mediacao. Acesso em: 8 ago. 2024.

[54] Tabela de honorários advocatícios 2024 – OABSP. Disponível em: https://www.oabsp.org.br/upload/1885288261.pdf. Acesso em: 26 jul. 2024.

[55] TARTUCE, Fernanda. *Mediação nos conflitos civis*. 7. ed. São Paulo: Método, 2024. p. 100.

**4**

# PETIÇÃO INICIAL

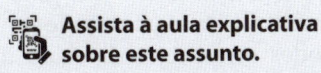

**Assista à aula explicativa sobre este assunto.**

> https://uqr.to/fvpn

O Poder Judiciário não dá início a processos de forma espontânea: é a parte quem deve provocar o Estado para que uma demanda inicie. Portanto, constitui regra no direito brasileiro a inércia da jurisdição.[1]

Assim, o processo começará por iniciativa da parte interessada (autora), por meio de um ato processual que recebe a denominação de petição inicial.[2]

Além de instaurar o processo, a petição inicial identifica a demanda por trazer os *elementos identificadores da ação* (partes, causa de pedir e pedido, cf. CPC, art. 337, § 2º). Tais elementos são relevantes para identificar quando uma ação é igual a outra e caracterizar situações de indevida repetição de demandas (por litispendência, coisa julgada e, eventualmente, perempção).

Em relação à forma, todo ato processual – dentre os quais também a petição inicial, por certo – deve seguir algumas diretrizes:

–  estar em português (vernáculo – CPC, art. 192; é possível, contudo, valer-se de alguns termos em latim – sobretudo os já consagrados pelo uso);

–  não devem existir cotas marginais, ou seja, inclusão de palavras ou frases fora das linhas regulares (CPC, art. 202);

---

[1]  O princípio da inércia, da demanda ou do dispositivo é expresso no art. 2º do CPC ("o processo começa por iniciativa da parte e se desenvolve por impulso oficial, salvo as exceções previstas em lei").

[2]  A petição inicial também é denominada exordial, peça inaugural, proscenial ou vestibular.

- deve ser assinado (CPC, art. 209);
- não deve conter rasuras (CPC, art. 211).

Vale destacar que muitas dessas diretrizes originaram-se na época em que a tramitação dos processos se dava em *autos físicos*. Com a informatização do processo, a assinatura por certificação digital é essencial para que a apresentação da petição seja feita ao Judiciário; também a presença de cotas marginais e de rasuras é inviável, tendendo naturalmente a desaparecer a utilidade de partes dessas previsões.[3]

## 4.1 CONSIDERAÇÕES PRÉVIAS

Dentre os diversos arrazoados que podem ser elaborados pelo autor, a petição inicial é, sem dúvida, o mais relevante porque fixa todos os parâmetros da demanda. Sua redação merece máximo cuidado, já que uma falha na elaboração da petição inicial (como a ausência de um determinado pedido) pode acarretar graves prejuízos ao autor.

Portanto, antes da entrega da petição inicial em juízo (por meio do protocolo ou da distribuição – esta última utilizada nas comarcas onde há mais de uma vara[4]), o advogado deve estar seguro de que todos os aspectos da causa foram efetivamente abordados.[5]

Alguns profissionais acreditam que as petições iniciais devem ser extensas e trazer termos rebuscados, diversas citações em latim e longas reproduções doutrinárias. A nosso ver, este não é o melhor entendimento. Nas serventias judiciais, há muitos processos pendentes de apreciação; em tal contexto, quanto mais longa e prolixa for a petição, mais trabalhosa será a compreensão da causa para o juiz e seus auxiliares (o que pode acarretar ainda mais demora na análise e solução do litígio).

Assim, é de todo recomendável que as peças jurídicas em geral (inclusive a petição inicial) sejam concisas (na medida do possível) e apresentem linguagem clara.

Contudo, concisão e clareza não significam que a peça não deva trazer a exposição dos fatos de forma adequada ou que a linguagem técnica deva ser abandonada. Ao contrário: o advogado deve sempre explorar todos os fatos e se valer da linguagem técnica apropriada utilizando corretamente a nomenclatura dos diversos institutos jurídicos (por exemplo, não confundindo citação com intimação).

Outro ponto extremamente relevante é o cuidado com a língua portuguesa. Não raro, são encontradas no foro petições com graves erros (gramaticais e/ou ortográficos). Deve-se ter muita atenção nesse aspecto, sendo sempre conveniente a consulta a um dicionário e a uma gramática. Em relação a concursos e Exames de Ordem, esse aspecto é ainda de maior relevância, já que a correção gramatical costuma ser um item determinante para a aprovação.

Além disso, uma causa corriqueira no foro (indenizatória por acidente de veículos ou despejo por falta de pagamento) pode ser apresentada de maneira mais simples do

---

[3] Isso demonstra que o atual CPC, em muitos momentos, ainda tem por paradigma os autos físicos.

[4] Nos termos do art. 284 do CPC, todos os processos estão sujeitos a registro, devendo ser distribuídos onde houver mais de um juiz.

[5] Deve-se, inclusive, apontar todos os fundamentos legais do direito. As supostas violações a normas constitucionais e infraconstitucionais devem constar, desde já, entre os argumentos trazidos à colação para que se busque preparar a causa para atender ao requisito do prequestionamento (caso se revele futuramente necessário interpor e ver admitidos recursos especial e extraordinário).

que uma demanda mais complexa (em que se discute tema novo, questão não pacífica na jurisprudência ou em que se apresenta diferenciada tese jurídica).

A ideia de primar pela simplicidade, contudo, não se aplica àqueles que estão se preparando para concursos e exames. Nestes casos, quando da elaboração da peça solicitada, é importante desenvolver a argumentação jurídica de forma exaustiva, com reprodução de textos legais e (quando permitido) de doutrina, evitando petições demasiadamente curtas. Deve-se mostrar ao examinador, afinal, toda aptidão do candidato.

Independentemente disso, qualquer que seja o objetivo da elaboração da peça, é imprescindível seguir o roteiro constante do Código de Processo Civil.

## 4.2 REQUISITOS DA PETIÇÃO INICIAL

O art. 319 do CPC deve ser a bússola da advocacia/defensoria no momento da elaboração da petição inicial. Antes da apresentação da petição em juízo, vale proceder a uma final leitura do dispositivo para confirmar a observância de seus termos. Se o profissional assim sempre procedesse, não esqueceria – como é frequente no cotidiano forense, especialmente por profissionais menos experientes (assim como em Exames de Ordem e outras provas práticas de concursos) – de incluir elementos como o valor da causa.

O dispositivo legal é assim redigido:

> "Art. 319. A petição inicial indicará:
>
> I – o juízo a que é dirigida; [**endereçamento**]
>
> II – os nomes, os prenomes, o estado civil, a existência de união estável, a profissão, o número de inscrição no Cadastro de Pessoas Físicas ou no Cadastro Nacional da Pessoa Jurídica, o endereço eletrônico, o domicílio e a residência do autor e do réu; [**qualificação das partes**]
>
> III – o fato e os fundamentos jurídicos do pedido; [**causa de pedir**]
>
> IV – o pedido com as suas especificações; [**pedido**]
>
> V – o **valor da causa**;
>
> VI – as provas com que o autor pretende demonstrar a verdade dos fatos alegados; [**requerimento de provas**]
>
> VII – a opção do autor pela realização ou não de audiência de conciliação ou de mediação".

Como se percebe, os incisos do art. 319 trazem os *requisitos da petição inicial*. Contemplá-los não é uma opção, mas um comando à advocacia/defensoria em relação ao necessário teor da peça; como se percebe pelo verbo utilizado pelo legislador, "a petição inicial indicará", não sendo mera opção o apontamento dos dados indicados.[6]

---

[6] Há apenas uma ressalva em relação aos dados das partes: como podem ser desconhecidos elementos da qualificação da parte adversa, há mitigação da necessidade de plena indicação; o tema será exposto com detalhes adiante.

Os requisitos indicados no art. 319 do CPC devem estar presentes nas petições iniciais de processos de conhecimento com trâmite pelo procedimento comum. Como o dispositivo configura regra geral, ele se aplica aos demais procedimentos e ao processo de execução, com algumas diferenças a serem observadas quando houver, no caso, previsão específica (ex.: na ação de consignação em pagamento, o autor deverá requerer, na petição inicial, o depósito da quantia ou da coisa devida, conforme indica o art. 542, I, do CPC).

Se a petição inicial não trouxer algum dos requisitos constantes no art. 319 do CPC, o juiz deverá determinar sua emenda (correção)[7] sob pena de indeferimento e consequente extinção do processo sem resolução do mérito.[8]

Cabe aqui um esclarecimento: sendo o vício da peça demasiadamente grave, a lei permite que o juiz desde logo, sem nem possibilitar a emenda ao autor, ponha fim ao processo. Isso é possível nas hipóteses do art. 330 que não admitem correção, sendo um dos exemplos a situação de manifesta ilegitimidade de parte (CPC, art. 330, II).

A petição inicial deve ser elaborada de forma clara e técnica; caso contrário, como exposto, o juiz poderá determinar sua emenda ou, conforme a gravidade da situação, desde logo extinguir o processo.

É o que decorre da regra do art. 330, § 1º, III, do CPC: o juiz pode extinguir o processo, em virtude de inépcia, quando "da narração dos fatos não decorrer logicamente a conclusão". Assim, se a petição trouxer uma narrativa confusa (quanto à exposição dos fatos ou dos institutos jurídicos discutidos) e o magistrado tiver dificuldades para compreender o pleito, poderá decretar a pronta extinção do processo (indeferimento liminar da inicial), sem sequer determinar a citação do réu.

Portanto, além de se preocupar com a presença de todos os requisitos do art. 319 do CPC, o advogado deve elaborar uma peça reveladora de raciocínio lógico com começo, meio e fim, valendo-se da técnica apropriada e utilizando os institutos jurídicos de forma adequada.

Além disso, tampouco terá resultado acionar o Poder Judiciário para sustentar uma tese repetitiva já definitivamente rechaçada pelo órgão julgador em decisões anteriores. Nesses casos, o juiz poderá reconhecer liminarmente a improcedência do pedido e a decisão ensejará a extinção do processo com resolução de mérito, nos termos do art. 487, I, do CPC.

Segundo o art. 332 do mesmo Código, nas causas que dispensem a fase instrutória, o juiz, independentemente da citação do réu, julgará liminarmente improcedente o pedido que contrariar: I – enunciado de súmula do Supremo Tribunal Federal ou do Superior Tribunal de Justiça; II – acórdão proferido pelo STF ou pelo STJ em julgamento de recursos repetitivos; III – entendimento firmado em incidente de resolução de demandas repetitivas ou de assunção de competência; IV – enunciado de súmula de tribunal de justiça sobre direito local.

## 4.2.1 Endereçamento

"Art. 319. A petição inicial indicará:

I – o juízo a que é dirigida; (...)".

**(endereçamento – competência)**

---

[7] Segundo o art. 321 do CPC, o juiz, ao verificar que a petição inicial não preenche os requisitos dos arts. 319 e 320 ou que apresenta defeitos e irregularidades capazes de dificultar o julgamento de mérito, determinará que o autor, no prazo de 15 (quinze) dias, a emende ou a complete, indicando com precisão o que deve ser corrigido ou completado.

[8] Nos termos do art. 485, I, do CPC, o juiz não resolverá o mérito quando indeferir a petição inicial.

Toda petição (não só a inicial) começa com o endereçamento, ou seja, a indicação do juízo que deverá analisar a postulação nela constante.

Como o CPC/2015 indica *juízo* (sendo que no CPC/1973 se falava em *juiz*), há quem entenda que a petição deve ser direcionada ao juízo. Em nosso entender, essa visão não merece prevalecer.

Como bem explica De Plácido e Silva em seu clássico *Dicionário jurídico*, "juízo" vem do latim *judicium* (ação de julgar, julgamento, ofício do juiz), sendo tomado em duas acepções:

> "Em sentido restrito, é tido na mesma significação de juizado, ou seja, o local em que o juiz exerce as suas funções ou funciona no exercício de sua jurisdição ou de seu próprio ofício. Em sentido mais amplo, significa a própria discussão da causa".[9]

No Brasil, geralmente, usa-se a primeira acepção: fala-se em juízo para retratar a serventia judicial – também chamado de órgão jurisdicional, ofício ou "vara" – em que o processo tramita.

A petição inicial é feita não para ser lida pelo cartório, mas por um(a) magistrado(a) que apreciará os termos do arrazoado. Assim, foi consagrada pelo uso a indicação a "juiz", merecendo ser mantida tal indicação inclusive por prestigiar o aspecto humano da atuação, com indicação da vara ou da seção judiciária na sequência.[10] Afinal, durante a petição é costume fazer menções à figura do julgador, especialmente quando adotado um formato de diálogo na exposição dos fundamentos (por ex.: "Veja,. Exa. que...").

Por falta de regra legal indicando exatamente como devia ser feito o endereçamento, a praxe consagrou a seguinte formulação:

EXCELENTÍSSIMO SENHOR DOUTOR JUIZ DE DIREITO DA 1.ª VARA CÍVEL DO FORO CENTRAL DA COMARCA DA CAPITAL – SÃO PAULO.

EXCELENTÍSSIMO SENHOR DOUTOR JUIZ DO TRABALHO DA 2.ª VARA DO TRABALHO DE CAMPINAS – ESTADO DE SÃO PAULO.

Nesses exemplos já se sabe, previamente,[11] que as causas terão seu trâmite perante a 1.ª Vara Cível do Foro Central da Comarca de São Paulo e perante a 2.ª Vara do Trabalho de Campinas.

Contudo, quando se tratar de petição inicial a ser distribuída livremente em comarca onde haja mais de um juízo, não será possível saber previamente perante qual das Varas a causa tramitará. Assim, até que ocorra a distribuição (CPC, art. 284), não haverá como indicar a Vara na inicial.

---

[9] SILVA, De Plácido e. *Vocabulário jurídico*. 31. ed. Rio de Janeiro: Forense, edição eletrônica, 2014.

[10] De qualquer forma, essa questão é secundária, sendo mais relevante a correta indicação do foro e da Justiça que julgará a causa. Vale acrescentar que não se tem notícia de bancas que estejam apontando como errado o uso de uma ou da outra palavra.

[11] A petição já virá endereçada a um juízo certo quando se verificar uma das hipóteses do art. 286 do CPC: "Serão distribuídas por dependência as causas de qualquer natureza: I – quando se relacionarem, por conexão ou continência, com outra já ajuizada; II – quando, tendo sido extinto o processo sem resolução de mérito, for reiterado o pedido, ainda que em litisconsórcio com outros autores ou que sejam parcialmente alterados os réus da demanda; III – quando houver ajuizamento de ações nos termos do art. 55, § 3º, ao juízo prevento".

Diante disso, para elaborar a petição inicial, existem ao menos duas opções para indicar o endereçamento de forma genérica:

EXCELENTÍSSIMO SENHOR DOUTOR JUIZ DE DIREITO DA ____ª VARA CÍVEL DO FORO CENTRAL DA COMARCA DA CAPITAL – SÃO PAULO.

EXCELENTÍSSIMO SENHOR DOUTOR JUIZ DE DIREITO DE UMA DAS VARAS CÍVEIS DO FORO CENTRAL DA COMARCA DA CAPITAL – SÃO PAULO.

Ainda que a menção a "juiz" se refira a magistrados e magistradas, nada impede que se faça o endereçamento relativo aos dois gêneros, no seguinte sentido:

EXCELENTÍSSIMO(A) SENHOR(A) DOUTOR(A) JUIZ(A) DE DIREITO DA ____ª VARA CÍVEL DO FORO CENTRAL DA COMARCA DA CAPITAL – SÃO PAULO.

A elaboração do endereçamento na petição inicial, como se percebe, não apresenta maior complexidade, bastando uma curta frase.

No entanto, a dificuldade é saber exatamente **para qual juízo** endereçar. Para qual Justiça? (Especializada ou Comum?). E, ainda, para qual comarca/seção judiciária? (São Paulo ou de Campinas?).

Para saber qual é o apropriado endereçamento da petição inicial, deve-se conhecer as regras de competência para a apreciação da causa em discussão.

Para chegar ao endereçamento, diversas perguntas devem ser respondidas.

A primeira questão é a seguinte: qual é a **Justiça** competente?

Como já visto em capítulo anterior, nosso Poder Judiciário é dividido em cinco ramos distintos: Justiça Eleitoral, Justiça do Trabalho e Justiça Penal Militar (as chamadas "Justiças especializadas") e ainda Justiças Federal e Estadual (ambas compondo a denominada "Justiça comum").

A competência de cada um desses ramos do Poder Judiciário, como já exposto, está prevista na Constituição (art. 106 e seguintes).

O endereçamento a uma dessas cinco Justiças parte de uma análise excludente: se não for competente a Justiça especializada, a competência será da Justiça comum.

A título de exemplo: se o jurisdicionado quer discutir horas extras e salários não pagos, estará diante de situação decorrente da relação trabalhista, incidindo a competência da Justiça do Trabalho nos termos do art. 114, I, da Constituição.

Por seu turno, a discussão de prejuízos decorrentes de um acidente de veículo não está inserida na competência da Justiça do Trabalho, nem na competência da Justiça Eleitoral ou Penal Militar. Assim, por exclusão, se uma causa em que se discute um acidente de carros não é julgada pela Justiça especializada, deve ser julgada pela Justiça comum. Entretanto, como distinguir entre as Justiças Estadual e Federal?

Aqui, uma vez mais, a adoção se dará por exclusão: se a causa não tiver de ser apreciada pela Justiça Federal, então será julgada pela Justiça Estadual.

Para saber, portanto, se a competência é da Justiça Federal ou da Estadual é necessário analisar a competência da primeira.

A resposta a essa indagação encontra-se no art. 109, I, da Constituição: compete à Justiça Federal, basicamente, julgar as causas em que União, empresa pública, fundação e autarquias federais forem partes. Assim, se o acidente automobilístico ocorreu entre particulares, a competência para julgar a causa será da Justiça Estadual. Todavia, se na colisão envolveu-se um veículo do Governo Federal, então a competência para apreciar a demanda será da Justiça Federal.

Não incidindo o art. 109, I, da CF, a demanda tramitará na Justiça comum estadual. Tal afirmação sinaliza que a Justiça Estadual é dotada de competência residual: se a causa não precisar ser julgada por nenhuma das Justiças especializadas, nem pela Justiça Federal (que está compreendida na Justiça comum), então será julgada pela Justiça Estadual. Vale ressaltar que tal situação não enseja que a Justiça Estadual tenha poucas causas; *ao contrário*, ela é a que está presente no maior número de cidades (maior capilaridade ou abrangência no País), tem o maior número de juízes e a maior quantidade de demandas em trâmite.

Cabe atentar que a Justiça Estadual conta com mais capilaridade de juízos do que a Justiça Federal; comparando os dois ramos do Judiciário, há diversas cidades que não são dotadas de órgão do Poder Judiciário Federal, mas que dispõem de vara(s) da Justiça Estadual.[12]

Assim, voltando ao exemplo anterior, para a demanda indenizatória por colisão de veículos, a competência será da Justiça Comum Estadual. Nesse exemplo, se a causa envolve particulares, o endereçamento deve ser feito da seguinte forma:

EXCELENTÍSSIMO SENHOR DOUTOR JUIZ DE DIREITO DE UMA DAS VARAS CÍVEIS DA COMARCA DE CURITIBA – PARANÁ.

Quando o acidente envolve um veículo da União (Governo Federal), o endereçamento é assim elaborado:

EXCELENTÍSSIMO SENHOR DOUTOR JUIZ FEDERAL DA ___ª VARA CÍVEL FEDERAL DA SUBSEÇÃO JUDICIÁRIA DE CURITIBA – PARANÁ.

Como se vê, na Justiça Federal, a nomenclatura correta é *juiz federal*; o termo *juiz de direito* somente é utilizado na Justiça Estadual. Por sua vez, *comarca* é um termo típico da Justiça Estadual, ao passo que em relação à Justiça Federal é empregada a expressão *subseção judiciária*.

Dentre as cinco Justiças, para os fins desta obra em que se discute prática civil, interessa-nos basicamente a Justiça comum em suas duas searas: Justiça Federal e Justiça Estadual.

Merece destaque, ainda, a existência dos Juizados Especiais. Em substituição aos antigos juizados de pequenas causas, eles foram instituídos para ampliar o acesso à Justiça e propiciar maior informalidade (com potencial maior celeridade) na abordagem de conflitos de valores econômicos reduzidos.

Na área estadual, há os Juizados Especiais Cíveis Estaduais (previstos na Lei nº 9.099/1995), que são uma opção (em relação à Justiça Comum Estadual) para os litigantes com causas relativas a valores de até 40 salários mínimos.[13]

Na área federal foram criados os Juizados Especiais Federais por força da Lei nº 10.259/2001, tendo caráter obrigatório para a apreciação das demandas com valor de até 60 salários mínimos.

---

[12] Para não prejudicar o jurisdicionado, a Constituição valeu-se da técnica da *atribuição constitucional*: nos termos dos §§ 3º e 4º do art. 109, nas causas envolvendo INSS e segurado, se no local não houver Justiça Federal, a apreciação competirá à Justiça Estadual. Esse fenômeno (referido pela doutrina como caracterizador da competência delegada ou por delegação) só se verifica em primeiro grau: se contra a decisão de primeiro grau for interposto recurso, será competente para sua apreciação o respectivo Tribunal Regional Federal. E isso só se refere ao INSS; se for parte outro órgão federal, a parte deverá acionar o Judiciário Federal mais próximo de sua residência.

[13] No montante de até 20 salários mínimos, a parte não precisa de advogado/defensor para acessar os Juizados.

A Lei nº 12.153/2009 criou Juizados Especiais das Fazendas Públicas Estaduais com competência absoluta (portanto, obrigatória) para processar, conciliar e julgar causas cíveis de interesse dos Estados, do Distrito Federal, dos Territórios e dos Municípios, até o valor de 60 (sessenta) salários mínimos.

Descoberta a justiça competente, deve-se partir para a análise da próxima pergunta: em qual **foro** devo ajuizar a demanda?

Cabe aqui esclarecer que foro é a circunscrição territorial (limite geográfico) onde um ou mais juízos (órgãos jurisdicionais) exercem suas funções, ao passo que o fórum é o prédio, a sede dos serviços forenses. Portanto, o endereçamento será feito ao foro e não ao fórum.

Para definir qual o foro competente, é necessário conhecer as regras de fixação de competência territorial previstas no Código de Processo Civil. Há duas regras gerais e uma série de exceções.

A primeira regra geral determina que, em ações fundadas em direito pessoal ou em direito real sobre bens móveis, é competente o foro do domicílio do *réu* (CPC, art. 46).

A segunda regra geral dispõe que, para as ações fundadas em direito real sobre imóveis (ou seja, nas ações em que se discutem situações relativas a tal tipo de bens), competente é o foro do *local da coisa* (CPC, art. 47).

Além dessas duas regras, existem outras específicas.

Demandas sobre inventário, partilha, arrecadação, cumprimento de disposições de última vontade, impugnação e anulação de partilha extrajudicial, assim como todas as ações em que o espólio for réu (ainda que o óbito tenha ocorrido no estrangeiro), têm como competente o foro de domicílio do autor da herança, ou seja, do falecido (CPC, art. 48).

Há adicionais regras específicas, havendo previsões sobre diversas demandas no art. 53 do CPC. Por exemplo, o inciso V de tal dispositivo prevê a competência, para ações de reparação de danos sofrido em razão de delito ou acidente de veículos, do foro do domicílio do autor ou do local do fato.

Considerando que a competência territorial é relativa, é possível que as partes, em contrato, indiquem um foro de eleição. Ou seja, imaginando que a regra geral para uma cobrança de dívida seja o domicílio do réu (art. 46 do CPC), em contrato é permitido que as partes indiquem como foro competente o domicílio do autor ou o local onde o autor trabalha. É o que prevê o art. 63, *caput*, do CPC. Trata-se de uma cláusula bastante comum no dia a dia contratual.

Apesar de ser extremamente usual o uso do foro de eleição, a Lei nº 14.879/2024 alterou o art. 63 do CPC (§§ 1º e 5º) para prever que o foro de eleição será *abusivo* se não "guardar pertinência com o domicílio ou a residência de uma das partes ou com o local da obrigação". A regra traz uma relevante limitação à vontade das partes na eleição do foro, de modo que essa previsão deve ser observada, para evitar maior demora no processo.

Além disso, consta no anexo A da Recomendação nº 159/2024 do CNJ, na lista exemplificativa de condutas processuais potencialmente abusivas, o ajuizamento de ações em comarcas distintas do domicílio da parte autora, da parte ré ou do local do fato controvertido (item 4).

Apesar de todos os cuidados, verificando-se endereçamento inadequado, o que ocorrerá se a petição inicial for distribuída para uma Justiça ou um foro incompetente?

Sendo a incompetência absoluta, o magistrado poderá, por sua própria iniciativa, reconhecer a falha e remeter os autos ao órgão competente (art. 64, § 3º, do CPC). Caso se trate de incompetência relativa, em regra o juiz não atuará por sua própria iniciativa: caberá ao réu alegá-la preliminarmente na contestação para que a matéria seja então decidida.

É necessário apontar, ainda, situações em que há alguma peculiaridade no endereçamento.

Quando a causa tiver de ser ajuizada diretamente no segundo grau (nos casos de competência originária dos Tribunais, valendo mencionar, como exemplo, as situações previstas no art. 108, I, da Constituição, em relação à competência originária do Tribunal Regional Federal), ou quando se tratar de um recurso a ser direcionado diretamente ao Tribunal, o endereçamento poderá ser assim feito:

- **Justiça Estadual**

EXCELENTÍSSIMO SENHOR DOUTOR PRESIDENTE DO EGRÉGIO TRIBUNAL DE JUSTIÇA DO ESTADO DE SÃO PAULO.

- **Justiça Federal**

EXCELENTÍSSIMO SENHOR DOUTOR PRESIDENTE DO EGRÉGIO TRIBUNAL REGIONAL FEDERAL DA TERCEIRA REGIÃO.[14]

Já quando o autor quiser se valer do Juizado Especial (JEC, Lei nº 9.099/1995, opção do autor), assim redigirá o endereçamento:

EXCELENTÍSSIMO SENHOR DOUTOR JUIZ DE DIREITO DO JUIZADO ESPECIAL CÍVEL DA COMARCA DE RIO DE JANEIRO – RJ.

Por sua vez, em relação ao Juizado Especial Federal, cuja utilização é obrigatória, e não opcional (JEF, Lei nº 10.259/2001, art. 3º, *caput* e § 3º), a fórmula será:

EXCELENTÍSSIMO SENHOR DOUTOR JUIZ FEDERAL DO JUIZADO ESPECIAL FEDERAL DE BELO HORIZONTE – MG.

Ademais, em relação ao Juizado Especial da Fazenda Pública, cuja utilização também é obrigatória (JEFP, Lei nº 12.153/2009), a construção será a seguinte:

EXCELENTÍSSIMO SENHOR DOUTOR JUIZ DE DIREITO DO JUIZADO ESPECIAL DA FAZENDA PÚBLICA DE RECIFE – PE.

Por fim, vale acrescentar que, no dia a dia forense, é frequente a utilização de abreviatura, da seguinte maneira:

EXMO. SR. DR. JUIZ DE DIREITO DA 1ª VARA CÍVEL DA COMARCA DE ITU – SP.

Como a construção já foi consagrada pela prática, não parece haver qualquer óbice à utilização da fórmula abreviada. Contudo, quando se trata de Exame de Ordem ou outros certames, por cautela é recomendável que se use a forma por extenso, sem abreviaturas.[15]

---

[14] No âmbito estadual, cada Estado tem seu Tribunal de Justiça. Na seara federal há seis Tribunais Regionais Federais: 1ª Região, com sede em Brasília (competência para os Estados do Norte, BA, MA, PI, MT, GO e DF); 2ª Região, com sede no Rio de Janeiro (competência para os Estados de RJ e ES); 3ª Região, com sede em São Paulo (competência para os Estados de SP e MS); 4ª Região, com sede em Porto Alegre (competência para os Estados de RS, SC e PR); 5ª Região, com sede em Recife (competência para os Estados do AL, CE, PB, PE, RN e SE); e 6ª Região, com sede em Belo Horizonte e competência apenas para MG.

[15] Alguns afirmam que, se houver abreviatura em provas, o candidato terá sua pontuação descontada. Na experiência dos autores, isso nunca foi verificado em relação a qualquer exame de OAB. Além disso, o CPC atual não veda o uso de abreviaturas, como o anterior fazia. De todo modo, vale a regra de que, no primeiro uso, a palavra deve ser por extenso; a partir da segunda, cabe usá-la abreviada..

### 4.2.1.1 Exercícios para fixação da competência

Para facilitar a compreensão dos conceitos expostos, propomos alguns exercícios para, a partir da lei e da jurisprudência, ser indicado qual o endereçamento de determinada petição inicial (ou seja, qual a justiça e o foro competentes para julgar tal causa).

i)   Acidente de veículo provocado por carro do Governo Federal. Evento ocorrido em Sorocaba, particular residente em Campinas.

ii)  Colisão de carros entre particulares. Evento ocorrido em Brasília; autor domiciliado em Goiânia; réu em Luziânia.

iii) Ação de alimentos. Filha credora domiciliada em Campo Grande; pai devedor em Cuiabá.

iv)  Divórcio contencioso. Mulher sai do lar conjugal em Londrina e se muda com o filho incapaz, de quem é guardiã, para Curitiba.

v)   Usucapião. Autor possuidor de imóvel situado em Florianópolis; réu domiciliado em Joinville.

vi)  Monitória. Autor residente em Bauru, devedor em Presidente Prudente.

vii) Inventário. Falecido era domiciliado em Bento Gonçalves; os herdeiros e uma grande parte dos imóveis se situam em Porto Alegre.

 **RESPOSTAS:**

i)   *EXCELENTÍSSIMO SENHOR DOUTOR JUIZ FEDERAL DE UMA DAS VARAS CÍVEIS FEDERAIS DA SUBSEÇÃO JUDICIÁRIA DE SOROCABA – SP*

–   *ré é a União: Justiça Federal (Constituição, art. 109, I);*

–   *Sorocaba: foro do local da colisão (CPC, art. 53, V);*

–   *com base no mesmo art. 53, V, seria também possível ajuizar em Campinas (domicílio do autor);*

–   *se o valor da causa for inferior a 60 salários mínimos, será obrigatória a propositura da demanda no JEF (Lei nº 10.259/2001, art. 3º, caput e § 3º).*

ii)  *EXCELENTÍSSIMO SENHOR DOUTOR JUIZ DE DIREITO DE UMA DAS VARAS CÍVEIS DA COMARCA DE GOIÂNIA*

–   *réu é particular: Justiça Estadual;*

–   *Goiânia: foro do domicílio do autor (CPC, art. 53, V). Também seria possível propor a demanda no local da colisão, Brasília, com base no mesmo dispositivo;*

–   *conforme o valor da causa (abaixo de 40 salários mínimos), seria possível promover a causa no JEC (Lei nº 9.099/1995).*

iii) *EXCELENTÍSSIMO SENHOR DOUTOR JUIZ DE DIREITO DA ____ª VARA CÍVEL DA COMARCA DE CAMPO GRANDE*

–   *como não há envolvimento de ente federal, Justiça Estadual;*

–   *Campo Grande: foro de domicílio ou residência de quem recebe os alimentos (CPC, art. 53, II);*

–   *havendo vara especializada, vara de família e sucessões.*

iv)  *EXCELENTÍSSIMO SENHOR DOUTOR JUIZ DE DIREITO DA ____ª VARA DE FAMÍLIA E SUCESSÕES DA COMARCA DE CURITIBA*

–   *como não há envolvimento de ente federal, Justiça Estadual;*

–   *Curitiba: foro da residência do domicílio do guardião de filho incapaz (CPC, art. 53, I, a; havendo violência doméstica, é competente o foro do domicílio da vítima, nos termos da alínea d do inc. I do art. 53 do CPC, incluído pela Lei nº 13.894/2019 – Lei Maria da Penha);*

–   *se não houvesse na comarca vara especializada, o direcionamento seria à vara cível.*

*v) EXCELENTÍSSIMO SENHOR DOUTOR JUIZ DE DIREITO DE UMA DAS VARAS CÍVEIS DE FLORIANÓ-POLIS – SC*

– *como não há envolvimento de ente federal, Justiça Estadual;*

– *Florianópolis: CPC, art. 47 (foro do local da coisa – regra geral em casos de direito real imobiliário).*

*vi) EXCELENTÍSSIMO SENHOR DOUTOR JUIZ DE DIREITO DA ___ª VARA CÍVEL DA COMARCA DE PRESIDENTE PRUDENTE, ESTADO DE SÃO PAULO*

– *não há envolvimento de ente federal: Justiça Estadual;*

– *Presidente Prudente: CPC, art. 46 (foro do domicílio do devedor – regra geral para demandas sobre direito pessoal).*

*vii) EXCELENTÍSSIMO SENHOR DOUTOR JUIZ DE DIREITO DA ___ª VARA CÍVEL DE BENTO GONÇALVES*

– *como não há envolvimento de ente federal, Justiça Estadual;*

– *Bento Gonçalves: foro do domicílio do falecido no Brasil (CPC, art. 48, caput).*

## 4.2.2 Qualificação das partes

"Art. 319. A petição inicial indicará: (...)

II – os nomes, os prenomes, o estado civil, a existência de união estável, a profissão, o número de inscrição no Cadastro de Pessoas Físicas ou no Cadastro Nacional da Pessoa Jurídica, o endereço eletrônico, o domicílio e a residência do autor e do réu;" (**qualificação das partes**)

A previsão exige que o autor indique na petição inicial, de forma precisa, quem são os sujeitos parciais da demanda.[16]

A indicação de nomes e prenomes não costuma trazer complicações. Segundo o CPC, o autor deverá indicar na petição inicial mais dados, como os endereços eletrônicos das partes, CPF e a existência de união estável.

A indicação do estado civil é importante para poder apurar adequadamente a capacidade processual das partes. São considerados estados civis as tradicionais condições de "solteira(o)", "casada(o)", "viúva(o)" e "divorciada(o)".

É polêmico o reconhecimento da existência de estado civil referente à união estável.[17] Quem a reconhece indica que as expressões companheira(o) e convivente são apropriadas; quem não reconhece tal *status* entende correto indicar uma das expressões tradicionais acompanhada da expressão "em união estável" (por ex., solteira em união estável). Como tem prevalecido a menção à expressão "em união estável", ela é adotada neste livro.

Como exposto no capítulo anterior, o fato de ser casada ou viver em união estável exigirá que, em certas demandas indicadas na lei processual, a pessoa conte com o consentimento ou mesmo a presença de seu par na demanda. Assim, se uma pessoa quer

---

[16] A partir da identificação das partes é possível aferir a condição da ação legitimidade de parte (ou, na sua nomenclatura latina, *legitimatio ad causam*), assim como definir quais serão as pessoas atingidas pela coisa julgada, nos termos do CPC, art. 506.

[17] O Provimento 37/2014 do CNJ dispõe sobre o registro de união estável; segundo seu art. 4º, "quando o estado civil dos companheiros não constar da escritura pública, deverão ser exigidas e arquivadas as respectivas certidões de nascimento, ou de casamento com averbação do divórcio ou da separação judicial ou extrajudicial, ou de óbito do cônjuge se o companheiro for viúvo (...)". Como se percebe, há exigência às menções dos *status* clássicos de casado, viúvo etc.

promover usucapião,[18] precisará demonstrar o consentimento do(a) cônjuge ou convivente juntando um documento de outorga à petição inicial. Por outro lado, se essa mesma pessoa for acionada por outrem em uma demanda de usucapião, seu cônjuge ou convivente precisará também compor o polo passivo e ser citado para a demanda.[19]

As ações possessórias contam com uma norma expressa: a participação de cônjuge ou companheira(o) do autor ou do réu somente é indispensável nas hipóteses de composse ou de ato por ambos praticado (art. 73, § 2º).

Pela previsão legal, não é necessário indicar a nacionalidade das partes; contudo, não há prejuízo em incluir tal informação na qualificação.

O CPC anterior não exigia a indicação de documentos pessoais das partes, mas a praxe acabou sinalizando sua importância para corretamente identificá-las e evitar confusões (por ex., pela potencial presença de litigantes com nomes corriqueiros que poderiam ter homônimos).

Em 2006, adveio previsão legal sobre o tema. A Lei nº 11.419, ao disciplinar a informatização do processo, dispõe no art. 15 que "salvo impossibilidade que comprometa o acesso à justiça, a parte deverá informar, ao distribuir a petição inicial de qualquer ação judicial, o número no cadastro de pessoas físicas ou jurídicas, conforme o caso, perante a Secretaria da Receita Federal".[20] Como se percebe, a previsão não exige a juntada de cópia do documento, mas apenas a sinalização numérica.

O CPC atual traz a necessidade de indicação de CPF e/ou CNPJ das partes. Embora não faça menção ao RG, por se tratar de algo comum no cotidiano forense, é interessante indicá-lo sempre que possível.

Como já se encontra consagrada a menção a tais documentos na forma abreviada, não é necessária sua reprodução por extenso (nem em Exame de Ordem ou concurso).

Por fim, a indicação dos endereços exige atenção. O autor deverá indicar na petição inicial o endereço eletrônico e o domicílio das partes.

A indicação de e-mail é uma novidade trazida pelo CPC atual. Caso o autor não possua endereço eletrônico, recomenda-se indicar tal fato quando da qualificação – que, obviamente não prejudica a sua identificação civil nem impede a citação do réu.

Um elemento bastante importante é o domicílio do réu; mesmo faltando outros dados da qualificação, será possível realizar a citação se o endereço estiver indicado na petição inicial.

---

[18] CPC, art. 73: "O cônjuge necessitará do consentimento do outro para propor ação que verse sobre direito real imobiliário, salvo quando casados sob o regime de separação absoluta de bens. (...) § 3º Aplica-se o disposto neste artigo à união estável comprovada nos autos".

[19] CPC, art. 73: "§ 1º Ambos os cônjuges serão necessariamente citados para a ação: I – que verse sobre direito real imobiliário, salvo quando casados sob o regime de separação absoluta de bens; II – resultante de fato que diga respeito a ambos os cônjuges ou de ato praticado por eles; III – fundada em dívida contraída por um dos cônjuges a bem da família; IV – que tenha por objeto o reconhecimento, a constituição ou a extinção de ônus sobre imóvel de um ou de ambos os cônjuges. (...) § 3º Aplica-se o disposto neste artigo à união estável comprovada nos autos".

[20] Prossegue o parágrafo único do dispositivo: "Da mesma forma, as peças de acusação criminais deverão ser instruídas pelos membros do Ministério Público ou pelas autoridades policiais com os números de registros dos acusados no Instituto Nacional de Identificação do Ministério da Justiça, se houver".

A título de exemplo, a qualificação das partes em uma petição inicial pode ser feita da seguinte forma:

"CASTRO ALVES, escritor, solteiro, portador do RG n. 1234 e do CPF/MF n. 5678, com domicílio na Rua Riachuelo, 95, Salvador-BA, CEP 01000-100, com endereço eletrônico castro@alves.com, vem, respeitosamente, por seu advogado que esta subscreve (procuração anexa), nos termos do art. 319 do CPC, ajuizar

AÇÃO INDENIZATÓRIA

pelo procedimento comum em face de ENRICO TULIO LIEBMAN, italiano, professor, casado, portador do RNE n. W1964 e inscrito no CPF/MF sob o n. 1984, com domicílio na Praça João Mendes, 62, 17.º andar, Recife-PE, CEP: 01100-000, com endereço eletrônico desconhecido, pelas razões a seguir expostas".

Como se percebe, parece não haver maiores dificuldades para qualificar as partes na petição inicial.

Contudo, pode ser que a parte autora não conheça todas as qualificações do réu ou mesmo nem saiba o seu nome (situação muito frequente, por exemplo, em causas possessórias, em que há pessoas desconhecidas na posse de bem imóvel do autor). Como, então, deverá a parte autora proceder?

O CPC buscou responder a essa questão. Caso não disponha das informações previstas no art. 319, o autor poderá, na petição inicial, requerer ao juiz as diligências necessárias à sua obtenção (art. 319, § 1º). Na sequência, há previsão esclarecendo que a petição inicial não será indeferida se, a despeito da falta de tais dados, for possível a citação do réu (art. 319, § 2º). Finalmente consta que a petição inicial não será indeferida se a obtenção de tais informações tornarem impossível ou excessivamente oneroso o acesso à justiça (art. 319, § 3º).

Eis então exemplos para clarificar como fica a redação da qualificação quando o autor não sabe parte das qualificações do réu. A forma de qualificar pode ser a seguinte:

*Julius Frank, qualificação desconhecida, com endereço no Largo São Francisco, n. 10.*

Já para o caso em que não se sabe nem mesmo o nome da parte, o termo costumeiramente utilizado é **fulano de tal**:

*Fulano de tal, qualificações desconhecidas, com endereço residencial desconhecido, mas que pode ser encontrado na Rua São Bento, n. 90, no estabelecimento comercial denominado "Bar da esquina".*

Ao final da petição, dentre os requerimentos, é interessante fazer constar postulação para o juiz determinar a realização de diligências para a obtenção dos dados faltantes, esclarecendo que a falta não deve ser considerada suficiente para indeferir a inicial. Eis uma possível redação:

*Com fundamento no art. 319, § 1º, do CPC, o autor requer a V. Exa. a realização de diligências para a obtenção de dados completos sobre a qualificação do réu. Vale destacar que, como o endereço foi indicado, será possível a citação do réu, incidindo o art. 319, § 2º, do Código.*

No mais, quando há mais de um réu desconhecido – inclusive sem se saber efetivamente quantos são (situação típica de uma reintegração de posse em que houve um esbulho de médio ou grande porte) –, é possível denominá-los como **terceiros invasores** ou, ainda, como **fulanos de tal**:

*Terceiros de qualificações desconhecidas, que podem ser encontrados no imóvel situado na Rua da Consolação, n. 500, na Comarca de São Paulo-SP.*

Por fim, em Exame de Ordem ou concurso público, quando faltarem no enunciado dados específicos da qualificação não é recomendável criar elementos porque a invenção poderá ser interpretada como forma de identificação do candidato. Assim, ante a ausência de algum dado, deve-se indicar a referência genérica a ele entre parênteses, sem inovar. Essa orientação, aliás, costuma constar em editais com regras detalhadas para concursos públicos e Exames de Ordem.[21]

Como exemplo, imaginemos que o problema indica uma autora de nome Maria Helena, secretária, que reside em Belo Horizonte. A qualificação poderia ser assim formulada:

*Maria Helena (sobrenome), (estado civil), secretária, portadora do RG n. (número) e do CPF n. (número), residente na Rua (endereço), na Comarca de Belo Horizonte.*

Uma dúvida ainda pode surgir: caso o enunciado da prova seja omisso quanto aos dados pessoais (sobretudo da outra parte), deve-se sempre formular o requerimento de solicitação de diligências para que o juiz os busque? A resposta é negativa: o requerimento só deve ser feito se expressamente constar no enunciado que a parte não dispõe dos dados. Caso não mencionado tal fato, não deve o candidato supor a ignorância.[22]

## 4.2.3 Causa de pedir

"Art. 319. A petição inicial indicará: (...)

III – o fato e os fundamentos jurídicos do pedido." (**causa de pedir**)

Ao buscar o Poder Judiciário, a parte pretende algo (o pedido, previsto no inciso IV e tratado na sequência). Mas, não basta, na inicial, indicar **o que** se quer. É necessário, também, indicar **por que** se quer.

A razão pela qual se quer algo em juízo constitui a causa de pedir (*causa petendi*). Com as partes (inciso II) e o pedido (inciso IV), a causa de pedir é um dos elementos identificadores da ação (ou da demanda).

---

[21] Eis como o tema foi abordado no edital de abertura do XXXIV Exame de Ordem Unificado: "3.5.9. Na elaboração dos textos da peça profissional e das respostas às questões discursivas, o examinando deverá incluir todos os dados que se façam necessários, sem, contudo, produzir qualquer identificação ou informações além daquelas fornecidas e permitidas nos enunciados contidos no caderno de prova. Assim, o examinando deverá escrever o nome do dado seguido de reticências ou de 'XXX' (exemplo: 'Município...', 'Data...', 'Advogado...', 'OAB...', 'Município XXX', 'Data XXX', 'Advogado XXX', 'OAB XXX', etc.). A omissão de dados que forem legalmente exigidos ou necessários para a correta solução do problema proposto acarretará em descontos na pontuação atribuída ao examinando nesta fase" (Disponível em: <https://oab.fgv.br/arq/637/955242_2021.2%20(XXXIV%20EOU)%20Edital%20de%20Abertura.pdf>. Acesso em: 15 dez. 2021).

[22] Essa resposta se baseia no fato de que em muitos exames e concursos o examinador simplesmente deixa de trazer dados; quando da divulgação do gabarito, tampouco é abordada qualquer informação sobre o tema. Entender diferentemente seria supor que sempre deveria constar o requerimento de diligências, já que dificilmente dados completos são expostos (os enunciados seriam longos demais se tivessem que indicar tantas informações). Não parece ser esta a tendência de exigência dos examinadores à luz do que já se verificou antes; não é tradicional atribuir importância ou destaque a elementos da qualificação das partes.

O CPC indica que na causa de pedir incluem-se os fatos e fundamentos jurídicos do pedido formulado pelo autor (explicitando por que ele pede em juízo certa providência).

O que são os fatos? São que os eventos ou acontecimentos ocorridos no plano material que originaram o conflito; os fatos costumam ser denominados como causa de pedir remota.

Como exemplo, imagine uma ação indenizatória por acidente de veículo automotor. Os fatos vão indicar quando, onde e como se deu o acidente, assim como as consequências que dele advieram (se houve ou não vítimas, se ocorreu alguma conversa entre os envolvidos no acidente, quais foram os prejuízos, se houve algum tipo de pagamento etc.).

Em relação aos fatos, a exposição deve ser precisa com a indicação dos pontos essenciais à compreensão da controvérsia. Dados irrelevantes, portanto, devem ser omitidos para que a petição não se torne muito longa, maçante e ininteligível. Da mesma forma, a exposição dos argumentos deve revelar uma linha lógica de raciocínio para possibilitar o entendimento sobre a causa pelo leitor (seja o juiz, o auxiliar do juízo ou o advogado da parte contrária).

Em Exames de Ordem e concursos, é importante que o candidato não inove em relação aos fatos e se atenha aos dados constantes no enunciado sem criar outros para resolver o problema.

Os fundamentos jurídicos expostos na petição inicial devem retratar os argumentos que embasam a pretensão e a consequência jurídica pretendida pelo autor (causa de pedir próxima[23]) à luz dos fatos narrados.

No exemplo do acidente de veículo automotor, o fundamento jurídico será o dever de indenizar (responsabilidade civil) pela circunstância de que, se alguém provoca algum dano, deve repará-lo. Assim, se o réu estava em alta velocidade, em um dia chuvoso, e causou a colisão (fatos), cometeu um ato ilícito, razão pela qual surgiu o dever de indenizar os prejuízos causados (fundamento jurídico).

Diante da distinção prevista na lei processual, em petições iniciais a causa de pedir costuma ser dividida em dois tópicos para melhor exposição da tese defendida: I – *Dos fatos* e II – *Do direito*. Embora não se trate de uma divisão obrigatória, ela se mostra recomendável para que haja maior facilidade na compreensão dos argumentos trazidos pelo autor.

Em relação à extensão, a causa de pedir é o requisito que mais espaço ocupa em uma petição inicial. Apesar disso, a exposição dos fatos configura uma simples narrativa em que os pontos relevantes da causa devem ser expostos.

No mais, após a qualificação das partes (inciso II), ao se referir a estas não é necessário (nem recomendável) repetir seus nomes a todo momento, sendo mais apropriado indicar "autor" e "réu" (no processo de conhecimento) e "exequente" e "executado" (no processo executivo).

A linguagem usual no momento do relato dos fatos (e em toda a escrita forense, de modo geral) é a utilização da terceira pessoa. Assim, a título de exemplo, ao narrar uma colisão de veículos, afirma-se que: "A autora, na data dos fatos, trafegava pela Av. Paulista, altura do n. 1.800, quando foi atingida pelo veículo do réu". Não é comum utilizar a redação na primeira pessoa, não se diz "eu estava, eu fiz, eu não bati", ainda que se advogue em causa própria.

---

[23] Aqui se expuseram os fatos como causa de pedir remota e fundamentos jurídicos como causa de pedir próxima. Contudo, há corrente doutrinária que defende a inversão da nomenclatura.

Importa frisar que, no tocante aos fundamentos jurídicos, a previsão do CPC não exige a indicação do dispositivo legal (artigo de lei).

Afinal, *fundamento jurídico* (consequência jurídica dos fatos narrados) não é sinônimo de *dispositivo* ou *fundamento legal* (artigo de determinado ato legislativo, seja Código ou lei extravagante).

É certo, contudo, que, ao discorrer sobre determinada consequência jurídica, usualmente nos valemos de certos dispositivos legais (quando falamos do dever geral de indenizar, mencionamos o art. 186 do CC, por exemplo). Entretanto, a indicação do dispositivo deve ser somente mais um argumento para justificar o fundamento jurídico.

Além disso, de modo a fundamentar tal afirmação, vale lembrar dois brocardos latinos pertinentes à situação:

- *Jura novit curia.* (O juiz conhece o direito).
- *Da mihi factum, dabo tibi jus.* (Dá-me os fatos que te dou o direito).

Apesar de tais diretrizes, é essencial não expor simplesmente os fatos e na sequência já formular o pedido. Trazer a fundamentação jurídica é fundamental, já que o art. 319, III, do CPC é claro a respeito de sua necessária indicação na petição.

Merecem ainda destaque duas informações a respeito da indicação de artigos, no sentido de sua conveniência:

I. para que um recurso especial (REsp) seja conhecido, na hipótese de violação de dispositivo legal (CF, art. 105, III, *a*) – e no mesmo sentido o recurso extraordinário (RE), em relação à violação da Constituição –, é necessário indicar especificamente o dispositivo que teria sido violado, e que este tenha sido previamente debatido (exige-se, nas Cortes Superiores, o denominado *prequestionamento* – STF, Súmula 282, também aplicável ao STJ. A menção ao artigo de lei auxilia no preenchimento desse requisito;

II. face à grande quantidade de leis em nosso país versando temas muito específicos (não frequentemente enfrentados em juízo), é conveniente indicar os dispositivos legais aplicáveis (cf., em sentido análogo, CPC, art. 376: prova de direito municipal, estadual, estrangeiro).

No caso de provas em Exames de Ordem e concursos, ao elaborar a petição, é conveniente identificar o dispositivo legal aplicável ao caso concreto e transcrevê-lo (embora isso, em regra, seja desnecessário ao elaborar uma petição inicial no foro, em exames e concursos a iniciativa consubstancia a completa argumentação jurídica) para demonstrar conhecimento ao examinador.

Na hora de escrever, deve-se ter em mente um silogismo: a partir de determinados fatos (premissa menor), há dada consequência jurídica (premissa maior), razão pela qual se pretende certa providência do juiz, o pedido (conclusão).

Assim, na elaboração da causa de pedir o advogado/defensor deve sempre analisar se há lógica entre os fatos, os fundamentos jurídicos e o pedido.

Por sua vez, se o juiz entender que a exposição dos fatos não está clara, poderá determinar a emenda da inicial ou, caso não seja solucionado o problema, extinguir o processo sem resolução do mérito (CPC, art. 321 c/c art. 330 § 1º, I e III).

Outro ponto relativo à causa de pedir que usualmente suscita dúvidas é a nomenclatura das demandas. É necessário dar nome às ações?

A lei processual não exige a indicação de denominação às causas, não sendo imprescindível trazer um nome para constar na petição inicial.

Apesar de não haver expressa previsão, por questões lógicas e para facilitar a compreensão do julgador, é necessário indicar quais são o processo escolhido (conhecimento ou execução) e o procedimento (especial ou comum, no processo de conhecimento). É também conveniente apontar, no processo de conhecimento, a espécie de pedido (condenatório, declaratório ou constitutivo).

A partir dessas premissas, em uma ação para pleitear indenização por acidente de veículos, por exemplo, é possível sinalizar o seguinte:

> *CAPITU ASSIS, divorciada, atriz, portadora do RG n. 1324 e do CPF n. 4321, com endereço na Rua Oblíqua, n. 1, Rio de Janeiro, sem endereço eletrônico, vem, por seu advogado que esta subscreve – procuração anexa –, ajuizar a presente*
>
> *AÇÃO DE REPARAÇÃO DE DANOS SOFRIDOS EM RAZÃO DE ACIDENTE DE VEÍCULOS PELO PROCEDIMENTO COMUM (CPC, art. 318 e ss.),*
>
> *em face de BENTINHO CASMURRO, casado, médico, portador do CRM n. 15320, CPF n. 588, com domicílio na Rua Ezequiel, n. 2, Rio de Janeiro, e-mail drbentinho@ cosmevelho.com.br, pelas razões de fato e de direito a seguir aduzidas.*

No exemplo anterior, indicou-se um nome para a causa atendendo a praxe forense e a menção legal sobre o assunto[24]. Contudo, a indicação é irrelevante para a ciência processual e para a procedência do pedido. O que importa para a procedência é a adequada exposição dos fatos, dos fundamentos jurídicos e do pedido.

Assim, no exemplo exposto, em vez do nome que foi atribuído à causa, seria possível colocar, dentre inúmeras outras possibilidades: *ação indenizatória, ação condenatória, ação de indenização por danos materiais, ação de indenização decorrente de acidente de veículos, ação de procedimento comum, ação de conhecimento* etc.

Estando claro, na causa de pedir e no pedido, que se quer a condenação do réu ao pagamento de danos decorrentes de acidente de veículo, não importa o nome atribuído à demanda.

Ainda que se dê um nome equivocado à causa não há, em regra, consequência prática. Exemplo frequente no foro é a situação que envolve embargos de terceiro e embargos à execução: se a parte trouxer uma situação típica de embargos de terceiro, mas, no caso, indicá-lo erroneamente como embargos à execução, o juiz poderá permitir o trâmite da ação sem maiores problemas (desde que não alteradas as partes, o pedido ou a causa de pedir).

Essa prática de processamento da causa sem maior prejuízo, ainda que haja equívoco na indicação quanto ao "nome" da ação, é consagrada em nossos tribunais. Contudo, ela não se aplica em Exames de Ordem e concursos públicos. Como a proposta da prova prática é perceber o raciocínio jurídico e a técnica, em casos como o do exemplo, se a peça a ser utilizada for embargos de terceiro, o candidato perderá pontos se a denominar como embargos à execução.

De qualquer forma, o ideal é, ao ingressar em juízo, ter ciência se existe e qual é o nome consagrado à demanda que vai propor (por exemplo, melhor que ajuizar uma *ação*

---

[24] O art. 53, V, do CPC, ao abordar a competência para essa demanda, faz menção exatamente ao nome "reparação de dano sofrido em razão de delito ou acidente de veículos".

*desconstitutiva de relação locatícia cumulada com pedido de devolução de bem e pagamento de quantia* é promover *despejo por falta de pagamento*). Para tanto, uma dica importante é consultar na legislação se há uma denominação referida pela própria lei como ocorre, por exemplo, na Lei nº 8.245/1991, que menciona no art. 59 as "ações de despejo".

## 4.2.4 Pedido

"Art. 319. A petição inicial indicará: (...)

IV – o pedido com as suas especificações". (**pedido**)

Se, como visto anteriormente, a causa de pedir é o "**porquê**", a razão pela qual se vai a juízo, o pedido sinaliza o "**para que**" se busca o Poder Judiciário. Para o jurisdicionado o que efetivamente interessa em uma petição inicial é o pedido: é ele que o motiva a buscar a proteção judiciária.

Assim, se o autor sofreu danos e quer ser indenizado, seu pedido será a condenação do réu a pagar a quantia apta a ressarcir os prejuízos.

Diferentemente, o contratante que entende que o pacto traz alguma cláusula nula pedirá que o juiz declare a nulidade de tal contrato.

Além disso, se um locatário deixa de pagar o aluguel, o pedido do locador será que o juiz rescinda o contrato e determine a desocupação do imóvel (despejo).

Por ser sucinto e objetivo, o pedido é um tópico de elaboração técnica mais precisa (mais técnica, por exemplo, que a causa de pedir), razão pela qual o advogado/defensor deve ser muito cuidadoso ao redigi-lo. Como ao magistrado é vedado exceder os limites do pedido, a petição inicial indicará o máximo que o juiz poderá conceder se acolher o pleito do autor. Assim, o pedido da peça inaugural representa um projeto de dispositivo da sentença.

Quando o pedido não é formulado de forma adequada na petição inicial, em regra, não é possível, pela via interpretativa, ampliá-lo, tendo em vista os princípios da inércia da jurisdição e da congruência.

Inovando em relação ao Código anterior (que apontava que o pedido deveria ser interpretado de forma *restritiva*), aponta o CPC que o pedido vai ser interpretado conforme "o conjunto da postulação e observará o princípio da boa-fé" (art. 322, § 2º). Como se percebe, o juiz agora tem mais *margem* para interpretar o pedido.

A título de exemplo, se uma petição inicial traz como pedido a locução "*Pelo exposto, pede-se seja o réu condenado a indenizar todos os prejuízos causados ao autor*", estaria incluído aí o dano moral ou somente o dano material? Em que montante(s)?

Diante de uma interpretação restritiva do pedido preconizada no regime do CPC anterior, entendia-se que a rigor o dano moral não estaria incluído no pedido anteriormente formulado. Pelo CPC atual, o magistrado apreciará todas as formulações da petição inicial para bem aferir o conjunto da postulação. O juiz também terá de apreciar o teor da contestação para não proferir decisão surpresa em violação ao contraditório.[25]

De todo modo, é recomendável que o pedido seja explícito para evitar dúvidas e/ou controvérsias. Assim, uma redação melhor seria a seguinte: "*Diante do exposto, pede o*

---

25 CPC, art. 10: "O juiz não pode decidir, em grau algum de jurisdição, com base em fundamento a respeito do qual não se tenha dado às partes oportunidade de se manifestar, ainda que se trate de matéria sobre a qual deva decidir de ofício".

*autor: (i) a condenação do réu ao pagamento de danos materiais, na quantia de R$ 20.000,00 (vinte mil reais) e (ii) a condenação do réu ao pagamento de danos morais, na quantia de 10.000,00 (dez mil reais)."*[26]

O pedido deve ser certo e determinado, segundo os arts. 322 e 324 do CPC.

Como distinguir a certeza da determinação do pedido? O que significam uma e outra?

Para bem compreender essa distinção, é necessário atentar para o fato de que todo pedido, na verdade, se desdobra em duas partes (e não falamos aqui em cumulatividade de pedidos, que é a formulação de dois pedidos no mesmo processo).

A certeza do pedido diz respeito à providência jurisdicional pleiteada, ao verbo que será utilizado na redação da petição: no pedido deve-se fazer menção a condenar, declarar ou constituir.

A determinação do pedido diz respeito ao complemento do verbo, ao bem da vida: ao pedir a condenação (certeza do pedido), deve-se indicar de *quanto* se quer a condenação.[27]

Para entender melhor, vale tomar por base uma ação de alimentos.

Quando a pessoa necessitada procura o advogado/defensor, o que pretende? A pensão alimentícia, ou seja, a comida no prato ou o dinheiro no bolso. Esse é o chamado "bem da vida", o objetivo da parte ao acionar o Poder Judiciário.

No entanto, para que o bem pleiteado chegue ao patrimônio da jurisdicionada, é necessário que o juiz profira uma decisão determinando que o réu pague à autora a quantia fixada. Tal pedido, a providência jurisdicional pleiteada, também deve constar na petição inicial.

Assim, ao formular o pedido, o subscritor deve pleitear (i) um provimento jurisdicional (condenação, declaração ou constituição – o chamado *pedido/objeto imediato*) e, (ii) na sequência, o bem da vida pretendido pelo autor (a quantia, a coisa a ser entregue – o denominado *pedido/objeto mediato*).

Portanto, no caso de uma ação de alimentos, o pedido imediato é a condenação do réu, ao passo que o pedido mediato é a quantia ou os alimentos a serem entregues diretamente por ele ao autor.

Logo, também o *quantum* desejado deve ser expresso na formulação do pedido. Como exceção, em certas hipóteses o Código permite que se faça um pedido *genérico* ou ilíquido – que é o pedido indeterminado (em que não se indica, desde logo, o objeto mediato); tais hipóteses estão previstas no § 1º do art. 324 do CPC.[28]

---

[26]  Como a quantificação do dano moral é polêmica por faltarem parâmetros de valor, a jurisprudência vinha reconhecendo que o autor podia deixar a critério do juiz a fixação de seu montante. Sempre pareceu mais apropriado, contudo, que o autor indicasse o valor pretendido na petição inicial porque ninguém melhor do que o autor para saber o valor apropriado para amenizar a lesão ao direito de personalidade; além disso, o réu deveria ter ciência do valor pretendido para poder bem exercer o contraditório. O CPC atual parece ter se alinhado a tal entendimento ao prever que o valor da causa, na ação indenizatória – inclusive a fundada em dano moral –, corresponderá ao valor pretendido (art. 292, V). O tema foi aprofundado no seguinte artigo do coautor desta obra: Novo CPC e o pedido de indenização: fim da "indústria do dano moral"? (Disponível em: <http://genjuridico.com.br/2016/02/22/novo-cpc-industria-dano-moral/>).

[27]  TARTUCE, Fernanda; DELLORE, Luiz. *1.001 dicas sobre o novo CPC*: Lei 13.105/2015. 2. ed. Indaiatuba: Foco Jurídico, 2016, p. 67.

[28]  "Art. 324. O pedido deve ser determinado. § 1º É lícito, porém, formular pedido genérico: I – nas ações universais, se o autor não puder individuar os bens demandados; II – quando não for possível determinar, desde logo, as consequências do ato ou do fato; III – quando a determinação do objeto ou do valor da condenação depender de ato que deva ser praticado pelo réu".

Contudo, nunca será possível um pedido incerto, que deixe de especificar o pedido imediato: a parte deve indicar a providência definida como seu objetivo – se pretende uma condenação, uma declaração ou uma constituição/desconstituição de relação jurídica.

Como exposto, o pedido deve ser certo (CPC, art. 322). No entanto, por força de previsão legal, há situações em que, mesmo que o autor não tenha formulado pedido, é possível que o juiz se manifeste sobre certos pontos; eis as hipóteses:

(i) juros legais, correção monetária e verbas de sucumbência, inclusive honorários advocatícios (CPC, art. 322, § 1º);

(ii) prestações periódicas vencidas (CPC, art. 323);

(iii) conforme o caso, multa diária ou outras medidas (busca e apreensão, remoção de pessoas e coisas etc.), para que o réu faça ou deixe de fazer alguma coisa (CPC, art. 497 e art. 536, § 1º).

Nada obstante a possibilidade de o juiz apreciar tais matérias por sua própria iniciativa (de ofício), é conveniente que a petição inicial as aborde expressamente no pedido. Para fins de Exame de Ordem e concursos públicos (que avaliam o conhecimento e a técnica do candidato), é fundamental que assim se proceda.

A legislação permite que haja a formulação de mais de um pleito na mesma petição inicial por meio da denominada "cumulação de pedidos" (p. ex., danos morais e materiais; investigação de paternidade cumulada com alimentos; rescisão contratual e retomada do bem; declaração de inexistência da dívida protestada e danos morais etc.).

Para que a cumulação seja possível, será necessária a presença dos requisitos constantes no art. 327, § 1º, do CPC:

(i) compatibilidade de pedidos;

(ii) competência do mesmo juízo para apreciá-los;

(iii) adequação do tipo de procedimento para todos os pedidos.

Quanto ao último requisito, esclarece o CPC: quando, para cada pedido, corresponder um tipo diverso de procedimento, a cumulação será admitida se o autor empregar o procedimento comum – sem prejuízo do emprego das técnicas processuais diferenciadas previstas nos procedimentos especiais a que se sujeitam um ou mais pedidos cumulados que não forem incompatíveis com as disposições sobre o procedimento comum (art. 327, § 2º).

Eis um exemplo: Gesilei vendeu um carro a Rayllon em quatro prestações, mas este deixou de pagar as últimas duas parcelas. Para propor uma ação de rescisão contratual com pedido de reintegração de posse do bem, o autor deverá adotar o procedimento comum para poder pedir a liminar possessória, já que ela não é incompatível com o procedimento.

Em relação ao pedido cumulado, é possível falar ainda em *pedido sucessivo*: nesse caso, apenas se procedente o primeiro pedido será possível passar para a apreciação do segundo. Um exemplo é o da investigação de paternidade cumulada com alimentos: apenas se procedente o pedido investigatório passa-se à análise dos alimentos.

A legislação permite ainda o chamado *pedido alternativo* (CPC, art. 325): pede-se "A" ou "B", indistintamente, sendo que, pela natureza da obrigação, o devedor poderá cumprir a prestação de mais de um modo. Nesse caso, não há preferência do autor quanto a qualquer dos pedidos, ficando a escolha a critério do réu. Além disso, afirma o CPC ser lícito ao autor formular mais de um pedido, alternativamente, para que o juiz acolha um deles (art. 329, parágrafo único). É exemplo o contrato de seguro em que consta a escolha de pagar a indenização ou entregar veículo semelhante ao sinistrado.

Há expressa previsão, também, de formulação de um *pedido subsidiário ou eventual* (CPC, art. 326): pede-se "A", o pedido principal; se ele não puder ser concedido, pede-se então "B", o pedido subsidiário/eventual. Para que isso seja possível, o pedido subsidiário deve ser elaborado na petição inicial, não sendo lícito formulá-lo posteriormente (pois isso seria alteração do pedido) – a não ser que haja concordância do réu, o que é altamente improvável que ocorra (CPC, art. 329, II).

Em prol da melhor técnica e para evitar mal-entendidos, é essencial atentar para a elaboração adequada. Constam no anexo A da Recomendação nº 159/2024 do CNJ, na lista exemplificativa de condutas processuais potencialmente abusivas, duas menções sobre o tema em análise: distribuição de ações com pedidos vagos, hipotéticos ou alternativos, que não guardam relação lógica com a causa de pedir (item 9) e formulação de pedidos declaratórios, sem demonstração da utilidade, necessidade e adequação da prestação jurisdicional (item 19).

No mais, se a parte tiver interesse na concessão de tutela provisória de urgência (CPC, art. 300),[29] deverá requerê-la na petição inicial. Claro é que, antes de tal pedido ser formulado, as razões para a concessão da tutela devem ter sido expostas no momento de elaboração da causa de pedir. Vale, então, aqui, a regra de que não deve haver formulação de pedido sem a anterior exposição da causa de pedir.

Segundo o art. 300, para o deferimento da tutela de urgência, é necessário haver elementos que evidenciem a probabilidade do direito e o perigo de dano ou o risco ao resultado útil do processo. O mais comum é, ao tratar dos argumentos de direito, demonstrar a presença desses requisitos e, ao final, formular expressamente pedido nesse sentido.

Por fim, apesar de não existir maior aprofundamento quanto à diferença na lei processual, uma classificação interessante é a que distingue *pedido* de *requerimento*. Do ponto de vista técnico, "pede-se" uma providência, enquanto "se requer" uma diligência, iniciativa concreta da serventia judicial.

A partir dessa lógica, aquilo que, para ser atingido, necessitar de um ato material, no mundo dos fatos (a ser realizado pela parte, por oficial de justiça ou outro auxiliar do juízo) será requerido.

Assim, serão requeridas a citação, a juntada de documento, a intimação do MP e a expedição de mandado de citação. Uma dica para perceber tal ocorrência situa-se no fato de que, geralmente, é o cartório ou um auxiliar do juízo quem providencia tal realização.

Por outro lado, *pede-se* a condenação do réu para indenizar o autor, pede-se a declaração de nulidade do contrato, pede-se a desconstituição do vínculo matrimonial, pede-se a condenação do réu ao pagamento do ônus da sucumbência. Tais providências, por certo, competem ao magistrado, e não aos seus auxiliares.

Assim, ao elaborar o tópico "do pedido" na petição inicial, apenas o objeto mediato/imediato e a condenação em honorários é que, propriamente, serão pedidos. Os demais pleitos serão requerimentos.

---

[29] A respeito da tutela provisória no CPC, confira o capítulo 6.

Apesar de a distinção ser tecnicamente justificável, a verdade é que não se mostra necessário que isso conste da petição inicial, seja no dia a dia forense, seja no Exame de Ordem ou em concurso público. Contudo, para demonstrar técnica apurada, recomendamos que a petição seja dividida em tópicos, mencionando as duas situações (os títulos ficariam assim: dos fatos; do direito; dos pedidos e requerimentos).

Por fim, vale reiterar que, com as partes (inciso II), a causa de pedir (inciso III) e o pedido (inciso IV), estão configurados os chamados elementos identificadores da demanda, que têm relevância prática para a verificação das hipóteses de conexão, continência, coisa julgada e litispendência, dentre outros fenômenos.

Ainda neste capítulo apresentaremos alguns exercícios e exemplos de como formular, em uma petição inicial, o pedido.

## 4.2.5 Valor da causa

"Art. 319. A petição inicial indicará: (...)

V – o **valor da causa**; (...)".

O valor da causa é um requisito muitas vezes esquecido quando da elaboração de petições iniciais, tanto no cotidiano forense quanto em exames de Ordem e concursos públicos.

Quando esse esquecimento se verifica no cotidiano forense, o juiz (provocado pela parte contrária ou mesmo de ofício) atua para corrigir a falha, seja determinando a emenda da inicial ou desde logo corrigindo, de ofício, o valor e determinando eventual recolhimento de custas (CPC, art. 292, § 3º), o que retarda o julgamento da demanda. Tratando-se de Exame de Ordem e concurso público, o candidato perderá pontos.

Assim, para que não haja problemas, basta que o subscritor da petição se lembre, antes de finalizar a redação da petição inicial, de verificar se foram observados todos os requisitos do art. 319 do CPC.

*Toda* causa cível, contenciosa ou não, qualquer que seja a discussão, deverá mencionar o valor da causa por força do art. 291 da lei processual.[30]

Diferentemente das demandas cíveis, as causas criminais não exigem indicação de valor da causa. Assim, na impetração de *habeas corpus*, mesmo tratando-se de prisão civil, como se estará diante de uma ação penal não haverá indicação de valor da causa.

Para a atribuição do valor à causa, existem dois critérios básicos: há casos em que a fixação é legal e outros em que a atribuição é voluntária.

Nos casos de fixação legal/obrigatória, a atribuição do valor da causa já foi previamente definida pelo legislador. São exemplos as previsões do art. 292 do CPC e casos previstos em leis extravagantes, como a Lei de Locação (Lei nº 8.245/1991, art. 58, III).

Em tais hipóteses, para chegar ao correto valor da causa basta seguir o que foi determinado pelo legislador; a correlação será feita sempre com base no pedido.

Assim, por exemplo, se na inicial houver cumulação de pedidos – pleiteiam-se R$ 5 mil de danos materiais e a mesma quantia de danos morais –, o valor da causa deverá ser de R$ 10 mil, consoante previsão do art. 292, VI, do CPC.

---

[30] CPC, art. 291: "A toda causa será atribuído valor certo, ainda que não tenha conteúdo econômico imediatamente aferível".

Como já destacado,[31] a quantificação do dano moral é polêmica por faltarem parâmetros de valor. No cenário do CPC anterior, a jurisprudência admitia que o autor deixasse a critério do juiz a fixação do montante. Sempre pareceu mais apropriado, contudo, que o autor indicasse o valor pretendido já na petição inicial. O CPC atual se alinhou a tal entendimento ao prever que o valor da causa, na ação indenizatória – inclusive a fundada em dano moral – corresponderá ao valor pretendido (art. 292, V).

A lei processual aborda com detalhes o valor das causas que envolvem diversas prestações. Quando a causa versar relação continuativa com prestações vencidas e vincendas,[32] sua consideração deverá ocorrer da seguinte maneira:

– soma das prestações vencidas e vincendas se a obrigação tem tempo inferior a um ano (ex.: o contrato é de nove meses. Foram inadimplidas duas parcelas e ainda faltam três: o valor da causa somará as duas vencidas mais as três restantes);

– soma das parcelas vencidas mais 12 vezes o valor das prestações vincendas se a obrigação durar tempo superior a um ano (ex.: não foram pagas duas prestações e ainda faltam 22; nesse caso, o valor da causa considerará as duas vencidas mais 12 vincendas).

Situação distinta é a da fixação voluntária do valor da causa. Nessa hipótese, como não há previsão legal trazendo baliza para o valor, ele será livremente fixado a partir de uma estimativa do autor.

Exemplo clássico é o da investigação de paternidade: como não há no pedido propriamente um proveito econômico, o Código silencia a respeito. Nessas situações, costuma-se atribuir à causa um valor genérico (por exemplo, R$ 1.000,00 – mil reais) para fins de distribuição.

O valor da causa tem importâncias processual e fiscal.

Do ponto de vista processual, o valor da causa:

(i)   no Juizado Especial Cível é determinante para a fixação da competência[33] e para a obrigatoriedade ou não da presença de advogado;[34]

(ii)  é base de cálculo para multas e outras penas impostas pelo juiz;[35]

(iii) é parâmetro para a fixação dos honorários do advogado em caso de improcedência ou sentença sem resolução do mérito.[36]

---

[31]  Vide item 4.2.4, *supra*, acerca do pedido.

[32]  Quando se pedirem prestações vencidas e vincendas, considerar-se-á o valor de umas e outras (art. 292, § 1º). O valor das prestações vincendas será igual a uma prestação anual, se a obrigação for por tempo indeterminado ou por tempo superior a 1 (um) ano; se por tempo inferior, será igual à soma das prestações (art. 292, § 2º).

[33]  Lei nº 9.099/1995, art. 3º, I: "O Juizado Especial Cível tem competência para conciliação, processo e julgamento das causas cíveis de menor complexidade, assim consideradas: I – as causas cujo valor não exceda a quarenta vezes o salário mínimo".

[34]  Lei nº 9.099/1995, art. 9º: "Nas causas de valor até vinte salários mínimos, as partes comparecerão pessoalmente, podendo ser assistidas por advogado; nas de valor superior, a assistência é obrigatória".

[35]  CPC, art. 81: litigância de má-fé; art. 968, II: rescisória; CPC, art. 1.026 § 2º: embargos de declaração protelatórios.

[36]  CPC, art. 85, § 6º: "Os limites e critérios previstos nos §§ 2º e 3º aplicam-se independentemente de qual seja o conteúdo da decisão, inclusive aos casos de improcedência ou de sentença sem resolução de mérito".

Do ponto de vista fiscal, o valor da causa é base de cálculo para o pagamento da taxa judiciária.

Assim, é possível concluir ser tecnicamente errada e ineficaz a declaração, muito frequente no foro, de que "Dá-se à causa o valor de R$ 1 mil, apenas para *fins fiscais*". A relevância do valor da causa é não só fiscal, mas também processual.

As petições iniciais e as reconvenções devem trazer o valor da causa. Por veicularem demandas (configuram ações porque, tecnicamente, formulam pedidos), é necessário atribuir valor a elas.

De outra banda, quando não se tratar propriamente de nova ação, mas de simples incidente processual (em que não haverá tecnicamente pedido, mas apenas requerimento), não será necessário indicar valor da causa. É o caso, por exemplo, do incidente de desconsideração de personalidade jurídica. Tampouco há valor da causa nos recursos, ainda que interposto por petição autônoma, como o agravo de instrumento.

Como se percebe, há um intenso regramento no CPC sobre o valor da causa, o que demonstra que o legislador reconheceu significativa importância ao tema configurando-o como matéria de ordem pública.

O assunto foi lembrado no anexo A da Recomendação n. 159/2024 do CNJ, na lista exemplificativa de condutas processuais potencialmente abusivas: atribuição de valor à causa elevado e aleatório, sem relação com o conteúdo econômico das pretensões formuladas (item 16).

Em caso de irregularidade no valor atribuído, o juiz corrigirá, de ofício e por arbitramento, o valor da causa quando verificar que ele não corresponde ao conteúdo patrimonial em discussão ou ao proveito econômico perseguido pelo autor; nesse caso, o autor procederá ao recolhimento das custas correspondentes (CPC, art. 292, § 3º).

Caso, porém, o magistrado não detecte o erro, o réu poderá impugnar, em preliminar da contestação, o valor atribuído à causa pelo autor, sob pena de preclusão; o juiz decidirá a respeito, impondo, se for o caso, a complementação das custas (CPC, art. 293). Tal iniciativa será mais bem exposta no capítulo seguinte.

### 4.2.5.1 Exercícios para formulação do pedido e atribuição de valor à causa

Para fixar o exposto nos dois últimos tópicos (sobre pedido e valor da causa) e para que se perceba a correspondência existente entre ambos, propomos o seguinte exercício: diante de cada caso apresentado, formule o respectivo pedido e indique o valor da causa.

i)    ELIS, que deve pagar a TOM a importância de R$ 10.000,00 (dez mil reais), paga R$ 1.000,00 (mil reais) e deixa de pagar o restante. No contrato comina-se a pena de 2% sobre o valor do débito para o inadimplente. Os juros e correção até a propositura da ação somam R$ 150,00 (cento e cinquenta reais).

ii)   SANSÃO é casado com DALILA. Após perder o emprego, passa a ser violento, o que torna a convivência insuportável. O casal não possui bens nem filhos. DALILA deseja o afastamento do marido do lar conjugal para evitar futuras agressões.

iii)  Pretende OLGA receber do pai POLICARPO, a título de pensão alimentícia, a importância mensal de R$ 1.000,00 (mil reais) por mês.

iv) FLORIANO arrenda uma gleba de DEODORO pelo prazo de 3 (três) anos, pelo valor mensal de R$ 1.000,00 (mil reais). Passados 6 (seis) meses, FLORIANO deixa de pagar duas prestações. DEODORO tem interesse no prosseguimento do contrato e não na retomada do imóvel.

v) Pagas as prestações citadas, algum tempo depois FLORIANO novamente volta a inadimplir: deixa de pagar duas prestações e faltam seis até o término do contrato, que tem prazo inferior a 1 (um) ano. DEODORO quer receber o que lhe é devido.

## RESPOSTAS

*i) PEDIDO: Pede-se seja a ré condenada a pagar o valor do principal, acrescido de multa contratual, juros correção, verba honorária e custas processuais (sucumbência).*

*VALOR DA CAUSA: Dá-se à presente o valor de R$ 9.330,00 (nove mil, trezentos e trinta reais) (= R$ 9.000,00 do principal + R$ 180,00 da multa contratual + R$ 150,00, de juros e correção – CPC, art. 292, I).*

*ii) PEDIDO: Pede-se seja o réu afastado da habitação conjugal, de modo a não mais retornar a tal local, salvo mediante autorização judicial, sendo deferida, desde logo, a utilização de força policial, se necessário (tutela provisória cautelar de urgência para separação de corpos).*

*VALOR DA CAUSA: Dá-se à causa o valor de R$ 1.000,00 (mil reais – fixação voluntária do valor, a critério do autor).*

*iii) PEDIDO: Diante do exposto pede-se a condenação do réu ao pagamento da importância mensal de R$ 1.000,00 (mil reais), a título de pensão alimentícia.*

*VALOR DA CAUSA: Dá-se à presente o valor de R$ 12.000,00 (doze mil reais – 12 vezes uma prestação, CPC, art. 292, III).*

*iv) PEDIDO: Diante do exposto, pede DEODORO seja FLORIANO condenado a pagar as prestações vencidas e as que se vencerem no curso do processo, tudo acrescido de juros, correção monetária, despesas e verba honorária.*

*VALOR DA CAUSA: Dá-se à presente o valor de R$ 14.000,00 (catorze mil reais – soma de 2 vencidas = R$ 2.000,00 e de 12 vincendas = R$ 12.000,00; CPC, art. 292, § 1º).*

*v) PEDIDO: Pede-se a condenação do réu no pagamento das prestações vencidas e das que se vencerem no curso do processo, bem como nos juros, correção monetária, custas e honorários.*

*VALOR DA CAUSA: Dá-se à presente o valor de R$ 8.000,00 (oito mil reais – soma de duas vencidas = R$ 2.000,00 e seis vincendas = R$ 6.000,00; CPC, art. 292 § 2º).*

## 4.2.6 Requerimento de provas

"Art. 319. A petição inicial indicará: (...)

VI – as provas com que o autor pretende demonstrar a verdade dos fatos alegados".
**(requerimento de provas)**

O autor, na inicial, precisa esclarecer como pretende provar suas alegações.

A lógica que permeia o sistema é que, na elaboração da causa de pedir (basicamente na parte fática), é mencionada uma série de situações (que poderão se revelar divergentes daquelas que constarão da contestação do réu).

A proposta é que a produção de provas traga elementos para o juiz formar seu convencimento sobre os fatos alegados pelas partes. Diante disso – e considerando que, em regra, o ônus da prova é de quem faz as alegações[37] –, o legislador incluiu, como requisito da petição inicial, a indicação de quais provas pretende o autor produzir.

Vale reiterar que se trata de requisito essencial da petição inicial, razão pela qual o advogado/defensor não deve dele se esquecer ao elaborar a peça (menos ainda deve se esquecer o candidato que presta o Exame de Ordem ou algum concurso público).

Nos Juizados Especiais, em que as formalidades são menores, a lei, ao apontar os requisitos da inicial, omite o requerimento de provas.[38]

Seguindo a linha do Código anterior, o requisito permanece existente no CPC atual. Por tal razão, acaba-se adotando, na praxe, uma frase genérica em que se pleiteia a produção de todos os meios de prova. Eis exemplo: "Requer provar o alegado por todos os meios de prova permitidos em lei, ou seja, documental, testemunhal, depoimento pessoal, pericial e inspeção judicial".

Também se pode formular o requerimento da seguinte forma: "Requer provar o alegado por todos os meios de prova admitidos em Direito, como provas documental, testemunhal, depoimento pessoal, pericial e inspeção judicial".

Apesar de ser esta a praxe (que deverá ser reproduzida em Exame de Ordem e em concurso público), é recomendável fazer menção específica ao meio de prova que se pretende utilizar para provar os fatos alegados na petição inicial.

Por sua vez, também se vê no foro o uso da expressão "Protesta provar o alegado", e não "Requer provar o alegado", como aqui utilizamos. A nosso ver, do ponto de vista prático, não há distinção entre os termos.

Entretanto, no passado era usual diferenciar os verbos. O "protesto" seria mais genérico, abstrato, ao passo que a efetiva solicitação para a produção de prova somente viria com o "requerimento". Como exposto, a nosso ver trata-se de discussão estéril. De qualquer forma, para evitar prejuízo ao cliente (ou na pontuação em Exame da OAB ou concursos), é recomendável que se utilize sempre a fórmula "requer provar o alegado".

No mais, quais são os meios de prova previstos no CPC? A resposta está no art. 369:[39] há ampla admissão instrutória, mas não são admitidas em juízo as provas imorais e as obtidas por meios ilícitos ou fraudulentos.

---

[37] CPC, art. 373: "O ônus da prova incumbe: I – ao autor, quanto ao fato constitutivo do seu direito".

[38] Lei nº 9.099, art. 14: "O processo instaurar-se-á com a apresentação do pedido, escrito ou oral, à Secretaria do Juizado. § 1º Do pedido constarão, de forma simples e em linguagem acessível: I – o nome, a qualificação e o endereço das partes; II – os fatos e os fundamentos, de forma sucinta; III – o objeto e seu valor". "Art. 33. Todas as provas serão produzidas na audiência de instrução e julgamento, ainda que não requeridas previamente, podendo o Juiz limitar ou excluir as que considerar excessivas, impertinentes ou protelatórias".

[39] CPC, art. 369: "As partes têm o direito de empregar todos os meios legais, bem como os moralmente legítimos, ainda que não especificados neste Código, para provar a verdade dos fatos em que se funda o pedido ou a defesa e influir eficazmente na convicção do juiz".

O Código disciplina mais detidamente os seguintes meios probatórios:

1) prova **documental**: deverá ser apresentada na petição inicial e na contestação (CPC, art. 434);[40]

2) prova **oral**: em regra será produzida em audiência, compreendendo:

   (i) o **depoimento pessoal** (interrogatório das partes, autor ou réu – CPC, art. 385) e

   (ii) a **prova testemunhal** (interrogatório de terceiros que não são partes no processo – CPC, art. 442);

3) prova **pericial**: consistente em exame, vistoria ou avaliação, será utilizada quando houver necessidade de conhecimentos técnicos (CPC, art. 464);

4) **inspeção judicial**: pouco frequente no cotidiano forense, é o meio de prova pelo qual o juiz sai de seu gabinete e se dirige ao local dos fatos para inspecionar pessoas ou coisas (CPC, art. 481);

5) **confissão**: inserida no Código como meio de prova, verifica--se quando a parte admite a verdade de um fato contrário ao seu interesse, seja no momento do depoimento pessoal, seja por escrito, documentalmente (CPC, art. 389);

6) **exibição de documento ou coisa**: o juiz determina que uma das partes ou um terceiro exiba em juízo documento ou coisa relevante à causa (CPC, arts. 396 e 401).

Vale ainda lembrar que, segundo a regra geral, pelo fato de o ônus da prova do fato constitutivo do direito pertencer ao autor (CPC, art. 373, I), caso este não consiga provar suas alegações, o pedido será julgado **improcedente** (CPC, art. 487, I), sendo que tal decisão, após o trânsito em julgado, produzirá coisa julgada material.

Por outro lado, o ônus da prova do fato impeditivo, modificativo ou extintivo do direito do autor deve ser observado pelo réu (CPC, art. 373, II). Assim, caso este não consiga provar suas alegações, o pedido do autor será julgado procedente.

Por fim, vale lembrar que há situações nas quais não há a regra geral de que o ônus é de quem alega (CPC, art. 373, I e II). Fora do CPC há, por exemplo, a inversão do ônus da prova em favor de consumidores.[41]

O CPC expressamente prevê a "carga dinâmica do ônus da prova",[42] que significa a possibilidade de o juiz, considerando as especificidades do caso concreto, fixar o encargo

---

[40] Traz o CPC ainda um novo meio de prova, a ata notarial (art. 384). Contudo, do ponto de vista formal, como a ata notarial é levada aos autos como meio físico, tem-se na verdade uma variação da prova documental.

[41] CDC, art. 6º, VIII: "São direitos básicos do consumidor: (...) VIII – a facilitação da defesa de seus direitos, inclusive com a inversão do ônus da prova, a seu favor, no processo civil, quando, a critério do juiz, for verossímil a alegação ou quando for ele hipossuficiente, segundo as regras ordinárias de experiências".

[42] CPC, art. 373, § 1º: "Nos casos previstos em lei ou diante de peculiaridades da causa relacionadas à impossibilidade ou à excessiva dificuldade de cumprir o encargo nos termos do *caput* ou à maior facilidade de obtenção da prova do fato contrário, poderá o juiz atribuir o ônus da prova de modo diverso, desde que o faça por decisão fundamentada, caso em que deverá dar à parte a oportunidade de se desincumbir do ônus que lhe foi atribuído".

de provar de forma diferenciada, no sentido de, por exemplo, alterar o ônus da prova do fato constitutivo, que seria do autor, para o réu.[43]

## 4.2.7 Opção pela realização da audiência de mediação ou conciliação

"Art. 319. A petição inicial indicará: (...)

VII – a opção do autor pela realização ou não de audiência de conciliação ou de mediação".

A previsão alinha-se à forte tendência verificada no Poder Judiciário de promover sessões para que os jurisdicionados encontrem consensualmente saídas para seus conflitos e finalizem suas demandas.

Do ponto de vista eminentemente prático, na perspectiva do CPC, a petição deverá trazer, preferencialmente ao final, uma simples afirmação: se há ou não interesse do autor em realizar a audiência inaugural de conciliação ou mediação.

No silêncio do autor, considerando a opção do Código pelos métodos consensuais, há de se concluir que há interesse do autor pela audiência de conciliação ou mediação.

Mas, mais do que apenas o aspecto prático, na sequência expõe-se a construção teórica relativa aos meios consensuais de solução dos conflitos que podem ser úteis no plano concreto. É essencial que o advogado conheça os variados mecanismos de solução de disputas aptos a contribuir na construção de saídas proveitosas para as pessoas em conflito. Dada a relevância do tema, esclarece-se que o próximo capítulo do livro irá analisar, com mais profundidade, aspectos relativos à solução consensual dos conflitos.

### 4.2.7.1 Perfil dos meios consensuais e critérios para sua adoção

Como a petição indicará o interesse na realização de audiência de mediação ou conciliação, é importante que quem peticiona conheça a principal diferença entre as duas modalidades consensuais de composição de conflitos.

O mediador atuará preferencialmente nos casos em que houver vínculo anterior entre as partes e auxiliará aos interessados a compreender as questões e os interesses em conflito de modo que eles possam, pelo restabelecimento da comunicação, identificar, por si próprios, soluções consensuais que gerem benefícios.[44]

O mediador não induz propriamente as partes a um acordo, mas busca facilitar o diálogo para que as pessoas encontrem formas proveitosas de relacionamento e equacionamento de controvérsias. Sua atuação ocorre no sentido de promover a conversação para que os próprios indivíduos encontrem saídas para o conflito.[45] Em um conflito familiar sobre guarda, por exemplo, o mediador facilitará o diálogo para que os genitores abordem as opções (compartilhada e unilateral) e obtenham dados sobre qual formato, na prática, pode funcionar para todos os envolvidos.

---

[43] Para o profissional, vale destacar que, apesar da expressa previsão legal, não se trata de algo muito frequente no cotidiano forense nas causas cíveis em geral; em demandas familiares, a aplicação é maior.

[44] CPC, art. 165, § 3º.

[45] TARTUCE, Fernanda. *Mediação nos conflitos civis*, cit., item 1.3.2.3.2.

O conciliador, por seu turno, atuará preferencialmente nos casos em que não houver vínculo anterior entre as partes e poderá sugerir soluções para o litígio.[46] Exemplo clássico de relação esporádica é a que se verifica quando ocorre uma colisão de veículos.

Na busca da obtenção de eventual acordo, o conciliador – sem desrespeitar o princípio da imparcialidade, ressalte-se – poderá sugerir maneiras de alcançá-lo formulando possíveis propostas de composição. Em uma demanda revisional de aluguel, por exemplo, o conciliador poderá sugerir que as partes considerem opções, em vez de um aumento em dinheiro, como a realização de reparos no imóvel por uma das partes.

Além da pertinência da via consensual em relação à situação controvertida, alguns aspectos procedimentais também podem precisar ser discutidos.

## 4.2.7.2 Aspectos procedimentais da adoção dos meios consensuais em juízo

O princípio da autonomia da vontade, que é destacado no CPC[47] e na Lei de Mediação,[48] constitui um dos pilares da adoção de meios consensuais na abordagem de controvérsias.

Observar a autonomia da vontade implica o dever de respeitar os diferentes pontos de vista dos envolvidos, assegurando-lhes que cheguem a uma decisão voluntária e não coercitiva com liberdade para tomar as próprias decisões durante ou ao final do processo, podendo interrompê-lo a qualquer momento (CNJ, Res. 125/2010, anexo III, art. 2º, II).

Eis uma expressão da autonomia da vontade: as partes podem escolher, de comum acordo, o conciliador, o mediador ou a câmara privada de conciliação e de mediação (CPC, art. 168).

A previsão sinaliza a litigantes e advogados a importância da comunicação para entabular saídas procedimentais produtivas para os impasses. A escolha do mediador/ conciliador usualmente leva em conta fatores como honestidade, confiança, idoneidade técnica e respeitabilidade.[49]

Caso, porém, os advogados/defensores e/ou as partes não tenham se comunicado para indicar um facilitador, ou mesmo que tenham tentado fazê-lo, mas sem lograr êxito, caberá ao tribunal promover seu encaminhamento a um conciliador/mediador cadastrado na lista do tribunal.[50]

Como se percebe, há vários aspectos que podem ser expostos pelo advogado para influenciar o juízo quanto à melhor ocorrência da experiência consensual. É interessante, portanto, que a petição inicial dê destaque ao tema; após a exposição dos fundamentos jurídicos e antes do pedido final, soa interessante a elaboração de um tópico sobre o interesse na audiência de conciliação ou mediação.

---

[46] CPC, art. 165, § 2º.

[47] CPC, art. 166: "A conciliação e a mediação são informadas pelos princípios da independência, da imparcialidade, da autonomia da vontade, da confidencialidade, da oralidade, da informalidade e da decisão informada".

[48] Lei nº 13.140/2015, art. 2º: "A mediação será orientada pelos seguintes princípios: I – imparcialidade do mediador; II – isonomia entre as partes; III – oralidade; IV – informalidade; V – autonomia da vontade das partes; VI – busca do consenso; VII – confidencialidade; VIII – boa-fé".

[49] TARTUCE, Fernanda. Comentários aos artigos 168. In: Teresa Arruda Alvim Wambier; Fredie Didier Jr.; Eduardo Talamini; Bruno Dantas (orgs.). *Breves comentários ao Código de Processo Civil*. 1. ed. São Paulo: Revista dos Tribunais, 2015, v. 1, p. 534.

[50] CPC, art. 168, § 2º: "Inexistindo acordo quanto à escolha do mediador ou conciliador, haverá distribuição entre aqueles cadastrados no registro do tribunal, observada a respectiva formação".

Como se trata de opção da parte, cabe perguntar: a indicação deve ser fundamentada?

Caso a resposta seja favorável à realização da sessão consensual, não é necessário; afinal, soa óbvio que a parte tem interesse em tentar a autocomposição.

Caso, contudo, a resposta seja negativa é importante explicar a razão. Segundo o art. 3º, § 2º, do CPC, o Estado, sempre que possível, estimulará a solução consensual das controvérsias. Essa previsão se alinha a outras regras do ordenamento que preconizam a adoção de esforços conciliatórios; ir contra a tendência do legislador e a política pública do Poder Judiciário demanda algumas explicações.

Ainda que a parte diga não querer participar da sessão consensual, é interessante que siga se manifestando. Segundo o art. 334, § 4º, I, do Código, só não haverá a designação da sessão inicial se ambas as partes não a quiserem. Como muitos defendem a ideia de que só a discordância de todos afastaria a realização da sessão consensual, deve o autor se manifestar se entende pertinente a mediação ou a conciliação.

Vale ressaltar que "pedidos habituais e padronizados de dispensa de audiência preliminar ou de conciliação" estão previstos na lista exemplificativa de condutas processuais potencialmente abusivas da Recomendação nº 159/2024 do CNJ (anexo A, item 2). Apesar do silêncio do CPC atual a respeito, ao que tudo indica o Centro Judiciário de Solução de Conflitos, previsto no art. 165 e responsável pela realização de sessões de conciliação e mediação, será o órgão que definirá se o caso deverá ser atendido por mediador ou conciliador.

De todo modo, é importante que os advogados das partes externem sua preferência pela adoção de um ou outro mecanismo consensual quando tiverem oportunidade de se manifestar nos autos de modo a contribuir para o encaminhamento à via mais adequada.[51]

## 4.2.8 Outras indicações da petição inicial

Anteriormente analisamos cada um dos incisos do art. 319 do CPC, expondo o que, pelo Código, é imprescindível para a petição inicial. Além dos requisitos previstos em tal dispositivo, é interessante conhecer outras indicações que podem ser consideradas relevantes para a postulação inicial.

### 4.2.8.1 Elementos ligados à capacidade postulatória

O Código aponta outras formalidades necessárias à petição inicial, sob pena de seu indeferimento, nos termos do art. 330 do CPC.

Um desses requisitos é a indicação do **endereço do advogado.**[52]

---

[51] TARTUCE, Fernanda. *Mediação nos conflitos civis*, cit., item 1.3.2.3.2, p. 47.

[52] Segundo o CPC, isso deve acontecer tanto no caso de o advogado atuar para terceiros ou em causa própria; eis duas regras sobre o tema: "Art. 77. Além de outros previstos neste Código, são deveres das partes, de seus procuradores e de todos aqueles que de qualquer forma participem do processo: (...) V – declinar, no primeiro momento que lhes couber falar nos autos, o endereço residencial ou profissional onde receberão intimações, atualizando essa informação sempre que ocorrer qualquer modificação temporária ou definitiva"; "Art. 106. Quando postular em causa própria, incumbe ao advogado: I – declarar, na petição inicial ou na contestação, o endereço, seu número de inscrição na Ordem dos Advogados do Brasil e o nome da sociedade de advogados da qual participa, para o recebimento de intimações".

No cotidiano forense, muitas vezes não há preocupação quanto a esse requisito, nem ocorrem maiores consequências ante a inobservância dessa exigência. Isso porque o endereço do advogado já consta no papel timbrado do escritório, ou tal informação é encontrada na procuração. O fato é que pelo menos em algum local acaba constando o endereço do advogado.

Para fins de Exame de Ordem e concursos públicos (em que não há logicamente papel timbrado nem procuração, não sendo nem sequer possível a identificação da prova), é conveniente sempre mencionar o endereço do advogado para demonstrar conhecimento dessa regra. Contudo, como é preciso ter cuidado para não identificar a petição, não devem ser criados elementos que não constem no enunciado.[53]

Outro elemento importante que merece indicação é o mandato. É preciso que a petição inicial esteja acompanhada da **procuração**, instrumento em que o cliente outorga poderes ao advogado.[54]

A lei processual traz exceções a tal exigência, destacando ser dispensável a juntada da procuração:

I – caso precise atuar para evitar preclusão, decadência ou prescrição, ou para praticar ato considerado urgente;

II – se a parte estiver representada pela Defensoria Pública;

III – se a representação decorrer diretamente de norma prevista na Constituição Federal ou em lei.[55]

### 4.2.8.2 Requerimento da forma de citação

A forma principal de citação passou por polêmica[56] alteração legislativa sem qualquer *vacatio legis* e está sendo objeto de ADI para declarar sua inconstitucionalidade.[57]

Na prática, a citação mediante envio ao endereço eletrônico da parte ainda vem sendo pouco utilizada – ainda que, é de se reconhecer, haja juízes e oficiais de justiça já utilizando o novo formato. De todo modo, pode ser que mudanças logo ocorram, porque o CNJ avançou na regulamentação.

A Resolução n. 455/2022 do CNJ instituiu o Portal de Serviços do Poder Judiciário (PSPJ), na Plataforma Digital do Poder Judiciário (PDPJ-Br), para usuários externos.

O "Portal de Serviços do Poder Judiciário" (PSPJ), ferramenta desenvolvida pelo "Programa Justiça 4.0", objetiva uniformizar o acesso a processos judiciais de tribunais de

---

[53] Para atender, portanto, ao dispositivo legal, o apropriado é indicar sua observância fazendo menções genéricas aos dados, referenciando-os da seguinte forma (por exemplo, após as indicações do litigante com suas qualificações): "por meio de seu advogado que esta subscreve, com escritório em (Rua, número, bairro, CEP, cidade)". Para melhor perceber como a menção se configura no contexto da petição, confira o modelo comentado de petição inicial no fim deste capítulo.

[54] CPC, art. 287: "A petição inicial deve vir acompanhada de procuração, que conterá os endereços do advogado, eletrônico e não eletrônico".

[55] As três exceções constam no art. 287 do CPC.

[56] Parte dos debates pode ser lida em texto elaborado da coautora deste livro: Citação mediante envio ao endereço eletrônico da parte (Lei 14.195/21). Disponível em: https://www.migalhas.com.br/depeso/353652/citacao-mediante-envio-ao-endereco-eletronico-da-parte. Acesso em: 12 mar. 2024

[57] Trata-se da ADI 7.005, que até o momento da atualização desta edição não teve nem sequer apreciação do pedido liminar.

todo o país em um ambiente virtual único (sem necessidade de buscar diferentes sistemas de processo eletrônico)[58].

A Resolução nº 455/2022 do CNJ considera endereço eletrônico "toda forma de identificação individualizada para recebimento e envio de comunicação/mensagem digital, tal como o correio eletrônico (e-mail), aplicativos de mensagens, perfis em redes sociais e o Domicílio Judicial Eletrônico" (art. 2º, III).

A Resolução define tal Domicílio Judicial como o "ambiente digital integrado ao Portal de Serviços, para a comunicação processual entre os órgãos do Poder Judiciário e os destinatários que sejam ou não partes na relação processual" (art. 15), sendo "obrigatória a utilização do Domicílio Judicial Eletrônico por todos os tribunais" (art. 15, parágrafo único).

Segundo o art. 16 da Resolução, o cadastro no Domicílio Judicial Eletrônico é obrigatório para União, Estados, Distrito Federal, Municípios, entidades da administração indireta e empresas públicas e privadas, para efeitos de recebimento de citações e intimações, conforme disposto no art. 246, *caput* e § 1º, do CPC[59]. A regra não se aplica a microempresas e empresas de pequeno porte que possuírem endereço eletrônico cadastrado no sistema integrado da Rede Nacional para a Simplificação do Registro e da Legalização de Empresas e Negócios (Redesim), nos termos previstos no § 5º do art. 246 do CPC (art. 17).

Em 1º.03.2024, iniciou o prazo para que grandes e médias empresas se cadastrassem no Domicílio Judicial Eletrônico. Após findar o prazo, o cadastro de empresas privadas começou a ser feito de forma compulsória a partir de dados da Receita Federal.

A Resolução nº 455/2022 do CNJ foi alterada em alguns pontos pela Resolução nº 569 (de agosto de 2024), merecendo destaque: a) o sistema passou a ser usado apenas para o envio de citações e comunicações processuais dirigidas às partes ou a terceiros; b) quando a lei não exigir vista ou intimação pessoal, os prazos serão contados a partir da publicação no Diário de Justiça Eletrônico Nacional (DJEN); c) mudou o período para leitura de citações por pessoas jurídicas de direito público: assim que o sistema receber a comunicação, elas terão 10 dias corridos para dar ciência, ou o Domicílio reconhecerá a leitura automaticamente[60].

Assim, como a citação por meio eletrônico ainda pende de definição sobre sua constitucionalidade, mentalidades demoram a mudar e no cotidiano forense a medida ainda não vem sendo usada em escala majoritária, **fazemos um alerta aos nossos leitores**: nos modelos de petições, seguimos tratando da citação como tradicionalmente prevista pelo CPC, indicando a forma que vem sendo majoritariamente aplicada por juízes e tribunais. Havendo novidade quanto ao tema (por exemplo, destacando-se algum andamento relevante acerca da ADI), será gravado um vídeo e divulgado no QR Code acima indicado. De qualquer forma, é certo que o advogado/defensor deve estar ciente das alterações normativas e que aqueles que farão concursos ou exames de OAB devem lidar com a citação nos moldes previstos no CPC.

---

58 MARQUES DE MEDEIROS NETO, Elias. A citação eletrônica e sua regulamentação pelo CNJ. Disponível em: <https://www.migalhas.com.br/coluna/cpc-na-pratica/373873/a-citacao-eletronica-e-sua--regulamentacao-pelo-cnj>. Acesso em: 12 mar. 2024.

59 Todas as empresas (públicas ou privadas) e os entes públicos (das administrações direta e indireta) são obrigados a manter cadastro nos sistemas de processo eletrônico para fins de recebimento de citações e intimações (CPC, art. 246, §§ 1º e 2º).

60 Nova resolução do CNJ altera prazos e regras do domicílio judicial eletrônico. Disponível em: https://www.cnj.jus.br/nova-resolucao-do-cnj-altera-prazos-e-regras-do-domicilio-judicial-eletronico/. Acesso em: 27 jan. 2025.

Contudo, antes de tratar da alteração legislativa, vale dizer que, no CPC anterior, o requerimento de provas era requisito da inicial. Por ser algo fundamental para o processo, não havia necessidade dessa previsão – tanto que o CPC vigente excluiu a citação como objeto de requerimento da inicial.

Da mesma forma, o CPC atual deixou de exigir que o autor faça constar em tal petição o requerimento de citação do réu.

De todo modo, é interessante que o autor aborde o tema: requerendo a citação na exordial, ele poderá indicar a forma pela qual quer ver citado o réu (por meio eletrônico, correio, por oficial de justiça etc.). A iniciativa é relevante no cotidiano forense, especialmente nas situações em que é admitida mais de uma modalidade de citação; afinal, o autor tem melhores condições que o juízo de identificar a via mais adequada para localizar e cientificar o réu.

É conveniente, neste momento, apontar a distinção entre três institutos diferentes que são muito confundidos no dia a dia forense: citação, intimação e notificação.

Citação é o ato pelo qual são convocados o réu, o executado ou o interessado para integrar a relação processual (CPC, art. 238). Com a citação, o demandado tem ciência de que foi indicado para figurar no polo passivo de um processo e, querendo, pode se manifestar.

Já a intimação é o ato pelo qual se dá ciência a alguém dos atos e dos termos do processo (CPC, art. 269). Pode ser destinada ao autor, ao réu, ao MP e aos auxiliares do juízo (perito, intérprete, depositário etc.).

Na sistemática do CPC, a notificação é uma ação (procedimento especial de jurisdição voluntária, previsto no art. 726) que tem por objetivo manifestar uma intenção de modo formal. Assim, por meio de uma notificação alguém pode denunciar um contrato, constituir outrem em mora ou demonstrar interesse quanto ao término da locação. A medida prevista no CPC é a notificação judicial, sendo ainda possível realizar uma notificação extrajudicial por meio de cartório de registro de títulos e documentos, ou mesmo via correio, conforme o caso.[61]

Na prática, com foco na petição inicial, é relevante é definir a forma de citação. Tal menção é recomendável para que o autor (e não o juiz) defina a forma de melhor cientificar a parte contrária.

O CPC prevê cinco formas de citação: por correio (art. 247), por oficial de justiça (art. 249), pelo escrivão ou chefe de secretaria (se o citando comparecer em cartório – art. 246, III); por edital (art. 256) e mediante envio ao endereço eletrônico (art. 246)[62].

Até 2021, a regra era a citação **por correio**. Porém, a Lei nº 14.195/2021 mudou o CPC para que este passasse a prever como regra a citação mediante envio de mensagem ao endereço **eletrônico**: "a citação será feita preferencialmente **por meio eletrônico**, no prazo de até 2 (dois) dias úteis, contado da decisão que a determinar" (CPC, art. 246, *caput*).

O art. 246 determina que mais detalhes sobre o tema serão previstos em "regulamento do Conselho Nacional de Justiça" (CNJ). Como ressaltado, a regulamentação veio na

---

[61] Como se percebe, o tema não tem índole exclusivamente processual. A notificação era tratada junto da intimação e da citação no CPC de 1939; como a situação gerava muitas confusões, a partir de 1973 o Código passou a tratar a comunicação dos atos processuais sistematizando citação e intimação de forma separada em relação à notificação. O CPC atual seguiu a mesma linha.

[62] Nos termos do art. 6º da Lei nº 11.419/2006, "observadas as formas e as cautelas do art. 5º desta Lei, as citações, inclusive da Fazenda Pública, excetuadas as dos Direitos Processuais Criminal e Infracional, poderão ser feitas por meio eletrônico, desde que a íntegra dos autos seja acessível ao citando".

Resolução nº 455/2022 do CNJ, que foi levemente alterada pela Resolução nº 569/2024 do mesmo órgão.

Do ponto de vista prático, como há magistrados estão autorizando a citação por meio eletrônico e isso tem o condão de acelerar a tramitação do processo, pode ser conveniente a tentativa de citação dessa forma. Afinal, se o réu se defender no processo, não haverá prejuízo, nem nulidade. Além disso, nas varas em que se admite a citação eletrônica, tem-se notícia não só do uso do *e-mail*, mas algumas vezes também do WhatsApp (seja pelo cartório, seja pelo juiz). Portanto, ciente dos riscos de indeferimento pelo juiz e da alegação de nulidade, deve o advogado/defensor avaliar se interessa requerer a citação por meio eletrônico.

De qualquer forma, segundo o CPC, realizada a citação por meio eletrônico, o citando (pessoa física ou jurídica de direito privado[63], em processos de conhecimento ou de execução) deverá confirmar o recebimento da citação eletrônica, em até três dias úteis – ou seja, mandar um *e-mail* informando que foi citado. Somente se houver essa resposta é que **a citação será válida**.

Se o citando (pessoa jurídica de direito privado[64]) não confirmar o recebimento do ato citatório, **haverá nova citação** por algum dos outros quatro meios – especialmente por correio ou oficial justiça (CPC, art. 246, § 1º-A).

Por sua vez, se isso ocorrer – ou seja, se realizada a citação por outro meio que não o eletrônico –, deverá o citando "apresentar justa causa para a ausência de confirmação do recebimento da citação enviada eletronicamente" (CPC, art. 246, § 1º-B).

Além disso, caso o citando deixe "de confirmar no prazo legal, sem justa causa, o recebimento da citação recebida por meio eletrônico", estaremos diante de "ato atentatório à dignidade da justiça, passível de multa de até 5% (cinco por cento) do valor da causa" (CPC, art. 246, § 1º-C).

Essas são as inovações decorrentes da Lei nº 14.195/2021. Há ainda muitas dúvidas sobre a aplicação em larga escala, já que estamos no início das experiências concretas.

Especialmente as pessoas que não estão acostumadas com o Poder Judiciário, ao receberem um *e-mail* relativo a algum processo judicial podem ter dúvidas se aquilo é verdadeiro ou um golpe – lembrando que há várias fraudes eletrônicas de pessoas se passando por servidores públicos. Assim, é de se lamentar a edição da lei sem maiores debates e sem qualquer *vacatio legis*.

Mas, como dito, há juízes que a aplicam e outros que não o fazem. Sendo assim, ciente dos riscos, compete a cada profissional avaliar como pretende atuar – sendo certo que o mais seguro é requerer a citação por correio.

De qualquer forma, quem reputar adequado testar o novo formato (talvez na busca de mais agilidade), poderá requerer, com base no art. 246 do CPC, que a citação seja feita por meio eletrônico (mensagem remetida pela vara ou oficial de justiça).

Uma vez deferida a citação por meio eletrônico, é possível vislumbrar os seguintes desdobramentos:

---

[63] Para pessoas jurídicas de direito público, o sistema considerará o prazo de 10 dias corridos para ciência das citações (Resolução CNJ nº 455/2022, art. 20, § 3º-A).

[64] Para pessoas jurídicas de direito público, se não for registrada ciência da citação no prazo de 10 dias corridos, o sistema considerará a ocorrência de ciência tácita (Resolução CNJ nº 455/2022, art. 20, § 4º).

a) se o réu contestar e não alegar vício, não haverá nulidade e estaremos diante de uma situação de comparecimento espontâneo (CPC, art. 239, § 1º), prosseguindo o processo normalmente;

b) se o réu nada fizer (não acusar recebimento da citação nem contestar), deverá ser realizada a citação pelos meios regulares (sendo por correio a regra);

c) se o réu comparecer apenas para alegar citação inválida, haverá comparecimento espontâneo, com o prazo para contestar fluindo apenas a partir dessa data do peticionamento – mas, com o risco de algum juiz entender que a citação foi válida (portanto, na perspectiva do réu, pelo risco, não recomendamos essa conduta; melhor seria contestar, alegando em preliminar nulidade de citação e requerendo a devolução do prazo de resposta, para complementação da defesa e juntada de documentos).

Por sua vez, não será feita a citação, nem por meio eletrônico nem por correio, em alguns casos: I – ações de estado; II – quando o citando for incapaz; III – quando for ré pessoa de direito público; IV – quando o citando residir em local não atingido pelo serviço postal (CPC, art. 247, I a IV). Portanto, quando o legislador busca maior segurança no ato citatório, ou diante da impossibilidade de citação por correio, parte-se para a realização do ato por oficial de justiça.

Também não se realizará a citação por correio se o autor, desde a petição inicial requerer, de forma justificada, que ela seja feita de outra forma (CPC, art. 247, V). A justificativa pode residir em razões práticas – como, por exemplo, a conveniência de que a citação seja realizada com a intimação de uma medida deferida em fase liminar com caráter de urgência.[65]

Na citação postal, o cartório do juízo elabora o mandado de citação, que é enviado ao réu pelo correio. Há a citação por AR (aviso de recebimento) ou ARMP (aviso de recebimento de mão própria – que somente será entregue ao próprio destinatário, e não para outrem, em seu endereço, como ocorre com o AR).

O CPC menciona especificamente a citação por correio de pessoas físicas residentes em condomínios edilícios ou loteamentos com controle de acesso. Para esses réus, a carta de citação poderá ser entregue a funcionário da portaria responsável pelo recebimento de correspondência e será válida. O porteiro, contudo, poderá negar-se a recebê-la se declarar, por escrito e sob as penas da lei, que o destinatário da correspondência está ausente (art. 248, § 4º).

Ao dispor que a citação por ARMP não mais é necessária em relação a citandos residentes em apartamentos ou loteamentos, a exceção é evidente; assim, a entrega aos próprios citandos é necessária quando eles residirem em casas.

Já em relação às pessoas jurídicas, o CPC prevê que, sendo a ré pessoa jurídica, será válido o ato se a carta for entregue: (i) a pessoa com poderes de gerência ou (ii) a funcionário responsável pelo recebimento de correspondências (art. 248, § 4º).

Nas hipóteses em que não for possível a citação por meio eletrônico ou por correio, ou quando o autor a requerer justificadamente (CPC, art. 247), a citação será feita por

---

65   ABDO, Helena Najjar. Comentários aos artigos 247. In: WAMBIER, Teresa Arruda Alvim; DIDIER JR., Fredie; Talamini, EDUARDO; Dantas, BRUNO (Orgs.). *Breves comentários ao Código de Processo Civil*. 1. ed. São Paulo: Revista dos Tribunais, 2015, v. 1, p. 696.

oficial de justiça. Utiliza-se ainda a citação por oficial quando a citação por correio é negativa, ou seja, não teve êxito (CPC, art. 249).

A citação por oficial de justiça é realizada por mandado judicial. O cartório judicial elabora um mandado de citação, que será entregue a um oficial de justiça para que ele dirija ao endereço do réu para pessoalmente citá-lo.

As citações, intimações e penhoras poderão realizar-se no período de férias forenses (onde as houver) e nos feriados ou dias úteis fora do horário estabelecido neste artigo, observado o disposto no art. 5º, inciso XI, da Constituição Federal, independentemente de autorização judicial (CPC, art. 212, § 2º).

Se requerida a citação por oficial (ou sendo uma das hipóteses em que não cabe citação por correio) e o réu estiver em comarca distinta daquela em que foi ajuizada a demanda, a citação será realizada por carta precatória. No entanto, assim não será se se tratar de comarca contígua, como é o caso da região do ABC, na Grande São Paulo.[66]

A citação por hora certa é realizada por oficial de justiça quando há "suspeita de ocultação" do réu. O CPC prevê o número de duas diligências necessárias para que haja citação por hora certa; assim, quando, por duas vezes, o oficial de justiça tiver procurado o citando em seu domicílio ou residência sem o encontrar, deverá, havendo suspeita de ocultação, intimar qualquer pessoa da família ou, em sua falta, qualquer vizinho de que, no dia útil imediato, voltará a fim de efetuar a citação na hora que designar (CPC, art. 252).

Por fim, a citação por edital ocorre basicamente quando o réu estiver em local "ignorado, incerto ou inacessível o lugar em que se encontrar o citando" (CPC, art. 256, II); assim, quando se ignora o paradeiro do réu, esta é a modalidade de citação realizada.

Prevê o CPC que o réu será considerado em local ignorado ou incerto se infrutíferas as tentativas de sua localização, inclusive mediante requisição pelo juízo de informações sobre seu endereço nos cadastros de órgãos públicos ou de concessionárias de serviços públicos (art. 256, § 3º).

Ou seja, só haverá a citação por edital se o autor efetivamente tentar encontrar o réu (por meio de diligências, pela expedição de ofícios para tentar encontrar algum endereço do réu por meio de consulta em órgãos públicos, empresas de telefonia, cartório eleitoral, Banco Central, Detran etc.).

Deferida essa forma de citação, será elaborado um edital para ser publicado na internet – no site do tribunal e do CNJ (CPC, art. 257, II) –, às custas do autor.

Assim, como regra não mais há necessidade de publicação do edital em jornal local. Entretanto, o juiz poderá determinar que a publicação do edital seja feita também em jornal local de ampla circulação ou por outros meios, considerando as peculiaridades da comarca (art. 257, parágrafo único).

Em síntese: ao elaborar a petição inicial, é conveniente que o advogado indique expressamente a forma de citação para evitar eventuais delongas no andamento do processo ante a escolha, pelo juiz, de uma forma citatória não pretendida pelo autor (especialmente entre correio e oficial de justiça).

---

[66] CPC, art. 255: "Nas comarcas contíguas de fácil comunicação e nas que se situem na mesma região metropolitana, o oficial de justiça poderá efetuar, em qualquer delas, citações, intimações, notificações, penhoras e quaisquer outros atos executivos". Na prática, basta consultar o cartório judicial para saber se, no caso concreto, é possível a citação pelo próprio oficial do foro ou se é necessária a expedição de precatória, mais custosa e demorada.

A título de sugestão, o requerimento de citação pode ser assim formulado:

"Requer-se a citação do réu, por correio, para que, querendo, o réu apresente defesa no prazo legal".

"Requer-se a citação do réu, por mandado a ser cumprido por oficial de justiça, para que apresente contestação, sob pena de revelia.

Ou, com base na nova legislação, da seguinte forma:

"Requer-se a citação da ré, por meio eletrônico (endereço xxx@xxx.com.br) para que confirme o recebimento do *e-mail* (CPC, art. 246, § 1º-A) e, em seguida, querendo, compareça à audiência a ser designada por V. Exa."

Vejamos como será a prática judiciária em relação à citação por meio eletrônico. Até o momento da atualização desta edição, parece predominar a aplicação com restrições, como demonstra um julgado do Tribunal de Justiça do Rio Grande do Sul: em demanda executiva, o juiz indeferiu a citação dos réus (pessoas físicas) por meio eletrônico "tendo em conta que a citação neste modo somente se viabiliza se realizada através do domicílio judicial eletrônico (a teor da Resolução nº 455/2022 do CNJ), atualmente disponível apenas às instituições financeiras, grandes e médias empresas privadas.[67] Aguardemos as cenas dos próximos capítulos, sendo certo que, com a implementação do domicílio judicial eletrônico, o cenário pode mudar rapidamente.[68]

### 4.2.8.3 Recolhimentos e documentação

O advogado deve, com a petição inicial, comprovar (juntando vias das guias recolhidas) o **pagamento das taxas judiciárias** referentes ao processo (custas judiciais, taxa de mandato, guia de oficial de justiça ou taxa para pagamento do correio).

Se o litigante for vulnerável economicamente (CPC, art. 98: pessoa com insuficiência de recursos para pagar custas, despesas processuais e honorários advocatícios), em regra não haverá necessidade de recolhimento das taxas judiciárias.

Nessa situação, basta que o advogado, na inicial, exponha a situação de insuficiência de recursos e pleiteie o reconhecimento da incidência dos benefícios da gratuidade para deixar de recolher tais taxas. Vale destacar que, para realizar tal declaração no processo, o advogado deve ter poderes especiais em sua procuração.[69]

---

[67] TJRS; AI 5324078-50.2024.8.21.7000; Porto Alegre; Vigésima Quinta Câmara Cível; Relª Desª Helena Marta Suarez Maciel; j. 04.11.2024; *DJERS* 04.11.2024.

[68] Acerca do tema, acessar: https://www.cnj.jus.br/tecnologia-da-informacao-e-comunicacao/justica-4-0/domicilio-judicial-eletronico/.

[69] CPC, art. 105: "A procuração geral para o foro, outorgada por instrumento público ou particular assinado pela parte, habilita o advogado a praticar todos os atos do processo, exceto (...) assinar declaração de hipossuficiência econômica, que devem constar de cláusula específica". Ou seja: ou o advogado recebe procuração com poderes especiais (ou ao menos esse poder especial), ou o cliente assina junto a petição em que se afirma ter hipossuficiência econômica.

Em relação a outros documentos que devem instruir a petição inicial e que se referem especificamente à causa (como o contrato de locação na ação de despejo), esta determinação já se encontra incluída no inciso VI do art. 319 (que se refere às provas).

Como exposto, o autor, na inicial, deverá indicar como pretende provar suas alegações. Se for fazê-lo por documentos, estes já deverão ser juntados aos autos com a petição inicial (CPC, arts. 320 e 434).

Portanto, em síntese, o advogado não deve esquecer, ao elaborar uma petição inicial, de:

(i) observar os requisitos constantes do art. 319 do CPC;

(ii) juntar a procuração;

(iii) juntar as guias de recolhimento de custas (salvo se beneficiário da justiça gratuita);

(iv) juntar os documentos essenciais à causa (art. 320 do CPC).

### 4.2.8.4 Menções diferenciadas

Merecem destaque duas menções especiais que podem se revelar pertinentes: a referente à tramitação prioritária e outra à atuação do Ministério Público.

Nos termos do art. 1.048 do CPC, terão prioridade de tramitação, em qualquer juízo ou tribunal, os procedimentos judiciais:

a) em que figure como parte ou interessado **idoso**, ou seja, pessoa com idade igual ou superior a 60 (sessenta) anos;[70]

b) em que figure como parte ou interessado pessoa portadora de **doença grave** (assim compreendida qualquer das enumeradas no art. 6º, inciso XIV, da Lei nº 7.713 de 1988);

c) regulados pela Lei nº 8.069, de 13 de julho de 1990 (Estatuto da Criança e do Adolescente), ou seja, demandas previstas no ECA ligadas à **infância** e à **adolescência** (mas não qualquer processo que tenha essas partes);

d) em que figure como parte a vítima de **violência doméstica** e familiar, nos termos da Lei nº 11.340/2006 (Lei Maria da Penha);

e) em que se discuta a aplicação do disposto nas normas gerais de **licitação** e contratação a que se refere o inciso XXVII do *caput* do art. 22 da Constituição Federal.

A pessoa interessada na obtenção do benefício, juntando prova de sua condição, deverá requerê-lo à autoridade judiciária competente para decidir o feito, que determinará ao cartório do juízo as providências a serem cumpridas (CPC, art. 1.048, § 1º).

A tramitação prioritária independe de deferimento pelo órgão jurisdicional e deverá ser imediatamente concedida diante da prova da condição de beneficiário (CPC, art. 1.048, § 4º).

Por fim, caso se trate de demanda em que o Ministério Público deva atuar como fiscal da ordem jurídica (nos termos dos arts. 178 e 698 do CPC), é importante, para efeito de Exame ou concurso, requerer sua intimação para que possa se manifestar no processo.

---

[70] Vale destacar que há uma preferência especial para o "superidoso", ou seja, aquele que tem mais de 80 anos (previsão da Lei nº 13.466/2017, que alterou o art. 71 do Estatuto do Idoso – Lei nº 10.741/2003).

## 4.3 MODELO DE PETIÇÃO INICIAL COMENTADO

Para ilustrar e fixar os conceitos expostos neste capítulo, propomos um problema a partir do qual será elaborada uma petição inicial. Para melhor compreensão do tema, os comentários acerca da peça serão feitos no corpo da própria petição.

### 🔍 PROBLEMA

AYRTON SENNA está dirigindo seu veículo em ITU quando JUAN MANUEL FANGIO, vindo em alta velocidade, provoca um acidente, atingindo a traseira do carro de AYRTON.

AYRTON, que é domiciliado em SOROCABA, busca três orçamentos para o conserto de seu veículo (o mais baixo soma R$ 25 mil), apresentando-os a JUAN MANUEL, que nada faz. Como o carro é fundamental para o trabalho de AYRTON, este realizou o conserto na oficina que apresentou o menor preço e já pagou por tal serviço.

Considerando que o carro dirigido por JUAN MANUEL na verdade é de propriedade de seu irmão NIKI LAUDA, e que estes são domiciliados em SALTO, elabore a medida judicial pertinente para buscar o ressarcimento de AYRTON.

EXMO SR. DR. JUIZ DE DIREITO DE UMA DAS VARAS CÍVEIS DA COMARCA DE SOROCABA[1] – SP.

> 1. Com base no art. 53, V, do CPC, a competência poderia ser da Comarca de Itu (local do acidente) ou de Sorocaba (domicílio do autor). Além disso, considerando que o art. 53, V, existe em benefício do autor, seria a ele possível, ainda, optar pela regra geral do art. 46 (domicílio do réu – Salto).

AYRTON SENNA (estado civil[2]), (profissão), portador da cédula de identidade RG n. (número) e inscrito no CPF sob o n. (número), usuário do endereço eletrônico (e-mail),[3] residente em (Rua, número, bairro, CEP), nesta comarca de Sorocaba, vem, respeitosamente perante V. Exa., por seu advogado que esta subscreve, com escritório[4] em (Rua, número, bairro, CEP, cidade), com base[5] no art. 186 do Código Civil (CC)[6] e demais dispositivos aplicáveis à espécie, propor a presente

> 2. O estado civil abrange a existência ou não de união estável, independentemente de formalização.
>
> 3. Se o autor não possuir endereço eletrônico, recomenda-se indicar que não possui e que tal fato não prejudica a sua identificação civil. Caso não se fale nada, algum magistrado pode determinar a emenda ou esclarecimento quanto a esse dado, o que retardará o andamento do processo.
>
> 4. Caso integre sociedade de advogados, a procuração deverá conter o nome desta, seu número de registro na Ordem dos Advogados do Brasil e endereço completo (CPC, art. 105, § 3º). Na prática isso é desnecessário se tal informação consta na procuração ou mesmo no papel timbrado em que a petição for impressa –, mas para certames e exames de Ordem ela se revela essencial para que o candidato demonstre conhecimento sobre a regra (CPC, art. 77, V).

> 5. Geralmente, ao especificar a ação a ser proposta, indica-se o procedimento; como se aplica o procedimento comum a este caso, não é obrigatória a indicação de dispositivo legal (comumente apontado quando o procedimento é especial e tem regra específica).
>
> 6. Da mesma forma, já que será exposta a seguir a causa de pedir, não há necessidade de indicar o dispositivo legal. Trata-se de opção do advogado.

### AÇÃO DE REPARAÇÃO DE DANO EM RAZÃO DE ACIDENTE DE VEÍCULOS,[7] PELO PROCEDIMENTO COMUM[8]

> 7. Algumas pessoas têm dúvida sobre como "nomear" a ação. Uma possibilidade interessante é usar a referência que consta na lei; o art. 53, V, se refere à ação de reparação de dano sofrido em razão de acidente de veículos.
>
> 8. Tampouco é obrigatória a indicação do procedimento; de todo modo, para demonstrar boa técnica é conveniente fazê-la.

em face de **Niki Lauda** (estado civil), (profissão), portador da cédula de identidade RG n. (número) e inscrito no CPF sob o n. (número), usuário do endereço eletrônico (e-mail),[9] residente em (endereço), e **Juan Manuel Fangio** (estado civil), (profissão), portador da cédula de identidade RG n. (número) e inscrito no CPF sob o n. (número), residente em (endereço), sem endereço de e-mail conhecido, ambos residentes na comarca de **Salto**, pelos fatos e fundamentos a seguir expostos.

> 9. Caso o autor não disponha do endereço eletrônico do réu ou de outro dado de qualificação indicado no art. 319, recomenda-se que indique o teor de que dispõe e, ao final, indique que tal fato não impede a identificação do réu para fins de citação. Pode o advogado argumentar que, alternativamente, o juiz deve diligenciar os órgãos competentes caso entenda necessárias tais informações, nos termos do art. 319, §§ 1º, 2º e 3º.

### I – DOS FATOS[10]

> 10. A divisão da peça em "fatos", "direito" e "pedido" não é obrigatória, já que não vem prevista em lei. Assim, trata-se de opção do advogado. Embora a divisão não seja prevista, é essencial que tais elementos estejam presentes, de acordo com o art. 319, III e IV, do CPC. De qualquer forma, para facilitar a compreensão do destinatário (juiz), é conveniente apresentar essa estrutura de tópicos em uma inicial.

Na data de (data), o autor dirigia seu veículo, na Rua (nome da Rua), na comarca de Itu, acompanhado de um amigo. Por volta das (horas), o corréu **Juan Manuel**, em alta velocidade, acabou por atingir a traseira do veículo do autor (marca, modelo, ano), provocando um acidente que causou graves danos ao veículo.

Felizmente não houve qualquer vítima, sendo que as partes se dirigiram à delegacia para realizar o boletim de ocorrência (doc. anexo). Ao realizar o BO, o autor descobriu que o veículo na verdade é de propriedade do corréu **Niki**, irmão de **Juan Manuel**.

Logo após a colisão, o autor buscou três oficinas[11] nesta comarca de Sorocaba (domicílio do autor) para realizar orçamento do conserto do veículo. Na semana seguinte (data), o autor encaminhou aos réus tais orçamentos, por carta com aviso de recebimento (doc. anexo).

> 11. Não há previsão legal determinando ser necessária a realização de três orçamentos. Porém, a praxe é atuar nesse sentido para afastar alegações de que o valor está acima do que usualmente o mercado cobra. Logo, em casos análogos, é recomendável que se faça exatamente três (ou mais) orçamentos. Além disso, em situação desse tipo, é recomendável que sejam anexadas fotos do veículo (antes e depois do conserto) para compor o material probatório e informar o livre convencimento do juiz.

Infelizmente, não houve qualquer manifestação por parte dos réus.

Como o veículo é fundamental para o deslocamento diário do autor, este procedeu ao conserto na oficina que apresentou o menor valor, a saber, R$ 25.000,00 (vinte e cinco mil reais), como se depreende dos documentos anexos. Ainda, desde logo se pleiteia prova pericial,[12] de modo a comprovar que os serviços foram realizados no veículo, com alteração de inúmeras peças que fizeram com que o custo do conserto fosse elevado.

> 12. No dia a dia forense, a maioria de causas envolvendo acidente de veículos é solucionada sem perícia. De qualquer forma, como no exemplo em discussão o conserto já havia sido realizado, entendemos conveniente a perícia para o caso de o réu afirmar que o conserto não havia sido realizado/foi realizado sem necessidade.

Nos últimos meses os réus nem sequer têm retornado às ligações do autor, razão pela qual não resta outra solução a não ser buscar a tutela jurisdicional.

## II – DO DIREITO[13]

> 13. Um erro comum é nominar este tópico como "Dos direitos", pois não estamos falando de vários direitos, mas, sim, da solução prevista em lei e dos diversos dispositivos legais aplicáveis. Assim, manter no singular revela-se a melhor opção. Como opção pode ser usada expressão análoga (como FUNDAMENTOS JURÍDICOS).

O corréu JUAN,[14] ao trafegar em alta velocidade na via urbana, claramente agiu com culpa (imprudência). Em virtude disso, houve a colisão (ato do agente),[15] que provocou o dano.

> 14. Em relação à legitimidade passiva, seria possível escolher (i) ou só o motorista, (ii) ou só o proprietário (iii) ou ambos, em litisconsórcio passivo facultativo. Trata-se de opção do advogado do autor, conforme as especificidades da causa. Como exemplo, se o motorista fosse jovem, sem patrimônio, possivelmente seria desinteressante sua participação como réu (pois não teria como ressarcir o prejuízo, e o litisconsórcio tornaria o processo mais lento).
>
> 15. Se há a indicação do motorista como réu, há de se explicar sua culpa.

Por sua vez, o proprietário[16] do veículo também responde pelos prejuízos causados ao autor por ter permitido que o corréu causasse danos em virtude da utilização de seu veículo. Neste exato sentido vem se manifestando a jurisprudência majoritária de nossos Tribunais, como se percebe pelo teor do julgado[17] do Superior Tribunal de Justiça retratado no Informativo n. 452 (de 18 a 22 de outubro de 2010) de tal Tribunal:

TERCEIRA TURMA. AR. RESPONSABILIDADE. PROPRIETÁRIO. VEÍCULO.

(...) o proprietário de veículo responde, objetiva e solidariamente, pelos atos culposos de terceiro que o conduz, independentemente de que o motorista seja seu empregado, preposto, de que o transporte seja gratuito ou oneroso. Precedentes citados: REsp 577.902-DF, *DJ* 28.08.2006; REsp 1.104.196-RN, *DJe* 11.09.2009, e AgRg no REsp 873.570-SP, *DJe* 30.06.2010; REsp 1.191.544-RJ, rel. Min. Paulo de Tarso Sanseverino, julg. 21.10.2010.

> 16. Da mesma forma, se se indica o proprietário como réu, há de se apontar o porquê de tal escolha.
>
> 17. Como possivelmente haverá alguma discussão em relação à legitimidade passiva, revela-se conveniente que se faça alguma indicação doutrinária ou jurisprudencial acerca do tema. No caso, apresentamos um julgado obtido a partir de pesquisa realizada em página da internet do Superior Tribunal de Justiça (www.stj.gov.br).

Assim, cabalmente presentes o dano, a conduta culposa dos agentes e o nexo causal (CC, art. 186), impõe-se o reconhecimento da responsabilização civil dos réus (CC, art. 927).

Por fim, vale apontar que, nos exatos termos do art. 942, parte final, do CC, tendo o dano sido causado por mais de um agente, a responsabilidade é solidária. Portanto, é de reconhecer, no presente feito, a solidariedade dos réus quanto ao ressarcimento dos danos.

## III – DA OPÇÃO PELA AUDIÊNCIA DE CONCILIAÇÃO[18]

Em atenção ao art. 319, VII, do CPC, e demais dispositivos cabíveis, o autor manifesta seu interesse na realização de sessão de conciliação, com o objetivo de buscar uma solução consensual para o litígio.

Usando a faculdade indicada na lei processual,[19] o autor sugere que o conciliador[20] seja o Sr. Reginaldo Leme (estado civil), (profissão), portador da cédula de identidade RG n. (número) e inscrito no CPF sob o n. (número), endereço eletrônico (e-mail), residente em (Rua, número, bairro, CEP), integrante do corpo de conciliadores do Tribunal,[21] nos termos do art. 168, § 1º, do CPC,[22] em caso de concordância dos corréus.

> 18. É requisito obrigatório da petição inicial indicar se o autor tem interesse na realização de audiência de conciliação ou de mediação (CPC, art. 319, VII). Caso não haja interesse do autor pela audiência de conciliação ou mediação, é obrigatório ressaltá-lo desde a exordial, sendo recomendável fundamentar tal opção com base na autonomia da vontade das partes. Se já tiver havido tentativa de conciliação prévia ao processo, vale também ser informada.

19. Ainda que não seja frequente no cotidiano forense, é facultado às partes, em comum acordo, escolherem um conciliador ou mediador, cadastrado ou não no Tribunal, segundo dispõe o art. 168, *caput*.

20. Nos termos do art. 165, § 2º, a sessão (termo que parece mais apropriado que "audiência", em que pese a terminologia do CPC) terá preferencialmente natureza de conciliação quando inexistir vínculo anterior entre as partes, como no exemplo do acidente do problema apresentado.

21. Apesar da previsão legal, muitos tribunais do País ainda não dispõem de cadastro ou corpo de conciliadores.

22. Seria possível haver mais de um conciliador, a teor do art. 168, § 3º, mas tal opção deve ser reservada para casos de maior complexidade.

## IV – DO PEDIDO,[23] DOS REQUERIMENTOS E DO VALOR DA CAUSA

23. Este tópico poderia ser chamado apenas "Do pedido". Considerando a divisão entre pedido e requerimento proposta nesta obra, sugerimos esta nomenclatura.

Ante o exposto, pede e requer o autor a V. Exa.:

a) a condenação dos réus,[24] de forma solidária, ao ressarcimento dos danos causados, no valor de R$ 25.000,00 (vinte e cinco mil reais), referente ao conserto do carro do autor, com juros de mora e correção monetária (art. 1º da Lei nº 6.899/1981), com base na tabela do TJSP;[25]

24. Este é efetivamente o pedido, em que se pede a condenação. Como visto, é sempre interpretado de forma restritiva, razão pela qual se deve ter cuidado na sua elaboração.

25. Cada Tribunal elabora sua própria tabela de correção monetária – que deverá ser observada pelo advogado no caso concreto. Mesmo dentro de um mesmo Estado, existem tabelas distintas (nas Justiças Estadual, Federal e Trabalhista).

b) a condenação dos réus ao pagamento de custas e honorários;

c) a citação dos réus, por correio,[26] por ARMP,[27] para que compareçam à audiência de conciliação[28] a ser designada e, querendo, apresentem contestação;

26. Desde logo o advogado poderia pedir a citação por mandado (oficial de justiça) – e aí poderiam ser requeridos os benefícios do art. 212, § 2º, do CPC.

27. Como visto, aviso de recebimento de mão própria, em que a carta de citação somente será entregue pelo carteiro ao próprio réu, e não a terceiro.

28. Os réus serão citados e intimados para comparecer à audiência/sessão de conciliação. Note-se que, caso não tenham interesse na autocomposição, os réus devem indicá-lo, por simples petição, até 10 dias antes do dia da audiência (CPC, art. 334, § 5º). Se não obtida a autocomposição, o réu terá 15 dias para apresentar contestação (CPC, art. 335, I).

d) a produção de todas as provas em direito admitidas, especialmente a documental (documentos acostados a esta inicial), testemunhal e pericial.

Dá-se à causa o valor de R$ 25.000,00 (vinte e cinco mil reais), nos termos do art. 292, I, do CPC.

Termos em que

Pede deferimento.

Sorocaba, data

Advogado, assinatura/OAB

## DOCUMENTOS QUE INSTRUEM ESTA INICIAL[29]

29. Não é obrigatório apontar quais são os documentos juntados com a inicial. Nada obstante, isso pode facilitar a compreensão dos fatos pelo julgador.

1) procuração;

2) guias de recolhimento de custas (taxa mandato, taxa judiciária e despesas de correio);

3) certificado de propriedade do veículo do autor e da ré;

4) BO;

5) orçamentos; e

6) nota fiscal de conserto.

# AUDIÊNCIA DE MEDIAÇÃO OU DE CONCILIAÇÃO

 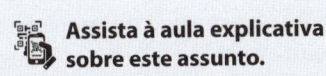

**Assista à aula explicativa sobre este assunto.**

> https://uqr.to/fy99

## 5.1 FINALIDADE

Como visto no capítulo 2, a Resolução 125 do Conselho Nacional de Justiça reconheceu que o encaminhamento adequado das causas a meios consensuais configura uma política pública, preconizando que a via apropriada de solução de conflitos deve ser sempre buscada.

A resolução de disputas caminha por métodos facilitadores (como a negociação e a mediação) e por mecanismos com maior grau de avaliação, que variam desde recomendações e arbitragens não vinculantes até meios vinculantes, como a arbitragem e o juízo estatal.[1]

Mecanismos facilitadores são referidos na tradição jurídica brasileira como meios de autocomposição (ou meios consensuais).

A autocomposição será bilateral quando contar com a participação de todos os envolvidos na situação controvertida sem haver uma terceira pessoa apta a decidir o conflito; ela poderá se verificar por negociação, conciliação ou mediação.

Quando encaminham a composição por si mesmas, estabelecendo tratativas diretas sem a intermediação de uma terceira pessoa, as partes encerram negociação.

Em regra, a resolução da disputa é mais eficiente se o método tiver como enfoque primário os interesses das partes. Afinal, nada menos custoso e mais eficiente do que as próprias partes conseguirem resolver a controvérsia pela negociação direta e franca que

---

[1] TARTUCE, Fernanda; FALECK, Diego; GABBAY, Daniela. *Meios alternativos de solução de conflitos*. Rio de Janeiro: FGV, 2014, p. 7.

possibilite: a) a criação de opções vantajosas para ambas as partes e b) a distribuição de valores com base em critérios objetivos acordados pelos próprios envolvidos.[2]

Quando o enfoque nos interesses não for suficiente para resolver a disputa sem a intervenção de um terceiro (em muitos casos não o é), dever-se-á ponderar qual método é mais adequado para abordar o impasse, considerando-se que o método deve se adequar à disputa.

Pode ocorrer que as partes não consigam (sozinhas ou com seus advogados) comunicar-se de forma eficiente e entabular respostas conjuntas para a composição da controvérsia; a deterioração de sua relação pode acarretar graves problemas de contato.

Diversos fatores podem obstar o diálogo produtivo, como o desgastante histórico da controvérsia, a existência de graves falhas na comunicação, o apego a posições contundentes e o desejo de atender a expectativas (algumas vezes externas) de acirramento do conflito, dentre outros aspectos. Nessas situações, pode ser produtivo contar com um terceiro imparcial que contribua para a restauração do diálogo por meio da mediação ou da conciliação.

Nos mecanismos consensuais, a pessoa que facilita a comunicação atua com imparcialidade sem incorrer em julgamentos: a definição do conflito, afinal, não é imposta por alguém exterior ao conflito, mas construída conjuntamente pelos participantes.[3]

As audiências configuram interessantes oportunidades de concretizar o princípio da oralidade, já que em tais momentos os sujeitos do processo poderão travar contato pessoal e conversar sobre a situação controvertida.

Na audiência de mediação ou conciliação, o terceiro facilitador buscará, inicialmente, a restauração da comunicação entre as partes, fator que poderá contribuir para celebrar acordos (transações) proveitosos para elas, caso estas assim o desejem.

Como se percebe, tal audiência representa um importante momento processual; se bem engendrada, poderá ensejar excelentes oportunidades para os litigantes e seus advogados.

## 5.2 OBRIGATORIEDADE OU FACULTATIVIDADE DA DESIGNAÇÃO

A designação da sessão consensual é obrigatória ou facultativa no procedimento comum regulado pelo CPC?

Há quem responda positivamente a tal pergunta com base:

i) nas regras de incentivo aos meios consensuais previstos nas normas fundamentais do CPC;[4]

ii) nos arts. 334 do CPC e 27 da Lei de Mediação, que usam o modo imperativo para indicar que o juiz, verificando a presença dos requisitos essenciais e não vislumbrando caso de improcedência liminar do pedido, mandará citar o réu para comparecer à audiência de conciliação ou mediação;[5]

---

[2] TARTUCE, Fernanda; FALECK, Diego; GABBAY, Daniela. *Meios alternativos de solução de conflitos* cit., p. 7.

[3] TARTUCE, Fernanda. *Mediação nos conflitos civis*. 6. ed. rev., atual. e ampl. São Paulo: Método, 2021, p. 40.

[4] CPC, art. 3º: "§ 2º O Estado promoverá, sempre que possível, a solução consensual dos conflitos. § 3º A conciliação, a mediação e outros métodos de solução consensual de conflitos deverão ser estimulados por juízes, advogados, defensores públicos e membros do Ministério Público, inclusive no curso do processo judicial".

[5] CPC, art. 334: "Se a petição inicial preencher os requisitos essenciais e não for o caso de improcedência liminar do pedido, o juiz designará audiência de conciliação ou de mediação com

iii) na previsão do CPC, pela qual a audiência não será designada, se ambas as partes manifestarem desinteresse em sua realização.[6]

É possível, porém, responder que o sistema brasileiro contempla a voluntariedade das sessões consensuais em juízo com base nos seguintes fundamentos:

a) o art. 3º, § 2º, do CPC menciona que a promoção dos meios consensuais se dará sempre que possível, o que demonstra que a seleção de causas é essencial;

b) é princípio regente dos meios consensuais a autonomia da vontade;[7]

c) o autor deve indicar na petição inicial a opção ou não por participar da audiência de conciliação ou mediação;[8]

d) a isonomia entre os litigantes é um princípio da mediação, de modo que a vontade de ambos deve ser valorizada;

e) a dupla recusa é uma situação óbvia de não designação da audiência, mas não a única: o art. 334, § 4º, *caput*, do CPC não diz expressamente que apenas a dupla recusa afasta a designação.

A temática é polêmica e divide intérpretes; como o consenso é essencial para a tentativa de estabelecer tratativas eficientes, soa contraproducente promover sua imposição.[9]

Ao apreciar as experiências da União Europeia, estudiosos[10] identificaram quatro modelos de implementação da mediação:

1) voluntariedade total (*Full Voluntary Mediation*);

2) voluntariedade com incentivos e sanções (*Voluntary Mediation with Incentives and Sanctions*);

3) pré-mediação obrigatória (*Required Initial Mediation Session*);

4) mediação totalmente obrigatória (*Full Mandatory Mediation*).

---

antecedência mínima de 30 (trinta) dias, devendo ser citado o réu com pelo menos 20 (vinte) dias de antecedência". Lei nº 13.140/2015, art. 27: "Se a petição inicial preencher os requisitos essenciais e não for o caso de improcedência liminar do pedido, o juiz designará audiência de mediação".

[6] CPC, art. 334: "§ 4º A audiência não será realizada: I – se ambas as partes manifestarem, expressamente, desinteresse na composição consensual".

[7] CPC, art. 166: "A conciliação e a mediação são informadas pelos princípios da independência, da imparcialidade, da autonomia da vontade, da confidencialidade, da oralidade, da informalidade e da decisão informada. (...) § 4º A mediação e a conciliação serão regidas conforme a livre autonomia dos interessados, inclusive no que diz respeito à definição das regras procedimentais"; Lei de Mediação, "Art. 2º A mediação será orientada pelos seguintes princípios: (...) V – autonomia da vontade das partes"; Resolução 125/2010 do CNJ, Anexo III, art. 2º, "(...) II – Autonomia da vontade – dever de respeitar os diferentes pontos de vista dos envolvidos, assegurando-lhes que cheguem a uma decisão voluntária e não coercitiva, com liberdade para tomar as próprias decisões durante ou ao final do processo e de interrompê-lo a qualquer momento".

[8] CPC, art. 319, "A petição inicial indicará: VII – a opção do autor pela realização ou não de audiência de conciliação ou de mediação". No ponto, vale ressaltar que constam no anexo A da Recomendação nº 159/2024 do CNJ "os pedidos habituais e padronizados de dispensa de audiência preliminar ou de conciliação" no item 2 da lista exemplificativa de condutas processuais potencialmente abusivas.

[9] TARTUCE, Fernanda. *Mediação nos conflitos civis* cit., p. 338-339.

[10] CEBOLA, Cátia Marques. Mediação voluntária ou obrigatória: eis a questão! *Notícias Mediare*, Porto, 3.ª newsletter, p. 2, 2017; a autora destaca a pesquisa dos estudiosos Giuseppe de Palo e Leonardo D'Urso.

Em diversos países, as pessoas são encorajadas a participar dos meios consensuais por conta da oferta de incentivos[11] ou da aplicação de sanções.[12]

No Brasil, o sistema não se alinha totalmente com a obrigatoriedade total porque a lei menciona, em certos momentos, autonomia e opção. Tampouco há voluntariedade total: em algumas previsões, parece haver intenção de que o comparecimento ocorra a todo custo.

O sistema brasileiro identifica-se com o modelo da voluntariedade com incentivos e sanções.[13] Entre as regras sobre mediação judicial, há um claro incentivo: solucionado o conflito pela mediação antes da citação do réu, não serão devidas custas judiciais finais (Lei 13.140/2015, art. 29).

Em termos de sanções, o CPC prevê uma pena para "estimular" que as partes compareçam à sessão conciliatória: a ausência de uma das partes à audiência já designada é considerada ato atentatório à dignidade da justiça e acarreta multa de até 2% da vantagem econômica pretendida no processo ou do valor da causa.[14]

Nos tribunais, há quem entenda ser imprescindível a designação de sessões consensuais porque o CPC trata da conciliação como obrigatória[15].

Por seu turno, para a vertente que entende ser facultativa a designação da sessão consensual, são relevantes os seguintes argumentos:

i)   nada impede que as partes, existindo ânimo conciliatório, transacionem extrajudicialmente e submetam o acordo à homologação judicial;[16]

---

[11]   Foram registradas como medidas de incentivos o reembolso das taxas de justiça (na Eslovênia e na Estônia), a devolução do imposto de selo (na Bulgária e na Letônia) e a consagração de benefícios fiscais (na Itália) (CEBOLA, Cátia Marques. *Mediação voluntária ou obrigatória: eis a questão!* cit., p. 2).

[12]   Alguns ordenamentos preveem consequências para a recusa infundada à participação na sessão de mediação por penalizações em termos de pagamento de taxas judiciárias no final do processo judicial; é o que ocorre no Reino Unido, na Itália, na República Tcheca e na Eslovênia (CEBOLA, Cátia Marques. *Mediação voluntária ou obrigatória: eis a questão!* cit., p. 2).

[13]   TARTUCE, Fernanda. *Mediação nos conflitos civis*, cit., p. 337. Essa é a visão da coautora desse livro; para o coautor, pela redação do CPC, o modelo é de obrigatoriedade – apesar disso, ela é muitas vezes ignorada na prática.

[14]   CPC, art. 334, § 8º.

[15]   Eis trechos: "(...) Reafirmando esse escopo, o CPC/2015, em seu art. 334, estabelece a obrigatoriedade da realização de audiência de conciliação ou de mediação após a citação do réu. (...) No caso dos autos, o INSS manifestou desinteresse na realização da audiência, contudo, a parte autora manifestou o seu interesse, o que torna obrigatória a realização da audiência de conciliação, com a indispensável presença das partes. Comporta frisar que o processo judicial não é mais concebido como um duelo, uma luta entre dois contendores ou um jogo de habilidades ou espertezas. Exatamente por isso, não se deixará a sua efetividade ao sabor ou ao alvedrio de qualquer dos seus atores, porque a justiça que por meio dele se realiza acha-se sob a responsabilidade do Juiz e constitui, inclusive, o macro-objetivo do seu mister. (...)" (STJ, REsp 1.769.949, Proc. 2018/0253383-6, SP, Primeira Turma, rel. Min. Napoleão Nunes Maia Filho, j. 08.09.2020, *DJe* 02.10.2020); "Agravo de instrumento. Repactuação de dívidas. (...) Audiência de conciliação é obrigatória. Prematura a concessão da tutela provisória de urgência pleiteada antes da realização da audiência de conciliação prevista no procedimento especial de repactuação de dívidas. (...)" (TJSP, AI 2326096-42.2023.8.26.0000, Ac. 17475189, São Paulo, 17ª Câmara de Direito Privado, Rel. Des. Luís H. B. Franzé, j. 23.12.2023, *DJESP* 30.01.2024, p. 2.799).

[16]   "Extinção de condomínio. Procedência. Ausência de designação de audiência de tentativa de conciliação. Circunstância que não enseja a nulidade do feito. Providência que sequer é obriga-

ii)  "a realização da audiência de tentativa de conciliação, embora recomendável, não é obrigatória, cabendo ao magistrado a análise da conveniência de sua realização, podendo dispensá-la se as circunstâncias da causa evidenciarem ser improvável a conciliação";[17]

iii)  a autocomposição/tentativa de solução extrajudicial do conflito não é obrigatória pois o próprio CPC prevê que a parte pode dispensar a tentativa conciliatória;[18]

iv)  as partes podem, a qualquer tempo e extrajudicialmente, transacionar sobre direitos disponíveis, independentemente da realização de audiência de conciliação, inexistindo qualquer prejuízo às partes;[19]

v)  a falta de realização de audiência conciliatória não configura causa de nulidade do processo.[20]

---

tória (até mesmo porque as partes podem transigir, a qualquer tempo). (...)" (TJSP, AC 1000908-79.2023.8.26.0666, Ac. 17608062, Artur Nogueira, 8ª Câmara de Direito Privado, Rel. Des. Salles Rossi, j. 23.02.2024, *DJESP* 28.02.2024, p. 1.299).

[17]  TJCE, AI 0625767-22.2018.8.06.0000, 3ª Câmara de Direito Privado, rel. Des. Lira Ramos de Oliveira, *DJCE* 26-8-2019, p. 155. No mesmo sentido: "APELAÇÃO CÍVEL. AÇÃO MONITÓRIA. AUDIÊNCIA DE CONCILIAÇÃO. AUSÊNCIA DE OBRIGATORIEDADE. PROVA PERICIAL. DESNECESSIDADE. EXCESSO DE COBRANÇA NÃO CONFIGURADO. A DESIGNAÇÃO DE AUDIÊNCIA DE CONCILIAÇÃO OU MEDIAÇÃO NÃO SE REVELA OBRIGATÓRIA, CABENDO AO JUIZ ANALISAR A CONVENIÊNCIA DE SUA REALIZAÇÃO, PONDERANDO AS CIRCUNSTÂNCIAS DA CAUSA E A PROBABILIDADE DA AUTOCOMPOSIÇÃO. (...)" (TJMG, APCV 5015371-77.2019.8.13.0433, Décima Quarta Câmara Cível, Rel. Des. Marco Aurelio Ferenzini, j. 10-02-2022, *DJEMG* 10-02-2022); "(...) PRELIMINAR DE NULIDADE DA SENTENÇA POR AUSÊNCIA DE DESIGNAÇÃO DA AUDIÊNCIA DE CONCILIAÇÃO QUE SE REJEITA. INTELIGÊNCIA DO ARTIGO 334 DO CPC QUE NÃO PREVÊ A OBRIGATORIEDADE DE AUDIÊNCIA PRELIMINAR, MAS TÃO SOMENTE CONFERE AO MAGISTRADO UMA FACULDADE DE DESIGNÁ-LA, A CRITÉRIO DE SUA LIVRE APRECIAÇÃO, AINDA MAIS SE CONSIDERADO QUE HAVENDO INTERESSE NA CONCILIAÇÃO, INEXISTE ÓBICE PARA QUE O RÉU SE COMPONHA COM O AUTOR, SENDO DESNECESSÁRIA A INTERVENÇÃO JUDICIAL PARA TANTO. PRECEDENTES DO TJRJ. (...)" (TJRJ, APL 0053530-33.2013.8.19.0203, Rio de Janeiro, Vigésima Sexta Câmara Cível, Rel.ª Des.ª Ana Maria Pereira de Oliveira, *DORJ* 15.07.2022, p. 742).

[18]  (...) Apesar de o Código de Processo Civil estimular a composição, não há obrigatoriedade na designação da audiência de conciliação. A audiência de conciliação mostra-se dispensável quando uma das partes manifesta expresso desinteresse na realização de acordo. A falta da designação de audiência de conciliação não impede a composição, uma vez que, a qualquer momento, as partes podem peticionar nos autos com suas propostas de acordo" (TJDF, Rec 07082.73-86.2022.8.07.0000, Ac. 142.9218, Sexta Turma Cível, rel. Des. Esdras Neves, j. 01.06.2022, Publ. *DJe* 24.06.2022); "(...) Ação de indenizatória. (...) 3. A audiência de conciliação não é obrigatória e pode ser dispensada pelas partes (art. 334, § 4º, CPC). (...)" (TJDF, AGI 07396.67-77.2023.8.07.0000, 178.9404, Primeira Turma Cível, Rel. Des. Carlos Alberto Martins Filho, j. 22.11.2023; *DJe* 05.12.2023).

[19]  "(...) A designação da audiência de conciliação do art. 334 do CPC não é obrigatória, tendo em vista a possibilidade de as partes transigirem a qualquer tempo. A transação, se possível, pode ser obtida diretamente pelas partes interessadas e sem concurso do juiz (...)" (TJSP, AC 1010018-84.2019.8.26.0006, Ac. 13795845, São Paulo, 32ª Câmara de Direito Privado, rel. Des. Kioitsi Chicuta, j. 28.07.2020, *DJESP* 31.07.2020, p. 3.386). "AGRAVO (...) Ação de divórcio litigioso c/c alimentos. (...) O novo Código de Processo Civil prevê, expressamente, hipóteses em que a audiência de conciliação pode ser dispensada pelo julgador (art. 334, § 4º), o que revela inexistir obrigatoriedade de sua concretização. Possibilidade de autocomposição das partes não resta prejudicada, na medida em que pode ocorrer a qualquer tempo. Ausência de prejuízo para as partes. Precedente. (...)" (TJSE, AI 202100702408, Ac. 14.250/2021, Primeira Câmara Cível, rel. Des. Cezário Siqueira Neto, *DJSE* 01.06.2021).

[20]  "(...) Indenização por danos morais. Designação de audiência conciliatória. Não obrigatoriedade (...). 3. A falta de realização e audiência de conciliação não é causa de nulidade do processo. Precedentes..." (STJ, AgInt-AREsp 1.406.270, Proc. 2018/0314062-5, São Paulo, 4ª Turma, rel. Min.

Ainda não há definição do STJ quanto ao tema. Contudo, no cotidiano forense, há diversos magistrados que não determinam a realização da audiência, e na maioria das vezes não se reconhece nulidade se alguma das partes formula uma alegação de nulidade pela ausência desse ato.

Vale destacar que essa discussão sempre foi feita à luz da realidade das audiências consensuais presenciais. A partir do panorama gerado pela pandemia da Covid-19 houve um grande incremento na adoção de videoconferências.

## 5.3 AUDIÊNCIAS VIRTUAIS

A partir da pandemia, as audiências passaram a ser realizadas por meio virtual e a comunidade jurídica precisou rapidamente se adaptar a tal formato.[21] É preciso, porém, estar atento a eventuais limitações, especialmente porque o meio digital nem sempre é acessível a pessoas vulneráveis. Diante do fenômeno da exclusão digital, muitas dificuldades poderão se impor não só à pessoa desprovida de computador e aparatos adjacentes, mas também a quem, apesar de dispor de equipamentos, revele dificuldade de manipulá-los. Atento ao tema, o CNJ emitiu a Recomendação nº 101/2021 para determinar aos tribunais brasileiros a adoção de medidas específicas para garantir o acesso à justiça dos chamados "excluídos digitais", contemplando as seguintes definições no art. 1º:

> I – excluído digital: parte que não detém acesso à internet e a outros meios de comunicação digitais e/ou que não tenha possibilidade ou conhecimento para utilizá-los, inclusive com tecnologia assistiva;
>
> II – audiência mista (semipresencial): a que ocorre quando, ao menos, uma pessoa comparece fisicamente à unidade judiciária para participar do ato processual; e
>
> III – audiência presencial: aquela cujos participantes comparecem fisicamente à unidade judiciária para a prática do ato processual.

Como se nota, a realização de sessões eletrônicas precisa se pautar pelo respeito à autonomia das partes e pela consideração atenta de eventuais dificuldades de acesso.

Por força da ampliação da realidade digital, o CNJ emitiu as Resoluções 354/2020 – para regulamentar a criação de soluções tecnológicas no Poder Judiciário –, 481/2022 (que aprimorou a Resolução 358) e 508/2023 (sobre a instalação de Pontos de Inclusão Digital – PID – pelo Poder Judiciário).

Dispõe o art. 3º da Resolução nº 354/2020 do CNJ que as audiências só poderão ser realizadas na forma telepresencial a pedido da parte, ressalvado o disposto no § 1º e incisos I a IV do § 2º do art. 185 do CPP, cabendo ao juiz decidir pela conveniência de

---

Maria Isabel Gallotti, j. 18.02.2020, *DJe* 26.02.2020); "(...) PRELIMINARMENTE, CABE AFASTAR A ALEGAÇÃO DE NULIDADE DA SENTENÇA POR AUSÊNCIA DE TENTATIVA DE CONCILIAÇÃO, UMA VEZ QUE, CONFORME ENTENDIMENTO DO STJ, A AUSÊNCIA DE DESIGNAÇÃO DA AUDIÊNCIA DE CONCILIAÇÃO, POR SI SÓ, NÃO GERA NULIDADE PROCESSUAL, NA MEDIDA EM QUE AS PARTES PODEM TRANSIGIR A QUALQUER TEMPO. (...)" (TJRJ, APL 0051968-73.2019.8.19.0204, Rio de Janeiro, Terceira Câmara Cível, Rel.ª Des.ª Helda Lima Meireles, *DORJ* 21.03.2022, p. 340).

[21] ASPERTI, Cecilia; TARTUCE, Fernanda. "Conversando a gente se entende": negociação, mediação e conciliação como meios eficientes após a pandemia. In: TARTUCE, Fernanda; DIAS, Luciano Souto (coord.). *Coronavírus*: direito do cidadão e acesso à justiça. Indaiatuba: Foco, 2020.

sua realização no modo presencial. Em qualquer hipótese, o juiz deverá estar presente na unidade judiciária.

Segundo o art. 3º, § 1º, dessa Resolução, o juiz poderá determinar excepcionalmente, de ofício, a realização de audiências telepresenciais, nas seguintes hipóteses: I – urgência; II – substituição ou designação de magistrado com sede funcional diversa; III – mutirão ou projeto específico; IV – conciliação ou mediação no âmbito dos Centros Judiciários de Solução de Conflito e Cidadania (Cejusc); V – indisponibilidade temporária do foro, calamidade pública ou força maior; VI – atos processuais praticados em Pontos de Inclusão Digital, na forma da Resolução CNJ nº 508/2023.

Por fim, o art. 3º, § 2º, da Resolução 354 ressalta que a oposição à realização de audiência telepresencial deve ser fundamentada e submete-se ao controle judicial.

É possível que uma parte se desloque até o fórum/CEJUSC para fazer a audiência e a outra participe de modo remoto? Em princípio, sim. Dentre as audiências totalmente online e presenciais, há as sessões híbridas, mistas ou semipresenciais em que ao menos uma pessoa comparece fisicamente à unidade judiciária para participar do ato processual (CNJ, Recomendação nº 101/2021, art. 1º, II).

O art. 5º da Recomendação nº 101 recomenda aos tribunais brasileiros disponibilizar aos excluídos digitais audiências de conciliação e instrução e julgamento nas modalidades presenciais e mistas, podendo ser facultada às pessoas com deficiência sua participação virtual, sempre que necessário. Como se nota, diversas normas viabilizam a realização de audiências pela internet.

Atualmente, embora ainda seja comum a designação de sessões online, há locais em que muitos magistrados não têm interesse em realizar audiências por meios eletrônicos. Assim, no cotidiano forense, há significativa variação relativa ao formato das audiências, conforme a visão pessoal do magistrado.

Para evitar dúvidas e prejuízos, é primordial que, ao designar uma data para a audiência, o magistrado indique[22] ela se realizará no formato presencial, híbrido ou totalmente *on-line*. Caso isso não conste na decisão, caberá ao advogado/Defensor buscar esclarecimentos para evitar prejuízos ao cliente/assistido.

Vale lembrar que não é adequado impor a realização de mediação ou conciliação por videoconferência se a estrutura para que ela aconteça não pode ser provida aos vulneráveis. Ressalta o CPC, no art. 198, que "as unidades do Poder Judiciário deverão manter gratuitamente, à disposição dos interessados, equipamentos necessários à prática de atos processuais e à consulta e ao acesso ao sistema e aos documentos dele constantes".

Considere agora hipoteticamente a situação em que a parte na hora designada, por falhas técnicas, não consegue ingressar na audiência por videoconferência: qual deverá ser a consequência?[23]

---

[22] Eis decisão nesse sentido: "(...) 1. Se a audiência designada tinha natureza híbrida, ou seja, permitia às partes que se fizessem presentes, seja de forma física, seja de forma virtual, a publicação do link de acesso à sala virtual era ato administrativo essencial ao pleno exercício do contraditório e ampla defesa pelas partes (CPC, art. 194)" (TJAM; AI 4006931-94.2022.8.04.0000; Manaus; 1ª Câmara Cível; Rel. Des. Paulo César Caminha e Lima; j. 10.08.2023; DJAM 10.08.2023).

[23] A abordagem aqui apresentada foi feita pela coautora no artigo Audiências telepresenciais e eventuais falhas: justa causa ou litigância de má-fé?, escrito com Cristiane Rodrigues Iwakura (Disponível em: https://www.migalhas.com.br/coluna/elas-no-processo/367730/audiencias-telepresenciais-e--eventuais-falhas. Acesso em: 10 fev. 2025).

Em primeiro lugar, para evitar excessivas desconfianças, há de se considerar que a boa-fé sempre se presume. Por força de tal diretriz, a razão da ausência não poderá ser objeto de especulação nem conclusão açodada.

Embora a pessoa possa ter buscado se preparar com antecedência, justamente na hora da audiência podem ocorrer empecilhos. Quem já passou por dificuldades de acesso sabe que o momento é pautado por muitas dúvidas: estará o problema no próprio aparato tecnológico ou no sistema do Poder Judiciário?

Como aferir a resposta correta quando faltam informações técnicas e a comunicação está prejudicada? Se muitas vezes os Tribunais apenas reportam a falha no dia seguinte à ocorrência, como ter segurança? Será que o empecilho à acessibilidade se dá por falhas da operadora de internet? E se ocorreram súbitas intermitências na energia elétrica? Além de todas essas hipóteses, outros imprevistos insuperáveis podem surgir.

Obviamente, diante de ocorrências de tal ordem, a parte poderá, depois, legitimamente invocar justa causa para que o ato seja repetido em outra oportunidade, em prazo assinalado pelo magistrado. Essa regra parte do dever de tratamento isonômico e da boa-fé processual, de modo que a inacessibilidade/indisponibilidade gerada por problemas no meio digital não poderá ensejar efeitos processuais danosos às partes.

Por outro lado, se no caso o magistrado constatar que a parte simulou falha técnica, com vistas a escapar do ato processual, poderá condená-la por litigância de má-fé – iniciativa relevante para a prática de atos processuais virtualizados por servir como fator inibidor de falsas alegações de inacessibilidade ou indisponibilidade do meio digital.

## 5.4 CONDUÇÃO DA SESSÃO CONSENSUAL EM JUÍZO

Quem deve conduzir sessão consensual em juízo?

Há diversas possíveis respostas: a) o juiz da causa; b) um conciliador ou um mediador; c) tanto o juiz da causa como o conciliador/mediador (juntos ou separadamente).

À luz dos princípios do CPC, da Lei de Mediação e da Resolução 125/2010 do CNJ, entendemos que apenas conciliadores e mediadores deverão conduzir sessões judiciais consensuais.

É inviável, à luz do princípio da confidencialidade,[24] que o magistrado que julgará a causa (se da sessão não advier acordo) tenha nela antes atuado como mediador ou conciliador. A diretriz da confidencialidade, contemplada como princípio e regra no art. 166 do CPC para a conciliação e a mediação, restará completamente comprometida se isso ocorrer.[25]

Além de as partes se sentirem constrangidas para conciliar (por não saberem como o diálogo aberto será interpretado pelo juiz), o magistrado tende a sentir, com relação às

---

[24] CPC, art. 166: "§ 1º A confidencialidade estende-se a todas as informações produzidas no curso do procedimento, cujo teor não poderá ser utilizado para fim diverso daquele previsto por expressa deliberação das partes" Lei 13.140/2015, art. 30: "Toda e qualquer informação relativa ao procedimento de mediação será confidencial em relação a terceiros, não podendo ser revelada sequer em processo arbitral ou judicial salvo se as partes expressamente decidirem de forma diversa ou quando sua divulgação for exigida por lei ou necessária para cumprimento de acordo obtido pela mediação".

[25] TARTUCE, Fernanda. *Mediação nos conflitos civis* cit., p. 230.

partes, uma limitação ao atuar como conciliador "por receio de quebrar sua imparcialidade ou de antecipar o julgamento".[26]

Uma decisão do Tribunal de Justiça do Rio de Janeiro reconheceu em certo caso que a audiência consensual não deve ser presidida pelo juiz da causa, mas por conciliador ou mediador sob pena de ofensa ao princípio da confidencialidade; caso, contudo, excepcionalmente, a coincidência de atuações se verifique, o magistrado não poderá julgar a causa – salvo para homologar eventual acordo obtido.[27]

Apesar desse entendimento, há quem responda de modo diverso.

Como o art. 334 do CPC "estabelece que a atuação do conciliador ou do mediador faz-se necessária nas audiências de conciliação ou mediação nas comarcas onde o sistema de apoio já houver sido implantado. Entretanto, inexiste prejuízo se foi garantida a realização da audiência sob a condução de magistrado imparcial".[28]

Ainda não há posição do STJ acerca do tema. No cotidiano forense, a situação acaba sendo decidida em cada vara pelo respectivo magistrado: assim, se determinado juiz entende que pode realizar a audiência, assim o fará.

## 5.5 TEMAS APTOS A SEREM ABORDADOS NOS MEIOS CONSENSUAIS

É tradicional no sistema brasileiro trabalhar com o referencial "matéria que admite transação" para considerar as possibilidades de haver ou não transação sobre o tema.

Há muito vem-se considerando que o espectro de chances é amplo: sendo possível que as partes entabulem acordo sobre pelo menos algum aspecto do tema controvertido, é viável entabular negociações e, se necessário, engajar-se em mediações ou conciliações.

---

[26] LAGRASTA, Valeria Ferioli. Histórico evolutivo brasileiro. In: SILVEIRA, José Custódio da (Org. e Coord.). *Manual de negociação, conciliação, mediação e arbitragem*. Belo Horizonte: Letramento, 2018, p. 28.

[27] "(...) 3. No caso em tela, verifica-se que os réus foram citados para oferecimento de contestação e intimados para comparecimento à audiência inaugural de conciliação, presidida pelo próprio magistrado da causa, com depoimento pessoal das partes, sob pena de confissão e aplicação da multa prevista no art. 334, § 8º, do CPC/2015, concluída com o proferimento de sentença de procedência do pedido autoral, configurando evidente violação ao princípio do devido processo legal, por inobservância de diversos dispositivos legais que orientam o procedimento comum. 4. Anulação da sentença *ex officio* que se impõe, por *error in procedendo*, com retorno dos autos à origem para regular prosseguimento, a partir das providências preliminares e saneamento..." (TJRJ, APL 0248819-20.2016.8.19.0001, Rio de Janeiro, 7.ª Câmara Cível, rel. Des. Luciano Sabóia Rinaldi de Carvalho, j. 26.07.2017, *DORJ* 31.07.2017, p. 210).

[28] "Não há nulidade sem prejuízo declarado, além do que a mediação pode ser tentada a qualquer tempo no curso regular do processo..." (TJMS, AI 1413165-66.2016.8.12.0000, 4ª Câmara Cível, rel. Des. Dorival Renato Pavan, *DJMS* 21.03.2017, p. 92). No mesmo sentido: "Direito processual civil. (...) II. Constitui prova ilícita gravação sub-reptícia de audiências de conciliação em processo que tramita sob segredo de justiça. III. Se por um lado é controvertida a possibilidade de gravação de audiência de instrução em julgamento em processo que tramita sob segredo de justiça, dada a amplitude do art. 367, §§ 5º e 6º, do Código de Processo Civil, de outro não há dúvida de que a conciliação é informada pelo princípio da confidencialidade, a teor do que estatui o art. 166 do mesmo diploma legal. IV. Não traduz quebra de imparcialidade do juiz a condução de audiências de conciliação mediante diálogos construtivos e desprevenidos voltados à solução consensual do conflito de interesses. (...)" (TJDFT, Rec 07119.24-97.2020.8.07.0000, Ac. 126.4592, 2ª Câmara Cível, Rel. Des. James Eduardo Oliveira, j. 13.07.2020, *DJe* 29.07.2020).

É tradicional associar a disponibilidade do direito ao seu caráter patrimonial (pecuniário); em sentido genérico, todos os direitos podem ser considerados suscetíveis de transação seja quanto às suas modalidades, seja quanto à sua validade ou à sua extensão. Portanto, o que se requer é que se trate de um objeto física e juridicamente apto a constituir objeto de contrato, devendo ainda ser certo, determinado e preciso.[29]

Havendo, portanto, poder de disposição por parte do titular do direito, nada obsta a verificação da autocomposição nos campos de família, patrimonial, obrigacional ou de qualquer outro ramo.[30]

Apesar de tal ampla noção, sempre houve certa resistência em considerar a possibilidade de transação quando a causa versasse sobre relações jurídicas, cujo objeto fosse considerado personalíssimo ou de significativo relevo público. Assim, tradicionalmente considerou-se que temas afeitos aos direitos de personalidade (envolvidos, por exemplo, em ações de estado), coisas fora do comércio e diversos temas relativos ao direito de família não pudessem ser objeto de transação.[31]

Ocorre, porém, que tal exclusão pura e simples não se verificou coerente com as saídas encetadas para os litígios. Muitas causas sobre tais matérias revelaram-se aptas a serem eficazmente extintas pela autocomposição (unilateral – por exemplo, pelo reconhecimento jurídico do pedido – ou bilateral, por força de acordo entre as partes). Tal circunstância revela a complexidade do assunto, que deve receber tratamento adequado e cuidadoso.[32]

Embora não seja viável barganha, também em ações de estado (como sobre divórcio) e nas causas relativas a interesses de incapazes (como a guarda de filhos) é possível que as partes se conscientizem sobre direitos e obrigações recíprocas e celebrem acordos válidos.[33]

O direito a alimentos constitui um bom exemplo: embora a lei estabeleça sua indisponibilidade, é certo que o efeito pecuniário da sentença condenatória (o pagamento de quantia mensal a título de alimentos) pode ser objeto de transação entre as partes (o que, aliás, ocorre frequentemente).[34]

Como se percebe, é importante a abertura de mentalidade no tocante à possibilidade de composição quanto a pelo menos alguns aspectos dos mais diversos direitos e interesses. Tal posição se revela mais realista e consentânea com o respeito à autodeterminação dos sujeitos em suas relações interpessoais.[35]

---

[29]    LOPES, Miguel Maria de Serpa. *Curso de direito civil*. Obrigações em geral. São Paulo: Freitas Bastos, 1966, v. 2, p. 305.

[30]    FADEL, Sergio Sahione. *Código de Processo Civil comentado*: arts. 1º a 1.220. Atualizado por J. E. Carreira Alvim. 7. ed. Rio de Janeiro: Forense, 2004, p. 408, nota 331 do atualizador.

[31]    Para Carlos Alberto Dabus Maluf, "de fato, não podem ser transacionados os direitos personalíssimos e as coisas inalienáveis, quer por sua natureza, quer em virtude da vontade humana quando a lei lhe dá eficácia. E também não podem ser negociadas situações de direito de família, de caráter não patrimonial, como, p. ex., a guarda de filhos em troca de pagamento em dinheiro (...)" (*A transação no direito civil*. São Paulo: Saraiva, 1985, p. 56).

[32]    TARTUCE, Fernanda. *Mediação nos conflitos civis* cit., p. 29.

[33]    TARTUCE, Fernanda. *Mediação nos conflitos civis* cit., p. 29.

[34]    MANCUSO, Rodolfo de Camargo. O plano piloto de conciliação em segundo grau de jurisdição, do Egrégio Tribunal de Justiça de São Paulo, e sua possível aplicação aos feitos de interesse da Fazenda Pública, *Separata da Revista dos Tribunais*, ano 93, v. 820, p. 29, fev. 2004.

[35]    TARTUCE, Fernanda. *Mediação nos conflitos civis* cit., p. 33.

## 5.6 AMPLIAÇÃO DE OPÇÕES E PAPEL DA ADVOCACIA

Como mencionado, a Resolução 125 do Conselho Nacional de Justiça reconhece que configura uma política pública o encaminhamento das causas a meios consensuais, considerando que a via adequada de solução de conflitos deve ser sempre buscada. No plano público, tal resolução sedimentou a busca da implementação nacional de uma política diferenciada de justiça pautada pelo tratamento de controvérsias por mecanismos consensuais, e não apenas pela adjudicação/imposição inerente à prolação de sentenças.

Deve o advogado ampliar sua análise e considerar não só caminhos inerentes à via litigiosa, mas também a potencial adoção de meios consensuais?

A resposta é positiva segundo diferenciadas vertentes.

Uma moderna e atualizada compreensão do papel do advogado deve considerar seu papel pacificador. No contexto de um completo assessoramento de seu cliente, o advogado deve adverti-lo sobre os riscos da demanda e sobre as possibilidades de acordo, orientando-o detalhadamente sobre as implicações decorrentes da adoção de qualquer forma de enfrentamento da controvérsia.

Muitas vezes, porém, o advogado tem resistências que soam insuperáveis quanto à celebração de acordos em geral; as razões para tais posturas são várias, destacando-se, principalmente, a sensação de ameaça por estar fora da zona de conforto habitual e a percepção de que, embora a ideia de autocomposição pareça boa, pelas pautas éticas do advogado, sua adoção nunca se torna uma prioridade.[36]

A percepção sobre a zona de conforto passa pelo desconhecimento: a maior parte dos bacharéis brasileiros apenas tem informações na graduação sobre o processo civil em sua vertente contenciosa, concebendo sua prática precipuamente a partir de tal diretriz. A situação, porém, vem mudando, já que cada vez mais tem se verificado a inserção de disciplinas sobre mediação e conciliação nos programas dos cursos.

Além da mencionada falta de conhecimento sobre o método, a falta de envolvimento e de maior interesse dos advogados com relação aos meios consensuais decorre de mais dois motivos: a maneira pela qual os advogados veem o mundo e a economia da prática advocatícia contemporânea.[37]

Uma significativa diferença de visão constitui um grande obstáculo na adoção dos meios consensuais pelos advogados porque o pensamento dominante entre os práticos e teóricos do Direito se assenta em duas premissas: (i) as partes são adversárias e, se um ganhar, o outro deve perder e (ii) as disputas devem ser resolvidas pela aplicação de alguma lei abstrata e geral por um terceiro.[38]

Esses pressupostos são absolutamente contrários às premissas dos meios consensuais, segundo as quais: a) todos os envolvidos podem ganhar com a criação de uma solução alternativa e b) a disputa é única, não sendo necessariamente governada por uma solução predefinida.[39]

---

[36] BORDONE, Robert C.; MOFFITT, Michael L.; SANDER, Frank E. A. The next thirty years: directions and challenges in dispute resolution. In: MOFFITT, Michael L.; BORDONE, Robert C. *The handbook of dispute resolution*. San Francisco: Jossey-Bass, 2005, p. 511.

[37] RISKIN, Leonard L. Mediation and Lawyers (1982). In: RISKIN, Leonard L.; WESTBROOK, James E. *Dispute Resolution and Lawyers*. St. Paul: West Group, 1997, p. 55.

[38] RISKIN, Leonard L. Mediation and Lawyers (1982) cit., p. 56-57.

[39] Idem.

Velhos pressupostos, todavia, não se revelam consentâneos com a postura de um atualizado e eficiente operador de controvérsias. Espera-se do profissional do direito a adoção de condutas atualizadas com as necessidades dos novos tempos e adequadas à busca da árdua pacificação social.[40]

Como a principal função do operador do Direito é ajudar a solucionar problemas, é imperiosa a ampliação da concepção sobre as formas de melhor atender o cliente em seus anseios jurídicos e existenciais.

Pela perspectiva da ética profissional, diversamente do que pensam alguns sobre eventual comprometimento dos interesses do cliente, há regra clara sobre o fomento aos meios consensuais.

Constitui dever do advogado, nos termos do art. 2º, parágrafo único, VI, do Código de Ética e Disciplina da Ordem dos Advogados do Brasil: "VI – estimular, a qualquer tempo, a conciliação e a mediação entre os litigantes, prevenindo, sempre que possível, a instauração de litígios".

O CPC reforça essa diretriz ao dispor, no art. 3º, § 3º, que a conciliação, a mediação e outros métodos de solução consensual de conflitos deverão ser estimulados por juízes, advogados, defensores públicos e membros do Ministério Público, inclusive no curso do processo judicial.

Por se tratar de um dever, percebe-se claramente que a prevenção de litígios é inerente à atividade profissional do advogado, cujo papel é conhecer os procedimentos aptos a responder aos melhores interesses dos clientes, assessorando-os não somente sobre a via contenciosa, mas também sobre outras possibilidades (como a mediação).[41]

Em certas hipóteses, percebendo as limitações decorrentes das parcas razões de seu cliente, é importante que o advogado, com o cliente, cogite sobre as vantagens de assumir responsabilidades e evitar derrotas públicas em juízo; para tanto, será importante promover reflexão sobre a adoção mais apropriada de mecanismos consensuais.

Há ganhos não só para o cliente, mas também para o advogado: contar com várias possibilidades de atender o cliente é algo que revela não só sua versatilidade, como também favorece maiores chances de satisfação do destinatário de sua atuação, ensejando a fidelização e a valorização da atividade advocatícia. Certamente, o advogado adaptado às demandas dos tempos atuais se posicionará melhor em um ambiente de alta competitividade profissional.[42]

No que tange a ganhos econômicos, também é possível prosperar. O profissional atualizado e focado em meios diferenciados deve, porém, repensar a forma de cobrar os honorários advocatícios.

A perspectiva tradicional acaba ajustando a percepção de valores por atos processuais praticados aliados aos honorários sucumbenciais, referenciando-se apenas a elementos inerentes a métodos adjudicatórios.

---

[40] TARTUCE, Fernanda. *Mediação nos conflitos civis* cit., p. 104.

[41] Conclui que "se faz necessário, portanto, que conheça o procedimento e os profissionais que atuam na área para indicar o que melhor se adéque ao conflito e ao perfil dos mediandos" (BRAGA NETO, Adolfo. O uso da mediação e a atuação do advogado. *Valor Econômico*, 19 out. 2004, Caderno E2).

[42] HIGHTON DE NOLASCO, Elena I.; ALVAREZ, Gladys S. *Mediación para resolver conflictos*. 2. ed. Buenos Aires: Ad Hoc, 2008, p. 404.

Nos meios consensuais, a atuação do profissional é diversa, mas também pode ser bem valorizada. Os variados critérios de cobrança de honorários advocatícios usualmente praticada e passível de contratação com o cliente de maneira isolada ou combinada – por exemplo, por valor fixo, quantidade de horas trabalhadas (com ou sem limite) e apenas em caso de acordo – também são aplicáveis à mediação.[43]

## 5.7 ATUAÇÃO DA ADVOCACIA ANTES DAS SESSÕES CONSENSUAIS

A vantagem de contar com um advogado é sentida não só no início de abordagem consensual da controvérsia, como também durante todo o desenvolvimento do meio de composição de conflitos, esteja a discussão sendo travada segundo a índole antagônica ou abordada em um perfil consensual.

Um passo importantíssimo para o advogado é preparar o caso para a autocomposição; a preparação difere da lógica do preparo da ação judicial porque ele não participará do "jogo do julgamento", mas sim do "jogo da mediação".[44] Neste, não se busca sustentar as posições jurídicas por meio de alegações baseadas em teorias do Direito, pois a intenção na mediação não é ter as posições jurídicas declaradas como válidas ou inválidas por um terceiro.[45]

Como se percebe, a preparação adequada do advogado para a negociação que terá lugar na mediação e na conciliação exige que ele saiba quais os fatos relevantes, qual o direito aplicável e quais os interesses do cliente.[46]

Para uma boa atuação, é relevante conversar abertamente com o cliente para identificar seus reais interesses e traduzi-los em propostas de eventuais soluções com vistas a explorar as possibilidades de ganhos mútuos.[47]

Para tanto, o advogado deverá analisar com o cliente quais são a melhor e a pior alternativa para uma solução negociada.[48] Ter em mente os pisos máximo e mínimo sem dúvida vai colaborar para que as tratativas sejam produtivas.

Será também útil buscar prever quais opções tenderão a ser consideradas pela outra parte; para tanto, sugere-se uma conversa franca para analisar possibilidades, motivações e percepções;[49] afinal, a análise mais produtiva passa pela identificação das necessidades e interesses básicos de todos os envolvidos.[50]

---

[43] MILARÉ, Gustavo. A mediação e os honorários de advogado. Disponível em: <https://www.migalhas.com.br/dePeso/16,MI261857,31047-A+mediacao+e+os+honorarios+do+advogado>. Acesso em: 8 ago. 2020. Como bem destaca o autor, "a definição da forma mais adequada de cobrança dos honorários dependerá necessariamente da avaliação do advogado sobre as peculiaridades do caso, as alternativas jurídicas disponíveis para sua resolução e as circunstâncias de cada cliente".

[44] COOLEY, John W. *A advocacia na mediação*. Trad. René Loncan. Brasília: Universidade de Brasília, 2001, p. 80.

[45] Idem, ibidem.

[46] HIGHTON DE NOLASCO, Elena I. ALVAREZ, Gladys S. Mediación para resolver conflitos cit., p. 405.

[47] AZEVEDO, André Gomma de; SILVA, Cyntia Cristina de Carvalho. Autocomposição, processos construtivos e a advocacia: breves comentários sobre a atuação de advogados em processos autocompositivos. *Revista do Advogado*, São Paulo, ano 26, n. 87, p. 120, set. 2006.

[48] ARNOLD, Tom. 20 Common Errors in Mediation Advocacy. In: RISKIN, Leonard L.; WESTBROOK, James E. *Dispute Resolution and Lawyers*. St. Paul: West Group, 1997, p. 438.

[49] ARNOLD, Tom. 20 Common Errors in Mediation Advocacy cit., p. 440.

[50] COOLEY, John W. *A advocacia na mediação* cit., p. 80.

A análise prévia e apurada tem significativa relevância porque a compreensão equivocada das alternativas dos envolvidos poderá obstruir soluções ou originar maus acordos.[51]

Com a mudança de paradigma e a incorporação dos meios consensuais no dia a dia do advogado, uma preocupação diz respeito ao fortalecimento do cliente: ele deve ter sido educado por seu advogado nas técnicas de negociação, a fim de poder, assessorado pelo advogado, mas também dispondo de autonomia, atuar da melhor forma possível na abordagem consensual do conflito.[52]

Trabalhados os aspectos relativos ao mérito, será importante, antes da sessão consensual, que o advogado instrua seu cliente sobre o procedimento, buscando antecipar perguntas que poderão ser feitas e explicar que o foco será a outra pessoa, e não o mediador[53] ou o conciliador.

É ainda recomendável que o advogado prepare o cliente para ser abordado pelo terceiro imparcial e pela outra parte; é importante repassar com ele perguntas essenciais de modo que ele saiba dizer o que sente e por que sente, se é ou não responsável, se os danos que causou são ou não grandes...[54]

Na literatura americana, consta ainda a advertência de que o advogado deve estimular que seu cliente seja empático com a outra parte.[55]

Não há dúvidas de que tentar colocar-se no lugar do outro é conduta valiosa para ampliar compreensões e percepções – além de permitir que a animosidade ceda espaço a posturas colaborativas.

## 5.8 ATUAÇÃO DA ADVOCACIA DURANTE AS SESSÕES CONSENSUAIS

a) Obrigatoriedade da presença no âmbito judicial

Designadas audiências judiciais para a promoção da comunicação por conciliadores ou mediadores, os participantes podem contar com a presença de seus advogados? Ou devem fazê-lo? Em outras palavras, é essencial a presença da(o) advogada(o) nas sessões judiciais de conciliação ou mediação?

A resposta é positiva. Ao tratar das audiências de conciliação ou mediação verificadas na seara judicial, o CPC determina ser obrigatória a presença de advogados.[56] A presença de advogados também foi referida como necessária pela Lei 13.140/2015, ao tratar da mediação judicial – excetuadas as hipóteses de liberação de capacidade postulatória inerentes aos Juizados Especiais.[57]

---

[51] ARNOLD, Tom. 20 Common Errors in Mediation Advocacy cit., p. 438.

[52] AZEVEDO, André Gomma de; SILVA, Cyntia Cristina de Carvalho. Autocomposição, processos construtivos e a advocacia: breves comentários sobre a atuação de advogados em processos autocompositivos cit., p. 121.

[53] ARNOLD, Tom. 20 Common Errors in Mediation Advocacy cit., p. 437.

[54] ARNOLD, Tom. 20 Common Errors in Mediation Advocacy cit., p. 439.

[55] Idem, ibidem.

[56] CPC, art. 334 § 9º: "As partes devem estar acompanhadas por seus advogados ou defensores públicos"; art. 695, § 4º: "Na audiência, as partes deverão estar acompanhadas de seus advogados ou de defensores públicos".

[57] Lei nº 13.140/2015, art. 26: "As partes deverão ser assistidas por advogados ou defensores públicos, ressalvadas as hipóteses previstas nas Leis n. 9.099, de 26 de setembro de 1995, e 10.259, de 12 de julho de 2001".

Na mediação extrajudicial, é opcional[58] a presença de advogados(as); contudo, se apenas uma parte estiver com advogado, a sessão não será realizada até que a outra também disponha do seu.[59]

As previsões são importantes porque uma das diretrizes essenciais dos meios consensuais é o princípio da decisão informada. Mencionado no art. 166 do CPC, tal princípio é definido na Resolução 125/2010 do CNJ como o "dever de manter o jurisdicionado plenamente ciente quanto aos seus direitos e ao contexto fático no qual está inserido" (anexo III, art. 1º, II).

Além disso, nas sessões consensuais realizadas em juízo forma-se título executivo judicial, quando homologado o acordo das partes em tal ambiente.[60]

Há diversas decisões que reconhecem a essencialidade da presença do advogado com base:

1. na dicção expressa do Código de Processo Civil;[61]
2. na necessidade de a parte ser orientada para conhecer todas as implicações jurídicas de seus atos;[62]

---

[58] A presença de advogados enseja alguma polêmica em conflitos familiares porque muitos temas da intimidade encontram dificuldades para ser expostos diante de variadas pessoas; por isso, em alguns modelos de aplicação de mediação, os advogados participam não de todas, mas de algumas sessões (na primeira e na última, por exemplo).

[59] Lei nº 13.140/2015, art. 10: "As partes poderão ser assistidas por advogados ou defensores públicos. Parágrafo único. Comparecendo uma das partes acompanhada de advogado ou defensor público, o mediador suspenderá o procedimento, até que todas estejam devidamente assistidas".

[60] TARTUCE, Fernanda. *Mediação nos conflitos civis* cit., p. 310.

[61] O art. 334, § 9º, do CPC, prevê expressamente que, na audiência de conciliação ou de mediação, as partes devem estar acompanhadas por seus advogados ou defensores públicos. Apesar do acordo entabulado entre as partes, homologado por sentença proferida em audiência de conciliação, a parte autora estava desacompanhada de defensor, não lhe tendo sido nomeado advogado dativo – diferentemente do que ocorreu com o demandado –, o que torna nulo o ato processual. (...)" (TJRS, AC 5000901-31.2018.8.21.0020, Palmeira das Missões, 8ª Câmara Cível, rel. Des. Luiz Felipe Brasil Santos, j. 10.03.2022, *DJERS* 11.03.2022); "(...) A DEMANDADA/APELANTE COMPARECEU À AUDIÊNCIA DE CONCILIAÇÃO DESACOMPANHADA DE ADVOGADO E NÃO APRESENTOU CONTESTAÇÃO, SENDO, ENTÃO, DECRETADA SUA REVELIA. INEGÁVEL O PREJUÍZO CAUSADO À GENITORA DO MENOR, SEJA PORQUE SE FEZ PRESENTE NA AUDIÊNCIA SEM ADVOGADO, SEJA PORQUE NÃO LHE FOI NOMEADO DEFENSOR PARA O ATO, AO ARREPIO DA PREVISÃO LEGAL CONTIDA NOS ARTS. 334, § 9º, E 695, § 4º, DO CPC, SEJA, AINDA, PORQUE NÃO FOI ORIENTADA QUANTO AO PRAZO DA CONTESTAÇÃO QUE PASSARIA A CORRER A PARTIR DA DATA DAQUELA AUDIÊNCIA. OU SEJA, A REQUERIDA TEVE CERCEADO SEU DIREITO DE DEFESA NUMA DEMANDA EM QUE SE DISCUTE A GUARDA DO FILHO MENOR, QUE ACABOU SENDO CONCEDIDA AO GENITOR. (...)" (TJRS, AC 5005969-53.2018.8.21.0022, Pelotas, 8ª Câmara Cível, Rel.ª Des.ª Jane Maria Köhler Vidal, j. 23.06.2022, *DJERS* 23.06.2022).

[62] "(...) Audiência de mediação ou conciliação. Ausência de assistência técnica da parte ré para compreensão do ato e seus desdobramentos. Aplicação do art. 334, § 9º, do Código de Processo Civil. A parte não poderá comparecer desacompanhada de advogado/defensor, de modo a garantir o conhecimento das implicações jurídicas do ato. Ato processual impugnado, com reconhecimento de nulidade dos subsequentes. (...)" (TJSP, AC 1010108-93.2018.8.26.0405, Ac. 12819786, Osasco, 10ª Câmara de Direito Privado, rel. Des. Coelho Mendes, j. 27.08.2019, *DJESP* 11.09.2019, p. 2188) "(...) RÉ QUE NÃO FOI DEVIDAMENTE CITADA. COMPARECIMENTO ESPONTÂNEO NA AUDIÊNCIA DE CONCILIAÇÃO, DESACOMPANHADA DE ADVOGADO, QUE NÃO SUPRE SUA CITAÇÃO NA ESPÉCIE. AUSÊNCIA DE COMPROVAÇÃO INEQUÍVOCA DE SUA ADVERTÊNCIA SOBRE A NECESSIDADE DE CONSTITUIR PROCURADOR, PARTICULAR OU DEFENSOR PÚBLICO, BEM COMO QUANTO ÀS CONSEQUÊNCIAS DA NÃO APRESENTAÇÃO DE DEFESA. OFENSA AOS PRINCÍPIOS DO CONTRADITÓRIO E DA AMPLA DEFESA. EXISTÊNCIA DE PREJUÍZOS À RÉ. NULIDADE VERIFICADA. (...)". (TJPR, APCIV 0001703-62.2018.8.16.0050, Bandeirantes, 8ª Câmara Cível, rel. Des. Gilberto Ferreira, j. 06.06.2022, *DJPR* 06.06.2022).

3. para evitar discrepância entre as partes quando uma delas está representada;[63] ademais, a ausência de defensor pode extirpar a chance de apresentar propostas, proporcionar assistência integral e proteger totalmente os direitos, "de modo a se construir um processo mais justo e favorável a todos os envolvidos".[64]

Em alguns acórdãos, contudo, há entendimento sobre a desnecessidade da presença de advogados porque:

a) no plano do direito material não haveria *vícios*;[65]

---

[63] "Mandato. Ação de arbitramento de honorários. Celebração de acordo entre autor e réu, este desacompanhado de seu procurador, em sessão de conciliação no CEJUSC. Réu que, horas depois, manifestou-se nos autos pela desistência da transação. Inconformismo do autor, advogado que atua em causa própria, contra a decisão de não homologação da avença. Desequilíbrio resultante do fato de o réu não ter sido assistido por seu procurador, que justifica, no caso concreto, a não homologação do acordo. Dicção do art. 334, § 9º, do CPC. Ausência de prejuízo em se reconhecer a desistência, uma vez que não houve a homologação da avença, muito menos o início do cumprimento de seus termos" (TJSP, AI 2067914-86.2019.8.26.0000, Ac. 12471943, Votuporanga, 28ª Câmara de Direito Privado, rel. Des. Dimas Rubens Fonseca, j. 08.05.2019, *DJESP* 13.05.2019, p. 2.217).

[64] "(...) A nova sistemática processual civil faz compreender a indispensabilidade da presença de advogado ou defensor público nas audiências, mesmo na fase de conciliação, acompanhando, assim, as partes que necessitam da respectiva representação ou assistência. Inteligência do artigo 334, parágrafo 9º, do CPC/2015. Se a autora se vê representada pelo seu patrono indicado, fazendo as suas ponderações próprias, e o réu, encontrando-se sem a orientação técnica adequada, clara a discrepância de posição entre as partes, importando em flagrante prejuízo à defesa. Pode-se inferir que a ausência do defensor constituído à época extirpou a oportunidade da parte contrária apresentar uma proposta para dar fim ao litígio, conjectural, mas possível, se lhe tivesse sido proporcionada a assistência jurídica integral, e, consequentemente, a proteção dos seus direitos, de modo a se construir um processo mais justo e favorável a todos os envolvidos, o que restou inviabilizado. (...)" (TJRJ, APL 0027679-24.2015.8.19.0202, Rio de Janeiro, 9ª Câmara Cível, rel. Des. Adolpho Correa de Andrade Mello Junior, *DORJ* 16.10.2017, p. 254); "(...).. 3. Passível de conhecimento e provimento a presente demanda em razão da flagrante violação ao previsto no § 9º do art. 334 do CPC, uma vez que, apesar de advertida a parte ré sobre a necessidade de comparecimento a audiência de conciliação acompanhada de advogado, a aludida audiência ocorreu sem a participação de representante processual. (...) 5. Segurança concedida para que haja a retomada da marcha processual a contar da audiência mencionada, com suprimento do vício indicado, suspensa a ordem de reintegração" (TRF 4ª R., MS 5014259-33.2018.4.04.0000, 3ª Turma, rel. Des. Fed. Marga Inge Barth Tessler, j. 13.11.2018, *DEJF* 14.11.2018).

[65] "Ação de alimentos. Homologação de acordo. Recurso do Ministério Público. Alegação de nulidade em razão de o réu estar desacompanhado de advogado na audiência de conciliação. Descabimento. Ausente qualquer indício de vício de consentimento. Acordo firmado em consonância com a prática forense. Indemonstrado prejuízo de quaisquer dos litigantes..." (TJSP, AC 1000877-61.2018.8.26.0625, Ac. 13497724, Taubaté, 8ª Câmara de Direito Privado, rel. Des. Theodureto Camargo, j. 21.01.2014, *DJESP* 28.04.2020, p. 1.738); "AGRAVO DE INSTRUMENTO. AÇÃO DE INVESTIGAÇÃO DE PATERNIDADE CUMULADA COM ALIMENTOS. (...) ALEGADA NULIDADE POR AUSÊNCIA DE ADVOGADO CONSTITUÍDO OU DEFENSOR DATIVO NA AUDIÊNCIA DE CONCILIAÇÃO. INOCORRÊNCIA. VÍCIO DO CONSENTIMENTO NÃO DEMONSTRADO. VALIDADE DO ATO. PRECEDENTE DO SUPERIOR TRIBUNAL DE JUSTIÇA. (...)" (TJPR, REC 0020112-03.2022.8.16.0000, Peabiru, 11ª Câmara Cível, rel. Des. Sigurd Roberto Bengtsson, j. 04.07.2022, *DJPR* 04.07.2022); "(...) AÇÃO DE MODIFICAÇÃO DE GUARDA. (...) A ausência de advogado na audiência de conciliação não gera a nulidade do ato, sendo a transação uma faculdade da parte, vez que o ato de composição é um ato da parte, não sendo exigível a capacidade postulatória para celebração do acordo. (...)" (TJMG, APCV 5000663-64.2023.8.13.0115, Câmara Justiça 4.0 Especializada Cível, Rel. Juiz Conv. Paulo Rogério de Souza Abrantes, j. 09.02.2024, *DJEMG* 15.02.2024).

b) as partes são maiores e capazes, sendo o direito *disponível*;[66]

c) embora a dicção legal aparentemente institua uma obrigatoriedade, o dispositivo não prevê ônus ao seu descumprimento.[67]

Em sentido intermediário, foi aprovado pelo Fórum Nacional da Mediação e Conciliação (*FONAMEC*)[68] o Enunciado 48: "nos procedimentos processuais (mediação e conciliação judiciais), quando o advogado ou defensor público, devidamente intimado, não comparecer à audiência injustificadamente, o ato poderá ser realizado sem a sua presença se o cliente/assistido concordar expressamente".

Como apontado inicialmente, não merece prevalecer o entendimento sobre a dispensa da presença de advogados porque a lei a prevê em contemplação do princípio da decisão informada, o que é apto a promover melhores experiências consensuais – inclusive em termos do desejável cumprimento espontâneo dos acordos.

### b) Atuação advocatícia durante a sessão consensual

A presença de advogados é útil para que eles possam esclarecer dúvidas ou indicar "encaminhamentos legais para preocupações e questionamentos que porventura ocorram na mediação".[69]

---

[66] "(...) Execução de título extrajudicial. Acordo celebrado entre as partes sem a presença do advogado dos agravantes. Validade do ato ainda que desacompanhado de advogado. Partes que são maiores e capazes, além de versar sobre direito disponível. Homologação posterior pelo magistrado que não invalida o ato, mesmo porque as partes requereram expressamente sua homologação nos termos em que firmado. (...)" (TJSP, AI 2052186-05.2019.8.26.0000, Ac. 12479709, Guarulhos, 32ª Câmara de Direito Privado, rel. Des. Ruy Coppola, j. 10.05.2019, *DJESP* 15.05.2019, p. 2686); "(...). No caso dos autos, o réu compareceu à audiência de conciliação, após citação e intimação para o ato, desacompanhado de advogado. Acordo celebrado e homologado no mesmo ato, perante o Juízo, para quitação do débito de forma parcelada. É desnecessária a presença de advogado para validade de acordo quando o direito discutido é disponível e as partes são maiores e capazes. Precedente do STJ (...)" (TJRS, AI 0015376-21.2020.8.21.7000, Proc 70083770172, Cachoeira do Sul, 15ª Câmara Cível, rel. Des. Maria Thereza Barbieri, j. 11.03.2020, *DJERS* 02.04.2020).

[67] "(...) 1. Apesar da dicção do art. 334, § 9º, do NCPC afirmar que 'as partes devem estar acompanhadas por seus advogados ou defensores públicos', aparentemente instituir uma obrigatoriedade, o dispositivo não prevê nenhum ônus ao seu descumprimento, pois não se trata efetivamente de um dever, mas sim de uma faculdade da parte, até porque o ato de autocomposição ou mediação é ato da parte, que independe de capacidade postulatória, de forma que a ausência de seu patrono nessa audiência não impede que a solução consensual seja obtida e homologada pelo juiz..." (TJPA, AI 0008953-93.2017.8.14.0000, Ac. 185214, 1ª Turma de Direito Público, rel. Des. Ezilda Pastana Mutran, j. 29.01.2018, *DJPA* 31.01.2018, p. 171).

[68] "O objetivo do Fórum é promover discussões e levantar boas práticas para aprimorar o exercício das funções desempenhadas por seus integrantes, buscando aperfeiçoar cada vez mais os métodos consensuais de solução de conflitos por meio do intercâmbio de experiências". O FONAMEC tem âmbito nacional, sendo composto pelos Coordenadores dos Núcleos Permanentes de Métodos Consensuais de Solução de Conflitos – Nupemecs – dos Estados e do Distrito Federal e pelos Magistrados dirigentes dos Centros Judiciários de Solução de Conflitos e Cidadania – Cejuscs" (Fórum Nacional da Mediação e Conciliação – FONAMEC. Disponível em: <https://www.cnj.jus.br/programas-e-acoes/conciliacao-e-mediacao/movimento-pela-conciliacao/forum-nacional-da-mediacao-e-conciliacao-fonamec/>. Acesso em: 15 mar. 2024).

[69] BRAGA NETO, Adolfo. Alguns aspectos relevantes sobre a mediação de conflitos In: GRINOVER, Ada Pellegrini; LAGRASTA NETO, Caetano; WATANABE, Kazuo (Coord.). *Mediação e gerenciamento do processo*: revolução na prestação jurisdicional. 2. tir. São Paulo: Atlas, 2007, p. 68.

Em uma negociação (entabulada diretamente entre os envolvidos ou facilitada por um terceiro imparcial), o advogado, ao fornecer informações especiais e disponibilizar meios eficientes, pode colaborar para que o cliente tome decisões esclarecidas e aja com eficiência.[70]

Na sessão de conciliação, os advogados têm a missão de orientar juridicamente as partes e auxiliá-las para que obtenham a adequada compreensão sobre os interesses em debate e as consequências de eventual acordo.[71]

Também a criatividade e a experiência profissional são bem-vindas na busca de caminhos alternativos para a criação de boas soluções; muitas vezes, o advogado pode enxergar pontos que as partes não conseguem ver.[72]

Merece destaque, nessa situação, um ponto interessante: dada a informalidade (no sentido de não haver procedimento prefixado e rigoroso na mediação e na conciliação), as habilidades das partes, dos advogados e do facilitador da conversa são intrínsecas ao processo.[73] Como não há detalhamento legal quanto ao trâmite do procedimento, o "como fazer" é construído a partir das habilidades dos envolvidos.

Nessa seara, a personalidade do cliente deve ser levada em conta. Se, por exemplo, ele se mostra agressivo e arrogante, sua postura errada pode ser fatal para a mediação; afinal, os melhores construtores de consenso demonstram criatividade e tolerância, habilidades que ajudam muito a solucionar disputas.[74]

Da mesma forma, devem os advogados ser sensíveis, flexíveis e dispostos a uma boa preparação; como esta traz melhores soluções, o advogado que não se preparou pode ser inadequado para a autocomposição.[75]

Se as pessoas têm perfis "complicados", mas se dispõem a comparecer à sessão consensual, após a explanação pelo terceiro imparcial sobre as pautas de comunicação, será perceptível se haverá uma adaptação viabilizadora da comunicação produtiva. É possível que haja aderência aos princípios e regras apresentados a permitir que o mecanismo consensual evolua; caso isso não se verifique, faltando disposição e boa-fé, o meio encontrará um limite e poderá findar.

Se alcançado o consenso e entabulado um acordo, a atuação técnica do advogado será muito importante para a oficialização de seus termos. Nessa medida, "o acordo deve ser redigido em conjunto pelas partes, seus advogados e o mediador/conciliador para que reflita da forma mais clara e completa aquilo que foi combinado"; assim, "para que o acordo tenha, de fato, a mesma força vinculante que a sentença, sua redação deve ser clara para evitar divergências na interpretação de suas cláusulas".[76]

O acordo obtido em um procedimento de intensas negociações é valorizado pelo sistema jurídico; após a homologação judicial, há sua configuração de título executivo judicial.

[70]  MNOOKIN, Roberto. PEPPET, Scott R. TULUMELLO, Andrew. *Mais que vencer:* negociando para criar valor em negócios e disputas. Trad. Mauro Gama. Rio de Janeiro: Best Seller, 2009, p. 21.

[71]  DEMARCHI, Juliana. Técnicas de conciliação e mediação. In: GRINOVER, Ada Pellegrini; LAGRASTA NETO, Caetano; WATANABE, Kazuo (Coord.). *Mediação e gerenciamento do processo:* revolução na prestação jurisdicional. 2. tir. São Paulo: Atlas, 2007, p. 56.

[72]  AZEVEDO, André Gomma de; SILVA, Cyntia Cristina de Carvalho. Autocomposição, processos construtivos e a advocacia: breves comentários sobre a atuação de advogados em processos autocompositivos cit., p. 120.

[73]  AZEVEDO, André Gomma de; SILVA, Cyntia Cristina de Carvalho. Autocomposição, processos construtivos e a advocacia: breves comentários sobre a atuação de advogados em processos autocompositivos cit., p. 119.

[74]  ARNOLD, Tom. 20 Common Errors in Mediation Advocacy cit., p. 436.

[75]  ARNOLD, Tom. 20 Common Errors in Mediation Advocacy cit., p. 437.

[76]  DEMARCHI, Juliana. Técnicas de conciliação e mediação cit., p. 61.

Caso as partes alcancem uma autocomposição, o acordo será reduzido a termo e homologado pelo juiz,[77] havendo prolação de sentença com resolução de mérito.[78]

Em relação a audiências por videoconferência, o Ato Normativo 01/2020 do NUPEMEC/SP prezou pela fidedignidade de eventual acordo verbalizado: o mediador deverá reduzi-lo a termo e fazer sua inserção no *chat* para que as partes ratifiquem o ali disposto. Se concordarem com o texto, o mediador fará o envio ao CEJUSC para que formalize o termo de sessão, com os documentos pessoais das partes (arts. 15 e 26); tal procedimento vale tanto para sessões processuais quanto pré-processuais.

O alcance de resultados positivos em sessões consensuais, como se percebe, é valioso e a atuação do advogado para sua obtenção costuma ser crucial.

Caso não haja consenso na audiência, o processo seguirá rumo à fase de resposta do réu.

c) Cabe atuação das partes por representação?

As partes precisarão estar pessoalmente na audiência judicial de conciliação ou mediação? Ou poderão deixar de ir, fazendo-se representar por pessoa com poderes para transigir?

Como se nota, as questões abordam a pessoalidade da presença nas audiências de conciliação ou mediação realizadas em juízo.

Segundo o art. 334, § 9º, do CPC, "as partes devem estar acompanhadas por seus advogados ou defensores públicos". Por sua vez, segundo o § 10 de tal dispositivo, "a parte poderá constituir representante, por meio de procuração específica, com poderes para negociar e transigir".

A resposta mais adequada à luz dos princípios da mediação – especialmente o da autonomia da vontade – é a de que cabe à parte decidir se comparecerá ou se nomeará representante para atuar em seu nome durante a audiência.

Apesar disso, em alguns casos, os magistrados impuseram a multa prevista no CPC[79] por suposta falta justificada de comparecimento.

Argumentos sólidos constaram em acórdãos que reformaram tais decisões baseando-se no art. 334, § 10, do CPC:

a) é possível "que o patrono, com poderes específicos para transigir e negociar, compareça independentemente da parte à audiência de *conciliação*";[80]

---

[77] CPC, art. 334, § 11: "A autocomposição obtida será reduzida a termo e homologada por sentença".

[78] CPC, art. 487: "Haverá resolução de mérito quando o juiz: (...) III – homologar: (...) *b*) a transação".

[79] CPC, art. 334: "§ 8º O não comparecimento injustificado do autor ou do réu à audiência de conciliação é considerado ato atentatório à dignidade da justiça e será sancionado com multa de até dois por cento da vantagem econômica pretendida ou do valor da causa, revertida em favor da União ou do Estado".

[80] TJSP, AI 2162648-63.2018.8.26.0000, Ac. 12094075, Santa Cruz do Rio Pardo, 24ª Câmara de Direito Privado, rel. Des. Denise Andréa Martins Retamero, j. 13.12.2018, *DJESP* 19.12.2018, p. 3064. No mesmo sentido: "(...) o comparecimento da parte não é obrigatório na audiência de conciliação, no caso previsto no § 10 do art. 334 do CPC, que autoriza que esta constitua representante, por meio de procuração específica, com poderes para negociar e transigir, hipótese em que a multa não será aplicada" (TJMG, APCV 0140296-34.2011.8.13.0686, Teófilo Otoni, 3ª Câmara Cível, rel. Des. Maurício Soares, j. 12.12.2019, *DJEMG* 22.01.2020); "(...) Parte devidamente representada na

b) o art. 334 do CPC "não dispõe expressamente sobre a necessidade de comparecimento pessoal, mas admite a possibilidade de o réu nomear representante com poderes *especiais*";[81]

c) havendo patrono com poderes para transigir, não há impedimento à tentativa de resolução consensual do conflito nem ofensa aos princípios da boa-fé e da cooperação *judicial*.[82]

Vale destacar que o STJ decidiu que a presença da parte na audiência de conciliação não é obrigatória. Ao apreciar os §§ 9º e 10 do art. 334, apontou-se que o CPC faculta à parte constituir representante com poderes para transigir, motivo pelo qual a doutrina considera suficiente a presença deste – que pode ser advogado ou não – para afastar a *penalidade*.[83]

O voto traz jurisprudência do STJ no sentido de que a multa é inaplicável quando a parte se faz presente à audiência por meio de representante munido de procuração com outorga de poderes de negociar e transigir; no caso, o juiz aplicou a multa desconsiderando o fato de que a parte estava representada por advogado com os poderes específicos exigidos pelo CPC.[84]

---

audiência de conciliação por advogado com poderes para transigir. Multa afastada. (...) A ausência da parte à audiência de conciliação, com o registro da presença de representante legal da parte, não configura ato atentatório à dignidade da justiça, não sendo devida a cominação da multa de que trata o art. 334, § 8º, do Código de Processo Civil de 2015. (...)" (TJRS, AC 5000170-88.2017.8.21.0143, 6ª Câmara Cível, Rel. Des. Gelson Rolim Stocker, j. 14.12.2023, *DJERS* 18.12.2023).

[81] TJPR, Ag Instr 1694197-4, Curitiba, 17ª Câmara Cível, rel. Des. Tito Campos de Paula, j. 23.08.2017, *DJPR* 31.08.2017, p. 333. No mesmo sentido: "(...) Impetrantes que se fizeram representar por advogado com poderes para celebrar acordo Inteligência do art. 334, par. 10, do CPC, Circunstância que afasta a incidência da multa Precedentes do C. Superior Tribunal de Justiça e deste E. TJSP. Ordem concedida" (TJSP, MS Cível 2163157-91.2018.8.26.0000, rel. Marcus Vinicius Rios Gonçalves, j. 22.04.2020); "(...) SE A PARTE RÉ SE FEZ REPRESENTADA POR ADVOGADO, COM PROCURAÇÃO COM PODERES ESPECÍFICOS, SEU COMPARECIMENTO PESSOAL À AUDIÊNCIA DE CONCILIAÇÃO É DISPENSÁVEL. A MULTA DO ART. 334, § 8º DO CPC SÓ TEM CABIMENTO NA HIPÓTESE EM QUE O RÉU DEIXA DE COMPARECER À AUDIÊNCIA INJUSTIFICADAMENTE E O ADVOGADO NÃO POSSUI PODERES ESPECÍFICOS PARA NEGOCIAR E TRANSIGIR" (TJMG, APCV 5022274-94.2017.8.13.0079, 9ª Câmara Cível, rel. Des. Leonardo de Faria Beraldo, j. 07.02.2023, *DJEMG* 14.02.2023); "(...) a própria legislação dispensa o comparecimento pessoal da parte quando ela constitui representante com poderes para negociar e transigir, inexistindo impedimento que tal pessoa seja o próprio advogado. Nesse sentido, dispõe o § 10 do art. 334 do CPC/2015: 'a parte poderá constituir representante, por meio de procuração específica, com poderes para negociar e transigir'. III. *In casu*, constatado que a parte autora foi representada na audiência por advogado com poderes para negociar e transigir, impõe-se o afastamento da multa do § 8º do art. 334 do CPC/2015" (TJMS, AI 1420509-54.2023.8.12.0000, Campo Grande, 3ª Câmara Cível, Rel. Des. Marco André Nogueira Hanson, *DJMS* 01.12.2023, p. 171).

[82] TJRJ, APL 0219108-67.2016.8.19.0001, Rio de Janeiro, 24ª Câmara Cível Consumidor, rel. Des. Cintia Santarem Cardinali, j. 25.10.2017, *DORJ* 26.10.2017, p. 574. No mesmo sentido: "(...) Ação de despejo por falta de pagamento cumulada com cobrança de alugueres em passo de cumprimento de sentença. Insurgência contra. R. *Decisum* que trouxe rejeitada impugnação ofertada. Agitada ilegitimidade passiva *ad causam*. Inconsistência. Ausência dos recorrentes/fiadores em audiência de conciliação. Comparecimento, contudo, de patrono com poderes específicos para transigir. Celebração de acordo. Validade. Partes regularmente. Representadas. (...)" (TJSP, AI 2020345-55.2020.8.26.0000, Ac. 13452798, São Paulo, 34ª Câmara de Direito Privado, rel. Des. Tercio Pires, j. 15.01.2013, *DJESP* 14.04.2020, p. 2.290).

[83] STJ, AgInt-RMS 56.422/MS (2018/0012678-5), Rel. Min. Raul Araújo, Quarta Turma, j. 08.06.2021.

[84] É inaplicável multa por ausência em audiência de conciliação à parte que foi representada por advogado. Disponível em: https://www.stj.jus.br/sites/portalp/Paginas/Comunicacao/Noticias/22072021--E-inaplicavel-multa-por-ausencia-em-audiencia-de-conciliacao-a-parte-que-foi-representada-por--advogado-.aspx.

6

# TUTELA PROVISÓRIA

 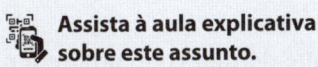

**Assista à aula explicativa sobre este assunto.**

> *https://uqr.to/fvpo*

## 6.1 CONSIDERAÇÕES PRÉVIAS

Uma vez iniciado um processo perante o Poder Judiciário, a resposta jurisdicional não vem de forma imediata. O trâmite processual dura um tempo considerável por diversas razões (entre as quais se destaca o imenso número de processos que tramitam no país). Independentemente disso, a observância do devido processo legal (importante e fundamental garantia constitucional) costuma ensejar significativa delonga[1] para a finalização da prestação jurisdicional.

Como, em razão da passagem do tempo, situações fáticas e/ou jurídicas podem ser comprometidas, o sistema jurídico viabiliza instrumentos para tentar evitar prejuízos às partes.

---

[1] O tempo tem sido, desde sempre, objeto de grande preocupação do legislador processual. Nas últimas décadas, diversas alterações foram feitas no ordenamento brasileiro para buscar a celeridade do processo. A Emenda Constitucional nº 45/2004 alterou a Constituição Federal para incluir no art. 5º o inciso LXXVIII: "a todos, no âmbito judicial e administrativo, são assegurados a razoável duração do processo e os meios que garantam a celeridade de sua tramitação". O debate em torno da necessidade de um novo Código de Processo Civil teve como um de seus grandes fundamentos a tentativa de promover celeridade processual; o CPC faz expressa menção à razoável duração do processo nos arts. 4º e 6º.

O termo "liminar"[2] representa algum provimento jurisdicional do juiz no início do trâmite perante o Judiciário, seja em 1º grau ou no âmbito dos Tribunais. Em tal sentido, ganha destaque o aspecto cronológico, ou seja, o momento da apreciação do magistrado em relação ao curso do processo. Assim, fala-se despacho *liminar*, em indeferimento *liminar* da petição inicial, concessão *liminar* de tutela de urgência e concessão *liminar* de efeito suspensivo no recurso. Nesses casos, houve uma apreciação de um pedido pouco tempo após sua formulação (tendo sido concedido ou não o pleito da parte).

Contudo, muitas vezes no dia a dia forense, o termo liminar – de forma não muito técnica – refere-se à decisão provisória *favorável* concedida no início do trâmite do processo ou do recurso. Assim, em relação aos exemplos anteriores, tem-se que apenas a hipótese da tutela de urgência (em 1º grau ou no âmbito recursal) seria a liminar *concedida* pelo magistrado.

Neste capítulo, haverá a análise das decisões que podem ser concedidas ou negadas liminarmente, diante de uma situação de urgência e, a partir do CPC/2015, também diante de uma situação de evidência.

A temática das tutelas de urgência, assunto importante para litigantes em conflito especialmente no cenário de demorada prestação jurisdicional, foi objeto de consideráveis alterações nos últimos tempos.

O legislador do CPC vigente decidiu concentrar em um só espaço toda a sistematização referente à tutela não definitiva: ao criar o Livro V da parte geral, intitulado "Tutela Provisória", o Código disciplinou conjuntamente as hipóteses de decisão provenientes de cognição sumária (não exauriente, ou seja, sem que haja contraditório efetivo – o que, para se efetivar, leva tempo).

O legislador processual adotou a expressão *tutela provisória* para identificar a modalidade de tutela jurisdicional cujo objetivo não é resolver, ao menos imediatamente, o mérito.

O CPC separa as tutelas provisórias com fundamento em *evidência* daquelas baseadas em *urgência*,[3] salientando que esta última pode ser cautelar (finalidade de resguardar) ou antecipada (finalidade satisfativa). E é possível que as medidas sejam pleiteadas em caráter antecedente (preparatório) ou incidental (no curso do processo principal ou com sua instauração – art. 294, parágrafo único).

Assim, a tutela provisória é o *gênero* no qual existem duas *espécies*: tutela de urgência e tutela de (ou da) evidência. Por seu turno, a espécie tutela de urgência se divide em duas *subespécies*: tutela de urgência *cautelar* e tutela de urgência *antecipada* (CPC, art. 294, parágrafo único). Eis um quadro representativo do novo cenário:

| Gênero | Espécies | Subespécies |
|---|---|---|
| Tutela provisória | Tutela de urgência | Tutela cautelar |
| | | Tutela antecipada |
| | Tutela da evidência | -- |

---

[2] A expressão tem por origem o vocábulo *limen, liminis*, palavra latina que indica "entrada, soleira, começo".

[3] Nas disposições gerais do regramento do CPC consta que a "tutela provisória pode fundamentar-se em urgência ou evidência" (art. 294).

Como apontado, a tutela de urgência (qualquer que seja ela) poderá ser requerida em caráter antecedente ou incidental.

Em relação à tutela de urgência *incidental*, o procedimento é bem simples: basta apresentar uma petição no processo em trâmite apontando a presença dos requisitos legais e requerendo a medida de urgência. Não são exigidas custas (art. 295), cópias de peças processuais, autos apartados ou outras formalidades.

No caso da tutela de urgência *antecedente*, esse pedido não é formulado em processo apartado, mas nos mesmos autos do pedido principal, e haverá necessidade de custas para sua propositura, porém não haverá novas custas em relação ao pedido principal (arts. 303, § 3º, e 308). Enquanto na tutela incidental o procedimento é simples, em relação à tutela de urgência antecedente, a situação é mais complexa, como se exporá mais adiante.

Para efetivar a tutela provisória (qualquer que seja ela), o juiz poderá determinar as medidas que considerar adequadas, e serão observadas, no que couber, as normas referentes ao cumprimento provisório da sentença (art. 297, *caput* e parágrafo único).

Na decisão que conceder, negar, modificar ou revogar a tutela provisória, o juiz motivará seu convencimento de modo "claro e preciso" (art. 298).

Nos termos do art. 299, a tutela provisória será requerida ao juízo da causa e, quando antecedente, ao juízo competente para conhecer do pedido principal. A temática da competência será abordada com maior detalhamento adiante.

## 6.2 TUTELAS DE URGÊNCIA

### 6.2.1 Pressupostos e concessão liminar

Os requisitos das medidas de urgência (antecipada ou cautelar), segundo o art. 300 do CPC, são os seguintes:

(i)  a existência de "elementos que evidenciem a probabilidade do direito"; e

(ii)  "o perigo de dano ou o risco ao resultado útil do processo".

Tais requisitos são mais fluidos e abertos à interpretação judicial do que os previstos anteriormente para a tutela antecipada (prova inequívoca convincente da verossimilhança das alegações e fundado receio de dano irreparável, ou de difícil reparação, ou abuso de direito de defesa ou manifesto propósito protelatório do réu – CPC/1973, art. 273) e para a tutela cautelar (exposição sumária do direito ameaçado e receio de lesão, ou simplesmente *fumus bonis iuris* e *periculum in mora* – CPC/1973, art. 801, IV).

De qualquer forma, segue sendo necessário, para o deferimento da tutela de urgência, constatar a existência de *dois requisitos*, ainda que com variação de nomenclatura:

(i)  situação de dano ou perigo (urgência) e

(ii)  probabilidade do direito (plausibilidade entre os fatos apresentados e o direito a ser aplicado).

Em relação ao segundo requisito – existência de elementos que evidenciem a probabilidade do direito –, deve haver perspectiva favorável ao reconhecimento de que o direito material existe; não se exige convencimento total ou certeza, bastando uma aparência do direito do requerente. A certeza é dispensada neste momento porque somente será possível obtê-la adiante (quando houver cognição mais ampla, plena e exauriente quanto à matéria *sub judice*).

Para demonstrar a presença do requisito *probabilidade* é importante que o requerente exponha, ainda que sumariamente, os fundamentos legais e jurídicos do direito que se afirma existir.

Já o elemento de urgência pode se dar por duas circunstâncias: 1) perigo de dano; 2) risco ao resultado útil do processo. O requerente deverá demonstrar a existência de fatos que fundamentem o temor de prejuízo caso ele espere o tempo necessário para a obtenção da pretensão jurisdicional final ou então demonstrar o risco de perecimento do direito. Para cumprir tal requisito, é expor a situação emergencial em que o requerente se encontra concretamente.

Para deferir a tutela de urgência, o juiz poderá, conforme o caso, exigir caução idônea, seja real (algum bem) ou fidejussória (indicação de alguma pessoa, como uma fiadora) para ressarcir danos que a outra parte possa vir a sofrer, podendo a caução ser dispensada se a parte economicamente hipossuficiente não puder oferecê-la (CPC, art. 300, § 1º). Como se nota, caso a pessoa litigue com base na justiça gratuita, caberá a dispensa da exigência de modo a não comprometer seu acesso à justiça.

Um tema importante é o pleito de medida liminar na tutela de urgência. A concessão da tutela de urgência poderá se verificar liminarmente ou após justificação prévia (CPC, art. 300, § 2º), que se dará em uma audiência.

Em certas situações, não é possível aguardar nem mesmo o trâmite inicial do processo sem sofrer o perigo de inutilidade da decisão do juiz. A simples demora decorrente do tempo necessário para a prática de atos processuais (como a citação e a oportunidade de manifestação do requerido) pode comprometer o direito da parte.

Por tal razão, a lei protege o requerente possibilitando a concessão de medida liminar. O juiz poderá conceder a medida pleiteada em sua primeira análise da petição inicial ou após a produção de prova oral em audiência de justificação prévia.

Caso o juiz entenda que as alegações e a prova documental apresentadas pelo autor são suficientes para a concessão da medida, ele a deferirá antes da manifestação do requerido.

Se, contudo, entender que as alegações são insuficientes para formar o seu convencimento, poderá designar a realização de audiência de justificação prévia (para ouvir testemunhas do autor que atestem a ocorrência dos requisitos) e/ou também determinar a prestação de caução.

Na prática, é importante que o requerente mencione tais possibilidades desde o início: para mostrar que tem condições de provar o que alega, ele poderá juntar na petição inicial o rol de testemunhas e submeter-se a prestar caução, caso o juiz a entenda necessária (desde que a causa trate de direitos patrimoniais[4]).

Vale lembrar que a tutela de urgência demanda a ocorrência de providências concretas, sendo importante que o deferimento da medida redunde na expedição de uma ordem judicial que possibilite o cumprimento da decisão (como, por exemplo, um ofício ao Cartório de Protesto para obstar eventual protesto).

---

4    A ressalva se justifica, pois prevalece o entendimento de que, em se tratando de tutela cautelar que envolve pessoas (como separação de corpos e busca/apreensão de menores), não é pertinente a exigência de caução.

## 6.2.2 Restrições

Há vedação à concessão de tutela antecipada ("tutela de urgência de natureza antecipada", na nomenclatura do Código) diante do perigo de irreversibilidade (CPC, art. 300, § 3º). Assim, não se concede a tutela de urgência antecipada se a situação não puder voltar ao que era antes (ao *status quo ante*).

Porém, a jurisprudência flexibiliza essa regra. Em diversas situações, mesmo havendo o risco de irreversibilidade, se não concedida a antecipação de tutela, haverá o risco de perecimento de um direito de grande relevância (como, por exemplo, o direito à vida). Para proceder à análise, portanto, é preciso considerar, com base em um juízo de ponderação, qual risco de irreversibilidade é mais grave: a situação após a concessão ou o cenário sem ela? Eis o que alguns denominam de "*irreversibilidade recíproca*" ou "*periculum in mora reverso*".

Nesses casos, o juiz deve avaliar qual direito deve prevalecer e, se o caso, conceder a antecipação de tutela, ainda que irreversível, com base na proporcionalidade e razoabilidade. Esta é a posição dominante, por exemplo, em questões envolvendo saúde[5].

Existem ainda no ordenamento restrições à concessão de tutela antecipada contra o Estado (Lei nº 9.494/1997, art. 1º) – o que deve ser lido, à luz do CPC vigente, como vedação à tutela provisória. Contudo, exatamente como em relação à irreversibilidade, a situação vem sendo mitigada pela jurisprudência.

Assim, quando a causa envolve, por exemplo, direitos ligados à vida e à saúde, admite-se a concessão de tutela antecipada mesmo em face da Fazenda Pública.[6]

## 6.2.3 Efetivação

Uma modificação trazida pelo CPC vigente foi a supressão de requisitos específicos para as medidas cautelares nominadas (como arresto, sequestro e outras) anteriormente previstas a partir do art. 813 do CPC anterior.

A menção a essas medidas (antes procedimentos cautelares típicos/específicos), sem a previsão de requisitos, insere-se em um rol aberto de *formas de efetivação da tutela de urgência* (art. 301), em que se admite qualquer "medida idônea para asseguração do direito". Reforça-se, assim, a atipicidade das medidas de urgência.

---

[5] Para exemplificar, eis trechos de decisões do STJ: "(...) 1. As instâncias ordinárias concederam a tutela antecipada em favor da vítima, que ficou desamparada material e financeiramente em decorrência do evento danoso, por reconhecerem o estado de urgência que se encontra e que este se sobrepõe à possível irreversibilidade da medida. Entendimento diverso por meio do especial demandaria o revolvimento do acervo probatório. 2. A demandada não apresentou argumento novo capaz de modificar a conclusão adotada, que se apoiou em entendimento aqui consolidado. Incidência da Súmula nº 7 do STJ. (...)" (AgRg-AREsp 616.419, 3ª Turma, Rel. Min. Moura Ribeiro, *DJe* 23.02.2015); "(...) OCORRÊNCIA DE 'PERICULUM IN MORA' INVERSO. PRIMAZIA DO INTERESSE DO MENOR. (...) 5. Ocorrência de 'periculum in mora' inverso, devido ao risco de dano grave aos interesses da menor, caso seja deferida tutela para se suspender a obrigação de prestar alimentos. 6. Manutenção do indeferimento do pedido de tutela provisória. (...) (AgInt no TP n. 1.009/AM, rel. Min. Paulo de Tarso Sanseverino, Terceira Turma, *DJe* 1º.02.2018.).

[6] É o que se percebe do seguinte julgado (referente ao art. 1º da Lei nº 9.494/1997): "(...) o referido artigo deve ser interpretado de forma restritiva, de modo a não existir vedação legal à concessão de antecipação dos efeitos da tutela contra a Fazenda Pública nas hipóteses em que envolvam o pagamento de verba de natureza alimentar, como ocorre no presente caso" (STJ, AgRg no REsp 726.697/PE, *DJe* 18.12.2008).

Surgiu, com a edição do CPC atual, uma dúvida: quais são os requisitos e os procedimentos para a adoção dessas tutelas cautelares mencionadas no Código?

A lei é absolutamente omissa. A única menção a elas consta no art. 301, havendo total *ausência de regulamentação das medidas* – que, mencionadas expressamente, podem continuar sendo utilizadas (especialmente arresto e sequestro, as mais frequentes no cotidiano forense).

Diante da ausência de regulamentação, o *procedimento será aberto*, cabendo ao juiz decidir não só o mérito (definindo os requisitos para sua concessão), como também a forma de tramitação (o procedimento).

Diante da ausência de normas claras e por força da tradição jurídica, as regras do revogado CPC ainda inspiram a utilização dessas tutelas de urgência cautelares.

Efetivada a tutela de urgência (cautelar ou antecipatória), caso ela seja posteriormente reformada, o *autor* deverá *reparar o dano processual causado ao réu*.[7] A indenização será fixada preferencialmente nos mesmos autos (CPC, art. 302, parágrafo único).

### 6.2.4 Tutela antecipada antecedente

O pedido de antecipação de tutela busca satisfazer a parte adiantando efeitos práticos da decisão (promovendo a satisfação do direito). Não se quer, portanto, apenas evitar o perecimento do direito até o resultado final do processo – isso se obtém com a tutela cautelar (analisada no item a seguir).

A tutela antecipada antecedente é cabível nos casos em que a urgência é anterior ou contemporânea (conjunta) à propositura da ação. Nessas hipóteses, a petição inicial *pode se limitar ao requerimento da tutela antecipada* e à indicação do pedido de tutela final com a exposição da lide, do direito que se busca realizar e do perigo de dano ou risco ao resultado útil do processo (CPC, art. 303).

Sendo essa a escolha do autor, haverá recolhimento de custas; o valor da causa deverá levar em consideração o pedido de tutela final e não apenas o valor relativo à antecipação de tutela (CPC, art. 303, § 4º).

Como se percebe, pode-se pedir somente a tutela antecipada indicando na petição qual será o pedido principal; este, contudo, não será veiculado depois em uma "ação principal" (como era no CPC anterior), mas, sim, em uma petição apresentada posteriormente nos mesmos autos.

Concedida a tutela antecipada antecedente, o autor deverá, em 15 dias ou outro prazo maior que o juiz fixar, aditar a petição inicial para complementar sua argumentação, juntar novos documentos e confirmar o pedido de tutela final (CPC, art. 303, § 1º, I).

No aditamento, reitere-se, não haverá necessidade de recolher novas custas (CPC, art. 303, § 3º).

---

[7] CPC, art. 302: "Independentemente da reparação por dano processual, a parte responde pelo prejuízo que a efetivação da tutela de urgência causar à parte adversa, se: I – a sentença lhe for desfavorável; II – obtida liminarmente a tutela em caráter antecedente, não fornecer os meios necessários para a citação do requerido no prazo de 5 (cinco) dias; III – ocorrer a cessação da eficácia da medida em qualquer hipótese legal; IV – o juiz acolher a alegação de decadência ou prescrição da pretensão do autor. Parágrafo único. A indenização será liquidada nos autos em que a medida tiver sido concedida, sempre que possível".

Feito o aditamento, o réu será citado para comparecer à audiência de conciliação ou mediação (CPC, art. 303, § 1º, II); não havendo acordo, somente aí terá início o prazo para contestar (CPC, art. 303, § 1º, III).

Se o autor não aditar a petição inicial para elaborar o pedido principal, haverá a extinção do processo sem resolução do mérito (CPC, art. 303, § 2º).

Se a tutela antecipada for indeferida, o juiz determinará a emenda da inicial, em 5 dias, sob pena de extinção do processo sem resolução do mérito (CPC, art. 303, § 6º). Atenção para esse prazo de cinco dias: trata-se de um dos poucos prazos curtos do CPC – que é, inclusive, bem inferior ao prazo de aditamento no caso de concessão da liminar (15 dias ou mais, como exposto anteriormente).

Há ainda a previsão de *estabilização da tutela antecipada*: a tutela antecipada concedida se tornará estável se da decisão que a conceder não for interposto recurso (CPC, art. 304).

A doutrina debate se a menção a "recurso" deve ser entendida como o uso do agravo de instrumento ou se é possível interpretar que bastaria qualquer impugnação à decisão judicial concessiva da antecipação de tutela – inclusive apresentação de contestação.

Por cautela, de modo a evitar a estabilização, até que haja a definição do tema pelo STJ, é mais seguro interpretar "recursos" exatamente da forma técnica que consta no Código (ou seja, embargos de declaração e/ou agravo de instrumento)?

A resposta é positiva. Embora haja decisão do STJ mitigando a rigidez do Código e aceitando a contestação como impugnação à estabilização,[8] há outra do mesmo Tribunal que rechaça tal possibilidade "porque, além de caracterizar o alargamento da hipótese prevista para tal fim, poderia acarretar o esvaziamento desse instituto e a inobservância de outro já completamente arraigado na cultura jurídica, qual seja, a preclusão".[9]

Uma vez estabilizada a antecipação de tutela, o processo será extinto e qualquer das partes poderá ingressar com novo processo judicial para rever, reformar ou invalidar a tutela antecipada estabilizada em até dois anos contados da ciência da decisão extintiva (CPC, art. 304, §§ 1º, 2º e 5º).

Cabe perguntar: se não houver ação para afastar a estabilidade da tutela antecipada, estaremos diante de coisa julgada? Pelo Código não, considerando a expressa afirmação que nele consta no sentido de a decisão que concede a tutela não fazer coisa julgada (art.

---

[8]   Nesse sentido, importante precedente da 3ª Turma que, em síntese, aponta que "a tutela antecipada, concedida nos termos do art. 303 do CPC/2015, torna-se estável somente se não houver qualquer tipo de impugnação pela parte contrária" (Informativo 639/STJ). A síntese da ementa é a seguinte: "Recurso especial. Pedido de tutela antecipada requerida em caráter antecedente. Arts. 303 e 304 do Código de Processo Civil de 2015. Juízo de primeiro grau que revogou a decisão concessiva da tutela, após a apresentação da contestação pelo réu, a despeito da ausência de interposição de agravo de instrumento. Pretendida estabilização da tutela antecipada. Impossibilidade. Efetiva impugnação do réu. Necessidade de prosseguimento do feito. (...)" (REsp 1760966/SP, Rel. Ministro Marco Aurélio Bellizze, Terceira Turma, j. 04.12.2018, *DJe* 07.12.2018).

[9]   "Embora a apresentação de contestação tenha o condão de demonstrar a resistência em relação à tutela exauriente, tal ato processual não se revela capaz de evitar que a decisão proferida em cognição sumária seja alcançada pela preclusão, considerando que os meios de defesa da parte ré estão arrolados na lei, cada qual com sua finalidade específica, não se revelando coerente a utilização de meio processual diverso para evitar a estabilização, porque os institutos envolvidos – agravo de instrumento e contestação – são inconfundíveis. (...) A ausência de contestação já caracteriza a revelia e, em regra, a presunção de veracidade dos fatos alegados pela parte autora, tornando inócuo o inovador instituto" (REsp 1.797.365/RS, Rel. Min. Sérgio Kukina, Rel. p/ Acórdão Min. Regina Helena Costa, 1ª Turma, j. 03.10.2019, *DJe* 22.10.2019).

304, § 6º); contudo, haverá estabilidade dos efeitos da tutela antecipada – que só será afastada por decisão na demanda que buscar alterar a tutela estabilizada.

Do cotejo dos arts. 303 e 304 percebe-se uma incongruência quanto à estabilização da antecipação de tutela. De um lado, o CPC afirma que, *não realizado o aditamento*, o processo será extinto sem mérito (art. 303, § 2º). Do outro, afirma o Código que só haverá *estabilização* se não houver recurso do réu e aditamento do autor (art. 304, § 1º). O tema é polêmico.

Uma possível interpretação é entender que, *não havendo recurso* do réu contra a decisão que concede a tutela antecipada, há duas opções ao autor:

(i) aditar a inicial – e, assim, não haverá a estabilização da tutela antecipada, mas o prosseguimento do processo; ou

(ii) não aditar a inicial – hipótese em que não haverá a extinção, mas, sim, a estabilização da tutela antecipada (eventualmente, poderá o autor promover nova medida judicial para pleitear o pedido principal).

Para melhor compreensão, pensemos em uma inscrição indevida em cadastro restritivo de crédito. Requer-se uma tutela provisória de urgência antecipada em caráter antecedente apenas para a exclusão do nome do cadastro e se apontam como futuros pedidos principais os de declaração de inexistência de dívida e de indenização por danos morais. A tutela antecipada é deferida para excluir o nome do cadastro restritivo de crédito. Possibilidades:

(i) o réu agrava, e o autor não adita a inicial: não há estabilização da tutela antecipada, e o processo será extinto *sem* resolução do mérito;

(ii) o réu agrava, e o autor adita a inicial, pleiteando danos morais: não há estabilização da tutela antecipada, e *o processo prosseguirá*;

(iii) o réu não agrava, e o autor não adita a inicial: há estabilização da tutela antecipada (no sentido de a inscrição ser indevida) e extinção do processo *com* resolução do mérito (procedência do pedido de tutela antecipada). Se o autor quiser pleitear danos morais, poderá fazê-lo adiante por meio de nova demanda.

A tutela antecipada conservará seus efeitos enquanto não revista, reformada ou invalidada por decisão de mérito (art. 304, § 3º).

### 6.2.5 Tutela cautelar antecedente

A tutela cautelar não se presta a resolver ou satisfazer o problema do litigante, mas a evitar o perecimento do objeto do litígio ou assegurar a estabilidade de uma situação de fato até o fim do processo (de conhecimento ou execução) que efetivamente definirá a regra aplicável ao caso.

No que tange ao momento da propositura, há tutelas cautelares antecedentes (promovidas antes da formulação do pedido principal) e incidentais (encaminhadas ao juízo em que já se processa a demanda).

O pedido de tutela cautelar antecedente será veiculado em uma petição inicial da ação que indicará, nos termos do art. 305 do CPC, a lide e o seu fundamento; a exposição sumária do direito que visa assegurar; o perigo de dano ou risco ao resultado útil do processo.

Os requisitos são semelhantes aos previstos para o antigo processo cautelar, segundo dispunha o art. 801 do CPC anterior.

Também deverá haver a indicação do valor da causa e o recolhimento de custas (interpretação que decorre do art. 308, *caput*, parte final, do CPC).

Se o autor assim quiser, o pedido principal pode ser formulado com o pedido de tutela cautelar (CPC, art. 308, § 1º).

Se o juiz entender que o pedido tem natureza antecipada, deverá observar o regramento relativo à tutela antecipada (CPC, art. 305, parágrafo único). A regra reconhece a *fungibilidade* entre as tutelas de urgência. Contudo, não há previsão específica no sentido inverso quanto à antecipação de tutela.

Efetivada a tutela cautelar, o pedido principal terá de ser formulado pelo autor no prazo de 30 dias úteis,[10] caso que será apresentado nos mesmos autos em que já deduzido o pedido cautelar (CPC, art. 308). O complemento da demanda, em relação ao pedido principal, não demandará novas custas processuais e será possível aditar a causa de pedir (CPC, art. 308, *caput* e § 2º).

Apresentado o pedido principal, as partes serão intimadas para comparecer à audiência de conciliação ou mediação; não havendo autocomposição, o prazo para contestação terá fluência a partir desse momento (CPC, art. 308, §§ 3º e 4º).

Cessará a eficácia da tutela cautelar antecedente, segundo o art. 309 do Código, se:

I – não houver a apresentação do pedido principal em 30 dias;

II – a tutela cautelar não for efetivada em 30 dias;

III – o pedido principal for improcedente ou o processo for extinto sem resolução do mérito.

Se isso ocorrer, somente será possível formular novo pedido se houver novo fundamento (nova causa de pedir).

Em regra, o indeferimento do pedido cautelar não obsta a formulação do pedido principal. A exceção se refere à hipótese em que são reconhecidas a prescrição e a decadência na análise do pedido cautelar (CPC, art. 310). Nesse caso, a coisa julgada do processo cautelar terá de ser observada no processo principal.

---

[10] Depois de alguma polêmica, decidiu o STJ que o prazo para apresentar o pedido principal é contado em dias úteis: "Embargos de divergência em recurso especial. Processual civil. Tutela antecipada antecedente. Prazo para formulação do pedido principal (art. 308 do CPC/2015). Natureza processual. Contagem em dias úteis. 1. Divergência verificada para dirimir controvérsia sobre se o prazo de 30 (trinta) dias para a formulação do pedido principal previsto no art. 308 do Código de Processo Civil possui natureza jurídica material ou processual e se sua contagem é realizada em dias corridos ou dias úteis. (...) 5. Constatação de que o prazo de 30 (trinta) dias para a formulação do pedido principal previsto no art. 308 do Código de Processo Civil possui natureza jurídica processual e, consequentemente, sua contagem deve ser realizada em dias úteis, nos termos do art. 219 do CPC. (...)" (EREsp 2.066.868/SP, Rel. Min. Sebastião Reis Júnior, Corte Especial, j. 03.04.2024, *DJe* 09.04.2024).

## 6.3 DIFERENÇA ENTRE AS TUTELAS DE URGÊNCIA E FUNGIBILIDADE

Apesar de aumentar os pontos de contato entre as medidas de urgência, o CPC vigente segue diferenciando as tutelas cautelar e antecipada.

Ao referir-se à tutela antecipada, o legislador menciona o "direito que se busca *realizar*" (art. 303), enquanto, ao regrar a tutela cautelar, destaca o direito que o requerente "visa *assegurar*" (art. 305). Como se percebe, o legislador manteve a diferenciação presente no sistema do CPC anterior em relação ao *objetivo ou finalidade* da medida.

Embora, teoricamente, a diferenciação entre as medidas cabíveis pareça simples, na prática, nem sempre o operador do direito tem certeza sobre qual é a medida pertinente. Ainda que tenha alguma ideia sobre a adequada formulação do pedido, pode ter dúvidas – especialmente pela prática já consolidada de utilização de tutelas cautelares.

Em determinadas situações, diante da diversidade de concepções sobre o tema, não se sabia com segurança se a medida tinha a finalidade de "realizar" ou de "assegurar" o direito.

Eis um exemplo: quando há risco de que alguém sofra um protesto indevido, qual medida deve ser intentada? Há quem acredite ser correto requerer uma tutela cautelar antecedente para a sustação de protesto, enquanto outros entendem adequado promover "ação declaratória de inexigibilidade de débito com pedido de antecipação de tutela" para evitá-lo.

Por tal razão, já no cenário anterior o legislador acrescentou ao CPC/1973 uma importante norma que flexibilizou a adoção das tutelas de urgência ao instituir a fungibilidade entre cautelar e tutela antecipada. O art. 273, § 6º, previa que, se o autor pleiteasse tutela antecipada que na verdade tivesse natureza cautelar, o juiz poderia deferir a cautelar, desde que presentes seus requisitos.

Também há previsão da fungibilidade no atual CPC, mas de forma invertida: o texto diz que, sendo pleiteada como cautelar uma medida que configura antecipação, o juiz a processará como pedido de tutela antecipada.[11]

Consideremos a situação de um casal em crise que não consegue mais conviver. A medida de separação de corpos de casais beligerantes tem natureza controvertida, devendo para alguns ser veiculada como cautelar antecedente e para outros como tutela antecipada. Se a esposa promove uma tutela cautelar antecedente de urgência para obter a separação de corpos, o juiz, acreditando que o pedido deveria ter sido veiculado já na ação de divórcio (com pedido de tutela provisória antecipada para obter a imediata separação) observará o regramento referente à antecipação.

Estando presentes os requisitos de urgência, o magistrado, em vez de indeferir a petição inicial por erro formal, deverá analisar o teor da petição. Em vez, portanto, de focar no aparente "erro formal", o juiz aproveitará o processo e promoverá a proteção do litigante em situação de urgência.

Para destacar a fungibilidade entre tais institutos e reiterar a necessidade de apreciação da medida desde logo pelo juiz, pode ser formulado, na petição inicial, pedido nesse sentido:

---

[11] A regra consta no parágrafo único do art. 305: "A petição inicial da ação que visa à prestação de tutela cautelar em caráter antecedente indicará a lide e seu fundamento, a exposição sumária do direito que se objetiva assegurar e o perigo de dano ou o risco ao resultado útil do processo. Parágrafo único. Caso entenda que o pedido a que se refere o caput tem natureza antecipada, o juiz observará o disposto no art. 303".

"Nos termos do art. 305, parágrafo único, do Código de Processo Civil, requer o autor que, caso V. Exa. entenda tratar a demanda de hipótese de tutela antecipada, observe o regramento referente a esta".

Há, contudo, uma situação polêmica: embora a previsão regulamente a fungibilidade entre as tutelas de urgência, *não há um dispositivo legal específico no sentido inverso*, isto é, inexiste previsão legal quanto à possibilidade de o juiz receber a antecipação de tutela como cautelar. No sistema anterior, mesmo faltando norma expressa, a jurisprudência e a doutrina dominante se manifestaram no sentido de ser a fungibilidade "de mão dupla". Assim, presentes os requisitos, o juiz deveria deferir a tutela de urgência, importando-se menos com a forma e mais com o conteúdo. No sistema atual, o STJ ainda não pacificou o tema[12], mas caminha para também aceitar a fungibilidade de mão dupla[13].

A título de sistematização, a partir das previsões sobre as tutelas antecipada e cautelar, podem ser apontadas as seguintes semelhanças e diferenças:

| | TUTELA ANTECIPADA | TUTELA CAUTELAR |
|---|---|---|
| **Natureza e requisitos** | Subespécies da tutela provisória de urgência, exigem a presença de: a) elementos que evidenciem a probabilidade do direito; b) perigo de dano ou risco ao resultado útil do processo. | |
| **Momento de concessão** | Ambas podem ser concedidas em caráter antecedente ou incidental | |
| **Objetivo** | Realizar o direito, adiantando efeitos práticos da decisão final (há satisfação do direito) | Assegurar a eficácia do resultado (conservando situações para evitar o perecimento do direito) |
| **Estabilização da tutela** | Possível | Ausente |

---

[12] Exemplo de decisão monocrática do STJ aceitando a fungibilidade de mão-dupla: " (...) Acontece que, malgrado enquadrado o procedimento nas disposições dos arts. 303 e 304 do CPC (tutela antecipada antecedente), a pretensão do autor tem natureza jurídica de tutela cautelar e, por isso, deveria ter sido aviada segundo o rito do art. 305 e ss. Do CPC. Afinal de contas, a tutela provisória perseguida não almeja antecipar o efeito que resultará de eventual procedência da ação rescisória, ou seja, não quer a desconstituição do julgado questionado, mas busca, por ora, a sustação dos efeitos do acórdão transitado em julgado – decisão rescindenda – para que, ao fim e ao cabo, se bem sucedida a pretensão principal, tenha ela ainda alguma capacidade de proporcionar ao autor alguma vantagem prática. É o que se extrai do pedido formulado e acima transcrito ('suspender o cumprimento das penas da ação de improbidade administrativa nº 0002155-15.2011.8.26.0414...'). De todo modo, a fungibilidade das tutelas de urgência – regra de mão-dupla, embora prevista apenas no art. 305, parágrafo único, do CPC –, legitima o aproveitamento dos atos processuais, em prestígio à duração razoável do processo (cf, art. 5º, LXXVIII; CPC, art. 4º). (...) Ministro Francisco Falcão, relator (PFRN no TP n. 1.800, ministro Francisco falcão, *DJEN* de *DJe* 18.02.2019)".

[13] Uma distinção relevante entre cautelar e antecipação de tutela se refere à estabilização da tutela. Pela legislação, ela somente é cabível na tutela antecipada, e não na cautelar (o que, do ponto de vista teórico, é lógico – considerando que algo que apenas resguardar não teria como se *estabilizar*). Assim, admitida a fungibilidade de mão dupla, seria possível a estabilização da cautelar? A resposta mais sistemática seria entender somente cabível se o juiz receber a medida como tutela antecipada, mas não o contrário. Ainda não há decisão do STJ acerca desse ponto.

| | TUTELA ANTECIPADA | TUTELA CAUTELAR |
|---|---|---|
| **Natureza e requisitos** | Subespécies da tutela provisória de urgência, exigem a presença de:<br>a) elementos que evidenciem a probabilidade do direito;<br>b) perigo de dano ou risco ao resultado útil do processo. | |
| **Momento de concessão** | Ambas podem ser concedidas em caráter antecedente ou incidental | |

**Importante:** fungibilidade. Se entender que o pedido veiculado como tutela cautelar antecedente tem natureza de tutela antecipada, o juiz observará o regramento relativo a esta (art. 305, parágrafo único).

## 6.4 ASPECTOS RELEVANTES PARA O PETICIONAMENTO

### 6.4.1 Competência

Nos termos do art. 299 do CPC, a tutela provisória será requerida ao juízo da causa e, quando antecedente, ao juízo competente para conhecer do pedido principal.

Em se tratando de tutela incidental, a competência para sua apreciação será do juiz da demanda já em trâmite.

Assim, por exemplo, estando em curso uma ação de divórcio, se um dos cônjuges estiver ameaçando destruir o bem comum que está em seu poder, poderá ser dirigido ao juízo em que a ação tramita um pedido de tutela cautelar incidental de sequestro de tal bem. Para tanto, deverá constar na petição a indicação do juízo em questão, assim como o número que identifica o processo.

Entretanto, se a tutela de urgência for antecedente, a competência será do juiz que apreciará o pedido de tutela final. Assim, deve-se imaginar quem será o juízo competente para apreciar o pedido que realmente decidirá a situação (segundo as regras de competência para a demanda em questão) e para lá encaminhar o pedido de tutela provisória de urgência.

A título de exemplo, consideremos a situação de outro casal "beligerante"[14] em que nenhum promoveu ação de divórcio. Se um dos cônjuges ameaça destruir o bem comum antes mesmo da propositura da ação (comprometendo a futura partilha), cabe promover "tutela provisória cautelar antecedente de sequestro" dirigindo-a ao juízo que apreciará, oportunamente, o divórcio.

Em casos de extrema urgência, admite a jurisprudência que a tutela de urgência seja pedida no local dos bens ou das pessoas em situação de perigo. Neste caso, entretanto, não há prevenção de juízo; apreciada a questão mediante o acautelamento da situação, os autos serão remetidos ao juízo competente.

E se a causa já tem decisão de primeiro grau e aguarda julgamento no Tribunal, como fica o requerimento da tutela provisória?

O direcionamento será feito ao órgão jurisdicional competente para apreciar o mérito tanto em caso de recursos como nas ações de competência originária de tribunal (ressalvada disposição especial, segundo o art. 299, parágrafo único, do CPC).

---

[14] A Lei nº 11.340/2006 (Lei Maria da Penha) prevê medidas protetivas (de caráter patrimonial, dentre outras) na hipótese em que a mulher é vítima de violência doméstica e familiar.

## 6.4.2 Petição inicial

Tratando-se de petição inicial, a estrutura básica do art. 319 do CPC, deve ser considerada com algumas adaptações.

Obviamente constarão na petição: I. a autoridade judiciária a quem a petição é dirigida; II. a qualificação das partes; e III. a exposição dos fatos relevantes para a causa.

É interessante que, na exposição da fundamentação jurídica, abram-se tópicos separados para demonstrar os requisitos da tutela de urgência: a) a presença de elementos que evidenciem a probabilidade do direito; b) a existência de perigo de dano ou risco ao resultado útil do processo (CPC, art. 300). Como já destacado, há coincidência de requisitos entre as tutelas cautelar e antecipatória de tutela (subespécies da espécie tutela de urgência, como visto).

O Código é específico em relação ao que espera da fundamentação, trazendo previsões um pouco diferentes para as modalidades de tutelas de urgência.

a) Requerimento de tutela antecipada antecedente

Como visto, tal tutela é cabível nos casos em que a urgência é anterior ou contemporânea (conjunta) à propositura da ação. A petição inicial pode limitar-se a indicar o requerimento da tutela antecipada e o do pedido de tutela final com:

– a exposição da lide;

– a indicação do direito que o requerente busca realizar;

– a alegação do perigo de dano ou risco ao resultado útil do processo (CPC, art. 303).

É interessante abrir um tópico separado para abordar cada item, de modo a demonstrar boa técnica (ao julgador ou ao examinador, em caso de Exames de Ordem ou concurso público).

A exposição da lide será atendida a partir da apresentação dos fatos aduzidos pelo requerente.

A "indicação do direito que o requerente busca realizar" é menção que revela pertinente a exposição da presença de elementos que evidenciem a probabilidade do direito (requisito genérico das tutelas de urgência mencionado no art. 300 do CPC). Além de demonstrar como o sistema jurídico dá base à sua pretensão (por meio de regras e/ou princípios), o requerente deverá ser claro em relação ao direito que quer realizar.

Imaginemos um exemplo: Gervásio recebe carta de uma loja afirmando que seu nome será protestado caso não pague uma dívida de R$ 1.500,00. Ao se dirigir ao local, comunica que jamais foi cliente e que a loja vendeu produtos a uma pessoa que usou seus documentos furtados; apesar disso, a loja afirma que seguirá cobrando dele o valor. Ao peticionar pedindo tutela antecipada antecedente, ele irá, na fundamentação jurídica, demonstrar, fazendo menção à documentação pertinente (boletim de ocorrência do furto, emissão de novos documentos) que há perspectiva favorável ao reconhecimento de que está sendo vítima de crimes e enganos. Ao final, irá requerer a concessão de tutela antecipada para imediatamente ver sustado o protesto.

A alegação do perigo de dano ou risco ao resultado útil do processo também merecerá destaque. O requerente deverá demonstrar a existência de fatos que fundamentem o temor de prejuízo caso ele espere o tempo necessário para a obtenção da pretensão jurisdicional final. Para cumprir tal requisito, é o caso de expor a situação emergencial em que o requerente se encontra concretamente. No caso anterior, Gervásio alegará que, na hipótese de indeferimento da medida, seu nome será indevidamente protestado em claro prejuízo ao seu direito de personalidade e ao seu potencial de consumo.

b) Requerimento de tutela cautelar antecedente

Como já destacado, tal tutela é pertinente quando o requerente busca evitar o perecimento ou assegurar (não realizar/satisfazer) o exercício de um direito.

A petição inicial da ação que visa à prestação de tutela cautelar em caráter antecedente indicará:

– a lide e seu fundamento;

– a exposição sumária do direito que se objetiva assegurar;

– o perigo de dano ou o risco ao resultado útil do processo (CPC, art. 305).

É interessante abordar cada pressuposto separadamente de modo a demonstrar boa técnica (ao julgador ou ao examinador).

A exposição da lide será atendida a partir da apresentação dos fatos aduzidos pelo requerente.

A fundamentação é dada pela "exposição sumária do direito que se objetiva assegurar". A expressão "exposição sumária" é tradicional no regramento da tutela cautelar[15] e sempre foi entendida como uma liberação de profundidade na abordagem. Para atendê-la, basta destacar a probabilidade que o direito material de fato exista; não se exigindo convencimento total sobre a certeza, bastando uma mera aparência do direito do requerente.

O CPC revela pertinente a exposição da presença de elementos que evidenciem a probabilidade do direito (requisito genérico das tutelas de urgência mencionado no art. 300). Além de demonstrar como o sistema jurídico dá base à sua pretensão (por meio de regras e/ou princípios), o requerente deverá ser claro em relação ao direito que quer assegurar.

Imaginemos um caso: Idalina recebeu de Izael um cheque que se encontra prescrito.[16] Ao cobrá-lo, ouviu do devedor que ele não pretende pagar depois de tanto tempo – até porque está vendendo tudo o que tem para se mudar de país. Idalina pode requerer uma tutela cautelar para pedir a indisponibilidade de bens suficientes ao pagamento do cheque prescrito.[17]

A existência de perigo de dano ou de risco ao resultado útil do processo também merecerá destaque.

O requerente deverá demonstrar a existência de fatos que fundamentem o temor de prejuízo caso ele espere o tempo necessário para a obtenção da tutela jurisdicional final. Para cumprir tal requisito, é expor a situação emergencial em que o requerente se encontra concretamente.

No caso mencionado, Idalina alegará que, se não houver o deferimento da medida, a utilidade do processo será comprometida, já que uma futura execução redundará em nenhum recebimento em relação ao valor a que faz jus.

---

[15] No regime do CPC/1973 entendia-se que o tradicional *fumus boni iuris* era retratado pelo art. 801, IV, como "exposição sumária do direito ameaçado".

[16] A referência, aqui, é à prescrição da execução, não prescrição do crédito (assim, não é possível executar, mas é plenamente viável à parte utilizar o processo de conhecimento).

[17] Vejamos um precedente do STJ nesse sentido: "Cautelar Inominada. Cheque. Prescrição. Ação Monitória. A Turma decidiu que cabe cautelar inominada, de indisponibilidade de bens para garantir a eficácia de procedência de ação monitória lastreada em cheque prescrito. Precedente citado: REsp 153.788-AL, *DJ* 14.11.2005. REsp 714.675-MS, rel. Min. Humberto Gomes de Barros, j. 25.09.2006) (STJ, informativo nº 298, de 25 a 29.09.2006).

### 6.4.3 Pedido de medida liminar

Na prática é recorrente que as pessoas busquem assessoria jurídica para protegê-las em situações de risco iminente; algumas, inclusive, chegam a mencionar que precisam de uma "liminar" o quanto antes.

Também em concursos e exames de OAB, tradicionalmente os examinadores formulam situações extremas para que os candidatos elaborem petições contemplando pedidos de medida liminar.

Não é fácil obter uma medida de urgência liminarmente; obter uma mudança do *status quo* pelo magistrado é árduo, devendo ele se convencer de que realmente sua iniciativa será essencial (sob pena de indeferir o pleito).

Revela-se importante então que na petição que pleiteia a concessão de uma medida liminar o tema seja tratado com atenção e cuidado. Embora seja recorrente que muitas pessoas só façam menção à medida liminar no fim das petições, dentre os pedidos finais, não parece ser esta a melhor técnica.

Onde, na petição, deve o requerente formular tal pedido?

De forma geral, não deve haver pedido sem anterior desenvolvimento da causa de pedir. Assim, ainda no tópico dos fundamentos jurídicos ("Do Direito"), é importante abrir um item para o "Pedido liminar" mencionando sua pertinência na hipótese.

Inicialmente deve ser destacado o fundamento legal; nos termos do art. 300, § 2º, do CPC, a concessão da tutela de urgência poderá se verificar liminarmente ou após justificação prévia.

O juiz poderá conceder a medida pleiteada logo na primeira análise da petição inicial (liminarmente) ou após a produção de prova oral em audiência de justificação prévia.

O requerente deverá afirmar que as alegações e a prova documental por ele apresentadas são suficientes para a concessão da medida, pedindo seu deferimento liminarmente (antes da citação e da manifestação do requerido).

Deve também expor que, caso o juiz entenda que os elementos são insuficientes ao deferimento, será útil a designação de data para a realização de audiência de justificação prévia (para ouvir testemunhas do autor que atestem a ocorrência dos requisitos) e/ou também determinar a prestação de caução.

Na prática, é importante que o requerente mencione tais possibilidades desde o início: para mostrar que tem condições de provar o que alega, ele pode inclusive juntar, já na petição inicial, o rol de testemunhas e submeter-se a prestar caução, caso o juiz a entenda necessária (desde que a causa trate de direitos patrimoniais[18]).

Por fim, vale reiterar: como a tutela de urgência demanda a tomada de providências concretas, é importante que o deferimento da medida redunde na expedição de uma ordem que possibilite o cumprimento da decisão. Assim, já deve constar na petição o requerimento de expedição de um mandado judicial (seja um ofício ao Cartório de Protesto, um alvará de separação de corpos ou um mandado de arresto, sequestro ou busca e apreensão de bens).

---

[18] A ressalva se justifica por predominar o entendimento de que, em se tratando de tutela cautelar que envolve pessoas (como separação de corpos e busca/apreensão de menores), não é pertinente a exigência de caução.

## 6.4.4 Pedido principal, eficácia e extinção da medida

O requerente também deve expor na petição que adotará a providência indicada no Código em relação a condutas posteriores referentes ao pedido principal.

a) Requerimento de tutela antecipada antecedente

Afirma o CPC (no art. 303, § 1º, I) que, concedida a tutela antecipada antecedente, o autor deverá, em 15 dias ou outro prazo maior que o juiz fixar, aditar a petição inicial para:

– complementar sua argumentação;

– juntar novos documentos; e

– confirmar o pedido de tutela final.

Nos casos de tutela provisória antecedente, há necessidade de aditar a petição inicial[19] para *formular o pedido principal*, sob pena de extinção. Por tal razão, será importante constar uma afirmação a respeito de tal conduta ulterior. Eis um exemplo de redação:

"O requerente informa que, concedida a tutela provisória antecedente, providenciará, no prazo de 15 dias (ou em outro que V. Exa. fixar), o aditamento da petição inicial para complementar a argumentação, juntar novos documentos e confirmar o pedido de tutela final, em estrito cumprimento ao art. 303, § 1º, do CPC".

b) Requerimento de tutela cautelar antecedente

Como exposto, dispõe o art. 309, I, do CPC que cessará a eficácia da tutela cautelar antecedente se não houver a apresentação do pedido principal em 30 dias.

Se isso ocorrer, somente será possível formular novo pedido se houver novo fundamento (nova causa de pedir).

Por tal razão, a parte requerente também deve expor que adotará a providência indicada no Código em relação a condutas posteriores. Nos casos de tutela provisória antecedente, há necessidade de aditar a petição inicial para formular o pedido principal, sob pena de extinção.

O art. 308 do CPC dispõe que, efetivada a tutela cautelar, o pedido principal terá de ser formulado pelo autor no prazo de 30 dias, caso em que será apresentado nos mesmos autos em que já deduzido o pedido cautelar. Por tal razão, será importante constar uma afirmação a respeito de tal conduta ulterior. Eis um exemplo de redação:

"A requerente informa que, efetivada a tutela cautelar, formulará nos mesmos autos, no prazo de 30 dias, o pedido principal (em estrito cumprimento ao art. 308 do CPC)".

## 6.4.5 Resposta do réu

Na hipótese de tutela antecipada antecedente, realizado o aditamento da petição inicial, o réu será citado para comparecer à audiência de conciliação ou mediação; não havendo

---

[19] Salvo se a parte pretender que haja a estabilização da antecipação de tutela.

acordo, somente aí terá o início do prazo para contestar (CPC, art. 303, § 1º, II e III). Portanto, não haverá apresentação de contestação para impugnar a tutela antecipada; havendo o deferimento do pedido, a parte poderá agravar e/ou apresentar embargos de declaração buscando reformar a decisão do juiz.

Em caso de tutela cautelar antecedente, o réu será citado para contestar em cinco dias (CPC, art. 306); como se percebe, trata-se de um *prazo curto*. Diferentemente da tutela antecipada, na tutela cautelar poderá haver defesa do réu para impugnar a medida pleiteada (além de ser cabível agravo caso deferida a concessão da medida).

Merece destaque um ponto importante em relação ao requerimento de citação do réu: como visto no capítulo 4, o autor pode requerer justificadamente que ela seja realizada de forma diversa do formato padrão (CPC, art. 247, V).

A justificativa pode ser, por exemplo, a conveniência de a citação ser realizada com a intimação pessoal sobre a medida urgente deferida em fase liminar.[20] Assim, no caso de tutela cautelar, poderá ser requerida a citação do réu por *oficial de justiça* pelo fato de ser conveniente que a intimação e a citação sejam feitas na mesma oportunidade pelo auxiliar do juízo.

Se não houver contestação, haverá revelia com a presunção de veracidade dos fatos narrados; afirma o Código que o juiz deverá decidir em cinco dias (CPC, art. 307).

Se houver contestação, o trâmite da demanda será pelo procedimento comum do processo de conhecimento (CPC, art. 307, parágrafo único).

Efetivada a tutela cautelar, o pedido principal terá de ser formulado pelo autor no prazo de 30 dias, caso em que será apresentado nos mesmos autos em que já deduzido o pedido cautelar (CPC, art. 308). O complemento da demanda, em relação ao pedido principal, não acarretará o pagamento de novas custas processuais (art. 308), e será possível aditar a causa de pedir (art. 308, *caput* e § 2º).

Apresentado o pedido principal, as partes serão intimadas para comparecer à audiência de conciliação ou mediação; não havendo autocomposição, o prazo para contestação terá fluência a partir desse momento (CPC, art. 308, §§ 3º e 4º).

### 6.4.6 Modelo comentado de tutela provisória antecipada antecedente

Dalgleisson Nunes foi vítima de um fraudador que pegou seus dados e emitiu um falso cartão de crédito no Mercado X, realizando compras no valor de R$ 2.500,00. Como não houve pagamento, o Mercado enviou cobrança.. Não obstante a informação do autor de que houve a falsificação, o Mercado X enviou o nome de Dalgleisson ao Serviço de Proteção de Crédito.

Dalgleisson sofre agora restrições de crédito por conta da negativação de seu nome; ele tem urgência em resolver a situação porque está reformando sua casa e precisa adquirir materiais de construção, a crédito.

Como advogado de Dalgleisson, aja em prol do seu interesse imediato de ter seu nome livre da indevida negativação. Considere que tanto ele quanto o Mercado X situam-se na cidade de Passos-MG.

---

[20] ABDO, Helena Najjar. Comentários ao artigo 247. In: WAMBIER, Teresa Arruda Alvim; DIDIER JR., Fredie; TALAMINI, Eduardo; DANTAS, Bruno (Orgs.). *Breves comentários ao Código de Processo Civil*. 1. ed. São Paulo: Revista dos Tribunais, 2015, p. 696.

EXCELENTÍSSIMO SENHOR DOUTOR JUIZ DE DIREITO DA ..... VARA CÍVEL DO FORO DA COMARCA DE PASSOS – MG.[1]

> 1. Sendo o caso de tutela de urgência antecedente, a competência será do juiz que apreciará a pedido principal. Deve-se imaginar quem será o juízo competente para apreciar a tutela final segundo as regras de competência para a lide em questão e para lá encaminhar o pedido de tutela provisória de urgência. No caso, a tutela que resolverá a situação em definitivo será a declaração de inexistência de relação jurídica e a condenação por danos materiais e morais.

**DALGLEISSON NUNES**, (estado civil), (profissão), brasileiro, portador da Cédula de Identidade RG n. (número) e inscrito no CPF sob o n. (número), com endereço eletrônico (e-mail), residente nesta cidade em (endereço completo), por sua advogada constituída nos termos do mandato anexo vem, respeitosamente, perante Vossa Excelência, com fundamento nos arts. 297 e seguintes do CPC e demais disposições aplicáveis à espécie, apresentar

### *REQUERIMENTO DE TUTELA ANTECIPADA ANTECEDENTE COM PEDIDO DE LIMINAR*[2]

> 2. É importante indicar que o requerente optou, na petição inicial, por *limitar-se ao requerimento da tutela antecipada* e à indicação do pedido de tutela final nos termos do art. 303 do CPC. Como exposto, também é possível que seja formulado, desde logo, também o pedido principal na inicial.

em face de **MERCADO X**, pessoa jurídica de direito privado inscrita no CNPJ/MF sob o n. (número), usuária do endereço eletrônico (e-mail), com endereço nesta cidade em (endereço), na pessoa de seu representante legal, pelos motivos de fato e de direito a seguir expostos.

### I – DA EXPOSIÇÃO DA LIDE[3]

> 3. Embora usualmente a exposição comece com os fatos, optou-se por usar a expressão constante na lei para a ea fazer referência (nos termos do art. 303 do CPC). Mas, por certo, não há qualquer problema em inserir o tópico "Dos Fatos" ou mesmo "Dos fatos: a exposição da lide".

O requerente foi mais uma vítima de um fraudador que, com base em informações de pessoas físicas, emite cartão falso por meio eletrônico. No caso, foi emitido um cartão e realizadas compras no estabelecimento da empresa requerida no valor de R$ 2.500,00. Não obstante a informação do requerente de que nunca emitiu cartão online, que não mora no endereço indicado e sequer compareceu a qualquer das lojas da requerida, houve a negativação do nome do requerente.

Assim, o requerente sofre agora restrições de crédito por conta da negativação de seu nome; ao procurar o representante legal do requerido, ouviu que nada podia ser feito, devendo ele pagar ou então "procurar os seus direitos".

O requerente tem urgência em resolver a situação porque está reformando sua casa e precisa adquirir materiais de construção.

## II – DO DIREITO[4]

> 4. É interessante abrir um tópico para cada requisito da tutela de urgência.

### a) Do direito que o requerente busca realizar[5]

> 5. Nas tutelas geralmente se destaca a probabilidade do direito; no caso buscou-se atender exatamente ao teor do art. 303 do CPC. A indicação de uma ou outra forma é opcional.

Estão presentes, na hipótese em tela, elementos que evidenciam a probabilidade do direito (art. 300 do CPC, um dos requisitos necessários à concessão da tutela de urgência).

A atividade do requerido de negativar o nome do requerente mesmo após ter sido informado da falsificação é ilegal e deve ser amplamente rechaçada pelo Poder Judiciário.

A falsificação realizada é grosseira, visto que, como se percebe pelos documentos anexados, o requerente nunca residiu no endereço indicado e mesmo a foto utilizada não apresenta semelhança com o autor. Além disso, a loja onde a compra foi realizada nunca foi visitada pelo requerente, como o histórico de seu celular aponta. Assim, tudo isso demonstra a probabilidade do direito do autor.

O requerente faz jus, portanto, a realizar o direito de personalidade de ter seu nome protegido contra indevidas negativações.

### b) Do perigo de dano

O requerente receia a ocorrência de grave lesão em seu patrimônio.

A persistir a indevida negativação haverá prejuízos não só morais como também materiais, já que a anotação nos órgãos de proteção ao crédito manchará injustamente o bom nome que o requerente mantém no mercado de consumo.

Cabe destacar que, conforme documentos anexos, o requerente está reformando sua casa e necessita adquirir materiais de construção. Logo, não se trata de um dano hipotético, mas efetivo.

### III – DO PEDIDO LIMINAR[6]

> 6. Para aumentar as chances de deferimento, o requerente deve expor de forma adequada a situação que viabiliza concessão da medida.

Demonstrados os requisitos da probabilidade do direito e do perigo de dano, é imperiosa a concessão da tutela pleiteada. Ocorre, entretanto, que a situação em tela exige ainda mais rapidez na proteção do direito do requerente.

O art. 300, § 2º, do CPC estabelece que "a tutela de urgência pode ser concedida liminarmente ou após justificação prévia".

É certo que no presente caso a tutela será prejudicada se ouvida a requerida; a espera pela citação ensejará demora e, nesse ínterim, o requerente prosseguirá com dificuldades para realizar as contratações e compras que precisa fazer nesse momento em que tenta finalizar a reforma de sua casa.

Como se demonstra pelos documentos juntados, a obra se encontra em fase de acabamento, precisando o requerente adquirir materiais de construção (doc. anexo).

Além disso, para demonstrar a boa-fé, ainda que entenda ser desnecessário, considerando a prova ora produzida, o requerente se dispõe, caso V. Exa. assim entenda, a prestar a caução mencionada no art. 300, § 1º, do CPC.[7]

> 7. A submissão à prestação de caução, quando possível para o requerente, pode contribuir para o deferimento da medida. Em exames e concursos tal menção contribui para que o candidato demonstre conhecimento. Vale lembrar que a parte economicamente hipossuficiente que não puder oferecer a caução poderá pedir sua dispensa (art. 300, § 1º).

### IV – DA TUTELA FINAL[8]

O requerente indica, nos termos do art. 303, § 6º, que pretende valer-se do benefício previsto no *caput* de tal dispositivo[9].

Em atenção ao disposto no art. 303, § 1º, do CPC, informa ainda que, concedida a tutela antecipada, irá, no prazo de 15 dias, aditar a petição inicial – complementando a argumentação e juntando novos documentos – para pedir a confirmação do pedido final de declaração de inexistência de relação jurídica (para desobrigá-lo do pagamento indevidamente cobrado), requerendo também danos materiais e morais no montante[10] de R$ 10.000,00 (dez mil reais).

Contudo, se o requerido não recorrer de eventual concessão da tutela antecipada, o requerente desde logo destaca que tem interesse na sua estabilização (CPC, art. 304).[11]

> 8. O art. 303 do CPC exige a indicação do pedido de tutela final.
>
> 9. A indicação é importante para que a parte possa contar com a estabilização da tutela antecipada prevista no art. 304 do CPC.
>
> 10. Esse tópico também é uma boa oportunidade para indicar elementos que repercutem no valor da causa, que deverá levar em consideração o pedido de tutela final e não apenas o valor relativo à antecipação de tutela (CPC, art. 303, § 4º).
>
> 11. Como exposto ao longo deste capítulo, o CPC prevê estabilização de tutela antecipada, caso (i) formulado apenas o pedido de tutela antecipada antecedente; (ii) haja concessão da liminar; (iii) não haja recurso do requerido nem emenda da inicial pelo requerente. Se houver interesse na obtenção dessa situação, conveniente destacar na inicial – além de formular pedido, como se verá abaixo.

## V – DO PEDIDO E DOS REQUERIMENTOS

Diante de todo o exposto, pede o autor a concessão liminar da antecipação de tutela para que a *negativação de seu nome cesse imediatamente*, sendo expedida ordem judicial para tanto.

Requer ainda:

a) que o réu seja intimado do deferimento da tutela antecipada dela recorrer, sob pena de sua estabilização;

b) que, não sendo hipótese de estabilização, realizado o aditamento da petição inicial, o réu seja citado para comparecer à audiência de conciliação ou mediação, nos termos do art. 303, § 1º, II, do CPC;

c) a produção de provas em direito admitida, sem exceção, notadamente por prova oral.

Dá-se à presente causa o valor[12] de R$ 10.000,00 (dez mil reais).

> 12. O valor da causa deverá levar em consideração o pedido de tutela final e não apenas o valor relativo à antecipação de tutela (CPC, art. 303, § 4º).

Termos em que

Pede deferimento.

Cidade, data, assinatura do advogado, OAB

## 6.5 TUTELA DE URGÊNCIA INCIDENTAL E MEIOS DE EFETIVAÇÃO

### 6.5.1 Peticionamento incidental

Como já mencionado, a tutela provisória de urgência pode ser *requerida em caráter antecedente ou incidental* (CPC, art. 294, parágrafo único).

A tutela de urgência incidental tem um procedimento bem simples: em um processo já em trâmite, basta apresentar uma petição apontando a presença dos requisitos legais e requerendo a medida de urgência.

A petição será dirigida ao juízo em que a demanda está sendo processada com expressa menção ao número dos autos que identifica a ação original.

Não são exigidas custas (CPC, art. 295), cópias de autos ou qualquer outra formalidade.

### 6.5.2 Efetivação por meios peculiares (medidas cautelares do art. 301 do CPC)

Como exposto, o CPC apenas menciona algumas das antigas cautelares nominadas (presentes no Código anterior) no art. 301 (arresto[21], sequestro, arrolamento); ele o faz, contudo, sem indicar qualquer procedimento. Apesar da clara ausência de regulamentação

---

21  Há ainda outras menções ao arresto no CPC, mas elas são secundárias e não trazem qualquer regulamentação adicional em termos de requisitos e procedimento (por exemplo, na efetivação

de tais medidas, elas ainda poderão, por óbvio, ser adotadas (especialmente o arresto e o sequestro, muito usados no cotidiano forense).

Conhecer as regras do Código Processual anterior pode contribuir para o deferimento das tutelas de urgência cautelares? Acreditamos que sim: mentalidades demoram a mudar e tradições jurídicas costumam seguir arraigadas na mente de muitos aplicadores; por tal razão, exporemos a seguir os principais aspectos das cautelares mencionadas no art. 301 do CPC, considerando o perfil da codificação anterior.

Vale ressaltar que, para fins didáticos, as tutelas cautelares são aqui abordadas sob a perspectiva de mecanismos incidentais, mas *também podem ser propostas em caráter antecedente*.

### 6.5.2.1 Arresto

Trata-se de medida que visa a garantir a utilidade de uma futura execução por quantia certa. O arresto opera a apreensão judicial de bens indeterminados do patrimônio do devedor para evitar a dilapidação patrimonial e garantir a penhora em uma futura execução.

Trata-se do meio apto a preservar a responsabilidade patrimonial, já que, por tal constrição nos bens, busca-se assegurar que, posteriormente, existam bens para se realizar a penhora. Assim, caso não haja o pagamento da dívida, o arresto irá se transformar em penhora oportunamente, no curso da execução.

Quaisquer bens podem ser arrestados (móveis, imóveis ou semoventes), desde que se configurem como bens penhoráveis. Logicamente não é possível o arresto de bens impenhoráveis.

Como em toda tutela cautelar, nela se exige a observância dos dois requisitos gerais inerentes a tais ações: a) a presença de elementos que evidenciem a probabilidade do direito; b) a existência de perigo de dano ou risco ao resultado útil do processo (CPC, art. 300).

O CPC/1973 especificava a presença dos pressupostos para o arresto no art. 814 ao mencionar a existência de prova literal da dívida líquida e certa, e de prova de algum dos casos de perigo de dano mencionados no art. 813 do CPC/1973.

A prova literal de dívida líquida e certa revelava a presença da plausibilidade do direito. O requerente devia demonstrar ser titular de um crédito apto a ser cobrado depois (por demanda condenatória, como ação de cobrança ou monitória, ou executiva – havendo título executivo extrajudicial, ainda que não vencido). Para tanto, demonstrava existir algum instrumento ou título executivo que fundamentasse a pretensão a ser deduzida posteriormente. Também a sentença que condenava a pagar quantia (líquida ou ilíquida, ainda que pendente de recurso) valia como prova literal da dívida líquida e certa para efeito de concessão de arresto.

A comprovação de tal situação devia ser feita por meio de prova documental, já que a lei falava em "prova literal" no art. 814, I, do CPC/1973. Era preciso, portanto, mencionar a juntada de um instrumento (como um contrato, um título etc.).

Também a existência de perigo era expressamente prevista em tal Código, já que o art. 813 mencionava situações periclitantes que possibilitavam o arresto. Os fatos ali aduzidos permitiam admitir o fundado temor de que a garantia da futura execução pudesse desaparecer, frustrando-lhe a utilidade. O receio de lesão decorria da ausência ou impon-

---

de medidas por oficial de justiça – arts. 154, I, e 159). Vale destacar que não se deve confundir o arresto cautelar, ora analisado, com o arresto executivo (previsto no art. 830).

tualidade do devedor sem domicílio certo, assim como, quanto ao devedor com domicílio, de tentativas de ausentar-se ou dilapidar seu patrimônio mediante fraudes e simulações. Especialmente no que tange aos bens imóveis ("de raiz", segundo o antigo art. 813, III), a tentativa de alienação, hipoteca e dação em anticrese, sem ficar o devedor com bens equivalentes às suas dívidas, também viabilizava o arresto.

A comprovação de tal situação podia ser feita por meio de prova documental ou justificação prévia (CPC/1973, art. 814, I e II).

Em síntese: para a concessão do arresto, era necessário haver um *credor qualificado* (com alguma prova robusta – CPC/1973, art. 814, I) e um *devedor desqualificado*[22] (diante de alguma situação que causava dúvida quanto ao adimplemento da dívida – CPC/1973, art. 813).

Apesar de o Código atual não exigir especificamente a dilapidação de bens para que haja o arresto, há ainda decisões que se pautam por tal ocorrência para entender configurado o risco[23].

Podia também ser pertinente a formulação de pedido liminar.

Havia interessante regra a respeito no art. 816, II: se o requerente prestasse caução (real ou fidejussória), faria jus ao deferimento da liminar desde logo.

Para efeito de Exame de Ordem ou outra avaliação, é importante que o candidato formule o pedido de liminar justificando sua pertinência no caso concreto e se submeta a prestar caução, caso assim determine o juízo.

Eis informações úteis sobre a estrutura da petição inicial.

Sobre a competência, vale lembrar que o arresto deverá ser dirigido ao juízo competente para o julgamento do pedido principal. Assim, se a obrigação se fundar em direito pessoal (obrigacional) e não houver foro de eleição,[24] a demanda de cobrança será encaminhada ao juízo do domicílio do réu, o mesmo ocorrendo com a tutela cautelar.

As partes, como em toda demanda, devem ser legítimas, guardando pertinência subjetiva com o tema da ação. São considerados legitimados ativos o credor de contrato ou título executivo e aquele que obteve ganho de causa em ação condenatória ainda pendente de recurso. São legitimados passivamente o devedor no contrato ou título, o condenado em ação judicial (ainda que pendente de recurso a sentença), o fiador ou o avalista.

A medida pode ser denominada "tutela provisória de urgência cautelar antecedente de arresto com pedido de liminar" (se este for pertinente e tiver sido formulado).

Devem, então, ser expostos os fatos e os fundamentos jurídicos que fundamentam o pedido.

Na parte dos fundamentos jurídicos, devem ser alegados a probabilidade do direito que se quer assegurar (mencionando e apontando a presença de prova literal da dívida

---

[22] As expressões são de MONTENEGRO FILHO, Misael. *Curso de direito processual civil*: medidas de urgência, tutela antecipada e ação cautelar, procedimentos especiais. São Paulo: Atlas, 2006. v. 3, p. 129.

[23] Eis trecho de um julgado: "Estando configurada a probabilidade do direito invocado na ação originária, bem como os indícios relevantes de que as partes estão buscando se desfazer de seu patrimônio, mediante cessão não onerosa de seus bens, preenchendo também o requisito do risco ao resultado útil do processo, mostra-se adequada a medida de arresto sobre os bens dos agravados, a fim de assegurar o direito da parte agravante" (TJMS, AI 1400610-36.2024.8.12.0000, Nioaque, 2ª Câmara Cível, Rel. Des. Ary Raghiant Neto, *DJMS* 04.03.2024, p. 212).

[24] Acerca do foro de eleição, considerando a alteração do CPC decorrente da Lei 14.879/2024, vide nota 14 do capítulo 4 (página 74).

líquida e certa, se existente) e o perigo/risco de inutilidade de futura execução por quantia (argumentando com o fundado temor de que haja inutilidade da futura iniciativa para recebimento do crédito).

Expostos os argumentos para o acolhimento da tutela cautelar, é importante que o requerente abra um tópico para expor o pedido de liminar. Deve-se, então, mencionar o teor do art. 300, § 2º, do CPC ("a concessão da tutela de urgência poderá se verificar liminarmente ou após justificação prévia").

Também pode ser importante, em se tratando de tutela cautelar com conteúdo patrimonial, submeter-se a prestar caução (caso assim entenda o magistrado).

Ainda, se deve sinalizar o cumprimento do art. 308 do CPC (efetivada a tutela cautelar, o pedido principal terá de ser formulado pelo autor no prazo de 30 dias, caso em que será apresentado nos mesmos autos em que já deduzido o pedido cautelar). Afinal, por ter conteúdo provisório, não será deferido seu processamento se faltar a indicação do pedido que, uma vez analisado, definitivamente solucionará a lide. Em se tratando de tutela cautelar antecedente, deve constar que, "nos termos do art. 308, no prazo de 30 dias da efetivação da tutela cautelar, será formulado o pedido principal para obter... (cobrança ou execução, conforme indicação do problema)".

Após serem cumpridos tais requisitos, deverá ser formulado o pedido. Caso haja pleito de liminar, este deve ser mencionado antes. Pede-se, ao final, a confirmação da liminar, sendo julgado procedente o pedido para arrestar o bem até sua resolução em penhora no momento adequado. Cabe também formular pedido de condenação do requerido ao pagamento do ônus da sucumbência.

Finalmente, devem ser formulados os requerimentos pertinentes; a citação do réu para responder em cinco dias sob pena de revelia é um deles.

Também se revela importante pedir a expedição de um mandado judicial de arresto para que seja levado às serventias competentes (em se tratando de imóveis, poderá ser averbado na matrícula do bem).

Deve-se também requerer a produção de provas, como em toda petição inicial.

O valor da causa, geralmente, indica o benefício econômico alcançado. Na hipótese, pode ser o valor da dívida ou o valor do bem arrestado.

### 6.5.2.2 Sequestro

Trata-se de tutela cautelar que assegura futura execução para entrega de coisa, consistente na apreensão de *bem determinado*, objeto do litígio, para assegurar sua entrega, em bom estado, ao vencedor da causa.

Ocorre, na prática, com a entrega do bem a um depositário (ou a um dos litigantes, mediante caução), para conservar sua integridade. Como há uma disputa judicial acerca da titularidade do bem, este deve ser preservado de danos, evitando-se sua depreciação ou deterioração.

Podem ser objeto do sequestro quaisquer tipos de bens (móveis, imóveis ou semoventes).

Os requisitos específicos de seu cabimento estavam previstos no art. 822 do CPC/1973. Consideremos o exemplo do casal beligerante. Quando um dos cônjuges decide se divorciar, mas o outro resiste ameaçando comprometer a integridade dos bens comuns como vingança, é importante promover o sequestro de tais bens.

A probabilidade do direito decorre do interesse na preservação da situação de fato enquanto não advier a solução de mérito. No caso, o cônjuge prejudicado tem interesse em assegurar a integridade do bem (que poderá ser seu quando da partilha na dissolução da sociedade conjugal).

O perigo de lesão é verificado pelo temor de iminente prejuízo. A anterior lei processual mencionava os riscos de destruição e dissipação dos bens ou dos rendimentos.[25] A prova dessas ocorrências deverá ser documental ou oral (colhida em audiência de justificação). Admite-se, em caso de real urgência, sua substituição por caução idônea.

Como se percebe, diferentemente do arresto, no sequestro a proteção ocorre em relação a um *bem específico*.

Assim, a distinção-chave entre as duas tutelas cautelares diz respeito à *determinação ou indeterminação* dos bens objeto da constrição: o arresto dirige-se a quaisquer bens que compõem o patrimônio do devedor; já o sequestro dirige-se necessariamente a determinado bem, que é objeto da relação jurídica tornada litigiosa.

No que tange ao procedimento, dispunha o art. 823 do CPC/1973 aplicar-se ao sequestro o procedimento atinente ao arresto.

Na parte da fundamentação jurídica, a probabilidade do direito que se visa assegurar deverá ser exposta alegando-se a presença de risco fundado quanto à destruição de bens e o interesse na preservação da situação de fato até advir a solução final.

Já o perigo de lesão deve ser demonstrado a partir de situação concreta que revele ser fundado o temor de inutilidade da ação em que se discute a titularidade do bem.

Pode haver pedido de concessão de medida liminar com base no art. 300, § 2º, do CPC, segundo o qual a concessão da tutela de urgência poderá se verificar liminarmente ou após justificação prévia.

Também é importante a argumentação no sentido de que, uma vez citado, o requerido poderá tornar a medida ineficaz (por exemplo, destruindo totalmente o bem).

Entre os requerimentos, sempre se entendeu importante constar a indicação de um depositário para ficar com o bem (sob pena de, não o fazendo, tal nomeação ser feita pelo juiz), ou então o bem ficaria com uma das partes litigantes, mediante caução[26].

Deferido o sequestro pelo juiz (liminarmente ou na sentença), o oficial de justiça irá, então, cumprir o mandado tirando do requerido a posse do bem; caso haja resistência, o depositário solicitará ao juiz a requisição de força policial. Após assinar o compromisso como depositário, este receberá o bem.[27]

---

[25] CPC/1973, art. 822: "O juiz, a requerimento da parte, pode decretar o sequestro: I – de bens móveis, semoventes ou imóveis, quando lhes for disputada a propriedade ou a posse, havendo fundado receio de rixas ou danificações; II – dos frutos e rendimentos do imóvel reivindicando, se o réu, depois de condenado por sentença ainda sujeita a recurso, os dissipar; III – dos bens do casal, nas ações de separação judicial e de anulação de casamento, se o cônjuge os estiver dilapidando; IV – nos demais casos expressos em lei".

[26] Nos termos do art. 824 do CPC/1973, a escolha do depositário poderia recair em pessoa indicada, de comum acordo, pelas partes ou em uma das partes, desde que oferecesse maiores garantias e preste caução idônea.

[27] CPC/1973, art. 825. "A entrega dos bens ao depositário far-se-á logo depois que este assinar o compromisso. Parágrafo único. Se houver resistência, o depositário solicitará ao juiz a requisição de força policial".

### 6.5.3 Modelo comentado de tutela provisória cautelar incidental de arresto

Para ilustrar e fixar os conceitos expostos neste capítulo, propomos um problema a partir do qual será elaborada uma petição; para a melhor compreensão do tema, os comentários serão feitos no corpo da própria peça.

 **PROBLEMA**

(OAB/SP, 126º Exame de Ordem) A ação movida por ABC Empreendimentos Ltda. contra Aristides da Silva foi julgada procedente para condenar este ao pagamento da quantia de R$ 100.000,00 (cem mil reais) a título de perdas e danos causados por má prestação de serviços. Aristides recorreu, e o recurso aguarda distribuição no Tribunal competente. Enquanto isso, a ABC Empreendimentos Ltda. descobriu que Aristides pôs à venda os dois únicos imóveis desembaraçados de sua propriedade – um na cidade de Poá e outro na cidade de Itu – e pretende dilapidar seu patrimônio para furtar-se ao pagamento da indenização.

 *QUESTÃO:* Como advogado de ABC Empreendimentos Ltda., tome a medida cabível para a defesa de seus interesses. Considere que a ação tramitou perante a 12ª Vara Cível da Comarca de Santos, domicílio de Aristides e sede da ABC Empreendimentos Ltda., mas ainda não houve a distribuição para algum relator no Tribunal.

### SOLUÇÃO (SEGUNDO O GABARITO DA OAB/SP – COM ADAPTAÇÕES)

Propositura de pedido de tutela cautelar incidental de arresto, com fundamento no art. 301 do CPC. O pedido deverá ser feito diretamente ao Tribunal de Justiça de São Paulo (CPC, art. 299, parágrafo único) e endereçada ao seu Presidente, na falta de relator designado. O candidato deverá arguir a existência dos pressupostos da tutela de urgência cautelar, quais sejam, a probabilidade do direito – representado pela sentença condenatória – e o perigo de dano/ risco ao resultado útil do processo –, representado pela necessidade de obstar as alienações dos imóveis antes de consumadas.

 **MODELO DE PEÇA**

EXCELENTÍSSIMO SENHOR DOUTOR DESEMBARGADOR PRESIDENTE DO EGRÉGIO TRIBU-NAL DE JUSTIÇA DO ESTADO DE SÃO PAULO[1].

> 1. O endereçamento deve ser feito diretamente ao Tribunal de Justiça (CPC, art. 299, parágrafo único), na pessoa de seu Presidente, na falta de relator designado. Como a causa não mais tramita em 1º grau, ajuíza-se no Tribunal – e seria perante o relator, já se tivesse sido sorteado.

ABC Empreendimentos Ltda., pessoa jurídica inscrita no CNJP/MF sob o n. (número), usuário do endereço eletrônico (e-mail) e sede em Santos, em (endereço), por seu advogado que esta subscreve, constituído nos termos da procuração anexa, vem, respeitosamente, perante Vossa Excelência, com fundamento no art. 300 do CPC e demais disposições aplicadas à espécie, requerer

## TUTELA PROVISÓRIA CAUTELAR INCIDENTAL
## DE ARRESTO COM PEDIDO DE LIMINAR[2]

> 2. A nomenclatura segue o modelo delineado pelo CPC.

em face de Aristides (sobrenome), (nacionalidade), (estado civil), (profissão), portador da cédula de identidade RG n. (número), inscrito no CPF/MF sob o n. (número), usuário do endereço eletrônico (e-mail), residente e domiciliado em Santos, no endereço (endereço), pelos motivos de fato e de direito a seguir expostos.

### I – DOS FATOS: EXPOSIÇÃO DA LIDE[3]

> 3. A exposição da lide será atendida com a apresentação dos fatos alegados pelo requerente.

A empresa requerente ajuizou demanda condenatória em face do requerido. A sentença julgou o pedido procedente, condenando o requerido ao pagamento de R$ 100.000,00 (cem mil reais) a título de danos causados por má prestação de serviços.

A r. sentença foi objeto de recurso de apelação por parte do requerido e atualmente pende de distribuição nesse E. Tribunal de Justiça de São Paulo.

Mas a requerente, há poucos dias, descobriu que o requerido colocou à venda seus dois únicos imóveis desembaraçados. Assim, percebe-se que o requerido busca dilapidar seu patrimônio.

Destarte, se efetivada a venda de tais bens, é certo que o requerido não terá como pagar a indenização já concedida à requerente em primeiro grau, pendente de confirmação nesse E. Tribunal de Justiça.

Narrado o essencial, passa o requerente a apontar a manifesta existência de seu direito.

### II – DO DIREITO[4]

Segundo o art. 300 do CPC, é de rigor a concessão da tutela de urgência quando houver elementos (1) que indiquem a probabilidade e (2) que evidenciem perigo de dano ou risco para o resultado útil do processo.

O CPC ainda dispõe, no art. 301, que: "a tutela de urgência de natureza cautelar pode ser efetivada mediante *arresto*, sequestro, arrolamento de bens, registro de protesto contra alienação de bem e qualquer outra medida idônea para asseguração do direito".

Na hipótese dos autos estão presentes os requisitos necessários, sendo de rigor a concessão da medida pleiteada[5].

> 4. É interessante destacar os principais dispositivos aplicáveis – especialmente em exames de ordem e concurso.
> 5. É interessante abrir um tópico para cada requisito da tutela de urgência.

### a) Da probabilidade do direito

Um dos requisitos para a concessão das tutelas de urgência é a probabilidade do direito indicada no *caput* do art. 300 do CPC, dispositivo que disciplina as tutelas de urgência em geral – aí incluída a tutela cautelar.

Conforme anteriormente assinalado, a requerente teve seu direito reconhecido em sentença condenatória pendente de recurso, não restando dúvida sobre a presença do requisito da probabilidade do direito. No regime do CPC/1973, o arresto era cabível quando o requerente dispusesse de sentença condenatória em seu favor (art. 814, parágrafo único); tal elemento encontra-se claramente presente.

### b) Do risco ao resultado útil do processo

Ao se desembaraçar de bens sem os quais não lhe restará patrimônio para satisfazer a dívida cuja existência pende de confirmação por este Egrégio Tribunal, o requerido tornará a condenação impossível de ser adimplida voluntariamente ou paga por meio de execução forçada, impossibilitando futura penhora.

Portanto, está igualmente presente o requisito do risco ao resultado útil do processo.

Vale destacar que o art. 301 do CPC menciona que a tutela cautelar pode ser efetivada mediante arresto. No CPC/1973 essa modalidade de tutela cautelar tinha situações de perigo especificadas no art. 813 do CPC. No caso dos autos, a tentativa de alienação dos únicos bens desimpedidos do requerido enquadra-se no art. 813, III, de tal Código, segundo o qual o arresto tinha lugar quando o devedor, possuidor de bens de raiz, intentava aliená-los sem ficar com algum ou alguns, livres e desembargados, equivalentes às dívidas.

Assim, a tentativa de alienação do requerido deve ser imediatamente impedida. Não resta qualquer dúvida de que o arresto dos imóveis do requerido, localizados nas Comarcas do Itu e Poá, neste Estado, deve ser deferido, obstando-se a alienação de tais bens para assegurar futura execução do crédito do requerente.

### c) Do pedido liminar[6]

> 6. Para aumentar as chances de deferimento vale expor de forma adequada a situação mencionada no art. 300, § 2º, do CPC.

No caso dos autos, caso não concedida a liminar, poderá ser inútil o provimento pleiteado.

Nos termos do art. 300, § 2º, do CPC, a concessão da tutela de urgência poderá se verificar liminarmente ou após justificação prévia.

É óbvio que, até a efetivação da citação, poderá ocorrer a alienação do bem – ou então, ciente da demanda, aí, sim, é que o requerido poderá envidar esforços maiores para tanto. Portanto, mister se faz a concessão da liminar para evitar que terceiro de boa-fé negocie o bem ignorando a presença da presente demanda.

As alegações e a prova documental apresentadas são suficientes para a concessão da medida, sendo adequado seu deferimento liminarmente (antes da citação e da manifestação do requerido).

Caso, contudo, V. Exa. entenda que os elementos são insuficientes ao deferimento, será útil a designação de data para a realização de audiência de justificação prévia (para ouvir testemunhas do autor que atestem a ocorrência dos requisitos). Para atender a tal possibilidade, o requerente, desde já, anexa a esta petição o rol de testemunhas a serem ouvidas na audiência de justificação.

Cabe informar a Vossa Excelência que, caso assim entenda, o requerente não se opõe à eventual determinação para que seja prestada a respectiva caução,[7] nos termos do art. 300, § 1º, do CPC.

> 7. A submissão à prestação de caução é relevante para que o candidato demonstre conhecimento sobre tal circunstância.

### d) Da cautelar incidental: pedido principal[8] em ação em trâmite

> 8. Para mostrar boa técnica, cabe menção ao pedido principal de modo a não haver dúvida sobre o regular processamento da tutela cautelar.

Informa o requerente que já há ação em trâmite na qual consta o pedido principal; ela já foi sentenciada, e o recurso apenas aguarda distribuição nesse E. Tribunal.

Assim, percebe-se que estamos diante de uma tutela cautelar incidental, ajuizada diretamente no Tribunal com supedâneo no art. 294, parágrafo único, do CPC.

### III – DOS PEDIDOS E REQUERIMENTOS

Diante de todo o exposto, pede e requer a ABC Empreendimentos Ltda.:

a) que seja concedida a medida liminar[9] para que os imóveis que o requerido pretende alienar sejam imediatamente arrestados, com a expedição de ofícios[10] aos Cartórios de Imóveis das Comarcas de Itu e Poá, para que o arresto conste das respectivas matrículas, obstando, assim, futuras alegações de ignorância sobre a constrição judicial;

b) que a medida permaneça em vigor até final decisão do recurso a ser julgado por este E. TJSP;

c) a citação do requerido, por correio, para, no prazo de 5 (cinco) dias, contestar o pedido e indicar as provas que pretende produzir, nos termos do art. 306;

d) a produção de provas em direito admitidas, sem exceção, notadamente de prova oral.

> 9. Primeiro se pede a concessão da liminar.
> 10. É importante pedir que o deferimento da medida seja instrumentalizado mediante a expedição de um mandado judicial.

Dá-se à presente causa o valor de R$ 100.000,00 (cem mil reais).

Termos em que pede deferimento.

Cidade, data, assinatura, OAB

## 6.6 TUTELA PROVISÓRIA DA EVIDÊNCIA

A possibilidade de concessão de tutelas provisórias foi ampliada no CPC, que passou a contemplar expressamente a existência de hipóteses de deferimento, mesmo que o requerente não se situe em um contexto de emergência.

Como já apontado, o CPC destaca que a tutela provisória pode ter por fundamento a urgência ou a evidência (art. 294).

A tutela da evidência busca assegurar a fruição de um *direito reputado claro (um direito, portanto, "evidente")*. O art. 311 do Código a prevê em quatro situações:

I – quando ficar caracterizado *abuso do direito de defesa* ou manifesto propósito protelatório da parte (tutela da evidência **penalizadora da má-fé**);

II – quando *as alegações de fato puderem ser comprovadas apenas documentalmente* e houver *tese firmada em julgamento de casos repetitivos ou súmula vinculante* (tutela da evidência **fundada em tese firmada em tribunal superior**);

III – quando se tratar de *pedido reipersecutório fundado em prova documental* adequada do *contrato de depósito*, caso em que será decretada a ordem de entrega do objeto custodiado sob cominação de multa (tutela da evidência com base em **contrato de depósito**);

IV – quando a petição inicial for instruída com *prova documental suficiente dos fatos constitutivos do direito do* autor, a que o *réu não oponha prova* capaz de gerar dúvida razoável (tutela da evidência fundada em **prova incontroversa**).

Afirma o Código que, nos casos dos incisos II e III, será possível a concessão *liminar* da tutela de evidência, sem a prévia oitiva da parte contrária (art. 311, parágrafo único).

Como exemplo, imagine uma causa na qual, ainda que não haja uma situação de perigo grave, a *tese debatida é tão firme* que seu teor já consta em súmula vinculante. Nesse caso, o autor não necessita aguardar o término do processo para usufruir do seu pedido; ele poderá pleitear uma "tutela de evidência fundada em tese firmada em tribunal superior" – que poderá ser concedida em caráter liminar.

Quanto às previsões dos incisos I e IV, obviamente sua concessão será pleiteada no curso do processo porque seu pressuposto considera o teor da manifestação do requerido. Nesse caso, o peticionamento e o requerimento serão incidentais, posteriores à inicial (ou à reconvenção – pois, por certo, é possível que haja também tutela provisória no bojo de reconvenção).

A tutela da evidência será concedida a partir da alegação da parte de que se insere em uma das hipóteses do art. 311 do CPC; não será necessário nem útil demonstrar a existência de *perigo de dano ou de risco ao resultado útil do processo*.

Embora o cabimento geral de tal tutela esteja expresso no CPC em quatro situações específicas, existem outras hipóteses de cabimento, sendo possível a tutela de evidência em procedimentos especiais[28] e nos recursos (CPC, arts. 995, parágrafo único, 1.012, § 4º, 1.019, I, 1.026, § 1º, e 1.029, § 5º).[29]

---

[28] Como é o caso da liminar possessória (que não demanda situação de urgência).

[29] CAMBI, Eduardo et al. *Curso de processo civil completo*. 2. ed. São Paulo: Thomson Reuters Brasil, 2019. p. 351.

# DA RESPOSTA DO RÉU

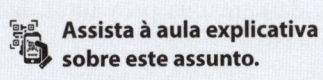

**Assista à aula explicativa sobre este assunto.**

> *https://uqr.to/fvpq*

## 7.1 CONSIDERAÇÕES PRÉVIAS

Como visto no Capítulo 2, a jurisdição é, em regra, inerte, razão pela qual sua atuação depende da provocação do autor. Assim, com a petição inicial, tem início o processo, cujo objetivo é a solução do litígio, ou seja, a pacificação do conflito.

Por força das garantias do contraditório e da ampla defesa, não é possível que o juiz decida o caso posto em juízo somente considerando as alegações formuladas pelo autor na petição inicial; também a parte contrária deve ter a chance de ser ouvida e, portanto, de influir na decisão judicial a ser proferida.

Essa necessidade de manifestação da parte contrária é inerente ao processo e à sua caracterização como diálogo.

Mais do que disso, a necessidade de ouvir a parte contrária é resultado de garantias processuais (inclusive previstas na Constituição).

Considerando que bens de extrema relevância podem ser perdidos em virtude do resultado da demanda apreciada em juízo (no processo penal, a liberdade; no processo civil, o patrimônio), é fundamental que haja não só a possibilidade como também a garantia de que o réu possa se manifestar no curso do procedimento.

Nesta linha de raciocínio é que se situam os princípios do contraditório (necessidade de ouvir a parte contrária, dando-lhe chance de reagir ao pedido do autor) e da ampla defesa (possibilidade de utilização de todos os meios possíveis, no que concerne a alegações e provas, na atuação em juízo); ambos estão previstos no art. 5.º, LV, da Constituição.

O contraditório também é previsto no CPC (art. 9º), que ainda traz o princípio da vedação das decisões-surpresa (art. 10[1]); essa diretriz, que é um reforço ao contraditório, inova em relação ao sistema anterior ao não permitir que o juiz decida, mesmo que a matéria debatida em juízo possa ser apreciada de ofício (ou seja, sem que autor ou o réu a alegue), e mesmo sem ouvir as partes[2].

Vale destacar que, apesar de tais princípios serem usualmente ligados ao réu, também se aplicam ao autor e a terceiros, valendo assim para todos os litigantes.

Imagine a situação em que, após a apresentação da contestação com documentos pelo réu, não seja possibilitada a manifestação do autor em réplica (não havendo a "abertura de vista" a ele sobre o que foi levado à apreciação do juiz). Em tal caso, haverá clara afronta ao princípio do contraditório (CF, art. 5.º, LV), bem como aos arts. 9º, 351[3] e 437, § 1º,[4] do CPC.

Pelo que se expôs, percebe-se que a manifestação de ambas as partes durante a marcha processual é inerente ao desenvolvimento válido e regular do processo.

O CPC regula a forma pela qual haverá a manifestação do réu em relação ao que consta na inicial.

Quando do ajuizamento da demanda pelo autor, há somente uma forma de arguição das alegações (via petição inicial).

Do ponto de vista do réu, no Código anterior era possível apresentar diversas petições quando da apresentação de resposta. Assim, conforme o tipo de alegação, havia uma petição específica a ser utilizada; isso se dava basicamente por razões históricas, com a reprodução de fórmulas tradicionais há muito consagradas no direito brasileiro e nos ordenamentos que influenciaram nosso direito processual, remontando ao direito romano.

No sistema do CPC vigente, de forma contrária, há uma intensa concentração das defesas na contestação. Grande parte das petições existentes no sistema anterior foi simplesmente extinta no Código atual. Trata-se de uma bem-vinda simplificação, considerando os novos tempos e, também, a tecnologia (com os autos eletrônicos, fica evidente a desnecessidade de falar em "peças apensas" aos autos).

## 7.2 RESPOSTAS DO RÉU NO CPC

Como exposto, o CPC vigente trouxe uma boa simplificação para o sistema processual no tocante às respostas do réu. Antes, era preciso apresentar diversas petições (conforme o tipo de defesa processual veiculada); agora, basicamente tudo constará na própria contestação, em diversos tópicos.

---

[1] CPC, art. 10: "O juiz não pode decidir, em grau algum de jurisdição, com base em fundamento a respeito do qual não se tenha dado às partes oportunidade de se manifestar, ainda que se trate de matéria sobre a qual deva decidir de ofício".

[2] Exemplo fácil de visualizar se refere à prescrição. Se nem autor nem réu, na inicial, na reconvenção ou na contestação a essas peças, se manifestarem quanto ao tema, o juiz não poderá decretar a ocorrência da prescrição sem, antes, abrir oportunidade para que as partes se manifestem a respeito do tema.

[3] CPC, art. 351: "Se o réu alegar qualquer das matérias enumeradas no art. 337, o juiz determinará a oitiva do autor no prazo de 15 (quinze) dias, permitindo-lhe a produção de prova".

[4] CPC, art. 437, § 1º: "Sempre que uma das partes requerer a juntada de documento aos autos, o juiz ouvirá, a seu respeito, a outra parte, que disporá do prazo de 15 (quinze) dias para adotar qualquer das posturas indicadas no art. 436".

Fora da contestação são apresentadas apenas as alegações de impedimento e de suspeição do magistrado.

Vale acrescentar que a presente exposição relativa à contestação se refere ao processo de conhecimento, nos procedimentos comum e especiais (observada eventual especificidade apontada no próprio procedimento especial). Em relação ao processo de execução, a defesa não se dá via contestação, mas sim mediante embargos.

No regime do JEC, todas as defesas também devem ser alegadas no bojo da própria contestação, salvo impedimento e suspeição (Lei nº 9.099/1995, arts. 30 e 31); o CPC, nesse particular, aproxima-se dos Juizados. Contudo, não cabe nestes a intervenção de terceiros (Lei nº 9.099/1995, art. 10), salvo o incidente de desconsideração da personalidade jurídica.

## 7.3 CONTESTAÇÃO

### 7.3.1 Considerações prévias

Citado, o réu pode apresentar contestação (CPC, arts. 335 a 342), que é a principal forma de defesa do réu.

Enquanto, na petição inicial, o autor busca a procedência do pedido, na contestação o réu apresenta argumentos contrários ao acolhimento do pedido formulado. Assim, enquanto na petição inicial o autor *pede*, na contestação o réu *impede*.

Caso o réu pretenda também pedir algo contra o autor – portanto, formulando pedido a seu favor –, deverá se valer da reconvenção – que é apresentada *na própria contestação* (e será oportunamente tratada).[5]

Contudo, se na petição inicial o objetivo único do autor é a procedência do pedido, na contestação não se fala somente em improcedência. Pode o réu pleitear não só a rejeição do pedido (com o juiz julgando improcedente o pedido), como também a extinção do processo sem resolução de mérito, conforme o argumento de defesa.

A ausência de contestação acarreta a revelia (CPC, art. 344).

Em regra, são graves para o réu os efeitos da revelia: (i) presumem-se verdadeiras as alegações dos fatos formuladas pelo autor na petição inicial (CPC, art. 344); (ii) não havendo advogado constituído nos autos, os prazos correm independentemente de intimação, bastando que haja a publicação no diário oficial (CPC, art. 346); (iii) é possível o julgamento antecipado do mérito (art. 355, II) ou o julgamento antecipado parcial do mérito (art. 356, II).

O prazo para contestar será de 15 dias úteis (CPC, art. 219 c/c art. 335). Há *três possibilidades para o início* da contagem do prazo no Código. O início dependerá do procedimento que o processo seguir. Assim:

(i)   se for designada a audiência de conciliação ou mediação (art. 334), o prazo de 15 dias será contado a partir da audiência infrutífera (seja após uma ou mais sessões, seja porque alguém não compareceu ao ato);

(ii)  se o autor manifestou na inicial seu desinteresse na audiência consensual e o réu fez o mesmo antes da audiência, a partir do "protocolo do pedido de cancelamento

---

[5]   Vide item 7.6, *infra*.

da audiência de conciliação ou de mediação apresentado pelo réu", sendo essa a hipótese menos frequente;

(iii) quando não designada a audiência de conciliação ou mediação, a partir da juntada aos autos do mandado de citação (CPC, art. 231).

## 7.3.2 Requisitos formais da contestação

Além da apresentação dos argumentos de defesa (que se dividem em *preliminar* e *mérito*, como se verá), deve ainda a contestação observar alguns aspectos formais.

Por força da garantia de isonomia entre os litigantes, pode-se traçar um paralelo entre a petição inicial e a contestação; assim, os requisitos desta defesa podem ser obtidos a partir da conjugação do art. 336 com os incisos do art. 319 do CPC:

- endereçamento e indicação do número do processo (inc. I);
- nome das partes (inc. II – qualificação, apenas se necessária alguma retificação em relação ao apontado na petição inicial);
- requerimento de provas (inc. VI, e art. 336, parte final);
- conclusão (inc. IV – pela extinção/remessa dos autos a outro juízo/improcedência do pedido; condenação no ônus da sucumbência. Não há pedido propriamente dito – exceção feita à hipótese de formulação de reconvenção);
- requerimento de juntada de procuração (a respeito da indicação do endereço do advogado, vide comentários no item 4.2.8.1 em relação à petição inicial).

Por fim, vale aduzir que nos referimos aqui, especificamente, a uma contestação para defender o réu em uma ação que tem seu trâmite pelo procedimento comum. Podem existir algumas alterações pontuais quando se tratar de defesa formulada em procedimentos especiais.

## 7.3.3 Princípio da eventualidade e ônus da impugnação específica

É importante consignar que, na contestação, o advogado deve atentar a aspectos de extrema relevância: *toda* a matéria de defesa deverá ser apresentada na petição (por força do denominado princípio da eventualidade): caso não haja impugnação de algum *ponto específico* da inicial (inobservância do ônus da impugnação específica), presumir-se-á verdadeiro o fato não refutado. Examinaremos tais aspectos de forma separada.

Dispõe o art. 336 do CPC, em sua parte inicial, que toda a matéria de defesa deve ser apresentada na contestação. Daí se depreende que não é possível ao réu aditar (completar posteriormente) a peça de defesa.[6]

---

[6] Como já praticou o ato, ainda que de forma incompleta, é vedado que o réu "emende" sua manifestação em virtude do fenômeno da preclusão consumativa (perda da faculdade de praticar o ato processual por já ter sido realizado). Com a edição do CPC atual, surgiu o debate se, apresentada a contestação com sobra de prazo, será possível a apresentação de complemento à contestação, considerando o teor do art. 223, que trata de justa causa (ou seja, a discussão é se essa regra afasta a preclusão consumativa, de modo que apenas haveria a preclusão temporal). A resposta positiva não tem sido acolhida pela jurisprudência, de maneira que se deve evitar tal postura para que não haja prejuízos.

Apresentada a contestação, descabe trazer, posteriormente, outros argumentos ou teses de defesa. Logo, não é possível apresentar apenas uma alegação na contestação para o caso de, sendo ela rechaçada pelo juiz, posteriormente o réu complementar a manifestação trazendo novos argumentos.

Assim, para não prejudicar o cliente, o advogado do réu deve trazer, na contestação, todas as matérias de defesa, ainda que, por vezes, os argumentos pareçam *contraditórios*.

Como exemplo, imagine uma demanda condenatória em que o autor pleiteia o pagamento de certa quantia referente a um empréstimo. O réu afirma que já pagou tal quantia. Além disso, ainda que não houvesse ocorrido o pagamento, o valor pleiteado pelo autor estaria acima do que deveria ser pago; por fim, pelo decurso de tempo, já teria transcorrido o prazo prescricional para pleitear o crédito.

Nessa situação, como deverá ser feita a defesa? Apenas com a alegação de pagamento? Ou também deverá ser alegado que o valor cobrado é excessivo, bem como que prescreveu? Mas, ao alegar outras defesas, não haveria uma confissão, pelo réu, de que não houve pagamento?

Para evitar prejuízos ao cliente, deverão ser alegadas *todas* as matérias de defesa.

E por que isso? Caso não seja reconhecido o pagamento (por não se conseguir provar tal afirmação), será possível aditar a defesa para alegar que a quantia é cobrada em montante superior ao devido ou que houve a prescrição? (Ou vice-versa: alega-se prescrição, que não é acolhida, para depois tentar alegar pagamento e/ou que a quantia cobrada é maior?). Como já exposto, não cabe aditamento da contestação exatamente por força do princípio da eventualidade.

A nomenclatura do princípio decorre do fato de que, se eventualmente o juiz não acolher o argumento "1", pode acolher o argumento "2". A forma muitas vezes utilizada no foro é a seguinte: *"Assim, na eventualidade de V. Exa. não acolher a alegação de prescrição, o que se admite apenas para argumentar,*[7] *então se requer o reconhecimento do pagamento".*

Portanto, como, após a apresentação da contestação, estará preclusa a possibilidade de trazer novos argumentos de defesa, conclui-se ser necessária a apresentação de toda a matéria de defesa em tal manifestação, ainda que os argumentos possam parecer contraditórios entre si.[8]

A exceção que o Código traz quanto ao princípio da eventualidade se refere às questões que podem ser conhecidas *de ofício*, a qualquer tempo e grau de jurisdição, basicamente (i) condições da ação, (ii) pressupostos processuais[9] e (iii) prescrição e

---

[7]   Para mostrar variedade sobre a ideia da eventualidade, são usadas expressões como a locução latina *ad argumentandum* (ou, mais incisiva, *ad argumentandum tantum*) e, ainda, "apenas por amor ao debate".

[8]   Um autor estrangeiro, Goldschmidt, carregava nas tintas ao tratar do princípio, mas sua interessante contribuição sobre a eventualidade ajuda a entender a extensão dessa diretriz: "Em primeiro lugar, você não me deu nenhum dinheiro, nada disso é verdade. Em segundo lugar, ele foi devolvido já há um ano. Em terceiro lugar, você me disse que seria um presente para mim. Em quarto lugar, já prescreveu – e a promessa (de devolver o dinheiro) está suspensa".

[9]   CPC, art. 337, § 5º: "Excetuadas a convenção de arbitragem e a incompetência relativa, o juiz conhecerá de ofício das matérias enumeradas neste artigo"; e art. 485, § 3º: "O juiz conhecerá de ofício da matéria constante dos incisos IV, V, VI e IX, em qualquer tempo e grau de jurisdição, enquanto não ocorrer o trânsito em julgado".

decadência[10]. De qualquer forma, não é recomendável que se utilize a possibilidade de conhecimento de ofício como estratégia, pois, além de alongar mais o processo, pode acarretar uma condenação por litigância de má-fé por parte do juiz. Por óbvio, tratando-se de concurso público ou OAB, não haverá mais a oportunidade de trazer o argumento de defesa, deixando o candidato de mostrar o conhecimento exigido para a sua aprovação.

Além de atentar ao princípio da eventualidade (e até como decorrência lógica de tal princípio), deve ainda o advogado do réu se lembrar de se desincumbir do ônus da impugnação específica previsto na parte final do art. 341 do CPC.

Nos termos de tal dispositivo legal, se o réu não impugnar especificamente algum fato alegado na petição inicial, em regra[11] presume-se que tal fato seja verdadeiro.

Para melhor compreensão de tal encargo ou ônus, eis um exemplo: imagine uma petição inicial com pedido de reparação dos danos materiais decorrentes de acidente de veículos ocorrido porque, segundo o autor, o réu estava em alta velocidade naquele dia chuvoso.

Se, na realidade, o réu estava em velocidade moderada e o dia estava apenas nublado, os fatos trazidos pelo autor devem ser necessariamente impugnados na contestação. Se, em sua defesa, o réu não discordar da alegação de que estava em alta velocidade ou que o dia estava chuvoso (ou seja, se ficar em silêncio em relação a tais argumentos, não trazendo a sua versão), o juiz presumirá que os fatos alegados pelo autor são verdadeiros e, portanto, não serão objeto de produção de prova em juízo.

Diante disso, percebe-se que não é possível, em regra, a apresentação de contestação *por negativa* geral, situação em que o réu simplesmente afirma que "tudo o que consta na inicial" está equivocado e que, portanto, o pedido é improcedente, sem impugnar os fatos trazidos pelo autor de forma específica (salvo no caso em que isso é expressamente admitido pelo legislador).[12] Se houver a contestação por negativa geral, o juiz considerará não impugnados os fatos narrados pelo autor na petição inicial.

Assim, antes de apresentar a contestação em juízo, o advogado do réu deve verificar se todos os argumentos de defesa foram apresentados (em atendimento ao princípio da eventualidade) e se todos os fatos apontados na inicial e passíveis de impugnação foram devidamente contestados (em cumprimento ao ônus da impugnação específica). Trata-se de cuidados que o profissional deve ter por força de expressas disposições legais.

No tocante ao exame da OAB e a outros certames, deve o candidato redobrar sua atenção ao enunciado para que nenhum argumento ou fato de defesa seja esquecido.

---

[10] Em relação à prescrição poder ser alegada a qualquer tempo, há uma divergência doutrinária. De um lado, seria possível falar que a prescrição pode ser alegada e conhecida a qualquer tempo e grau de jurisdição, considerando a previsão do CPC de que ela (bem como a decadência) pode ser conhecida de ofício pelo juiz (art. 487, II). Do outro, considerando que a prescrição pode ser objeto de renúncia (CC, art. 191), então não seria possível ao juiz conhecê-la de ofício, salvo na improcedência liminar. Na jurisprudência, em geral admite-se o reconhecimento de ofício.

[11] Há exceções nos incisos do art. 341 do CPC: "Incumbe também ao réu manifestar-se precisamente sobre as alegações de fato constantes da petição inicial, presumindo-se verdadeiras as não impugnadas, salvo se: I – não for admissível, a seu respeito, a confissão; II – a petição inicial não estiver acompanhada de instrumento que a lei considerar da substância do ato; III – estiverem em contradição com a defesa, considerada em seu conjunto".

[12] A lei processual (CPC, art. 341, parágrafo único) só permite contestação por negativa geral quando se tratar de defesa elaborada por defensor público, advogado dativo ou curador especial (cf., em relação ao curador especial, a previsão do art. 72 do CPC).

## 7.3.4 Conteúdo da contestação

A contestação, peça de defesa do réu, comporta uma divisão em relação ao seu conteúdo.

É possível que o réu impugne os aspectos formais da causa, apontando vícios de ordem processual; trata-se da chamada *defesa processual* ou *preliminar*.

Além disso, o réu pode insurgir-se especificamente em relação ao pedido formulado pelo autor, impugnando a relação de direito material na chamada *defesa de mérito*.

A divisão entre tais ordens de defesa é claramente prevista no CPC, razão pela qual é conveniente que a petição seja clara ao distinguir o que é defesa processual do que é defesa de mérito.

De qualquer forma, por força do mencionado princípio da eventualidade, é de extrema relevância que toda a matéria de defesa seja exposta na contestação, não devendo se conformar o advogado, como regra, com a iniciativa de impugnar apenas questões processuais. É importante que sejam veiculados todos os argumentos pertinentes tanto no âmbito do direito processual (preliminarmente) quanto na seara do direito material (mérito).

Um erro que muitas vezes se vê no foro é a apresentação de um mesmo argumento de defesa, com as mesmas consequências, tanto em sede preliminar como no mérito. Certamente isso não se mostra adequado, e o próprio fato de a argumentação ficar repetitiva é um sinal a ser considerado pelo subscritor de que há algum equívoco. Ademais, não é *pelo cansaço*, com a repetição de argumentos, que se vai convencer o juiz a respeito de determinada tese...

Efetivamente, um argumento de defesa ou ataca aspectos formais e burocráticos (a própria relação processual), sendo matéria preliminar, ou ataca a relação de direito material e constitui mérito. Cada uma dessas defesas trará consequências diversas quanto à solução da causa.

### 7.3.4.1 Defesa de mérito

A defesa de mérito é baseada na relação jurídica material, ou seja, envolve o tema trazido pelo autor que ocorreu fora do processo, no mundo dos fatos (p. ex., se houve ou não o empréstimo; se o réu é ou não pai; se há ou não direito à indenização pleiteada; qual é o valor do prejuízo decorrente do acidente de veículos etc.).

O CPC rege tal defesa especialmente nos artigos 336 e 341.

Com a apresentação da defesa de mérito, busca o réu a *improcedência* do pedido. Com isso, o juiz rejeitará a pretensão do autor, proferindo decisão com resolução de mérito (CPC, art. 487, I). Tal situação é capaz de produzir a coisa julgada material, o que, em regra, impede nova propositura da demanda.

Ainda que o Código não fale em extinção (pois o cumprimento de sentença, se necessário, ocorrerá no mesmo processo), tem-se uma situação em que, em relação àquele pedido, há o fim da atuação cognitiva do juiz em primeiro grau de jurisdição.

Uma situação que usualmente causa confusão diz respeito às alegações de prescrição e decadência. Muitos imaginam que tais argumentos de defesa são de ordem processual quando na verdade constituem matéria de mérito; afinal, a ocorrência da prescrição e da decadência fulminam a pretensão e o próprio direito subjetivo daquele que está em juízo.

Pode-se assim afirmar, pois, que (i) tal defesa está alicerçada não no direito processual, mas na questão de fundo, relativa ao mérito discutido no processo (sendo regida por normas de direito material, previstas em todo o ordenamento jurídico, por exemplo, no

Código Civil, no Código de Defesa do Consumidor, na Lei de Locações Urbanas etc.); (ii) o CPC, no art. 487, II, dispõe que as apreciações sobre prescrição e decadência constituem hipóteses de resolução do mérito.

Por fim, vale acrescentar que a doutrina ainda diferencia duas ordens de defesa de mérito, direta e indireta (que serão a seguir expostas). Contudo, é importante esclarecer que, ao elaborar a contestação, *não é necessário* fazer distinção de nomenclatura em relação a tais matérias de defesa.

Apresentamos a classificação a seguir com o intuito de auxiliar o leitor quando da elaboração de uma contestação, buscando contribuir para o raciocínio quanto aos possíveis argumentos de defesa do réu (seja para a atuação profissional, seja em um exame de OAB ou em um concurso público).

De qualquer modo, vale consignar que o conteúdo da defesa de mérito será verificado pelo advogado no caso concreto diante das informações trazidas pelo cliente e do estudo de legislação, jurisprudência e doutrina.

### 7.3.4.1.1 Defesa direta

A defesa de mérito direta (por alguns denominada de *exceção substancial direta*) é a resistência propriamente dita às alegações da inicial.

Configura-se esta espécie de defesa nas situações em que o réu simplesmente nega a existência do fato em que é baseado o direito do autor. Portanto, o demandado não argui em resposta qualquer fato impeditivo, modificativo ou extintivo do direito do autor. Como exemplo, em uma ação indenizatória por descumprimento contratual, o réu afirma que não houve qualquer violação às cláusulas insertas no contrato.

Fala-se também em defesa direta quando o réu admite o fato trazido pelo autor, mas nega seu efeito jurídico. É exemplo o caso em que o réu admite que houve uma discussão entre as partes, mas nega que tal situação foi capaz de provocar dano moral.

### 7.3.4.1.2 Defesa indireta

Na defesa de mérito indireta (por alguns denominada de *exceção substancial indireta*), o réu não nega as afirmações constantes na petição inicial (não apresenta defesa direta), mas alega algum fato impeditivo, modificativo ou extintivo do direito do autor capaz de acarretar a improcedência do pedido. Esta é a situação prevista no art. 350 do CPC – que se verifica, por exemplo, quando o réu afirma que já pagou o débito pleiteado.

Como exposto, não é necessário, na contestação, apresentar separadamente as defesas de mérito direta e indireta – mas, se o profissional quiser fazê-lo, não há objeção.

### 7.3.4.2 *Defesa processual*

Se, de um lado, a defesa de mérito se limita à relação de direito material existente entre as partes, a defesa processual, ao contrário, restringe-se a discussões formais.

Discutem-se, neste momento, todos os aspectos processuais, formais e procedimentais (como pressupostos processuais e condições da ação).

A base legal da defesa processual encontra-se no Código de Processo Civil, especificamente em seus arts. 337, 485 e 330.[13] Figurando a matéria a ser alegada em um desses dispositivos, estaremos diante de defesa processual.

A defesa processual é corriqueiramente denominada "preliminar" porque sua apreciação verifica-se, logicamente, em momento anterior ao do exame de mérito; caso seja acolhido um dos argumentos "preliminares", o mérito não será apreciado.

O CPC, no art. 337, afirma que incumbe ao réu, "*antes* de discutir o mérito", apresentar algumas defesas de ordem processual. Assim, por sua topologia (abordada antes do mérito) e pelos seus potenciais efeitos, diz-se que constitui matéria *preliminar* ao mérito.

Há lógica em apresentar tais alegações antes do mérito porque, conforme seu teor, o processo já pode prontamente ser extinto sem que haja qualquer análise da lide trazida pela parte autora.

O dispositivo básico em relação à defesa processual é o art. 337 do CPC, que traz as matérias que devem ser alegadas, quando da elaboração da defesa, em sede preliminar.

No tocante à distinção entre preliminar e mérito, diferentemente do que se afirmou em relação às defesas direta e indireta, é recomendável distinguir, na petição de defesa, quais são as preliminares e quais são os argumentos de mérito. A distinção é útil tanto porque o Código a ressalta como para facilitar a leitura de quem apreciará a peça (seja o juiz, na prática cotidiana, seja o examinador, em alguma prova).

Vale reiterar o acima exposto quanto à prescrição e à decadência. É comum no foro afirmar que elas deveriam ser alegadas em sede preliminar. Trata-se, porém, de um erro à luz da legislação processual. Além de o art. 337 do CPC não fazer menção a ambas como preliminares, o art. 487, II, do mesmo Código destaca que a prescrição acarreta a prolação de sentença com resolução de mérito. Assim, o tecnicamente correto é alegar essa defesa na parte da petição destinada ao mérito ou, então, entre a defesa preliminar e o mérito, em um tópico que pode ser denominado "prejudicial de mérito".

Os vícios formais a seguir indicados devem ser apresentados em sede de preliminar de contestação:

(i) matérias presentes no CPC, art. 337:

I – inexistência ou nulidade de citação;

II – incompetência absoluta ou relativa;

III – incorreção do valor da causa;

IV – inépcia da petição inicial (CPC, art. 330, § 1º);

V – peremção (CPC, art. 486, § 3º);

VI – litispendência (CPC, art. 337, §§ 1º, 2º e 3º);

VII – coisa julgada (CPC, art. 337, §§ 1º, 2º e 4º);

VIII – conexão (CPC, art. 55);

IX – incapacidade da parte, defeito de representação ou falta de autorização (CPC, art. 76);

---

[13] Sugere-se a leitura desses artigos nessa ordem, e não em ordem cronológica, para melhor compreensão do sistema do Código.

X – convenção de arbitragem (Lei n° 9.307/1996);

XI – falta de condição da ação (CPC, art. 485, VI – legitimidade das partes e interesse processual);

XII – falta de caução ou de outra prestação que a lei exige como preliminar (como, por exemplo, o recolhimento de custas);

XIII – indevida concessão do benefício de gratuidade de justiça (tema tratado nos arts. 98 e seguintes);

(ii) matéria presente no CPC, art. 485:

I – indeferimento da inicial (CPC, art. 330).

Nos exatos termos dos dispositivos acima indicados, estas são as matérias que devem ser apresentadas em preliminar de contestação.

Em relação às consequências produzidas pela alegação de tal espécie de defesa, uma preliminar não tem o condão de acarretar a improcedência do pedido (situação em que se analisa o mérito, como exposto).

Existem ao menos três consequências que podem decorrer da alegação de uma defesa processual:

(i) **extinção do processo sem resolução de mérito, desde que haja a previsão de tal extinção no art. 485 do CPC** (dispositivo que trata da extinção do processo sem resolução de mérito). Neste caso, tal defesa é denominada "peremptória".

É exemplo a hipótese de falta de interesse de agir (condição da ação), prevista tanto no art. 337, XI (que determina a alegação em preliminar), como também no art. 485, VI, do CPC (dispositivo que trata da extinção em virtude da falta de uma das condições da ação);

(ii) **prévia possibilidade de correção da falha por parte do autor – sob pena de extinção do processo, caso ela não seja superada**. Tal defesa costuma ser denominada "dilatória potencialmente peremptória".

Exemplo interessante é o da ausência de recolhimento de custas, matéria que deve ser alegada em preliminar (CPC, art. 337, XII), mas que admite a emenda da inicial, no prazo de 15 dias (CPC, art. 321). Se o autor não emendar a inicial, juntando a guia de recolhimento das custas, o processo será extinto com o indeferimento da petição inicial (CPC, arts. 330, IV e 485, I);

(iii) **a alteração do juízo responsável pelo julgamento da causa** (hipótese em que não se fala em extinção). Trata-se de defesa "dilatória" em que o vício não causa extinção, mas o processo vai se alongar para a correção da falha.

Exemplo típico é o da alegação de incompetência absoluta ou relativa. Ao verificar uma situação de incompetência absoluta (p. ex., se a causa deve ser julgada pela Justiça Federal e não Estadual) ou relativa (p. ex., se a causa deve ser julgada na Comarca de São Paulo ou de Curitiba), o réu aponta tal alegação em preliminar de contestação (CPC, art. 337, II). Não há previsão de extinção do processo por força da incompetência (basta analisar o CPC, art. 485), mas sim de remessa dos autos ao juízo competente (CPC, art. 64, § 3.º).

Assim, para cada uma das alegações preliminares, poderá haver uma consequência diferente. Cabe ao advogado cotejar os dispositivos acima mencionados para verificar qual será a consequência da sua defesa preliminar para então apontá-la na conclusão de sua contestação.

Frise-se que as três opções acima expostas são as principais, mas não esgotam as possibilidades de efeitos produzidos pelo acolhimento de uma preliminar, em contestação.

Pode o réu ainda, em preliminar, por exemplo, requerer a *suspensão* do processo, nos termos do art. 313 do CPC – ou, no caso de citação inválida (CPC, art. 337, I), requerer a *devolução do prazo* para contestar.

O atual CPC traz regra própria para a alegação de *ilegitimidade passiva*.

Ao alegar sua ilegitimidade, se souber quem é a parte legítima, deverá o réu *indicar quem deve figurar no polo passivo*, sob pena de pagamento de despesas e indenização (CPC, art. 339[14]). Essa conduta decorre, também, do princípio da cooperação (CPC, art. 6º).

Nesse caso, poderá o autor alterar a petição inicial modificando o polo passivo,[15] hipótese em que o anterior réu será excluído do processo.[16]

### 7.3.4.3 *Exercícios para distinguir matérias alegadas no mérito e em preliminar*

Para facilitar a compreensão dos conceitos acima expostos, propomos alguns exercícios para que sejam indicadas, a partir da lei, quais das matérias de defesa a seguir relacionadas são de natureza processual (preliminar) ou material (de mérito).

(i) Ação de alimentos proposta pela filha, representada pela mãe, em face do pai:

a) ausência de procuração;

b) citação inválida;

c) desemprego do pai;

d) ajuizamento anterior de outra ação de alimentos, ainda não julgada;

e) pagamento da escola da filha pelo pai.

(ii) Investigação de paternidade proposta pelo filho contra o pai:

a) filho com 17 anos, mas não assistido pela mãe;

b) por ser o pai candidato a vereador, demanda ajuizada perante a Justiça Eleitoral;

---

14 "Quando alegar sua ilegitimidade, incumbe ao réu indicar o sujeito passivo da relação jurídica discutida sempre que tiver conhecimento, sob pena de arcar com as despesas processuais e de indenizar o autor pelos prejuízos decorrentes da falta de indicação".

15 CPC, "Art. 338. Alegando o réu, na contestação, ser parte ilegítima ou não ser o responsável pelo prejuízo invocado, o juiz facultará ao autor, em 15 (quinze) dias, a alteração da petição inicial para substituição do réu".

16 "Art. 338. (...) Parágrafo único. Realizada a substituição, o autor reembolsará as despesas e pagará os honorários ao procurador do réu excluído, que serão fixados entre três e cinco por cento do valor da causa ou, sendo este irrisório, nos termos do art. 85, § 8º".

c) filho é parecido fisicamente com o vizinho;

d) idêntica ação anteriormente ajuizada, já julgada improcedente com trânsito em julgado;

e) mãe nunca havia contatado o pai até o momento em que foi proposta a ação.

(iii) Indenizatória decorrente de acidente de trânsito:

a) ocorrência de prescrição;

b) na petição inicial, da narração dos fatos não decorre logicamente a conclusão alegada pelo autor;

c) os orçamentos de conserto do automóvel são de concessionárias notórias por apresentarem os preços mais elevados da cidade;

d) o réu não estava dirigindo nem é dono do carro;

e) falta de recolhimento das custas iniciais.

*RESPOSTAS:*

*(i)*

*a) preliminar – defeito de representação (art. 337, IX)*

*b) preliminar – nulidade de citação (art. 337, I)*

*c) mérito*

*d) preliminar – litispendência (art. 337, VI)*

*e) mérito*


*(ii)*

*a) preliminar – incapacidade de parte (art. 337, IX)*

*b) preliminar – incompetência absoluta (art. 337, II)*

*c) mérito*

*d) preliminar – coisa julgada (art. 337, VII)*

*e) mérito*


*(iii)*

*a) mérito (art. 487, II – **atenção:** não se trata de matéria processual, à luz do CPC, já que o tema não está previsto nos arts. 485 e 337)*

*b) preliminar – inépcia da inicial (art. 337, IV, e art. 330, § 1º, III)*

*c) mérito*

*d) preliminar – ilegitimidade passiva (art. 337, XI – nesse caso, se souber quem é o efetivo responsável, deverá o réu indicá-lo, nos termos do art. 339 do CPC)*

*e) preliminar – falta de prestação que a lei exige como preliminar (art. 337, XII)*


## 7.3.5 Modelo de contestação comentado

Para ilustrar e fixar os conceitos expostos neste tópico, propomos um problema a partir do qual será elaborada uma contestação. Para a melhor compreensão do tema, os comentários serão feitos no corpo da própria peça.

Tício, representante comercial autônomo, esteve por nove vezes em determinado hotel, entre dezembro de 2021 e fevereiro de 2022 (três vezes em cada mês), a trabalho. Em cada pernoite, Tício assinava um documento comprovando que havia utilizado os serviços do hotel, onde constavam tão somente a data e o valor da diária (duzentos e cinquenta reais).

Não adimplida tal obrigação, ajuizou o hotel, em março de 2023, ação condenatória contra Tício e a empresa para quem este presta serviços. O hotel pleiteou o valor do débito acrescido de multa de 10% (dez por cento); a petição inicial não trouxe procuração.

Considerando estas informações, elabore a contestação de Tício e da empresa, em uma única petição.

**EXCELENTÍSSIMO SENHOR DOUTOR JUIZ DE DIREITO DA (número) VARA CÍVEL DA CO-MARCA DE (nome da comarca)[1]**

> 1. A contestação será sempre dirigida ao juízo que determinou a citação do réu, ainda que se pretenda alegar sua incompetência.

**Autos do processo n. (número)[2]**

> 2. É fundamental indicar o número dos autos em que tramita o processo para que a petição seja devidamente anexada aos fascículos corretos (se os autos forem físicos) e consideradas no âmbito adequado (ainda que o processo tramite eletronicamente).

**Autor: HOTEL (nome)[3]**

> 3. Não é imprescindível indicar o nome das partes, mas trata-se de providência recomendável para facilitar que a petição chegue corretamente aos autos do processo (quando tramitam em suporte físico).

**Réus: TÍCIO (sobrenome) e EMPRESA (nome)[4]**

> 4. Não é obrigatória a apresentação de defesa dos litisconsortes em uma única peça; inclusive se as petições forem apresentadas por procuradores distintos, de escritórios diferentes, haverá prazo em dobro (CPC, art. 229).

**TÍCIO** (sobrenome), representante comercial autônomo[5] (estado civil), portador da cédula de identidade RG n. (número) e inscrito no CPF sob o n. (número), residente em (Rua, número, bairro, CEP), na comarca de (Comarca), endereço eletrônico (e-mail) e **EMPRESA** (nome), com sede em (Rua, número, bairro, CEP), inscrita no CNPJ sob o n. (número), endereço eletrônico (endereço), vem à presença de V. Exa., por seu advogado (procuração anexa), cujo escritório se localiza em (endereço), com fundamento na lei, apresentar a presente

> 5. Se a qualificação do réu já estiver correta na inicial, basta indicar "já qualificado", não havendo necessidade de reproduzir a qualificação novamente.

## CONTESTAÇÃO

à ação condenatória proposta por HOTEL (nome), já qualificado, com base nos fatos e fundamentos a seguir expostos:

### I – DA SÍNTESE DA INICIAL[6]

6. Não se trata de requisito obrigatório em uma contestação, mas parece conveniente abrir tal tópico para facilitar a compreensão da causa por parte do juiz/examinador. Em Exames de Ordem e em concursos, também é conveniente apresentar este tópico.

Busca o autor o Poder Judiciário pleiteando o recebimento dos valores referentes à utilização dos serviços hoteleiros por parte do corréu TÍCIO.

Afirma a exordial que este se hospedou no HOTEL por nove oportunidades, entre dezembro de 2021 e fevereiro de 2022, e que não teria pagado a conta.

A demanda foi ajuizada em março de 2023 também em face da EMPRESA, pedindo o autor a condenação dos réus ao pagamento de (i) R$ 2.250,00 (dois mil duzentos e cinquenta reais) referentes às diárias e (ii) multa de 10% (dez por cento).

É a breve síntese[7] do necessário.

7. Se o advogado opta por realizar a síntese, não deve tomar partido neste momento, afirmando que são inverídicas ou equivocadas as afirmações, mas simplesmente relatar os fatos trazidos na inicial. Por sua vez, se a versão do réu para os fatos for muito distinta, pode ser aberto um tópico para narrar os fatos sob a perspectiva do réu.

### II – PRELIMINARMENTE[8]

8. Tratando-se de contestação e existindo alguma defesa processual, deve ser aberto tópico próprio para apontar a matéria preliminar (CPC, art. 337).

Antes de adentrar na defesa de mérito, mister se faz apontar, em sede preliminar, argumentos que afetam a relação processual e impedem a regular tramitação deste feito.

### 1) DA ILEGITIMIDADE PASSIVA DA EMPRESA[9]

9. Se o advogado preferir, já é possível apresentar diretamente os argumentos processuais, não havendo necessidade de abrir um tópico específico para cada uma das preliminares, como aqui fizemos.

É patente a ilegitimidade *ad causam* da **empresa** para figurar no polo passivo da presente demanda.

A melhor definição para legitimidade é a coincidência entre as partes que figuram na relação processual e aquelas que figuram na relação material; no caso, é cristalina a ausência de correspondência entre as partes deste processo e as partes contratantes.

Ora, na própria inicial já se percebe que quem se valeu dos serviços hoteleiros foi **Tício** e não a **empresa**. Portanto, há relação jurídica material (prestação de serviços hoteleiros) somente entre o corréu **Tício** e o **hotel**.

Além disso, é de se apontar que, como consta da exordial, **Tício** é representante comercial autônomo, não havendo qualquer liame entre este e a **empresa**.

Destarte, é indubitável que a **empresa** (parte na relação processual) não é parte da relação jurídica material existente, razão pela qual deve ser reconhecida sua ilegitimidade passiva – com a consequente extinção do processo[10] sem resolução de mérito, em virtude da carência de ação (CPC, arts. 485, VI, e 337, XI).

> 10. No caso, já indicamos no corpo da peça a consequência pretendida com esta alegação de defesa. Além de fazer isso neste momento, na conclusão haverá uma síntese do que se pediu para facilitar a compreensão de quem lê a peça.

Considerando que já existe litisconsórcio passivo com Tício, e que este seria, *in statu assertionis*, a parte legítima correta, não se faz necessária a indicação da parte que deveria figurar no polo passivo (CPC, art. 339)[11].

> 11. Quem alega ilegitimidade passiva deve indicar quem é o correto réu a figurar na relação processual. Tratando-se de um caso concreto, não haveria necessidade de incluir este tópico. Mas, em OAB ou concurso, para demonstrar ao examinador que se conhece a previsão legal, isso seria bastante conveniente.

## 2) DO DEFEITO DE REPRESENTAÇÃO: FALTA DE PROCURAÇÃO

A petição inicial não veio instruída com a procuração outorgando poderes ao patrono do HOTEL.

Nos termos dos artigos 104 e 287 do CPC, é fundamental que o advogado, ao postular em juízo, apresente instrumento de mandato.

Assim, há evidente defeito de representação (CPC, art. 337, IX), devendo o autor corrigir tal vício, em 15 dias, sob pena de extinção do processo[12] sem resolução de mérito (CPC, arts. 76 e 321).

> 12. Nesses casos, ainda que seja possível a correção, é comum ver no foro requerimentos de extinção do processo desde logo. Parece-nos mais técnico (especialmente em exames da OAB e concursos públicos) que não se peça diretamente a extinção, mas inicialmente a correção do problema.

## III – MÉRITO[13]

> 13. Terminado o tópico da preliminar, parte-se para o mérito – momento em que serão discutidos aspectos de direito material referentes à causa.

Mesmo que fossem inteiramente superadas as preliminares, o que se admite apenas para argumentar, tampouco no mérito prosperará a demanda proposta pelo autor. Outrossim, é de se apontar que, no caso, há questão prejudicial a ser analisada (prescrição).

### 1) DA PRESCRIÇÃO[14] DA PRETENSÃO DO AUTOR

14. Como exposto, é comum no foro afirmar que prescrição é matéria processual; trata-se de um erro, à luz da legislação processual. Nos termos do art. 487, II, a prescrição acarreta a prolação de sentença COM resolução de mérito, razão pela qual não se alega em preliminar (situação em que há extinção SEM resolução do mérito). Assim, pode-se alegar no mérito (como aqui se fez) ou então, entre a defesa preliminar e o mérito, em um tópico que pode ser denominado "prejudicial de mérito".

O crédito referente às estadias já se encontra irremediavelmente prescrito.

Discute-se nestes autos a cobrança da hospedagem por parte dos hospedeiros, matéria especificamente tratada no Código Civil (CC, art. 206, § 1.º, I).[15]

15. Se quiser, o advogado pode reproduzir o artigo, mas não há necessidade (o juiz conhece o direito – *jura novit curia*). Para fins de OAB e concursos, é recomendável que se reproduza ao menos alguma parte do dispositivo para mostrar conhecimento e reforçar a argumentação.

Afirma-se na inicial que o corréu teria se valido dos serviços de hospedagem nos meses de dezembro de 2021 e janeiro e fevereiro de 2022.

Nos termos do dispositivo já mencionado da legislação civil, o prazo prescricional em hipóteses como a presente é de 1 (um) ano – sendo certo que a prescrição do último mês se efetivaria em fevereiro de 2023, data anterior à distribuição da petição inicial que deu origem a este processo.

Destarte, como se vê, o pedido encontra óbice na prescrição.

Assim, nos termos do art. 487, II, do CPC, deve haver a extinção do processo com resolução do mérito em virtude da prescrição apontada.

### 2) DO DESCABIMENTO DA MULTA, VISTO QUE NÃO PREVISTA PELAS PARTES CONTRATANTES

Acaso afastada a prescrição – o que se admite *ad argumentandum tantum* –,[16] impõe-se o afastamento da multa[17] pleiteada pelo autor.

16. "Apenas para argumentar".

17. Alega-se esta defesa por força do princípio da eventualidade, já que, se acolhida a prescrição, este tópico nem sequer será analisado. De todo modo, é preciso formular tal alegação na defesa porque não haverá oportunidade de aditá-la.

É certo que houve, entre autor e o corréu **Tício**, um contrato verbal de prestação de serviços hoteleiros.

Contudo, não houve a formalização de qualquer instrumento contratual com a previsão de multa, nem mesmo comunicação a **Tício** sobre sua existência.

Como bem destaca o art. 409 do Código Civil, a cláusula penal deve ser estipulada com a obrigação ou em ato posterior; tal situação não se configurou na relação contratual sob análise porque não foi estipulada essa obrigação acessória.

Portanto, ante a inexistência de qualquer acerto prévio entre as partes, impossível alegar a incidência de multa sob pena de ensejar considerável insegurança jurídica e violação aos princípios da legalidade (CF, art. 5.º, II) e da boa-fé objetiva (CC, art. 422).

Assim, conclui-se que a multa pleiteada deve ser afastada.

## IV – DA CONCLUSÃO[18]

> 18. Neste momento, deve o advogado sintetizar o que expôs na peça, apontando a consequência específica para cada uma das alegações apontadas na contestação.

Ante o exposto, requerem[19] os réus a V. Exa.:

> 19. Apesar de muitas vezes utilizado no cotidiano forense o termo "pedido", em verdade melhor deixar de lado tal vocábulo – já que quem pede é o autor. Por isso, preferimos requerer.

a) preliminarmente, seja reconhecida a ilegitimidade passiva da corré **Empresa**, com a extinção do feito em relação a ela, sem resolução de mérito com base no artigo 485, VI, do CPC;

b) preliminarmente, que o autor traga aos autos procuração outorgando poderes a seu patrono, sob pena de indeferimento da petição inicial e consequente extinção do processo sem resolução do mérito, nos termos do art. 485, I, do CPC;

c) se afastadas as preliminares, no mérito, o reconhecimento da existência de prescrição, em relação a todo o valor cobrado pelo autor;

d) subsidiariamente, na remota hipótese de procedência do pedido principal, seja afastada a multa pleiteada;

e) a condenação do autor no ônus da sucumbência, em 10% do valor da causa, nos termos do art. 85, §§ 2º e 6º, do CPC;[20]

> 20. Apesar de previsto em lei, é sempre conveniente pleitear a condenação do autor ao pagamento da sucumbência.

f) provar o alegado por todos os meios de prova previstos em lei, especialmente pelos documentos ora juntados aos autos – e, caso V. Exa. entenda necessária a realização de audiência, requerem os réus o depoimento pessoal do representante legal do autor.

Termos em que

pede deferimento.

Cidade, data, advogado, OAB

## 7.3.6 Outras preliminares de contestação previstas no CPC

### 7.3.6.1 Da incompetência relativa

No sistema do CPC anterior, a incompetência absoluta era alegada em preliminar de contestação, ao passo que a incompetência relativa era apresentada por meio de exceção. No CPC atual há simplificação: ambas as incompetências são alegadas em preliminar de contestação (art. 337, II).

Para compreender bem o tema, vale realizar uma breve incursão sobre tais modalidades de incompetência.

O ponto de partida é a análise dos artigos 62 e 63 do CPC. Esses dispositivos apontam a existência de dois tipos de competência (absoluta e relativa), cada qual com regras próprias.

A incompetência absoluta, fundada no interesse público e inderrogável (inafastável), compreende a competência em razão da matéria,[17] pessoa[18] e função (ou hierarquia).[19]

De outra banda, a incompetência relativa, fundada no interesse das partes e derrogável (pode ser afastada ou suprida conforme a conveniência das partes), compreende a competência em razão do território[20] e do valor da causa.

A incompetência relativa é prorrogável: se a parte interessada permanecer inerte (não apresentando a preliminar de incompetência relativa), o juiz, antes relativamente incompetente, passará a ser competente para julgar a causa (CPC, art. 65). Há uma exceção, presente no art. 63, § 3º: poderá o juiz conhecer de ofício da incompetência relativa se a cláusula de foro de eleição for abusiva.[21]

Acerca do tema, é possível apresentar o seguinte quadro:

| Tipo de competência/Distinções | Conhecimento de ofício pelo juiz? | Como deve ser arguida pelo réu? | E se o réu não arguir? |
|---|---|---|---|
| Absoluta | Sim, de ofício (CPC, art. 64, § 1º). | Preliminar de contestação (CPC, art. 64). | Pode ser alegada/conhecida a qualquer tempo e grau de jurisdição (CPC, art. 64, § 1º). Se houver coisa julgada, cabe ação rescisória (CPC, art. 966, II). |

---

[17] Conforme a matéria discutida, determinada Justiça será competente para julgar a causa: cível, criminal, família, trabalhista.

[18] Conforme a pessoa (parte) envolvida, determinada Justiça será competente para julgar a causa: a presença da União atrai a competência para a Justiça Federal.

[19] Conforme a função que o julgador desenvolve no processo, como no caso de competência originária de tribunal (se ação rescisória for ajuizada em primeiro grau, será caso de incompetência funcional do juiz monocrático – CPC, art. 970).

[20] Competente a comarca de São Paulo ou a Comarca de Curitiba? Regras previstas no CPC, arts. 46 e seguintes.

[21] O Código não indica quais seriam todas as hipóteses de abusividade de cláusula. Assim, podem ser diversas hipóteses, como, por exemplo, a previsão, em cláusula de contrato de adesão, de competência que prejudique o consumidor. Além disso, considerando a alteração do CPC por força da Lei 14.879/2024, é considerada abusiva a escolha de foro de eleição em "juízo aleatório, entendido como aquele sem vinculação com o domicílio ou a residência das partes ou com o negócio jurídico discutido na demanda" (CPC, art. 63, § 5º).

| Tipo de competên-cia/Distinções | Conhecimento de ofício pelo juiz? | Como deve ser arguida pelo réu? | E se o réu não arguir? |
|---|---|---|---|
| Relativa | Não, a parte precisa provocar* (CPC, art. 65). * Possível o reconhecimento de ofício no caso de eleição de foro, com cláusula abusiva (CPC, art. 63, §§ 3º e 5º). | Preliminar de contestação (CPC, art. 64). | Prorrogação da competência (CPC, art. 65). |

A apresentação da contestação com preliminar de incompetência (absoluta ou relativa) não acarreta a suspensão do processo, devendo o juiz abrir vista ao autor para, em réplica, manifestar-se a respeito dessa alegação (CPC, art. 351).

Na preliminar de incompetência relativa, deverá o réu explicar ao juiz qual causa está em trâmite, apontar qual é o foro competente (com base na lei e/ou na jurisprudência) e então requerer a remessa dos autos ao foro competente.

É o que se verá no modelo comentado apresentado na sequência, em que se apontará apenas a preliminar de incompetência relativa, tendo em vista que modelo de contestação completo já foi elaborado acima (item 5.4.5).

No entanto, antes do modelo, cabe trazer alguns exercícios para que a distinção entre competência absoluta e relativa fique ainda mais evidente.

### 7.3.6.1.1 Exercícios relacionados à incompetência

Para facilitar a compreensão do tema acima exposto, propomos alguns exercícios para que seja indicado qual o tipo de incompetência existente em cada um dos problemas, como deve ser apontada a incompetência e qual a solução correta.

(i) Ação de alimentos proposta na Justiça Eleitoral por ser o devedor candidato a cargo eletivo nas próximas eleições.

(ii) Mandado de segurança contra ato do Superintendente da Receita Federal em trâmite perante a Justiça Estadual.

(iii) Ação anulatória de título ajuizada contra o Banco do Brasil perante a Justiça Federal.

(iv) Ação de cobrança ajuizada em Goiânia, por autor domiciliado nessa cidade e réu com domicílio em Belo Horizonte.

(v) Despejo por falta de pagamento ajuizado em Maringá de imóvel situado em tal comarca. Foro de eleição contratual é a comarca de Londrina, onde reside o locador.

**RESPOSTAS:**

*(i) Incompetência absoluta, em razão da matéria, apontada em preliminar de contestação (causa deve ser julgada pela Justiça Estadual, já que não importa a profissão do devedor de alimentos para fins de fixação de competência).*

*(ii) Incompetência absoluta, em razão da matéria, apontada em preliminar de contestação (a causa deve ser julgada perante a Justiça Federal, já que se trata de autoridade federal – CF, art. 109, I e VIII).*

*(iii) Incompetência absoluta, em razão da matéria, apontada em preliminar de contestação (sociedade de economia mista federal – Banco do Brasil – é julgada perante a Justiça Estadual; empresa pública federal é que é julgada perante a Justiça Federal – CF, art. 109, I, e Súmula 42, STJ).*

*(iv) Incompetência relativa, em razão do território, apontada em preliminar de incompetência relativa, em contestação (ação deveria ter sido proposta no domicílio do réu, Belo Horizonte, nos termos do art. 46 do CPC).*

*(v) Incompetência relativa, em razão do território, apontada em preliminar de incompetência relativa, em contestação (como se tratava de competência territorial, era possível a escolha de foro pelas partes, razão pela qual a ação deveria ter sido proposta em Londrina, foro de eleição constante do contrato – CPC, art. 63, caput e §§ 1º e 5º e Lei nº 8.245/1991, art. 58, II).*

## 7.3.6.1.2 Modelo comentado tratando de incompetência relativa

Para ilustrar e fixar os conceitos expostos neste tópico, propomos um problema a partir do qual será elaborada uma preliminar de incompetência. Para uma melhor compreensão do tema, os comentários serão feitos no corpo da própria peça.

Reitere-se que aqui será apresentada apenas a preliminar de incompetência relativa – mas, em caso de exame, concurso ou na prática profissional, é certo que deverá ser elaborada a contestação na sua íntegra, considerando o princípio da eventualidade e o ônus da impugnação específica.

*Inadimplemento contratual em que não há título executivo. Ação de cobrança proposta pelo procedimento comum ajuizada em Vitória (1.ª Vara Cível, Processo n. .....), domicílio do credor. Devedor residente no Rio de Janeiro.*

EXMO. SR. DR. JUIZ DE DIREITO DA 1.ª VARA CÍVEL DA COMARCA DE VITÓRIA[1] – ESPÍRITO SANTO.

> 1. Ainda que se entenda que este juízo é incompetente, é aí que a causa está em trâmite e é nesse local que será apresentada a contestação.

Autos n. ...[2]

> 2. Deve-se indicar o número dos autos do processo. Se o advogado quiser, pode também indicar o nome das partes.

BENTINHO MACHADO, já qualificado[3] nos autos do processo em epígrafe, vem respeitosamente, por seu advogado, apresentar, com fundamento na lei (CPC, art. 335 e[4] seguintes), no prazo legal, a presente

> 3. Reitere-se que o réu deve indicar suas qualificações apenas se houver algum erro.
>
> 4. Não é fundamental indicar os dispositivos – mas se o advogado quiser não há qualquer óbice.

## CONTESTAÇÃO COM PRELIMINAR DE INCOMPETÊNCIA RELATIVA[5]

> 5. A indicação de qual peça se trata é necessária; já a menção à existência de alguma preliminar é opcional (se o advogado quiser ou não indicar, não há problema).

à demanda proposta por CAPITU DE ASSIS, já qualificada, pelos fatos e fundamentos a seguir expostos.

1.[6] Pretende a autora o recebimento de valores supostamente devidos pelo réu. Porém, o pleito não merece prosperar, como se verá.

2. Mas, antes, vejamos as preliminares.[7]

> 6. Se o advogado preferir, pode fazer tópico separado também para a "síntese dos fatos".
>
> 7. Optou-se por numerar cada um dos parágrafos da contestação. Não se trata de algo obrigatório, mas há quem goste, para poder se referir com mais precisão a determinado parágrafo.

## I – PRELIMINARMENTE: DA INCOMPETÊNCIA TERRITORIAL (ART. 337, II)[8]

> 8. Abre-se um tópico separado para tratar da preliminar. Se houver outras preliminares, para facilitar a leitura, vale destacar um tópico para cada uma.

3. A demanda foi proposta em foro territorialmente incompetente (*ratione loci*).

4. Como a ação é fundada em direito pessoal,[9] competente para conhecer e decidir da lide é o foro do domicílio do réu, alegadamente devedor (CPC/2015, art. 46).

> 9. Na incompetência relativa existem duas regras gerais (CPC, arts. 46 e 47) e uma série de exceções, nos artigos seguintes.

5. Assim, pede-se que V. Exa., após ouvir a parte autora, digne-se a reconhecer tal incompetência, determinando a remessa dos presentes autos ao foro competente, no caso a Comarca do Rio de Janeiro.[10]

> 10. Esta é a conclusão relativa à incompetência relativa, sendo que o réu deverá indicar para qual foro pretende a remessa dos autos.

## II – MÉRITO

(...)[11]

> 11. Tratando-se de contestação, toda a defesa deve ser apresentada, inclusive o mérito. Como já dito, considerando o objetivo de demonstrar a preliminar, no momento não haverá a sequência da defesa, no mérito – mas isso deverá ser feito no caso concreto ou na prova.

### III – CONCLUSÃO

Diante do exposto, requer o réu:

a) preliminarmente, o reconhecimento da incompetência relativa, com a remessa dos autos para a Comarca do Rio de Janeiro[12];

> 12. Neste parágrafo, tratamos basicamente dos aspectos formais. Não se trata de requisito obrigatório, mas vale ser indicado, especialmente em exame da OAB e em concursos públicos.

b) no mérito, (...)

Termos em que

pede e espera deferimento.

Cidade, data, advogado, OAB.

### 7.3.6.2 Da incorreção do valor da causa

Se o valor da causa apontado pelo autor na petição inicial estiver equivocado, é lícito ao réu apontar tal falha em preliminar de contestação (CPC, arts. 293 e 337, III).

Tratando-se de defesa preliminar, a parte autora deverá ser ouvida, em réplica, no prazo de 15 dias (CPC, art. 351).

Em seguida, o juiz decidirá no sentido de alterar ou manter o valor da causa indicado na inicial. Se a decisão for proferida no curso do processo, será uma decisão interlocutória (que não se encontra no rol taxativo para cabimento do agravo – CPC, art. 1.015).

Trata-se de defesa preliminar simples, que deve ser apresentada quando a modificação do valor da causa puder trazer algum benefício ao réu.

Caso procedente a impugnação ao valor da causa, o autor (se não for beneficiário da justiça gratuita) será compelido a recolher custas adicionais; se não o fizer, o processo poderá ser extinto, sem resolução de mérito (CPC, art. 485 c/c o art. 337, XII). Além disso, com a majoração do valor da causa, os honorários do réu serão maiores no caso de improcedência do pedido (CPC, art. 85, § 6º).

Deverá o réu, na preliminar, discorrer brevemente sobre o pedido formulado pelo autor para então apontar o erro em relação ao valor da causa com base na lei (CPC, arts. 291 e seguintes). Além disso, deve o impugnante indicar qual valor entende correto.

### 7.3.6.3 Da impugnação à concessão da justiça gratuita

Para melhor compreender o tema, é importante diferenciar assistência jurídica integral, assistência judiciária e gratuidade. A confusão quanto a tais conceitos é muito comum na doutrina e na jurisprudência porque o panorama normativo muitas vezes trata indistintamente institutos que revelam realidades diversas.[22]

O CPC anterior não tratava do assunto, que era regulado pela Lei nº 1.060/1950. O CPC atual enfrenta o tema e revoga alguns (mas não todos os) artigos da Lei nº 1.060/1950.

A assistência judiciária consiste no patrocínio da causa do litigante hipossuficiente por advogados, que podem compor um serviço advocatício organizado pelo Estado ou uma entidade privada com ele conveniada. Após a triagem socioeconômica empreendida pelo prestador, sendo constatada a insuficiência de recursos, o assistido receberá informações jurídicas e contará com os serviços de acompanhamento e manifestação nos autos por profissional apto, sendo contemplado com a isenção das despesas que normalmente o onerariam.[23]

Coerente com a (então) desejada ampliação de acesso à justiça, a Constituição Federal de 1988 prevê, no art. 5.º, LXXIV, que "o Estado prestará assistência jurídica integral e gratuita aos que comprovarem insuficiência de recursos". O dispositivo constitucional aumenta o espectro de ferramentas aos necessitados: a assistência jurídica integral e gratuita abarca não apenas a atuação em juízo, como também a realização de consultas jurídicas, o fornecimento de informações e documentos[24] e a celebração de escrituras junto a tabelionatos, o acompanhamento em um extenso rol de providências cartorárias, entre outras medidas que se possam revelar necessárias para a regularização de situações jurídicas.

Finalmente, a gratuidade significa a liberação das despesas do processo, isentando o litigante de seu recolhimento.[25]

Quando a parte autora obtém em juízo o reconhecimento de que é beneficiária da justiça gratuita, é lícito ao réu se insurgir contra a concessão de tal benefício.

No sistema anterior, isso era feito em peça apartada específica para tanto, denominada de "impugnação à justiça gratuita", que era apresentada no prazo da contestação.

Segundo o CPC, essa impugnação deverá ser realizada na própria contestação (art. 100). Apesar de o Código não tratar do tema no art. 337, considerando-se que não se está diante de matéria ligada ao pedido, a alegação deverá ser feita em preliminar (ou então, em tópico próprio aberto para isso).

De seu turno, se o autor requerer a gratuidade e ela for deferida em momento posterior à inicial, a impugnação será realizada na próxima peça que o réu tiver para se manifestar (por exemplo, se a gratuidade for requerida na apelação, o réu poderá impugná-la em contrarrazões de apelação – vide art. 100 do CPC).

Há relevância na compreensão da forma de impugnar a gratuidade, pois atualmente significativo número de litigantes que buscam o Poder Judiciário pleiteiam os benefícios da gratuidade da justiça.

---

[22] A respeito do tema, conferir TARTUCE, Fernanda. Assistência judiciária gratuita: suficiência da afirmação de pobreza –acórdão comentado. Lex. *Revista do Direito Brasileiro*, v. 46, 2010, p. 78. Disponível em: <www.fernandatartuce.com.br/artigosdaprofessora> e DELLORE, Luiz; TARTUCE, Fernanda. Gratuidade da justiça no novo CPC. *Revista de Processo*, v. 236, p. 305-324, 2014.

[23] TARTUCE, op. cit., p. 78.

[24] Ibidem, p. 78.

[25] Ibidem, p. 79.

A obtenção do benefício, segundo a lei, no caso de pessoa física, não enseja maiores complicações, bastando que o advogado afirme a insuficiência de recursos e formule o pedido de gratuidade na petição inicial.

Não há um critério legal sobre quem pode ser beneficiário da justiça gratuita, como a previsão de um número específico de salários mínimos ou bens para que se possa pleitear tal benefício.[26]

É importante destacar que não só quem é atendido pela Defensoria Pública ou por entidades conveniadas com o poder público pode ser beneficiário da justiça gratuita, como também a parte que é patrocinada por advogado privado (CPC, art. 99, § 4º).

Pode pleitear a justiça gratuita a pessoa "natural ou jurídica, brasileira ou estrangeira, com *insuficiência de recursos* para pagar as custas, as despesas processuais e os honorários advocatícios" (CPC, art. 98).

Como se percebe, trata-se de um conceito indeterminado em que uma elevada carga de subjetivismo é atribuída ao juiz, que poderá, diante das especificidades do caso concreto, deferir ou não o requerimento. Para indeferir, porém, precisará antes ter determinado à parte a comprovação da insuficiência de recursos (CPC, art. 99, § 2º).

Uma vez requerida pelo autor e concedida a gratuidade pelo juiz, se o réu discordar da concessão do benefício, poderá fazê-lo impugnando a à gratuidade. Como exposto, se o deferimento tiver ocorrido logo após a inicial, a impugnação será apresentada na própria contestação.

A mesma lógica se aplica à gratuidade concedida ao réu. Se deferida a gratuidade após a contestação, a impugnação será formulada pelo autor na réplica; se concedida em momento superveniente, também caberá impugná-la na próxima manifestação da parte no processo.

A impugnação à gratuidade poderá ser apresentada em qualquer momento, no prazo de 15 dias da ciência da inexistência ou o desaparecimento dos requisitos necessários à concessão do benefício. De qualquer forma, usualmente é apresentada, pelo réu, na própria contestação.

A dificuldade para o impugnante é que, em regra, ele deverá provar que o impugnado não deve ser considerado pobre, tarefa muitas vezes difícil de ser realizada. Assim, se não são suficientes os sinais externos (bens, salários, padrão de vida), é conveniente requerer que o juiz determine a juntada da declaração de imposto de renda pelo impugnado ou, então, que oficie à Receita Federal para que remeta cópia de tal declaração (muitos juízes deferem tal requerimento) – o que é possível, inclusive, com base no ônus dinâmico da prova.[27]

Contra a decisão incidental que aprecia a impugnação, cabe recurso de agravo de instrumento (CPC, art. 1.015, V).

## 7.3.6.3.1 Modelo de impugnação à gratuidade processual comentado

Para ilustrar e fixar os conceitos expostos neste tópico, propomos um problema a partir do qual será elaborada uma impugnação à justiça gratuita. Para a melhor compreensão do tema, os comentários serão feitos no corpo da própria peça.

---

[26] A ausência de critérios fixos é elogiada por uma parte da doutrina (em que se insere a coautora deste livro) e criticada por outra banda doutrinária (na qual figura o coautor desta obra). A respeito, vide argumentos expostos em DELLORE, Luiz; TARTUCE, Fernanda. Gratuidade da justiça no novo CPC. *Revista de Processo*, v. 236, p. 305-324, 2014.

[27] CPC, art. 373, § 1º.

Como exposto, se a gratuidade for requerida na inicial e deferida em conjunto com o "cite-se" do juiz, o réu deverá apresentar a impugnação na própria contestação, em preliminar.

Para este exercício, apresentaremos uma situação em que a impugnação não será realizada em conjunto com a contestação, pois requerida pelo autor após a apresentação de defesa pelo réu. Porém, se apresentada com a contestação, a argumentação seria a mesma, apenas existindo uma adequação de forma (em semelhança ao exposto no modelo de preliminar de incompetência relativa, apresentado em 6.4.6.1.2).

*Ação de indenização por danos morais e materiais, em trâmite pelo procedimento comum, proposta por engenheiro empregado de grande construtora. Após a contestação, o engenheiro apresenta requerimento de justiça gratuita, ao argumento de que, por força de crise econômica, seu bônus foi reduzido – e a gratuidade é deferida pelo juiz. Causa em tramite perante a 14.ª Vara Cível do Foro Central da Comarca de São Paulo.*

EXCELENTÍSSIMO SENHOR DOUTOR JUIZ DE DIREITO DA 14.ª VARA CÍVEL DO FORO CENTRAL DA COMARCA DA CAPITAL – SP.

Autos do Processo n. (número)

Autor: DEMÓSTENES (sobrenome)

Réu: PÉRICLES (sobrenome)

IMPUGNAÇÃO À GRATUIDADE PROCESSUAL[1]

> 1. Aqui, diferentemente do exposto nos outros exemplos, buscou-se identificar desde logo do que se trata.. Relembre-se que, caso houvesse outra petição a ser apresentada pela parte (como contestação ou contrarrazões de apelação), a impugnação seria apenas um tópico dessa peça; no exemplo, a única finalidade da petição é tratar da gratuidade.

PÉRICLES (sobrenome), já qualificado nos termos do CPC, art. 319, II, vem à presença de V. Exa., por seu advogado, com fundamento na lei,2 expor e requerer o quanto segue[3].

> 2. Se o advogado preferir, pode mencionar o art. 100 do CPC.
>
> 3. Como se percebe, esta peça não tem maiores formalidades e não requer autuação em apartado. É uma simples petição.

Trata-se de demanda indenizatória em que, após a fase postulatória, foram concedidos os benefícios da gratuidade da justiça ao autor.

## I – DA SÍNTESE DA INICIAL[4]

> 4. Não se trata de um tópico fundamental, mas, na esteira do que já falamos, facilita a compreensão da causa por quem lê a peça.

Busca o autor o Poder Judiciário pleiteando indenização por danos morais e materiais em virtude de suposto descumprimento de contrato celebrado entre as partes. Alega que o presumido descumprimento, além de provocar danos de ordem material, causou-lhe diversas situações vexatórias. Pediu danos materiais de R$ 100.000,00 (cem mil reais) e danos morais na quantia de R$ 200.000,00 (duzentos mil reais).

É a síntese do necessário.[5]

> 5. Novamente, não se deve entrar no mérito da causa (sobre ser devida ou não a indenização, a peça para esse debate é a contestação).

## II – DA AUSÊNCIA DOS REQUISITOS NECESSÁRIOS À CONCESSÃO DA GRATUIDADE PROCESSUAL[6]

> 6. O objetivo na impugnação à justiça gratuita é tentar demonstrar ao juiz que o impugnado não é pobre, não padece de insuficiência de recursos. Para isso, deverá o impugnante, no caso concreto, valer-se dos elementos de que dispuser: profissão, salário, carro e outros sinais exteriores de riqueza, local de residência, bens móveis e imóveis etc

Neste processo, após a contestação, o autor requereu a concessão dos benefícios da gratuidade de justiça. Alegou que, com a crise econômica, seu bônus anual foi reduzido sensivelmente, de modo que então deve ser considerado pessoa com recursos insuficientes. O pleito foi deferido por V. Exa. (fls. xx).

Contudo, com base nas próprias alegações do autor (considerando o valor que acredita ser-lhe devido por dano moral e montantes referentes ao contrato) e levando em conta dados como sua **profissão**, seu local de residência e seu emprego, é forçoso reconhecer não ser possível a concessão de tal benefício.

Ora, como o autor é engenheiro, empregado e arbitra seu dano em R$ 300.000,00 (trezentos mil reais), seguramente não pode ser considerado pessoa sem condições de arcar com os custos do processo.

Ademais, não se está a falar em desemprego, de modo que o autor segue percebendo salário mensal. O que eventualmente ocorreu foi a diminuição de seu salário variável.

Em um país de miseráveis como o nosso,[7] alguém que consegue concluir um curso de nível superior, em uma carreira nobre, e nela se manter empregado não pode ser considerado "pobre" a ponto de não ter como recolher as custas do processo. Além disso, o critério prevalecente para a aferição da hipossuficiência econômica necessária para o deferimento da benesse tem sido auferir renda familiar de até três salários mínimos (parâmetro utilizado pela Defensoria Pública de São Paulo) e o impugnado certamente se situa bem distante desse referencial.

> 7. Neste tipo de peça, vale sempre lembrar a realidade de nosso país – ainda que não se trate de um argumento estritamente jurídico, mas retórico.

Ora, Excelência, tudo o que já foi exposto indubitavelmente demonstra se tratar de pessoa privilegiada em nossa sociedade. Isso já bastaria para fundamentar o descabimento da concessão dos benefícios pleiteados.

Mas não é só. Especialmente por não ter sido formulado na inicial, mas apenas após a leitura da contestação – isto é, já em face dos sólidos argumentos expostos na peça de defesa –, pode-se ainda vislumbrar como razão para o pedido tardio da gratuidade da justiça exatamente o elevado valor pleiteado no processo. Ou seja, tem-se uma tentativa de contornar o pagamento das custas processuais, eventualmente já se imaginando a necessidade de preparo de apelação.[8]

> 8. Este é outro argumento não jurídico, mas que reflete muitas vezes a razão do pleito de gratuidade.

Ora, Excelência, se o impugnado entende ser elevado o valor das custas, deveria adequar o pedido, e não pleitear os benefícios da justiça gratuita, desnaturando a nobre função do instituto.

Não pode o Judiciário anuir com tal desvirtuamento da gratuidade.

Assim, nos exatos termos do art. 100 do CPC, resta cabalmente comprovada a inexistência dos requisitos aptos a ensejarem a concessão dos benefícios da gratuidade da justiça.

Caso o impugnado quisesse realmente comprovar sua situação de penúria, contrária a todos os indícios constantes nos autos, ao menos deveria ter juntado aos autos sua declaração de imposto de renda e/ou extratos bancários,[9] de modo a possibilitar uma visão clara da situação a esse juízo.

> 9. A comprovação pode ser de grande dificuldade para o impugnante. Nos termos da lei, o ônus da prova é dele; porém, ele não tem como quebrar o sigilo do impugnado e verificar seus vencimentos. Assim, a melhor forma de produzir prova é tentar que documentos referentes ao patrimônio cheguem aos autos.

Pelo exposto e pelas próprias afirmações do autor, resta absolutamente claro que não existe, no caso em tela, a hipossuficiência necessária para a concessão dos benefícios da justiça gratuita.

### III – CONCLUSÃO

Portanto, e com fulcro no art. 100 do CPC, requer a V. Exa. seja revogado o benefício da gratuidade da justiça anteriormente concedido – inclusive com a determinação de recolhimento de custas em aberto.[10]

> 10. Esta é uma das principais consequências da revogação dos benefícios da gratuidade. Se a parte não recolher as custas, o processo será extinto sem apreciação do mérito.

Por fim, caso V. Exa. venha a abrir espaço para instrução, requer provar o alegado por todos os meios permitidos, sem exceção, especialmente por prova documental, com a determinação de juntada dos documentos acima indicados, pedindo desde já, se necessário, que se oficie à Receita Federal[11] para o envio de declaração de renda do impugnado, especialmente considerando que o autor é quem tem mais condições de produzir essa prova, nos termos do art. 373, § 1º (ônus dinâmico da prova)[12].

---

11. AA solução de oficiar a Receita Federal vem ganhando força no Judiciário, mas ainda não predomina (o que acaba por acarretar o não acolhimento da impugnação em caso de ausência de outras provas).

12. O CPC atual inova em relação ao ônus da prova ao trabalhar com a carga dinâmico (variável conforme o caso concreto, para que produza a prova quem tiver melhor condições de fazê-lo). Um bom exemplo de aplicação do ônus dinâmico seria em relação à gratuidade. A rigor, o ônus é de quem alega, mas isso é difícil considerando os sigilos fiscal e bancário. Assim, nesse caso, tem mais facilidade para fazer a prova a parte beneficiária.

---

Termos em que

pede deferimento.

Cidade, data, assinatura, OAB.

## 7.4 DA ALEGAÇÃO DE IMPEDIMENTO OU SUSPEIÇÃO

É indubitável que o processo, para atingir o objetivo de solucionar conflitos promovendo pacificação social, deve contar com a imparcialidade do órgão julgador.

Por vezes, o magistrado pode ter algum relacionamento pessoal com as partes do processo ou com seus advogados, o que o coloca em uma situação de dúvida quanto à isenção para o julgamento da causa.

Exatamente para resolver tal situação e evitar qualquer mácula no processo surgem as figuras do impedimento e da suspeição.

O impedimento caracteriza situações objetivas em que é absolutamente incompatível o julgamento da causa pelo magistrado em razão do seu envolvimento concreto com um dos participantes do processo ou com a causa em debate. São exemplos: a) os casos em que é parte na causa o próprio juiz, seu cônjuge, ou parente até o terceiro grau; b) as situações em que o desembargador atuou na causa quando era juiz; c) as demandas em que é parte um cliente do escritório de advocacia de seu cônjuge, companheiro ou parente até o terceiro grau (CPC, art. 144).

Já a suspeição é verificada em situações de cunho subjetivo em que as máximas de experiência demonstram não ser conveniente que o juiz julgue a causa porque a isenção tende a estar comprometida. São exemplos: a) a situação em que o juiz é amigo ou inimigo das partes; b) os casos em que o juiz é credor ou devedor de uma das partes, de seu cônjuge ou parente até o terceiro grau (CPC, art. 145).

No Código anterior, o impedimento e a suspeição eram alegados por meio de *exceção* (uma peça distinta da contestação, que tinha determinadas formalidades).

No sistema do CPC atual essa alegação não é mais apresentada por meio de exceção, mas tampouco é apresentada em preliminar de contestação. O tema passa a ser alegado em *petição específica para isso*, sem maiores formalidades.

O réu deverá alegar a parcialidade no prazo de 15 dias a contar do conhecimento do fato (CPC, art. 146), o que deve ensejar a suspensão do processo (CPC, art. 313, III).

Se, desde o início do processo (a partir do despacho que determinou a citação), já se sabe do impedimento ou da suspeição do juiz, a petição pode ser apresentada desde logo.

Se o juiz reconhecer que é impedido ou suspeito para o julgamento, determinará a remessa para o substituto legal; se entender não ser impedido ou suspeito, a petição será autuada em apartado e, após se manifestar, o juiz determinará a remessa ao Tribunal para julgamento (CPC, art. 146, § 1º).

Se o Tribunal acolher a alegação, condenará o juiz nas custas e remeterá os autos ao substituto legal – podendo *o juiz recorrer* dessa decisão (CPC, art. 146, § 5º).

Esclarece ainda o Código que é possível apontar o impedimento ou a suspeição não só do juiz, mas também do membro do Ministério Público e dos demais sujeitos imparciais do processo (CPC, art. 148).

Por fim, vale consignar que também o autor pode apresentar petição de impedimento ou suspeição.

## 7.5 DA INTERVENÇÃO DE TERCEIROS PROVOCADA PELO RÉU

Uma das formas previstas na lei para a defesa do réu é provocar o ingresso de terceiro na relação jurídica processual.

Assim, além de apresentar sua defesa conforme o modo exposto anteriormente, é lícito ao réu, em determinadas situações, defender-se invocando a participação de um terceiro.

Isso pode ser feito mediante a utilização de uma das formas provocadas de intervenção de terceiros, a saber: denunciação da lide, chamamento ao processo, incidente de desconsideração de personalidade jurídica e *amicus curiae*. No CPC anterior havia ainda a nomeação à autoria (que deixou de existir no atual CPC, sendo a figura mais próxima a substituição do réu prevista nos arts. 338 e 339).[28]

Veremos na sequência o momento em que cada uma dessas espécies de intervenção pode ser usada.

Especialmente na denunciação e no chamamento, a finalidade da intervenção é promover economia processual: se a causa posta em juízo puder, de alguma forma, trazer consequências em relação a terceiros, por que este não pode participar, desde logo, da relação jurídica processual?

Apesar de a finalidade ser a economia processual (que beneficia geralmente o réu), é fato que isso acaba provocando uma maior demora no processo de uma forma geral (já que haverá a necessidade de citação e defesa do terceiro). Por tal razão, há hipóteses em que a lei limita a intervenção de terceiros para atribuir maior celeridade ao julgamento do litígio (como no JEC – Lei nº 9.099/1995, art. 10).

---

[28]  Vide item 7.5.5, *infra*.

## 7.5.1 Denunciação da lide[29]

Na denunciação da lide, o réu denunciante permanece no polo passivo da demanda. Por meio dela, busca o réu, desde logo, a participação do terceiro para que este, no caso de procedência do pedido, venha a indenizá-lo caso tenha de arcar com a condenação (CPC, art. 125).

Assim, no caso de procedência do pedido, o terceiro, com base na lei ou no contrato, terá de indenizar o réu pela quantia que este vier a desembolsar por força da derrota com base no direito de regresso. Como se percebe, a denunciação representa uma ação de regresso ajuizada pelo réu em face de terceiro nos mesmos autos da ação proposta pelo autor em face do réu.

O melhor exemplo é o da seguradora. Em uma corriqueira situação de acidente de veículo, sendo o causador do dano citado para responder à demanda em que o autor pleiteia o ressarcimento de prejuízos, é possível ao réu denunciar a lide à seguradora. Afinal, com base na apólice contratada, em caso de procedência do pedido, a seguradora terá de arcar com tal prejuízo.

De qualquer forma, nada impede que a denunciação deixe de ser feita e, após a procedência do pedido da ação indenizatória, o réu acione a seguradora; apenas caso ela venha a resistir ao pagamento, ele promoverá uma demanda autônoma em face da seguradora[30] para receber a quantia que desembolsou. No entanto, caso prefira agilizar a solução desse problema, poderá o réu denunciar a lide à seguradora, que irá, portanto, figurar no polo passivo da demanda juntamente com o réu.[31]

Importa destacar que não costuma existir solidariedade entre quem provocou o dano e a seguradora. Existindo solidariedade, a intervenção de terceiro a ser utilizada não é a denunciação, mas o chamamento (cf. item *infra*).

O juiz, na sentença em que julgar o pedido indenizatório, irá apreciar a denunciação da lide (CPC, art. 128, parágrafo único). O Código estipula que a denunciação deve ser apresentada na própria contestação (CPC, art. 126). Não se trata de uma preliminar, pois não está no rol do art. 337. Assim, o mais conveniente é que o advogado abra um tópico na contestação e apresente as razões pelas quais entende cabível a denunciação.

## 7.5.2 Chamamento ao processo

No chamamento ao processo, em semelhança ao que ocorre na denunciação da lide, o réu permanecerá no processo.

Todavia, enquanto na denunciação alega-se direito de regresso entre denunciante e denunciado (portanto, há a necessidade de uma decisão judicial reconhecendo que o denunciado deve pagar alguma quantia), no chamamento ao processo desde logo já se tem

---

[29] O Código prevê a denunciação tanto pelo autor quanto pelo réu (CPC, art. 126). Trataremos apenas da denunciação por parte do réu.

[30] Apesar de o *caput* do art. 125 do CPC ser expresso ao afirmar que a denunciação é obrigatória, a jurisprudência vem entendendo que não há problema em deixar de utilizá-la, o que é confirmado pelo § 1º do dispositivo: "O direito regressivo será exercido por ação autônoma quando a denunciação (exceto em relação à situação prevista no inciso I – evicção – em que haveria a perda do direito de regresso, acaso não utilizada a denunciação pelo réu) da lide for indeferida, deixar de ser promovida ou não for permitida".

[31] Vale lembrar que a denunciação não é admitida no JEC (Lei nº 9.099/1995, art. 10).

como certa a responsabilidade daquele que foi chamado (desde que se confirme a tese formulada pelo chamante).

É a situação típica dos devedores solidários (CPC, art. 130, III).

Como exemplo, considere o caso em que existem dois devedores solidários, mas apenas um deles é acionado em juízo pelo autor. O réu deve chamar ao processo o outro devedor solidário para que também venha a juízo e, no caso de condenação, pague também o que deve.

Se o pedido formulado na inicial for julgado procedente, tendo sido o chamamento acolhido e havendo pagamento de toda dívida por apenas um dos devedores, a sentença poderá ser utilizada para acionar o outro devedor (CPC, art. 132).

Cabe também o chamamento ao processo pelo fiador para que o devedor principal venha a participar da relação jurídica processual (CPC, art. 130, I – *benefício de ordem*).

Em relação à forma, a situação é análoga à denunciação da lide: o Código de Processo Civil determina que o chamamento seja apresentado na própria contestação (CPC, art. 131). Tal qual exposto em relação à denunciação, não se trata de preliminar, pois a matéria não está prevista no art. 337 do CPC.

## 7.5.3 Incidente de desconsideração de personalidade jurídica

Trata-se do procedimento necessário para permitir a desconsideração da personalidade jurídica de modo a que um terceiro venha a participar do processo para responder com seu patrimônio.

É cabível em todas as fases do processo de conhecimento, no cumprimento de sentença e na execução de título executivo extrajudicial (CPC, art. 134).

O incidente é usado tanto na desconsideração da personalidade da pessoa jurídica, para se chegar aos bens do sócio, como também na desconsideração da personalidade do sócio, para se chegar nos bens da pessoa jurídica (a chamada *desconsideração inversa* – CPC, art. 133, § 2º).

O requerimento do incidente de desconsideração deverá demonstrar o preenchimento dos requisitos legais para a desconsideração (basicamente, o CDC, art. 28 ou o CC, art. 50).

Apresentado o incidente: (i) haverá a suspensão do processo (CPC, art. 134, § 2º) e (ii) o sócio ou a pessoa jurídica serão citados para se manifestar e requerer as provas cabíveis em até 15 dias (CPC, art. 135).

O incidente é utilizado principalmente por quem está no polo ativo.[32] Porém, é possível que seja usado também pelo réu, considerando a apresentação de reconvenção[33] – daí a apresentação do tema neste capítulo.

Com o acolhimento do incidente, o terceiro passa a ser parte, e seus bens respondem pelo débito.[34]

---

[32] É possível, inclusive, que desde a petição inicial do processo de conhecimento já se pleiteie a desconsideração da personalidade jurídica. Nesse caso, não haverá necessidade de incidente, pois o tema será debatido no próprio processo principal (CPC, art. 134, § 3º).

[33] Vide item 7.6, *infra*.

[34] Acolhido o pedido de desconsideração, eventual alienação ou oneração de bens será considerada fraude de execução, será ineficaz em relação ao requerente (CPC, art. 137).

### 7.5.4 *Amicus curiae*

Esta intervenção pode ser provocada (pelo réu ou pelo autor), ocorrer de forma espontânea (o terceiro busca seu ingresso em juízo) ou ser determinada de ofício pelo juiz. Diferentemente das demais intervenções, neste caso, o *amicus curiae* não se transforma, efetivamente, em parte nem sofre qualquer condenação.

O *amicus curiae* (ou "amigo da Corte") é o terceiro que defende uma *posição institucional* (que não necessariamente coincide com a das partes) e intervém para apresentar argumentos e informações proveitosas à apreciação da demanda. Vale destacar que o interesse do amigo da Corte não é jurídico, mas institucional, moral, político, acadêmico, intelectual ou de outra ordem.

Em síntese, o objetivo do *amicus curiae* é qualificar o contraditório.

Um exemplo pode ser encontrado na atuação do IBDFAM, o Instituto Brasileiro de Direito de Família; o Supremo Tribunal Federal já o admitiu como *amicus curiae* em processos nos quais se debatiam situações familiares relevantes. Uma delas se verificou em demanda[35] sobre a existência de direitos previdenciários nas relações paralelas ao casamento e à união estável. De acordo com o pedido enviado pelo IBDFAM ao STF, a entidade desejava contribuir para o debate porque a decisão tinha "o condão de implicar no direcionamento fundamental para a compreensão jurídica das famílias e da conjugalidade, no complexo e diversificado contexto social brasileiro contemporâneo".[36]

O magistrado, considerando a relevância da matéria, a especificidade do tema objeto da demanda ou a repercussão social da controvérsia, poderá, por decisão irrecorrível, solicitar ou admitir a participação de pessoa natural ou jurídica, órgão ou entidade especializada, com representatividade adequada, no prazo de 15 dias de sua intimação (CPC, art. 138).

Assim, não será qualquer causa[37] que admitirá esta intervenção, mas sim aquela que tenha algo que justifique a intervenção de terceiro. Portanto, de todas as intervenções provocadas, esta possivelmente será a menos utilizada no cotidiano forense.

### 7.5.5 Indicação de quem deve figurar no polo passivo, no caso de alegação de ilegitimidade passiva

No sistema anterior, a nomeação à autoria buscava provocar a retirada do réu do polo passivo da demanda com sua substituição pela pessoa que efetivamente deveria fazer parte de tal polo desde o ajuizamento da causa.

Era admitida nas hipóteses em que o réu detiver a coisa em nome alheio (mero detentor da posse que estava no bem por ordem de terceiro, como o caseiro – CPC/1973, art. 62).

Como era muito pouco utilizada no cotidiano forense, o CPC atual não a contempla e consta no lugar a seguinte possibilidade de correção do polo passivo:

---

[35] Trata-se do julgamento do Recurso Extraordinário nº 669.465-ES.

[36] IBDFAM vai atuar como Amicus Curiae no STF. Disponível em: <http://www.ibdfam.org.br/noticias/5427/IBDFAM+vai+atuar+como+Amicus+Curiae+no+STF+>. Acesso em: 10 fev. 2016.

[37] Seria possível, então, se falar em *amicus curiae* em todos os graus de jurisdição e processos? Somente em demandas coletivas ou também individuais? Considerando a redação do art. 138 (que não faz restrição) e a localização do tema no CPC (parte geral), conclui-se pelo amplo cabimento da atuação do *amicus* – desde que a causa seja relevante, o tema tenha especificidade e haja repercussão social da controvérsia (como se nota, as situações são um tanto quanto subjetivas).

– Se o réu alegar, na contestação, que é parte ilegítima e tiver conhecimento de quem é a parte legítima, deverá indicar isso na defesa, sob pena de arcar com as despesas processuais e indenizar o autor pelos prejuízos (CPC, art. 339).

– Se houver a indicação do réu correto, poderá o autor, em 15 dias, alterar a petição inicial para promover a troca de réus (CPC, art. 338). Nesse caso, haverá pagamento de honorários entre 3% e 5% do valor da causa, em favor do advogado do réu excluído (CPC, art. 338, parágrafo único).

## 7.6 DA RECONVENÇÃO

No bojo de um processo judicial, a regra é que o pedido seja formulado pelo autor na petição inicial e na contestação o réu se limita a apresentar defesa. Por isso, como já exposto, afirma-se que na inicial o autor *pede*, ao passo que na contestação o réu *impede* (ou, ao menos, tenta impedir).

No entanto, a realidade mostra que, em inúmeros casos, é possível que, em relação ao objeto do litígio, exista algum pedido a ser formulado pelo réu em face do autor.

Imagine o litígio envolvendo um contrato. Ingressa o autor em juízo afirmando que houve descumprimento de determinada cláusula pelo réu e pedindo, como consequência, a imposição de certa pena prevista no contrato. Só que o réu entende que na verdade houve descumprimento do autor quanto a alguma previsão contratual e quer buscar em juízo determinada indenização. Para obter tal condenação, em tese seria necessário o ajuizamento de uma nova demanda pelo réu.

Exatamente para evitar que se ajuíze uma ação de forma autônoma (que poderia ser distribuída a outro juízo), evitar que se repitam atos probatórios (em desfavor da economia processual) e até mesmo a prolação de decisões conflitantes (na hipótese de os processos tramitarem em juízos distintos), existe a previsão da reconvenção.

Logo, se o réu quiser formular um pedido contra o autor (um "contra-ataque"), poderá fazê-lo por meio da reconvenção.

Assim, além de apresentar sua defesa (contestação), pode o réu apresentar sua reconvenção.

No sistema anterior, a reconvenção era apresentada em petição apartada da contestação (mas protocolada ao mesmo tempo), ainda que tramitasse nos mesmos autos.

No atual Código, contestação e reconvenção estão na mesma peça. Assim, a reconvenção é entendida como o pedido formulado pelo réu, contra o autor, na própria contestação (CPC, art. 343), bastando abrir um tópico específico sobre o tema na contestação (que, então, passará a contar com a seguinte divisão: preliminar, mérito e *reconvenção*).

É possível ao réu reconvir somente se houver conexão entre a reconvenção e a ação principal (originária) ou entre a reconvenção e a contestação também ofertada pelo réu (CPC, art. 343).

Assim, como requisito de admissibilidade para a reconvenção, deve-se verificar a existência da mesma causa de pedir ou pedido (CPC, art. 55) entre a reconvenção e alguma das peças postulatórias do processo (petição inicial ou contestação). Trata-se de previsão legal lógica para evitar que o objeto do processo seja ampliado de forma indevida e sem ponto de convergência com a matéria já discutida nos autos.

Oferecida a reconvenção pelo réu e admitida pelo juiz, o autor será intimado, na pessoa do seu advogado, para apresentar resposta (contestar) em 15 dias (CPC, art. 343, § 1º).

Uma vez apresentada, a reconvenção passa a ser autônoma em relação à ação; assim, a desistência ou extinção da ação não obsta o prosseguimento da reconvenção (CPC, art. 343, § 2º).

## 7.7 SÍNTESE DAS POSSIBILIDADES DE DEFESA DO RÉU

Diante do exposto neste capítulo, percebe-se que são muitas as formas de reação disponíveis ao réu. Deve o advogado estar ciente de todas elas para que não prejudique a clientela ao deixar de apresentar algum argumento de defesa ou ao fazê-lo de forma equivocada.

Para auxiliar o trabalho do advogado/defensor (ou do estudante que busca sua aprovação na OAB ou em concursos públicos), apresentamos neste momento uma síntese das possibilidades de reação do réu.

Pode o réu, no prazo da contestação:

1) arguir o impedimento ou suspeição do juiz;

2) contestar, momento em que poderá:

   a) utilizar de intervenções de terceiro provocadas (denunciar a lide, chamar ao processo, requerer a desconsideração da personalidade jurídica ou o ingresso de *amicus curiae*);

   b) apresentar diversas preliminares;

   c) discutir o mérito, via defesa direta ou indireta;

   d) na própria contestação, reconvir.

Dessas manifestações, apenas o (i) impedimento ou suspeição e o (ii) incidente de desconsideração da personalidade jurídica **suspendem o processo**.

Para discutir a concessão de gratuidade de justiça, o réu apresentará impugnação (CPC, art. 100) que poderá ser em preliminar de contestação (se impugnar a gratuidade concedida logo após a inicial) ou em outra peça.

Segue um quadro síntese das defesas no CPC:

| Defesa | Finalidade? | Autor pode utilizar? | Altera prazo para contestar? |
|---|---|---|---|
| 1) Petição de impedimento ou suspeição | manter juiz imparcial | Sim | Sim, suspende |
| 2) Ingresso de 3º: <br> a) denunciação à lide <br> b) chamamento ao processo <br> c) incidente de desconsideração de personalidade jurídica <br> d) *amicus curiae* | a) ação de regresso <br> b) solidariedade <br> c) acionar os bens do sócio <br> d) qualificar o contraditório | a) sim <br> b) não <br> c) sim <br> d) sim | a) não altera <br> b) não altera <br> c) suspende <br> d) não altera |
| 3) Contestação | Defesas preliminares e de mérito – CPC/2015 traz novas preliminares (incompetência relativa, discussão valor da causa e, eventualmente, justiça gratuita) | – | – |
| 4) Impugnação à justiça gratuita (art. 100) | Afastar justiça gratuita já concedida <br> * se for impugnar gratuidade deferida na inicial, será preliminar de contestação | Sim, para impugnar a gratuidade deferida ao réu | não altera |

8

# PRAZOS, PROVIDÊNCIAS PRELIMINARES E JULGAMENTO CONFORME O ESTADO DO PROCESSO

**Assista à aula explicativa sobre este assunto.**

> *https://uqr.to/fvpr*

## 8.1 CONSIDERAÇÕES INICIAIS

Após abordar contestação, reconvenção e revelia, o Código de Processo Civil disciplina, entre os arts. 347 e 353, as chamadas "providências preliminares".

Segundo o art. 347 do CPC, findo o prazo para a contestação, o juiz tomará, conforme o caso, as *providências preliminares*, constantes dos arts. 348 e seguintes.

Depois das providências preliminares (se alguma for necessária), chega a vez do *julgamento conforme o estado do processo*, que se subdivide em quatro possibilidades (CPC, arts. 354 e seguintes).

Assim, neste capítulo serão tratadas duas situações em que o protagonista é o juiz:

(i)  providências preliminares (que podem ou não ocorrer) e

(ii) julgamento conforme o estado do processo (que sempre vai ocorrer).

Contudo, antes de analisar esses temas, haverá a análise sobre algo bastante relevante para a advocacia: os prazos e sua contagem, assunto que permeia todo o processo civil.

## 8.2 PRAZOS PROCESSUAIS

O CPC ocupa-se do tempo para a prática dos atos processuais entre os arts. 218 e 235, contemplando regra específica em relação aos recursos no art. 1.003.

O art. 139 do CPC traz os poderes-deveres do juiz e destaca, no inciso VI, a possibilidade de dilação dos prazos processuais, sendo que essa modificação de prazo pelo juiz não é algo muito comum no cotidiano forense.

Quanto ao momento para a prática dos atos processuais externos (que ocorrem no plano físico, fora do âmbito digital, por exemplo atos do oficial de justiça), a lei prevê sua realização nos dias úteis entre 6h e 20h,[1] podendo haver extensão desses limites para finalizar o ato já iniciado e para evitar danos graves aos interessados.[2] Além disso, para a realização de atos processuais (como citações, intimações e penhora) fora dos dias e horários úteis, não é necessário requerer autorização ao Magistrado.[3]

Por sua vez, os horários para a prática dos atos processuais internos (ocorridos no âmbito do processo) e para o protocolo de petições físicas (a serem realizadas no fórum) variam conforme as regras de organização judiciária local. Assim, sendo processo físico, o profissional deve ter o cuidado de saber exatamente o horário de fechamento do fórum, para não ter risco quanto à tempestividade da petição.

Tratando-se de processo eletrônico, os atos poderão ser realizados em qualquer dia e horário, observando-se o dia do prazo final para o protocolo da petição, por certo (CPC, art. 213). Logo, até 23h59 do último dia do prazo, a manifestação será tempestiva.

### 8.2.1 Períodos computáveis

Os dias considerados não úteis para o processo civil são os feriados, os sábados e os domingos, assim como os dias em que não há expediente forense.[4]

Como bem explicita a Súmula 310 do STF, "quando a intimação tiver lugar na sexta--feira, ou a publicação com efeito de intimação for feita nesse dia, o prazo judicial terá início na segunda-feira imediata, salvo se não houver expediente, caso em que começará no primeiro dia útil que se seguir".

Como exceção, é admitida a prática de atos processuais em casos urgentes (como arresto e citação) para evitar o perecimento do direito.

O art. 215 do CPC[5] menciona o processamento de certas causas mesmo durante as férias.

---

[1] "Art. 212. Os atos processuais serão realizados em dias úteis, das 6 (seis) às 20 (vinte) horas."

[2] "Art. 212. (...) § 1º Serão concluídos após as 20 (vinte) horas os atos iniciados antes, quando o adiamento prejudicar a diligência ou causar grave dano."

[3] "Art. 212. (...) § 2º Independentemente de autorização judicial, as citações, intimações e penhoras poderão realizar-se no período de férias forenses, onde as houver, e nos feriados ou dias úteis fora do horário estabelecido neste artigo, observado o disposto no art. 5º, inciso XI, da Constituição Federal."

[4] CPC, art. 216: "Além dos declarados em lei, são feriados, para efeito forense, os sábados, os domingos e os dias em que não haja expediente forense".

[5] CPC, art. 215: "Processam-se durante as férias forenses, onde as houver, e não se suspendem pela superveniência delas: I – os procedimentos de jurisdição voluntária e os necessários à conservação de direitos, quando puderem ser prejudicados pelo adiamento; II – a ação de alimentos e os processos de nomeação ou remoção de tutor e curador; III – os processos que a lei determinar".

As férias forenses foram extintas pela EC nº 45/2004, que atribuiu a seguinte redação ao art. 93, XII, da Constituição Federal: "a atividade jurisdicional será ininterrupta, sendo vedado férias coletivas nos juízos e tribunais de segundo grau, funcionando, nos dias em que não houver expediente forense normal, juízes em plantão permanente".

Assim, a rigor, apenas há férias nos Tribunais Superiores (em janeiro e julho de cada ano).

De qualquer forma, na prática, os Tribunais intermediários, especialmente em janeiro, criaram o "período de recesso" por atos administrativos e sem previsão no Código de Processo.

O CPC aborda o tema sob a perspectiva dos advogados: o art. 220 reconhece a *suspensão* de curso dos prazos processuais entre 20 de dezembro e 20 de janeiro – nesse período não poderão ocorrer audiências, de modo que os advogados possam usufruir de dias de descanso e férias.[6]

A lei prevê ainda prazos para a realização dos atos processuais pelos sujeitos do processo.

### 8.2.2 Forma de contagem do prazo

O dia do começo do cálculo do prazo, chamado *dies a quo* ("*dia de origem*"), é o termo inicial. O dia do fim do prazo é o *dies ad quem* ("*dia do destino*"), constituindo o termo final.

O *dies a quo* é excluído da contagem, enquanto o *dies ad quem* deve nela ser incluído de modo que o ato processual deve ser praticado no máximo até esse dia, sob pena de preclusão. Se o vencimento cair em dia não útil, o ato poderá ser praticado no primeiro dia útil seguinte.[7]

Excluído o dia do começo,[8] é no primeiro dia útil seguinte que se começa a computar o prazo.[9]

O início da contagem do prazo tem regramento no CPC: pelo art. 230, salvo disposição em contrário, os prazos para as partes, os advogados, a Fazenda Pública e o MP serão contados da citação, da intimação ou da notificação.

Além disso, no dia em que a decisão consta no Diário da Justiça eletrônico, tem-se a disponibilização, ao passo que a publicação será no dia útil seguinte e o efetivo início da contagem de prazo, no dia útil seguinte.[10]

A grande inovação do Código, no tocante à contagem de prazos, refere-se ao cômputo *apenas dos dias úteis*. No sistema do CPC/1973, a contagem somente se iniciava em dias úteis, mas se contava de forma corrida.

---

6    A respeito de questões práticas envolvendo esse dispositivo, vide o seguinte artigo: <http://genjuridico.com.br/2017/03/06/forum-aberto-e-prazos-suspensos/>.

7    CPC, art. 224, § 1º: "Os dias do começo e do vencimento do prazo serão protraídos para o primeiro dia útil seguinte, se coincidirem com dia em que o expediente forense for encerrado antes ou iniciado depois da hora normal ou houver indisponibilidade da comunicação eletrônica".

8    CPC, art. 224: "Salvo disposição em contrário, os prazos serão contados excluindo o dia do começo e incluindo o dia do vencimento".

9    CPC, art. 224, § 3º: "A contagem do prazo terá início no primeiro dia útil que seguir ao da publicação".

10    CPC, art. 224, § 2º: "Considera-se como *data da publicação o primeiro dia útil seguinte ao da disponibilização* da informação no Diário da Justiça eletrônico".

No CPC atual, o tema é assim regulado: "Art. 219. Na contagem de prazo em dias, estabelecido por lei ou pelo juiz, computar-se-ão somente os dias úteis".

Tratando-se de lei processual, é certo que essa mudança na forma usual de contagem de prazo não se aplica a outros prazos – especialmente aqueles de direito material. Nesse sentido, o parágrafo único do art. 219 do CPC prevê: "O disposto neste artigo aplica-se somente aos prazos processuais".

Aparentemente, essa distinção é simples: prazos para contestar e recorrer são processuais, ao passo que prazos prescricionais, por exemplo, são de direito material.

Contudo, existem algumas situações duvidosas, como as seguintes:

(i)   O prazo de 120 dias de impetração de MS seria processual ou material? Considerando um prazo que, na verdade, é anterior ao processo em si, o mais seguro é contar em dias corridos.

(ii)  O prazo de 15 dias para o pagamento (CPC, art. 523), no cumprimento de sentença, seria processual ou material? E o prazo de 3 dias para pagamento, na execução (CPC, art. 829), seria processual ou material? Como o pagamento é um ato de direito material e a consideração do prazo se dá na seara processual, o tema suscita debates. Já existem alguns precedentes do STJ no sentido de que se trata de prazo contado em dias úteis no cumprimento de sentença,[11] mas a questão ainda não está efetivamente pacificada, pois não há decisão vinculante. Assim, por cautela,[12] de modo a evitar perda de prazo, conveniente provocar a manifestação do juiz a respeito disso, caso não haja expressa previsão acerca da contagem do prazo no despacho inicial.

(iii) Se houver menção específica a prazos em dias corridos, como proceder? Isso se verifica, por exemplo, na Lei de Informatização do Processo[13] e no ECA.[14] Nesses casos de expressa previsão, deve prevalecer o prazo da lei específica, ou seja, dias corridos e não úteis.

(iv)  Aplica-se esse prazo ao JEC? Após muita polêmica, a questão, felizmente, foi objeto de alteração legislativa. A Lei nº 9.099/1995 foi alterada[15] para que

---

[11]   Em 2017, foi proferida a primeira decisão, em que o tema foi tratado de forma incidental (REsp 1.693.784, 4ª Turma). Em 2019, a 3ª Turma enfrentou o tema de forma específica, e assim decidiu: "O prazo previsto no art. 523, *caput*, do Código de Processo Civil, para o cumprimento voluntário da obrigação, possui natureza processual, devendo ser contado em dias úteis" (REsp 1.708.348-RJ, *DJe* 01.08.2019, Informativo 652/STJ) e, no mesmo sentido, precedente mais recente: AgInt no AREsp nº 1.998.372-SP, *DJe* 30.06.2022.

[12]   Para dificultar, o STJ decidiu que o prazo de purgar a mora, na busca e apreensão de bem alienado fiduciariamente, é contado em dias úteis ("O prazo de cinco dias para pagamento da integralidade da dívida, previsto no art. 3º, § 2º, do Decreto-Lei nº 911/1969, deve ser considerado de direito material, não se sujeitando, assim, à contagem em dias úteis, prevista no art. 219, *caput*, do CPC/2015" – REsp 1.770.863-PR, *DJe* 15.06.2020, *Informativo* 673/STJ).

[13]   Lei nº 11.419/2006, art. 5º, § 3º: "A consulta referida nos §§ 1º e 2º deste artigo deverá ser feita em até 10 (dez) dias corridos contados da data do envio da intimação, sob pena de considerar-se a intimação automaticamente realizada na data do término desse prazo".

[14]   A Lei nº 13.509/2017 alterou o Estatuto da Criança e Adolescente (Lei nº 8.069/1990) para prever que "os prazos estabelecidos nesta Lei e aplicáveis aos seus procedimentos são contados em *dias corridos*, excluído o dia do começo e incluído o dia do vencimento, vedado o prazo em dobro para a Fazenda Pública e o Ministério Público" (art. 152, § 2º).

[15]   Lei nº 13.728/2018.

houvesse a inserção do art. 12-A, cuja redação é a seguinte: "Na contagem de prazo em dias, estabelecido por lei ou pelo juiz, para a prática de qualquer ato processual, inclusive para a interposição de recursos, computar-se-ão somente os dias úteis". Assim, agora pacífico que os prazos de todos os Juizados são contados em dias úteis.

Para fins de contagem em dias úteis, considerando um prazo de cinco dias, diante de uma decisão disponibilizada em uma quarta-feira (dia 2 do mês), tem-se o seguinte:

(i) disponibilização no dia 2 (quarta-feira);

(ii) publicação no dia 3 (quinta-feira);

(iii) início do prazo no dia 4 (sexta-feira), segundo dia do prazo no dia 7 (segunda-feira) e quinto e último dia do prazo no dia 10 (quinta-feira).

### 8.2.3 Informatização do processo

Muitas regras expostas no Código de Processo Civil são pertinentes para o padrão clássico de tramitação dos feitos no formato físico; a expressão "autos", por exemplo, remete a fascículos de papéis.

Uma nova realidade, porém, surgiu no Brasil, especialmente após a virada do século XX – movimento acelerado pela pandemia de covid-19. Com o objetivo de melhorar a prestação jurisdicional assegurando maiores eficiência e celeridade na tramitação dos feitos, adveio a Lei nº 11.419/2006 para dispor sobre a informatização do processo judicial.

A denominação "processo eletrônico" tem como variantes as expressões "processo digital", "telemático", "virtual" e "informático". A expressão "processo eletrônico" pode ensejar equívocos porque a informatização não enseja um novo tipo de relação processual a se somar aos processos de conhecimento e execução. O que se tem, a partir de sua implementação, é uma nova via para a tramitação dos processos: o meio eletrônico para a comunicação dos atos processuais.[16]

A Lei nº 11.419/2006 estabelece, no art. 1º, § 1º, sua aplicabilidade nos processos civil, penal, trabalhista e aos juizados especiais em quaisquer graus de jurisdição.

O fim da norma é o de que toda forma de comunicação possa ser realizada digitalmente com vistas a eliminar as dificuldades e as formalidades que, muitas vezes, obstaculizam a prestação jurisdicional. Isso vale tanto para a manifestação das partes (por seus advogados) dirigidas ao Poder Judiciário como também para a comunicação dos órgãos do Poder Judiciário entre si.[17]

Os atos processuais serão praticados mediante o envio da petição pela via eletrônica, contando com a assinatura eletrônica de seu subscritor; o art. 2º da Lei exige, porém,

---

[16] Pelo art. 9º da lei, "no processo eletrônico, todas as citações, intimações e notificações, inclusive da Fazenda Pública, serão feitas por meio eletrônico, na forma desta Lei".

[17] De forma salutar, o art. 7º da lei afirma que "as cartas precatórias, rogatórias, de ordem e, de um modo geral, todas as comunicações oficiais que transitem entre órgãos do Poder Judiciário, bem como entre os deste e os dos demais Poderes, serão feitas preferencialmente por meio eletrônico".

prévio cadastramento do advogado no Poder Judiciário, segundo disciplina editada pelos respectivos órgãos.[18]

O art. 4º da Lei nº 11.419/2006 previu a criação de Diários Oficiais eletrônicos para divulgação e publicação das comunicações judiciais – o que hoje já é realidade em todo o Brasil, nos diversos ramos do Judiciário. A publicação é realizada mediante divulgação das decisões em tal página eletrônica; a data da *publicação* é o primeiro dia útil seguinte ao da data da *disponibilização* da informação no Diário da Justiça eletrônico (art. 4º, § 3º). Segundo o § 4º de tal artigo, os prazos processuais têm início no primeiro dia útil seguinte àquele considerado como data da publicação.

Essa é, portanto, a realidade na maior parte do Brasil, independentemente de se tratar de processo eletrônico. É possível que a publicação seja feita pelo Diário Eletrônico, ainda que o processo tramite por meio físico; nesse caso, para considerar a contagem do prazo, deverá ser analisada tanto a disponibilização como a publicação.

Exemplifiquemos: o funcionário do Tribunal inseriu certa informação processual na página do Tribunal no dia 10 do mês, uma segunda-feira útil. A *publicação* será considerada, então, como realizada na terça-feira, 11 (dia seguinte também útil) e o prazo só começará a correr no dia subsequente, 12 (desde que também útil).

Também as intimações deverão ocorrer pela via digital.[19] Ao contrário do que se poderia pensar, tal não ocorrerá pelo envio de mensagens eletrônicas,[20] mas pelo acesso ao *site*.

Uma vez cadastrado no Poder Judiciário, o advogado, ao acessar a intimação no portal próprio de consulta eletrônica será reputado intimado.[21]

Caso tal acesso ocorra em dia não útil, a intimação será considerada feita no primeiro dia útil seguinte.[22] Assim, por exemplo, se o advogado acessar o *site* do Tribunal em um sábado à noite, ele será reputado intimado na segunda-feira (se tal dia for útil).

E se o advogado se cadastrar, mas deixar de acessar o portal para verificar as intimações? Para evitar a manipulação de prazos pela falta de acesso por parte do intimando, prevê o art. 5º, § 3º, da Lei nº 11.419/2006 que a consulta deverá ser feita em até dez dias corridos contados da data do envio da intimação, sob pena de considerar-se a intimação

---

[18] Segundo a OAB, tal dispositivo viola o acesso à justiça e o livre exercício profissional, razão pela qual propôs ação direta de inconstitucionalidade contra tal previsão (ADI 3.869). Não foi concedido o efeito suspensivo pleiteado na ADI, permanecendo em vigor a lei até o julgamento da ação em definitivo.

[19] A regra, porém, pode ser excepcionada. Nos termos do art. 5º, § 5º, da Lei nº 11.419/2006, "nos casos urgentes em que a intimação feita na forma deste artigo possa causar prejuízo a quaisquer das partes ou nos casos em que for evidenciada qualquer tentativa de burla ao sistema, o ato processual deverá ser realizado por outro meio que atinja a sua finalidade, conforme determinado pelo juiz".

[20] Em algumas localidades os Tribunais têm proposto convênios com empresas para que elas aceitem receber comunicações oficiais por mensagens eletrônicas; trata-se, porém, de faculdade das partes aderirem ou não a tal sistemática.

[21] Segundo o art. 5º da Lei nº 11.419/2006, as intimações serão feitas por meio eletrônico em portal próprio aos que se cadastrarem no Tribunal, dispensando-se a publicação no órgão oficial, inclusive eletrônico.

[22] Lei nº 11.419/2006, art. 5º, § 1º: "Considerar-se-á realizada a intimação no dia em que o intimando efetivar a consulta eletrônica ao teor da intimação, certificando-se nos autos a sua realização. § 2º Na hipótese do § 1º deste artigo, nos casos em que a consulta se dê em dia não útil, a intimação será considerada como realizada no primeiro dia útil seguinte".

automaticamente realizada na data do término desse prazo – o que foi alterado pelo CNJ, como se verá abaixo.[23]

Exemplifiquemos uma vez mais. A intimação do advogado foi inserida no *site* no dia 20. Se o advogado da parte acessou o portal do Tribunal para verificar a situação do processo em questão no dia 25 (dia útil), será então considerado intimado. Se até o dia 30 ele não acessar a página, a partir daí ele será reputado intimado.

Haverá comunicação ao intimando sobre o início automático do curso do prazo? Nos termos do art. 5º, § 4º, "em caráter informativo, poderá ser efetivada remessa de correspondência eletrônica, comunicando o envio da intimação e a abertura automática do prazo processual (...) aos que manifestarem interesse por esse serviço". Em muitos ramos do Judiciário, há a disponibilização, no *Diário de Justiça* eletrônico, de que há alguma intimação no sistema eletrônico. Porém, isso varia de Estado para Estado.

Em caso de duplicidade de intimações, qual deve ser considerada válida? Entendeu a Corte Especial do STJ que prevalece a intimação realizada no portal eletrônico.[24] Mas isso foi modificado em 2024 via Resolução do CNJ[25].

**Porém**, como essa situação de não acessar o sistema gerava alguma discussão (tanto que houve a necessidade de diversas decisões do STJ sobre o tema), o CNJ alterou esse cenário.

Ao editar a Resolução nº 569/2024 (que alterou a Resolução nº 455/2022), o CNJ estabeleceu mudanças importantes na sistemática das comunicações processuais, estabelecendo um padrão a ser seguido pelos tribunais do País.

Ficou, então, instituído o Diário de Justiça Eletrônico Nacional (DJEN) como **meio oficial** de intimação[26], **salvo** nos casos que a lei exija vista, ciência ou intimação pessoal da parte ou de terceiros.

Ou seja, em razão do novo padrão estabelecido pelo CNJ, os advogados não mais serão intimados diretamente no sistema (com ingresso no portal), passando a prevalecer a intimação via DJEN (diário oficial).

Portanto, no caso de sistema eletrônico, deixa de se aplicar o previsto no art. 5º, § 3º, da Lei nº 11.419/2006 acima exposto – valendo **exclusivamente** a publicação no diário oficial.

---

[23] Nos termos do art. 5º, § 4º, da Lei, "em caráter informativo, poderá ser efetivada remessa de correspondência eletrônica, comunicando o envio da intimação e a abertura automática do prazo processual nos termos do § 3º deste artigo, aos que manifestarem interesse por esse serviço".

[24] Segundo o relator, Ministro Raul Araújo, em respeito aos princípios da boa-fé processual, da confiança e da não surpresa, a legislação deve ser interpretada da forma mais favorável à parte, a fim de se evitar prejuízo na contagem dos prazos processuais. Nesse sentido, a forma privilegiada pela própria legislação é a intimação por meio do portal eletrônico (Corte Especial: no caso de duplicidade de intimações válidas, prevalece aquela realizada no portal eletrônico. Disponível em: https://www.stj.jus.br/sites/portalp/Paginas/Comunicacao/Noticias/21052021-Corte-Especial--no-caso-de-duplicidade-de-intimacoes-validas--prevalece-aquela-realizada-no-portal-eletronico--.aspx. Acesso em: 27 dez. 2021).

[25] Do ponto de vista teórico, pode-se debater se seria legal e constitucional que uma resolução do CNJ altere uma previsão legal. Mas, considerando o objetivo desta obra, deixa-se de realizar este debate – e alerta-se o profissional para que siga o previsto pelo CNJ, sob risco de intempestividade.

[26] É o que consta do § 2º do art. 11 da Resolução CNJ 455/2022 (Resolução que teve redação atualizada pela Resolução nº 569/2024).

Quanto ao termo final para realização do ato processual, as partes poderão apresentar (protocolizar) a petição eletronicamente até as 24h do último dia – na verdade, até 23:59:59, pois quando o dia vira, o prazo já se encerrou.[27]

Como se percebe, a informatização vem ensejando significativas mudanças quanto aos prazos processuais.

Como já mencionado, por força da pandemia da covid-19, a comunicação processual por meios eletrônicos precisou ser significativamente intensificada diante da restrição a deslocamentos geográficos.

Como apontado no capítulo 5, o Poder Judiciário e a advocacia precisaram se ajustar rapidamente à realidade pautada por audiências e julgamentos virtuais.

No plano legislativo, antes mesmo da pandemia houve mudança na Lei nº 9.099/1995, que trata dos Juizados Especiais, para constar o seguinte:

> Art. 22, § 2º É cabível a conciliação não presencial conduzida pelo Juizado mediante o emprego dos recursos tecnológicos disponíveis de transmissão de sons e imagens em tempo real, devendo o resultado da tentativa de conciliação ser reduzido a escrito com os anexos pertinentes.

> Art. 23. Se o demandado não comparecer ou recusar-se a participar da tentativa de conciliação não presencial, o Juiz togado proferirá sentença.

Apesar da noção de praticidade que a via digital sugere, como já apontado, sua verificação prática envolve diversos fatores que precisam funcionar simultaneamente de modo apropriado.

Como basta haver o comprometimento de um aspecto para inviabilizar a comunicação, contratempos e dificuldades relacionadas à estabilidade da rede, da energia e à conectividade, por exemplo, podem atrapalhar o fluxo de informações.

Para piorar, a vulnerabilidade cibernética pode ferir o acesso à justiça, especialmente para partes economicamente vulneráveis e/ou que não tenham acesso a equipamentos adequados e internet de qualidade. Contudo, considerando que muitas vezes o réu (especialmente uma pessoa jurídica que atue nacionalmente – mas também pessoas físicas que residam em locais distintos) é demandado em todo o País, a previsão tem todo sentido para evitar maiores custos. E nada impede, por exemplo, que o autor esteja presente no fórum em sua comarca, e o réu esteja a distância por meio eletrônico; nessa medida, as especificidades do caso concreto devem ser consideradas pela magistratura para avaliar como deverá ocorrer o ato.

Se a audiência for eletrônica e a parte ou as testemunhas tiverem dificuldades, o ato deverá ser remarcado para ocorrer de forma presencial. Além do bom senso que se espera do julgador, há dois dispositivos relevantes sobre o tema no CPC:

> Art. 194. Os sistemas de automação processual respeitarão a publicidade dos atos, o acesso e a participação das partes e de seus procuradores, inclusive nas audiências e sessões de julgamento, observadas as garantias da disponibilidade,

---

[27] Lei nº 11.419/2006, art. 10, § 1º: "Quando o ato processual tiver que ser praticado em determinado prazo, por meio de petição eletrônica, serão considerados tempestivos os efetivados até as 24 (vinte e quatro) horas do último dia".

independência da plataforma computacional, acessibilidade e interoperabilidade dos sistemas, serviços, dados e informações que o Poder Judiciário administre no exercício de suas funções.

(...)

Art. 198. As unidades do Poder Judiciário deverão manter gratuitamente, à disposição dos interessados, equipamentos necessários à prática de atos processuais e à consulta e ao acesso ao sistema e aos documentos dele constantes.

A já citada Recomendação nº 101/2021 do CNJ regulamentou o art. 198 do CPC no sentido de ser "disponibilizado, aos ditos vulneráveis digitais, auxílio mediante equipamentos e servidores da justiça ou, acaso não seja possível, a prática de atos processuais por meio não eletrônico em casos tais, de maneira mista (semipresencial) ou presencial".[28]

## 8.3 VISÃO GERAL SOBRE AS PROVIDÊNCIAS PRELIMINARES

Sob a rubrica "providências preliminares", são elas consideradas informações sobre a não incidência dos efeitos da revelia (já mencionada em capítulo anterior) e a réplica.

Com essas manifestações, a fase postulatória será encerrada e o magistrado poderá partir, então, para uma diferenciada atuação em novas etapas processuais. Antes, de abordá-las, porém, é interessante expor com mais detalhamento aspectos da réplica.

## 8.4 RÉPLICA

Se na contestação o réu trouxe defesas processuais ou novos argumentos quanto ao mérito, preveem os arts. 350[29] e 351[30] do CPC, em atenção à ampla defesa, a possibilidade de o autor se manifestar sobre tais alegações.

A petição em que o autor poderá expor seus argumentos é denominada, na praxe forense e na doutrina, "réplica". Ao regular essa peça processual, é curioso que o Código não se refere a esse termo nos artigos supramencionados; contudo, em alguns momentos, o CPC se refere à réplica – como no art. 437, ao apontar que o autor deve impugnar na réplica os documentos juntados pelo réu na contestação.

A réplica deve ser apresentada no prazo de 15 dias contados da intimação do autor para sua manifestação. Na prática, após a apresentação da contestação (em que o réu alegou matéria preliminar e/ou fato impeditivo, modificativo ou extintivo do direito do autor, ou seja, defesa indireta de mérito), o magistrado despacha "à réplica"; publicado tal despacho, inicia-se contagem do prazo.

---

[28] MENEGON, Flávia Osmarin Tosti; BELLINETTI, Luiz Fernando. Exclusão digital no contexto pós-pandêmico: desafios para a virtualização da tutela jurisdicional à luz da Recomendação-CNJ nº 101, de 12 de julho de 2021. Revista de Política Judiciária, Gestão e Administração da Justiça, Encontro Virtual v. 7, n. 2, p. 19-36, jul./dez. 2021. Disponível em: https://indexlaw.org/index.php/revistapoliticiajudiciaria/article/view/8163.

[29] "Art. 350. Se o réu alegar fato impeditivo, modificativo ou extintivo do direito do autor, este será ouvido no prazo de 15 (quinze) dias, permitindo-lhe o juiz a produção de prova."

[30] "Art. 351. Se o réu alegar qualquer das matérias enumeradas no art. 337, o juiz determinará a oitiva do autor no prazo de 15 (quinze) dias, permitindo-lhe a produção de prova."

O conteúdo da petição deve ser apenas de refutação das alegações do réu (sejam estas relativas a fatos impeditivos, modificativos ou extintivos do direito do autor, seja no tocante a alegações do réu quanto a matérias de ordem processual – arguições preliminares constantes no art. 337 do CPC).

Não há requisitos formais para a elaboração: trata-se de simples petição em que se deve rebater o que foi arguido pelo réu (nos termos do mencionado art. 351 do CPC).

Por questões lógicas, a argumentação pode se estruturar a partir da refutação das preliminares e então avançar à manifestação sobre os fundamentos de mérito.

Como se trata de mais uma oportunidade para debater os fatos e influenciar o convencimento do juiz, se achar pertinente e oportuna a citação de trechos doutrinários e julgados pertinentes, o advogado poderá realizá-la. Para efeito de concursos e exames de Ordem, bastará a argumentação do candidato[31].

Vale destacar alguns pontos sobre a conclusão da petição.

A réplica não é a via adequada para veicular pedido: ela objetiva retratar a resistência às alegações e às pretensões extintivas do réu. Assim, para finalizar a petição basta indicar "Requerimentos" (ou "Requerimentos finais"), para sinalizar ao juiz o que o autor pretende após sua explanação: a rejeição das preliminares arguidas pelo réu e o reconhecimento da procedência do pedido formulado na petição inicial. Pode ser interessante reiterar os exatos termos do pedido para lembrar à autoridade judicial o cerne do litígio e ressaltar os elementos que favorecem a procedência da pretensão.

## 8.4.1 Modelo de réplica comentado

Para ilustrar e fixar os conceitos expostos neste tópico, apresentamos um problema[32] a partir do qual será elaborada uma réplica. Para a melhor compreensão do tema, os comentários serão feitos no corpo da própria petição.

> Júlia ajuizou ação, distribuída à 34ª Vara de Família de São Paulo – SP, com o objetivo de ver declarada a existência de união estável que alega ter mantido, de 1989 a 2015, com Jonas, já falecido. Arrolou a autora, no polo passivo da lide, o nome dos herdeiros de Jonas, que, devidamente citados, apresentaram contestação no prazo legal. Preliminarmente, os réus alegaram que:
>
> ➢ a autora não teria interesse de agir, sob o argumento de que Jonas não deixara pensão de qualquer origem, sendo inútil a ela a simples declaração;
>
> ➢ haveria litispendência, sob o argumento de que já tramitava, na 1ª Vara de Família e Sucessões do Foro Central de São Paulo-SP, ação de inventário dos bens deixados pelo falecido, devendo necessariamente ser discutido naquela sede qualquer tema relativo a interesse do espólio, visto que o juízo do inventário atrai os processos em que o espólio é réu.

---

[31] Especialmente se, por força do edital, ele não puder consultar livros e repertórios de jurisprudência.
[32] Este enunciado constou no Exame de Ordem 2010.1, com algumas atualizações para o cenário do CPC/2015.

No mérito, os réus aduziram que Jonas era homem dado a vários relacionamentos e, apesar de ter convivido com a autora sob o mesmo teto, tinha uma namorada em cidade vizinha, com a qual se encontrava, regularmente, uma vez por semana, no período da tarde.

Considerando as matérias suscitadas na defesa, o juiz conferiu à autora, mediante intimação disponibilizada em 21.09.20XX (segunda-feira), prazo para manifestação.

Considerando a situação hipotética apresentada, na qualidade de advogado(a) contratado(a) por Júlia, redija a peça processual cabível em face das alegações apresentadas na contestação. Date o documento no último dia de prazo.[33]

**EXCELENTÍSSIMO SENHOR DOUTOR JUIZ DE DIREITO DA 34ª VARA DE FAMÍLIA E SUCES-SÕES DO FORO CENTRAL DA COMARCA DE SÃO PAULO[1]**

> 1. Sempre a réplica será dirigida ao Juízo em que tramita o feito, já que se trata de manifestação incidental no processo.

**Autos do processo n. (número)[2]**

> 2. É fundamental indicar o número dos autos para que a petição seja devidamente anexada nos fascículos corretos caso o feito ainda tramite no formato físico.

---

[33] Eis o padrão de resposta apresentado pela OAB (cujo teor foi ajustado às alterações formuladas): Deve-se redigir uma réplica, com argumentos jurídicos capazes de levar à rejeição das alegações aduzidas pelos réus em contestação. A PEÇA – Réplica endereçada ao juiz da 34ª Vara de Família de São Paulo – SP. Data: 1º de outubro de 20XX (CPC/2015, art. 351). Relato da situação fática. PRELIMINARES: Existe interesse de agir mesmo na simples declaração da união estável sem que haja pensão. A convivência duradoura entre duas pessoas é um fato, sendo a união estável um conceito jurídico que poderá ou não definir tal relação. A lei prevê a possibilidade de ser declarada a existência de relação jurídica (CPC/2015, art. 19, I). Ademais, considerando-se que há ação de inventário em curso, o falecido deixou bens, podendo algum deles ter sido adquirido na constância da união estável. Não ocorre litispendência, pois os elementos das ações não são coincidentes. Para que ocorra a litispendência, deverá ser repetida ação em curso. De fato, uma ação é idêntica a outra quando ambas têm as mesmas partes, a mesma causa de pedir e o mesmo pedido (CPC/2015, art. 337, §§ 1º e 2º). A atração exercida pelo inventário não se põe de tal modo a determinar que o pedido de reconhecimento da união estável de quem não é herdeira precise necessariamente ser processado nos autos do inventário. O reconhecimento de união estável é de competência da vara de família. Foi respeitada a competência do foro, visto que a ação declaratória foi proposta no foro do domicílio do autor da herança (CPC/2015, art. 48). MÉRITO – A existência de relacionamento não estável não serve de empecilho ao reconhecimento da união estável da autora com o falecido, visto que, conforme informação da própria contestação, o suposto relacionamento não tinha os atributos de união estável nos termos da lei civil, de acordo com o que dispõe o art. 1.723 do Código Civil: "É reconhecida como entidade familiar a união estável entre o homem e a mulher, configurada na convivência pública, contínua e duradoura e estabelecida com o objetivo de constituição de família." REQUERIMENTO FINAL – Deve ser requerida ao juiz a rejeição das preliminares alegadas, da causa de extinção do processo, com a procedência do pedido inicial. Observação para a correção: atribuir pontuação integral às respostas em que esteja expresso o conteúdo do dispositivo legal, ainda que não seja citado, expressamente, o número do artigo.

Ação declaratória da existência de união estável[3]

> 3. É interessante indicar desde o início a demanda *sub judice* para facilitar a identificação do feito e da temática abordada. Também é possível que sejam indicados os nomes das partes litigantes: Júlia x nome dos herdeiros de Jonas.

Júlia (sobrenome) já qualificada[4] vem, respeitosamente à presença de V. Exa., com fundamento no art. 350 do Código de Processo Civil, apresentar

## RÉPLICA

à contestação apresentada nos autos da ação em epígrafe que move contra (herdeiros de Jonas – nomes completos), já qualificados[5], com base nos fundamentos de fato e de direito a seguir aduzidos.

> 4 e 5. Como as qualificações dos litigantes já constam em petições anteriores, basta indicar "já qualificado(s)", não havendo necessidade de reproduzir a qualificação.

### I – RELATO DA SITUAÇÃO FÁTICA (OU "DOS FATOS")[6]

> 6. Não se trata de requisito obrigatório em uma réplica, mas parece conveniente abrir tal tópico para facilitar a compreensão da causa por parte do juiz/examinador. Em Exames de Ordem e em concursos, sempre se deve apresentar este tópico.

A Autora promove esta demanda para ver declarada a existência de união estável mantida, de 1989 a 2005, com o falecido Jonas, parente dos Réus.

Os demandados contestaram a ação alegando que:

(i) a autora não teria interesse de agir porque Jonas não deixara pensão de qualquer origem, sendo inútil a ela a simples declaração;

(ii) haveria litispendência porque já tramitava, na 1ª Vara de Família e Sucessões do Foro Central de São Paulo – SP, ação de inventário dos bens deixados pelo falecido, devendo necessariamente ser discutido naquela sede qualquer tema relativo a interesse do espólio, visto que o juízo do inventário atrai os processos em que o espólio é réu.

No mérito, os Réus aduziram que Jonas era homem dado a vários relacionamentos e, apesar de ter convivido com a Autora sob o mesmo teto, tinha uma namorada em cidade vizinha com a qual se encontrava, regularmente, uma vez por semana, no período da tarde.

Como se demonstrará, as preliminares não merecem acolhida e tampouco procedem as alegações de mérito.

### II – MATÉRIAS PRELIMINARES[7]

> 7. Tratando-se de réplica a contestação que veiculou defesas processuais, é interessante, para mostrar organização, abrir tópicos próprios para rebatê-las.

## 1) SOBRE A SUPOSTA AUSÊNCIA DE INTERESSE DE AGIR[8]

> 8. Se o advogado preferir, pode apresentar diretamente os argumentos processuais sem abrir tópicos específicos para tanto.

A lei processual é expressa ao prever a possibilidade de ser declarada a existência de relação jurídica no art. 19, I, do CPC.

Como a convivência duradoura entre duas pessoas é um fato, a união estável é um conceito jurídico que poderá ou não definir tal relação; assim, há interesse de agir para obter a declaração da união estável mesmo que não haja pensão.

Ademais, considerando-se que há uma ação de inventário em curso e que o falecido deixou bens, pode algum deles ter sido adquirido na constância da união estável e interessar diretamente à Autora.

## 2) DA AUSÊNCIA DE LITISPENDÊNCIA

A atração de competência exercida pelo inventário não se põe de modo a determinar que o pedido de reconhecimento da união estável de quem não é herdeira precise necessariamente ser processado nos autos do inventário.

Em realidade, se a Autora tivesse se dirigido ao juízo do inventário, provavelmente o magistrado decidiria que seria necessário promover demanda autônoma para discutir a situação por força do art. 612 do CPC ("O juiz decidirá todas as questões de direito desde que os fatos relevantes estejam provados por documento, só remetendo para as vias ordinárias as questões que dependerem de outras provas").

Isso porque a questão ora em análise pode ser considerada de "alta indagação", pois não é intrinsecamente ligada aos temas debatidos no inventário.

No mais, o reconhecimento de união estável é de competência da vara de família. Foi também respeitada a competência do foro, visto que a ação declaratória foi proposta no foro do domicílio do autor da herança (CPC, art. 48).

## III – SOBRE O MÉRITO[9]

> 9. Terminado o tópico das preliminares, parte-se para o mérito, momento em que serão discutidos aspectos de direito material referentes à causa.

Os Réus admitem que o falecido conviveu com a autora sob o mesmo teto, mas alegam que ele tinha uma namorada em cidade vizinha com quem se encontrava semanalmente.

Ora, a existência de relacionamento não estável não configura empecilho ao reconhecimento da união estável da autora com o falecido porque, conforme informação da própria contestação, o suposto relacionamento não tinha os atributos de união estável.

Ainda que tivesse se verificado, o que se admite apenas para argumentar, tal relacionamento era esporádico e não configurava os requisitos do art. 1.723 do Código Civil ("É reconhecida como entidade familiar a união estável entre o homem e a mulher, configurada na convivência pública, contínua e duradoura e estabelecida com o objetivo de constituição de família"). Portanto, não há como prevalecer tal alegação de mérito.

### IV – REQUERIMENTO FINAL[10]

> 10. Neste momento, cabe ao advogado sintetizar o que expôs na peça, apontando a consequência de suas alegações.

Em face do exposto, requer a Autora a rejeição das preliminares e da matéria de mérito arguidas, reconhecendo V. Exa. a procedência do pedido inicial para declarar a existência da união estável com Jonas.

Local, data (13 de outubro de 20XX – CPC, art. 351).[11]

> 11. No caso o Examinador solicitou expressamente a indicação do último dia do prazo, razão pela qual o candidato deve atendê-lo fazendo o cálculo matemático, indicando o dia certo e preferencialmente apontando o fundamento legal da previsão de prazo (no caso, o art. 351 do CPC). Destaque-se que a prova foi aplicada à luz do CPC anterior, em que a contagem de prazos era distinta. Assim, no dia acima indicado, levam-se em conta somente os dias úteis (CPC, art. 219). Com a decisão disponibilizada em 21/09, considera-se publicada em 22/09 e início de prazo em 23/09 (contagem conforme art. 224), sem contar qualquer sábado ou domingo.

## 8.5 JULGAMENTO CONFORME O ESTADO DO PROCESSO

Na sequência à apresentação da réplica, sob o aspecto processual, se o juiz verificar a existência de irregularidades ou nulidades sanáveis, mandará supri-las, fixando à parte prazo de até 30 (trinta) dias para tanto (CPC, art. 352).

Se já foram cumpridas as providências preliminares (ou se estas não foram necessárias), o juiz procederá ao julgamento conforme o estado do processo,[34] quando então deverá analisar o destino da relação processual. Conforme a situação *sub judice*, deverá:

   a) proferir sentença, extinguindo o processo sem resolução do mérito ou resolvendo o pedido (CPC, art. 354);

   b) julgar antecipadamente o mérito – (b1) total ou (b2) parcialmente (CPC, arts. 355 e 356);

   c) promover o saneamento e a organização do processo (CPC, art. 357).

O sistema prevê o julgamento conforme o estado do processo nessa ordem, e de forma excludente.

Inicialmente, o juiz verifica se está presente alguma das hipóteses do art. 485 ou dos incisos II e III do art. 487 do CPC. Em caso positivo, procede à extinção.

---

[34] É o que dispõe o art. 353 do CPC: "cumpridas as providências preliminares ou não havendo necessidade delas, o juiz proferirá julgamento conforme o estado do processo, observando o que dispõe o Capítulo X".

Se esse não for o caso, analisa o juiz se a hipótese é de proceder a algum tipo de julgamento antecipado.

O julgamento antecipado do mérito ou do pedido (no CPC anterior denominado "julgamento antecipado da lide"), verifica-se quando não há necessidade de realização de instrução. Ocorre:

(i) quando não há necessidade de outras provas além dos documentos já constantes nos autos; ou

(ii) quando houver revelia e não for hipótese de produção de prova.[35]

O CPC atual contempla a possibilidade de serem proferidas *decisões parciais de mérito* ao prever o julgamento antecipado parcial do mérito. O juiz decidirá parcialmente o mérito quando um ou mais dos pedidos formulados ou parcela deles:

I – mostrar-se incontroverso;

II – estiver em condições de imediato julgamento (art. 356).

Como exemplo, considere uma demanda em que há pedidos de dano moral e material; para o dano moral (decorrente, por exemplo, de inscrição indevida em cadastro restritivo), não há necessidade de prova em audiência, mas o dano material exige provas testemunhal e pericial. Nesse caso, o juiz julga o mérito parcialmente quanto ao dano moral (pela procedência) e prossegue com a instrução quanto ao dano material.[36]

A decisão que julga parcialmente o mérito é impugnável por agravo de instrumento (CPC, art. 356, § 5º).

A parte poderá liquidar ou executar, desde logo, a obrigação reconhecida na decisão que julgar parcialmente o mérito, independentemente de caução, ainda que haja recurso interposto contra ela; se houver trânsito em julgado da decisão, a execução será definitiva (art. 356, §§ 2º e 3º).

Não sendo, porém, caso de julgamento antecipado, o juiz deve tomar as providências adequadas para o prosseguimento do feito.

## 8.5.1 Saneamento do processo

O CPC traz diversas normas sobre o tema "saneamento".

Segundo o art. 357, não sendo o caso de extinção do processo, o juiz proferirá decisão de saneamento e de organização do processo para:

I. resolver as questões processuais pendentes, se houver;

II. delimitar as questões de fato sobre as quais recairá a atividade probatória, especificando os meios de prova admitidos;

---

[35] DELLORE, Luiz; TARTUCE, Fernanda. *1.001 dicas sobre o Novo CPC*, dica 477.

[36] Ainda que haja expressa previsão legal nesse sentido, o fatiamento dos pedidos em casos de danos morais e materiais não é muito usual no cotidiano forense.

III. definir a distribuição do ônus da prova;

IV. delimitar as questões de direito relevantes para a decisão do mérito;

V. designar, se necessário, audiência de instrução e julgamento.

Contudo, apesar da clara previsão legislativa, infelizmente muitas vezes não há o efetivo saneamento do processo pelo juiz – este, sem definir os pontos controvertidos, passa-se à audiência.

Ainda que isso seja ruim para o andamento do processo (pois a instrução acaba sendo feita sem se saber exatamente o que deve ser provado), é algo bastante frequente no cotidiano forense. Quando alguma parte impugna a ausência de saneamento, a jurisprudência dos tribunais não costuma anular processos por esse motivo.

De qualquer forma, se e quando realizado o saneamento do processo, as partes terão direito de pedir esclarecimentos ou solicitar ajustes no prazo comum de cinco dias, findo o qual a decisão se torna estável (art. 357, § 1º).

As partes poderão apresentar ao juiz, para homologação, a delimitação consensual sobre as questões de fato sobre as quais recairá a prova e as questões de direito relevantes para a decisão de mérito; tal convenção processual, uma vez homologada, vinculará as partes e o juiz (art. 357, § 2º).

Possibilidade ainda pouco utilizada, o Código prevê o *saneamento compartilhado*: se a causa apresentar complexidade em matéria de fato ou de direito, o juiz deverá designar audiência para que o saneamento seja feito em cooperação com as partes; em tal oportunidade o magistrado, se for o caso, convidará as partes a integrar ou esclarecer suas alegações (art. 357, § 3º). As partes deverão levar a tal audiência o respectivo rol de testemunhas (§ 5º).

Caso tenha sido determinada a produção de prova testemunhal, o juiz fixará prazo comum não superior a 15 dias para que as partes apresentem rol de testemunhas (art. 357, § 4º), cujo número não pode ser superior a dez, sendo três, no máximo, para a prova de cada fato (art. 357, § 6º).

Será possível a limitação do número de testemunhas pelo juiz levando em conta a complexidade da causa e dos fatos individualmente considerados (art. 357, § 7º).

Caso determine a produção de prova pericial, o juiz deverá nomear perito especializado no objeto da perícia, e, se possível, estabelecer, desde logo, calendário para sua realização (art. 357, § 8º).

Segundo o CPC, as pautas deverão ser preparadas com intervalo mínimo de 1 (uma) hora entre as audiências (art. 357, § 9º).

Terminada a instrução, na própria audiência, após a oitiva das testemunhas (e das partes, caso tenha sido tomado seu depoimento pessoal), passa-se ao debate da causa.

Em seguida, tem-se os debates orais ao final da audiência. Finda a instrução, o juiz dará a palavra ao advogado do autor e do réu, bem como ao membro do Ministério Público, se for o caso de sua intervenção, sucessivamente, pelo prazo de 20 (vinte) minutos para cada um; tal prazo é, a critério do juiz, prorrogável por 10 (dez) minutos (CPC, art. 364).

Vale destacar que, apesar do nome, não são efetivamente "debates"; não existe diálogo e apartes entre os litigantes. Inicialmente, o advogado do autor "fala"; na verdade, dita os seus argumentos para o escrevente, que reduzirá o que foi dito no termo de audiência. Em seguida, a palavra será do advogado da parte contrária, que fará o mesmo.

O juiz é quem decidirá se as alegações finais serão orais (ao final da audiência) ou se serão por escrito, apresentadas após o término da audiência.

Pelo Código, se "a causa apresentar questões complexas de fato ou de direito, o debate oral poderá ser substituído por razões finais escritas, que serão apresentadas pelo autor e pelo réu, bem como pelo Ministério Público, se for o caso de sua intervenção, em prazos sucessivos de 15 (quinze) dias, assegurada vista dos autos" (CPC, art. 364, § 2º). Mas, como dito, na prática essa decisão se oral ou escrita fica a cargo do juiz.

Quando forem memoriais escritos, inicialmente o autor apresenta sua petição e, posteriormente, já com as razões encartadas nos autos, o réu apresenta a sua manifestação.

Vale destacar que a petição de memoriais, também chamada no cotidiano forense de "alegações finais", não exige qualquer requisito técnico. Deve o advogado atentar, porém, para a sua finalidade: essa manifestação busca possibilitar às partes que recapitulem os pontos principais da prova coletada em juízo, demonstrando como confirmam suas alegações ou infirmam a argumentação da parte contrária. Assim, em vez de simplesmente reiterar o que já foi alegado em petições anteriores, é interessante demonstrar o nexo entre a prova produzida nos autos e a argumentação da parte.

Após o debate oral, o juiz já poderá proferir a sentença, verbalmente e reduzida a termo. Mas não se trata de algo muito comum no cotidiano forense.

No caso de oferecimento dos memoriais escritos, o juiz poderá proferir sentença a qualquer momento. Embora o CPC, no art. 366, mencione o prazo de 30 (trinta) dias para a prolação, trata-se de um prazo impróprio, ou seja, seu descumprimento pelo juiz não acarreta qualquer consequência. O prazo de prolação de uma sentença é bastante variado, conforme o congestionamento da vara e/ou complexidade da causa. Assim, não há como se fixar um prazo, mas usualmente varia entre semanas ou até mais de um ano.

## 8.6 REVISÃO DO PANORAMA GERAL DO PROCEDIMENTO COMUM

O procedimento comum, como já mencionado, é o mais importante do Código, por ser o mais amplo e cadenciado dos procedimentos, além de ser a base para os procedimentos especiais.

Em síntese, no procedimento comum do processo de conhecimento, o trâmite processual em regra observa a seguinte ordem de atos processuais:

1) petição inicial;

2) possível audiência de conciliação ou mediação;

3) contestação (com alegações processuais e referentes ao mérito, além de possível reconvenção);

4) réplica;

5) saneamento;

6) instrução/audiência de instrução e julgamento (perícia, depoimento pessoal, testemunhas – se for o caso);

7) alegações finais/memoriais (se for o caso);

8) sentença (passível de recurso).

# PROCESSO DE EXECUÇÃO E FASE DE CUMPRIMENTO DE SENTENÇA

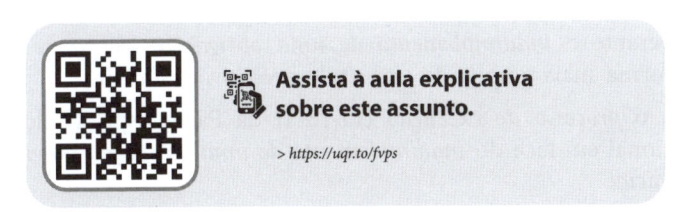

**Assista à aula explicativa sobre este assunto.**

> *https://uqr.to/fvps*

## 9.1 INTRODUÇÃO: ENTENDENDO O PROCESSO DE EXECUÇÃO AUTÔNOMO E A FASE DE CUMPRIMENTO DE SENTENÇA

Para que haja a perfeita compreensão dos instrumentos que buscam a satisfação de uma obrigação descumprida (especialmente, mas não só, obrigação de pagar), necessária se faz uma breve incursão na evolução histórica do tema.

Como exposto no capítulo 2, o Código de Processo Civil prevê dois instrumentos para a resolução de conflitos: o Processo de Conhecimento (no Livro I da Parte Especial) e o Processo de Execução (Livro II da Parte Especial do CPC).

No CPC anterior, esses dois processos, até a década de 2000, eram claramente distintos. A partir de 2005, com o advento da Lei nº 11.232, o panorama foi alterado com importantes modificações na execução.

Do ponto de vista clássico, no processo de conhecimento há dúvida quanto ao titular do direito (há a chamada *crise de certeza*), ao passo que, no processo executivo, não há dúvida quanto ao direito (há certeza), mas sim descumprimento do referido direito (portanto, há *crise de inadimplemento*).

Nesse sentido, o processo de execução não tem por objetivo discutir se o direito em debate existe, mas sim propiciar o adimplemento de determinado direito já previamente estabelecido, porém não cumprido.

Daí se percebe que a finalidade do processo de execução é a *satisfação* do direito do autor (que, na execução, recebe o nome de exequente – ou, de forma menos técnica, credor).

Inicialmente, o CPC anterior tratava o processo executivo como algo distinto do processo de conhecimento: somente seria possível iniciar a execução com um título executivo judicial (ex. sentença) ou extrajudicial (ex. título de crédito). Portanto, no caso de título executivo judicial (constituído em processo de conhecimento), era necessário dar início a outro processo, o de execução, inclusive com nova citação.

A partir da Lei nº 11.232/2005, a execução de sentença passou a se dar como uma FASE FINAL do processo de conhecimento, não mais como um processo autônomo. Esta fase é denominada na lei como CUMPRIMENTO DE SENTENÇA.

O CPC atual reproduz esse sistema com poucas alterações.

Assim, a parte final do processo de conhecimento regula o cumprimento de sentença (para promover o adimplemento de obrigação prevista em título judicial), ao passo que o processo de execução é tratado em outro Livro do Código.

Apesar de estarem em livros distintos, existem *inúmeras semelhanças* entre cumprimento de sentença e execução. Por isso, por questões didáticas e para facilitar o estudo e a comparação, opta-se por tratar dos dois assuntos no mesmo capítulo.

A fase de *cumprimento de sentença*, inserida no final do processo de conhecimento (Título II do Livro I da Parte Especial do CPC), regula a atividade jurisdicional a ser desempenhada perante o *inadimplemento de uma obrigação decorrente de uma decisão judicial* (ou, de forma mais ampla, de um *título executivo judicial*).

Por sua vez, o *processo de execução* (Livro II da Parte Especial do CPC) regula a atividade jurisdicional em face do *inadimplemento de uma obrigação prevista em um título executivo extrajudicial*.

Portanto, o panorama é o seguinte:

| Forma de execução | Requisitos |
|---|---|
| Processo de execução<br>(Livro II da Parte Especial do CPC – processo autônomo) | Inadimplemento<br>+<br>Título executivo extrajudicial |
| Cumprimento de sentença<br>(Livro I da Parte Especial do CPC – parte final do processo de conhecimento) | Inadimplemento<br>+<br>Título executivo judicial |

Essas são as premissas para compreender a atividade executiva no processo civil brasileiro.

Apesar de serem sistemas distintos, por vezes o procedimento a ser observado no processo de execução é bastante semelhante ao relativo à fase de cumprimento de sentença. Daí a necessidade de muita atenção para não confundir um sistema com o outro.

No mais, **aplica-se o procedimento de um ao outro**, de forma *subsidiária*; nesse sentido:

(i) aplicam-se ao cumprimento de sentença as regras do processo executivo (segundo o art. 513 do CPC, o cumprimento da sentença será feito segundo as regras do respectivo Título, *observando-se, no que couber e conforme a natureza da obrigação, o disposto no Livro II da Parte Especial* do Código; isso é corroborado, na abertura do Livro II da Parte Especial, pelo *caput* do art. 771 do CPC, segundo o qual tal Livro regula o procedimento da execução fundada em título extrajudicial, e suas disposições aplicam-se, também, no que couber, aos procedimentos especiais de execução, *aos atos executivos realizados no procedimento de cumprimento de sentença*, bem como aos efeitos de atos ou fatos processuais a que a lei atribuir força executiva);

(ii) aplicam-se à execução as regras do cumprimento de sentença (segundo o parágrafo único do art. 771 do CPC, que inicia o Livro II, dedicado ao Processo de Execução, *aplicam-se subsidiariamente à execução as disposições do Livro I da Parte Especial*).

Como se nota, pode-se visualizar um sistema de "vasos comunicantes" entre os regramentos do cumprimento de sentença e do processo executivo.

## 9.2 DOS REQUISITOS NECESSÁRIOS PARA A EXECUÇÃO AUTÔNOMA

Poderá o exequente se valer do processo de execução SOMENTE se estiverem presentes, ao mesmo tempo, dois requisitos:

(i) *inadimplemento*: o devedor não satisfez o crédito de titularidade do credor. Vale destacar que o termo utilizado na lei é *exigibilidade da obrigação* e não inadimplemento (CPC, art. 786, mais precisamente Livro II, Título I, Capítulo IV, Seção II);

(ii) **título executivo extrajudicial**: documento que reconhece uma obrigação e possibilita o uso do processo de execução (CPC, art. 784, mais precisamente Livro II, Título I, Capítulo IV, Seção I).

A redação do art. 786 sintetiza o que é necessário para se valer da execução de título extrajudicial: "A execução pode ser instaurada caso o devedor não satisfaça a obrigação certa, líquida e exigível consubstanciada em título executivo" (em síntese: título executivo e obrigação exigível, ou seja, inadimplemento da obrigação prevista no título).

Os títulos executivos judiciais estão previstos no art. 515 (que ensejarão o cumprimento de sentença), e os extrajudiciais constam no art. 784 (objeto de execução autônoma) do CPC.

Os títulos executivos extrajudiciais são criados pela vontade das partes e independem de prévia participação do Poder Judiciário, devendo estar previstos na legislação (são exemplos os títulos de crédito e a confissão de dívida assinada por duas testemunhas – CPC, incisos do art. 784).

O CPC, art. 784, III, traz o título executivo extrajudicial mais usual no cotidiano forense: o documento assinado pelo devedor e por duas testemunhas. Contudo, em 2023 uma lei alterou o CPC para incluir o § 4º ao art. 784: "Nos títulos executivos constituídos ou atestados por meio eletrônico, é admitida qualquer modalidade de assinatura eletrônica prevista em lei, dispensada a assinatura de testemunhas quando sua integridade for conferida por provedor de assinatura".

Assim, para formar o título extrajudicial, se houver assinatura eletrônica do devedor, não há necessidade de testemunhas.

Assinatura eletrônica é um gênero do qual a assinatura com certificado digital é uma das espécies (junto de biometria, reconhecimento facial e assinatura com senha cadastrada, dentre outras, conforme regulamentado pela Lei nº 14.063/2020, que dispõe no art. 4º sobre classificação das assinaturas eletrônicas conforme o nível de segurança, a confiabilidade do método escolhido e o fim a que se destina[1]).

---

[1] RASQUEL, Raquel Mota. Alteração do CPC para reconhecer o "título executivo eletrônico". Disponível em: https://www.migalhas.com.br/depeso/390394/alteracao-do-cpc-para-reconhecer-o-titulo--executivo-eletronico. Acesso em: 12.02.2024.

A partir do novo panorama normativo, ao usar assinaturas eletrônicas avançadas (como por exemplo via portal gov.br) ou qualificadas (realizadas com certificados digitais emitidos pela ICP-Brasil), as pessoas estarão mais seguras sobre a exequibilidade de seus contratos[2].

Assim, com o advento do art. 784, § 4º, do CPC passamos a vivenciar uma realidade em que documentos com teor obrigacional assinados por plataformas como Docusign, Certisign e Adobe passaram a configurar títulos executivos extrajudiciais independentemente da assinatura de testemunhas[3]. O STJ já proferiu importante decisão admitindo o uso de diversos meios de assinatura eletrônica[4].Vale lembrar que somente é possível a utilização do processo de execução autônomo quando existirem ambos os requisitos: título executivo extrajudicial e inadimplemento (exigibilidade da obrigação).

---

[2]   SANTOS, Ronan; CRUZ, André Santa. Contratos eletrônicos podem valer como título executivo sem assinatura de testemunhas. Disponível em: https://www.migalhas.com.br/depeso/390223/contratos-eletronicos-podem-valer-como-titulo-executivo. Acesso em: 12.02.2024.

[3]   MOREIRA, Felipe Leoni Carteiro Leite; CAVALCANTE, Renata. Lei 14.620/23: Uma nova era para a validade dos títulos executivos assinados eletronicamente. Disponível em: https://www.migalhas.com.br/depeso/390458/era-para-a-validade-dos-titulos-executivos-assinados-eletronicamente. Acesso em: 12.02.2024.

[4]   Segue um importante julgado que enfrenta o tema: "Recurso especial. Processual civil. Ação de execução de título extrajudicial. Indeferimento inicial. Extinção. Cédula de crédito bancária. Emissão e assinatura eletrônicos. Validação jurídica de autenticidade e integridade. Entidade autenticadora eleita pelas partes sem credenciamento no Sistema ICP-Brasil. Possibilidade. Assinatura eletrônica. Modalidades. Força probante. Impugnação. Ônus das partes. Atos entre particulares e atos processuais em meio eletrônico. Níveis de autenticação. Distinção. Constituição e ateste de títulos executivos extrajudiciais em meio eletrônico. (...) 2. O propósito recursal consiste em saber se as normas que regem o processo eletrônico exigem o uso exclusivo de certificação da infraestrutura de chaves públicas brasileira (ICP-Brasil), para fins de conferir autenticidade aos documentos produzidos e assinados eletronicamente entre as partes em momento pré-processual. Interpretação dos arts. 10, § 2º, da MPV 2200/2001 e 784, § 4º, do CPC. 3. A intenção do legislador foi de criar níveis diferentes de força probatória das assinaturas eletrônicas (em suas modalidades simples, avançada ou qualificada), conforme o método tecnológico de autenticação utilizado pelas partes, e – ao mesmo tempo – conferir validade jurídica a qualquer das modalidades, levando em consideração a autonomia privada e a liberdade das formas de declaração de vontades entre os particulares. (...) 7. Hipótese em que as partes – no legítimo exercício de sua autonomia privada – elegeram meio diverso de comprovação da autoria e integridade de documentos em forma eletrônica, com uso de certificado não emitido pela ICP-Brasil (SISBR/SICOOP), tendo o tribunal de origem considerado a assinatura eletrônica em modalidade avançada incompatível com a exigência do uso de certificado digital no sistema ICP-Brasil para prática de atos processuais no âmbito do processo judicial eletrônico apesar de constar múltiplos fatores de autenticação, constantes do relatório de assinaturas eletrônicas gerado na emissão dos documentos em momento pré-processual. (...) 10. A assinatura eletrônica avançada seria o equivalente à firma reconhecida por semelhança, ao passo que a assinatura eletrônica qualificada seria a firma reconhecida por autenticidade – ou seja, ambas são válidas, apenas se diferenciando no aspecto da força probatória e no grau de dificuldade na impugnação técnica de seus aspectos de integridade e autenticidade. 11. Negar validade jurídica a um título de crédito, emitido e assinado de forma eletrônica, simplesmente pelo fato de a autenticação da assinatura e da integridade documental ter sido feita por uma entidade sem credenciamento no sistema ICP-Brasil seria o mesmo que negar validade jurídica a um cheque emitido pelo portador e cuja firma não foi reconhecida em cartório por autenticidade, evidenciando um excessivo formalismo diante da nova realidade do mundo virtual. (...) 13. A Lei 14620/2023, ao acrescentar o § 4º ao art. 784 do CPC, passou a admitir – na constituição e ateste de títulos executivos extrajudiciais em meio eletrônico – qualquer modalidade de assinatura eletrônica desde que sua integridade seja conferida pela entidade provedora desse serviço, evidenciando a ausência de exclusividade da certificação digital do sistema ICP-Brasil. 14. Recurso especial conhecido e provido para determinar a devolução dos autos à origem a fim de que se processe a ação de execução de título extrajudicial. (REsp 2.150.278/PR, rel. Min. Nancy Andrighi, Terceira Turma, j. 24.09.2024, *DJe* 27.09.2024)".

Se houver título executivo judicial, deverá ser utilizado o regramento do CUMPRI-MENTO DE SENTENÇA.

Se ainda não houver título ou inadimplemento, então deverá ser utilizado o PRO-CESSO DE CONHECIMENTO, conforme o procedimento cabível (comum ou especial).

Por sua vez, se não houver inadimplemento, mas houver título executivo, tampouco caberá alguma iniciativa. No caso, a rigor, a parte terá de esperar até que haja o venci-mento do título e o eventual inadimplemento (por exemplo, de uma nota promissória com data futura) para promover a execução. Contudo, caso o devedor, antes do vencimento do título, passe a dilapidar seu patrimônio a ponto de arriscar o futuro pagamento, então se estará diante de uma situação de urgência, sendo cabível a tutela de urgência cautelar (no caso, o arresto, com fundamento no CPC, art. 301).

Cabe destacar um aspecto importante: se existir título executivo extrajudicial, mas a parte tiver *alguma dúvida* quanto à sua liquidez, certeza ou exigibilidade, é possível optar pelo processo de conhecimento, conforme prevê o art. 785 do CPC: "A existência de título executivo extrajudicial não impede a parte de optar pelo processo de conhecimento, a fim de obter título executivo judicial".

Como exemplo, considere um título executivo extrajudicial em que a data ou a as-sinatura está rasurada. A depender das características da rasura – e, especialmente, do entendimento da magistratura –, isso poderá ou não comprometer o título executivo. Em uma situação como essa, o exequente poderá escolher entre já executar (com o risco de a execução ser extinta sem apreciação de mérito, com perda das custas recolhidas) ou promover processo de conhecimento (com o problema de ser bem mais demorado chegar à fase de constrição de patrimônio via cumprimento de sentença).

A vantagem do art. 785 do CPC é dar ao autor a opção de usar um ou outro processo. Caberá ao credor (devidamente orientado por seu advogado/defensor), no caso concreto, escolher qual medida utilizar considerando os prós e contras de cada solução.

## 9.3 AS DIVERSAS ESPÉCIES DE EXECUÇÃO E O PROCEDIMENTO DA EXECUÇÃO DE QUANTIA CERTA CONTRA DEVEDOR SOLVENTE

Não existe uma única modalidade de execução, razão pela qual o CPC ressalta as seguintes espécies:

- por quantia certa contra devedor solvente (CPC, art. 824);
- para a entrega de coisa (CPC, art. 806);
- de obrigação de fazer e não fazer (CPC, art. 814);
- contra a Fazenda Pública (CPC, art. 910);
- de alimentos (CPC, art. 911);
- por quantia certa contra devedor insolvente (CPC/1973, art. 748[5]).

Além disso, há execuções previstas em leis extravagantes, ou seja, fora do CPC, como é o caso da execução fiscal (regrada pela Lei nº 6.830/1980).

---

[5] Trata-se de situação curiosa: como o CPC atual não regula a execução de quantia contra devedor insolvente, dispõe seu art. 1.052 que, "até a edição de lei específica, as execuções contra devedor insolvente, em curso ou que venham a ser propostas, permanecem reguladas pelo Livro II, Título IV, da Lei nº 5.869, de 11 de janeiro de 1973".

Como são diversas as espécies de execução, não há um único procedimento para cada uma delas.

A seguir apontamos qual é o procedimento da execução por quantia certa contra devedor solvente – que ocorre mais frequentemente no foro e é a mais questionada em exames e concursos.

A finalidade desta espécie de execução é expropriar bens do executado para satisfazer o crédito do exequente.

Logo após a distribuição da petição inicial, o exequente pode adotar uma providência extrajudicial para evitar condutas lesivas do executado, dando publicidade a terceiros sobre a pendência da execução. Nos termos do art. 828 do CPC, "o exequente poderá obter certidão de que a execução foi admitida pelo juiz, com identificação das partes e do valor da causa, para fins de averbação no registro de imóveis, de veículos ou de outros bens sujeitos a penhora, arresto ou indisponibilidade."

Para a compreensão do procedimento da execução por quantia certa, apresenta-se o quadro a seguir:[6]

---

1) Inicial é instruída com:

– título executivo extrajudicial (CPC, art. 798, I, *a*); e

– demonstrativo do débito atualizado (CPC, art. 798, I, *b*).

2) Estando em termos a inicial, o juiz:

– fixa, no despacho inicial, *honorários de 10%* sobre o valor da causa. Se houver o pagamento em três dias, os *honorários serão reduzidos à metade* (art. 827, § 1º). Se houver embargos protelatórios, honorários majorados para 20% (§ 2º);

– determina a *citação do executado*, para *pagar o débito em três dias*,[4] contados da citação (CPC, art. 829);

– se não houver pagamento, haverá a *penhora e avaliação*, por oficial de justiça (CPC, art. 870), dos bens indicados pelo exequente; salvo se o executado indicar bens que configurem situação menos onerosa a ele e que não tragam prejuízo ao exequente (CPC, art. 829, §§ 1º e 2º).

2.1) Recebida a petição inicial executiva, o exequente poderá obter *certidão da execução* (identificadas as partes e valor da causa), para "averbação no registro de imóveis, de veículos ou de outros bens sujeitos a penhora, arresto ou indisponibilidade" (CPC, art. 828).

Quando isso for efetivado, deverá ser *comunicado ao juízo* (§ 1º).

Se for realizada penhora no valor total da dívida, o exequente deverá providenciar, em dez dias, o *cancelamento das averbações* dos bens não penhorados (§ 2º).

Se o exequente assim não fizer, o *juiz o fará de ofício* (§ 3º).

No caso de averbação indevida ou não cancelada, caberá indenização por *perdas e danos* (§ 5º).

2.2) Além disso, cabe a inscrição do devedor em cadastro restritivo de crédito. A previsão está no art. 782 do CPC.

– § 3º A requerimento da parte, o juiz *pode determinar a inclusão do nome do executado em cadastros de inadimplentes*.

---

[6]    A lei não é expressa se esse prazo é em dias úteis ou corridos. A respeito dessa polêmica, vide capítulo 8, item 8.2.2.

– § 4º A *inscrição será cancelada imediatamente se for efetuado o pagamento*, se for *garantida a execução* ou se a *execução for extinta* por qualquer outro motivo.

Além disso, prevê o CPC que isso se aplica ao cumprimento de sentença definitivo de título judicial (art. 782, § 5º).

3) Se o oficial de justiça não encontrar o executado: *arresto executivo* dos bens (art. 830) que, segundo jurisprudência do STJ, poderá ser *on-line*.

A citação pode ser feita da forma padrão no CPC e há menção específica à *citação por hora certa e edital* (art. 830, §§ 1º e 2º).

O executado, *reconhecendo o crédito do exequente* e comprovando o *depósito de 30%* do valor devido, pode requerer o *parcelamento do restante em seis vezes* (com juros e correção). Com isso, renuncia ao direito de embargar (CPC, art. 916).

4) Após a citação, cabem embargos.

5) Não suspensa a execução ou rejeitados os embargos: tentativa de alienação do bem penhorado (CPC, art. 875).

6) Prosseguindo a execução, haverá a tentativa de expropriação do bem penhorado, **que poderá ocorrer de três maneiras, na seguinte ordem:**

(i) adjudicação ao exequente, em que o próprio exequente receberá o bem como forma de pagamento, **pelo valor da avaliação (CPC, art. 876);**

(ii) alienação por iniciativa particular, em que o exequente tentará alienar o bem para quem não é parte no processo **(CPC, art. 880); ou**

(iii) leilão judicial eletrônico ou presencial, alienação realizada no bojo do processo judicial **(CPC, art. 881).**

7) A primeira opção é a adjudicação por parte do exequente *pelo preço da avaliação.* Se não houver êxito nessa, passa-se às demais. Se, ao final, não houver êxito, haverá nova oportunidade para adjudicar, podendo ser requerida nova avaliação (CPC, art. 878).

8) A *segunda opção* é a *alienação por iniciativa particular*, mediante *requerimento do exequente*, também pelo valor da avaliação, por conta própria ou corretor ou leiloeiro credenciados perante o Judiciário (CPC, art. 880).

9) Se não houver êxito nas hipóteses anteriores, haverá *leilão, preferencialmente presencial* (CPC, art. 882).

A definição do *preço mínimo do bem no leilão, condições de pagamento e garantia* serão definidas pelo *juiz* (CPC, art. 885).

Será preço vil (e, portanto, não poderá ser aceito) o preço inferior ao mínimo estipulado pelo juiz ou, não tendo sido fixado preço mínimo, o preço inferir a 50% do valor da avaliação (CPC, art. 891, parágrafo único).

Será publicado edital com todas as informações do bem, inclusive data do 1º e 2º leilões – o 2º para o caso de não haver interessados no 1º (CPC, art. 886, V).

Não podem oferecer lance algumas pessoas, dentre as quais o juiz e demais servidores na localidade onde servirem, leiloeiros e advogados (CPC, art. 890). Portanto, o próprio *exequente pode oferecer lance.*

10) *Expropriado o bem* ((seja pela adjudicação, alienação ou arrematação), é possível ao executado impugnar o ato, via ação autônoma (CPC, art. 903, § 4º), para desconstituir a expropriação; o arrematante será litisconsorte necessário.

11) Ao final, extinção da execução.

*CPC, art. 924. Extingue-se a execução quando:*

*I – a petição inicial for indeferida;*

*II – a obrigação for satisfeita;*

*III – o executado obtiver, por qualquer outro meio, a extinção total da dívida;*

*IV – o exequente renunciar ao crédito;*

*V – ocorrer a prescrição intercorrente.*

## 9.4 PETIÇÃO INICIAL NA EXECUÇÃO

No processo executivo, como visto, aplica-se o processo de conhecimento de forma subsidiária (CPC, art. 771, parágrafo único).

A petição inicial deve, assim, observar os seguintes requisitos, combinando os pressupostos específicos do art. 798 e os gerais do art. 319, no que couberem:

(i) endereçamento (CPC, art. 319, I; para fins de competência, as regras do processo de execução estão no art. 781 do CPC);

(ii) qualificação das partes (CPC, arts. 319, II, e 798, II, *b*);

(iii) demonstração do inadimplemento e da existência de título executivo extrajudicial (CPC, arts. 319, III, e 798, I), bem como demonstrativo atualizado do débito (CPC, art. 798, I, *b*);

(iv) indicação da espécie de execução da preferência do exequente, quando possível mais de uma (CPC, art. 798, II, *a*) e, sempre que possível, dos bens suscetíveis de penhora (CPC, art. 798, II, *c*);

(v) valor da causa (CPC, art. 319, V):

– não há pedido propriamente dito (salvo em relação a honorários);

– a prova é, basicamente, o título executivo.

Sobre a petição inicial executiva, destacam-se ainda os seguintes pontos:

– deve-se, na causa de pedir, apontar a ocorrência do inadimplemento (exigibilidade da obrigação) e a existência do título executivo, visto que estes são os requisitos necessários para a utilização da execução (CPC, art. 786);

– não há requerimento de provas, mas deve-se requerer a juntada do título executivo e, em se tratando de execução por quantia, também do demonstrativo de débito;

– requerimento para citação do executado (que pode ser por meio eletrônico ou postal;[7] se o exequente pretender que se dê por oficial de justiça, deve

---

[7] O CPC permite a citação por correio na execução, mas especialmente por força da tradição alguns juízes a negam. O Conselho da Justiça Federal (CJF) ressalta a possibilidade no Enunciado 85: "Na execução de título extrajudicial ou judicial (art. 515, § 1º, do CPC) é cabível a citação postal". Há inúmeras decisões de Tribunais intermediários nesse sentido, por exemplo: "AGRAVO DE INSTRUMENTO. Despesas condominiais. Execução de título extrajudicial. Insurgência contra

justificar a razão – CPC, art. 247, V), bem como de terceiros que possam ser afetados pela execução, como o credor pignoratício/hipotecário do bem, o usufrutuário etc. (CPC, art. 799);

– na execução por quantia, é possível a indicação de bens a penhorar (CPC, art. 829, § 2º), inclusive requerendo a penhora on-line (CPC, art. 854) e pleitear a condenação em honorários (CPC, art. 827).

## 9.5 MODELO DE PETIÇÃO INICIAL DE EXECUÇÃO DE TÍTULO EXECUTIVO EXTRAJUDICIAL

### 🔍 *PROBLEMA*

Confissão de dívida em que PAULO reconhece dever R$ 100 mil a TIAGO, quantia a ser paga em um mês. A confissão é firmada pelo devedor e por duas testemunhas. Passados dois meses, não houve pagamento. PAULO é domiciliado em Curitiba, e TIAGO, em Florianópolis.

### 💡 *SOLUÇÃO*

Ajuizamento de ação de execução de quantia Não há, até o momento, precedente do STJ admitindo expressamente a citação por correio na execução.[8]

É possível o ajuizamento de execução, visto que a confissão de dívida assinada por duas testemunhas é título executivo extrajudicial (CPC, art. 784, III). Da mesma forma, com o decurso do prazo para pagamento, houve o inadimplemento (resultando na exigibilidade da obrigação). Deve-se apresentar memória discriminada do débito e requer a citação do executado nos termos dos arts. 798 e 824 e seguintes do CPC.

É possível indicar bens do devedor (se o exequente já tiver ciência sobre eles, por certo) e requerer a penhora *on-line*.

EXMO SR. DR. JUIZ DE DIREITO DE UMA DAS VARAS CÍVEIS DO FORO DA COMARCA DE CURITIBA-PR[1]

> 1. Regra de competência do processo de execução é prevista no art. 781 do CPC; o inciso I prevê como competente "foro de domicílio do executado, de eleição constante do título ou, ainda, de situação dos bens a ela sujeitos".

---

a decisão que determinou a citação por oficial de justiça. Possibilidade de citação do postal no processo de execução. Eventual penhora ou arresto de bens e avaliação podem ser determinados posteriormente, caso escoado o prazo de três dias sem o pagamento da dívida. (...)" (TJSP, AI 2036967-73.2024.8.26.0000, Ac. 17622165, Sorocaba, 26ª Câmara de Direito Privado, Rel. Des. Carlos Dias Motta, j. 28.02.2024; *DJESP* 05.03.2024; p. 2.034). Não há, até o momento, precedente do STJ admitindo expressamente a citação por correio na execução cível.

8    Eis um exemplo de resistência: "(...) não obstante o atual art. 247 do CPC/2015 não mais preveja processos de execução como exceções à citação por correio, ao tratar da citação do devedor na execução por quantia certa, o CPC/2015 prevê em seus arts. 829, § 1º, e 830, §§ 1º e 2º, que a ciência do executado sobre a existência de processo se dá mediante mandado e que a diligência exige a atuação do oficial de justiça, tal como registrado pelo Tribunal de origem" (STJ; AgInt-REsp 2.132.155; Proc. 2024/0101311-2; PB; 2ª Turma; Rel. Min. Francisco Falcão; *DJe* 15.08.2024).

TIAGO (sobrenome), casado, pescador, portador do RG n. (número) e do CPF n. (número), residente e domiciliado na Rua (endereço), na cidade de Florianópolis-SC, (endereço eletrônico), vem, respeitosamente, perante V. Exa., por seu procurador que esta subscreve (doc. anexo), com fundamento nos artigos 784, III, e 827 do Código de Processo Civil, propor a presente

## EXECUÇÃO DE QUANTIA CERTA

figurando no polo passivo PAULO (sobrenome), casado, funcionário público, portador do RG n. (número) e do CPF n. (número), residente e domiciliado na Rua (endereço), nesta comarca de Curitiba-PR, (endereço eletrônico), pelos fatos e razões a seguir expostos.

## DOS FATOS E DO DIREITO[2]

> 2. A causa de pedir no processo de execução é muito mais simples do que no processo de conhecimento. Assim, não há problema em apontar em um único tópico "fatos" e "direito". Contudo, nada impede apresentar tais tópicos separadamente.

1) Em virtude de negociação comercial realizada,[3] reconheceu o executado que é devedor do exequente, consoante confissão de dívida em anexo.

> 3. Tratando-se de processo de execução, por já existir título, não há necessidade de abordar os fatos que deram ensejo à dívida. Basta uma breve menção a como se formou o título – no caso, mediante confissão de dívida.

2) A confissão de dívida foi assinada por duas testemunhas, razão pela qual configura título executivo extrajudicial,[4] nos termos do art. 784, III, do CPC.

> 4. A existência do título é um dos requisitos do processo de execução; obrigatoriamente ele deve ser mencionado e juntado em anexo.

3) Da mesma forma, já venceu o prazo estipulado para pagamento, existindo o inadimplemento – a exigibilidade da obrigação.[5]

> 5. Outro dos requisitos para a execução.

4) Assim, é possível a execução[6] tendo em vista que, nos termos do art. 786 do CPC, há (i) título executivo que traduz obrigação líquida, certa e exigível (com memória de cálculo art. 798, I, *b*)[7] e (ii) houve o inadimplemento.

> 6. Apontada a existência de título e o inadimplemento, está concluída a causa de pedir.
> 7. Se a hipótese for execução por quantia, sempre se deve juntar uma memória de cálculos, onde será apresentada a evolução do débito (principal, juros e correção).

## DOS REQUERIMENTOS

### 5) Em face do exposto, requer-se a V. Exa.:

a) seja o executado citado, para, em 3 (três) dias,[8] pagar o principal, juros e correção, quantia essa acrescida de honorários advocatícios (CPC, art. 829) – verba que será reduzida à metade se houver o pagamento no tríduo (CPC, art. 827, § 1º);

> 8. O Código não é expresso em relação a como se conta esse prazo de 3 dias, se em dias úteis ou corridos, existindo divergência doutrinária (sobre ser um prazo processual ou não). Como já existe precedente do STJ em relação ao cumprimento de sentença, vem prevalecendo a tese de que se trata de prazo em dias úteis.

b) seja a citação realizada por correio:[9]

> 9. citação, no processo de execução, pode ser realizada pela forma padrão do CPC (artigos 246 e 247). Como exposto no capítulo 4 (item 4.2.8.2), seguimos tratando da citação como tradicionalmente prevista pelo CPC, indicando a forma que vem sendo majoritariamente aplicada por juízes e tribunais, visto que a citação por correio eletrônico ainda é pouco utilizada no país, apesar da sua previsão legal. Além disso, como mencionado na nota de rodapé 4, a posição majoritária é de que se admite a citação por correio na execução no CPC vigente.

c) na hipótese de não pagamento, que seja realizada a penhora dos seguintes bens:

(i) dinheiro porventura existente em contas do executado (penhora *on-line*, via sistema Sisbajud,[10] expressamente prevista no CPC, art. 854);

> 10. É possível a constrição por meio eletrônico, realizada diretamente pelo juiz, por um sistema *on-line* denominado Sisbajud. No CPC, há um procedimento de bloqueio prévio à efetiva penhora (vide art. 854 e parágrafos).

(ii) não encontrada qualquer quantia em conta, requer-se a penhora do seguinte bem: (_____);[11]

> 11. Se o exequente já tiver ciência de algum bem do devedor passível de penhora, vale fazê-lo desde a inicial (art. 824, § 2º). A ordem do art. 835 do CPC deve ser preferencialmente observada. Assim, nada impede que o exequente peça, inicialmente, outro bem, de interesse do executado – que possa forçá-lo a negociar de modo a evitar a constrição de tal bem. V. Súmula 417 do STJ: Na execução civil, a penhora de dinheiro na ordem de nomeação de bens não tem caráter absoluto.

d) não sendo encontrado o executado, que se proceda ao arresto dos seus bens, tantos quantos bastem para garantir a execução, inclusive por meio eletrônico (art. 830 do CPC);

e) que conste do mandado de citação que será lícito ao executado, independentemente da penhora, apresentar embargos, se este assim entender conveniente (CPC, art. 914);

f) por fim, requer que as intimações desse r. juízo sejam feitas em nome do advogado que firma a presente.

**DO VALOR DA CAUSA**

Dá-se à presente o valor de R$ 110.000,00 (cento e dez mil reais).[12]

> 12. O valor da causa deve ser o valor constante da memória de cálculo que instrui a execução – e não o valor histórico do débito.

Termos em que,

Pede e espera deferimento.

De Florianópolis para Curitiba, data, assinatura, OAB.

## 9.6 DEFESA DO EXECUTADO NA EXECUÇÃO AUTÔNOMA: EMBARGOS À EXECUÇÃO/EMBARGOS DO DEVEDOR

Como exposto, a execução tem por finalidade a satisfação do direito do exequente reconhecido no título executivo.

Por tal razão, a defesa do executado não se dá exatamente da mesma forma que a defesa do réu no processo de conhecimento.

Assim, não ocorrerá nos próprios autos da execução a apresentação de defesa do réu. Na execução haverá principalmente a discussão quanto aos atos executivos.

A defesa do executado se dará em autos apartados, em processo de conhecimento instaurado para tal finalidade. Esta defesa se dá mediante a oposição de embargos do devedor (ou embargos à execução), que independem da constrição de qualquer bem.

Assim, *não há* necessidade de penhora, depósito ou caução para apresentação de embargos à execução (CPC, art. 914).

Os embargos correspondem a um processo de conhecimento, com trâmite por um procedimento especial (CPC, arts. 914 e ss.). São distribuídos por dependência à execução e autuados em apartado, devendo ser acompanhados com cópias das principais peças do processo de execução (CPC, art. 914, § 1º).

O prazo para embargar é de *15 dias* contado da *juntada aos autos do mandado de citação* da execução ou da juntada do aviso de recebimento (CPC, arts. 915 e 231, I e II).

Diferentemente do que ocorre no processo de conhecimento:

– se houver mais de um executado, o prazo será contado individualmente – salvo na hipótese de cônjuges ou companheiros, quando o prazo será contado a partir da juntada do comprovante da citação do último (CPC, art. 915, § 1º);

– ainda que existam litisconsortes com advogados distintos, não haverá aplicação do prazo em dobro do art. 229 (CPC, art. 915, § 3º).

Caso haja a designação de audiência conciliatória no início da execução, haverá impacto no prazo para opor embargos? A resposta do STJ a tal questão foi negativa em um acórdão que merece referência.

O executado alegou que o termo inicial do prazo para impugnar a execução seria a data da audiência de conciliação, uma vez que a apresentação dos embargos em momento prévio prejudicaria a composição entre as partes porque o credor teria conhecimento de toda a matéria de defesa. No ponto, merece destaque o seguinte: não há previsão de audiência consensual nos procedimentos de cumprimento de sentença nem de execução.

Como bem esclareceu a Relatora, Ministra Nancy Andrighi, embora inexista previsão expressa sobre audiência consensual no processo executivo, sua ocorrência não é vedada; e, se isso ocorrer, a requerimento do executado, "somente acontecerá após a oposição dos embargos à execução a serem eventualmente opostos por ele, de forma que o que fluirá a partir da data da audiência de mediação ou conciliação será o prazo de resposta do embargado".[9]

Em regra, os embargos *não têm efeito suspensivo:* mesmo quando apresentados os embargos, prossegue normalmente a execução (CPC, art. 919).

Contudo, poderá o juiz, a requerimento do embargante, *conceder efeito suspensivo* (com a suspensão dos atos executivos) aos embargos quando, concomitantemente:

(i)    estiverem presentes os requisitos da tutela provisória;

(ii)   estiver garantida a execução por penhora, depósito ou caução (CPC, art. 919, § 1º).

Como se percebe, a propositura dos embargos não depende de segurança do juízo pelo executado – mas a concessão de efeito suspensivo aos embargos (para paralisar o andamento do processo), sim.

No mais, ainda que concedido o efeito suspensivo, isso não impedirá a penhora ou avaliação dos bens (CPC, art. 919, § 5º).

A decisão que indica os efeitos em que os embargos são recebidos é interlocutória e poderá, a requerimento das partes, ser modificada a qualquer tempo, conforme as circunstâncias (CPC, art. 919, § 2º).

Recebidos os embargos, o embargado (exequente) poderá responder, de modo a exercer seu contraditório, em 15 dias (CPC, art. 920, I).

Posteriormente, se houver necessidade, haverá instrução e, finalmente, a decisão do juiz (CPC, art. 920, II e III).

Para melhor compreensão do tema, segue quadro com o procedimento dos embargos:

1) Citado, o executado pode:

(a) pagar toda a dívida (CPC, arts. 826 e 829);

(b) pagar 30% do valor em execução e parcelar o restante em até seis parcelas mensais, em 15 dias (CPC, art. 916);

---

9    REsp 1919295/DF, Rel. Ministra Nancy Andrighi, Terceira Turma, j. 18.05.2021, *DJe* 20.05.2021.

(c) embargar, em 15 dias (CPC, art. 915);

(d) permanecer silente.

2) A petição inicial dos embargos:

– será **distribuída** *por dependência* à execução e *autuada em apartado* (CPC, art. 914, § 1º);

– será instruída com *cópias* das peças relevantes da execução (CPC, art. 914, § 1º);

– *independe de penhora* (CPC, art. 914).

2.1) O juiz **rejeitará liminarmente** os embargos (CPC, art. 918):

– quando intempestivos;

– nos casos de indeferimento da inicial ou de improcedência liminar;

– se manifestamente protelatórios (* ato atentatório à dignidade justiça).

3) *Em regra*, os embargos *não são recebidos no efeito suspensivo* (CPC, art. 919).

*3.1) Somente* será atribuído efeito suspensivo (com a suspensão dos atos executivos) se estiverem *presentes, ao mesmo tempo, os seguintes requisitos* (CPC, art. 919, § 1º):

(i) *garantia do juízo* (penhora, depósito ou caução);

(ii) requisitos da tutela de urgência (*relevantes alegações e perigo de dano*).

A concessão do efeito suspensivo *não impede a penhora* nem a avaliação dos bens (CPC, art. 919, § 5º).

4) Recebidos os embargos, o réu nos embargos (embargado) poderá se *manifestar em 15 dias* (CPC, art. 920, I).

5) *Se necessário, haverá* **dilação probatória**. Caso contrário, julgamento antecipado do mérito (CPC, art. 920, II).

6) *Decisão mediante* **sentença** da qual caberá apelação.

Embargos protelatórios são penalizados com *multa por ato atentatório à dignidade da justiça* (CPC, art. 918, parágrafo único).

## 9.7 MODELO DE EMBARGOS À EXECUÇÃO

Os embargos à execução têm características peculiares: apesar de veicularem argumentos de defesa, estes são apresentados em uma petição inicial. No mais, se o embargante possui a pretensão de suspender a execução, deve deixar isso bem claro na petição demonstrando a incidência dos requisitos legais.

### 🔍 PROBLEMA

Pedro Henrique, domiciliado em Brasília, emprestou de Fábio, que é domiciliado em Goiânia, a importância de R$ 20.000,00 (vinte mil reais), representada por um contrato de empréstimo, estabelecendo o vencimento da dívida em um ano. Vencido o prazo estipulado, Fábio ajuizou ação de execução em face de Pedro Henrique na Comarca de Brasília, com base no contrato escrito, assinado por duas testemunhas. A ação de execução está em curso perante a 1ª Vara Cível sob o n. 01/2023. Foi penhorado veículo de Pedro no valor de R$ 15.000,00, tendo sido o mesmo intimado da constrição há cinco dias.

*QUESTÃO:* Sabendo que Pedro Henrique tem em seu poder todos os comprovantes de depósito dos valores anteriormente mencionados na conta-corrente de Fábio, como advogado do primeiro, promova a medida judicial cabível. Considere, ainda, que Pedro já tem contratada a venda de seu veículo para adquirir outro e, se não houver a entrega desembaraçada do bem, incidirá uma multa.

 **SOLUÇÃO**

Deverão ser opostos embargos à execução, alegando a ocorrência de pagamento, tendo em vista a existência de todos os comprovantes de depósito.

Como cobrar dívida paga é conduta vedada pelo ordenamento, é possível pleitear o pagamento em dobro do valor indevidamente cobrado nos termos do art. 940 do Código Civil.

Deverá ser pleiteado o recebimento dos embargos no efeito suspensivo, tendo em vista a existência de penhora, de verossimilhança das alegações (recibo) e do risco de grave dano (negociação envolvendo o veículo), tudo conforme o CPC, art. 919, § 1º.

EXCELENTÍSSIMO SENHOR DOUTOR JUIZ DE DIREITO DA 1ª VARA CÍVEL[1] DA COMARCA DE BRASÍLIA – DF.

> 1. A distribuição não é livre, mas, sim, para o juízo do processo principal.

Processo nº 1/2023

Distribuição por dependência[2]

> 2. Deve-se endereçar para os próprios autos do processo de execução, requerendo-se a distribuição por dependência (autos apartados, porém apensos).

PEDRO HENRIQUE (sobrenome), (nacionalidade), (estado civil), (profissão), portador da cédula de identidade RG n. (número), inscrito no CPF/MF sob o n. (número), residente e domiciliado em Brasília, DF, com endereço em (endereço), endereço eletrônico (e-mail) neste ato representado por seu advogado que esta subscreve, constituído nos termos do anexo instrumento de mandato (doc. 01), vem, respeitosamente perante Vossa Excelência, com fundamento nos artigos 917 e seguintes do Código de Processo Civil e demais disposições aplicadas à espécie, opor os presentes

**EMBARGOS DO DEVEDOR**

**COM REQUERIMENTO DE CONCESSÃO DE EFEITO SUSPENSIVO**[3]

> 3. Considerando que os embargos podem ser recebidos com ou sem efeito suspensivo (CPC, art. 919, § 1º), é conveniente desde o início já indicar que há tal requerimento.

na execução movida por FÁBIO (sobrenome), (nacionalidade), (estado civil), (profissão), portador da cédula de identidade RG n. (número), inscrito no CPF/MF sob o n. (número), residente e domiciliado nesta Comarca, em (endereço), usuário do endereço eletrônico (e-mail), pelos motivos de fato e de direito a seguir expostos.

### DOS FATOS[4]

> 4. Basta apresentar em breve resumo do que aconteceu no processo de execução, além de trazer os fatos pertinentes para a defesa do devedor.

O embargado emprestou ao embargante a importância de R$ 20.000,00 (vinte mil reais), representada por um contrato de empréstimo estabelecendo o vencimento da dívida no prazo de um ano, conforme documento anexo (doc. 02).

Vencido o prazo estipulado, o embargado ajuizou ação de execução em face do embargante, em trâmite perante esse MM. Juízo, conforme cópia do processo em anexo (doc. 03), com base no contrato supracitado. As cópias são anexadas em obediência ao disposto no art. 914, § 1º do CPC e declaradas autênticas pelo subscritor destes embargos, conforme previsto por essa mesma previsão legal.[5]

> 5. É necessário juntar cópias das principais peças da execução. É conveniente juntar a petição inicial, o título executivo, a memória de cálculo, outros documentos importantes e eventuais decisões proferidas pelo juiz no processo executivo (ou seja, cópia de basicamente todo o processado na execução). A lei prevê, expressamente, a possibilidade de o advogado declarar autênticas tais cópias (para isso, basta uma declaração no corpo dos embargos, não sendo necessária a declaração de autenticidade em cada cópia).

Ocorre que o embargante tem prova do pagamento integral do débito, como se depreende dos documentos em anexo (doc. 04): são comprovantes de depósito, na conta-corrente do embargado, dos valores acima mencionados. Assim, busca o embargado cobrar uma dívida já paga.

Já houve penhora[6] de veículo (doc. 05) – mas tal bem já havia sido objeto de negociação por parte do embargante de modo a adquirir outro veículo (doc. 06). Vale destacar que tal avença prevê a entrega desembaraçada do veículo que ora se encontra penhorado, sob pena de multa.

> 6. Para a concessão do efeito suspensivo, há necessidade de penhora – que, pelo problema, já havia ocorrido. Assim, isso deve ser mencionado.

Feita a breve narrativa fática para a compreensão da ação, passa o embargante a apontar a manifesta existência de seu direito.

### DO DIREITO

São claros os termos do art. 917, VI,[7] do CPC ao destacar que é lícito ao embargante apontar "qualquer matéria que lhe seria lícito deduzir como defesa em processo de conhecimento".

> 7. Nos embargos à execução não há limitação de matérias que podem ser alegadas, como ocorre na impugnação ao cumprimento de sentença.

Assim, nestes embargos aponta-se a ocorrência de pagamento.

No caso em questão, houve o integral pagamento da dívida, em conformidade com o que estabelece o Código Civil:

> *"Art. 320. A quitação, que sempre poderá ser dada por instrumento particular, designará o valor e a espécie da dívida quitada, o nome do devedor, ou quem por este pagou, o tempo e o lugar do pagamento, com a assinatura do credor, ou do seu representante.*
>
> *Parágrafo único. Ainda sem os requisitos estabelecidos neste artigo valerá a quitação, se de seus termos ou das circunstâncias resultar haver sido paga a dívida."*

Sendo assim, não há razão para o prosseguimento da execução proposta pelo embargado e, muito menos, a manutenção da penhora realizada sobre o veículo de propriedade do embargante.

Considerando estar a dívida adimplida, busca o embargado cobrar ilicitamente o embargante – conduta que, se concretizada, caracterizará enriquecimento sem causa, nos termos do art. 884 do Código Civil. O referido dispositivo consagra o princípio pelo qual ninguém pode se enriquecer às custas de outra pessoa sem causa que a justifique.

Há evidente má-fé; cobrar dívida paga é conduta vedada pelo ordenamento, que comina a este comportamento a sanção de pagar em dobro o quanto cobrado nos termos do art. 940 do Código Civil.

Portanto, estando comprovado o pagamento da dívida, não poderá, assim, prosperar a constrição realizada sobre o veículo do embargante, devendo esta ser desconstituída com a procedência dos embargos para reconhecer que não mais existe qualquer débito.

## DA CONCESSÃO DE EFEITO SUSPENSIVO[8]

> 8. A rigor, não há necessidade de abrir um tópico específico para tal finalidade. Contudo, fica mais fácil para visualizar a presença dos requisitos se há algum destaque.

Os presentes embargos devem ser recebidos no efeito suspensivo, tendo em vista a presença de todos os requisitos necessários para tanto.

Nos termos do CPC, art. 919, § 1º, são pressupostos para que seja atribuído efeito suspensivo aos embargos: (i) juízo garantido (por penhora, depósito ou caução) e (ii) presença dos requisitos para a concessão da tutela provisória.[9]

> 9. Se houver pedido de concessão de efeito suspensivo, deve o embargante apontar claramente que estão presentes os três requisitos. Para o deferimento da tutela de urgência, os requisitos são (i) a probabilidade do direito e (ii) o perigo de dano ou o risco ao resultado útil do processo.

O juízo está garantido pela penhora. Os comprovantes de pagamento são argumentos robustos para demonstrar a probabilidade de que, ao fim da apreciação judicial, o direito alegado venha a ser declarado existente. E, por fim, a existência de contrato referente ao automóvel penhorado (com possibilidade de multa) demonstra cabalmente o perigo de dano.

Destarte, requer-se que os presentes embargos sejam recebidos no efeito suspensivo.

### Do Pedido e dos requerimentos

Diante do exposto, requer-se e pede-se:

a) liminarmente,[10] a atribuição de efeito suspensivo aos presentes embargos do devedor;

> 10. Se houver pedido de liminar, conveniente que seja formulado de forma separada dos demais pedidos.

b) a intimação do embargado, na pessoa de seu procurador, para que apresente sua defesa no prazo de 15 (quinze) dias, sob pena de revelia (CPC, art. 920, I);

c) ao final, a procedência dos presentes embargos[11], declarando a inexistência de qualquer débito entre embargante e embargado, com a consequente extinção do processo executivo e o levantamento da penhora realizada;

> 11. Pede-se a procedência nos embargos de modo a desconstituir o título executivo e o processo de execução. Contudo, se os embargos questionarem apenas uma parte do débito, não haverá a extinção da execução, mas o afastamento da quantia que se entende indevida.

d) a condenação do embargado ao pagamento de custas, honorários advocatícios e demais, bem como a condenação na litigância de má-fé, por cobrar dívida já paga (CPC, art. 80, I e II);

e) a condenação do embargado a pagar o dobro da dívida indevidamente cobrada (CC, art. 940);

f) provar o alegado por todos os meios em direito admitidos,[12] especialmente pelos documentos já juntados, mas, também, se necessário, por oitiva de testemunhas, juntada de documentos supervenientes, perícia, expedição de ofícios etc.

> 12. Usualmente há o julgamento antecipado dos embargos, apenas com documentos. Porém, como se trata de processo de conhecimento, nada impede que haja instrução. Assim, deve-se formular requerimento de produção de provas.

Dá-se à causa o valor[13] de R$ 60.000,00 (sessenta mil reais).

> 13. Por ser uma petição inicial em um processo de conhecimento, é necessário indicar o valor da causa. No caso, como se discute todo o valor do débito, este será considerado – e, como há o pedido de devolução em dobro, acrescenta-se também essa quantia. Por isso o valor da causa de R$ 60 mil (R$ 20 mil da dívida e R$ 40 mil da devolução em dobro).

Nestes Termos,

Pede Deferimento.

Local/Data

(Nome e assinatura do Advogado)

OAB n. (número)

## 9.8 CUMPRIMENTO DE SENTENÇA

Como visto, a fase de cumprimento de sentença é a etapa final do processo de conhecimento com pedido condenatório.

Como exposto em relação ao processo de execução, conforme o tipo de obrigação prevista no título executivo judicial será variável a forma (o procedimento) do cumprimento de sentença.

Conforme o CPC, tratando-se de:

– obrigação de fazer, não fazer ou entregar coisa, devem ser observados os arts. 536 e ss.;[10]

– obrigação de pagar alimentos, devem ser observados os arts. 528 e ss.;

– obrigação de pagar quantia pela Fazenda, devem ser observados os arts. 534 e ss.;

– obrigação de pagar quantia certa, devem ser observados o arts. 523 e ss.

A mais frequente ocorrência no foro é a da obrigação de pagar quantia certa, que será analisada em detalhes.

São requisitos:

(i) inadimplemento/exigibilidade: não cumprimento espontâneo da obrigação fixada na sentença (CPC, art. 786);

(ii) título executivo judicial: documento que reconhece obrigação e possibilita o início da fase de cumprimento de sentença (CPC, art. 515[11]).

Nas hipóteses de decisões proferidas fora do Poder Judiciário (sentença arbitral, penal ou estrangeira), *não houve prévia manifestação do juízo cível*, razão pela qual haverá ne-

---

[10] A obrigação de fazer pode ser substituída por perdas e danos, se o exequente assim requerer (CPC, art. 499). Contudo, por força de recente alteração o Código prevê que, no caso de "responsabilidade contratual (...) e de responsabilidade subsidiária e solidária, se requerida a conversão da obrigação em perdas e danos, o juiz concederá, primeiramente, a faculdade para o cumprimento da tutela específica" (parágrafo único do art. 499, incluído pela Lei nº 14.833/2024).

[11] São títulos executivos judiciais: (i) as decisões proferidas no processo civil (obrigação de pagar quantia, obrigação de fazer, não fazer, entregar coisa); (ii) a decisão homologatória de autocomposição judicial; (iii) a decisão homologatória de autocomposição extrajudicial de qualquer natureza; (iv) o formal e a certidão de partilha, quanto aos participantes do processo de inventário (inventariante, herdeiros e sucessores); (v) o crédito do auxiliar da justiça (custas, emolumentos ou honorários aprovados por decisão judicial); (vi) a sentença penal condenatória transitada em julgado; (vii) a sentença arbitral; (viii) a sentença estrangeira homologada pelo STJ; (ix) a decisão interlocutória estrangeira, após *exequatur* do STJ.

cessidade de **citação do devedor** para o cumprimento de sentença; afinal, o processo de conhecimento foi realizado (i) na via arbitral, (ii) perante o Poder Judiciário estrangeiro ou (iii) perante o Judiciário brasileiro no âmbito penal (CPC, art. 515, § 1º).

Já nas demais hipóteses, como houve a instauração de um processo que pode seguir para permitir o cumprimento da decisão, haverá somente intimação para pagamento.

A competência para a fase de cumprimento de sentença é prevista no art. 516 do CPC:

(i) tribunais, nas causas de sua competência originária;

(ii) juízo que processou a causa no primeiro grau;

(iii) juízo cível competente, no caso de sentença penal condenatória, arbitral ou estrangeira (a rigor, o domicílio do executado).

Poderá o exequente, nas situações II e III, optar pelo juízo do local onde se encontram bens sujeitos à expropriação *ou* pelo do atual domicílio do executado – casos em que o credor requererá a remessa dos autos ao novo juízo competente (CPC, art. 516, parágrafo único).

Para a compreensão do trâmite do cumprimento de sentença, vale conferir o quadro abaixo:

> 1) Proferida decisão condenatória e não havendo pagamento espontâneo pelo réu, o *autor requererá o início do cumprimento de sentença* (art. 523).
>
> 1.1) Esse requerimento deverá ser *instruído com completa memória do débito* e, se possível, indicação de bens (art. 524) – sendo possível requerer a penhora *on-line*.
>
> 2) Intimado o réu, se não houver *pagamento no prazo de 15 dias,*[12] incidirão *multa e honorários* no valor de 10% cada (art. 523, § 1º).
>
> 2.1) Na falta de pagamento, haverá *penhora e avaliação* de bens necessários à satisfação do débito (art. 523).
>
> 3) **Poderá o executado apresentar impugnação (art. 525).**
>
> 4) Se a impugnação não suspender o cumprimento de sentença ou, ao final, for rejeitada, ocorrerá a alienação do bem penhorado.
>
> 5) A expropriação de bens segue as regras da execução de título extrajudicial, podendo se dar por:
>
> – adjudicação pelo credor;
>
> – alienação por iniciativa particular;
>
> – leilão.
>
> 6) Ao final, a extinção da fase de cumprimento de sentença.
>
> Aplicação subsidiária:
>
> – destas regras para o cumprimento provisório (CPC, *art. 527. Aplicam-se as disposições deste Capítulo ao cumprimento provisório da sentença, no que couber*);
>
> – das regras do processo de execução para o cumprimento de sentença (art. 513).

---

[12] A lei não é expressa se esse prazo é em dias úteis ou corridos. Vale destacar que há precedente do STJ no sentido de que esse prazo se conta em dias úteis (REsp 1.708.348, *DJ* 1º.08.2019).

## 9.9 MODELO DE PETIÇÃO PARA PROVOCAR O INÍCIO DA FASE DE CUMPRIMENTO DE SENTENÇA

Diante de uma sentença condenatória não cumprida (mesmo passados os 15 dias previstos no CPC, art. 523), deve o credor provocar o início da fase de cumprimento de sentença formulando seu requerimento de pagamento.

Vejamos como essa peça pode ser elaborada – e como ela é mais simples do que uma petição inicial do processo de conhecimento ou mesmo do processo de execução.

EXMO. SR. DR. JUIZ DE DIREITO DA 1ª VARA CÍVEL[1] DE SALVADOR – BA.

> 1. Deve-se endereçar para o juízo que proferiu a sentença (ou ainda, para as outras opções do CPC, art. 516, parágrafo único).

Autos n. 1.989/2021[2]

> 2. Indica-se para os mesmos autos do processo de conhecimento e não há distribuição por dependência.

**JUSCELINO x JÂNIO**

JUSCELINO (sobrenome), já qualificado[3] nos autos do processo em epígrafe, vem respeitosamente perante V. Exa., por meio sua advogada, requerer que tenha início[4] a fase de

> 3. Como estamos diante do prosseguimento do processo, não há necessidade de nova qualificação das partes – salvo, é claro, se tiver havido alguma modificação em sua situação.
> 4. Considerando que é a sequência do processo de conhecimento, não se trata de um ajuizamento.

### CUMPRIMENTO DA SENTENÇA QUE RECONHECE

### A EXIGIBILIDADE DE OBRIGAÇÃO DE PAGAR QUANTIA CERTA

de modo que JÂNIO (sobrenome), já qualificado, venha a adimplir a obrigação fixada em sentença.

Consoante se depreende da r. sentença de fls.,[5] o réu foi condenado a pagar R$ 20.000,00 (vinte mil reais) ao autor, quantia que, devidamente atualizada (memória em anexo, conforme autorizado pelo art. 524), monta a R$ 22.500,00 (vinte e dois mil e quinhentos reais).

> 5. Basta, brevemente, apontar qual foi o teor da sentença condenatória proferida no processo de conhecimento.

Conforme se percebe de fls. (número das folhas), a r. sentença já transitou em julgado.

Considerando o trânsito em julgado, a descida dos autos do tribunal e a inércia do réu passados mais de 15 dias, contados da intimação para o pagamento do débito,[6] necessária se faz esta provocação por parte do autor.[7]

> 6. O CPC aponta ser necessária a intimação do executado (art. 523, *caput*) para ter início a contagem do prazo. O debate é se a contagem desse prazo é em dias úteis ou corridos, já existindo julgados do STJ no sentido de que se conta o prazo em dias úteis.
>
> 7. O exequente somente irá se manifestar quando já ultrapassado o prazo de 15 dias para pagamento. Percebe-se, então, que, no cumprimento de sentença, deve o executado tomar a iniciativa de realizar o pagamento, independentemente de qualquer ato do credor.

Diante do exposto, requer o autor:

(i) que tenha início a fase de CUMPRIMENTO DA SENTENÇA, nos termos dos arts. 523 e ss. do CPC, com a expedição de mandado de penhora e avaliação[8] (art. 523, § 3º);

> 8. Não há nova intimação do réu, já se vai diretamente para a penhora.

(ii) que ao valor do débito indicado seja acrescida multa no percentual de 10% (dez por cento), bem como honorários de 10% consoante dispõe o art. 523, § 1º;[9]

> 9. Considerando a inércia do devedor, a provocação do credor já se dá com a inclusão da multa de 10% – além da fixação de honorários, no mesmo percentual.

(iii) desde já a penhora on-line de quantias existentes em contas bancárias em nome do réu (CPC, art. 854);

(iv) caso não encontrado numerário, inviabilizando o requerimento (iii) supra, a penhora do seguinte bem:[10] (descrição do bem), consoante autorização prevista no art. 524, VII, do CPC.

> 10. Tal qual ocorre no processo de execução autônoma, a fase de cumprimento de sentença permite que o credor já indique qual bem pretende ver penhorado – inclusive a possibilidade de penhora *on-line*.

Termos em que,

Pede e espera deferimento.[11]

> 11. Como não se trata de uma petição inicial, não há valor da causa. Contudo, nas hipóteses em que há necessidade de citação (CPC, art. 515, § 1º), o cumprimento de sentença dará início ao procedimento no juízo cível. Nesse caso, parece-nos que será necessário valor da causa.

Cidade, data, assinatura, OAB.

## 9.10 DEFESA NO CUMPRIMENTO DE SENTENÇA: IMPUGNAÇÃO

Como exposto no início deste capítulo, até 2005 não havia distinção entre as execuções de título extrajudicial e judicial. Assim, praticamente, não havia distinção entre as defesas em tais execuções, que eram sempre realizadas via embargos à execução.

Contudo, considerando que a fase de cumprimento passou a ser inserida no próprio processo de conhecimento, não se considerou mais necessário promover um processo autônomo, de conhecimento, para apresentação de defesa.

Assim, os embargos do devedor foram substituídos por uma petição a ser apresentada nos próprios autos do cumprimento de sentença denominada impugnação (CPC, art. 525).

Contudo, é inegável que a impugnação guarda um paralelo com os embargos à execução.

O prazo para impugnar é de 15 dias contados a partir do término do prazo de 15 dias para pagamento voluntário (conforme se viu no tópico anterior, quando se tratou do cumprimento de sentença). A regra está prevista no art. 525 do CPC.

Assim, transcorrido o prazo de 15 dias (CPC, art. 523), se não houver o pagamento voluntário por parte do executado, inicia-se o prazo de 15 (quinze) dias para apresentação de impugnação nos próprios autos do cumprimento de sentença.

Há prazo em dobro no caso de litisconsortes com advogados distintos (CPC, art. 525, § 3º).

O Código, aproximando a impugnação dos embargos, aponta a *desnecessidade* de penhora para impugnar (CPC, art. 525, *caput*).

No tocante às matérias de defesa, considerando que o cumprimento de sentença tem por base um título executivo judicial e, assim, já houve prévia manifestação do Poder Judiciário, há *restrição* quanto ao que se pode alegar na impugnação.

Em síntese, não se pode discutir novamente o mérito (se a quantia a ser paga é ou não devida), pois aí haveria violação à coisa julgada.

Portanto, somente as seguintes matérias podem ser alegadas na impugnação (CPC, art. 525, § 1º):

(i) falta ou nulidade da citação, se na fase de conhecimento o processo correu à revelia;

(ii) ilegitimidade de parte;

(iii) inexigibilidade do título ou inexigibilidade da obrigação;

(iv) penhora incorreta ou avaliação errônea;

(v) excesso de execução ou cumulação indevida de execuções (no caso, deverá o impugnante declarar de imediato o valor que entende correto, sob pena de rejeição liminar da impugnação – CPC, art. 525, §§ 4º e 5º);

(vi) incompetência absoluta ou relativa do juízo da execução;

(vii) qualquer causa impeditiva, modificativa ou extintiva da obrigação (pagamento, compensação, transação etc.), desde que superveniente à sentença (porque, se anterior à sentença, isso já está protegido pela coisa julgada).

Além disso, considera-se inexigível o título judicial fundado em lei declarada inconstitucional pelo STF, seja em controle difuso ou concentrado (CPC, art. 525, § 12), sendo que a decisão do STF deve ser anterior ao trânsito em julgado da decisão exequenda (§ 14) – se a decisão for posterior, deverá ser utilizada a rescisória, cujo prazo será contado a partir do trânsito em julgado da decisão do STF (§ 15).

Para que haja melhor compreensão do tema, segue quadro com o procedimento da impugnação.

1) Findo o prazo de 15 dias para pagar, o executado tem 15 dias para impugnar (CPC, art. 525).

1.1) Os 15 dias iniciais (para pagar) são contados em dias úteis (vide tópico anterior), e os 15 dias seguintes (para impugnar) são contados em dias úteis (por ser um prazo processual).

2) Somente algumas matérias podem ser *alegadas na impugnação* (CPC, art. 525, § 1º).

2.1) Cabe rejeição liminar se a impugnação for:

(i) intempestiva; ou

(ii) fundada no excesso de execução, se não houver indicação do valor que se entende devido.

3) Em *regra*, a impugnação não suspende *o cumprimento de sentença* (CPC, art. 525, § 6º).

Contudo, poderá ser concedido o efeito suspensivo, desde que presentes, *ao mesmo tempo*, os seguintes requisitos:

(i) se os *fundamentos* da impugnação forem *relevantes*; e

(ii) se o prosseguimento do cumprimento puder causar ao executado *grave dano de difícil ou incerta reparação*.

4) A impugnação será autuada nos mesmos autos em que se realiza o cumprimento de sentença (CPC, art. 525, *caput*).

5) Recebida a impugnação, deve ser aberta vista ao impugnado, para exercer o contraditório, no prazo de 15 dias (não há previsão legal nesse sentido, mas se trata de aplicação subsidiária da regra do art. 920 do CPC, relativa ao processo de execução, para o cumprimento de sentença).

6) *Se necessário*, haverá dilação probatória.

7) Após instrução (ou se for esta desnecessária), advirá *decisão do juiz*, que poderá colocar fim ao cumprimento (se acolher integralmente a impugnação e entender nada ser devido) ou não (se rejeitada, total ou parcialmente, ou se tratar-se de impugnação parcial –aí prosseguirá a fase de cumprimento).

7.1) Sendo assim, é variável o recurso cabível conforme haja ou não extinção do cumprimento (apelação ou agravo de instrumento).

## 9.11 MODELO DE IMPUGNAÇÃO

*(OAB/SP Exame 130º – adaptado)*

Deustêmio, de posse de uma sentença condenatória contra Zílio, dá início à competente fase de cumprimento de sentença perante a 30ª Vara Cível da Comarca de São Paulo. Ocorre que o bem penhorado não é da propriedade de Zílio, pois se trata de veículo de propriedade da empresa em que ele trabalha, estando na sua posse para exercício da profissão. Além do mais, os cálculos elaborados pelo credor estão em desconformidade com o disposto na sentença.

 *QUESTÃO:* Como advogado de Zílio, elabore a defesa cabível.

 *GABARITO OFICIAL (adaptado)*

Zílio deve apresentar impugnação perante a 30ª Vara Cível de São Paulo alegando (a) excesso de execução, em razão de a execução estar se processando em valor diverso daquele constante no título, devendo o devedor indicar qual é o valor devido e demonstrar os valores apresentando os cálculos. Com relação ao referido argumento, deve requerer que a execução se processe pelo valor apontado por ele; e (b) é nula a penhora, por se tratar de bem de terceiro, devendo, assim, ser levantada e constritos bens de propriedade do devedor.

EXCELENTÍSSIMO SENHOR DOUTOR JUIZ DE DIREITO DA 30ª VARA[1] CÍVEL DO FORO CENTRAL DA COMARCA DA CAPITAL – SP.

> 1. Endereçamento da impugnação é para a própria vara onde tem trâmite o cumprimento de sentença.

Processo nº (número)[2]

> 2. Encaminhamento para o mesmo juízo que proferiu a sentença. Não há necessidade de requerer distribuição por dependência, pois se trata de simples protocolo nos autos em que há o cumprimento de sentença. A impugnação sempre tramitará nos mesmos autos do cumprimento.

ZÍLIO (sobrenome), (estado civil), (profissão), portador da cédula de identidade RG n. (número),[3] inscrito no CPF/MF sob o n. (número), residente e domiciliado em (endereço), endereço eletrônico (*e-mail*), neste ato representado por seu advogado que esta subscreve (procuração em anexo), vem, respeitosamente perante Vossa Excelência, com fundamento no artigo 525 do Código de Processo Civil e demais disposições aplicáveis à espécie, apresentar a presente

> 3. A rigor, na impugnação não há necessidade de qualificar as partes. Porém, nada impede que isso seja feito.

## IMPUGNAÇÃO

com requerimento de atribuição de efeito suspensivo.[4]

> 4. Considerando que a impugnação pode ser recebida com ou sem efeito suspensivo (CPC, art. 525, § 5º), conveniente que desde o início já se indique se há requerimento nesse sentido.

em face de DEUSTÊMIO (sobrenome), (estado civil), (profissão), portador da cédula de identidade RG n. (número), inscrito no CPF/MF sob o n. (número), com endereço eletrônico (e-mail), residente e domiciliado em (endereço), pelos motivos de fato e de direito a seguir expostos.

### I – DOS FATOS[5]

> 5. Tal qual ocorre em relação aos embargos à execução, basta apresentar em breve resumo do que se passou na fase de cumprimento de sentença e trazer os fatos que são pertinentes para a defesa do devedor.

O impugnado, reconhecido titular de débito contra Zílio por meio de sentença condenatória, deu início à fase de cumprimento de sentença em face do ora impugnante.

Houve a efetivação de penhora de um veículo pelo oficial de justiça.

Considerando o prazo do art. 525, *caput*, do CPC, apresenta o impugnante, tempestivamente, a presente manifestação.[6]

É importante destacar que:

(i)  o bem penhorado não é de propriedade do impugnante e

(ii) os cálculos elaborados pelo impugnado não estão de acordo com a sentença.

É a síntese do necessário.

> 6. A apresentação da impugnação não depende de penhora ou garantia do juízo. O prazo para impugnar é contado da seguinte forma (15 + 15):
>
> (i) com o trânsito em julgado e requerimento do exequente, o executado será intimado para pagar, em 15 dias, sob pena de multa de 10% (15 dias úteis, como já exposto no item 9.8 acima);
>
> (ii) transcorrido o prazo para pagamento voluntário, inicia-se o prazo de 15 dias para apresentação de impugnação (15 dias úteis, por se tratar de um prazo processual).

## II – DOS ARGUMENTOS QUE DEVEM LEVAR AO PROVIMENTO DESTA IMPUGNAÇÃO

### 1) DA NULIDADE DE PENHORA: CONSTRIÇÃO JUDICIAL DE BEM DE TERCEIRO E NÃO DO DEVEDOR (CPC, art. 525, § 1º, IV)[7]

> 7. Considerando que dois são os argumentos de defesa, optou-se por se separar em tópicos; obviamente essa divisão não é fundamental.

Contudo, nos termos do documento anexado, percebe-se claramente que tal bem não é de propriedade do impugnante.

O veículo, como facilmente se depreende do certificado de registro, é de propriedade da empresa (nome), da qual o impugnante é empregado.

Conforme se verifica do ofício anexo, o veículo está na posse do impugnado tão somente para o exercício de sua profissão.

Assim, considerando que houve penhora de bem de terceiro, é indubitável que ela é indevida e deve ser prontamente levantada.[8]

> 8. Se houver uma penhora indevida, deve ocorrer o levantamento de tal ato constritivo; na sequência, deverá ocorrer nova penhora recaindo sobre bem do devedor.

### 2) DA DESCONFORMIDADE DOS CÁLCULOS APRESENTADOS PELO CREDOR: EXCESSO DE EXECUÇÃO (CPC, art. 525, § 1º, V)

É de se apontar, também, a ocorrência de excesso de execução, tendo em vista que a fase de cumprimento de sentença está sendo processada por valor diverso daquele constante no título (CPC, art. 525, § 1º, V).

Destarte, nos termos da planilha em anexo, o valor correto do débito, a partir dos critérios fixados na r. sentença, é de R$ (valor), e não de R$ (valor), como pretende o impugnado.

A apresentação da planilha anexa dá cumprimento ao disposto no CPC, art. 525, § 4º[9], trazendo o impugnante a indicação do valor que entende devido.

> 9. Quando a hipótese for de excesso de execução, será necessário apresentar o valor que o impugnante entende devido sob pena de rejeição liminar da alegação (§ 5º).

A diferença entre os valores deve-se a (...) (explicar quais são os critérios de cálculo que acarretam a diferença).

Assim, a fase de cumprimento de sentença deve prosseguir[10] com base no valor aqui indicado.

> 10. Se o argumento for excesso de execução, não haverá extinção do processo e prosseguirá a fase de cumprimento de sentença com base no valor que se entende devido (ou seja, o impugnante reconhece parte do débito).

## III – DA CONCESSÃO DE EFEITO SUSPENSIVO À PRESENTE IMPUGNAÇÃO

Esta impugnação deve ser recebida no efeito suspensivo, tendo em vista a presença de todos os requisitos necessários para tanto.

Nos termos do CPC, art. 525, § 6º, três são os requisitos para que seja atribuído efeito suspensivo à impugnação: (i) juízo garantido por penhora, (ii) relevância dos fundamentos de defesa e (iii) grave dano no prosseguimento da execução.[11]

> 11. São os mesmos requisitos previstos nos embargos. Contudo, é curioso destacar que, para os embargos, o legislador falou em "requisitos para a concessão da tutela provisória" (CPC, art. 919, § 1º), ao passo que na impugnação não fez menção à tutela provisória – mas, reitere-se, as hipóteses para concessão são as mesmas.

A documentação anexa demonstra cabalmente que o veículo não é de propriedade do devedor e que os cálculos do credor estão equivocados. Assim, está claramente presente a relevância dos argumentos.

De seu turno, a persistência da penhora de bem de terceiro, empregador do impugnante, acarretará a existência de grave dano se prosseguir a execução. Afinal, o impugnante é depositário judicial do bem e pode, a qualquer momento, ter de devolver o bem ao empregador – o que lhe pode causar uma situação de risco, já que não mais terá a guarda do bem depositado.

Outrossim, há risco de dano pelo simples fato desta fase de cumprimento de sentença prosseguir por um valor superior ao devido, já que o nome do impugnado é colocado como devedor de quantia superior à efetivamente devida.

## IV – DOS REQUERIMENTOS

Diante do exposto, requer-se:

a) liminarmente, a atribuição de efeito suspensivo[12] a esta impugnação;

> 12. Se houver este requerimento, deverá ser formulado liminarmente.

b) a intimação do impugnado, na pessoa de seu procurador, para que, querendo, apresente resposta a esta impugnação;

c) o levantamento da penhora realizada,[13] tendo em vista ser o bem constrito de propriedade de terceiro;

> 13. Este requerimento é específico do caso apresentado. Poderá ou não ocorrer.

d) a procedência desta impugnação,[14] reconhecendo-se como correto o valor apontado pelo impugnante e não aquele apontado pelo impugnado (excesso de execução);

14. Requer-se a procedência da impugnação. No caso, se procedente, não haverá a extinção do processo, mas o prosseguimento com base na diferença apontada.

e) a condenação do impugnado ao pagamento de custas, honorários advocatícios e demais despesas;

f) requer provar o alegado,[15] por todos os meios em direito admitidos, especialmente pelos documentos ora juntados, mas também, caso V. Exa. entenda necessário, por perícia contábil (divergência nos cálculos) e outros meios previstos em lei.

15. Deve haver também o requerimento de provas. Normalmente, a questão é só decidida na base documental, mas nada impede que haja instrução.

Termos em que

pede deferimento.[16]

16. Como não se trata de uma petição inicial, não há valor da causa.

Local/Data

Nome e assinatura do Advogado/OAB n. (número)

## 9.12   DA EXCEÇÃO DE PRÉ-EXECUTIVIDADE

Os embargos à execução e a impugnação são as defesas previstas em lei para a manifestação do executado, razão pela qual se questiona: remanesce ainda a possibilidade de o executado se valer da petição de exceção de pré-executividade? Essa medida tornou-se amplamente reconhecida por doutrina e jurisprudência como via apta à alegação de matérias de ordem pública, no sistema anterior, independentemente de prévia garantia do juízo.

Não há previsão no Código a respeito desta defesa. Trata-se de criação doutrinária e jurisprudencial.

Em síntese, a exceção de pré-executividade (ou de não executividade/objeção de executividade) busca permitir a defesa do devedor sem que haja a penhora. No sistema anterior, sem penhora, não cabia a defesa do executado.

Sempre se entendeu caber a exceção em situações nas quais havia grave vício no cumprimento de sentença, em relação à matéria a respeito da qual o juiz poderia se manifestar de ofício, tais como:

– ausência das condições da ação;

– ausência de pressupostos processuais;

– prescrição e decadência.[13]

---

[13]   A jurisprudência do STJ é pacífica nesse sentido, desde que a prescrição seja reconhecível de plano (como exemplo: "(...) 3. O tribunal de origem entendeu que, muito embora a prescrição e a decadência sejam causas de extinção do crédito tributário e, por essa razão, seja possível o seu reconhecimento de ofício, a ora agravante não coligiu aos autos os necessários documentos

Só caberá a exceção se o vício for flagrante, a ponto de ser tida como desnecessária a dilação probatória.[14]

Mas, considerando o sistema do CPC atual, realmente segue sendo necessária a exceção de pré-executividade no Brasil?

A pergunta é pertinente pela seguinte razão: a principal finalidade da exceção de pré-executividade seria a defesa *sem penhora*. Atualmente, não é mais necessária a penhora para a defesa (deixou de ser necessária em 2006 para os embargos à execução e, no CPC atual, para a impugnação). Assim, a rigor, não mais haveria interesse no uso da exceção de pré-executividade, considerando que a penhora não é requisito para se defender.

Logo, se estivermos no prazo dos embargos ou da impugnação, *não haverá interesse na apresentação de exceção de pré-executividade*, pois deverá ser apresentada a própria defesa prevista em lei. Apesar disso, na prática, ainda há quem se valha de tal exceção, mesmo no prazo de embargos ou impugnação – o que somente prejudica o executado, pois a abrangência da exceção, como visto, é mais limitada do que das outras defesas.

Mas e se a defesa não foi utilizada (situação de intempestividade) ou foi usada sem que determinado argumento tenha sido apresentado? Nesse caso, se o argumento puder ser conhecido de ofício, caberá sua alegação extemporânea via exceção de pré-executividade.

Vejamos o que diz o CPC:

"Art. 803. É nula a execução se:

I – o título executivo extrajudicial não corresponder a obrigação certa, líquida e exigível;

II – o executado não for regularmente citado;

III – for instaurada antes de se verificar a condição ou de ocorrer o termo.

Parágrafo único. A nulidade de que cuida este artigo será pronunciada *pelo juiz, de ofício ou a requerimento da parte, independentemente de embargos à execução.*"

Ora, esse parágrafo aponta o uso de defesa sem embargos, por simples petição – ou seja, exatamente a ideia da exceção de pré-executividade.

Assim, ainda que o CPC atual não mencione seu nome, essa defesa é possível para as situações graves da execução – com aplicação subsidiária para a impugnação (art. 771, parágrafo único).

---

que possam demonstrar, com exatidão, os marcos temporais do fato gerador e da constituição definitiva do ITCMD (...). 4. O acórdão recorrido não destoa da jurisprudência desta Corte segundo a qual a exceção de pré-executividade é cabível quando atendidos simultaneamente dois requisitos, um de ordem material e outro de ordem formal, ou seja: (a) é indispensável que a matéria invocada seja suscetível de conhecimento de ofício pelo juiz; e (b) é indispensável que a decisão possa ser tomada sem necessidade de dilação probatória. (...) (STJ; AgInt-AREsp 2.330.938; Proc. 2023/0105029-9; DF; Segunda Turma; Rel. Min. Mauro Campbell Marques; *DJe* 11.10.2023).

[14] Nesse sentido: "(...) 2. Segundo a orientação do STJ, a exceção de pré-executividade é cabível quando atendidos simultaneamente dois requisitos, um de ordem material e outro de ordem formal, a saber: (I) indispensável que a matéria invocada seja suscetível de conhecimento de ofício pelo juiz; e (II) indispensável que a decisão possa ser tomada sem necessidade de dilação probatória. (...)" (STJ; AgInt-AREsp 2.657.990; Proc. 2024/0199880-3; SP; Quarta Turma; Rel. Min. Raul Araújo; *DJe* 29.11.2024).

## 9.13 EMBARGOS À EXECUÇÃO E IMPUGNAÇÃO: QUADRO COMPARATIVO

Para concluir este capítulo, é conveniente a apresentação de um quadro que compara os embargos à execução e a impugnação.

| | Embargos à execução (execução de título extrajudicial) | Impugnação (cumprimento de sentença) |
|---|---|---|
| **Prazo** | 15 dias úteis (CPC, art. 915) | 15 dias úteis (CPC, art. 525) |
| **Termo inicial da contagem do prazo** | Juntada aos autos do mandado de citação ou juntada do AR (CPC, arts. 915 e 231) | Transcurso do prazo de 15 dias úteis para pagamento voluntário (CPC, arts. 525 e 523) |
| **Necessidade de penhora** | Não (CPC, art. 914) | Não (CPC, art. 525) |
| **Efeito suspensivo** | Em regra, não (CPC, art. 919). Para concessão (art. 919, § 1º): (i) garantia do juízo pela penhora; (ii) verificados os requisitos para a concessão da tutela provisória. * São requisitos da tutela provisória de urgência (art. 300): (a) a probabilidade do direito e (b) o perigo de dano ou o risco ao resultado útil do processo. | Em regra, não (CPC, art. 525, § 6º). Para concessão: (i) garantia do juízo pela penhora; (ii) fundamentos relevantes da impugnação; (iii) prosseguimento da execução capaz de causar grave dano de difícil ou incerta reparação. * Os requisitos para a concessão do efeito suspensivo *são os mesmos*, nos embargos e na impugnação, ainda que o legislador tenha dito isso, infelizmente, de forma distinta. |
| **Autuação** | Em apartado (CPC, art. 914, § 1º) | Nos mesmos autos do cumprimento de sentença (CPC, art. 525, *caput* e § 10) |
| **Matérias de defesa** | Qualquer matéria, já que não houve prévia manifestação do Poder Judiciário (CPC, art. 917, VI) | Matérias específicas (CPC, art. 525, § 1º), considerando que já houve manifestação do Judiciário (respeito à coisa julgada) |
| **Recurso cabível** | Apelação (CPC, art. 1.009) | Apelação, se a fase de cumprimento não prosseguir (CPC, art. 1.009) Agravo de instrumento, se a fase de cumprimento prosseguir (CPC, art. 1.015, parágrafo único) |

# 10

# PROCEDIMENTOS ESPECIAIS

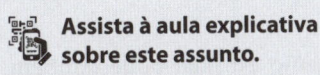

**Assista à aula explicativa sobre este assunto.**

> *https://uqr.to/fvpu*

## 10.1 CONSIDERAÇÕES PRÉVIAS

Para que o Estado possa decidir a situação das partes em um litígio, é necessária a verificação de uma sequência de atos em juízo, observadas as garantias e os princípios processuais.

Essa sequência de atos processuais que levam à decisão final é denominada *procedimento* que, em síntese, é o modo pelo qual o processo se desenvolve.[1]

Conforme previsto no Código, o processo de conhecimento pode tramitar segundo o procedimento comum (*regra geral*) ou por um rito que tramite de forma distinta do comum – ou seja, por um procedimento *especial*.

Os procedimentos especiais foram concebidos pelo legislador em atenção a situações específicas do direito material, com o objetivo de promover mais eficiência e racionalidade na tramitação de certos feitos.

Como o legislador processual entendeu que o procedimento comum não seria apto a gerar proveitosas atuações em todas as hipóteses (ou insuficiente para resolver adequadamente todos os conflitos), previu procedimentos diferenciados para contemplar sequências variadas de atos processuais com condutas a serem observadas pelas partes e pelo juiz.

Imaginemos, por exemplo, uma situação envolvendo sucessão de bens: tendo falecido o patriarca da família, seria interessante processar o inventário sob o procedimento comum com petição inicial, audiência, contestação, réplica e instrução probatória? Certamente que

---

[1] O tema foi analisado com mais vagar no item 2.2 (lide, processo e procedimento).

não: como o inventário envolve atividades para apurar, arrecadar e nomear bens do falecido, essa sequência não se mostra adequada para bem resolver a situação dos herdeiros.

O procedimento especial é aquele previsto pelo legislador para que o processo se movimente de modo a melhor proteger certos interesses e direitos eleitos como relevantes, que justificam uma modificação procedimental em relação ao verificado no procedimento comum. Por tal razão, a doutrina destaca que os procedimentos especiais configuram exemplos de *tutela jurisdicional diferenciada*.

Assim, ao ajuizar demanda relativa ao processo de conhecimento, é preciso verificar: há um procedimento especial previsto em lei estabelecendo uma distinta sequência de atos processuais?[2]

Se a conclusão for positiva, serão aplicadas as regras pertinentes a tal procedimento especial e, subsidiariamente, as disposições gerais do procedimento comum.[3] Caso não haja previsão específica de procedimento especial, será aplicado o procedimento comum.

O CPC destaca a importância do tema ao destinar inúmeras previsões ao assunto. O Título III do Livro I do Código regulamenta procedimentos especiais de índole contenciosa (como a ação de consignação em pagamento, prevista a partir do art. 539) e de jurisdição voluntária em que não existe lide (de que é exemplo o divórcio consensual previsto no art. 731 do CPC).

A previsão de procedimento especial pode também constar em leis específicas, como ocorre com a Lei de Locação (Lei nº 8.245/1991) e a Lei de Alimentos (Lei nº 5.478/1968).

Portanto, além dos procedimentos especiais previstos no CPC (Título III do Livro I da Parte Especial do CPC, que inicia no art. 539 e vai até o art. 770), também é necessário analisar legislação extravagante sobre eventual previsão procedimental específica.

A respeito desses procedimentos, dispõe o art. 1.046, § 2º, do CPC que permanecem em vigor as disposições especiais dos procedimentos regulados em outras leis, aos quais se aplicará supletivamente o Código.

## 10.2 PECULIARIDADES DOS PROCEDIMENTOS ESPECIAIS

Como destacado, o legislador optou por prever procedimentos especiais (diferentes do comum) para que certas relações jurídicas de direito material, dotadas de peculiaridades significativas, recebam tratamento judicial mais adequado à sua natureza.

Para atender a tal objetivo, os procedimentos especiais podem prever regras diferenciadas quanto aos *prazos*, à *legitimação* e à *iniciativa das partes*, à *competência*, à *citação*, à *alteração do pedido*, à *formulação de pedido pelo réu*, à *produção de provas*, entre outras.

Incumbe ao estudioso ou advogado, ao se deparar com uma situação que envolva procedimento especial, ler todos os dispositivos pertinentes e seguir o roteiro delineado pelo legislador.

Em atenção aos fins desta obra, serão destacados os pontos diferenciados que repercutem de modo mais significativo na prática forense.

---

[2]  A respeito do tema, remete-se o leitor ao capítulo 2.

[3]  CPC, art. 318: "Aplica-se a todas as causas o procedimento comum, salvo disposição em contrário deste Código ou de lei. Parágrafo único. O procedimento comum aplica-se subsidiariamente aos demais procedimentos especiais e ao processo de execução".

## 10.2.1 Legitimidade

Usualmente a legitimidade *ad causam* é considerada a partir da situação vivenciada no plano do direito material; quem, segundo os fatos, tem pertinência subjetiva para participar do processo? Essa análise costuma ser feita pelos advogados para que possam determinar quem irá propor a ação e quem será demandado.

Em alguns procedimentos especiais, o legislador facilita o trabalho do intérprete ao explicitar quem pode ser o autor da demanda.

O possuidor, por exemplo, é mencionado como possível autor tanto das demandas possessórias[4] como dos embargos de terceiro.[5]

No âmbito da ação de exigir contas, afirma o Código que a demanda pode ser intentada por quem afirma ser o titular do direito de exigi-las.[6]

## 10.2.2 Pedido

Este elemento da ação é um dos que mais sofrem modificações nos procedimentos especiais.

Em alguns procedimentos o legislador explicita o teor do pedido a ser formulado, o que facilita o trabalho para quem redige a petição. Assim, ao acolher o pedido de consignação em pagamento, o juiz, na sentença, declarará extinta a obrigação e condenará o réu a arcar com o ônus da sucumbência.[7]

Em diversas previsões, a lei processual, em claro atendimento ao princípio da economia,[8] destaca ser possível a cumulação de pedidos pelo autor no procedimento especial.

Como exemplo, considere as ações possessórias: além de formular o pleito principal (de proteção possessória), o autor pode ainda pedir perdas e danos e indenização.[9]

Vale ainda destacar que muitas das demandas que tramitam por procedimentos especiais têm *natureza dúplice*: como ambos os litigantes têm direitos e deveres recíprocos na relação jurídica material, autor e réu podem formular pedidos. Assim, o réu será demandado, mas também poderá pedir tutela jurisdicional (via pedido contraposto na petição de defesa, sendo desnecessário que promova reconvenção para tanto[10]).

---

4    CPC, art. 560: "O possuidor tem direito a ser mantido na posse em caso de turbação e reintegrado em caso de esbulho".

5    CPC, art. 674, § 1º: "Os embargos podem ser de terceiro proprietário, inclusive fiduciário, ou possuidor".

6    CPC, art. 550: "Aquele que afirmar ser titular do direito de exigir contas requererá a citação do réu para que as preste ou ofereça contestação no prazo de 15 (quinze) dias".

7    CPC, art. 546: "Julgado procedente o pedido, o juiz declarará extinta a obrigação e condenará o réu ao pagamento de custas e honorários advocatícios".

8    Como bem destacou Adroaldo Furtado Fabricio, "tendo em conta, sobretudo, o interesse da economia, as leis do processo autorizam e de certo modo estimulam a cumulação de pedidos no mesmo processo" (Justificação Teórica dos Procedimentos Especiais. Disponível em: <https://www.fabricioadvogados.com.br/Artigos/art1.htm>. Acesso em: 30 jan. 2025).

9    CPC, art. 555: "É lícito ao autor cumular ao pedido possessório o de: I – condenação em perdas e danos; II – indenização dos frutos. Parágrafo único. Pode o autor requerer, ainda, imposição de medida necessária e adequada para: I – evitar nova turbação ou esbulho; II – cumprir-se a tutela provisória ou final".

10   Considerando que, desde a vigência do atual CPC, a reconvenção é formulada na própria contestação (art. 343), haveria sentido em seguir falando em ação dúplice? Considerando que a lei processual segue falando em ação dúplice, na prática, segue existindo essa distinção.

A possibilidade de formulação de pedido pelo réu vem bem exposta nas regras da ação possessória. Segundo o art. 556 do CPC, "é lícito ao réu, na contestação, alegando que foi o ofendido em sua posse, demandar a proteção possessória e a indenização pelos prejuízos resultantes da turbação ou do esbulho cometido pelo autor".

## 10.2.3 Alterações procedimentais

Uma peculiaridade interessante prevista em diversos procedimentos especiais é a previsão de medida liminar, a saber, previsão expressa e específica de concessão de *tutela provisória*.

Quando estiver diante de uma situação que envolva procedimento especial, caberá ao intérprete checar se o legislador prevê a existência de liminar e o que fala em termos de requisitos para sua concessão. Não incidem aqui, portanto, os requisitos inerentes a tutelas provisórias em geral, especialmente quanto à tutela de urgência (probabilidade do direito e perigo de demora ou risco à utilidade do processo). Como se percebe, trata-se de uma medida liminar deferida alheia à regra geral das tutelas provisórias.

Como se está diante de procedimento especial, é preciso checar o que exatamente o legislador previu como exigível para a concessão da medida.

Bom exemplo é o da ação possessória: o requisito para a concessão de liminar é objetivo – a violação da posse deve ter ocorrido há menos de ano e dia da propositura da ação.[11] Não há, portanto, que se apontar na petição inicial da possessória, como requisito para a obtenção da liminar, uma situação de perigo ou urgência.

Há alguns procedimentos em que a situação do autor é ainda mais facilitada: a lei não exige qualquer requisito específico. Na ação de alimentos, por exemplo, a lei afirma que o juiz, ao despachar a inicial, *deverá* fixar os alimentos provisórios – a não ser que o autor expressamente os dispense.[12] Portanto, a legislação não traz qualquer requisito adicional ao autor, que será contemplado pela atuação do juiz ante a necessidade inerente aos alimentos.

Certos requerimentos finais também podem variar nos procedimentos.

Na consignação em pagamento, deve constar requerimento de depósito em juízo e de citação do réu para levantá-lo;[13] o depósito, aliás, é essencial na demanda a ponto de, ante a omissão do autor quanto à sua realização, ser o processo extinto.[14]

Na ação de exigir contas, o réu será citado para se manifestar sobre as contas apresentadas.[15]

---

[11] CPC, art. 558: "Regem o procedimento de manutenção e de reintegração de posse as normas da Seção II deste Capítulo quando a ação for proposta dentro de ano e dia da turbação ou do esbulho afirmado na petição inicial. Parágrafo único. Passado o prazo referido no *caput*, será comum o procedimento, não perdendo, contudo, o caráter possessório".

[12] Lei nº 5.478/1968, art. 4º: "Ao despachar o pedido, o juiz fixará desde logo alimentos provisórios a serem pagos pelo devedor, salvo se o credor expressamente declarar que deles não necessita".

[13] CPC, art. 542: "Na petição inicial, o autor requererá: I – o depósito da quantia ou da coisa devida, a ser efetivado no prazo de 5 (cinco) dias contados do deferimento, ressalvada a hipótese do art. 539, § 3º, II – a citação do réu para levantar o depósito ou oferecer contestação".

[14] CPC, art. 542, parágrafo único: "Não realizado o depósito no prazo do inciso I, o processo será extinto sem resolução do mérito".

[15] CPC, art. 550: "Aquele que afirmar ser titular do direito de exigir contas requererá a citação do réu para que as preste ou ofereça contestação no prazo de 15 (quinze) dias".

Como se percebe, é importante analisar todos os dispositivos legais pertinentes a certo procedimento para elaborar a petição segundo as diretrizes previstas no ordenamento.

## 10.3 PROCEDIMENTOS ESPECIAIS DE JURISDIÇÃO CONTENCIOSA

### 10.3.1 Visão geral

Como exposto, os procedimentos especiais podem estar previstos em leis esparsas ou no CPC.

Como certas matérias podem ainda não estar "maduras" para serem incluídas no Código quando de sua elaboração, a legislação especial cuida de contemplá-las. A importância de tal iniciativa é considerável, já que as leis especiais costumam ser úteis por trazerem tanto regras de direito material como de direito processual (contemplando diretrizes procedimentais).

São considerados procedimentos especiais previstos em leis esparsas aqueles atinentes aos Juizados Especiais,[16] à Ação Civil Pública (Lei nº 7.347/1985), à Locação (Lei nº 8.245/1991), a Alimentos (Lei nº 5.478/1968), ao Mandado de Segurança (Lei nº 12.016/2009) e à Usucapião Especial (Lei nº 6.969/1981), entre outros.

Vale ainda destacar que em alguns casos o legislador optou não por prever um procedimento específico para certas demandas, mas por trazer regras com facilitações da atuação em juízo. É o caso do Código de Defesa do Consumidor: ao invés de criar um procedimento especial, o legislador do CDC optou por trazer regras úteis ligadas à competência, à inversão do ônus da prova e à tutela específica, entre outras.

Eis os procedimentos especiais de jurisdição contenciosa previstos no CPC, entre os arts. 539 e 718:

- ação de consignação em pagamento,
- ação de exigir contas,
- ações possessórias,
- ações de divisão e demarcação de terras particulares,
- ação de dissolução parcial de sociedade,
- inventário e partilha,
- embargos de terceiro,
- ações de família,
- ação monitória,
- homologação de penhor legal,
- regulação de avaria grossa e
- restauração de autos.

Cada procedimento tem suas peculiaridades e na elaboração da petição compete ao advogado observar a boa técnica para fazer constar nela as diferenças concebidas pelo legislador.

---

[16] Os Juizados Especiais Cíveis (JEC), os Juizados Especiais Federais (JEF) e os Juizados Especiais da Fazenda Pública (JEFP) compõem o sistema dos Juizados Especiais.

## 10.3.2 Modelo comentado: alimentos

Para ilustrar e fixar os conceitos expostos neste capítulo, propomos um problema a partir do qual será elaborada uma petição inicial. Para melhor compreensão do tema, os comentários acerca da petição serão feitos no corpo da própria peça.

 **PROBLEMA**

Valter e Alice tiveram um relacionamento amoroso do qual nasceu Valdelice, atualmente com 5 anos.

A filha mora com a mãe em Salvador-BA, enquanto o pai mora em Ilhéus-BA.

Alice é operadora de telemarketing e passa por dificuldades para criar a menina, já que vem percebendo apenas R$ 1.600,00 (mil e seiscentos reais) mensais.

Valter reconheceu a filha quando do nascimento, mas jamais lhe deu colaboração financeira consistente; ele apenas a ajuda esporadicamente com quantias entre R$ 500,00 e R$ 600,00 mensais.

Alice não se conforma com a situação, já que Valter é empresário, divorciado, não tem outros filhos e aufere renda média de R$ 25 mil mensais.

As despesas com moradia, alimentação, transporte, escola, saúde e lazer da criança somam atualmente R$ 5.000,00, sendo essencial que a contribuição do pai seja constante e proporcional em relação a tal valor.

Alice, que se encontra muito endividada, procura você como advogado(a) para resolver a questão da pensão alimentícia de Valdelice.

 **PEÇA COMENTADA**

EXMO SR. DR. JUIZ DE DIREITO DE UMA DAS VARAS DE FAMÍLIA DA COMARCA DE SALVADOR[1] DO ESTADO DA BAHIA

> 1. Com base no art. 53, II, do CPC/2015, a competência foi considerada a do domicílio de quem pede alimentos.

**VALDELICE AQUINO MARQUES**, brasileira, menor impúbere representada por sua mãe **ALICE AQUINO**, ambas residentes e domiciliadas em (endereço), usuária do endereço eletrônico (e-mail), por seu advogado *in fine* assinado, conforme procuração em anexo (doc. 1), com fundamento na Lei nº 5.478/1968 e no art. 1.694 do Código Civil vem, respeitosamente, promover a presente

### AÇÃO DE ALIMENTOS
### COM PEDIDO LIMINAR DE ALIMENTOS PROVISÓRIOS[2]

> 2. Embora a Lei de Alimentos, no art. 4º, afirme que o magistrado decidirá sobre alimentos provisórios ao despachar a inicial, é interessante indicar a formulação do pedido de liminar para que a serventia judicial e o magistrado não esqueçam a urgência da medida.

contra **VALTER MARQUES**, brasileiro, divorciado, inscrito no CPF sob o número, com endereço em (...), Ilhéus – BA, pelas razões de fato e de direito adiante articuladas.

## I. DOS FATOS[3]

> 3. A divisão da peça em "fatos", "direito" e "pedido" não é obrigatória, já que não vem prevista em lei. Assim, trata-se de opção do advogado. De qualquer forma, para facilitar a compreensão do destinatário (juiz), parece conveniente apresentar essa estrutura de tópicos em uma inicial.

A autora é filha do réu (doc. anexo) e vive com a mãe desde seu nascimento, fruto de um relacionamento amoroso entre seus genitores. Atualmente com 5 anos, a autora mora com a mãe em Salvador-BA, enquanto o pai mora em Ilhéus-BA.

A representante e genitora da autora é operadora de telemarketing e passa por dificuldades para criar a menina, já que vem percebendo como renda apenas R$ 1.600,00 (mil e seiscentos reais mensais).

As despesas com moradia, alimentação, transporte, escola, saúde e lazer da criança somam atualmente R$ 5.000,00 (docs. 3 a 6), sendo essencial que a contribuição do pai seja constante e proporcional em relação a tal valor.

O réu, porém, jamais prestou colaboração financeira consistente; ele apenas ajuda esporadicamente com quantias entre R$ 500,00 e R$ 600,00 mensais.

A situação gera inconformismo, já que o demandado Valter é empresário, divorciado, não tem filhos e tem renda mensal média de R$ 25 mil.[4]

> 4. Nessa exposição fática optou-se por já especificar dados ligados às necessidades e às possibilidades das partes; tal estratégia é interessante, devendo o advogado ser claro quanto aos elementos determinantes da demanda e evitar afirmações genéricas.

Em razão das resistências do réu em cumprir integralmente sua obrigação de sustentar a filha, outra saída não houve senão promover a presente demanda judicial.

## II. DO DIREITO[5]

> 5. Ao trazer a fundamentação jurídica, pode ser interessante dividir os principais fundamentos em tópicos para que o juiz possa se inteirar do assunto com clareza e foco.

### a) DA OBRIGAÇÃO ALIMENTAR

Nos termos do art. 1.694 do CC, é dever dos parentes prestar alimentos, de modo a arcar com as necessidades dos demais.

O réu é pai da autora, como se percebe pelo registro de nascimento (doc. 2).

Vale lembrar que o § 1º do art. 1.694 é claro ao afirmar que os alimentos devem ser fixados à luz do binômio necessidade/possibilidade, sendo este verificado à luz da proporcionalidade.

No caso, o réu vem pagando módicos valores em prol da filha, não havendo regularidade de valor nem de datas, o que muito a prejudica.[6]

> 6. Como a criança foi registrada pelo pai, o desenvolvimento desse item não demanda maiores dilações, sendo óbvia a obrigação alimentar.

### b) DAS NECESSIDADES DA ALIMENTANDA E DAS POSSIBILIDADES DO ALIMENTANTE

As necessidades da autora são evidentes no que tange à moradia, à alimentação, ao transporte, à escola, à saúde e ao lazer.

Como se percebe pela documentação anexada a esta petição, as necessidades foram claramente expostas e seu *quantum* foi devidamente demonstrado.

A autora precisa ter acesso a tudo aquilo necessário para um crescimento saudável e condigno, fazendo jus ao recebimento de pensão alimentícia compatível.[7]

> 7. No caso, a documentação já havia sido mencionada na exposição dos fatos, razão pela qual foi apenas referenciada aqui. É sempre interessante demonstrar concretamente os gastos do alimentando para demonstrar ao juiz os fatos constitutivos do direito, devendo-se evitar afirmações genéricas.

A possibilidade do réu também resta claramente configurada, visto sua excelente saúde financeira (sinais externos de riqueza, conforme fotos anexadas[8]), além da ausência de outras obrigações com familiares, visto que vive sozinho e não tem filhos.

> 8. A prova da riqueza pode ser difícil, razão pela qual a juntada de fotos e exibições em redes sociais pode ser útil.

A representante da autora tem notícia de que o réu percebe, como empresário, média de R$ 25 mil mensais.[9]

> 9. A prova de quanto o profissional liberal ganha é complicada ou mesmo inviável, razão pela qual pode ser requerida consideração diferenciada quanto ao ônus da prova. Isso tem base legal no CPC: o art. 373, § 1º, trata da inversão dinâmica do ônus da prova, permitindo que o juiz decida, caso a caso, de quem é o ônus da prova.

Vale destacar que em situações como a dos presentes autos o ônus da prova precisa ser considerado de forma adequada. Afinal, exigir que a autora prove quanto ganha o réu, profissional liberal, é inviabilizar seu acesso à justiça. Assim, é forçoso determinar a inversão do ônus da prova.

Há regra específica no CPC a respeito do tema, a possibilidade de fixação dinâmica do ônus da prova, prevista no art. 373, § 1º.

Assim, o ônus da prova, em relação aos seus vencimentos, é de ser imposto ao réu.

A jurisprudência brasileira não hesita em fixar o valor da pensão alimentícia em até 33% dos vencimentos do pai.

Nessa demanda, pede-se valor muito aquém; a quantia de R$ 5.000,0010 está totalmente dentro das possibilidades financeiras do demandado.

> 10. Ainda que seja usual pleitear 1/3 dos vencimentos do, nada impede que se pleiteie outro valor. No exemplo, tem-se a indicação de quais seriam as despesas e, por isso, a opção por pleitear esse valor. Tudo vai depender da situação concreta.

Pede-se ainda a fixação da pensão alimentícia no seu correspondente em salários mínimos, com vistas a que o valor da pensão seja anualmente atualizado.[11]

> 11. Embora não se trate de pedido obrigatório, é interessante formulá-lo para que não haja, com o tempo, grande perda do poder aquisitivo que a pensão representa. Destaque-se ainda que, apesar de encontrar guarida em diversas decisões, a possibilidade de tal pleito enseja divergências, já que, segundo o art. 1.710 do Código Civil, "as prestações alimentícias, de qualquer natureza, serão atualizadas segundo índice oficial regularmente estabelecido".

## c) DA FIXAÇÃO DE ALIMENTOS PROVISÓRIOS

Nos termos do art. 4º da Lei nº 5.478/1968, ao despachar o pedido o juiz fixará desde logo alimentos provisórios a serem pagos pelo devedor, salvo se o credor expressamente declarar que deles não necessita.

A autora necessita com urgência[12] de tal fixação, já que as condições financeiras da mãe são precárias; por ter que suprir sozinha as necessidades da filha, precisou acumular tantas dívidas que mal tem crédito no mercado, o que pode complicar o acesso da autora aos bens de que necessita.

> 12. A lei não exige prova da urgência para o pleito de alimentos provisórios. A argumentação vem como reforço para que o juiz fixe a pensão em valor próximo do pleiteado e não seja excessivamente restritivo.

Assim, faz-se de rigor a fixação dos alimentos provisórios no valor de 3.000,00 (três mil reais) a serem pagos imediatamente com vistas a que as despesas do próximo mês possam ser regularmente pagas.

### III. DO PEDIDO

Ante o exposto, pede a autora a V. Exa.:

a) a fixação de alimentos provisórios em R$ 5.000,00 (cinco mil reais), nos termos do art. 4.º da Lei nº 5.478/1968;[13]

> 13. É sempre interessante destacar, entre os pedidos, inicialmente o pleito de medida liminar; a indicação do fundamento legal também é pertinente.

b) posteriormente, a condenação do réu, em definitivo, ao pagamento de pensão mensal, no valor de 3,3 salários mínimos mensais (correspondente a valor próximo ao apontado como necessário), sendo ainda condenado a arcar com o ônus da sucumbência atinente a custas, despesas e honorários advocatícios.[14]

> 14. Tecnicamente é adequado sempre pedir a confirmação da medida liminar, com o acolhimento do pedido e a condenação ao ônus da sucumbência.

Requer ainda a autora:

a) o reconhecimento, nos termos do art. 1º, §§ 2º e 3º, da Lei de Alimentos, da incidência dos benefícios da justiça gratuita, pois a autora e sua representante são pobres na acepção jurídica do termo[15];

> 15. Embora haja previsão sobre gratuidade no CPC, é apropriado formular o requerimento com base na Lei de Alimentos, que rege a situação específica.

b) seja o réu citado, nos termos do art. 5º da Lei nº 5.478/1968 por carta, com aviso de recebimento para, querendo, comparecer à audiência de conciliação, instrução e julgamento, ocasião em que deverá apresentar sua defesa, sob pena de revelia, bem como produzir as provas que tiver interesse.[16]

> 16. O requerimento de citação deve considerar os termos da lei específica.

Requer provar o alegado por todos os meios em direito admitidos, pugnando-se desde já pela distribuição dinâmica do ônus da prova (CPC, art. 373, § 1º) em relação aos fatos de prova inviável pela alimentante.[17]

> 17. O requerimento de produção de provas deve indicar, de forma coerente ao que foi antes exposto, o pleito de ônus não estático de provar, dadas as dificuldades inerentes ao caso.

Dá-se à causa o valor de R$ 60.000,00 (sessenta mil reais).[18]

> 18. No caso, observou-se o critério do art. 292, III, do CPC (na ação de alimentos, computa-se a soma de 12 (doze) prestações mensais, pedidas pelo autor).

Termos em que

Pede deferimento.

Salvador, data

Advogado, assinatura

### 10.3.3 Modelo comentado: ação possessória

 **PROBLEMA**

ALDO SILVA, médico residente em Porto Alegre, tem um imóvel de lazer no litoral, em Torres. Como há muito tempo não ia ao local, locou o imóvel. Não tendo o locatário pagado o aluguel, ajuizou ação de despejo e o imóvel foi desocupado há 6 meses.

No último fim de semana, o médico recebeu ligação de uma vizinha informando sobre a invasão do imóvel.

Foi realizado boletim de ocorrência e houve conversa entre Aldo e a invasora; esta afirmou que, por não ter para onde ir, ficaria no local, já que o imóvel estava vazio. Não se sabe o nome ou qualquer qualificação da invasora.

Na condição de advogado de Aldo, promova a medida judicial cabível.

 **SOLUÇÃO**

Deverá ser proposta ação de reintegração de posse, com pedido liminar, perante uma das varas cíveis da comarca de Torres.

A prova da posse se dá com o contrato de locação e com a juntada de cópias da ação de despejo ou da certidão de objeto e pé de tal demanda (resumo da causa elaborado pelo cartório judicial).

Cabe pedido de liminar, já que a posse é nova (o que pode ser comprovado por documentos relativos à locação e ao despejo, por fotos, pelo BO e por testemunhas). Subsidiariamente, deve ser requerida realização de audiência de justificação para que testemunhas possam atestar a invasão.

 **PEÇA COMENTADA**

EXMO. SR. DR. JUIZ DE DIREITO DE UMA DAS VARAS CÍVEIS DA COMARCA DE TORRES – RS.[1]

> 1. A competência, no caso de possessória, é de um dos juízos do local do imóvel, nos termos do art. 47 § 2º do CPC.

**ALDO SILVA**, (nacionalidade), casado, médico, portador da cédula de identidade RG n. (número), inscrito no CPF/MF sob o n. (número), residente e domiciliado em Porto Alegre, com endereço em (endereço), endereço eletrônico (e-mail), neste ato representado por seu advogado que esta subscreve, constituído nos termos do mandato anexo, com endereço em (cidade), na Rua (endereço), local onde receberá intimações, vem, respeitosamente perante Vossa Excelência, nos termos do art. 554 e seguintes do Código de Processo Civil e demais dispositivos legais aplicáveis à espécie, propor a presente

### *AÇÃO DE REINTEGRAÇÃO DE POSSE COM PEDIDO DE MEDIDA LIMINAR*[2]

> 2. É sempre conveniente, neste momento, indicar o "nome da peça" conforme sua nomenclatura na lei que regula o procedimento especial. Da mesma forma, a menção ao pedido liminar auxilia a tramitação perante o cartório judicial.

pelo procedimento especial previsto no CPC, em face de **FULANA DE TAL**, qualificações desconhecidas,[3] que pode ser encontrada no imóvel do autor situado na Rua (endereço),[4] nesta Comarca de Torres.

> 3. Quando não se sabe a qualificação da parte ré, essa é a forma a ser utilizada. No caso de homem, pode ser o "Fulano de tal". Caso se saiba de algum apelido, também pode ser colocado, como "João Bigode".
>
> 4. A única informação que deve necessariamente existir, no caso, é o endereço onde o réu está, o imóvel objeto da reintegração, para que se possa realizar a citação.

### I – DO BEM OBJETO DESTA POSSESSÓRIA[5]

> 5. Usualmente apresentamos petições divididas em "fato, direito, pedido". Neste momento, para seguir exatamente o que está previsto no CPC (requisitos do art. 561), apresentamos uma divisão um pouco distinta. Realizar a divisão – seja a usual ou esta – não é obrigatório, mas, como já dito, facilita a vida do leitor (juiz ou examinador) analisar uma peça elaborada por tópicos. Da mesma forma, neste caso cada parágrafo será numerado; por óbvio, trata-se de iniciativa opcional a ser adotada a critério de quem faz a peça.

1. Em 1962 o autor adquiriu a propriedade de lote de terreno situado no n° 4 da quadra 5 no bairro (nome), Torres.

2. Há muitos anos foi realizada uma benfeitoria em tal terreno, qual seja a construção de uma casa, até o momento não averbada na matrícula do Cartório de Registro de Imóvel (CRI).

3. O logradouro atual do terreno é (endereço atualizado), Comarca de Torres.

### II – DA DESCRIÇÃO DA POSSE (CPC, art. 561, I)

4. A posse justa do autor decorre de compra e venda ocorrida em 1962 (cf. escritura e matrícula do CRI anexas).

5. Da mesma forma, constata-se a posse pelo pagamento do IPTU referente ao imóvel (cf. guias anexas dos últimos três exercícios).

6. Outrossim, reforçando o efetivo exercício da posse por parte do autor, o imóvel encontrava-se locado até meados do ano passado, e ainda está em trâmite nesse foro (processo n., perante a 1ª Vara Cível), cumprimento de sentença decorrente de ação de despejo tendo como objeto o referido imóvel.

7. Neste sentido, juntamos cópia da inicial da ação de despejo e certidão de objeto e pé (docs. anexos).

8. Por todo o exposto, resta cabalmente provada a posse do autor.[6]

> 6. Destaca-se que na ação possessória é relevante demonstrar que o autor tem (ou teve, até pouco tempo) POSSE. A causa de pedir na possessória é a posse. Assim, deve-se ter cuidado para apontar, na peça, a POSSE, e não a PROPRIEDADE. Se o proprietário nunca teve a posse, deve-se se valer de outra medida judicial (uma das demandas petitórias – como a imissão na posse) e não das possessórias.

### III – DO ESBULHO PRATICADO PELA RÉ (CPC, art. 561, II)

9. A desocupação do imóvel pelo antigo locatário ocorreu há seis meses, conforme termo de entrega de chaves (doc. anexo).

10. Desde então, o imóvel estava fechado, aguardando interessados em uma nova locação. O autor deixou seu telefone com vizinhos e corretores para ser informado sobre possibilidades de negócio ou eventualidades.

11. Pois bem: recentemente, no dia (data) o autor recebeu a ligação de uma das vizinhas indagando se o imóvel havia sido locado pelo autor.

12. Na verdade, havia ocorrido o esbulho por parte da ré, inclusive com inúmeros transtornos para a vizinhança, diante da tentativa de realização de ligações clandestinas de água e luz (os populares "gatos"), segundo informaram os vizinhos.

13. Ato contínuo, no dia seguinte (data), o autor dirigiu-se a Torres onde encontrou o imóvel ocupado pela ré, que efetivamente reconheceu o esbulho.

14. Afirmou a ré que, "como o imóvel estava vazio", acabou por ocupá-lo. Tentou o autor pacificamente convencê-la a sair, mas não teve êxito.

15. Diante disso, dirigiu-se o autor a um Distrito Policial, onde foi lavrado o boletim de ocorrência n. (número), de esbulho possessório.

16. Além disso, as fotos anexas demonstram cabalmente o esbulho. Como dito, o imóvel anteriormente estava fechado, mas hoje se encontra ocupado.

17. Basta conferir o portão sem cadeado, a presença de objetos (mangueira, vassouras etc.) espalhados pela garagem... em uma das fotos que traz o n. da casa, inclusive, pode-se visualizar a ré.

18. Destarte, cabalmente comprovado o esbulho praticado pela ré.[7]

7. Este requisito (perda da posse) aparece no CPC como separado do próximo (data do esbulho). Mas nada impede que sejam tratados conjuntamente, ao se elaborar a peça.

### IV – DA DATA DO ESBULHO (CPC, art. 561, III)[8]

8. Trata-se de um dos pontos mais importantes da reintegração (ou da turbação): nos termos da legislação, apenas no caso de posse nova (menos de ano e dia) haverá a concessão da liminar possessória. Isso não significa dizer que não caiba liminar no caso de posse velha – mas, nesse caso, deverão estar presentes, para sua concessão, os requisitos inerentes à tutela provisória de urgência (presentes no art. 300 do CPC) – que são mais difíceis de configurar do que o mero lapso temporal exigido para a liminar possessória.

19. Como visto, o autor recebeu a ligação de uma das vizinhas, há 15 dias. No mais, a entrega das chaves pelo locatário se deu há 6 meses.

20. Assim, é absolutamente certo que o esbulho ocorreu há menos de ano e dia, tratando-se, portanto, de posse nova, nos exatos termos do art. 558 do CPC.

### V – DA PERDA DA POSSE (CPC, art. 561, IV)

21. Como exposto, ciente do esbulho, o autor tentou a retirada da ré de forma amigável, mas não teve sucesso.

22. Assim, permanece a ré na posse do imóvel, sendo certo que o autor perdeu sua posse, não restando alternativa senão a prestação jurisdicional.

### VI – DA CONCESSÃO DA LIMINAR (CPC, art. 562)[9]

9. Como exposto na nota anterior, deve-se ter cuidado para não confundir a liminar possessória com a liminar inerente à tutela provisória de urgência. No caso, devem ser indicados os requisitos presentes no art. 562, sendo desnecessário apontar a presença de uma situação de urgência.

23. Devidamente comprovados a posse pretérita do autor, sua perda e o recente esbulho por parte da ré, impõe-se a concessão da medida liminar, nos termos do art. 562 do CPC, o que desde já se requer.

24. Contudo, na remota hipótese de V. Exa. não entender devidamente comprovadas as alegações do autor, requer-se realização da audiência de justificação referida no art. 562 para a oitiva dos vizinhos do autor.

### VII – DO PEDIDO E REQUERIMENTO

Pelo exposto, pede-se e requer-se:

a) *ab initio*, diante da presença dos requisitos, seja concedida a liminar, *inaudita altera parte*, com a expedição do mandado de reintegração, para que o autor volte a ter sua posse;[10] ou

> 10. Provados documentalmente os requisitos, a liminar possessória deverá ser deferida sem a oitiva da parte contrária.

b) caso V. Exa. entenda necessário, que antes da apreciação da liminar seja realizada audiência de justificação (CPC, art. 562);[11]

> 11. Se o juiz não se convencer dos requisitos documentais (ou mesmo se tiver receio de imediatamente conceder a liminar para a desocupação, o que por vezes ocorre), deverá ser designada audiência de justificação para que o autor possa provar por meio de testemunhas a posse perdida e o tempo da posse.

c) seja a ré – ou qualquer ocupante do imóvel[12] – citada, por oficial de justiça, para, querendo, responder à presente demanda (ou comparecer à audiência de justificação), sob pena de revelia);

> 12. É importante fazer este requerimento porque a situação fática da posse é muito dinâmica, muda com facilidade. Hoje pode estar "A", mas amanhã "B" no local; assim, ao se requerer a citação de qualquer um que estiver no local, evita-se uma alegação de nulidade no caso de troca dos ocupantes.

d) no mérito, seja confirmada a liminar e julgado totalmente procedente o pedido desta demanda, com a consequente reintegração do autor na sua posse;[13]

> 13. Cabe lembrar que é possível cumular pedidos (perdas e danos, indenização e multa por novo esbulho) – mas, no caso, optou-se por não fazer isso, considerando que, muito possivelmente, a ré não teria patrimônio para arcar com a indenização. De todo modo, é certo que o advogado pode formular tais pedidos.

e) seja a ré condenada ao pagamento das custas judiciais e ônus da sucumbência;

f) requer provar o alegado por todos os meios de prova permitidos em lei, especialmente pelos documentos acostados a esta exordial, depoimento pessoal da ré, oitiva de testemunhas e inspeção judicial (ou constatação por meio de oficial de justiça).

Dá-se à causa, nos termos da lei, o valor de R$ _____ (valor venal do imóvel).[14]

> 14. Este é o entendimento majoritário quanto ao valor da causa. Se o esbulho for parcial, o valor da causa também pode ser. Há algumas decisões judiciais que aceitam (e, assim, pode o autor recolher menos custas) a fixação do valor da causa em 1/3 do valor (por envolver posse e não propriedade).

Termos em que

Pede e espera deferimento.

Cidade, data, assinatura, OAB

**Relação dos documentos que acompanham a inicial:**[15]

> 15. Quando a parte junta diversos documentos, trata-se de uma providência recomendável, para facilitar a compreensão do juiz. Em provas (concursos e Exames de Ordem) isso não é necessário.

• Procuração (Mandato Judicial)

• Guia de recolhimento de custas

• Escritura do imóvel esbulhado

• Matrícula do imóvel esbulhado

• IPTU dos últimos três exercícios

• Cópia de petição inicial despejo

• Cópia de certidão de objeto e pé

• Boletim de ocorrência

• Cinco fotos comprovando o esbulho

## 10.4 PROCEDIMENTOS ESPECIAIS DE JURISDIÇÃO VOLUNTÁRIA

### 10.4.1 Visão geral

A jurisdição voluntária é considerada, segundo clássica visão doutrinária, como a atividade judicial de "administração pública de direitos privados". Nessa modalidade de jurisdição, o juiz não atua como pacificador do litígio instaurado entre partes, mas como um fiscalizador: sua função é verificar o que foi apresentado pelos interessados e dar validade ao negócio jurídico privado que envolve interesses relevantes para o Estado.

Considere, por exemplo, o divórcio consensual de um casal com filhos incapazes. Embora o interesse de dissolver o vínculo seja mútuo por parte dos interessados, o Estado tem interesse na verificação da situação quando há incapazes; nesse caso, a passagem pelo Poder Judiciário será obrigatória. Ao ponto, causa estranheza para alguns a expressão "voluntária" como qualificadora da jurisdição; na realidade, a vontade de verificar não é propriamente dos interessados, mas, sim, do Estado.

O CPC prevê em capítulo próprio os seguintes procedimentos especiais de jurisdição voluntária (dispostos entre os arts. 726 e 770):

– notificações e interpelações,

– alienações judiciais,

– divórcio e separação consensuais,

– extinção consensual de união estável,

- alteração do regime de bens do casamento,
- testamentos e codicilos,
- herança jacente,
- bens dos ausentes,
- coisas vagas,
- interdição,
- organização e fiscalização de fundações,
- ratificação dos protestos marítimos e
- processos testemunháveis tomados a bordo.

São ainda identificados como procedimentos especiais de jurisdição voluntária:

- requerimento de alvará (nos termos da Lei nº 6.858/1980), ligado ao direito sucessório,
- ações para suprimento de outorga conjugal e de suprimento de idade para o casamento e
- ação de retificação de nome ou certidão de óbito, além de outras baseadas na Lei de Registros Públicos (Lei nº 6.015/1973).

Vale lembrar que o Código também contempla disposições gerais sobre os procedimentos de jurisdição voluntária. Essas regras são importantes para que o advogado possa, por exemplo, intentar uma importante iniciativa: a homologação de acordos extrajudiciais com vistas a formar título executivo judicial (CPC, art. 515, III[17]).

## 10.4.2 Aspectos práticos

Imaginemos que duas pessoas, com seus advogados, negociem o teor de certo contrato e decidam promover uma novação do pacto. Embora possam compor um título executivo extrajudicial, preferem, por cautela, contar com a homologação judicial do ajuste para terem mais segurança. Nesse caso, podem promover uma "ação de homologação de acordo extrajudicial", procedimento de jurisdição voluntária, com fundamento no art. 515, III, e no art. 719 e seguintes do CPC.

Para tanto, atuarão como se estivessem em um divórcio consensual: exporão na petição os fatos e os fundamentos, o pedido de homologação e os interessados assinarão a petição com seus advogados.

Segundo o art. 720 do CPC, o procedimento terá início por provocação do interessado, do Ministério Público ou da Defensoria Pública, cabendo-lhes formular o pedido devidamente instruído com os documentos necessários e com a indicação da providência judicial.

A lei não é expressa quanto à competência. Aplicando-se a regra geral do art. 46 do CPC, que menciona ações ligadas a direito pessoal (obrigacional), a competência seria do domicílio do réu. Nos procedimentos de jurisdição voluntária, porém, não há autor e

---

[17] CPC, art. 515: "São títulos executivos judiciais, cujo cumprimento dar-se-á de acordo com os artigos previstos neste Título: (...) III – a decisão homologatória de autocomposição extrajudicial de qualquer natureza".

réu, mas interessados que atuam conjuntamente. Como se percebe, a situação é peculiar: deve-se propor a ação considerando um hipotético cenário contencioso.

A petição inicial não exige grandes debates, já que a lei determina que as partes formulem o pedido instruindo-o com os documentos necessários e com a indicação da providência judicial. De todo modo, é interessante indicar a fundamentação, ainda que de forma sucinta, para expor boa técnica.

No final da petição, após a formulação do pedido, é importante indicar o valor da causa. Como o art. 291 do CPC determina que a toda causa precisa ter atribuído um valor, é preciso indicar uma referência coerente com o que é indicado.[18] Se uma dívida, por exemplo, é objeto do acordo; seu valor deve constar.

Sinaliza o Código que as despesas serão adiantadas pelo requerente e rateadas entre os interessados (art. 88).

Dispõe a lei processual que serão citados todos os interessados, assim como intimado o Ministério Público (nos casos em que se justifique sua intervenção) para que se manifestem, querendo, no prazo de 15 (quinze) dias (CPC, art. 721).

Na prática, como todos os interessados assinam juntos a petição inicial, não costuma ser necessária a citação.

A intimação do Ministério Público deverá haver, mas apenas nos casos que envolvam interesses públicos, sociais, de incapazes ou situações de litígios coletivos de terras.

Em casos de acordos sobre situações familiares, havendo o envolvimento de incapazes a homologação do acordo exigirá a oitiva do Ministério Público.[19]

A Fazenda Pública será sempre ouvida nos casos em que tiver interesse (CPC, art. 722).

Há regra segundo a qual o juiz decidirá o pedido no prazo de 10 (dez) dias (CPC, art. 723). No entanto, se o prazo não for observado, não haverá qualquer consequência, pois trata-se de prazo impróprio.

Cabe, na apreciação do pedido, julgar conforme a equidade. Segundo o parágrafo único do art. 723 do CPC, na jurisdição voluntária o juiz não é obrigado a observar critério de legalidade estrita, podendo adotar em cada caso a solução que considerar mais conveniente ou oportuna.

Destaca a lei, por fim, que da sentença caberá apelação (art. 724) – desde que, por certo, exista interesse recursal por parte de algum dos interessados.

### 10.4.2.1 Modelo comentado: homologação de acordo extrajudicial

Para ilustrar e fixar os conceitos expostos neste capítulo, propomos um problema a partir do qual será elaborada uma petição inicial. Para uma melhor compreensão do tema, os comentários acerca da peça serão feitos no corpo da própria peça.

---

[18] Eis trecho de decisão do STJ a respeito: "(...) 1. O valor da causa está intimamente ligado ao pedido do autor e não exatamente ao objeto do litígio, por isso, a um mesmo objeto é possível atribuir valores diferentes, a depender sempre do pedido que se apresenta. 1.1. Delimitado o pedido, a determinação do valor da causa será obtida de maneira objetiva e corresponderá ao benefício pretendido pelo autor. (...)" (AgInt no REsp n. 1.497.678/PE, Rel. Min. Marco Buzzi, Quarta Turma, j. 24.10.2022, *DJe* 27.10.2022).

[19] Há três regras no CPC que destacam essa necessidade: o art. 721, que remete à intimação do MP; o art. 178, que trata da intervenção do promotor quando houver interesses de incapazes; o art. 698 (nas ações de família o MP deverá ser ouvido previamente à homologação de acordo).

## 🔍 *PROBLEMA*

Gesiel Gomide (brasileiro, comerciante) comprou de Elisvânia Matias (brasileira, médica) um veículo em dez prestações; após a segunda parcela, porém, Gesiel deixou de honrar os pagamentos. Após negociações em que chegaram a um acordo para a retomada dos pagamentos, eles procuraram uma advogada conhecida de ambos para oficializar judicialmente o ajuste, cujo total soma R$ 15.000,00 (quinze mil reais).

Considere que ambos moram em Jaú-SP.

EXCELENTÍSSIMO SENHOR DOUTOR JUIZ DE DIREITO DA ____ VARA CÍVEL DO FORO DA COMARCA DE JAÚ[1]

> 1. A lei é omissa quanto à competência; aplicando-se a regra geral do art. 46, que menciona direito pessoal (obrigacional), a competência seria do domicílio do réu. Nessa demanda, porém, não há autor e réu, mas interessados que atuam conjuntamente. Como se percebe, a situação é peculiar: deve-se propor a ação considerando um hipotético cenário contencioso.

ELISVANIA MATIAS, brasileira, casada, médica, portadora da carteira de identidade RG (número), inscrita no CPF/MF (número), endereço eletrônico (e-mail), residente e domiciliada nesta comarca, em (endereço) e[2] GESIEL GOMIDE, brasileiro, casado, comerciante, portador da carteira de identidade RG (número), inscrito no CPF/MF (número), endereço eletrônico (e-mail), residente e domiciliado nesta comarca, em (endereço), pela procuradora que os representa, vêm, respeitosamente, à presença de Vossa Excelência, com fundamento nos artigos 515, III e 719[3] e seguintes do Código de Processo Civil, propor o competente pedido de

### HOMOLOGAÇÃO DE ACORDO EXTRAJUDICIAL

pelas razões de fato e de direito a seguir aduzidas.

> 2. Como ambos são interessados na homologação, peticionam conjuntamente para pedi-la.
> 3. Os fundamentos legais são a regra que reconhece ser título executivo extrajudicial o acordo homologado (art. 515, III) e as disposições gerais sobre os procedimentos especiais de jurisdição voluntária (arts. 719 e ss.).

### I – DOS FATOS[4]

Em (data), o requerente Gesiel comprou da requerente Elisvânia o veículo usado de marca (marca), ano (ano), número de chassi (número) e placa (emplacamento), pelo valor total de R$ (valor), dividido em dez prestações mensais, cada uma no valor de (valor).

Após a segunda parcela, porém, Gesiel deixou de honrar os pagamentos. Após negociações, ambos chegaram a um acordo, nos termos do documento (doc. x)[5].

> 4. Embora a lei não exija a divisão em fatos e fundamentos jurídicos, é interessante destacá-los para bem situar o julgador.

> 5. Segundo o art. 720, é essencial instruir o pedido com a documentação pertinente.

## II – DO DIREITO

Nos termos do art. 3º, § 2º, do Código de Processo Civil, "o Estado promoverá, sempre que possível, a solução consensual dos conflitos."

Sendo as partes capazes e o direito em questão um direito patrimonial disponível, não há óbice legal ao acordo firmado entre as partes, podendo ele, por consequência, ser homologado, nos termos do art. 515, III, que caracteriza como título executivo judicial "a decisão homologatória de autocomposição extrajudicial de qualquer natureza."[6]

O essencial do acordo consiste em que:

"Gesiel Gomide pagará a Elisvânia Matias a quantia líquida, certa e irreajustável de R$ X.000,00 (por extenso) em Y parcelas por meio de depósito bancário na conta corrente nº _____, Ag nº _____, Banco _____, de titularidade de _____, sendo a 1ª parcela depositada em _____/ _____/ _____ e as demais na mesma data dos meses subsequentes."

Conforme o acordo, o pagamento referido está condicionado à prévia homologação do presente acordo por este MM. Juízo.

Ao receber a quantia acordada, a requerente dará ao comprador plena, geral, irrevogável e irretratável quitação, para nada mais pleitear ou reclamar, seja a que título for, extinguindo o processo com julgamento de mérito.

Tal é, em apertada síntese, o teor do acordo cuja homologação aqui se requer.

> 6. É interessante indicar a fundamentação legal para demonstrar técnica apurada.

## III – DO PEDIDO

Ante o exposto, as partes requerem a homologação judicial do acordo nos termos acima indicados.[7]

Dá à causa o valor de R$ 15.000,00 (quinze mil reais).[8]

> 7. Não é necessário requerer a intimação do Ministério Público: à luz do art. 721 do CPC, ela só é necessária quando pertinente sua intervenção como fiscal da ordem jurídica (casos que envolvem interesses públicos/sociais, de incapazes ou litígios coletivos de terras).
>
> 8. Como o art. 291 do CPC determina que toda causa precisa ter atribuído um valor, deve haver referência coerente com os critérios usuais de valor da causa; no caso, o montante da dívida deve ser indicado.

Nestes termos, pede deferimento.

Local, data.

Nome do advogado, número da OAB

## 11

# DOS RECURSOS

 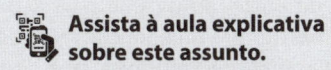

**Assista à aula explicativa sobre este assunto.**

> *https://uqr.to/fvpv*

## 11.1 CONSIDERAÇÕES PRÉVIAS

Proferida uma decisão judicial, é grande a probabilidade de que a parte que não teve sua expectativa atendida (ou seja, que perdeu – de forma mais técnica, sucumbiu) fique insatisfeita com o resultado desfavorável e queira reverter o que foi decidido.

Nesta perspectiva, de acordo com o processualista José Carlos Barbosa Moreira: "Sempre que, em um processo em curso, for proferida uma decisão que cause prejuízo (seja a uma das partes, a ambas ou mesmo a alguém de fora da relação processual – um terceiro prejudicado), será possível adotar um mecanismo para buscar reverter a situação: o recurso. Trata-se do remédio *voluntário* e idôneo a ensejar, *dentro do mesmo processo, a reforma, a invalidação, o esclarecimento* ou a integração da decisão judicial impugnada".[1]

O termo "decisão" engloba os provimentos jurisdicionais em que o magistrado resolve questões, pontos controvertidos da causa. Assim, para efeitos desta obra, tal termo servirá para designar tanto a decisão interlocutória (ato proferido pelo juiz de 1º grau, no curso do processo, para decidir questão incidente, sem pôr fim à fase cognitiva ou à execução, conforme o art. 203, § 2º do CPC) quanto a sentença (ato que põe fim à fase cognitiva ou à execução, podendo resolver o mérito, caso em que se fala em sentença de mérito, ou definitiva, ou extinguir o processo sem resolução de mérito, quando se fala em sentença terminativa, conforme o art. 203, § 1º, do CPC), o acórdão (decisão do órgão colegiado do Tribunal, nos termos do art. 204 do CPC) e ainda a decisão monocrática (proferida pelo relator, no âmbito dos Tribunais, nos termos do art. 932, III, IV e V do CPC).

Vale frisar que o art. 356 do CPC prevê a possibilidade de cisão da resolução do mérito em mais de um provimento, caso um pedido ou parte de um pedido se mostre incontroverso ou esteja em condições de imediato julgamento. Nesse caso de fatiamen-

---

[1] BARBOSA MOREIRA, José Carlos. *Comentários ao Código de Processo Civil* – v. 5. 17. ed. Rio de Janeiro: Forense, 2013, p. 233 – edição eletrônica.

to do pedido (ou de apreciação de parte do pedido), há verdadeira decisão (parcial) de mérito que não configura sentença, por não pôr fim ao processo, mas sim decisão interlocutória.

Não são recorríveis os *despachos* (atos judiciais, que não sentenças e interlocutórias, proferidos no curso do processo, sem efetiva carga decisória, que dão andamento ao processo, conforme o CPC, art. 203, § 3º). Segundo o art. 1.001 do CPC, "dos despachos não cabe recurso".

Merece atenção a adequada nomenclatura técnica. Para nomear o ato pelo qual a parte ingressa em juízo, dando início a uma ação judicial, fala-se em *propor, ajuizar, aforar* uma demanda. O mesmo não ocorre com relação ao recurso: não se propõe, não se ajuíza um recurso, porque já há uma demanda instaurada. O que se faz, no processo em trâmite, é *interpor* um recurso. Há casos, no entanto, que fogem à regra, como os embargos de declaração, que são *opostos* (CPC, art. 1.023).

Se não existe a *vontade* da parte, ainda que haja a revisão da decisão por órgão superior, não há recurso. Como exemplo, considere a *remessa necessária* em decisões contra a Fazenda: nas hipóteses de sentença desfavorável, nos termos do art. 496 do CPC, mesmo que o ente estatal não interponha apelação, haverá remessa dos autos para a revisão do Tribunal. A ideia de remessa/reexame necessário é proteger a coletividade de eventual ausência indevida de apelação. Como não há necessariamente vontade da parte, não se trata de recurso.

No mais os recursos, que são expressamente previstos em lei,[2] visam a modificar decisões *dentro de um mesmo processo*. Os recursos existentes no sistema processual civil constam do art. 994 do Código.

O recurso, assim, não se confunde com as *ações autônomas de impugnação* de decisões judiciais. Nestas, a busca de alteração da decisão judicial é feita mediante a instauração de outra relação processual, seja por não existirem recursos previstos, seja porque a decisão transitou em julgado (não mais cabendo recurso contra seu teor no processo em que foi proferida).

Exemplos de medidas para modificar decisões judiciais mediante a propositura de outra demanda (e instauração de outro processo) são o mandado de segurança (remédio constitucional para garantir direito líquido e certo, nos termos da Lei nº 12.016/2009), a reclamação (prevista no art. 988 do CPC) e a ação rescisória (para desconstituir decisão coberta pela coisa julgada, medida cabível desde que se configure uma das hipóteses do art. 966 do CPC).

Deve atentar o recorrente para o objeto de seu recurso. Conforme as características da decisão atacada, o pedido formulado em seu recurso deverá variar.

O recurso poderá objetivar a **invalidação** ou nulidade da decisão. Caso a decisão seja inválida, haverá erro procedimental (*error in procedendo*), defeito de forma que afeta a validade da decisão. Em regra, terá sido descumprida uma norma de natureza processual, como, por exemplo, a ausência de oitiva da parte contrária sobre documento juntado aos autos, em violação ao contraditório. Sendo tal decisão inválida, o Tribunal deverá anulá-la e determinar a devolução dos autos ao primeiro grau para que, após o exercício do contraditório, nova decisão seja proferida (eventualmente com o mesmo teor da que foi antes proferida).

---

[2] Vigora sobre o tema o princípio da taxatividade, segundo o qual apenas a lei pode prever as modalidades recursais. *Vide* item 11.2 *infra*.

Em outras circunstâncias, o pedido do recurso poderá ser a **reforma** da decisão pelo Tribunal. Caso a decisão contenha defeito no conteúdo do julgamento, porque a aplicação da lei foi falha, a hipótese será de erro de julgamento (*error in judicando*). Em tal situação, o Tribunal reformará a decisão, substituindo-a por outra. Geralmente tal erro consiste na violação de normas de direito material (por exemplo, ao atribuir a responsabilidade ao proprietário e não ao ocupante do imóvel, nos danos por coisas lançadas de edifício), mas também pode recair sobre dispositivos processuais (má aplicação do juiz quanto a normas sobre o valor da causa, por exemplo).

Nada impede que o recorrente, em um mesmo recurso, aponte a existência de erros de forma e de julgamento.

Vale ainda destacar que, embora geralmente a lei processual traga como requisito do recurso apenas o "pedido de nova decisão", bancas examinadoras de concursos e Exames de Ordem podem exigir que o candidato formule também o requerimento de inversão do ônus da sucumbência e a fixação de honorários – apesar de isso não ser frequente na prática forense.

Finalmente, o recurso poderá prestar-se a **esclarecer** ou completar (integrar) uma decisão que se revele obscura, contraditória ou omissa, pela via dos embargos de declaração. Já se discutiu se os embargos de declaração seriam efetivamente um recurso. No entanto, por expressa opção legislativa, os embargos de declaração são considerados um recurso (CPC, arts. 994 e 1.022 e seguintes). Assim, não há dúvida de que se trata de recurso.

## 11.2 RECURSOS EXISTENTES NO DIREITO BRASILEIRO

Às partes não é dado o poder de criar recursos, visto que é a lei que os prevê e traça suas principais características. Nosso sistema processual adota o princípio da *taxatividade*: há um rol expresso em que a lei determina os recursos existentes e seu cabimento. As previsões legais, assim, não são meramente exemplificativas, mas, sim, taxativas.

São cabíveis, segundo o art. 994 do CPC, os seguintes nove recursos: apelação, agravo de instrumento, agravo interno, embargos de declaração, recurso ordinário, recurso especial, recurso extraordinário, agravo em recurso especial ou extraordinário e embargos de divergência.[3]

Em relação ao CPC/1973, houve a supressão de dois recursos: agravo retido e embargos infringentes. Apesar da exclusão desses recursos, a atual legislação processual prevê o que ocorre em relação às hipóteses que antes eram impugnadas por esses instrumentos.[4]

O regramento é diverso nos Juizados Especiais, que são mais simples também no âmbito recursal. Vale relembrar que o sistema dos Juizados é composto pelo JEC (Juizado Especial Cível, Lei nº 9.099/1995), JEF (Juizados Especiais Federais, Lei nº 10.259/2001) e JEFP (Juizado Especial da Fazenda Pública Estadual, Lei nº 12.153/2009).

A Lei nº 9.099/1995 prevê expressamente o cabimento de apenas dois recursos: embargos de declaração e recurso ("inominado", pois a Lei do JEC apenas o denomina "recurso") contra sentença. Não há previsão de agravo contra decisões interlocutórias. Na maior parte dos Estados, em casos extremos admite-se mandado de segurança contra

---

3  Vale destacar que não há previsão, no rol de recursos, do pedido de reconsideração, embora por vezes seja utilizado – e aceito – no cotidiano forense. E, como não está previsto na legislação, não se trata de recurso.

4  Vide itens 11.7.1.1 e 11.8.2.

decisão interlocutória. Em outros Estados (como SP), o entendimento que prevalece é o cabimento do agravo de instrumento, mas apenas nos casos de urgência. A questão é polêmica, não havendo ainda resposta definitiva sobre o tema.[5]

No JEC é admissível também o recurso extraordinário, já que o STF, por força do que prevê a CF, art. 102, III, sempre deve poder se manifestar a respeito de uma violação à Constituição. Neste exato sentido afirma a Súmula nº 640 do STF: "É cabível o recurso extraordinário contra decisão proferida por juiz de primeiro grau nas causas de alçada, ou por turma recursal de juizado especial cível e criminal".

Todavia, não cabe o recurso especial, porquanto o órgão prolator da decisão final dos Juizados Especiais, o Colégio Recursal, não constitui Tribunal, como exige o texto constitucional (art. 105, III, *caput*). A este respeito, esclarece a Súmula nº 203 do STJ que "Não cabe recurso especial contra decisão proferida por órgão de segundo grau dos juizados especiais".

Assim, pela lei, não há como recorrer do acórdão do Colégio Recursal do JEC para se chegar ao STJ. Contudo, enquanto não se altera a lei, a jurisprudência dos Tribunais Superiores criou uma válvula de escape: o uso de *reclamação*, para o Tribunal de Justiça do Estado onde a causa tramitou.[6]

Nos Juizados Especiais Cíveis Federais (JEF, Lei nº 10.259/2001), além dos embargos de declaração, há previsão de recurso (inominado) contra sentença (art. 5º) e recurso extraordinário (art. 15). Além disso, nos termos dos arts. 4º e 5º de tal Lei cabe, no JEF, recurso contra decisão interlocutória (ou seja, agravo – apesar de a Lei não se valer dessa nomenclatura), desde que se trate de medida liminar/tutela de urgência (que é denominada de "medida cautelar" pela Lei).

A Lei nº 12.153/2009, ao tratar dos Juizados Especiais das Fazendas Públicas Estaduais, prevê expressamente o recurso contra a sentença e o recurso extraordinário (arts. 4º e 21). Tal qual no JEF, é possível a interposição de recurso contra decisão a respeito de providências cautelares e antecipatórias para evitar dano de difícil ou de incerta reparação (ou seja, há a possibilidade de agravo para impugnar decisões de tutela de urgência, como se vê nos arts. 4º, 1ª parte, 3º e 27, da Lei).

No JEF e no JEFP, tal qual no JEC, não cabe recurso especial. Contudo, caso haja divergência entre os diversos Colégios Recursais ou entre estes e o STJ, nesses dois Juizados (diferentemente do que ocorre no JEC, como anteriormente exposto), é cabível *incidente de uniformização* – que não tem natureza recursal (art. 14 da Lei nº 10.259/2001 e art. 18 da Lei nº 12.153/2009).[7]

---

[5]    Assim, recomenda-se ao leitor (advogado ou candidato a alguma prova) que verifique a posição do Estado pertinente.

[6]    O STF reconheceu que havia uma incongruência no sistema: era possível que o STJ pacificasse determinado tema de certa maneira e que os colégios recursais entendessem de outra forma sem possibilidade de se chegar ao STJ. Diante desse quadro, decidiu o STF que, até haver a criação de um incidente de uniformização de jurisprudência no JEC, seria cabível reclamação ao STJ se uma decisão de Colégio Recursal de JEC fosse contrária à jurisprudência do STJ (RE 571.572, julgado em 2009). Porém, com a entrada em vigor do CPC/2015, o STJ entendeu por bem remeter o julgamento dessa reclamação para os Tribunais de Justiça dos Estados (nesse sentido, a Resolução nº 3/2016 do STJ). Tudo isso feito pela jurisprudência, sem que haja lei a respeito – o que, por certo, traz dificuldades ao profissional. A resolução do STJ pode ser acessada em: <https://bdjur.stj.jus.br/jspui/bitstream/2011/99321/Res%20_3_2016_PRE.pdf>.

[7]    E é esse incidente que, uma vez criado para o JEC, fará com que deixe de ser cabível a reclamação para o TJ, conforme exposto na nota anterior.

A jurisprudência usualmente não admite o recurso adesivo nos Juizados Especiais.[8]

Segue tabela sobre os recursos existentes no sistema brasileiro:

| Sistema | Recursos previstos |
|---|---|
| CPC – art. 994 | Apelação, agravo de instrumento, agravo interno, agravo em recurso especial ou extraordinário, embargos de declaração, recurso ordinário, recurso especial, recurso extraordinário e embargos de divergência. |
| JEC – Lei nº 9.099/1995 | Embargos de declaração, recurso "inominado" contra sentença, agravo de instrumento (admissível, segundo alguns, por analogia com o CPC; ou então MS contra interlocutória – variável conforme o Colégio Recursal) e recurso extraordinário (Súmula nº 640 do STF). |
| JEF – Lei nº 10.259/2001 | Embargos de declaração, recurso "inominado" contra sentença, recurso contra decisão interlocutória (desde que se trate de liminar) e recurso extraordinário. |
| JEFP – Lei nº 12.153/2009 | Embargos de declaração, recurso "inominado" contra sentença, recurso contra decisão interlocutória (desde que trate de liminar) e recurso extraordinário. |

## 11.3 RECURSO ADESIVO

O recurso pode ser principal ou adesivo.

Ele será principal quando a parte o interpuser no prazo previsto, conforme as regras legais. Cada parte poderá interpor seu recurso de forma independente.

Segundo o art. 997 do CPC, é possível, em caso de sucumbência parcial, ou recíproca (ou seja, quando as duas partes foram vencidas em algum ponto), que uma parte venha a aderir ao recurso interposto pela outra.

Assim, caso uma das partes não recorra e a outra o faça, aquele que não havia recorrido terá uma segunda chance: no prazo das contrarrazões, poderá interpor recurso adesivo.

O exemplo mais comum é aquele em que o autor pede indenização por danos morais e materiais e o juiz somente concede danos materiais. Podem autor e réu apelar de forma autônoma (porque ambos sucumbiram parcialmente). Mas se só o réu apelar pleiteando a total improcedência do pedido, no prazo de apresentação das contrarrazões, em peça apartada, o autor – que até então tinha decidido não recorrer – poderá fazê-lo por meio de apelação adesiva visando a rever a decisão sobre os danos morais.

É importante tal interposição porque, sem o recurso adesivo, não é possível que o Tribunal conceda os danos morais. Em razão do princípio da vedação da *reformatio in pejus* (reforma para o pior), o Tribunal, em regra, não pode piorar a situação do recorrente: se só ele recorreu, ou a sua situação melhora ou é mantida a mesma extensão da decisão original.

---

[8] A rigor, não haveria óbice para o cabimento do recurso adesivo. Mas o entendimento majoritário é no sentido de não admitir esse recurso, o que é cristalizado no Enunciado nº 88 do Fonaje (Fórum Nacional dos Juizados Especiais): "Não cabe recurso adesivo em sede de Juizado Especial, por falta de expressa previsão legal".

O recurso adesivo é permitido apenas nas hipóteses de apelação, recurso especial e recurso extraordinário.[9]

Sua forma é idêntica à do recurso ao qual adere. Assim, será endereçado ao próprio juízo que proferiu a decisão impugnada[10] e elaborado conforme as regras atinentes ao respectivo regramento recursal, devendo contar, inclusive, com preparo próprio.[11]

Ao interpor tal espécie recursal, recomenda-se que conste da petição de interposição a informação sobre tratar-se de recurso adesivo, para que não haja qualquer dúvida em relação à tempestividade.[12] Assim, o ideal é que a parte nomeie o recurso como "apelação adesiva" ou "recurso especial na modalidade adesiva", por exemplo.

Sendo adesivo o recurso, sua admissibilidade vincula-se à do recurso principal: havendo negativa de seguimento a este,[13] também não será admitido o recurso adesivo.[14]

Com relação ao provimento do recurso, não há vinculação entre principal e adesivo. Sendo ambos admitidos, o julgamento do mérito dos recursos é independente: um recurso pode ser provido e o outro não, inexistindo qualquer relação de prejudicialidade entre os seus resultados.

De qualquer forma, na prática, não é comum que ambas as apelações sejam providas. Imagine o seguinte exemplo: o apelante principal pleiteia a reforma da sentença para afastar a indenização concedida em 1º grau, ao passo que o apelante adesivo pleiteia a majoração da indenização concedida; nesse caso, ou a sentença é mantida (ambas as apelações não são providas) ou somente uma das apelações é provida (ou se afasta a indenização ou esta é majorada). Nesse caso, não é possível que essas duas apelações sejam providas, pois não há, do ponto de vista lógico, como afastar e aumentar a indenização, ao mesmo tempo.

## 11.4 NATUREZA DA DECISÃO E RECURSO CABÍVEL

Como regra, aplica-se em nosso sistema processual o princípio da unirrecorribilidade (ou unicidade recursal): contra cada decisão judicial, cabe somente um recurso.

Não há, contudo, ofensa ao princípio quando a parte impugna o mesmo acórdão por meio de recursos especial e extraordinário, já que o objeto de tais recursos será diferente (o REsp impugnará o capítulo da decisão que violar legislação infraconstitucional, enquanto o RE impugnará o capítulo do acórdão que violar a CF). Também não viola tal diretriz o fato de caberem embargos de declaração contra uma decisão, já que tal recurso constitui remédio para sanar decisão omissa, obscura ou contraditória, prestando-se apenas a complementar uma decisão, razão pela qual não exclui o cabimento de outros remédios, mas posteriormente.[15]

---

9   CPC, art. 997, § 2º, II.

10  CPC, art. 997, § 2º, I.

11  CPC, art. 997, *caput*.

12  O prazo para o recurso independente principal a ser proposto pela parte já se terá esgotado na hipótese. Com o recurso adesivo, há uma segunda oportunidade de recorrer, no prazo das contrarrazões. Assim, a circunstância sobre ser o recurso adesivo é essencial para que não haja mal-entendidos no que tange à admissibilidade do recurso no tocante à tempestividade.

13  Trata-se de não conhecimento do principal por qualquer razão – mesmo que desistência do apelante principal.

14  CPC, art. 997, § 2º, III.

15  No entanto, não é possível que se ingresse – exatamente por força do princípio da unirrecorribi-lidade –, ao mesmo tempo, em face de uma sentença, com embargos de declaração e apelação.

A regra mais fácil para saber qual o recurso cabível é analisar a *natureza da decisão*: conforme a natureza da decisão impugnada, determina-se o recurso cabível.

### Em 1º grau de jurisdição:

Como já visto, as decisões do juiz estão previstas no CPC, art. 203, podendo configurar:

a) sentença (§ 1º): decisão que efetivamente resolve o mérito (CPC, art. 487) ou põe fim ao processo sem análise do mérito (CPC, art. 485).

   Da sentença cabe apelação (CPC, art. 1.009);

b) decisão interlocutória (§ 2º): decisão que soluciona questão incidente – incluídas aqui a decisão parcial de mérito (art. 356) ou a extinção sem mérito parcial (art. 354, parágrafo único); no CPC, o critério legal afirma se tratar de ato judicial "de natureza decisória" que não se enquadre no conceito de sentença.[16]

   Da decisão interlocutória[17] cabe agravo de instrumento, desde que a decisão conste do rol[18] previsto em lei[19] (CPC, art. 1.015); caso a decisão não conste nesse rol, a princípio ela não é imediatamente recorrível[20], mas pode ser suscitada em preliminar de apelação (CPC, art. 1.009, § 1º); e

c) despacho (§ 3º): pronunciamento ou ato do juiz que simplesmente dá andamento ao processo, sem ser dotado de efetivo caráter decisório por não resolver qualquer ponto controvertido.

   Do despacho não cabe recurso: trata-se de ato irrecorrível (CPC, art. 1.001).

### No Tribunal:

a) contra acórdãos (CPC, art. 204 – decisões colegiadas dos Tribunais, em regra tomadas por três desembargadores), podem caber, conforme regras específicas de cada recurso:[21]

   – Recurso ordinário (ROC – CPC, art. 1.027);

   – Recurso especial (REsp – CPC, art. 1.029);

   – Recurso extraordinário (RE – CPC, art. 1.029); e

   – Embargos de divergência (CPC, art. 1.043).

---

Primeiro a parte deve embargar de declaração e, após o julgamento de tal recurso, aí é que a parte poderá, se assim ainda quiser, interpor a apelação.

[16] Não cabe, nesta obra, aprofundar a análise sobre os conceitos de sentença e de decisão interlocutória. Mas o critério de decisão de questão incidente (existente no art. 162 do CPC/1973) era mais didático para fins de verificação do que era uma decisão interlocutória (e, portanto, para a *verificação do recurso cabível*).

[17] A decisão parcial de mérito (CPC, art. 356) é agravável de instrumento.

[18] A taxatividade do rol de cabimento é polêmica na doutrina e na jurisprudência. O tema será mais bem explicado adiante na exposição sobre o agravo de instrumento.

[19] No CPC/1973 cabia ainda o agravo retido em situações que não admitiam o agravo de instrumentos; ele foi substituído, no CPC atual, pela impugnação de interlocutória em preliminar de apelação, prevista no art. 1.009, § 1º.

[20] Salvo no caso da aplicação da "taxatividade mitigada", tema que será enfrentado no item 11.7.1.

[21] No CPC/1973 havia ainda os embargos infringentes – que foram substituídos, no CPC atual, pela técnica de julgamento prevista no art. 942.

b) contra decisões monocráticas dos relatores (decisões individuais dos julgadores, que podem ser proferidas para não conhecer, conhecer e negar ou dar provimento, nos termos do art. 932, III, IV e V do CPC), cabem:[22]

- Agravo interno[23] (CPC, art. 1.021).

- Agravo em recurso especial ou recurso extraordinário (CPC, art. 1.042[24]), de decisões que não admitirem o REsp ou o RE, também denominado, no cotidiano forense, de "agravo de decisão *denegatória*".[25]

Segue tabela esquemática para melhor fixação do tema:

| | | |
|---|---|---|
| **Sentença**<br>**(CPC, art. 203, § 1º)** | Decisão que efetivamente resolve o mérito (CPC, art. 487), ou põe fim ao processo, sem análise do mérito (CPC, art. 485). | Da sentença cabe apelação (CPC, art. 1.009). |
| **Decisão interlocutória (CPC, art. 203, § 2º)** | Decisão que soluciona questão incidente, mas não põe fim ao processo (ou resolve parcialmente o mérito, ou extingue parcialmente o processo sem resolução de mérito). | Da decisão interlocutória cabe agravo de instrumento, nas hipóteses previstas em lei (CPC, art. 1.015) ou, ainda, nas situações de urgência decorrentes da inutilidade do julgamento da questão no recurso de apelação (STJ, Tema Repetitivo 988, "taxatividade mitigada").<br>Se não estiver no art. 1.015 ou não se enquadrar na "situação de urgência", impugna-se em preliminar de apelação. |
| **Despacho**<br>**(CPC, art. 203, §§ 3º e 4º)** | Pronunciamento do juiz que simplesmente dá andamento ao processo, sem carga decisória. | Do despacho não cabe recurso – trata-se de decisão irrecorrível (CPC, art. 1.001). |
| **Acórdão**<br>**(CPC, art. 204)** | Decisão colegiada dos Tribunais. | Podem caber, nos termos específicos de cada recurso:<br>Recurso ordinário (ROC);<br>Recurso especial (REsp);<br>Recurso extraordinário (RE); e<br>Embargos de divergência. |

---

[22] Vale destacar que os desembargadores podem proferir decisões monocráticas que não tenham carga decisória (como, por exemplo, determinando a regularização da representação processual de novo advogado que peticiona). Neste caso, não será cabível qualquer recurso, pois estaremos diante de um pronunciamento sem carga decisória, equiparável a despacho e, portanto, sem interesse recursal. Pelo CPC, não seria despacho, pois esse só é previsto em 1º grau (art. 203), mas na prática forense há desembargadores e ministros que denominam algumas decisões como "despacho".

[23] No sistema do CPC/1973 era também denominado de agravo legal ou regimental – sendo que este último termo ainda consta dos regimentos internos de alguns Tribunais.

[24] Na versão original do CPC/2015, este recurso tinha outra finalidade. O artigo foi objeto de alteração antes mesmo da vigência do Código, por meio da Lei nº 13.256/2016.

[25] De acordo com o CPC, é possível, em caso bastante específico, a interposição simultânea de agravo interno e agravo em recurso especial ou extraordinário. Nesse sentido, vide item 11.7 adiante.

| Decisão monocrática dos relatores (CPC, art. 932, III, IV e V) | Decisão individual do relator (portanto, proferida nos Tribunais). | Contra a monocrática pode caber: <br> * agravo interno (CPC, art. 1.021); <br> * se for denegatória de recurso para Tribunal Superior, agravo em REsp ou RE (CPC, art. 1.042). |
|---|---|---|

Além disso, o recurso de embargos de declaração é cabível *contra qualquer espécie de decisão recorrível* (CPC, art. 1.022). Ou seja, admitem-se embargos declaratórios de interlocutória, sentença, monocrática e acórdão,[26] somente não sendo possível embargar de declaração de despacho – inclusive por falta de interesse de agir. No cotidiano forense, por vezes, afirma-se que houve recurso contra "despacho que causou prejuízo". Essa afirmação, contudo, é uma contradição em termos, pois se houve prejuízo, não se está diante de despacho, mas de interlocutória, independentemente do nome que tenha sido dado pelo juiz ao seu pronunciamento.

No CPC/1939, havia previsão[27] expressa do princípio da *fungibilidade recursal*, segundo o qual podia o magistrado aceitar um recurso no lugar de outro, adaptando a interposição errônea àquela que, segundo seu entendimento, revelasse ser a cabível.[28] Para tanto, deveria haver dúvida objetiva (existência de divergências doutrinárias e jurisprudenciais) a respeito de qual seria o recurso cabível, não se admitindo o erro grosseiro e a má-fé.

O princípio da fungibilidade recursal não era previsto no CPC/1973 e nem está previsto, de maneira genérica, no CPC (salvo, de maneira específica, nos arts. 1.024, § 3º, 1.032 e 1.033). A jurisprudência que se formou à luz do CPC/1973 admitia a fungibilidade em casos excepcionais, desde que (i) existisse a dúvida objetiva e (ii) o recurso fosse interposto no prazo do recurso para o qual se pretendesse convertê-lo (ou seja, no sistema anterior, se a parte interpusesse apelação e buscasse a fungibilidade para o agravo, a peça recursal deveria ter sido interposta no prazo do agravo, que era de dez dias; a observância do prazo menor demonstraria boa-fé por parte do recorrente).

No tocante ao CPC, é possível seguir falando em fungibilidade, de maneira genérica, apenas nas hipóteses em que houver o debate quanto ao recurso cabível (dúvida objetiva), pois houve a unificação do prazo dos recursos em 15 dias – salvo no tocante aos embargos de declaração, cujo prazo é de 5 dias. E a jurisprudência do STJ já se manifestou nesse sentido, ou seja, pela fungibilidade quando houver "dúvida objetiva" acerca do recurso cabível.[29]

---

[26] No CPC/1973 havia alguma discussão se cabiam declaratórios contra decisões interlocutórias (1º grau) ou monocráticas (Tribunal), pois a lei não era expressa nesse sentido. Na jurisprudência e doutrina dominante, admitia-se também o uso desse recurso à luz do CPC/1973. A nova redação do CPC atual afasta qualquer dúvida.

[27] Eis o teor do art. 810 do CPC de 1939: "Salvo a hipótese de má-fé ou erro grosseiro, a parte não será prejudicada pela interposição de um recurso por outro, devendo os autos ser enviados à Câmara, ou Turma, a que competir o julgamento".

[28] Seria o caso, por exemplo, de decisões em que houvesse dúvida sobre sua natureza: seria sentença ou decisão interlocutória? Se a parte optasse pela primeira conclusão e interpusesse a apelação, o juiz, entendendo ser o caso de agravo de instrumento, poderia receber o recurso como tal.

[29] Nesse exato sentido, eis um julgado que tratou acerca da controvérsia quanto ao recurso cabível da decisão que encerra a primeira fase da ação de exigir contas: "(...) Nos termos do entendimento desta Corte, 'Havendo dúvida objetiva acerca do cabimento do agravo de instrumento ou da apelação, consubstanciada em sólida divergência doutrinária e em reiterado dissídio jurisprudencial no âmbito do 2º grau de jurisdição, deve ser afastada a existência de erro grosseiro, a fim

Vale destacar que o próprio CPC prevê que, em algumas situações, um determinado recurso pode ser recebido como outro; isso se verifica quanto aos embargos de declaração recebidos como agravo interno e ao recurso especial recebido como extraordinário (e vice-versa). Essas situações podem ser entendidas como espécies de fungibilidade restrita com previsão legal.[30]

## 11.5 JUÍZO DE ADMISSIBILIDADE E JUÍZO DE MÉRITO

Para que um recurso seja admitido, a lei prevê uma série de exigências formais a serem observadas: trata-se dos *pressupostos de admissibilidade dos recursos*.

Apenas se presentes tais requisitos é que o recurso será apreciado (admitido/conhecido) e se passará à análise da possível modificação da decisão. Seu regramento vem disciplinado, basicamente, nas disposições gerais sobre os recursos, nos arts. 994 e seguintes do CPC.

Em linguagem técnica, fala-se em CONHECIMENTO (admissão ou recebimento) do recurso, para que depois seja analisado o MÉRITO (objeto) recursal, com o PROVIMENTO ou NÃO PROVIMENTO.

Assim, a ausência dos pressupostos de admissibilidade leva ao NÃO CONHECIMENTO, à NÃO ADMISSÃO ou à NEGATIVA DE SEGUIMENTO do recurso (essas expressões são sinônimas). Assim, é importante pedir que o recurso seja conhecido e, ao final, provido, para gerar a modificação da decisão.

É necessário conhecer essa matéria, tanto para observar esses requisitos ao interpor um recurso como para se manifestar em contrarrazões a um recurso interposto, apontando falhas formais da parte contrária. Assim, ao se manifestar sobre o recurso apresentado pela outra parte ("recorrente"), o adversário ("recorrido") poderá apresentar argumentos que justifiquem o não conhecimento do recurso, sem que sequer haja a análise do mérito do recurso e, assim, seja mantida a decisão antes proferida.

## 11.6 REQUISITOS DE ADMISSIBILIDADE DOS RECURSOS

Para que o recurso seja apto a modificar uma decisão, sua interposição deverá observar uma série de exigências previstas pela lei: trata-se, como já visto, da presença dos requisitos ou pressupostos de admissibilidade dos recursos.

Há pressupostos genéricos, aplicáveis a todos os recursos, e requisitos específicos de certas modalidades recursais, segundo a legislação pertinente.

A matéria atinente aos pressupostos processuais é de *ordem pública*, podendo ser (re)examinada a qualquer tempo pelos julgadores, não se sujeitando à preclusão (perda da faculdade processual de alegar seu teor).

---

de que se aplique o princípio da fungibilidade recursal' (AgInt nos EDcl no REsp n. 1.831.900/PR, Relatora Ministra Maria Isabel Gallotti, Quarta Turma, julgado em 20/4/2020, *DJe* 24/4/2020). 2. *In casu*, a existência de sólida divergência doutrinária e de reiterado dissídio jurisprudencial no âmbito dos Tribunais Estaduais e dos Tribunais Regionais Federais acerca do recurso cabível em face da decisão que julga a primeira fase da ação de exigir contas é elemento que autoriza a aplicação do princípio da fungibilidade recursal. Precedentes" (AgInt no REsp n. 1.978.695/MG, rel. Min. Marco Buzzi, 3ª T., j. 15.08.2022, *DJe* 18.08.2022).

[30] É o que se encontra nos arts. 1.023, § 3º, 1.032 e 1.033 do CPC.

Em regra, a análise da admissibilidade pode ser feita pelo juiz que profere a decisão recorrida ou por quem irá julgar o recurso. Ou seja, há admissibilidade recursal tanto pelo juízo *a quo* (juízo de origem, aquele que proferiu a decisão recorrida e em regra onde haverá a interposição do recurso) como pelo juízo *ad quem* (juízo de destino, quem julgará o recurso, *a quem* recorre a parte que elabora o recurso).

Há várias classificações quanto aos requisitos de admissibilidade recursal, bem como há variação doutrinária em relação a *quais são* esses requisitos. Apresentaremos, aqui, sete pressupostos que englobam tudo o que é debatido em relação ao conhecimento de um recurso:

- cabimento,
- interesse recursal,
- legitimidade recursal,
- tempestividade,
- preparo,
- inexistência de fato impeditivo e
- regularidade formal.

Dentro desses requisitos, há uma série de classificações elaboradas pela doutrina. Uma das mais aceitas aponta que os pressupostos podem ser subjetivos ou objetivos. Os pressupostos subjetivos dizem respeito às qualidades necessárias do sujeito que recorre: *legitimidade* e *interesse*. Já os pressupostos objetivos são: a *tempestividade*, o *cabimento*, o *preparo*, a *inexistência de fatos impeditivos* e a *regularidade formal*. De qualquer forma, do ponto de vista prático, não há distinção entre uns e outros: a ausência de qualquer um levará ao não conhecimento do recurso.

Vejamos, a seguir, os principais aspectos de cada um dos requisitos.

### 11.6.1 Legitimidade para recorrer

A legitimidade vem prevista no art. 996 do CPC, segundo o qual podem recorrer as partes, o MP e o terceiro prejudicado.

Por "partes" legitimadas a recorrer, deve-se compreender *todos* os participantes da relação processual, incluindo-se não só autor e réu, mas também assistentes, denunciados, chamados – e todos os que tenham integrado a relação processual.[31]

Vale lembrar que incidem na fase recursal as regras sobre capacidade processual indicadas no início da obra: sendo recorrente um incapaz, por exemplo, é importante indicar se ele atua mediante representação ou assistência.

Também pode recorrer o Ministério Público, seja como parte, seja como fiscal da lei.[32]

Finalmente, o terceiro prejudicado, que foi afetado pela decisão, poderá recorrer, tratando-se esta faculdade de modalidade de intervenção de terceiros na fase recursal.

Para que passe a integrar o processo, deve o terceiro demonstrar o liame entre o seu interesse de recorrer e a relação jurídica discutida em juízo, ou seja, a possibilidade de a

---

31  Como já exposto em capítulo anterior (item 7.6.4), existe uma restrição à legitimidade recursal do *amicus curiae*.

32  Conforme o disposto no art. 996, *caput*.

decisão sobre a relação jurídica discutida atingir direito de que se afirme titular.[33] Recomenda-se que o recorrente, logo após se qualificar no início da petição de interposição de seu recurso, saliente sua legitimidade para evitar um juízo negativo de admissibilidade.

Se alguém fora dessas hipóteses recorrer, o recurso não será conhecido, por falta de legitimidade recursal.

## 11.6.2 Interesse em recorrer

Para interpor o recurso, o recorrente deve precisar alterar o resultado da decisão (necessidade).

Sobre a necessidade, o recorrente deve ter *perdido*, ou seja, sucumbido em algum sentido: sua pretensão não foi atendida (totalmente ou em parte). A sucumbência pode ser entendida como a desconformidade entre o pedido e o resultado prático da decisão.

Assim, se alguém pediu R$ 10 mil a título de dano material e não obteve valor algum, sucumbiu totalmente. Se pediu R$ 10 mil e obteve R$ 9 mil, também sucumbiu, ainda que parcialmente. Se o pedido foi totalmente acolhido, mas um pleito acessório (por ex., sobre o termo inicial dos juros, a correção monetária ou o valor dos honorários advocatícios) não foi integralmente observado, haverá interesse recursal quanto a esse ponto.

Contudo, a sucumbência deve ser apreciada em relação **ao pedido** e não quanto à causa de pedir. Assim, por exemplo, se o autor pede R$ 10 mil com base no Código Civil, e o juiz julga procedente o pedido e concede essa quantia, mas com base no CDC – portanto, não acolhe a fundamentação apresentada na inicial –, não há sucumbência do autor e, consequentemente, não há interesse recursal.

## 11.6.3 Cabimento

O recurso interposto deverá ser aquele previsto na lei para a impugnação do tipo de decisão atacada. Assim, por exemplo, não será conhecido o recurso se, diante de uma sentença, a parte tiver interposto um agravo de instrumento e não for hipótese de aplicação do princípio da fungibilidade.

O CPC, em linhas gerais, procurou diferenciar, em 1º grau, o teor dos pronunciamentos judiciais considerando a apreciação do pedido e o fim do processo (caso em que a decisão será sentença); as demais decisões se referem à apreciação de questões incidentes (por meio de decisões interlocutórias).

Por seu turno, no âmbito dos Tribunais, a lei processual busca definir se a decisão é colegiada (acórdão) ou se é proferida apenas pelo relator (monocrática). Para cada uma dessas decisões, será cabível um recurso específico (ou recursos, no caso de decisão de Tribunal[34]).

Todavia, pode haver situações duvidosas sobre a natureza do provimento jurisdicional. Em tais hipóteses, como exposto,[35] revela-se excepcionalmente possível a aplicação do princípio da fungibilidade pelo qual o magistrado pode "receber um recurso pelo outro".

Especialmente em concursos e exames de Ordem é importante destacar o cabimento do recurso na peça de interposição; a argumentação poderá ser sucinta quando o cabi-

---

[33]   CPC, art. 996, parágrafo único.
[34]   A respeito, vide item 11.4, com quadro entre a decisão proferida e o recurso cabível.
[35]   Vide parte final do tópico 11.4.

mento for óbvio (p. ex.: da sentença cabe apelação – CPC, art. 1.009) e deverá ser mais desenvolvida quando puder haver dúvida sobre o cabimento (p. ex.: no caso de decisão agravável de instrumento em que possa haver dúvida quanto à sua presença no rol do art. 1.015 do CPC).

### 11.6.4 Impedimentos recursais (renúncia, desistência e aquiescência)

Caso se verifique algum ato impeditivo do direito de recorrer, o recurso não será conhecido. Este é, portanto, um requisito negativo (se estiver presente é que o recurso não será conhecido; algo diferente do que se verifica em relação aos demais requisitos, que são positivos – devem estar presentes para que o recurso seja conhecido).

Três são as situações em que se verifica o impedimento: a renúncia, a desistência e a aquiescência (concordância).

Há impedimento quando houve, anteriormente (ao se fazer uma transação, p. ex.), a *renúncia* ao direito de recorrer.[36] Não é necessária a concordância da outra parte.

O mesmo ocorrerá se a parte recorreu, mas posteriormente conformou-se com a decisão, protocolando petição de *desistência* do recurso interposto. Para a desistência do *recurso*[37] – diferentemente do que ocorre em relação à desistência da *ação*[38] –, não há necessidade de concordância da parte contrária.[39]

Há diferença entre renúncia e desistência: na primeira ainda não houve o exercício do direito de recorrer, ao passo que, na segunda, já houve a interposição do recurso.

Finalmente, pode-se verificar a *aquiescência*[40] (concordância) da parte com a decisão, por meio de um ato inequívoco, seja de forma expressa (como o protocolo de petição manifestando concordância quanto ao seu teor), seja de forma tácita (quando a parte dá início ao cumprimento da decisão de forma espontânea, p. ex.).

### 11.6.5 Tempestividade

A lei estabelece um prazo para a interposição de cada recurso. O recurso protocolado após tal prazo é considerado intempestivo, não sendo, assim, admitido.

No regime do CPC, quase todos os recursos são interpostos no prazo de 15 dias[41] (apelação, agravo de instrumento, agravo interno, agravo em recurso especial ou ex-

---

[36] CPC, art. 999: "A renúncia ao direito de recorrer independe da aceitação da outra parte".

[37] CPC, art. 998: "O recorrente poderá, a qualquer tempo, sem a anuência do recorrido ou dos litisconsortes, desistir do recurso".

[38] CPC, art. 485, § 4º: "Oferecida a contestação, o autor não poderá, sem o consentimento do réu, desistir da ação".

[39] Há ressalva em relação a recursos representativos da controvérsia, casos em que a desistência encontra limitações; conforme art. 998, parágrafo único do CPC, a desistência do recurso não impede a análise de questão cuja repercussão geral já tenha sido reconhecida e daquela objeto de julgamento de recursos extraordinários ou especiais repetitivos.

[40] CPC, art. 1.000: "A parte que aceitar expressa ou tacitamente a decisão não poderá recorrer. Parágrafo único. Considera-se aceitação tácita a prática, sem nenhuma reserva, de ato incompatível com a vontade de recorrer".

[41] CPC, art. 1.003, § 5º: "Excetuados os embargos de declaração, o prazo para interpor os recursos e para responder-lhes é de 15 (quinze) dias".

traordinário, recurso extraordinário, recurso especial, recurso ordinário e embargos infringentes).[42]

A exceção fica por conta dos embargos de declaração, cujo prazo é de 5 dias.[43]

Houve muito debate em relação ao feriado local[44]. A jurisprudência havia fixado a necessidade de o recorrente comprovar sua ocorrência (mediante a juntada de lei ou portaria do Tribunal sobre o feriado local), no ato da interposição do recurso, sob pena de intempestividade.

Mas, felizmente, isso foi objeto de alteração legislativa. A atual redação do art. 1.003, § 6º do CPC[45] assim prevê: "O recorrente comprovará a ocorrência de feriado local no ato de interposição do recurso, e, se não o fizer, o *tribunal determinará* a correção do vício formal, ou poderá desconsiderá-lo caso a informação já conste do processo eletrônico".

Merecem destaque as situações em que o prazo é aumentado.

O prazo para recorrer é em dobro para o MP, a Fazenda Pública e a Defensoria Pública (segundo os arts. 180, 183 e 186 do CPC). Há ainda prazo em dobro para a instituição que exerça função equivalente à do defensor, como escritórios de faculdades.[46]

Em uma situação hoje bem mais rara, nos processos físicos, também há prazo em dobro para os litisconsortes com advogados diferentes atuantes em escritórios distintos (nos termos do art. 229 do CPC) – mas, como hoje a regra é o processo eletrônico, não haverá prazo dobrado.[47]

Nos casos em que a circunstância justificadora do prazo em dobro se verifica, é interessante, desde logo, ao interpor o recurso, justificar a tempestividade para evitar problemas na admissibilidade. Uma fórmula possível seria fazer constar na petição de interposição do recurso uma argumentação como a seguinte:

*"O recorrente salienta a tempestividade do presente recurso, já que, nos termos do art. 186, § 3º, trata-se de escritório de prática jurídica de Faculdade de Direito que presta assistência jurídica gratuita em razão de convênios firmados com a Defensoria Pública, sendo contado em dobro o prazo para recorrer".*

## 11.6.6 Custas (preparo e porte de remessa e de retorno)

O preparo consiste no pagamento de custas referentes ao processamento do recurso e configura taxa judiciária pela prestação do serviço público jurisdicional. Já o porte de remessa e de retorno constitui despesa processual justificada pelo necessário deslocamento

---

[42] Vale lembrar que é de 10 dias o prazo do recurso "inominado" contra sentença no JEC (Lei nº 9.099/1995, art. 41).

[43] CPC, art. 1.023: "Os embargos serão opostos, no prazo de 5 (cinco) dias, em petição dirigida ao juiz, com indicação do erro, obscuridade, contradição ou omissão, e não se sujeitam a preparo".

[44] O feriado local é aquele que não é nacional, portanto, feriados estaduais, municipais ou aqueles dias em que o Judiciário não funciona (como o dia 8 de dezembro, o "dia da Justiça").

[45] Redação dada pela Lei nº 14.939, de 2024.

[46] CPC, art. 186, § 3º: "O disposto no *caput* aplica-se aos escritórios de prática jurídica das faculdades de Direito reconhecidas na forma da lei e às entidades que prestam assistência jurídica gratuita em razão de convênios firmados com a Defensoria Pública".

[47] CPC, art. 229, § 2º: "Não se aplica o disposto no *caput* aos processos em autos eletrônicos".

dos autos para o seu encaminhamento aos órgãos julgadores do recurso, sendo devido somente quando os autos forem físicos.[48]

A previsão genérica de seu cabimento consta no art. 1.007 do CPC. Por tal dispositivo, ao interpor o recurso, a parte deverá, desde logo, comprovar os recolhimentos devidos (juntando as respectivas guias de recolhimento).

É de responsabilidade do recorrente o correto preenchimento das guias de custas. Contudo, o preenchimento equivocado não poderá acarretar, de plano, a inadmissão do recurso, pois deverá o recorrente ser intimado para que regularize eventual falha.[49]

O não pagamento do preparo acarretará a pena de *deserção* (não conhecimento do recurso pela ausência de recolhimento dos emolumentos devidos).

Tal pena não será aplicada, porém, àqueles que gozam de isenção quanto a tal pagamento, como a Fazenda Pública e partes assistidas pela Defensoria ou beneficiários da justiça gratuita.[50]

Em caso de recolhimento *a menor*, a parte será intimada para, em cinco dias, suprir a insuficiência do preparo.[51]

No sistema do CPC/1973, o *não recolhimento* do preparo provocava, de plano, a deserção. No CPC atual, em caso de total ausência de pagamento, o recorrente deverá ser intimado para recolher o valor devido, *em dobro;* somente após essa oportunidade é que o recurso não será conhecido, pela deserção.[52] Porém, após essa intimação para recolher em dobro, não será possível a complementação de custas se houver o recolhimento a menor.[53]

O profissional deve ter cuidado em caso de problema com a guia de custas, pois, por vezes, os tribunais apontam que a situação se equipara mais ao *não recolhimento* que

---

[48] CPC, art. 1.007, § 3º: "É dispensado o recolhimento do porte de remessa e de retorno no processo em autos eletrônicos".

[49] CPC, art. 1.007, § 7º: "O equívoco no preenchimento da guia de custas não implicará a aplicação da pena de deserção, cabendo ao relator, na hipótese de dúvida quanto ao recolhimento, intimar o recorrente para sanar o vício no prazo de 5 (cinco) dias" (trata-se de inovação do CPC atual; no sistema anterior, o preenchimento errôneo da guia poderia levar ao não conhecimento do recurso, sem possibilidade de emenda – o que era uma posição jurisprudencial lastimável).

[50] CPC, art. 1.007, § 1º: "São dispensados de preparo, inclusive porte de remessa e de retorno, os recursos interpostos pelo Ministério Público, pela União, pelo Distrito Federal, pelos Estados, pelos Municípios, e respectivas autarquias, e pelos que gozam de isenção legal".

[51] CPC, art. 1.007, § 2º: "A insuficiência no valor do preparo, inclusive porte de remessa e de retorno, implicará deserção se o recorrente, intimado na pessoa de seu advogado, não vier a supri-lo no prazo de 5 (cinco) dias". Vale destacar que, no âmbito dos Juizados Especiais, o entendimento prevalecente é quanto à impossibilidade de complementar o preparo quando recolhido a menor – trata-se de posição incompreensível, considerando a informalidade que deveria existir no sistema dos juizados.

[52] Art. 1.007, § 4º: "O recorrente que não comprovar, no ato de interposição do recurso, o recolhimento do preparo, inclusive porte de remessa e de retorno, será intimado, na pessoa de seu advogado, para realizar o recolhimento em dobro, sob pena de deserção". Espera-se que este dispositivo seja aplicado ao Juizado Especial (inclusive considerando o exposto no final da nota anterior). Contudo, será necessário verificar como a jurisprudência dos Colégios Recursais do JEC se comportará quanto ao tema.

[53] CPC, art. 1.007, § 5º: "É vedada a complementação se houver insuficiência parcial do preparo, inclusive porte de remessa e de retorno, no recolhimento realizado na forma do § 4º".

à necessidade de *complementação* (CPC, art. 1.007, § 2º) ou *equívoco no preenchimento* (CPC, art. 1.007, § 7º) – e reconhecem a deserção de maneira indevida, ao argumento de que a parte não recolheu em dobro[54]. Há de se ter cautela nesses casos, para afastar o risco de não conhecimento do recurso.

Infelizmente (e, podemos afirmar, inexplicavelmente), nenhuma dessas previsões de complementação do preparo é aceita no âmbito dos Juizados Especiais. Nos Juizados, se faltar R$ 1,00, o recurso será deserto de plano, ainda no juízo de origem, sem qualquer possibilidade de complementação.

### 11.6.7 Regularidade formal

A regularidade formal diz respeito aos requisitos formais que não se inserem em nenhum dos outros requisitos de admissibilidade anteriormente expostos; é, portanto, um requisito de admissibilidade aplicável por exclusão dos demais.

Há pressupostos comuns a todos os recursos, que, como regra geral, deverão adotar a forma escrita:

- Interposição por petição perante o juízo *a quo* (com exceção do agravo de instrumento, interposto diretamente ao juízo *ad quem*);
- Petição acompanhada das razões do inconformismo e do pedido de nova decisão;
- Razões recursais pertinentes em relação à decisão impugnada (princípio da dialeticidade[55]);
- Petição devidamente assinada pelo advogado e acompanhada do instrumento de mandato (caso se trate de novo advogado postulando nos autos).

---

[54] Nesse sentido, o STJ pacificou que problema no código de barras da guia de comprovante de custas não é caso de esclarecimento (§ 7º), mas sim de recolhimento em dobro (§ 4º) – o que, por certo, é equivocado. Mas ainda que se trate de posição errada, se a parte não recolher em dobro (ou seja, em verdade três vezes), o recurso será deserto. Vejamos: "Agravo interno no agravo em recurso especial. Deserção do recurso especial. Juntada de comprovante de pagamento sem numeração do código de barras e sem o número do processo. Súmula 187/STJ. Agravo interno desprovido. (...) 2. Esta Corte Superior entende que, no caso de não comprovação do recolhimento do preparo no ato de interposição do recurso, a parte será intimada para efetuá-lo em dobro, sob pena de consolidação da deserção do pleito recursal, conforme estabelece o art. 1.007, caput e § 4º, do CPC. (...)" (AgInt no AREsp 2.421.582/SP, Rel. Min. Raul Araújo, Quarta Turma, j. 04.12.2023, DJe 07.12.2023).

[55] Nesse sentido: "PROCESSUAL CIVIL. AGRAVO INTERNO NO AGRAVO EM RECURSO ESPECIAL. MONOCRÁTICA DA PRESIDÊNCIA DO STJ. PRESTAÇÃO DE SERVIÇOS. DEFEITO. REEXAME DO CONJUNTO FÁTICO-PROBATÓRIO DOS AUTOS. SÚMULA N. 7 DO STJ. DANOS MORAIS. RAZOABILIDADE E PROPORCIONALIDADE. OBSERVÂNCIA. REDUÇÃO DA INDENIZAÇÃO. SÚMULA N. 7 DO STJ. DISPOSITIVOS LEGAIS. OFENSA. DEMONSTRAÇÃO. AUSÊNCIA. SÚMULA N. 284 DO STF. DECISÃO MANTIDA (...). 2. Ademais, tal recurso é de fundamentação vinculada. Para seu conhecimento, é imprescindível que o recorrente desenvolva argumentação própria e associada à impugnação direta das razões de decidir do acórdão recorrido. Em respeito à dialética recursal, a parte deve demonstrar como foi contrariada a lei federal à qual foi atribuída interpretação divergente, bem como comprovar o dissídio mediante cotejo analítico entre o aresto impugnado e os paradigmas – o que não ocorreu (...). Aplicação, por analogia, da Súmula n. 284 do STF (...)" (AgInt no AREsp nº 2.151.353/CE, rel. Min. Antonio Carlos Ferreira, Quarta Turma, j. 28.11.2022, DJe 05.12.2022).

Quanto às partes, é importante fazer constar sua qualificação (caso ela ainda não esteja nos autos). Tratando-se de terceiros, além da qualificação completa, é preciso demonstrar o prejuízo e o nexo causal entre o interesse de recorrer e a relação jurídica submetida à apreciação judicial (art. 996, parágrafo único, do CPC).

Outro dado referente à regularidade formal é a necessidade de apresentação, em processos físicos, de cópias no agravo de instrumento (CPC, art. 1.017, I). Se o advogado deixar de juntar tais cópias, o agravo não será conhecido exatamente por falta de regularidade formal. No processo eletrônico, não há essa exigência.

No sistema do CPC/1973, o não conhecimento do recurso, por falta de regularidade formal (especialmente quando o requisito não era previsto em lei), era um dos principais fatores em que se apoiava a chamada "jurisprudência defensiva".[56] O CPC vigente tenta modificar esse quadro.

Assim, além de previsões específicas para afastar entendimentos consolidados que levavam ao não conhecimento do recurso,[57] o CPC tem uma regra geral que permite sanar problemas na admissibilidade recursal (ressalvada a hipótese de intempestividade). Assim, antes de não conhecer o recurso, deverá o relator intimar o recorrente, para que haja a correção do vício processual apontado.[58]

Contudo, apesar da clareza do legislador, infelizmente, seguem existindo situações de jurisprudência defensiva nos Tribunais, em que há uma extrema rigidez quanto ao conhecimento do recurso – seja em relação à regularidade formal,[59] seja em relação a outros requisitos de admissibilidade.[60]

---

[56] Por jurisprudência defensiva pode-se entender a rigidez excessiva na análise dos requisitos de admissibilidade recursal criando pretextos e obstáculos, de modo a não conhecer o recurso – principalmente por força de situações não previstas na legislação. A respeito do tema, cf. o texto "A jurisprudência defensiva ainda pulsa no novo CPC" (DELLORE, Luiz et. al. Disponível em: <http://www.conjur.com.br/2013-set-06/jurisprudencia-defensiva-ainda-pulsa-codigo-processo-civil>).

[57] Como exemplo, o art. 76, § 2º, do CPC prevê o que ocorre se não houver a regularização de representação (juntada de procuração) em Tribunal Superior. No CPC/1973, a ausência de procuração no recurso especial levava, imediatamente, ao não conhecimento do recurso (Súmula nº 115/STJ: "Na instância especial é inexistente recurso interposto por advogado sem procuração nos autos").

[58] CPC, art. 932, parágrafo único: "Antes de considerar inadmissível o recurso, o relator concederá o prazo de 5 (cinco) dias ao recorrente para que seja sanado vício ou complementada a documentação exigível".

[59] Como exemplo: "o agravo interno não foi conhecido porque a decisão monocrática, que negou provimento ao agravo em recurso especial, não foi integralmente impugnada, como seria de rigor. Afinal, foi mantido incólume fundamento apto, por si só, para a manutenção da inadmissibilidade do recurso especial" (STJ, AREsp 1.144.143, *DJ* 22.05.2019).

[60] Em relação ao preparo, além do já exposto no item 6.6 acima, o STJ tem vários outros entendimentos restritivos como, por exemplo, quando na guia de pagamento aparece "agendamento": "Agravo interno no agravo em recurso especial. Não comprovação do pagamento do preparo no ato de interposição do recurso. Comprovante de agendamento. Intimação para regularização com recolhimento em dobro das custas. Não atendimento. Deserção. (...) 1. Na hipótese de não comprovação do recolhimento do preparo no ato de interposição do recurso, o demandante será intimado para efetuá-lo em dobro, sob pena de consolidação da deserção do pleito recursal, conforme estabelece o art. 1.007, caput e § 4º, do CPC. (...) 3. O comprovante de agendamento bancário não é meio apto a comprovar o efetivo recolhimento do preparo. (...)" (AgInt no AREsp 2.470.438/SP, Rel. Min. João Otávio de Noronha, Quarta Turma, j. 19.03.2024, *DJe* 22.03.2024).

Segue tabela com o panorama dos requisitos de admissibilidade em fase recursal:

| REQUISITOS DE ADMISSIBILIDADE DOS RECURSOS | | |
|---|---|---|
| Legitimidade | Partes | |
| | Terceiro prejudicado | |
| | MP (como parte ou fiscal da lei) | |
| Interesse (ter sido vencido, ainda que em parte) | | |
| Prazo: tempestividade | | |
| Cabimento: utilização do recurso correto | | |
| Inexistência de fatos modificativos ou extintivos do direito de recorrer | Renúncia ao direito de recorrer | |
| | Desistência do recurso | |
| | Aceitação (expressa ou tácita) da decisão | |
| Preparo e porte de remessa/retorno, sob pena de deserção | | |
| Regularidade formal | | |
| Tal matéria, de ordem pública, poderá ser conhecida a qualquer tempo. Sua ausência gera o não conhecimento do recurso.<br>Salvo no caso de intempestividade, antes de não conhecer do recurso, deverá o relator permitir que a parte corrija o vício processual do recurso (CPC, art. 932, parágrafo único). | | |

## 11.7 AGRAVOS

No CPC/1973, existiam quatro agravos: agravo de instrumento, agravo retido, agravo regimental (interno) e agravo nos próprios autos.

No CPC, existem três agravos: agravo de instrumento, agravo interno e agravo em recursos excepcionais (especial ou extraordinário).

O agravo retido foi extinto; o agravo regimental passou a ser denominado, no próprio Código, de agravo interno; e o agravo nos próprios autos transformou-se em agravo em recurso especial e em recurso extraordinário.

O panorama atual dos agravos é o seguinte:

| | |
|---|---|
| **Agravos contra decisões proferidas em 1º grau de jurisdição – prazo: 15 dias** | Agravo de instrumento (CPC, art. 1.015 e situações de urgência decorrentes da inutilidade do julgamento da questão no recurso de apelação (STJ, Tema Repetitivo 988, "taxatividade mitigada"). |
| **Agravos contra decisões proferidas no âmbito dos Tribunais (intermediário ou superior) – prazo: 15 dias** | Contra decisão do relator que nega seguimento a recurso inadmissível (CPC, art. 932, III) ou dá ou nega provimento a recurso com base em firme jurisprudência (CPC, art. 932, IV e V): contra decisões monocráticas do relator (CPC, art. 1.021 e art. 1.030, § 2º). |
| | Contra decisão da Presidência ou Vice-Presidência de Tribunal, que nega seguimento a recurso especial/extraordinário (CPC, art. 1.030, I): agravo em REsp ou RE (CPC, art. 1.042). |

## 11.7.1 Agravo contra decisão de 1º grau

Cabe agravo de instrumento para impugnar decisão interlocutória proferida por magistrado de 1º grau.

Como demonstra a própria formação da palavra, *inter* significa "entre" e "locutório" vem de *locutus*, fala. A decisão interlocutória é a proferida entre falas: entre a primeira fala do processo (que é do autor na petição inicial) e a última (que será do juiz, na sentença), muitas decisões deverão ser proferidas.

A decisão interlocutória aprecia questão incidental proferida antes da sentença ou resolve parcialmente o mérito ou extingue sem mérito parte do processo. Pela redação do art. 203, § 2º, decisão interlocutória é "todo pronunciamento judicial de natureza decisória que não se enquadre" no conceito de sentença.

A decisão interlocutória pode ser reconsiderada pelo magistrado, que ainda está formando seu convencimento no curso da demanda. Assim, é possível o exercício do juízo de retratação.

Determina o CPC que somente seja utilizado o agravo de instrumento nas hipóteses eleitas pelo legislador. É o que se depreende do art. 1.015: cabe agravo de instrumento contra as decisões interlocutórias que versarem sobre:

I – *tutelas provisórias*;

II – *mérito* do processo;

III – rejeição da alegação de *convenção de arbitragem*;

IV – *incidente de desconsideração da personalidade jurídica*;

V – rejeição do *pedido de gratuidade* da justiça ou acolhimento do pedido de sua revogação;

VI – *exibição ou posse de documento ou coisa*;

VII – *exclusão de litisconsorte*;

VIII – rejeição do pedido de *limitação do litisconsórcio*;

IX – admissão ou inadmissão de *intervenção de terceiros*;

X – concessão, modificação ou revogação do *efeito suspensivo aos embargos à execução*;

XI – *redistribuição do ônus da prova* nos termos do art. 373, § 1º;

XII – (inciso vetado);

XIII – *outros casos* expressamente referidos em lei (como exemplos, a decisão que extingue apenas parte do processo e a decisão de julgamento antecipado parcial do mérito – respectivamente, arts. 354, parágrafo único e 356, § 5º).

Também cabe agravo de instrumento contra decisões interlocutórias proferidas na *liquidação de sentença*, no *cumprimento de sentença*, na *execução* e no procedimento especial do *inventário* (CPC, art. 1.015, parágrafo único).

E o que ocorre em relação às interlocutórias que não estão dispostas no rol do art. 1.015 do CPC ou nas demais hipóteses previstas no Código?

Logo após a vigência do Código, havia basicamente duas respostas:

(i) fora dessas hipóteses, não será cabível agravo de instrumento, de modo que a preclusão quanto à decisão interlocutória somente ocorrerá no momento da apelação – devendo a matéria ser arguida em preliminar de apelação (vide item 10.7.1.1 a seguir);

(ii) se a decisão interlocutória envolver situação de urgência, deverá existir alguma forma de imediata impugnação – e não somente na apelação.

Em relação a esta hipótese (ii), há situações envolvendo matérias relevantes – como a discussão quanto à incompetência (especialmente a absoluta) – que ficaram de fora do rol de cabimento do agravo de instrumento já exposto.

Para esses casos, o debate é se: a) é cabível agravo de instrumento de *forma ampliativa* (portanto, o rol do art. 1.015 não seria taxativo) ou b) se seria adequado o uso de *mandado de segurança* (ação de impugnação e não recurso, como já visto).

A possibilidade de ampliação do rol do art. 1.015 chegou ao STJ e foi, felizmente, decidida pela Corte Especial (órgão máximo deliberativo daquela Corte).

Por apertada maioria de votos (7x5), a seguinte tese foi fixada: "o rol do art. 1.015 do CPC/2015 é *de taxatividade mitigada*, por isso admite a interposição de agravo de instrumento quando verificada a urgência decorrente da inutilidade do julgamento da questão no recurso de apelação".[61] O recurso foi julgado como repetitivo, de modo que seve ser seguido pelos demais Tribunais.

Contudo, a questão ainda causa controvérsia na doutrina e na jurisprudência, especialmente em razão da dificuldade de definir as "situações urgentes" nos termos da tese fixada (pois há variação de entendimento entre julgadores em relação ao que é – ou não é – urgente), bem como em razão do risco de preclusão da matéria.[62]

Por isso, além desse julgado da "taxatividade mitigada", diversos outros tratam do tema do cabimento do agravo, como para definir o "conceito de decisão interlocutória que versa sobre tutela provisória no CPC"[63] e a admissão do recurso em causas sobre certos temas (como recuperação/falência[64] e improbidade administrativa[65]).

### 11.7.1.1 Fim do agravo retido e modo de impugnar interlocutórias não agraváveis de instrumento

No sistema do CPC/1973, ao lado do agravo de instrumento, havia também o agravo retido para impugnar decisões interlocutórias. Em tal regime, tratando-se de decisão interlocutória, *a regra era o cabimento do agravo retido*, pois somente cabia o agravo de instrumento em

---

[61] REsp 1.704.520-MT, Rel. Min. Nancy Andrighi, Corte Especial, por maioria, j. 05.12.2018, *DJe* 19.12.2018 (Tema 988).

[62] Tratando-se de uma prova de concurso ou da OAB, a sugestão é elaborar um agravo e sustentar que se está diante da situação da "taxatividade mitigada" (isso demonstra que o candidato conhece o debate).

[63] O conceito de "decisão interlocutória que versa sobre tutela provisória" previsto no art. 1.015, I, do CPC, abrange as decisões que examinam a presença ou não dos pressupostos que justificam o deferimento, o indeferimento, a revogação ou a alteração da tutela provisória e, também, as decisões que dizem respeito ao prazo e ao modo de cumprimento da tutela, adequação, suficiência, proporcionalidade ou razoabilidade da técnica de efetivação da tutela provisória e, ainda, a necessidade ou dispensa de garantias para a concessão, revogação ou alteração da tutela provisória (REsp 1.752.049-PR, Rel. Min. Nancy Andrighi, *DJe* 15.03.2019).

[64] Com modulação de efeitos, STJ admite agravo contra toda decisão interlocutória em recuperação ou falência. Disponível em: <https://www.stj.jus.br/sites/portalp/Paginas/Comunicacao/Noticias/03022021-Com-modulacao-de-efeitos--STJ-admite-agravo-contra-toda-decisao-interlocutoria-em-recuperacao-ou-falencia.aspx>. Posteriormente, a lei de falência e recuperação judicial foi alterada para expressamente prever agravo (Lei nº 11.101/2005, art. 189, § 1º, II).

[65] Decisões interlocutórias em ação de improbidade podem ser contestadas por agravo de instrumento. Disponível em: <https://www.stj.jus.br/sites/portalp/Paginas/Comunicacao/Noticias/06082021-Decisoes-interlocutorias-em-acao-de-improbidade-podem-ser-contestadas--por-agravo-de-instrumento.aspx>.

hipóteses de urgência. Se a parte não interpusesse o agravo retido, haveria preclusão quanto àquela decisão interlocutória. Por isso, o agravo retido era utilizado para *evitar a preclusão*.

No CPC atual, como visto, deixou de existir o agravo retido. Assim, proferida uma decisão interlocutória não agravável de instrumento, se a parte nada fizer, não haverá preclusão. Mas, ao final do trâmite em 1º grau, após a prolação da sentença, em preliminar de apelação ou em contrarrazões de apelação, essa decisão interlocutória deverá ser impugnada sob pena de preclusão (ou seja, a preclusão dessa interlocutória não ocorrerá em 15 dias após sua publicação, mas somente após o prazo de apelação da sentença.[66]

A questão vem assim regulada no CPC: as questões resolvidas na fase de conhecimento, se a decisão a seu respeito não comportar agravo de instrumento, não são cobertas pela preclusão e devem ser suscitadas em preliminar de apelação, eventualmente interposta contra a decisão final, ou nas contrarrazões (art. 1.009, § 1º).

Vale destacar que, pela redação legal, não há necessidade de qualquer manifestação, alerta ou "protesto" em relação ao interesse de recorrer, logo após proferida a interlocutória.[67] Assim, bastará que, em preliminar de apelação, o tema seja trazido.

Contudo, até que o STJ pacifique a matéria nesse sentido, cabe ao advogado, no caso concreto, avaliar se é mais conveniente fazer um protesto – manifestação nos autos (por escrito ou verbalmente, se a decisão for proferida em audiência) – no sentido de que há interesse em, oportunamente, recorrer dessa decisão.

### 11.7.1.2 Requisitos do agravo de instrumento

Como já visto, o agravo de instrumento, pela redação do CPC, será usado para impugnar as decisões interlocutórias indicadas pelo legislador.

Assim, na petição de interposição, é importante que o agravante demonstre o cabimento de seu recurso, apontando claramente que o recurso se insere em uma das hipóteses previstas em lei.

Quando utilizado o agravo de instrumento, de modo a tentar evitar prejuízo à parte agravante (considerando a urgência), o recurso deverá ser interposto já no Tribunal competente para a apreciação da questão impugnada. Ou seja, o recurso será interposto diretamente no juízo *ad quem*.[68]

Como o processo continuará tramitando em 1º grau, haverá necessidade de formar novos autos (compondo um instrumento em separado), em que constarão as principais peças do processo, para que os julgadores possam apreciar o objeto do recurso. Eis por que o recurso é denominado agravo *de instrumento*. Com o processo eletrônico, deixou de haver necessidade de extração de cópias.[69]

Identificado que o caso concreto admite o cabimento do agravo de instrumento, é importante proceder à análise de qual será o seu efeito.

---

[66] Por isso, parte da doutrina fala em *preclusão elástica* (DUARTE, Zulmar. *Elasticidade na preclusão e o centro de gravidade do processo*. Disponível em: <http://genjuridico.com.br/2016/03/02/elasticidade--na-preclusao-e-o-centro-de-gravidade-do-processo-no-novo-codigo-de-processo-civil/>).

[67] Como ocorre, por exemplo, no âmbito da Justiça do Trabalho.

[68] Trata-se do único recurso no processo civil brasileiro em que isso se verifica.

[69] É curioso que no CPC vigente esse nome do recurso tenha permanecido: como a imensa maioria dos processos tramita pela via eletrônica, não existe a necessidade de formação de um "instrumento".

Como regra (CPC, art. 995), o agravo não obsta o prosseguimento do processo, tendo efeito apenas devolutivo (a saber, o efeito de devolver a matéria ao exame do Poder Judiciário, agora em 2º grau, sem prejudicar andamento do processo em 1º grau).

Todavia, caso se verifique a necessidade de atribuição de outro efeito, este poderá ser concedido pelo relator, segundo o art. 1.019, I, do CPC.[70]

Se a decisão de 1º grau concede uma medida e faz-se de rigor a imediata paralisação de sua eficácia, o agravante poderá pedir ao relator a concessão de **efeito suspensivo** ao agravo de instrumento. Para isso, deverá provar a *probabilidade do direito* e o *perigo de dano* ou risco ao resultado útil do processo[71] (no sistema anterior, falava-se em relevância da fundamentação e perigo de dano irreparável ou de difícil reparação).

Seria o caso, por exemplo, em que, apreciando pedido de tutela de urgência formulado em 1º grau, o magistrado deferisse a aplicação de multa diária para determinar a realização de uma providência que, na verdade, é impossível de ser realizada. Tal situação poderia gerar grandes prejuízos à recorrente. Sendo verossímil a alegação do recurso quanto ao equívoco do julgador, o relator pode deferir o efeito suspensivo no agravo de instrumento, obstando a aplicação da referida multa.

Já se a decisão de 1º grau foi negativa, indeferindo uma medida pleiteada, poderá o agravante pedir ao relator do recurso que conceda a **antecipação de tutela da pretensão recursal** (antes denominada por alguns como "efeito suspensivo ativo"[72]), provando, novamente, os requisitos da tutela de urgência (art. 300 do CPC): *probabilidade do direito* e *perigo de dano* ou risco ao resultado útil do processo.

Como exemplo, considere o pedido de concessão de liminar de reintegração de posse. Tendo o juiz de 1º grau negado a providência, poderá o agravante recorrer ao Tribunal e pedir, no agravo, que o relator conceda a antecipação de tutela da pretensão recursal para, desde logo, usufruir dos efeitos da medida pretendida. Diferentemente ocorrerá se, ao contrário, a decisão de 1º grau tiver concedido a liminar: em tal caso, a parte adversária poderá interpor agravo de instrumento com pedido de efeito suspensivo para paralisar tal decisão.

Contra a decisão liminar do relator (que concede ou denega o efeito suspensivo ou a antecipação de tutela da pretensão recursal), tratando-se de decisão monocrática, cabe agravo interno (art. 1.021 do CPC).[73]

Quanto à estrutura da peça, o agravo de instrumento conta com diversos requisitos a serem observados pelo recorrente. O CPC, porém, facilita sua atuação ao oferecer um roteiro seguro sobre o que deve constar na petição a partir do art. 1.016.

Tratando-se de recurso, deve o peticionário recordar que serão feitas duas análises: o juízo de *admissibilidade* (se positivo, o recurso será *conhecido*) e o juízo de *mérito* (em

---

[70] Este dispositivo trata especificamente da concessão de efeito suspensivo ao agravo de instrumento. Há dispositivo genérico que trata da concessão de efeito suspensivo aos recursos: o art. 932, II, do CPC.

[71] Trata-se dos requisitos para a concessão da tutela de urgência (CPC, art. 300) – a respeito do tema, vide capítulo 6.

[72] Antes da Lei nº 10.444/2002, que alterou o CPC/1973 para expressamente mencionar o termo antecipação de tutela, falava-se, de forma não técnica, em "efeito suspensivo ativo", por criação de doutrina e jurisprudência diante da omissão da lei. Com a alteração legislativa, deve-se evitar o uso da expressão "efeito suspensivo ativo", especialmente em concursos e exames da OAB.

[73] No sistema do CPC/1973, essa decisão era irrecorrível, nos termos do art. 527, parágrafo único.

que o recurso poderá ou não ser *provido*). Inicialmente, portanto, é preciso assegurar o conhecimento do recurso, por meio da observância das previsões legais formais específicas.

A primeira pergunta diz respeito à montagem da peça do agravo de instrumento: é necessário fazê-la em duas petições, uma de interposição e outra com as razões?

A partir da reforma do CPC/1973 verificada em 1994, o agravo de instrumento passou a ser interposto diretamente no Tribunal, não havendo mais razão legal para apresentar uma peça de interposição em separado das razões, já que ambas passaram a ser encaminhadas ao mesmo órgão julgador e por ele analisadas. Por praxe, porém, costuma-se dividir a peça em duas petições, para que na primeira (de interposição) possam ser destacados os requisitos de admissibilidade do recurso. Em relação ao CPC vigente, que mantém a lógica em relação a esse recurso, não houve alteração. A opção, portanto, é do recorrente quanto a este aspecto. De qualquer forma, vale frisar que o mais usual é a elaboração em duas peças.

Seguindo o roteiro constante no Código, o art. 1.016, *caput*, dispõe sobre o endereçamento, dizendo que o agravo de instrumento será dirigido diretamente ao Tribunal competente. Como regra, interpõe-se ao seu presidente, para que, nos termos do regimento interno do Tribunal, sejam feitos os encaminhamentos pertinentes. Porém, para facilitar o acesso ao 2º grau por parte de quem não esteja na sede do Tribunal, permite o CPC a interposição na Comarca de origem – mas com o endereçamento para o Tribunal, por certo.[74]

Como se trata de recurso que irá para outro grau de jurisdição, onde ainda não tramita o feito, deverá a peça de agravo indicar os nomes de recorrente e recorrido; é importante indicar sua qualificação completa, já que os dados detalhados encontram-se apenas no processo de origem, que está no 1º grau (CPC, art. 1.016, I).

Após qualificar as partes, deve o recorrente apontar o nome de seu recurso, indicando, se for o caso, o pedido de concessão de efeito suspensivo ou de antecipação de tutela da pretensão recursal.

Antes de passar para a formação do instrumento, recomenda-se que o recorrente **justifique o cabimento de seu recurso**, fundamentando em qual inciso do art. 1.015 do CPC, outra hipótese legal expressa ou, como visto acima, com base na "taxatividade mitigada" conforme decidido pelo STJ.

Ainda em termos de admissibilidade, dispõe o art. 1.016, IV, que devem ser indicados o nome e o endereço completos dos advogados constantes do processo. Tal exigência se justifica para que seja possível a comunicação com os procuradores das partes, por meio de seu endereço para localização.

Caso tais dados não estejam completamente disponíveis – por exemplo, por não ter ainda o réu integrado a relação processual –, tal informação deverá constar na petição. Assim, em agravo de instrumento contra a denegação de medida liminar, não tendo ainda sido citado o réu, pode informar o agravante que "deixa de indicar o nome do advogado da parte contrária porque o réu ainda não foi citado, não constando tal informação nos autos".

Sobre o instrumento, dispõe o art. 1.017 que a petição de agravo de instrumento será instruída com cópias obrigatórias (inciso I) e facultativas (inciso III). São cópias obrigatórias: (i) petição inicial, (ii) contestação, (iii) petição que ensejou a decisão agravada, (iv) decisão agravada, (v) certidão da intimação da decisão agravada ou outro documento

---

[74] CPC, art. 1.017, § 2º: "No prazo do recurso, o agravo será interposto por: I – protocolo realizado diretamente no Tribunal competente para julgá-lo; II – protocolo realizado na própria comarca, seção ou subseção judiciárias; III – postagem, sob registro, com aviso de recebimento; IV – transmissão de dados tipo fac-símile, nos termos da lei; V – outra forma prevista em lei".

oficial que comprove a tempestividade e (vi) das procurações outorgadas aos advogados do agravante e do agravado.

É interessante que o agravante explicite quais são exatamente as cópias que está juntando em seu recurso, indicando, de preferência, os respectivos dispositivos do CPC (diferenciando as peças obrigatórias das facultativas[75]). Reitere-se que, no caso de processo eletrônico, não haverá a necessidade de juntada de certas cópias (petição inicial e contestação), mas nada obsta que a parte as junte ao processo, por certo.[76]

Caso algum documento obrigatório não conste dos autos de origem – como, por exemplo, a procuração da parte contrária ou a contestação –, o advogado deve destacar o fato informando-o sob sua responsabilidade pessoal (p. ex., com a seguinte frase: "deixa o agravante de juntar a procuração da parte contrária porque ainda não foi o réu citado, não constando tal documento nos autos, informação prestada sob responsabilidade pessoal do advogado"[77]).

As cópias que formam o instrumento não precisam ser autenticadas em cartório, podendo o advogado, sob sua responsabilidade pessoal, declarar a autenticidade das peças que apresenta em juízo. É a previsão do art. 425, IV, do CPC: "as cópias reprográficas de peças do próprio processo judicial declaradas autênticas pelo advogado, sob sua responsabilidade pessoal, se não lhes for impugnada a autenticidade".

O art. 1.017, § 1º aponta a necessidade da juntada do comprovante do pagamento de custas e do porte de retorno (quando devidos segundo tabela publicada pelos Tribunais).

O art. 1.016 indica, nos incisos II e III, que na petição deve constar a exposição do fato, do direito e das razões do pedido de reforma ou invalidação da decisão recorrida. Neste momento deverá o recorrente focar no ponto exato que pretende ver modificado, fundamentando segundo as regras de direito pertinentes (sejam dispositivos do CPC, sejam de direito material) e dando consistência à sua argumentação por meio de exposição clara e adequada.

Finalmente, após a interposição do recurso, poderá ser exigido que a parte agravante requeira a juntada de cópia do agravo e documentos, no processo de origem, caso se trate de processo físico (CPC, art. 1.018). Se forem autos eletrônicos, trata-se de uma faculdade do agravante.

A iniciativa se justifica: (i) para que o juízo de origem tenha ciência sobre o recurso e possa, eventualmente, reconsiderar a decisão e comunicar a retratação ao 2º grau e (ii) para que o recorrido, se não tiver fácil acesso à capital (sede do Tribunal), possa ter ciência do recurso, de modo que consiga apresentar contrarrazões. Porém, isso somente

---

[75] Houve discussão quanto à possibilidade de exigir a juntada de cópias essenciais (que não seriam as necessárias, previstas em lei, mas importantes para a compreensão do litígio), sob pena de não conhecimento do recurso. Após muito debate jurisprudencial, decidiu o STJ – corretamente – que não pode a parte ser prejudicada: se o relator entende que um documento é essencial (e não está no rol de documentos necessários), deve a parte ser intimada a juntá-lo, sendo descabido o não conhecimento do recurso, de plano (REsp 1102467/RJ, Corte Especial, *DJe* 29.08.2012 – informativo STJ nº 496). A questão está superada pela previsão do art. 1.017, § 3º, do CPC atual.

[76] CPC, art. 1.017, § 5º: "Sendo eletrônicos os autos do processo, dispensam-se as peças referidas nos incisos I e II do *caput*, facultando-se ao agravante anexar outros documentos que entender úteis para a compreensão da controvérsia".

[77] CPC, art. 1.017: "A petição de agravo de instrumento será instruída: (...) II – com declaração de inexistência de qualquer dos documentos referidos no inciso I, feita pelo advogado do agravante, sob pena de sua responsabilidade pessoal".

é necessário no caso de autos físicos; quando os autos forem eletrônicos, basta o acesso ao sistema para que o juiz e o recorrido tenham acesso aos autos.[78]

Segue tabela com os principais elementos do recurso de agravo de instrumento:

| AGRAVO DE INSTRUMENTO | | |
|---|---|---|
| **Cabimento e prazo** | Contra decisão interlocutória indicada nos incisos do art. 1.015, outros dispositivos e casos de legais taxatividade mitigada do rol do art. 1.015, conforme entendimento da Corte Especial do STJ – Tema Repetitivo 988), no prazo de 15 dias | |
| **Cabe retratação?** | Sim (CPC, art. 1.018, § 1º) | |
| **Efeitos** | Regra: apenas devolutivo (não obsta o seguimento do processo) | |
| | Exceção: art. 932, II | Efeito suspensivo |
| | | Antecipação da tutela da pretensão recursal |
| **Requisitos formais da petição** | Endereçamento ao Tribunal competente (art. 1.016, *caput*) | |
| | Qualificação das partes (art. 1.016, I) | |
| | Justificativa do cabimento, afirmando ser uma das hipóteses dos incisos do art. 1.015 ou de outro dispositivo do CPC | |
| | Indicação do nome e endereços dos advogados das partes (art. 1.016, IV) | |
| | Juntada das peças obrigatórias e facultativas (art. 1.017, I e III), somente em autos físicos | |
| | Juntada da guia de preparo e porte de retorno, quando exigida pela legislação local (art. 1.017, § 1º) | |
| | Informação de que haverá juntada de cópia do agravo junto ao juízo de origem (art. 1.018), somente nos autos físicos | |
| | Eventual pedido de efeito suspensivo ou de antecipação de tutela (art. 1.019, I) | |
| **Mérito** | Exposição dos fatos e dos fundamentos jurídicos (art. 1.016, II) | |
| | Pedido de nova decisão ou invalidação da decisão recorrida (art. 1.016, III) | |

## 11.7.1.3 Modelo de agravo de instrumento comentado

Para ilustrar e fixar os conceitos expostos neste tópico, propomos um problema a partir do qual será elaborado um agravo. Para uma melhor compreensão do tema, os comentários serão feitos no corpo da própria petição.

---

[78] O descumprimento de tal providência, no caso de autos físicos, desde que arguido e provado pelo agravado, importa inadmissibilidade do agravo (CPC, art. 1.018, § 2º: "Não sendo eletrônicos os autos, o agravante tomará a providência prevista no *caput*, no prazo de 3 (três) dias a contar da interposição do agravo de instrumento. § 3º O descumprimento da exigência de que trata o § 2º, desde que arguido e provado pelo agravado, importa inadmissibilidade do agravo de instrumento").

A Creche Primeira Infância, mantida pela Associação dos Moradores do Bairro Pinheirinho, da Comarca de São José dos Campos, atende a população carente da região em que se situa. Em virtude do não pagamento das 3 (três) últimas faturas de consumo mensal, o fornecimento de água para a creche foi suspenso pela Companhia Bandeirante de Águas – CBA, concessionária local do serviço de abastecimento de água e esgoto. Buscando a reativação do fornecimento, a mantenedora ajuizou ação de rito ordinário com pedido de antecipação de tutela em face da CBA. Após a apresentação da contestação, o MM. Juízo da 1ª Vara Cível daquela comarca, acolhendo as alegações defensivas, houve por bem indeferir a tutela antecipada, sob o fundamento de que a prestação de serviço de abastecimento de água insere-se no bojo de uma relação de natureza contratual bilateral, razão pela qual se justifica a suspensão do fornecimento no caso de não pagamento das faturas mensais.

 *QUESTÃO:* Como advogado da autora, providencie a medida adequada para obter, de imediato, a reativação do fornecimento de água para a creche, considerando que a decisão denegatória da tutela antecipada foi publicada na imprensa oficial há 6 (seis) dias.[79]

### EXCELENTÍSSIMO SENHOR DOUTOR DESEMBARGADOR PRESIDENTE DO EGRÉGIO TRIBUNAL DE JUSTIÇA DO ESTADO DE SÃO PAULO – SP[1]

> 1. Nos termos do art. 1.016, *caput*, o agravo de instrumento será interposto diretamente no Tribunal competente.

ASSOCIAÇÃO DOS MORADORES DO BAIRRO PINHEIRINHO, pessoa jurídica de direito privado, inscrita no CNPJ n. (número), usuária do endereço eletrônico (e-mail), por seu representante legal (qualificação), com endereço em (endereço), na cidade de São José dos Campos,[2] por seu advogado que esta subscreve, vem, respeitosamente, à presença de V. Exa., nos termos dos arts. 1.015[3] e seguintes do CPC, interpor o presente

> 2. Qualificação das partes e formulação inicial da peça de interposição: o agravo de instrumento, apesar de surgido de um processo cujas partes já estão devidamente constituídas, é interposto diretamente ao Tribunal competente, devendo, portanto, a peça de interposição conter a qualificação das partes. Atenção: no caso, a creche é mantida por tal associação e foi esta quem promoveu a ação para questionar o débito; é ela, portanto, a parte legitimada para o recurso.
>
> 3. É interessante indicar o fundamento legal da peça; para tanto, basta indicar o dispositivo principal e fazer mera menção aos seguintes.

---

[79] Este foi o ponto 3 sorteado no 110º Exame de Ordem da OAB/SP. Eis o gabarito: "O examinando deverá apresentar agravo de instrumento com pedido de efeito suspensivo ativo. Do ponto de vista formal, o recurso deverá conter petição de interposição e minuta das razões de reforma da decisão, além da indicação do nome e endereço dos advogados constantes do processo. No mérito, deverá sustentar que a suspensão do fornecimento de água constitui forma oblíqua de cobrança de crédito, impondo ao consumidor uma situação de constrangimento, que é vedada pelo art. 42 da Lei nº 8.078/1990. Deverá argumentar também a impossibilidade da suspensão do fornecimento, por se tratar de serviço público essencial, nos termos do art. 22 do mesmo diploma legal. A fundamentação do pedido de efeito suspensivo deverá enfocar a necessidade urgente da religação da água, que é vital para a higiene e saúde das crianças, salientando que, do contrário, a creche deverá paralisar suas atividades em prejuízo da comunidade local". Destaque-se que o gabarito utilizou o termo "efeito suspensivo ativo" e não a expressão mais técnica antecipação de tutela recursal.

## AGRAVO DE INSTRUMENTO
## COM PEDIDO DE ANTECIPAÇÃO DE TUTELA RECURSAL[4]

> 4. Havendo pedido de tutela de urgência a ser realizado, este já deve constar do "nome" do recurso (art. 1.019, I, CPC – pedido de efeito suspensivo ou de antecipação de tutela da pretensão recursal).

contra decisão[5] que indeferiu pedido de liminar (tutela de urgência) proferida pelo R. Juízo da 1ª Vara Cível da Comarca de São José dos Campos, nos autos da ação autuada sob o n. (número), que move em face de COMPANHIA BANDEIRANTE DE ÁGUAS – CBA, pessoa jurídica de direito privado inscrita no CNPJ n. (número), usuária do endereço eletrônico (e-mail), com endereço em (endereço), pelas razões que acompanham a presente peça de interposição.

> 5. O agravo é interposto contra a decisão interlocutória, mas a parte contrária é que será a "agravada".

Requer seja deferida *inaudita altera parte* a tutela antecipada recursal pleiteada e após os regulares trâmites seja o agravo conhecido e integralmente provido.

Justifica-se a interposição do presente recurso na modalidade de instrumento[6] por se tratar de uma das hipóteses do rol do art. 1.015 – especificamente o inciso I (decisão acerca de tutela provisória)

> 6. É importante explicitar o cabimento do agravo de instrumento, com base em alguns dos incisos do art. 1.015 do CPC.

Em cumprimento ao art. 1.016, IV, informa a agravante nome e endereço dos advogados constantes do processo:

Pelo agravante: Dr. (nome completo), com escritório em (endereço).

Pelo agravado:[7] Dr. (nome completo), com escritório em (endereço).

> 7. Deve-se considerar se o advogado do agravado já foi constituído nos autos. Se não, informar que "deixa de indicar seus dados em virtude de sua não integração à relação processual".

Ainda que seja um processo eletrônico, para facilitar a compreensão da causa por parte desse E. Tribunal, com fulcro no art. 1.017, I e III, do CPC, vem indicar as peças que instruem o presente recurso:[8-9]

> 8. Vale destacar que estas cópias somente são obrigatórias se estivermos diante de processos físicos. Se forem autos eletrônicos, não se trata de providência obrigatória. Contudo, para facilitar a compreensão dos julgadores em relação ao processo, nada impede que sejam juntadas as cópias; na verdade, isso é até recomendável.
>
> 9. Além de juntar as cópias das peças, é interessante especificar quais estão sendo juntadas (no Exame da OAB, tal conduta revela importante demonstração de conhecimento).

### a) peças obrigatórias (art. 1.017, I):

1 – petição inicial;

2 – decisão agravada;

3 – certidão da intimação da decisão agravada;

4 – procuração outorgada ao advogado da agravante;

5 – procuração outorgada ao advogado da agravada;

Deixa a agravante de juntar a contestação porque ela ainda não foi apresentada nos autos de origem – informação prestada sob responsabilidade do advogado (art. 1.017, II)[10]

### b) peças facultativas (art. 1.017, III);[11]

> 10. Se não for possível a juntada de alguma das cópias necessárias, deve o advogado expressamente esclarecer isso na petição de interposição do recurso. Cumpre destacar que não há necessidade de certidão ou declaração do Poder Judiciário, bastando que haja a declaração do advogado.
>
> 11. Deve o recorrente também indicar como peças facultativas aquelas que facilitam a compreensão dos termos do processo em 1º grau.

### 1 – pedido de reconsideração apresentado na origem.[12]

> 12. Havendo alguma outra peça relevante – como um pedido de reconsideração com mais subsídios para tentar convencer o magistrado –, justifica-se também sua juntada como peça facultativa. Vale recordar que pedido de reconsideração não é recurso nem altera o prazo para recorrer; ainda assim, é por vezes utilizado no cotidiano forense (já que o juiz pode alterar sua decisão monocrática).

Assim, estão sendo juntados todos os documentos para que o agravo seja conhecido. Caso V. Exa. entenda não serem eles suficientes, requer-se a intimação da agravante para que junte eventuais cópias adicionais (art. 1.017, § 3º).[13]

> 13. Se alguma cópia não é juntada (seja ela necessária ou facultativa), não deve haver a inadmissão do recurso de plano, mas, sim, oportunidade de correção da falha. Apenas se não for juntado o documento é que haverá o não conhecimento do recurso. Lembrando que apenas há a obrigatoriedade de juntada nos processos físicos – logo, sendo processo eletrônico, este parágrafo é desnecessário.

Nos termos do art. 425, IV, do CPC, as cópias das peças do processo são declaradas autênticas pelo advogado sob sua responsabilidade pessoal.[14]

> 14. Autenticação das peças: tal exigência consta no regramento do agravo? Não, o art. 1.017 só se refere a "cópias". Mas a jurisprudência, em determinado momento, a exigia. A questão está superada considerando-se a possibilidade de o advogado declarar as cópias autênticas. De qualquer forma, especialmente em exames de OAB e concursos, é conveniente fazer menção a isso para mostrar conhecimento ao examinador. Lembrando que apenas há a obrigatoriedade de

juntada de documentos e respectiva autenticação nos processos físicos – logo, sendo processo eletrônico, este parágrafo é desnecessário.

Informa, outrossim, que, em cumprimento ao art. 1.018 do CPC,[15] dentro do prazo legal de três dias, juntará aos autos do processo de origem cópia do presente recurso, da prova de sua interposição e do rol dos documentos que o instruem.

15. Só é fundamental essa juntada em casos de processo físico; sendo o processo eletrônico, trata-se de mera faculdade do agravante (art. 1.018, §§ 2º e 3º).

Informa ainda que, nos termos do art. 1.017, § 1º, do CPC, recolheu os valores exigidos legalmente relativos às custas e ao porte de retorno, o que se comprova pelas guias devidamente quitadas que ora são juntadas aos autos.[16]

16. Trata-se de requisito de admissibilidade (preparo) que deve ser mencionado, onde houver. Sendo processo eletrônico, não haverá recolhimento do porte de remessa e retorno (art. 1.007, § 3º). Se a parte for beneficiária da justiça gratuita (e, no caso, considerando o narrado nos autos, seria possível isso), é interessante indicar que há a gratuidade e por isso não são recolhidas as custas (art. 1.007, § 1º).

Termos em que

pede deferimento.

Cidade, data, assinatura, OAB

(outra página)[17]

17. É praxe (mas não imprescindível) que se separe uma petição de interposição (apenas comunicando a interposição do recurso, com a menção aos principais aspectos formais, como assim se fez) e se apresentem as razões recursais na sequência.

### RAZÕES RECURSAIS

Agravante: ASSOCIAÇÃO DOS MORADORES DO BAIRRO PINHEIRINHO

Agravado: COMPANHIA BANDEIRANTE DE ÁGUAS – CBA

Autos número: (número)

Vara de Origem: (...) Vara Cível da Comarca de São José dos Campos

Egrégio Tribunal

Colenda Câmara

Nobres Julgadores[18]

18. No preâmbulo das razões, é bom, para o atendimento do pressuposto da regularidade formal, que o advogado descreva dados básicos do processo em 1º grau (nome das partes, vara de origem e número do processo). Após essa breve introdução, é praxe fazer uma saudação aos julgadores; inicia-se mencionando o Tribunal, depois a Câmara, e finalmente os julgadores do recurso, indo do geral ao particular. Não se trata de algo obrigatório, mas é conveniente que assim se faça – especialmente em provas de OAB e concursos.

## I – DOS FATOS/BREVE SÍNTESE DA DEMANDA[19]

19. O recorrente deve narrar brevemente os fatos referentes ao caso concreto. Tratando-se de Exame de Ordem ou concurso público, em determinados problemas cuja narração é mais extensa, é possível elaborar um breve resumo da demanda. Por vezes, entretanto, as informações trazidas ao candidato se limitam ao objeto da decisão. Seja como for, o candidato não deve inventar nada e tal parte da petição pode ser resolvida em poucos parágrafos, até porque não será objeto de maior interesse por parte do examinador.

A Creche Primeira Infância, mantida pela agravante, atende a população carente da região em que se situa. Em virtude do não pagamento das 3 (três) últimas faturas de consumo mensal, o fornecimento de água para a creche foi suspenso pela agravada, concessionária local do serviço de abastecimento de água e esgoto.

Buscando a reativação do fornecimento, a ora agravante ajuizou ação pelo procedimento comum, com pedido de tutela de urgência (antecipação de tutela) em face da recorrida.

Antes mesmo da apresentação da contestação, o MM. Juízo de origem houve por bem indeferir a tutela antecipada, sob o fundamento de que a prestação de serviço de abastecimento de água insere-se no bojo de uma relação de natureza contratual bilateral, razão pela qual se justifica a suspensão do fornecimento no caso de não pagamento das faturas mensais.

Considerando a situação grave em que se encontra uma creche sem água, a agravante apresentou pedido de reconsideração (juntado como peça facultativa), provando a situação de risco à saúde de crianças, peça até o momento não apreciada.

Tal r. decisão, todavia, não merece prevalecer, devendo ser integralmente reformada, pelas razões a seguir aduzidas.

## II – DAS RAZÕES[20] DO INCONFORMISMO

20. Razões propriamente ditas: após a descrição da decisão recorrida, o advogado deverá demonstrar o erro do julgador de 1º grau. Para tanto, irá expor sua tese jurídica, confrontando-a com o entendimento do juiz que proferiu a decisão impugnada, valendo-se, sempre que possível, de apontamentos de doutrina e de jurisprudência. Para buscar os fundamentos, parta do próprio objeto da decisão: qual é o tema versado? Procure sua fundamentação na lei e nas obras jurídicas de que dispõe.

## 1) DA VIOLAÇÃO AO CÓDIGO DE DEFESA DO CONSUMIDOR

Inicialmente, cabe configurar a relação estabelecida entre as partes como relação de consumo; afinal, as partes se subsumem nos conceitos previstos nos arts. 2º e 3º do CDC, sendo a agravante consumidora e a agravada fornecedora de serviços no mercado.

A propósito, colacione-se o entendimento do Egrégio STJ:

"É pacífico o entendimento do Superior Tribunal de Justiça no sentido de que os serviços públicos prestados por concessionárias, como no caso dos autos, são regidos pelo Código de Defesa do Consumidor" (STJ, AgRg no AREsp 183.812/SP, 2ª Turma, Rel. Min. Mauro Campbell Marques, j. 06.11.2012, *DJe* 12.11.2012).

Importa ainda considerar a natureza dos serviços em questão: trata-se de serviço de abastecimento de água, de caráter essencial. A esse respeito, são claros os termos do art. 22 do CDC: "os órgãos públicos, por si ou suas empresas, concessionárias permissionárias ou sob qualquer outra forma de empreendimento, são obrigados a fornecer serviços adequados, eficientes, seguros *e, quanto aos essenciais, contínuos*" (grifos nossos).

Pelo corte no abastecimento de água à creche mantida pela agravante, a agravada agiu ilegalmente, descumprindo tal dispositivo legal. Afinal, tratando-se de serviço público essencial, verifica-se a impossibilidade da suspensão do fornecimento.[21]

> 21. Merece destaque o fato de que a jurisprudência do STJ, no que tange ao fornecimento de energia elétrica, vem permitindo a suspensão do fornecimento por inadimplemento. Todavia, há julgados de posições minoritárias que podem ser invocados.

Assim, não tem razão o douto juiz de 1º grau ao afirmar que "a prestação de serviço de abastecimento de água insere-se no bojo de uma relação de natureza contratual bilateral", sendo justificada a cessação de fornecimento pelo não pagamento. O serviço é essencial, e a agravada tem o monopólio do fornecimento, o que desconfigura a alegada natureza de simples contrato bilateral alegada.

Ademais, ainda que assim não fosse, a suspensão no fornecimento de água constitui prática indevida e ilegal de constrangimento ao consumidor com a qual não se coaduna o art. 42, *caput*, do CDC, segundo o qual, "na cobrança de débitos, o consumidor inadimplente não será exposto a ridículo, nem será submetido a qualquer tipo de constrangimento ou ameaça".

Ora, a suspensão do fornecimento de água por certo acarreta considerável constrangimento ao consumidor que não pode pagar, sendo prática repudiada por nossa legislação, como bem reconhecem doutrina e jurisprudência.[22]

> 22. Neste momento, para dar consistência à sua fundamentação, é interesse fazer citações de doutrina e de julgados a respeito.

## 2) DO PEDIDO DE ANTECIPAÇÃO DE TUTELA RECURSAL[23]

> 23. Tratando-se de medida excepcional a ser concedida pelo relator, é preciso desenvolver os requisitos do pedido formulado, levando em consideração a

concessão de tutela de urgência no âmbito recursal (CPC, art. 300. "probabilidade do direito e perigo de dano ou risco ao resultado útil do processo"). Como já houve exposição do direito aplicável, a explanação do recorrente está facilitada. Assim, a "probabilidade do direito" já deve ter sido exposta na fundamentação; o recorrente deve tão somente reforçar o que já foi antes apresentado. No caso do "perigo de dano" ou "risco ao resultado útil do processo", é necessário desenvolver sua ocorrência, já que não terá havido ainda menção a isso na peça. É preciso atentar para as circunstâncias do caso concreto, expondo, de forma concreta, a urgência da atuação do relator.

Dispõe o art. 1.019, I, do CPC que o relator pode deferir a antecipação de tutela, total ou parcial, da pretensão recursal.

O art. 300 do CPC explicita os requisitos de concessão da tutela de urgência antecipada, a saber, (i) a probabilidade do direito e (ii) o perigo de dano ou o risco ao resultado útil do processo. No caso em hipótese, estão presentes ambos os requisitos, sendo de rigor tal concessão.

A probabilidade do direito está presente considerando as razões de reforma anteriormente expostas. Pode ser depreendida pelo regramento legal constante no CDC, que explicita que o serviço essencial é contínuo e não pode a agravada constranger a consumidora com a cessação do fornecimento. Ademais, há uma ação discutindo o débito; assim, há elementos que demonstram a plausibilidade da tese esposada pela agravante.

No que tange ao perigo de dano, a necessidade de religar a água é urgente por ser vital para a higiene e saúde das crianças. Se não for restabelecido o fornecimento, a creche poderá precisar paralisar suas atividades, em claro prejuízo à comunidade local.

Devidamente demonstrado o preenchimento dos requisitos legais, revela-se imperiosa a concessão da tutela antecipada pretendida, nos termos do art. 1.019, I, do CPC, para determinar a imediata reativação do fornecimento de água à agravante.

## III – CONCLUSÃO E PEDIDO

Por todo o exposto, a agravante requer que o recurso seja conhecido,[24] que seja liminarmente deferida a antecipação de tutela da pretensão recursal[25] para religar a água da creche,[26] e que, após a apresentação de contrarrazões pela parte agravada, seja dado provimento integral[27] ao recurso para reformar[28] a decisão ora impugnada, confirmando a antecipação de tutela que se espera liminarmente deferida.

24. É preciso sempre considerar que o recurso deve passar pelo exame de admissibilidade (sendo este positivo, nesse caso é que se analisará o provimento).

25. Deve-se reiterar o pedido de tutela antecipada.

26. É sempre conveniente ser bem específico no pedido, deixando claro o que se pleiteia para facilitar a compreensão do examinador (em concursos e Exames de OAB) e do julgador (em casos concretos).

27. Deve-se pleitear que o recurso seja *provido*. Atenção, este é o termo correto; não se fala em "procedência".

28. É importante indicar o que se pretende: no caso, a reforma. Se fosse o caso de anulação, esta deveria ser mencionada, pedindo a invalidação da decisão e a retomada regular do andamento do processo.

Termos em que

Pede deferimento.

Cidade, data, assinatura, OAB

## 11.7.2 Agravo interno

Trata-se de recurso interposto no Tribunal, a ser processado nos próprios autos do processo em trâmite. Assim, não é necessário formar instrumento (não se exigem peças para sua interposição), nem recolher preparo ou despesas de porte e retorno dos autos. O prazo é de 15 dias.

As reformas processuais realizadas a partir da década de 1990 trouxeram aumento no poder dos juízes. A Lei nº 9.756/1998 alterou o art. 557 do CPC/1973 para aumentar consideravelmente o poder do relator do recurso quanto à admissão e o provimento dos recursos. Na mesma linha (mas com alguma restrição[80]), e de forma mais técnica, o CPC atual mantém essa possibilidade, conforme art. 932, III, IV e V.

Na legislação anterior, o recurso era previsto no CPC, mas sem qualquer adjetivação. Por isso, o termo mais utilizado era "agravo regimental" (por ser previsto nos *Regimentos Internos* dos Tribunais).

No CPC vigente, caso o relator entenda ser o recurso inadmissível, prejudicado, ou que não tenha impugnado especificamente os fundamentos da decisão recorrida (art. 932, II), poderá *não o conhecer* (ao exercer o juízo de admissibilidade recursal).

De seu turno, se o recurso for contrário à súmula (do STF, do STJ ou do respectivo Tribunal) ou à tese firmada em julgamento de recursos repetitivos (repetitivo, IRDR e assunção de competência – art. 932, IV), o relator poderá *negar provimento* ao recurso (no juízo sobre o mérito recursal).

Se a decisão for contrária à súmula ou à tese firmada em julgamento de recursos repetitivos (vide parágrafo anterior e 932, V), poderá o relator *dar provimento* ao recurso (juízo de mérito recursal).

Contra tais decisões proferidas individualmente (monocraticamente) pelo relator, cabe agravo interno[81] ao órgão colegiado competente. Com a interposição do agravo, provido ou não o recurso, a decisão monocrática será substituída por uma decisão colegiada (acórdão).

---

[80] Pela lei, somente em caso de precedente vinculante seria possível a prolação de decisão monocrática de mérito (CPC, art. 932, IV e V: "a) súmula do Supremo Tribunal Federal, do Superior Tribunal de Justiça ou do próprio tribunal; b) acórdão proferido pelo Supremo Tribunal Federal ou pelo Superior Tribunal de Justiça em julgamento de recursos repetitivos; c) entendimento firmado em incidente de resolução de demandas repetitivas ou de assunção de competência;"). Isso reduziria a possibilidade de julgados monocráticos e, infelizmente, essa previsão tem sido desconsiderada pela jurisprudência, pois os desembargadores julgam de forma monocrática conforme "jurisprudência dominante". Chegou, inclusive, a ser editada súmula no STJ nesse sentido (Súmula 568/STJ: "O relator, monocraticamente e no Superior Tribunal de Justiça, poderá dar ou negar provimento ao recurso quando houver entendimento dominante acerca do tema").

[81] "Art. 1.021. Contra decisão proferida pelo relator caberá agravo interno para o respectivo órgão colegiado, observadas, quanto ao processamento, as regras do regimento interno do Tribunal."

A ideia é que a parte possa tentar submeter a análise de recurso aos demais integrantes da Turma ou Câmara. Ou seja, se o relator julgar de forma monocrática, para que haja a manifestação dos demais desembargadores, é necessário interpor o agravo interno (art. 1.021 do CPC).

O recurso, do ponto de vista formal, é simples: não há necessidade de cópias, e as razões devem apontar o erro da decisão monocrática. Na maior parte dos Tribunais, não há custas.[82]

Inova o Código, quanto ao agravo interno, para vedar que o relator, ao julgar o agravo interno, apenas se limite a reproduzir os fundamentos da decisão agravada (CPC, art. 1.021, § 3º).

Ademais, se o agravo interno for declarado *inadmissível ou improcedente em votação unânime*, deverá ser imposta multa, em decisão fundamentada, entre 1% e 5% do valor atualizado da causa; a interposição de qualquer outro recurso fica condicionada ao depósito prévio da multa – salvo para a Fazenda e beneficiário da justiça gratuita, que recolherão a multa ao final do processo (CPC, art. 1.021, §§ 4º e 5º). Há o debate se essa multa seria automática em todos os casos de recurso não fosse acolhido, mas de maneira geral a posição é que a aplicação da multa depende de má-fé[83].

## 11.7.2.1 Modelo de agravo interno comentado

Para ilustrar e fixar os conceitos expostos neste tópico, propomos um problema a partir do qual será elaborado um agravo interno. Para melhor compreensão do tema, os comentários serão feitos no corpo da petição.

> *DARCY RIBEIRO ingressou em juízo pleiteando a condenação de ROBERTO CAMPOS ao pagamento de quantia em virtude de descumprimento contratual.*
>
> *Diante do indeferimento da dilação probatória pleiteada (exibição de documento), DARCY interpôs agravo de instrumento.*
>
> *O recurso não foi conhecido de forma monocrática (CPC, art. 932, III), sob o argumento de que o agravante não havia juntado, na origem, cópia do agravo de instrumento (CPC, art. 1.018).*
>
> *Considerando que nas contrarrazões do agravo de instrumento ROBERTO não apontou tal fato, atue em favor de Darcy, interpondo o recurso cabível. O agravo está em trâmite perante a 1ª Câmara do TJDFT.*

**EXCELENTÍSSIMO SENHOR DOUTOR DESEMBARGADOR DA 1ª CÂMARA[1] DO EGRÉGIO TRIBUNAL DE JUSTIÇA DO DISTRITO FEDERAL E TERRITÓRIOS.**

> 1. No caso, o recurso foi endereçado ao Desembargador da Câmara, sem nomeá-lo. Se o advogado preferir, pode endereçar pessoalmente ao relator: EXMO. SR. DR. DES. FULANO DE TAL, DA 1ª CÂMARA DO TJDFT.

---

[82] Para evitar risco de deserção, devem-se verificar as regras internas de cada Tribunal Estadual e examinar se há custas no regimental (como no TJRJ). No âmbito federal e na maioria dos Tribunais estaduais (como no TJSP), não há custas.

[83] A questão é debatida no âmbito do Tema repetitivo 1.201, estando o recurso pendente de julgamento no STJ à época da elaboração desta edição.

Agravo de instrumento n. (...)

Agravante:[2] DARCY RIBEIRO

> 2. A nomenclatura das partes, no agravo interno, é agravante/agravado.

Agravado: ROBERTO CAMPOS

DARCY RIBEIRO, já qualificado nos autos do agravo em epígrafe, vem, respeitosamente perante V. Exa., inconformado com a v. decisão de fls., nos termos do art. 1.021 do CPC, interpor o presente

### AGRAVO INTERNO[3]

> 3. Ainda que a legislação traga o nome agravo interno, alguns advogados ainda usam a expressão "agravo regimental" (referente aos regimentos internos dos Tribunais). O melhor é usar a expressão prevista na lei – especialmente em exame de OAB ou concurso público.

decorrente da negativa de seguimento do agravo de instrumento interposto pelo agravante, tirado de r. decisão que beneficiou o agravado ROBERTO CAMPOS, já qualificado.

## I – BREVE RELATO DOS FATOS[4]

> 4. Como sempre, é conveniente expor o que de mais relevante aconteceu no processo.

Trata-se de agravo de instrumento tirado de r. decisão que não deferiu a exibição de documentos requerida pelo autor, ora agravante. Trata-se de uma das hipóteses que admitem agravo de instrumento, nos termos do art. 1.015, VI do CPC.

Foi negado seguimento ao recurso, de forma monocrática,[5] sob argumento de não ter sido juntada cópia do agravo de instrumento no juízo de origem (CPC, art. 1.018), providência necessária por se tratar de autos físicos.

> 5. Só cabe agravo interno contra decisão monocrática; assim, sempre se deve fazer menção a tal espécie de decisão.

No entanto, a ausência da referida petição não foi apontada pela parte agravada, o que justifica o provimento deste recurso.

É a síntese do necessário.

## II – DAS RAZÕES PARA REFORMA DA DECISÃO

Com a devida vênia, a v. decisão monocrática[6] não merece prosperar, apresentando dissenso em relação à lei e à jurisprudência.

> 6. O "v." (que significa veneranda) é utilizado em relação a decisões proferidas pelo Tribunal (acórdão e decisão monocrática). O "r.", que significa respeitável, é utilizado em relação a decisões de primeiro grau (decisão interlocutória e sentença).

### 1) DA INEXISTÊNCIA DE PREJUÍZO

De início, é de se apontar que pela sistemática do CPC só há que se falar em nulidade de ato processual se houver prejuízo para a parte.

Pois bem. A ausência de juntada de petição, exigida pelo art. 1.018 do CPC, para processos físicos, somente acarreta a impossibilidade do exercício do juízo de retratação por parte do magistrado, o que é do exclusivo interesse da agravante.

De outra banda, não há de se falar em *dificuldades de acesso às razões do agravo* por parte do agravado, já que na contraminuta de agravo não se faz qualquer alegação nesse sentido.

Destarte, certo é que *não houve* qualquer prejuízo decorrente da inobservância do art. 1.018 do CPC. Nos termos dos artigos 277 e 282, § 1º, do CPC, só se fala em nulidade se houver prejuízo às partes (*pas de nullité sans grief*).

Firme nesse propósito, ínsito à sistemática do CPC, só não se conheceria do agravo se, diante da ausência da cópia das razões recursais em primeiro grau, a parte contrária tivesse alegado e provado a omissão do recorrente, o que absolutamente não se verificou nas contrarrazões recursais (exigência legal prevista no § 3º do art. 1.018 do CPC).

Como já exposto, diante do silêncio do agravado, a decisão viola a lei processual.

### 2) DO SILÊNCIO DO AGRAVADO QUANTO À FALTA DE JUNTADA DA CÓPIA DO RECURSO: IMPOSSIBILIDADE DE NÃO CONHECIMENTO, NOS TERMOS DO § 3º DO ART. 1.018 DO CPC

O § 2º do art. 1.018 destaca que, tratando-se de autos físicos (como é o caso), é necessário que o agravante junte cópia do agravo na origem. Isso, de fato, não foi realizado.

Contudo, nos termos do parágrafo seguinte do mesmo dispositivo, ante a falta de juntada de cópia do recurso, o agravo não será conhecido somente se o agravado assim se manifestar.

O comando legislativo é absolutamente claro e não admite outras interpretações: A INOBSERVÂNCIA DO ART. 1.018 SOMENTE ACARRETA A INADMISSIBILIDADE DO AGRAVO SE O AGRAVADO APONTAR A AUSÊNCIA DA REFERIDA PETIÇÃO.[7]

> 7. O maiúsculo foi utilizado para dar destaque à passagem, que traz o principal argumento do recurso. Claro é que o advogado poderá utilizar, para esse fim, não só o maiúsculo, mas também o negrito e o itálico. Contudo, uma petição que seja toda em maiúsculas não tem sentido, pois perde-se a força do destaque.

Para evitar quaisquer dúvidas, pedimos vênia para reproduzir o dispositivo em comento:

"Art. 1.018. O agravante poderá requerer a juntada, aos autos do processo, de cópia da petição do agravo de instrumento, do comprovante de sua interposição e da relação dos documentos que instruíram o recurso.

(...)

§ 3º O descumprimento da exigência de que trata o § 2º, *desde que arguido e provado pelo agravado*, importa inadmissibilidade do agravo de instrumento." (destaques nossos).[8]

> 8. Não é obrigatória a reprodução do dispositivo legal. Porém, no caso, para tornar mais forte a argumentação, soa conveniente a reprodução do artigo, com grifos na parte mais relevante (o que é interessante especialmente em provas de OAB e concurso).

Ora, no presente feito, como visto, permaneceu o agravado inerte acerca do tema.

Portanto, com a devida vênia, revela-se flagrantemente ILEGAL a v. decisão recorrida, o que certamente será notado por esse E. Tribunal.

Outra não é a opinião do STJ, como bem se vê pela decisão a seguir reproduzida – proferida à luz do CPC/1973, cuja regra é a mesma em relação a do CPC:

"PROCESSO CIVIL. AGRAVO REGIMENTAL. ART. 526 DO CPC. NECESSIDADE DE MANIFESTAÇÃO DA PARTE AGRAVADA. CONHECIMENTO DE OFFICIO. IMPOSSIBILIDADE. QUESTÃO DECIDIDA EM RECURSO ESPECIAL PROCESSADO SOB O REGIMENTO DO ART. 543-C DO CPC. A corte especial do Superior Tribunal de Justiça, no julgamento do Recurso Especial repetitivo nº 1.008.667, PR, relator ministro Luiz Fux, *DJe* de 17.12.2009, processado nos moldes do art. 543-C do CPC, firmou entendimento no sentido de que "o descumprimento das providências enumeradas no *caput* do art. 526 do CPC, adotáveis no prazo de três dias, somente enseja as consequências dispostas em seu parágrafo único se o agravado suscitar a questão formal no momento processual oportuno, sob pena de preclusão". E ainda que, "para que o relator adote as providências do parágrafo único do art. 526 do CPC, qual seja, não conhecer do recurso, resta imprescindível que o agravado manifeste-se acerca do descumprimento do comando disposto em seu *caput,* porquanto a matéria não é cognoscível de ofício". Agravo regimental improvido (STJ, AgRg-AREsp 504.516, Proc. 2014/0084362-3, GO, 1ª T., rel. Juíza Fed. Conv. Marga Tessler, *DJE* 08.06.2015).

Como se percebe, a v. decisão recorrida afasta-se da letra da lei e da jurisprudência pacífica do E. STJ.

### III – CONCLUSÃO E PEDIDO

Diante do exposto, pede e requer este agravante a esse E. Tribunal o quanto segue:

a) a intimação do agravado para, querendo, manifestar-se em 15 dias (CPC, art. 1.021, § 2º)[9];

> 9. O CPC prevê expressamente a necessidade de contraditório no agravo interno. Vale consignar que, como no sistema anterior não havia essa previsão, usualmente não se ouvia a parte contrária.

b) a reconsideração da decisão agravada[10] (com exercício da retratação prevista no art. 1.012, § 2º, parte final, do CPC), de modo a que se dê seguimento ao presente recurso;

> 10. Como há expressa previsão legal, deve o agravante pleitear a retratação do desembargador.

c) caso assim não se entenda, o processamento da presente petição como agravo interno, com julgamento colegiado precedido de pauta,[11] ao qual seja dado provimento,[12] para que se conheça e se proceda ao julgamento do mérito do agravo de instrumento interposto originariamente por este agravante;

> 11. Se não houver a retratação haverá o processamento do agravo interno, situação em que se pleiteará a procedência do recurso. No CPC, há necessidade de pautar o agravo interno (no sistema anterior, isso não era necessário).
>
> 12. Conforme o caso concreto é que será formulado o pedido. No caso, o pedido é para que o agravo de instrumento (que não foi conhecido), seja admitido e julgado no mérito.

d) se negado provimento ao agravo interno, que esse E. Tribunal se manifeste, no acórdão,[13] expressamente sobre a aplicação dos arts. 277, 282, § 1º, e 1.018, § 3º, todos do CPC, desde já prequestionados.[14]

> 13. A interposição do agravo interno provocará a prolação de um acórdão (antes, um só julgador, de forma monocrática; com o agravo interno, acórdão).
>
> 14. Pede-se a expressa manifestação do Tribunal sobre os dispositivos legais para permitir, em caso de não provimento do agravo, a interposição útil do recurso especial (provocando-se o prequestionamento, apontando-se negativa de vigência de lei federal).

Termos em que

Pede e espera deferimento.

Cidade, data, assinatura, OAB.

## 11.7.3 Agravo em recurso especial ou agravo em recurso extraordinário

O tema foi objeto de alteração no CPC/2015 e, ainda durante a *vacatio legis*, houve nova modificação (com a Lei nº 13.256/2016), para que se voltasse a um regime semelhante ao existente no CPC/1973.

A modificação quanto a este recurso está ligada à admissibilidade dos recursos especial e extraordinário (vide itens 11.10 e 11.11 a seguir).

No âmbito do CPC/1973, a admissibilidade de tais recursos era feita *no Tribunal de origem*. Contra a decisão de inadmissão cabia agravo nos próprios autos, na tentativa de "destrancar" (ou "fazer subir") o recurso para o Tribunal Superior. Na versão original do CPC/2015, a admissibilidade não seria mais feita na origem, mas *diretamente no Tribunal Superior*. Porém, com a Lei nº 13.256/2016, a *admissibilidade voltou para o Tribunal de origem*, de modo que o novo agravo em recurso especial e em recurso extraordinário se presta a "destrancar" ou "fazer subir" o *recurso não admitido*.

Assim, caberá o agravo quando o Tribunal de origem, por seu presidente ou vice-presidente, *não admitir recurso extraordinário ou recurso especial*, **salvo** quando a admissão for fundada na aplicação de entendimento firmado em regime de repercussão geral ou em julgamento de recursos repetitivos[84] (CPC, art. 1.042).

---

[84] Tratando-se de decisão da presidência que não admite ou sobrestá REsp ou RE com base em repetitivo ou repercussão geral (somente o RE), será cabível agravo interno para o próprio Tribunal de origem (CPC, art. 1.030, § 2º).

Este recurso também é utilizado no âmbito processual penal e no processo do trabalho (em relação ao recurso de revista).

Vale destacar que, antigamente, era usual referir-se ao recurso como "agravo de decisão denegatória", nomenclatura que segue sendo utilizada por alguns, mesmo na vigência do CPC/2015.

Em síntese, o objetivo deste agravo é fazer com que o recurso (especial ou extraordinário), que não foi admitido pelo Tribunal de origem, seja apreciado pelo STJ (recurso especial) ou pelo STF (recurso extraordinário). Trata-se do agravo em recurso especial (AREsp) ou agravo em recurso extraordinário (ARE).

Cabe esclarecer que as razões do agravo nos próprios autos não devem repetir o teor do recurso antes interposto (especial ou extraordinário), mas, sim, *impugnar a decisão que não admitiu* o referido recurso.[85]

O agravo será interposto na origem (Tribunal *a quo*), no prazo de 15 dias, nos próprios autos, sem a necessidade de providenciar quaisquer cópias. Tampouco há custas de preparo ou porte de remessa e retorno (CPC, art. 1.042, § 2º).

Posteriormente, após a abertura de vista à parte agravada para o exercício do contraditório, em 15 dias (CPC, art. 1.042, § 3º), se não houver retratação (ou seja, se o presidente, que antes inadmitiu, passar a admitir o recurso), os autos serão enviados para o Tribunal *ad quem* (STJ ou STF), onde então serão julgados. Ou seja, os próprios autos, na íntegra, serão enviados aos Tribunais Superiores para julgamento do agravo. Por sua vez, se houver retratação, os autos serão remetidos para o Tribunal Superior, para apreciação do REsp ou RE (e não do agravo).

Se forem interpostos dois recursos concomitantes (REsp e RE) e ambos não forem admitidos, deverá o recorrente interpor dois agravos, sendo, neste caso, os autos remetidos em primeiro lugar ao STJ e, após, ao STF (CPC, art. 1.042, §§ 7º e 8º).

Vale destacar, por fim, que a jurisprudência do STF e do STJ em regra não admitem o uso de embargos de declaração para impugnar decisão de não admissão. Assim, para evitar risco de intempestividade do AREsp/ARE[86], a sugestão é, mesmo se a decisão de não admissão for omissa – e muitas são, pois somente apreciam um dos argumentos do recurso – optar pela interposição de agravo e não de embargos declaratórios.

---

[85] Trata-se de um erro frequente, razão pela qual o leitor deve ficar atento para o tema. Exemplo: a parte interpõe recurso especial para diminuir o valor da indenização por dano moral; a decisão de inadmissibilidade afirma que isso não é possível, por força da Súmula 7/STJ; o agravo – ao invés de impugnar a aplicação da referida súmula – apenas reitera o recurso especial, pleiteando a minoração da indenização. Se isso ocorrer, o agravo nem sequer será conhecido (nesse sentido, Súmula nº 182/STJ, editada à luz do Código anterior: "É inviável o agravo do art. 545 do CPC que deixa de atacar especificamente os fundamentos da decisão agravada").

[86] Nesse sentido: "ADMINISTRATIVO E PROCESSUAL CIVIL. AGRAVO INTERNO NO AGRAVO EM RECURSO ESPECIAL. IMPROBIDADE ADMINISTRATIVA. EMBARGOS DE DECLARAÇÃO. INADMISSIBILIDADE CONTRA DECISÃO DENEGATÓRIA DE RESP NA ORIGEM. ERRO GROSSEIRO. PRAZO PARA A INTERPOSIÇÃO DO RECURSO PRÓPRIO. NÃO INTERRUPÇÃO. INTEMPESTIVIDADE DO AGRAVO. 1. É firme a jurisprudência deste Superior Tribunal de que o único recurso cabível da decisão de inadmissão do recurso especial é o agravo em recurso especial previsto no art. 1.042 do Código de Processo Civil, sendo que a oposição de embargos de declaração dessa decisão é considerada erro grosseiro, o que impossibilita a aplicação do princípio da fungibilidade recursal, bem como não tem o condão de interromper o prazo para a interposição do recurso cabível. (...) (AgInt no AREsp n. 1.564.423/PR, rel. Min. Og Fernandes, Segunda Turma, j. 16.06.2020, *DJe* 04.08.2020.)"

## 11.7.3.1 Modelo de agravo em recurso especial (AREsp) comentado

Para ilustrar e fixar os conceitos expostos neste tópico, propomos um problema a partir do qual será elaborado um agravo em recurso especial (AREsp). Para melhor compreensão do tema, os comentários serão feitos no corpo da petição.

Marinalva, usufrutuária de casa deixada pelo falecido marido Jaziel, foi acionada pelos filhos dele em demanda para extinguir o usufruto sob as alegações de que: a) ela se teria valido de porção superior aos 25% que lhe cabiam no imóvel; b) ela teria desvirtuado o fim para o qual foi constituído o usufruto; c) ela não teria pagado o IPTU do imóvel; d) ela teria dilapidado as edificações. Marinalva venceu em primeira instância, mas os enteados apelaram; ela apresentou então contrarrazões, mas os filhos de Jaziel tiveram êxito no recurso de apelação e o usufruto foi extinto.

Diante da omissão do acordão do Tribunal sobre pontos levantados nas contrarrazões, Marinalva opôs embargos de declaração para fins de prequestionamento; o recurso foi conhecido, mas não provido.

Irresignada, Marinalva interpôs recurso especial, mas ele não foi admitido pelo Presidente da Seção de Direito Privado do Tribunal de Justiça paulista sob os argumentos de que não teria sido demonstrada a vulneração aos dispositivos atacados e que haveria necessidade de reexaminar matéria de fato.

EXCELENTÍSSIMO SR. DR. DESEMBARGADOR (NOME),[1] PRESIDENTE DA SEÇÃO DE DIREITO PRIVADO DO EGRÉGIO TRIBUNAL DE JUSTIÇA DO ESTADO DE SÃO PAULO – SP

1. No caso, o recurso foi endereçado ao Desembargador nomeando-o expressamente. Isso é possível, mas não necessário. Cada Tribunal, no seu regimento interno, prevê qual o órgão responsável pela admissão do recurso. Na maioria dos tribunais, isso é da competência do vice-presidente.

Recurso especial n. 0203211-39.2021.8.26.0004/50000

Agravante[2]: MARINALVA (sobrenome)

Agravados: (nomes)

2. A nomenclatura das partes é agravante/agravado.

MARINALVA (sobrenome), devidamente qualificada nos autos em epígrafe, por suas advogadas infra-assinadas, inconformada com a decisão de fls. x, com fundamento no art. 1.042 do CPC, vem interpor o presente

### AGRAVO EM RECURSO ESPECIAL

decorrente da negativa de seguimento do recurso especial interposto pela agravante, com o fito de atacar, por sua contrariedade à legislação federal, acórdão proferido pela 9ª Câmara de Direito Privado.

## I – BREVE RELATO DOS FATOS[3]

> 3. Como sempre, é conveniente expor o que de mais relevante aconteceu no processo.

Os agravados promoveram ação de extinção de usufruto contra a agravante, sob as alegações de que: a) ela se teria valido de porção superior aos 25% que lhe cabiam no imóvel; b) ela teria desvirtuado o fim para o qual foi constituído o usufruto; c) ela não teria pagado o IPTU do imóvel; d) ela teria dilapidado as edificações.

Em contestação, a agravante alegou que o usufruto fora constituído logo quando da morte do falecido esposo, com quem era casada sob o regime de separação de bens; além disso, as reformas que deterioraram o imóvel foram de iniciativa e responsabilidade dos recorridos e o IPTU vinha sendo pago após renegociação da dívida com a prefeitura.

Após a produção de laudo pericial, o juízo de primeiro grau designou audiência de instrução e julgamento, na qual passou, ato contínuo, à prolação de sentença de mérito, em que julgou improcedente a demanda dos agravados, por não haver prova de inteira responsabilidade do usufrutuário na deterioração das edificações e por intelecção do art. 1.404 do CC/2002, segundo o qual os nus-proprietários seriam responsáveis por despesas de conservação que não sejam módicas.

Irresignados, os agravados apelaram da sentença; oferecidas contrarrazões pela agravante, a Relatora proferiu seu voto pela reforma da sentença, sendo seguida pelos pares no acórdão, que deram provimento ao recurso nos termos do voto da relatora, fundando-se no art. 1.410, inciso VII, do CC/2002, pois a extinção do usufruto teria sido causada pela deterioração do imóvel, sendo a recorrente "responsável única por sua manutenção".

Em decorrência de omissão a respeito de pontos levantados nas contrarrazões, especificamente os arts. 1.403, II, e 1.404, *caput*, a agravante opôs embargos de declaração para fins de prequestionamento (fls. 329-331); o recurso foi conhecido, mas não provido.

Irresignada com a decisão, a agravante interpôs recurso especial, que, no entanto, foi inadmitido pelo Presidente da Seção de Direito Privado deste Egrégio Tribunal de Justiça (fls. 4-5 dos embargos).

## II – DAS RAZÕES PARA A REFORMA DA DECISÃO

O seguimento do recurso especial foi negado com base em dois fundamentos.[4]

> 4. É interessante destacar os fundamentos e mostrar irresignação completa e específica que pode contribuir para a mudança de entendimento do julgador.

### a) SUPOSTA FALTA DE DEMONSTRAÇÃO DE CONTRARIEDADE À LEI FEDERAL

O primeiro fundamento é o de "não ter sido demonstrada a vulneração aos dispositivos atacados" (f. 4).

*Data maxima venia*, foi exposta minuciosamente a contrariedade à lei federal, mais especificamente aos arts. 1.228, § 1º, 1.404, *caput*, 1.410, inc. VII, do CC/2002 e 1.611, § 1º, do CC/1916.

Sem menção aos dispositivos questionados, muito menos à suposta insuficiência da demonstração efetuada pela ora agravante, o julgador proferiu decisão absolutamente genérica, que não satisfaz os requisitos de fundamentação da decisão judicial estabelecidos pelo art. 489, § 1º, do CPC, especialmente em seus incisos III e IV. ("Não se considera fundamentada qualquer decisão judicial, seja ela interlocutória, sentença ou acórdão, que: (...) III – invocar motivos que se prestariam a justificar qualquer outra decisão; IV – não enfrentar todos os argumentos deduzidos no processo capazes de, em tese, infirmar a conclusão adotada pelo julgador").

### b) ALEGADA NECESSIDADE DE REAPRECIAÇÃO DE MATÉRIA FÁTICA

O segundo fundamento que levou à inadmissão do recurso especial é o de que, já que o julgamento impugnado por meio do recurso especial se baseou em provas e circunstâncias fáticas do processo, as razões do recurso se ateriam "a uma perspectiva de reexame desses elementos" (f. 5), o que não seria possível em vista do Enunciado 7 da Súmula do STJ.

Ora, como está claro na argumentação do recurso especial, não se pretende, em ponto algum, que esse E. Superior Tribunal de Justiça reaprecie questão fática de modo a modificar os delineamentos fáticos da controvérsia estabelecidos nas instâncias inferiores. O que se pretende é que o STJ verifique se, à luz do que já delineado no acórdão, está correta a aplicação dos dispositivos legais.

A esse respeito, são claros os julgados em que se consubstanciou a *ratio decidendi* sintetizada no referido Enunciado 7 da Súmula do STJ, voltados a impedir o reexame da prova (o que levaria a construir uma nova narrativa fática no recurso excepcional), e não a inibir a readequação da incidência normativa sobre os fatos já delineados. Confira-se, exemplificativamente, o seguinte julgado:

"Agravo interno. Agravo em recurso especial. Direito processual civil. Ação rescisória. Erro de fato. Art. 966, VIII e §1º do CPC. Afastada a Súmula 7 do STJ. Premissas fáticas delineadas pelo Tribunal. Revaloração jurídica dos fatos e provas. (...) 1. Não há de se falar em violação à Súmula 7 do STJ quando a decisão agravada, ao dar provimento ao recurso especial, realiza mera valoração probatória dos fatos expressamente delineados no acórdão recorrido. Precedentes. Afastamento da Súmula 7 do STJ. (...)" (AgInt no AREsp 1.846.694/MS, rel. Min. Maria Isabel Gallotti, Quarta Turma, j. 06.03.2023, *DJe* 10.03.2023).

Portanto, não estamos diante de situação na qual se tem necessidade de revolvimento de matéria fática, de modo que esse óbice não se aplica.

### III – CONCLUSÃO E REQUERIMENTOS[5]

5. É importante, especialmente em provas, mostrar boa técnica destacando a conclusão e os requerimentos para a abertura de vista à parte agravada para o exercício do contraditório, em 15 dias (CPC, art. 1.042, § 3º) e encaminhamento para reconsideração; se não houver retratação (ou seja, se o presidente, que antes inadmitiu, passar a admitir o recurso), os autos serão enviados para o Tribunal *ad quem* (STJ ou STF), onde então serão julgados.

Diante do exposto, requer a agravante:

a) a intimação dos agravados para, querendo, manifestarem-se em quinze dias (CPC, art. 1.042, § 3º);

b) a reconsideração da decisão agravada, sendo dado seguimento ao recurso especial interposto;

c) caso não haja retratação, a remessa do agravo, com o recurso especial e os autos originais, ao E. Superior Tribunal de Justiça (CPC, art. 1.042, §§ 4º e 7º), para que se dê provimento ao AREsp e, assim, o REsp seja conhecido.

Termos em que

Pede deferimento.

Local, data, nome do advogado, OAB.

## 11.7.4 Agravo em recurso especial ou agravo em recurso extraordinário interposto em conjunto com agravo interno: o caso do Enunciado 77 do CJF

Uma situação merece atenção especialmente por inexistir previsão legal e constituir entendimento jurisprudencial já consolidado passível de gerar inadmissão recursal.

O assunto foi objeto de enunciado do Conselho da Justiça Federal, encontro que conta com ministros do STJ e estudiosos do processo civil, com o seguinte teor: "77. Para impugnar decisão que obsta trânsito a recurso excepcional e que contenha simultaneamente fundamento relacionado à sistemática dos recursos repetitivos ou da repercussão geral (art. 1.030, I, do CPC) e fundamento relacionado à análise dos pressupostos de admissibilidade recursais (art. 1.030, V, do CPC), a parte sucumbente deve interpor, simultaneamente, agravo interno (art. 1.021 do CPC) caso queira impugnar a parte relativa aos recursos repetitivos ou repercussão geral e agravo em recurso especial/extraordinário (art. 1.042 do CPC), caso queira impugnar a parte relativa aos fundamentos de inadmissão por ausência dos pressupostos recursais".

Vejamos como interpretar o enunciado[87].

Para que seja negado seguimento ao recurso especial ou extraordinário, é possível que existam dois grupos de decisões de inadmissão:

– não admissibilidade em virtude da *falta de um ou mais requisitos dos recursos excepcionais,* como intempestividade, não demonstração do dispositivo violado, não comprovação de dissídio jurisprudencial etc.;

– inadmissibilidade decorrente da *inexistência de repercussão geral* já reconhecida pelo STF ou por ser o recurso contrário a *entendimento pacificado em sede de recursos repetitivos.*

---

[87] O enunciado é explicado, com vagar, no seguinte artigo "No NCPC, a inadmissão de REsp/RE admite dois agravos?" de coautoria de Luiz Dellore e Ricardo Maffeis. Disponível em: <https://blog.grupogen.com.br/juridico/areas-de-interesse/processocivil/ncpc-inadmissao-resp-dois-agravos/>.

No primeiro caso, a parte que teve o recurso não admitido pode interpor *agravo em recurso especial/extraordinário* (art. 1.030, § 1º, c/c o art. 1.042 do CPC).

Já no segundo caso, o CPC prevê que, contra a decisão que nega seguimento ao recurso por força de repercussão geral ou recurso repetitivo, cabe *agravo interno* a ser julgado pelo próprio TJ ou TRF (conforme art. 1.030, § 2º, c/c o art. 1.021 do CPC). A ideia desse recurso é tentar demonstrar que o caso concreto não se insere no precedente da repercussão geral ou do repetitivo (qualquer que seja a razão, seja por ser caso distinto ou por já ter havido superação).

A questão que o enunciado 77 traz para discussão é: o que fazer se a decisão de inadmissibilidade do recurso se lastrear em dois fundamentos distintos? Por exemplo, se a decisão de inadmissão vier nos seguintes termos: "nego seguimento ao recurso especial, no tocante ao tema 'x', por ser contrário ao entendimento pacificado pelo STJ em sede de recurso repetitivo; bem como nego seguimento em relação ao tema 'y' por esbarrar na necessidade de revolvimento de fatos e provas, nos termos da Súmula 7 do STJ".

Reitera-se: não há previsão legal, seja no CPC ou em outra lei, a respeito dessa situação específica, mas o entendimento está consolidado na jurisprudência e previsto no Enunciado CJF 77.

Contra a decisão supraexemplificada serão cabíveis, *simultaneamente*:

a) agravo interno para o próprio Tribunal local (quanto ao capítulo da decisão que aplicar o repetitivo ou repercussão geral); e

b) agravo em recurso especial para o STJ (quanto ao capítulo da decisão que entender pela aplicação da Súmula 7).

Se assim não for feito, o recurso especial não será conhecido. Trata-se, portanto, de uma exceção à regra de que, contra uma decisão judicial, somente é cabível um único recurso (princípio da unirrecorribilidade).

## 11.8 APELAÇÃO

Nos termos do art. 1.009 do CPC, da sentença cabe apelação. Segundo o art. 203, § 1º, do mesmo Código, "sentença" é o pronunciamento por meio do qual o juiz, com fundamento nos arts. 485 e 487, põe fim à fase cognitiva do procedimento comum, bem como extingue a execução".

O processo poderá ser de conhecimento (de qualquer procedimento: comum ou especial) ou de execução. Verificando-se uma das circunstâncias dos arts. 485 ou 487 do CPC, estamos diante de uma sentença contra a qual cabe apelação.

Há de se atentar para a situação de julgamento parcial de mérito (art. 356). Ainda que, nesse caso, haja apreciação de mérito (art. 487, I), por expressa previsão legal, o recurso cabível será o agravo de instrumento (art. 356, § 5º). Assim, por exemplo, se o juiz, antes da instrução, julgou procedente o pedido quanto ao dano moral, mas determinou prova oral para o dano material, caberá agravo de instrumento contra tal decisão.

Para redigir a apelação, o recorrente deve atentar para a finalidade (objeto) de seu recurso. Afinal, como visto, a impugnação da decisão leva em conta sua validade e também seu conteúdo de mérito.

Caso a decisão seja inválida, é preciso que isso seja alegado no recurso. Nesse caso, estaremos diante de *error in procedendo*, defeito de forma que macula a validade da decisão. Sendo a decisão eivada de uma nulidade insanável, o Tribunal deverá anulá-la, reconhecendo a invalidade e determinando a remessa dos autos ao primeiro grau para que nova decisão seja proferida. Sendo possível superar a falha, com base em disposição legal que visa a prestigiar a economia processual (CPC, art. 1.013, § 3º), se o processo estiver em condições de imediato julgamento, o tribunal deve desde logo decidir o mérito (mesmo havendo *error in procedendo*).

Diferentemente, caso a decisão seja válida, mas tenha defeito no conteúdo do julgamento – que viola o melhor entendimento sobre a aplicação da norma que incide no caso concreto, a hipótese será de *error in judicando*. Em tal situação, o Tribunal irá reformar a decisão, substituindo-a por outra por ele proferida.

Sobre a estrutura da petição de apelação, também há no CPC um roteiro seguro para isso.

No capítulo do CPC referente às disposições gerais dos recursos, merece atenção o art. 1.007, segundo o qual deverá ser comprovado o preparo e o recolhimento das despesas de porte de remessa e retorno.

O art. 1.010 do CPC indica o conteúdo da apelação, trazendo requisitos como endereçamento e componentes básicos: (i) nomes e qualificação das partes, (ii) exposição do fato e do direito, (iii) razões do pedido de reforma (no caso de *error in judicando*) ou de decretação de nulidade (no caso de *error in procedendo*) e (iv) pedido de nova decisão.

A apelação será interposta por petição dirigida ao juiz da causa. A peça deve ser formulada em duas partes: a denominada "petição de interposição", dirigida ao juízo *a quo*, onde constarão os dados básicos de identificação da causa e o cumprimento dos requisitos de admissibilidade; e, na sequência, a petição com as razões recursais, dirigida ao órgão colegiado julgador, na qual constarão os fundamentos de fato e de direito da pretensão recursal.

Caso haja preparo e custas de porte de remessa e retorno a serem recolhidos,[88] a guia de recolhimento deverá ser anexada à peça processual.

Também deve ser mencionado o efeito do recurso. Como regra, a apelação é recebida nos efeitos devolutivo e suspensivo – ou seja, no duplo efeito, conforme se vê do art. 1.012 do CPC.

As *exceções* (situações em que não há efeito suspensivo) estão previstas em lei – tanto no CPC (art. 1.012, § 1º, incisos) como em legislação extravagante:

**(i)** sentença que homologa divisão ou demarcação;

**(ii)** sentença que condena a pagar alimentos;

**(iii)** sentença que extingue sem resolução de mérito ou julga improcedente os embargos à execução;

**(iv)** sentença que julga procedente o pedido de instituição de arbitragem;

**(v)** sentença que confirma, concede ou revoga a tutela provisória;

**(vi)** sentença que decreta a interdição;

**(vii)** sentenças previstas na Lei de Locação, como a que decreta o despejo (Lei nº 8.245/1991, art. 58, V).

---

88 Não sendo os litigantes isentos do recolhimento, a teor do art. 1.007, § 1º, do CPC.

Nesses casos, publicada a sentença, poderá a parte interessada pleitear o cumprimento provisório depois da publicação da sentença (CPC, art. 1.012, § 2º), e o apelante poderá formular eventual pedido de concessão de efeito suspensivo, diretamente no Tribunal (§ 3º).

No atual CPC, não há *admissibilidade na origem* (CPC, art. 1.010, § 3º), mas simplesmente o encaminhamento do recurso ao Tribunal, após as contrarrazões (no sistema anterior, o juiz de 1º grau realizava a admissibilidade). **Sendo assim**, não há inadmissão na origem[89] nem a indicação de quais *são os efeitos do recurso de apelação.*[90]

Por essa razão, caso a parte recorrente pretenda a *atribuição de efeito suspensivo a uma apelação (que, por constar no rol de exceções do art. 1.012, § 1º, usualmente só é dotada de efeito devolutivo)*, não o fará em 1º grau (como fazia no CPC/1973), mas diretamente no Tribunal.[91]

Em regra, ao receber a apelação, *o juiz não pode reconsiderar a sentença*. Contudo, há *exceções*:

**(i)** tratando-se de *indeferimento da inicial* (CPC, art. 331);

**(ii)** tratando-se de hipótese de *extinção sem resolução de mérito* (CPC, art. 485, § 7º), que, na verdade, já engloba a situação (i); e

**(iii)** tratando-se de *improcedência liminar* (CPC, art. 332, § 3º), ou seja, quando *já houver jurisprudência pacífica contrária ao pedido do autor.*

Somente nesses casos *poderá o juiz reconsiderar a sentença, determinando a citação do réu e o* normal prosseguimento do processo. *Caso não haja a reconsideração*, os autos serão encaminhados ao Tribunal.[92]

Conciliando todos esses dados, deverá o apelante concluir a petição de interposição requerendo seja o seu recurso recebido, sendo aberta vista à parte contrária e, após regularmente processado, encaminhado ao Tribunal competente para sua admissão e exame do seu mérito.

---

[89] Assim, deixou de existir, no CPC/2015, o não conhecimento da apelação caso esse recurso impugne súmula de Tribunal Superior (o art. 518, § 1º do CPC/1973, tinha a seguinte redação: "O juiz não receberá o recurso de apelação quando a sentença estiver em conformidade com súmula do Superior Tribunal de Justiça ou do Supremo Tribunal Federal").

[90] "(...) 3. O propósito recursal é definir se é deserto o recurso de apelação interposto pela recorrida. Para tanto, deve-se avaliar, para fins de averiguação da regularidade do recolhimento do preparo, se a recorrida deveria ter sido novamente intimada em segundo grau – como o foi – para promover a sua complementação, tendo em vista que, em primeiro grau, já havia sido instada a providenciá-la. 4. Nos termos do art. 1.010, § 3º, do CPC/2015, com a interposição da apelação – e após o prazo para apresentação de contrarrazões e apelação adesiva – os autos serão remetidos ao tribunal competente pelo juiz, independentemente do juízo de admissibilidade. 5. A intimação da parte recorrida para a complementação do preparo, ainda em primeira instância, foi equívoco praticado pelo julgador, não podendo, portanto, a parte ser prejudicada quando a competência para fazê-lo era do TJ/RJ (...)" (STJ, REsp 1.946.615/RJ, rel. Min. Nancy Andrighi, 3ª T., j. 28.09.2021, DJe 01.10.2021).

[91] CPC, art. 1.012, § 3º: "O pedido de concessão de efeito suspensivo nas hipóteses do § 1º poderá ser formulado por requerimento dirigido ao: I – Tribunal, no período compreendido entre a interposição da apelação e sua distribuição, ficando o relator designado para seu exame prevento para julgá-la; II – relator, se já distribuída a apelação".

[92] Sendo esta a situação, se ainda não tiver havido a citação do réu, apenas *após a citação do réu*, para apresentar contrarrazões do recurso, é que os autos irão ao Tribunal (CPC, arts. 331, § 1º, e 332, § 4º).

Além desses elementos básicos da petição de interposição, outras menções podem se revelar necessárias conforme as peculiaridades do caso:

–  destaque à **tempestividade** do recurso, caso haja peculiaridades quanto ao prazo (p. ex., pela incidência do art. 229 do CPC, que prevê prazo em dobro para litisconsortes com procuradores distintos, de escritórios diferentes);

–  **menção ao pedido de retratação** – caso, como isto, trate-se de apelação contra indeferimento de petição inicial, extinção sem resolução do mérito ou improcedência liminar.

Em uma segunda petição, após assinar e datar a primeira, deve o recorrente iniciar a explanação das razões do recurso. Por praxe, são descritos neste momento os dados básicos do processo, sendo ainda feita uma saudação aos julgadores do Tribunal.

Nas razões, o recorrente se dirige aos julgadores de 2º grau de jurisdição, que deverão conhecer o recurso (fazendo juízo de admissibilidade) e analisar se dão ou não provimento ao mesmo (juízo de mérito).

Segue então o recorrente o caminho do CPC, indicando, como aponta o art. 1.010, II, III e IV, a exposição dos fatos (com uma breve síntese da demanda) e do direito (questões jurídicas enfrentadas na origem).

A seguir, deverá haver a efetiva argumentação para alterar a sentença apelada (apresentação das razões do pedido de reforma ou de decretação de nulidade), para finalmente formular o pedido de nova decisão.

Vale frisar: se o vício da decisão for de procedimento (de atividade, de forma: *error in procedendo*, em violação a regras processuais), o pedido será de anulação da decisão, com retorno dos autos ao 1º grau para a prolação de nova sentença. São exemplos as sentenças inválidas: por defeitos da própria decisão (em sua estrutura formal, ou por ser *extra petita*, julgada fora dos limites propostos pelo autor), por vícios ocorridos durante o processo (impedimento/incompetência do juiz, não participação de litisconsorte necessário, não intimação do órgão do MP em caso de intervenção obrigatória) etc. Cabe lembrar que, no CPC/2015, as decisões interlocutórias não agraváveis de instrumento deverão ser impugnadas em preliminar de apelação (art. 1.009, § 1º); muitas vezes, em tal oportunidade, serão apontadas situações que levem à anulação do processo.

Deve-se destacar, porém, a previsão do § 1º do art. 938 do CPC: "Constatada a ocorrência de vício sanável, inclusive aquele que possa ser conhecido de ofício, o relator determinará a realização ou a renovação do ato processual, no próprio Tribunal ou em primeiro grau de jurisdição, intimadas as partes".

Assim, tratando-se de vício que possa ser sanado por providência a ser determinada e cumprida no 2º grau, isso deverá ser feito, em atendimento ao princípio da economia processual.[93] Como exemplo, se faleceu o advogado de uma das partes e não foi juntada a procuração do novo patrono, seria caso de anulação do processo? Percebido tal defeito na capacidade postulatória, o Tribunal poderia determinar sua correção, não se justificando a anulação do processo apenas para realizar tal juntada.

---

[93]  Exatamente nos termos do § 2º do art. 938: "Cumprida a diligência de que trata o § 1º, o relator, sempre que possível, prosseguirá no julgamento do recurso".

Já se o erro for de juízo (de análise dos fatos ou do direito, de julgamento: *error in judicando*), o pedido será de reforma da decisão pelo Tribunal. Nessa situação, o acórdão do órgão colegiado substituirá a sentença. São exemplos as sentenças com erro na solução de *questões de fato* (p. ex.: se passou despercebido um documento, se o juiz interpretou mal o depoimento de uma testemunha ou deu crédito a testemunha não fidedigna) e também erro na solução de *questões de direito* (p. ex., se *entendeu aplicável norma impertinente à espécie*, considerou vigente lei que já não vigora ou entendeu inconstitucional lei que não o é).

Merece destaque ainda a situação específica prevista no art. 1.013, § 3º, CPC.[94] Nas hipóteses previstas nesse parágrafo, não haverá apenas a anulação da sentença (e o retorno dos autos ao 1º grau para a prolação de nova sentença), mas desde logo o julgamento do mérito da causa pelo próprio Tribunal. O dispositivo concretiza a *teoria da causa madura*, que é ampliada no Novo Código.

Em síntese, se o processo estiver em condições de imediato julgamento, o Tribunal *deve decidir desde logo o mérito*, sem devolver o processo à origem, quando (CPC, art. 1.013, §§ 3º e 4º):

I – reformar *sentença sem resolução de mérito*;

II – decretar a *nulidade da sentença por não ser ela congruente* com os limites do pedido ou da causa de pedir (ou seja, decisão *extra ou ultra petita*);

III – constatar a *omissão no exame de um dos pedidos*, hipótese em que poderá julgá-lo (ou seja, decisão citra ou *infra petita*);

IV – decretar a *nulidade de sentença por falta de fundamentação* (portanto, se a sentença não observar a exaustiva fundamentação prevista no art. 489, § 1º, a rigor não haverá a volta ao 1º grau para nova fundamentação, mas, sim, o julgamento de mérito pelo Tribunal);

V – reformada *sentença que reconheça a decadência ou a prescrição* (o Tribunal, se possível, *julgará desde logo o mérito*, sem determinar o retorno do processo ao juízo de 1º grau).

Como exemplo, tomemos o inciso I. Essa situação ocorrerá desde que verificados os seguintes requisitos: (i) o processo deverá ter sido extinto por uma questão processual (sem ter sido apreciado o pedido, em sentença de extinção sem resolução de mérito) e (ii) o processo deve estar "maduro", pronto para julgamento pelo Tribunal – isto é, deve ter sido realizada toda a atividade probatória necessária, como devem ter sido respeitadas as garantias processuais (inclusive com a observância do contraditório).

Imaginemos uma causa sobre a revisão de um contrato bancário que foi objeto de novação pelas partes. Se o juiz, após a contestação do réu, o saneamento e a produção das provas necessárias por ambas as partes, extingue o processo sem resolução de mérito por carência de ação (por sua convicção sobre a falta de interesse de agir, já que houve novação), poderá o autor apelar da sentença. O processo será encaminhado ao Tribunal, que se deparará com a possibilidade de apreciar o pedido. Ele não precisará anular a

---

[94] "§ 3º Se o processo estiver em condições de imediato julgamento, o Tribunal deve decidir desde logo o mérito quando: (...)."

sentença e remetê-la ao primeiro grau novamente, mas poderá, sim, decidir a causa, que se encontra pronta para ter seu mérito apreciado.

Para recapitular o conteúdo exposto anteriormente, segue pequeno resumo da matéria:

### Estrutura da peça de apelação

*I. Petição de interposição:*

– Dirigida ao juiz de 1º grau (art. 1.010, *caput*), com o cumprimento dos requisitos formais de admissibilidade do recurso.

1) encaminhamento ao juiz de 1º grau;

2) qualificação/indicação das partes e do recurso;

3) pedido de conhecimento do recurso;

4) indicação dos efeitos do recurso (efeitos devolutivo e suspensivo ou apenas devolutivo) – sendo que o juiz de 1º grau não se manifestará a respeito disso;

5) encaminhamento ao Tribunal competente;

6) requerimento da juntada da guia de preparo/porte de remessa e retorno.

(Possíveis outros elementos: reconsideração pelo juiz e justificativa de tempestividade)

*II. Petição das razões:*

– Segunda parte do recurso, com os fatos, o teor das razões de ataque à decisão recorrida, a fundamentação e o pedido de nova decisão.

1) Preâmbulo: dados do processo e saudação aos julgadores;

2) Fatos/breve síntese da demanda;

3) Do direito: fundamentação jurídica.

    3.1) Houve decisão interlocutória que não era passível de impugnação via agravo de instrumento? Se sim, apontar, preliminarmente, o ponto e pedir o reconhecimento da nulidade do processo em relação a ele (CPC, art. 1.009, § 1º).

    3.2) Há outra situação processual a ser resolvida (como falta de condições de ação, por exemplo)? Se for este o caso, pedir que seja reconhecida com a consequente extinção do processo sem resolução de mérito. Se houve outro tipo de problema processual, pedir a anulação da decisão, com o retorno dos autos ao 1º grau.

    3.3) Houve erro do juiz quanto ao mérito, violando o direito material? Se sim, demonstrar, fundamentar e pedir a reforma da decisão!

4) Pedido de nova decisão: anulação ou reforma – ou ambos, subsidiariamente!

Atenção: é possível formular vários tipos de alegações sucessivas e pedir ao juiz a *anulação* ou, caso assim não entenda, ***a reforma da decisão.***

5) Data e indicação do nome do advogado/número da OAB.

Segue tabela para fixar as informações mais importantes sobre o tema.

| APELAÇÃO | | |
|---|---|---|
| Cabimento | Contra sentença, em 15 dias | |
| Cabe pedido de retratação? | Regra: não | |
| | *Exceção*: cabe, se (i) indeferimento da inicial, (ii) extinção sem resolução do mérito e (iii) improcedência liminar | |
| Efeitos | Regra: devolutivo e suspensivo (art. 1.012) | |
| | *Exceções* | art. 1.012, § 1º, incisos |
| | | demais casos previstos em lei |
| Matéria devolvida ao Tribunal para reexame | Matéria recorrida pela parte | |
| | Matéria indicada pela lei (ordem pública) | |
| Situação peculiar: julgamento do mérito pelo Tribunal, sem retorno dos autos ao 1º grau (teoria da causa madura) | Extinção do processo sem resolução do mérito | |
| | Decisão *extra*, *ultra* e *infra petita*; nulidade por falta de fundamentação e prescrição/decadência afastadas. | |
| | Causa em condições de pronto julgamento, no Tribunal | |

## 11.8.1 Modelo de apelação comentado

Para ilustrar e fixar os conceitos expostos neste tópico, apresentamos um problema a partir do qual será elaborada uma apelação. Para melhor compreensão do tema, os comentários serão feitos ao longo do desenvolvimento da petição.

Gustavo ajuizou, em face de seu vizinho Leonardo, ação com pedido de indenização, pelo procedimento comum, por dano material suportado em razão de ter sido atacado pelo cão pastor-alemão de propriedade do vizinho. Segundo relato do autor, o animal, que estava desamarrado dentro do quintal de Leonardo, atacara-o, provocando-lhe corte profundo na face. Em consequência do ocorrido, Gustavo alegou ter gastado R$ 3 mil em atendimento hospitalar e R$ 2 mil em medicamentos. Os gastos hospitalares foram comprovados por meio de notas fiscais emitidas pelo hospital em que Gustavo fora atendido, entretanto este não apresentou os comprovantes fiscais relativos aos gastos com medicamentos, alegando ter-se esquecido de pegá-los na farmácia.

Leonardo, devidamente citado, apresentou contestação, alegando que o ataque ocorrera por provocação de Gustavo, que jogava pedras no cachorro. Alegou, ainda, que, ante a falta de comprovantes, não poderia ser computado na indenização o valor gasto com medicamentos.

Houve audiência de instrução e julgamento, na qual as testemunhas ouvidas declararam que a mureta da casa de Leonardo media cerca de um metro e vinte centímetros e que, de fato, Gustavo atirava pedras no animal antes do evento lesivo. Nessa audiência, a contradita de uma das testemunhas do autor foi afastada pelo juiz – mas trata-se de amigo íntimo de Gustavo, pois fotos em redes sociais demonstram que eles se encontram com frequência.

O juiz da 40ª Vara Cível de Curitiba proferiu sentença condenando Leonardo a indenizar Gustavo pelos danos materiais, no valor de R$ 5 mil, sob o argumento de que o proprietário do animal falhara em seu dever de guarda e por considerar razoável a quantia que o autor alegara ter gastado com medicamentos. Pelos danos morais decorrentes dos incômodos evidentes em razão do fato, Leonardo foi condenado a pagar indenização no valor de R$ 6 mil. Após uma semana, Leonardo, não se conformando com a sentença, procurou advogado.

Em face da situação hipotética apresentada, na qualidade de advogado(a) contratado(a) por Leonardo, elabore a peça processual cabível para a defesa dos interesses de seu cliente.[95]

EXCELENTÍSSIMO SENHOR DOUTOR JUIZ DE DIREITO DA 40ª VARA CÍVEL DO FORO CENTRAL DA COMARCA DA REGIÃO METROPOLITANA DE CURITIBA.[1]

> 1. Juízo de 1º grau em que tramitou a demanda – art. 1.010, *caput*, do CPC.

Processo n. xxxx.

LEONARDO (sobrenome), já qualificado nos autos,[2] por seu advogado devidamente constituído nos autos da ação de indenização por dano material que lhe move GUSTAVO (sobrenome), também já qualificado, inconformado com a r. sentença de fls., vem, respeitosamente, à presença de Vossa Excelência, com fundamento nos arts. 1.009 e seguintes[3] do CPC, interpor tempestivamente a presente APELAÇÃO, COM PRELIMINAR PARA IMPUGNAR DECISÃO INTERLOCUTÓRIA,[4] pelos motivos de fato e de direito que ficam fazendo parte integrante desta.

> 2. Nomes e qualificação: embora o art. 1.010, I, do CPC exija a qualificação das partes, como os dados já se encontram nos autos, basta mencionar que as partes já estão devidamente qualificadas.
>
> 3. Fundamento no art. 1.009 e seguintes do CPC, sem a necessidade de maiores especificações.
>
> 4. Esta menção à preliminar não é obrigatória. Mas é conveniente indicá-la, especialmente considerando a transição entre os sistemas (trata-se da forma de impugnar decisão interlocutória que, no sistema do Código anterior, era atacada por agravo retido).

---

[95] Este enunciado, com algumas modificações, foi apresentado no 3º Exame Unificado da OAB; eis o padrão de resposta atualizado: "Deve-se interpor apelação, até o dia 27 de janeiro, em petição dirigida ao juiz, nos termos dos arts. 1.009 e 1.010 do CPC, demonstrando-se a tempestividade e preparo do recurso, de acordo com o art. 1.003, § 5º do CPC, e requerendo-se ao juiz que receba a apelação nos efeitos suspensivo e devolutivo, conforme estabelece o art. 1.012, *caput*, do CPC. Nas razões, deve-se aduzir que ocorreu *error in procedendo*, pois a sentença feriu o disposto no art. 492 do CPC, por ter sido Leonardo condenado aos danos morais. O juiz decidirá a lide nos limites em que foi proposta, sendo-lhe defeso conhecer questões, não suscitadas, a cujo respeito a lei exige a iniciativa da parte. Deve-se, também, considerar que a sentença é *extra petita*, pois julga pedido não formulado pelas partes, infringindo o próprio princípio dispositivo. Deve-se, ainda, alegar, nas razões, que ocorreu *error in iudicando*, já que a sentença contrariou o art. 936 do CC, que estabelece que o dono do animal não será obrigado ao ressarcimento do dano causado se provar culpa da vítima, e que a condenação ao ressarcimento do valor gasto com medicamento foi equivocada, haja vista que faltou a necessária prova, como exige o art. 373, I, do CPC. Ao final, deve-se pedir ao Tribunal que anule a decisão quanto à condenação relativa aos danos morais e reforme a sentença, proferindo nova decisão, no sentido de julgar totalmente improcedente o pedido de indenização por danos materiais ou, parcialmente, quanto aos danos decorrentes dos gastos com medicamentos".

Destaca o recorrente o cabimento deste recurso, já que, nos termos do art. 1.009 do CPC, da sentença cabe apelação.

Outrossim, nos termos do art. 1.012 do CPC, o presente recurso[5] deve ser dotado dos efeitos devolutivo e suspensivo.[5-6]

> 5. No sistema do CPC/1973, o juízo de 1º grau efetuava o juízo de admissibilidade ainda na origem. No CPC atual, isso não ocorre (art. 1.010, § 3º); assim, na petição de interposição (dirigida ao juízo *a quo*), não mais há necessidade de pleitear o conhecimento da apelação.
>
> 6. Na linha da nota anterior, considerando que o juízo de origem não mais recebe o recurso nos efeitos devolutivo e suspensivo, isso não é requerido. Portanto, o advogado deve apenas indicar – à luz da regra e exceções previstas no art. 1.012 – se o recurso é dotado de duplo efeito ou apenas efeito devolutivo.

Requer ainda que, após os trâmites legais,[7] sejam os autos encaminhados ao Egrégio Tribunal de Justiça do Estado do Paraná, esperando-se que o recurso, uma vez conhecido e processado na forma da lei, seja integralmente provido.[8]

> 7. O juiz abre vista para a parte contrária apresentar contrarrazões.
>
> 8. Em segundo grau de jurisdição, os juízes deverão *conhecer* o recurso (juízo de admissibilidade agora exclusivo do juízo *ad quem*) e analisar se dão ou não provimento ao mesmo (juízo de mérito).

Informa, ainda, que, nos termos do art. 1.007 do CPC, foram recolhidos o porte de remessa e retorno e o devido preparo,[9] o que se comprova pela guia devidamente quitada que ora se junta aos autos.

> 9. Importante recolhimento, sob pena de deserção e inadmissão do recurso. Lembrando que, (i) no caso de recolhimento a menor, cabe complementação e (ii) no caso de ausência de recolhimento, cabe pagamento em dobro – somente após essas oportunidades é que haverá a deserção (CPC, art. 1.007, §§ 2º, 4º e 5º).

Termos em que

Pede deferimento.

Cidade, data, assinatura, OAB.

*(outra página)*

## *RAZÕES DE RECURSO*

Apelante: (nome e sobrenome)

Apelado: (nome e sobrenome)

Autos n.: (número)

Vara de Origem[10]

> 10. Preâmbulo das razões: é importante, para atender à regularidade formal, que o advogado apresente dados básicos do processo de primeira instância (nome das partes, vara de origem e número do processo). Com a informatização do processo, a providência não parece tão útil, mas se mantém pela tradição.

Egrégio Tribunal

Colenda Câmara

Nobres Julgadores[11]

> 11. É de praxe que o recorrente faça uma saudação aos julgadores. Geralmente parte-se do geral ao particular: inicia-se referenciando o Tribunal, depois a Câmara (ou Turma, se na Justiça Federal e Tribunal Superior) e então os julgadores do recurso.

## I – BREVE SÍNTESE DOS FATOS[12]

> 12. Síntese da decisão ou dos fatos: a apelação é o recurso cabível da sentença, de forma que, nesse momento do recurso, que já é a peça das razões, endereçada ao órgão de 2º grau, é importante iniciar a peça por um breve resumo da sentença ou mesmo da demanda judicial. Tratando-se de Exame da OAB, invariavelmente a questão apresentada pelo examinador não se limitará apenas à sentença, trazendo valiosas informações em especial sobre a petição inicial – ao menos sobre o objeto do processo – que poderão ser explicadas nesse momento.

O autor (ora recorrido), vizinho do réu (ora recorrente), ajuizou demanda pleiteando indenização por dano material. Alegando ter sido atacado pelo cão pastor-alemão deste apelante, afirmou na ocasião que o animal estava desamarrado no quintal do réu e provocou-lhe corte profundo na face. Pelo ocorrido, alegou ter gastado R$ 3 mil em atendimento hospitalar e R$ 2 mil em medicamentos. Os gastos hospitalares foram comprovados por meio de notas fiscais emitidas pelo hospital em que o autor fora atendido; entretanto, este não apresentou os comprovantes fiscais relativos aos gastos com medicamentos, alegando ter-se esquecido de pegá-los na farmácia.

O réu, ora apelante, devidamente citado, apresentou contestação, alegando que o ataque ocorrera por provocação do autor, que jogava pedras no cachorro. Alegou, ainda, que, ante a falta de comprovantes, não poderia ser computado na indenização o valor gasto com medicamentos.

Houve audiência de instrução e julgamento, na qual as testemunhas ouvidas declararam que a mureta da casa do apelante media cerca de um metro e vinte centímetros e que, de fato, o apelado atirava pedras no animal antes do evento lesivo.

Foi requerida pelo réu apelante a contradita de uma das testemunhas, ao argumento de que ela seria amiga íntima do autor/apelado (CPC, art. 447, § 3º, I). Contudo, a contradita foi indeferida pelo juiz de primeiro grau.

Apesar dos elementos probatórios, o juiz da 40ª Vara Cível de Curitiba proferiu sentença condenando o apelante a indenizar o apelado pelos danos materiais, no valor de R$ 5 mil, sob o argumento de que o proprietário do animal falhara em seu dever de guarda e por considerar razoável a quantia alegada como gasta com medicamentos. Pelos danos morais decorrentes dos incômodos evidentes em razão do fato, o apelante foi condenado a pagar indenização no valor de R$ 6 mil.

Tal r. decisão, todavia, não merece prosperar, devendo ser anulada ou, caso assim não se entenda, reformada, consoante se demonstrará.

## II – DAS RAZÕES DO INCONFORMISMO/DA IRRESIGNAÇÃO[13]

> 13. Na fundamentação jurídica do recurso, o primeiro passo é individualizar os argumentos utilizados pelo juiz; após sua identificação, o recorrente deverá demonstrar os equívocos da decisão. Há vício de ordem processual que invalide o processo? Em caso positivo, deverá ser pedida a anulação da decisão. Se a resposta for negativa, a decisão pode ser válida, mas incorrer em um erro de julgamento: deve-se analisar então o direito material aplicável. Nada impede – como aqui se vê – que haja argumentos de ordem formal (para anulação) e de mérito (para reforma).

**a) Preliminarmente: da contradita de testemunha, por ser amigo íntimo do apelado (CPC, art. 1.009, § 1º)[14]**

> 14. Para recorrer de decisão interlocutória que não está no rol do art. 1.015 do CPC, o momento adequado é a apelação, especificamente em sede preliminar (art. 1.009, § 1º). Se não houver a apresentação da preliminar, haverá a preclusão da matéria.

O art. 447 do CPC trata das situações em que uma pessoa não pode ser testemunha. O § 3º apresenta as situações de suspeição, sendo que o inciso I aponta o "amigo íntimo da parte".

No momento da audiência, o réu, ora apelante, requereu a contradita (vide fls. XX), sob o argumento de haver a relação de amizade entre a testemunha e a parte autora. Contudo, o ilustre magistrado indeferiu a contradita por não estar comprovada qualquer amizade.

Nos termos dos documentos ora anexados (retirados de redes sociais), percebe-se intensa interação (não só virtual, como física, em festas e outros eventos) entre a testemunha e o autor – inclusive um frequenta a casa do outro.

Destarte, resta devidamente demonstrada a relação de amizade, o que corrobora a tese de suspeição da testemunha.

Assim, esta preliminar deverá ser acolhida para que se reconheça a testemunha como suspeita, e seu testemunho, portanto, seja afastado da análise do caso.

### b) Da nulidade da decisão por violação aos limites do pedido

A r. sentença impugnada não pode prevalecer: não tendo havido pedido de dano moral, este não pode ser concedido pelo magistrado. Tal situação viola diretrizes constitucionais sobre a dedução do pedido e sua configuração em juízo, afrontando o princípio da inércia do julgador e comprometendo o devido processo legal, em claro *error in procedendo*.

No plano infraconstitucional, a decisão viola os arts. 141 e 492 do CPC; segundo este último dispositivo, "é vedado ao juiz proferir decisão de natureza diversa da pedida, bem como condenar a parte em quantidade superior ou em objeto diverso do que lhe foi demandado". Doutrina e jurisprudência são uníssonas ao concluir pela nulidade da decisão em hipóteses como essas.[15]

> 15. É interessante dar consistência à argumentação com citações de doutrina e jurisprudência.

Não havendo pedido de dano moral, o juiz viola o princípio dispositivo (art. 2º do CPC) e macula de invalidade a sentença. Assim, faz-se de rigor o reconhecimento da nulidade da sentença, devendo esta ser anulada, com a remessa dos autos ao primeiro grau para nova decisão – ou então, que esse E. Tribunal simplesmente afaste aquilo que exorbita do pedido (CPC, art. 1.013, § 3º, II).

### c) No mérito: da necessária reforma da sentença condenatória

Ademais, ainda que a r. decisão seja considerada formalmente em ordem, o que se admite somente para argumentar, cumpre ressaltar que o MM. juiz de primeiro grau não aplicou de forma correta o direito material ao reconhecer a responsabilidade do apelante.

Em sentido oposto ao que consta na sentença, afirma o art. 936 do Código Civil que o dono do animal não será responsabilizado se provar culpa da vítima. Foi exatamente o que restou demonstrado nos autos: as testemunhas foram claríssimas ao afirmar que o apelado provocou o animal do apelante no momento do fato lesivo.

Quanto à aplicação de determinado dispositivo legal, houve claro *error in judicando* do magistrado, devendo este Egrégio Tribunal reformar a decisão para adequá-la ao ordenamento jurídico vigente. Como demonstrativos da melhor interpretação em situações semelhantes, merecem transcrição excertos doutrinários e decisórios.[16]

> 16. Mais uma vez, para mais consistência à argumentação, é interessante trazer citações de doutrina e jurisprudência.

Ainda que assim não entenda o magistrado, há outro equívoco na sentença. Ante a falta de prova do autor quanto às despesas com medicamentos, não pode fazer jus ao seu recebimento por não se ter desincumbido do ônus de provar previsto no art. 373, I, do CPC. Assim, quanto a esta verba, houve mais um excesso do magistrado. Caso se decida pela procedência, portanto, esta deverá ser parcial, cotejando apenas o valor efetivamente provado nos autos, referente ao atendimento hospitalar.

## III – DOS PEDIDOS E REQUERIMENTOS

Diante de todo o exposto, requer seja o presente recurso conhecido e provido,[17] para:

a) preliminarmente, reconhecer-se que uma das testemunhas é suspeita, devendo seu testemunho ser desconsiderado ou anulada a r. sentença, com devolução dos autos à origem, para novo julgamento;[18]

b) diante da existência de decisão *extra petita*, seja anulada[19] a r. sentença ora combatida, por violação aos limites do pedido, remetendo-se os autos ao primeiro grau de jurisdição para que a presente demanda possa ser novamente julgada ou, então, seja afastada a parcela que vai além do pedido;

c) caso não haja a devolução dos autos à origem, requer seja reformada a r. sentença, julgando totalmente improcedente o pedido indenizatório formulado ou, pelo menos, parcialmente procedente, excluindo da condenação os gastos com medicamentos, porquanto não provados.

d) requer, outrossim, a inversão do ônus da sucumbência e a fixação de honorários em favor do apelante.

17. Remetido o recurso ao Tribunal, o requerimento deverá ser de conhecimento (juízo de admissibilidade – no CPC/2015 realizado apenas pelo juízo de destino) e de provimento (juízo de mérito).

18. Este pedido se refere àquilo que, no CPC/1973, seria impugnado via agravo retido e, no CPC/2015, é impugnado em preliminar de apelação (art. 1.009, § 1º).

19. Se houver defeito que torne nula a decisão (p. ex., por vício formal da sentença), o pedido será de anulação (por força de *error in procedendo*). Havendo erro de julgamento (*error in judicando*), o pedido será a reforma; nada impede a formulação dos dois pedidos, caso haja na decisão os dois vícios – como se fez no caso concreto.

Termos em que

Pede deferimento.

Cidade, data, assinatura, OAB.

## 11.8.2 Existência de voto vencido no julgamento da apelação (técnica do julgamento estendido)

Para concluir o tópico relativo à apelação, vale um breve comentário sobre a existência de voto vencido no acórdão que aprecia tal recurso.

No sistema do CPC/1973, cabiam *embargos infringentes de acórdão não unânime que reformasse decisão de mérito, no bojo de apelação ou ação rescisória*. Ou seja, quando houvesse uma decisão "m.v." (maioria de votos, "2x1"), seria possível opor os embargos infringentes em casos de apelação e rescisória.[96]

Como recurso, os embargos infringentes foram excluídos do CPC atual. Porém, como técnica de julgamento, a consideração da existência de *voto vencido como apta a justificar novo julgamento foi mantida*. Não há nome específico para isso na legislação, mas a praxe forense já consagrou a nomenclatura de **julgamento estendido**.

Assim, deixa de existir o recurso de embargos infringentes, mas, se houver *voto vencido* **no momento do julgamento de apelação** (mas não do agravo[97]), o *julgamento não terminará*.

Diante de um 2x1, serão convocados novos desembargadores para que haja nova sessão de julgamento, com 5 desembargadores (os 3 que inicialmente votaram mais 2 magistrados); o mesmo se aplica ao julgamento da rescisória.[98] Ademais, se, no órgão julgador, houver número suficiente de magistrados, poderá o julgamento prosseguir a mesma sessão.[99]

Portanto, mesmo sem vontade da parte, de ofício, haverá novo julgamento do recurso, inclusive com a possibilidade de novas sustentações orais, mediante o julgamento estendido pela turma julgadora.

Essa técnica de julgamento vem assim prevista no CPC:

> "Art. 942. Quando o resultado da apelação for não unânime, o julgamento terá prosseguimento em sessão a ser designada com a presença de outros julgadores, que serão convocados nos termos previamente definidos no regimento interno, em número suficiente para garantir a possibilidade de inversão do resultado inicial, assegurado às partes e a eventuais terceiros o direito de sustentar oralmente suas razões perante os novos julgadores."

Havendo, em embargos de declaração, uma divergência apta a alterar o resultado unânime da apelação, exige-se julgamento ampliado? Respondeu positivamente a tal questão o STJ.[100]

E cabe ampliação do colegiado em julgamento não unânime de apelação em mandado de segurança? Sim, segundo o STJ.[101]

---

[96]   Isso era previsto no art. 530 do CPC/1973: cabiam embargos infringentes quando o acórdão não unânime havia reformado, em grau de apelação, a sentença de mérito, ou houver julgado procedente ação rescisória. Se o desacordo fosse parcial, os embargos seriam restritos à matéria objeto da divergência.

[97]   Somente será cabível a técnica no agravo de instrumento interposto de decisão parcial de mérito (CPC, arts. 356 e 942, § 3º, II).

[98]   CPC, art. 942, § 3º: "A técnica de julgamento prevista neste artigo aplica-se, igualmente, ao julgamento não unânime proferido em: I – ação rescisória, quando o resultado for a rescisão da sentença, devendo, nesse caso, seu prosseguimento ocorrer em órgão de maior composição previsto no regimento interno".

[99]   CPC, art. 942, § 1º: "Sendo possível, o prosseguimento do julgamento dar-se-á na mesma sessão, colhendo-se os votos de outros julgadores que porventura componham o órgão colegiado".

[100]  Divergência em embargos de declaração capaz de alterar resultado unânime da apelação exige julgamento ampliado. Disponível em: <https://www.stj.jus.br/sites/portalp/Paginas/Comunicacao/Noticias/08032021-Divergencia-em-embargos-de-declaracao-capaz-de-alterar-resultado-unanime--da-apelacao-exige-julgamento-ampliado.aspx>.

[101]  Cabe ampliação do colegiado em julgamento não unânime de apelação em mandado de segurança. Disponível em: <https://www.stj.jus.br/sites/portalp/Paginas/Comunicacao/

Não se aplica essa técnica de julgamento no caso de incidente de assunção de competência, incidente de resolução de demandas repetitivas (IRDR), remessa necessária ou decisões do pleno (CPC, art. 942, § 4º).

Existem algumas dúvidas procedimentais que, aos poucos, são resolvidas pela jurisprudência. Como exemplo: haveria o julgamento estendido se a decisão *mantivesse* a sentença por maioria ou cabe essa ampliação apenas se o acórdão *reformar* a decisão? O STJ decidiu que, havendo voto vencido, haverá o julgamento estendido qualquer que seja o resultado da apelação.[102]

## 11.9 EMBARGOS DE DECLARAÇÃO

Nos termos do art. 1.022 do CPC, são oponíveis[103] os embargos de declaração quando houver, em qualquer decisão (seja ela interlocutória, monocrática,[104] sentença ou acórdão), obscuridade, contradição ou omissão de ponto sobre o qual deveria ter se pronunciado o juiz ou o Tribunal. Cabem também embargos para corrigir erro material.

Trataremos, aqui, do regramento tal qual constante no CPC – cujas regras também são aplicáveis aos Juizados Especiais.[105]

Os embargos de declaração devem ser dirigidos, no prazo de cinco dias,[106] ao próprio órgão julgador que proferiu a decisão. Não há preparo a ser recolhido.

Em suas razões, o embargante deverá indicar o ponto obscuro, contraditório ou omisso ou a inexatidão material, pedindo que o magistrado esclareça, complete ou corrija a decisão.

A obscuridade e a contradição devem se verificar "internamente" na decisão a partir de uma falha na exposição do raciocínio do magistrado; assim, se o juiz diz, em um trecho da decisão, que a parte sofreu prejuízo financeiro e logo depois afirma que não houve dano material, revela contradição: afinal, houve ou não dano? Nesse caso, são cabíveis os

---

Noticias/13052021-Cabe-ampliacao-do-colegiado-em-julgamento-nao-unanime-de-apelacao-
-em-mandado-de-seguranca.aspx>.

[102] "A técnica de ampliação de julgamento prevista no CPC/2015 deve ser utilizada quando o resultado da apelação for não unânime, independentemente de ser julgamento que reforma ou mantém a sentença impugnada" (REsp 1.733.820-SC, Rel. Min. Luis Felipe Salomão, por maioria, j. 02.10.2018, *DJe* 10.12.2018).

[103] Quando se trata de embargos, a nomenclatura técnica mais adequada é "opor", nos termos previstos no CPC.

[104] Permanece a polêmica em relação ao cabimento de embargos de declaração de decisão de inadmissibilidade de REsp e RE. O enunciado 75 do CJF foi no sentido positivo: "Cabem embargos declaratórios contra decisão que não admite recurso especial ou extraordinário, no tribunal de origem ou no Tribunal Superior, com a consequente interrupção do prazo recursal". Contudo, o STF decidiu em sentido inverso no julgamento dos ARE 688776/RS e 685997/RS, ao afirmar que descabem embargos de declaração de decisão de não admissão de RE, sendo cabível somente o agravo em recurso extraordinário. Como já exposto no final do tópico 11.7.3, do ponto de vista prático não se recomenda o uso de declaratórios da decisão de não admissão.

[105] No regime original do JEC, além de omissão, contradição e obscuridade, cabiam embargos declaratórios no caso de dúvida (Lei nº 9.099/1995, art. 48). E, opostos os embargos declaratórios, não haveria a interrupção de prazo, mas, sim, sua suspensão (Lei nº 9.099/1995, art. 50). Felizmente, o CPC/2015 alterou esses dois artigos para vigorar o mesmo regramento dos embargos declaratórios nos procedimentos regulados pelo CPC e no sistema dos juizados (vide arts. 1.064 e 1.065 do CPC).

[106] Trata-se do único recurso, no CPC, com prazo de cinco dias (art. 1.023).

embargos para esclarecer tal ponto. Quanto à omissão, pode ter ocorrido tão somente a apreciação dos danos materiais sem qualquer menção aos danos morais pleiteados.[107]

Em princípio, no tocante à sentença, o juiz não poderá modificar o conteúdo de sua decisão, a não ser no sentido de suprir a falha em sua argumentação. Tendo o juiz posto fim à sua atividade jurisdicional, apenas o Tribunal poderá reformar o teor da decisão quanto ao mérito.

Excepcionalmente, porém, o suprimento do vício poderá gerar a modificação no resultado antes declarado; diz-se, então, de *embargos de declaração com efeitos infringentes* (modificativos). Assim, nos exemplos anteriores, caso o magistrado reconheça que efetivamente foi contraditório ou omisso quanto aos danos materiais, completará a decisão sobre o tema, acrescentando em seu julgamento a decisão sobre o montante devido.

Havendo essa possibilidade de efeitos modificativos aos declaratórios (e somente nesse caso), deverá o embargado ser intimado para exercer o *contraditório*, no prazo de cinco dias (art. 1.023, § 2º). Ou seja, havendo a possibilidade de efeitos infringentes, deverá ser exercido o contraditório, com a apresentação de contrarrazões de embargos de declaração, para garantir a igualdade entre as partes e evitar a prolação de decisão surpresa.[108]

A oposição dos embargos de declaração *interrompe* o prazo para a interposição de outros recursos (CPC, art. 1.026). Assim, se os embargos foram opostos contra uma sentença no 5º dia do prazo, após a decisão desse recurso, o prazo para apelar voltará a fluir do início: 15 dias. Não há efeito suspensivo.

Também por isso não cabe a utilização, ao mesmo tempo, de embargos de declaração e de outro recurso. Portanto, diante de uma sentença, inicialmente a parte deve opor embargos declaratórios para, somente após a decisão dos embargos, interpor a apelação. Isso se verifica: (i) por força do princípio da unirrecorribilidade recursal e (ii) porque não se sabe se haverá ou não a modificação da sentença (o que pode alterar o interesse recursal).

A utilização dos declaratórios para protelar o andamento do processo pode acarretar a aplicação de multa. Inicialmente, ela tem o valor limitado ao correspondente a 2% do valor da causa. Se houver nova oposição de embargos meramente protelatórios, a multa é majorada para 10% do valor da causa. Para a interposição de qualquer outro recurso, haverá a necessidade de recolhimento da multa – salvo se o recorrente for a Fazenda ou beneficiário da justiça gratuita, que recolherão o valor ao final do processo (art. 1.026, §§ 2º e 3º).

Por sua vez, se já tiverem sido rejeitados e considerados protelatórios dois embargos declaratórios, *não se admitirá* a oposição de novos embargos (art. 1.026, § 4º).

Outra possibilidade de utilização dos embargos é para fins de *prequestionamento* em relação aos recursos especial e extraordinário (provocar a manifestação do Tribunal sobre certo dispositivo, para fins de preenchimento desse requisito de admissibilidade dos recursos excepcionais). Logo, se o acórdão é omisso no tocante aos dispositivos de lei apontados como violados, cabem declaratórios para que haja a manifestação do Tribunal nesse sentido. Embargos de declaração para fins de prequestionamento não podem ser considerados recursos protelatórios.[109]

---

[107] Traz o CPC duas situações de omissão; segundo o art. 1.022, parágrafo único, considera-se omissa a decisão que: I – deixe de se manifestar sobre tese firmada em julgamento de casos repetitivos ou em incidente de assunção de competência aplicável ao caso sob julgamento; II – incorra em qualquer das condutas descritas no art. 489, § 1º.

[108] Trata-se de inovação legislativa que acolhe entendimento exposto em jurisprudência pacífica do STJ.

[109] STJ, Súmula nº 98: "Embargos de declaração manifestados com notório propósito de prequestionamento não têm caráter protelatório".

Inova o CPC/2015 ao apontar que a *simples oposição dos embargos declaratórios já supre o requisito do prequestionamento*, ainda que os declaratórios sejam inadmitidos ou rejeitados (art. 1.025).

No que tange aos aspectos práticos, o recurso será feito em uma só petição, constando a interposição e as razões em uma única peça. Esta será endereçada a quem proferiu a decisão (juízo de 1º grau ou relator, no Tribunal), e o recurso será julgado pelo próprio órgão que proferiu a decisão (ou seja, o mesmo juízo *ad quo* ou *ad quem*).

O pedido que deverá constar é o de que seja conhecido (admitido) o recurso para o fim de esclarecer a decisão, sanando-se a obscuridade, a contradição, a omissão ou corrigir o erro material (provimento).

### 11.9.1 Modelo de embargos de declaração comentado

Para ilustrar e fixar os conceitos expostos neste tópico, propomos um problema a partir do qual será elaborada uma peça de embargos de declaração. Para melhor compreensão do tema, os comentários serão feitos no corpo da petição.

> *Wagner Jefferson sofreu uma queda quando o trem em que andava partiu da estação ferroviária com as portas abertas; por força da queda, acabou tendo amputados 7 (sete) dedos dos pés. Apesar de a perícia ter apontado perda da capacidade laborativa, o juiz da 32ª Vara Cível Central da Capital Paulista, referindo-se ao laudo, afirmou não ter havido dano material. Considerando a contradição da decisão, como advogado de Wagner Jefferson, elabore o recurso cabível.*

EXCELENTÍSSIMO SENHOR DOUTOR DESEMBARGADOR DA 32ª VARA CÍVEL DO FORO CENTRAL DA COMARCA DA CAPITAL DE SÃO PAULO.1

> 1. O recurso deve ser dirigido ao próprio juízo que proferiu a decisão.

WAGNER JEFFERSON (sobrenome), já qualificado por sua advogada, nos autos da apelação n. (número), vem, respeitosamente, à presença de Vossa Excelência, com fulcro nos arts. 1.022 e seguintes[2] do CPC, opor[3]

> 2. Interessante indicar o fundamento legal.
> 3. O verbo utilizado no CPC para os embargos é opor, e não interpor.

#### EMBARGOS DE DECLARAÇÃO

contra o v. acórdão proferido nos autos em epígrafe, pelos motivos que seguem.

#### BREVE SÍNTESE DOS FATOS[4]

> 4. É sempre conveniente fazer um breve resumo para situar o julgador sobre a matéria versada.

Provada e demonstrada nos autos a amputação de dedos do pé do Embargante pela queda do trem que partira de portas abertas, V. Exa. remeteu-se expressamente à conclusão do laudo pericial quanto à porcentagem de 14% de comprometimento físico para atividades laborais; ao final, porém, rejeitou o pedido de danos materiais referentes ao pensionamento do embargante.

## I – DO CABIMENTO DOS PRESENTES EMBARGOS[5]

> 5. Embora não seja essencial, pode ser interessante demonstrar o cabimento do recurso, para evitar alegação sobre ser meramente procrastinatório.

Dispõe o art. 1.022, I, do CPC ser cabível a oposição de embargos de declaração para "esclarecer obscuridade ou eliminar contradição". Obviamente na decisão ocorrida há contradição que precisa ser superada, razão pela qual se apresentam legalmente cabíveis os presentes embargos.

## II – DA CONTRADIÇÃO[6]

> 6. Deve ser bem fundamentada a alegação de vício da decisão.

Ao decidir sobre o pedido de pensionamento em virtude dos danos físicos experimentados pelo embargante, assim se manifestou V. Exa.:

"Com relação a pensão mensal, o pedido deve ser considerado improcedente, pois não há a incapacidade laborativa do autor, pois, embora tenha ocorrido em determinado período a incapacidade total, deve ser lembrado que foi de forma temporária, e que atualmente é parcial, devendo, somente, evitar "atividades que exijam deambulação frequente".

Há notória contradição neste trecho do julgado, já que num primeiro momento V. Exa. afirma que não haveria incapacidade, mas na sequência reconhece a presença de incapacidade (total no passado e parcial no momento presente).

## III – DO PEDIDO[7]

> 7. O pedido que deve constar é que seja conhecido (admitido) o recurso para o fim de esclarecer a sentença ou o acórdão, sanando-se a obscuridade, a contradição ou a omissão (mérito).

Ante o exposto, o embargante pede que, conhecido o presente recurso, seja o mesmo provido para esclarecer o teor da decisão de modo a superar a contradição[8] verificada na sentença.

> 8. O principal pedido nos embargos de declaração não é para REFORMAR a decisão, mas, sim, para ESCLARECÊ-LA.

Tratando-se de contradição de extrema relevância para o caso concreto, justifica-se o recebimento do recurso no seu efeito infringente,[9] para reformar a sentença e reconhecer o cabimento da pensão mensal vitalícia pleiteada pelo embargante por força da perda de sua capacidade laborativa.

Sendo assim, diante da possibilidade de efeitos modificativos, requer-se seja intimada a parte contrária para apresentar resposta aos embargos (CPC, art. 1.023, § 2º), no prazo de 5 dias.[10]

> 9. Por via de consequência, após a supressão da omissão é que se pode falar em reforma da decisão (embargos de declaração com efeitos infringentes).
>
> 10. Havendo a possibilidade de efeitos infringentes, deve ser exercido o contraditório. Ainda que não obrigatório, conveniente que se faça menção à oitiva da parte contrária – especialmente em provas e concursos.

Cidade, data, assinatura, OAB.[11]

> 11. Como se percebe, é um recurso curto e objetivo. A experiência forense mostra que, quanto menor o recurso de embargos, maiores são as chances de seu provimento. Muitos advogados elaboram os embargos já impugnando a decisão, como se fosse uma prévia do próximo recurso a ser interposto, para o órgão superior. Essa é uma técnica inadequada, e diminui a chance de êxito, pois permite que o julgador decida simplesmente dizendo "não se está diante de omissão, contradição ou obscuridade, mas sim de tentativa de reforma da decisão, o que deve ser feito pelo recurso próprio"..

## 11.10 RECURSO ORDINÁRIO

Previsto no art. 1.027 do CPC, o recurso ordinário tem cabimento restrito: ele somente é admissível contra determinadas decisões proferidas em ações propostas originariamente nos Tribunais, sendo julgado pelo STJ ou STF.

Como tem previsão constitucional, também é chamado de Recurso Ordinário Constitucional (ROC – CF, arts. 102, II, e 105, II).

É cabível contra acórdão denegatório de ação constitucional (mandado de segurança, *habeas corpus*, *habeas data*, mandado de injunção), desde que ajuizado originariamente no Tribunal (não em 1º grau de jurisdição e que chegue ao Tribunal por força de recurso de apelação).[110] Caso a *decisão seja concessiva, não caberá ROC*, mas outro recurso para Tribunal Superior (REsp ou RE).

A hipótese mais comum de cabimento de ROC para o STJ é a de decisão denegatória de HC ou MS de competência originária do TJ ou TRF (CF, art. 105, II, *a* e *b*).

---

[110] Há, ainda, *outra hipótese, pouco frequente, de cabimento de ROC* (CPC, art. 1.027, II, *b*): causas em que forem partes, de um lado, Estado estrangeiro ou organismo internacional e, do outro, Município ou pessoa residente ou domiciliada no País. *Tais causas tramitam, em 1º grau, perante a Justiça Federal* (CF, art. 109, II) e o *ROC será julgado pelo STJ*. Assim, da sentença proferida nesse processo, caberá ROC, a ser julgado pelo STJ. E da interlocutória, caberá agravo de instrumento, igualmente julgado pelo STJ (CPC, art. 1.027, § 1º).

Já a hipótese mais frequente de ROC para o STF ocorre nos momentos em que é denegado HC ou MS de competência originária dos Tribunais Superiores (CF, art. 102, II, *a*).

O ROC garante o duplo grau de jurisdição de decisão denegatória de ações constitucionais. O recurso muito se assemelha a uma apelação em relação ao seu processamento, razão pela qual há quem se refira ao recurso como "apelação constitucional".

O recurso ordinário é sempre interposto no juízo de origem, sendo julgado pelo Tribunal Superior correspondente (CPC, art. 1.028, § 2º). Determina ainda o art. 1.028 que o procedimento do recurso seguirá as previsões relativas à apelação e os regimentos internos dos Tribunais a que se dirigem. Regula a matéria também a Lei nº 8.038/1990, cujo art. 34 afirma que se aplicam as regras da apelação.

No âmbito cível, vislumbra-se com frequência o ROC de decisão denegatória de HC (basta lembrar a situação de HC interposto de decisão que determina a prisão de devedor de alimentos) e o ROC de decisão denegatória de MS (casos em que é interposto mandado de segurança de ato de juiz de 1.º grau, diretamente no Tribunal).

Tratando-se de ROC de MS, o prazo de interposição é de 15 dias (Lei nº 8.038/1990, art. 33), sendo necessário o recolhimento de custas e porte de remessa e retorno.[111]

Tratando de ROC de HC, à luz do sistema anterior entendia-se que o prazo de interposição era de cinco dias (Lei nº 8.038/1990, art. 30[112] – lei especial), não havendo custas processuais a serem recolhidas (já que não há, no HC, pagamento de custas). O entendimento quanto ao prazo foi mantido, mesmo com a edição do CPC; já decidiu o STJ que "o prazo para interposição de recurso ordinário em *habeas corpus*, ainda que se trate de matéria não criminal, é de 5 dias".[113]

Segue tabela especificando suas principais regras.

| RECURSO ORDINÁRIO CONSTITUCIONAL | | |
|---|---|---|
| Ao **STF** (CF, art. 102, II, e CPC, art. 1.027, I) | Contra decisões em única instância | |
| | Proferidas pelos Tribunais Superiores | |
| | Que denegaram | Mandados de segurança |
| | | *Habeas data* |
| | | Mandados de injunção |

---

[111] Nesse sentido, eis trecho de decisão do STJ: "(...) 4. Em sede de recurso ordinário, o recolhimento das custas judiciais e do porte de remessa e retorno dos autos é realizado mediante guia de recolhimento da união. GRU, sob pena de deserção. 5. "é deserto o recurso interposto para o Superior Tribunal de Justiça, quando o recorrente não recolhe, na origem, a importância das despesas de remessa e retorno dos autos" (Súmula nº 187/STJ). 6. Recurso ordinário não conhecido" (STJ, RMS 45.820, Proc. 2014/0140003-6, SP, 2ª T., rel. Min. Og Fernandes, *DJe* 11.09.2015).

[112] Houve diversos casos em que se reconhece a intempestividade do ROC (cf. RHC 24.571/SP, rel. Min. Castro Meira, 2ª T., j. 06.11.2008, *DJe* 17.02.2009: "(...) 1. É intempestivo o recurso ordinário interposto após o término do prazo legal, consoante o disposto no art. 30, da Lei nº 8.038/1990. (...)".

[113] "*Habeas corpus*. Matéria não criminal. Recurso ordinário constitucional. Prazo de 5 dias. Art. 30 da Lei n. 8.038/1990. Prazo específico. Lei especial. CPC/2015. Inaplicabilidade" (RHC 109.330-MG, Rel. Min. Nancy Andrighi, *DJe* 12.04.2019, Informativo 646/STJ).

| RECURSO ORDINÁRIO CONSTITUCIONAL | | |
|---|---|---|
| Ao **STJ** (CF, art. 105, II, e CPC, art. 1.027, II) | Contra decisões em única instância | Proferidas pelos Tribunais Regionais Federais, Tribunais Estaduais e do DF |
| | | Que denegaram mandados de segurança ou *habeas corpus* |
| | Recursos contra a sentença das causas em que forem partes, de um lado, Estado estrangeiro ou organismo internacional e, do outro, Município ou pessoa residente ou domiciliada no País | |
| Regras | Procedimentais: analogia com regras do agravo e da apelação constantes do CPC, bem como normas do Regimento Interno do respectivo Tribunal. Há preparo, salvo tratando-se de HC | |
| Prazo | ROC de MS: prazo de 15 dias | |
| | ROC de HC: prazo de 5 dias | |

## 11.11 RECURSO ESPECIAL

O recurso especial (REsp) não é recurso em que simplesmente há a rediscussão da matéria anteriormente decidida (como no caso da apelação ou do agravo).

Com o REsp, busca-se a unidade na aplicação do direito federal (infraconstitucional), que deve ser aplicado de forma semelhante por todos os Tribunais pátrios (o mesmo se passa com o recurso extraordinário – RE – em relação à Constituição). Por essa razão, tais recursos são chamados recursos excepcionais, ou recursos de direito estrito.

Mediante o REsp, portanto, pretende o STJ zelar pela integridade do sistema federativo e evitar a regionalização da interpretação da norma federal. Por tal razão, este recurso analisa somente matéria de direito, não se atentando para os aspectos fáticos da demanda, já estabelecidos nos juízos inferiores (cf., como reflexo disso, Súmulas nos 5 e 7 do STJ).

Somente o STJ julga o REsp (CF, art. 105, III).

Quanto ao cabimento do REsp, o primeiro aspecto é que são passíveis de ataque por tal recurso somente acórdãos proferidos por Tribunais (portanto, excluídas as decisões do JEC),[114] em última ou única instância, que não podem ser atacados por outro recurso (CF, art. 105, III).

Assim, decisão monocrática que decide apelação (CPC, art. 932, III, IV e V) não dá ensejo à interposição de REsp. Daí percebe-se que, antes da interposição do REsp, devem ser esgotados os recursos no Tribunal de origem.[115]

Por sua vez, em relação às hipóteses que admitem a interposição de REsp é que verdadeiramente se percebe a distinção entre os "recursos de estrito direito" ou "recursos excepcionais" (REsp e RE) e os demais recursos.

---

[114] Súmula nº 203 do STJ: "Não cabe recurso especial contra decisão proferida, nos limites de sua competência, por órgão de segundo grau dos Juizados Especiais".

[115] Nesse sentido, a Súmula nº 207 do STJ tinha a seguinte redação: É inadmissível recurso especial quando cabíveis embargos infringentes contra o acórdão proferido no Tribunal de origem. Porém, relembre-se que no CPC/2015 não mais existem os infringentes. Mas, se houver situação de voto vencido, antes da interposição do REsp, deverá haver a técnica de julgamento do art. 942 (vide item 10.8.2).

Não basta a sucumbência ou a irresignação da parte que perdeu, tampouco a existência de um voto vencido. As restritas hipóteses estão previstas nas alíneas do art. 105, III, da CF:

a) acórdão que nega vigência ou contraria tratado ou lei federal;

b) acórdão que dá validade a ato de governo local contestado em face de lei federal;

c) acórdão que dá interpretação divergente daquela dada por outro Tribunal do País (divergência externa, entre tribunais distintos, também denominada "dissídio jurisprudencial").

O REsp somente é recebido no efeito devolutivo, não tendo efeito suspensivo (CPC, art. 995).

Contudo, é possível tentar atribuir *efeito suspensivo ao REsp*. A petição requerendo o efeito suspensivo será dirigida (CPC, art. 1.029, § 5o[116]):

I – ao STJ, no período compreendido entre a publicação da decisão de admissão do recurso e sua distribuição, ficando o relator designado para seu exame prevento para julgá-lo;

II – ao *relator no STJ*, se já distribuído o recurso;

III – ao presidente ou ao vice-presidente do Tribunal recorrido, no período compreendido entre a interposição do recurso e a publicação da decisão de admissão do recurso, assim como no caso de o recurso ter sido sobrestado, por força de recurso repetitivo.

Em relação aos requisitos de admissibilidade, também se percebe boa distinção em relação a outros recursos.

Mas o art. 1.029, § 3º, prevê que o STJ poderá *"desconsiderar vício formal de recurso tempestivo ou determinar sua correção, desde que não o repute grave"*. Ou seja, é uma oportunidade que se dá para que o mérito recursal seja apreciado – resta verificar qual a amplitude que a jurisprudência dará à expressão **"vício formal grave"** – infelizmente, os tribunais superiores têm sido bastante restritivos quanto à interpretação desse dispositivo.

Além de bem comprovar uma das hipóteses de cabimento anteriormente indicadas, deve existir o prequestionamento – que é, de forma simplificada, a apreciação do artigo de lei pelo Tribunal *a quo*, no bojo do julgado. Se o Tribunal de origem não tiver se manifestado sobre tal dispositivo legal, ainda que brevemente, não terá ocorrido o prequestionamento.[117]

Se o recorrente apontou em seu recurso que pretende o prequestionamento de determinado dispositivo, mas o Tribunal permaneceu silente, deve a parte se valer dos embargos de declaração para buscar tal manifestação, apontando *omissão* no acórdão quanto à análise

---

[116] Esse dispositivo teve sua redação alterada pela Lei nº 13.256/2016.

[117] Súmula nº 282 do STF: "É inadmissível o recurso extraordinário, quando não ventilada, na decisão recorrida, a questão federal suscitada (aplicável também ao REsp)".

do dispositivo legal apontado como violado. E, mesmo que não acolhidos os embargos de declaração, pelo CPC, ter-se-á, de todo modo, o *prequestionamento ficto* (art. 1.025).[118]

Tratando-se de REsp fundado em *dissídio jurisprudencial* (divergência em relação a julgado de outro Tribunal – CF, art. 105, III, *c*), obrigatoriamente o recurso terá de ser instruído com o *acórdão paradigma* (a decisão do outro Tribunal). A *divergência é comprovada* mediante certidão, cópia ou citação do repositório de jurisprudência oficial (inclusive em mídia eletrônica), ou ainda via *reprodução do julgado disponível na internet*, com indicação da fonte (CPC, art. 1.029, § 1º). Deverá o recorrente mencionar as *circunstâncias que identifiquem ou assemelhem os casos confrontados* (o chamado "*cotejo analítico*" entre o acórdão recorrido e paradigma[119]).

Em 2022 houve a edição da Emenda Constitucional nº 125, que alterou o art. 105 da CF e trouxe mais um requisito de admissibilidade para o Recurso Especial, a existência de "relevância das questões de direito federal infraconstitucional" (relevância da questão federal).

Nos termos do previsto na EC – e já confirmado administrativamente pelo STJ – há necessidade de uma lei regulamentadora sobre o assunto. Assim, somente após a edição dessa lei é que será exigida, como preliminar de REsp, a indicação da existência da relevância da questão federal[120].

De qualquer forma, o art. 105, § 3º, da CF passou a reconhecer hipóteses em que existe a relevância (presumida).

Essas situações podem ser divididas em três blocos: a) relevância pela natureza da discussão (matéria); b) relevância pela expressão econômica (valor da causa); e c) relevância pelo teor da decisão recorrida (discrepante da jurisprudência dominante).

Vejamos, com base nos incisos do art. 105, § 3º:

a) relevância presumida pela matéria:

Inciso I – ações penais;

Inciso II – ações de improbidade administrativa e;

Inciso IV – ações que possam gerar inelegibilidade;

b) relevância presumida pelo valor da causa:

Inciso III – Ações cujo valor da causa ultrapasse 500 (quinhentos) salários mínimos;

---

[118] Assim, em tese fica superada a posição do STJ pacificada no sistema anterior (Súmula nº 211 do STJ: "Inadmissível recurso especial quanto à questão que, a despeito da oposição de embargos declaratórios, não foi apreciada pelo Tribunal *a quo*"). Mas, na prática, ainda há vários recursos não conhecidos por falta de prequestionamento. Por sua vez, o STJ tem firmado entendimento no sentido de que a admissão do prequestionamento ficto, em REsp, exige que no recurso seja indicada violação ao art. 1.022 do CPC (cf. AgInt no REsp nº 1.719.311/SP, Min. Nancy Andrighi, j. 22.05.2018, *DJe* 28.05.2019).

[119] No REsp fundado em dissídio jurisprudencial, é muito comum o recurso não ser admitido ao argumento de "situações fáticas distintas" entre os acórdãos. Por causa disso, inicialmente foi incluído o § 2º ao art. 1.029 do CPC ("Quando o recurso estiver fundado em dissídio jurisprudencial, é vedado ao Tribunal inadmiti-lo com base em fundamento genérico de que as circunstâncias fáticas são diferentes, sem demonstrar a existência da distinção"). Contudo, com a Lei nº 13.256/2016, esse parágrafo foi *revogado*.

[120] No momento, há projeto de lei elaborado pelo STJ e apresentado ao Congresso para regular a RQF. Contudo, ele ainda está em tramitação e não há previsão de quando essa lei será aprovada e entrará em vigor.

c) relevância presumida considerando a jurisprudência do STJ:

Inciso V – Hipótese em que o acórdão recorrido contrariar jurisprudência dominante do Superior Tribunal de Justiça.

Prosseguindo na análise do REsp, o prazo para interposição do recurso é de 15 dias (CPC, art. 1.003, § 5º).

São devidas custas[121] e "porte de remessa e retorno" (tabela elaborada pelo STJ; os valores são fixados conforme o Estado de origem e o número de fls. do processo[122]).

Interposto o REsp, a parte contrária é intimada para apresentar contrarrazões no prazo de 15 dias (art. 1.030). Nessa petição cabe impugnar tanto o mérito quanto a admissibilidade do recurso.

Com as razões e contrarrazões do REsp, o recurso estará pronto para a apreciação de sua admissibilidade.[123]

Ao proceder ao juízo de admissão, há diversas possibilidades ao desembargador que o realiza, nos termos do art. 1.030 do CPC, com a redação da Lei nº 13.256/2016:

I – *negar seguimento* a recurso especial interposto contra acórdão que esteja em conformidade com entendimento do STJ, proferido com base em julgamento de recursos repetitivos;

II – *encaminhar o processo ao órgão julgador* (turma ou câmara que proferiu o acórdão), para realização do juízo de retratação, se o acórdão recorrido divergir do entendimento do STJ proferido com base em julgamento de recursos repetitivos (ou seja, depois da prolação do acórdão, houve a decisão do repetitivo no STJ);

III – *sobrestar o recurso* que versar sobre controvérsia de caráter repetitivo ainda não decidida pelo STJ;

IV – *selecionar o recurso como representativo de controvérsia*, para que venha a ser julgado como repetitivo pelo STJ;

V – proceder ao juízo de *admissibilidade do REsp*, e, no caso de admissão, remeter o recurso ao STJ, desde que: a) o recurso ainda não tenha sido submetido ao regime de julgamento de recursos repetitivos; b) o recurso tenha sido selecionado como representativo da controvérsia; ou c) o Tribunal recorrido tenha refutado o juízo de retratação.

---

[121] Custas são devidas nos termos da Lei nº 11.636/2007.

[122] Ainda que o CPC atual tenha tentado afastar a rigidez do STJ quanto às custas, considerando o art. 1.007, § 7º ("O equívoco no preenchimento da guia de custas não implicará a aplicação da pena de deserção, cabendo ao relator, na hipótese de dúvida quanto ao recolhimento, intimar o recorrente para sanar o vício no prazo de 5 (cinco) dias"), o advogado deve tomar bastante cuidado com a chamada "jurisprudência defensiva" (vide item 11.6.7).

[123] Em relação à admissibilidade do REsp, há de se ter bastante atenção, pois o tratamento do tema passou por diversas alterações durante a tramitação do CPC atual: (i) segundo o CPC/1973, a admissibilidade do REsp e RE era feita na origem, ou seja, pela presidência do Tribunal intermediário; (ii) na versão original do Novo CPC, a admissibilidade não mais seria feita na origem, mas apenas e diretamente no STJ; (iii) com a Lei nº 13.256/2016, que alterou o Código ainda na sua vacatio legis, a análise da admissibilidade voltou para o Tribunal de origem; em caso de inadmissão do REsp, é cabível o agravo em recurso especial para tentar que o REsp seja admitido (a respeito desse recurso, vide item 10.7.4).

Dessas decisões monocráticas indicadas é possível recorrer (art. 1.030, §§ 1º e 2º):

(i) tratando-se de inadmissão por ausência de requisito de admissibilidade (inciso V), cabe *agravo em recurso especial* (art. 1.042, já exposto no item 10.7.4);

(ii) tratando-se de decisão relativa a recurso repetitivo (negar seguimento – inciso I – ou sobrestar – inciso III), cabe *agravo interno* (art. 1.021), a ser julgado perante o próprio Tribunal de origem, sem que haja possibilidade – pela legislação – de se chegar ao Tribunal superior.

No mais, tendo chegado o REsp no STJ, se o ministro relator entender que ele *versa sobre questão constitucional*, concederá *prazo de 15 dias* para que o recorrente *demonstre a repercussão geral e se manifeste sobre a questão constitucional*; cumprida a diligência, o relator remeterá o recurso ao STF, que, em juízo de admissibilidade, poderá devolvê-lo ao STJ (CPC, art. 1.032). Ou seja, tem-se uma situação de conversão do recurso especial em recurso extraordinário.

Não mais existe a figura do *REsp retido* (que existia no sistema do CPC/1973).

Nos termos dos arts. 1.036 e seguintes do CPC, há outra especificidade envolvendo o REsp. Quando se estiver diante da multiplicidade de recursos com fundamento em idêntica questão de direito, os mais representativos serão enviados ao STJ, sendo que os demais ficarão suspensos até decisão definitiva do Tribunal.

Trata-se de "julgamento por amostragem": apreciada a matéria no julgamento dos recursos destacados, a decisão ali proferida servirá como base para os demais recursos, que estavam suspensos. Vale destacar que não se trata de uma decisão vinculante; contudo, configura um importante precedente jurisprudencial.

Como se pode perceber do exposto anteriormente, em relação às possibilidades de admissibilidade, o CPC bem regula a situação que envolve recursos repetitivos, esperando que, com isso, as causas massificadas sejam julgadas da mesma forma.

## 11.11.1 Modelo de recurso especial comentado

Para ilustrar e fixar os conceitos expostos neste tópico, propomos um problema a partir do qual será elaborado um recurso especial. Para melhor compreensão do tema, os comentários serão feitos no corpo da petição.

JOAQUIM JOSÉ DA SILVA XAVIER, residente em Belo Horizonte, ingressou em juízo em face da UNIÃO. Buscou indenização por danos morais em virtude de inscrição de seu nome em cadastros restritivos de crédito, em virtude do suposto não pagamento de imposto de renda (a quantia havia sido corretamente paga e a inclusão se deveu a um erro da UNIÃO).

A sentença condenou a ré ao pagamento de R$ 500.000,00, quantia mantida pelo Tribunal. Houve recurso de apelação, mas o acórdão manteve a condenação nessa quantia.

A UNIÃO está inconformada com o valor da condenação, especialmente considerando que indenizações por inscrições indevidas são geralmente fixadas na base de R$ 10.000,00.

Como advogado da UNIÃO, atue em seu favor, de modo a buscar a diminuição da indenização.

EXCELENTÍSSIMO SENHOR DOUTOR DESEMBARGADOR FEDERAL PRESIDENTE[1] DO EGRÉGIO TRIBUNAL REGIONAL FEDERAL[2] DA 1ª[3] REGIÃO

> 1. O REsp e o RE são sempre endereçados ao Presidente do Tribunal *a quo*.
>
> 2. Estamos aqui diante de Tribunal Regional Federal, visto que a União é a ré na ação (CF, art. 109, I).
>
> 3. Diferentemente da Justiça Estadual, em que há Tribunais de Justiça em cada um dos Estados e no DF, na Justiça Federal são apenas seis Tribunais Regionais Federais; *1ª Região*, com sede em Brasília: Estados do Norte, BA, PI, MA, DF, GO e MT; *2ª Região*, com sede no Rio de Janeiro: RJ e ES; *3ª Região*, com sede em São Paulo: SP e MS; *4ª Região*, com sede em Porto Alegre: RS, SC e PR; *5ª Região*, com sede em Pernambuco: AL, CE, PB, PE, RN e SE; e *6ª Região*, com sede em Minas Gerais, julgando apenas as causas desse Estado (foi o último Tribunal a ser criado).

Autos n. 2023.01.00.000123-4

Recorrente: UNIÃO FEDERAL

Recorrido: JOAQUIM JOSÉ DA SILVA XAVIER

União, já qualificada nos autos,[4] por seu advogado abaixo assinado,[5] vem, respeitosamente, à presença de Vossa Excelência interpor o presente

> 4. Somente há necessidade de nova qualificação se tiver ocorrido alguma alteração.
>
> 5. Apenas há necessidade de juntar nova procuração se houve alteração dos advogados.

## RECURSO ESPECIAL

com fundamento nas alíneas *a* e *c* do inciso III do art. 105 da CF,[6] pelas razões de fato e de direito a seguir expostas, que desta fazem parte integrante.

> 6. Importante indicar qual o fundamento (qual das alíneas do art. 105 da Constituição) do REsp.

Todos os requisitos formais próprios ao presente recurso foram observados, sendo que não há o recolhimento de custas por força de previsão legal, considerando ser a União a recorrente (CPC, art. 1.007, § 1º).[7]

> 7. O REsp, tal qual o RE, tem custas (cf. Lei nº 11.636/2007) e porte de remessa e retorno (fixado conforme tabela divulgada pelo STJ, sendo que se paga por meio de guia GRU, pelo número de fls. dos autos (sendo físico) e pela distância

entre o juízo de origem e Brasília). No caso, não há recolhimento de custas (por ser a Fazenda a recorrente), mas é sempre conveniente destacar o motivo pelo qual há tal isenção.

Também vale destacar que, até o momento, o assunto debatido neste recurso não foi entendido como repetitivo[8] pelo E. STJ. Assim, não há que se falar em suspensão na tramitação do recurso (CPC, art. 1.037, II).

De qualquer forma, como estamos diante de uma questão que pode ser objeto de outros recursos, caso o E. STJ venha a reconhecer a aplicação do regime do repetitivo (CPC, arts. 1.036 e seguintes), requer-se que o presente recurso seja enviado àquele Tribunal, tendo em vista se tratar de um recurso representativo.

> 8. Como já mencionado, nos termos do art. 1.036 do CPC, em caso de multiplicidade de recursos com fundamento em idêntica questão, apenas alguns REsp serão julgados, sendo que os demais ficarão suspensos. Diante disso, conveniente destacar, já na interposição do recurso, que a matéria debatida não foi entendida como repetitiva pelo STJ (é necessário um prévio estudo da questão no âmbito de tal Tribunal, por certo). Por sua vez, se a questão puder ser enquadrada como repetitiva, vale requerer que o caso concreto seja levado ao STJ, para fazer parte do julgamento que definirá a questão.

Por fim, considerando que ainda não houve a edição de lei regulamentadora, ainda não é de se exigir, no REsp, a preliminar de relevância da questão federal (CF, art. 105, §§).[9]

> 9. Como mencionado no capítulo, com a EC nº 125/2022, há um novo requisito para o especial: a relevância da questão federal (RQF). Mas até que haja a edição de lei regulamentadora, a inovação não é eficaz, de modo que não há necessidade de defender a existência de RQF, bastando essa menção de que ainda não há possibilidade de aplicar esse filtro.

Termos em que, requerendo o recebimento e processamento do presente recurso, com a oitiva da parte contrária para, querendo, apresentar contrarrazões, com o posterior envio ao Superior Tribunal de Justiça,[10] pede deferimento.

> 10. Interposto na origem (juízo *a quo* – Tribunal intermediário, no caso o TRF1), o REsp será julgado pelo STJ.

Cidade, data, assinatura, OAB.

*(outra página)*[11]

> 11. É praxe, no RE e no RESP uma petição de interposição (apenas comunicando o ingresso do recurso, com a menção aos aspectos formais) e, na sequência, iniciando-se em outra página, as razões recursais.

## RAZÕES DE RECURSO ESPECIAL

Autos n. 2023.01.00.000123-4

Recorrente: UNIÃO FEDERAL

Recorrido: JOAQUIM JOSÉ DA SILVA XAVIER

Origem: TRF da 1ª Região/2ª Vara Cível Federal de Belo Horizonte

*EGRÉGIO TRIBUNAL,*

*COLENDA TURMA,*[12]

*ÍNCLITOS JULGADORES*

> 12. A divisão fracionária, nos TRFs é distinta dos TJs. Nos TJs, existe divisão em Câmaras, sendo que a Turma julgadora compreende somente os julgadores (três) que apreciarão determinado recurso. Já nos TRFs, não se utiliza o termo Câmara, mas Turma (órgão fracionário que contém cerca de cinco desembargadores) e Turma julgadora (julgadores que efetivamente apreciarão determinado recurso, que serão três).

## I – BREVE SÍNTESE DA PRESENTE DEMANDA[13]

> 13. Como no REsp já houve sentença (1° grau) e acórdão (Tribunal), é conveniente fazer uma recapitulação dos fatos, para facilitar a compreensão. Não há que ser um resumo minucioso, mas necessário que traga os principais eventos ocorridos no processo.

Trata-se de recurso em que se discute o valor de indenização por danos morais.

Como se depreende da simples leitura dos autos, em virtude de um erro administrativo,[14] o ora recorrido teve seu nome negativado em cadastro restritivo de crédito (CADIN). Diante disso, ingressou com demanda indenizatória, pleiteando a condenação desta UNIÃO no pagamento de danos morais.

> 14. No caso, o próprio problema já aponta a ocorrência de falha. Sendo assim, não se justifica negar a ocorrência do fato (o que, inclusive, pode acarretar condenação por litigância de má-fé). Ademais, em 1° e 2° graus é possível se afirmar que não houve dano, mas mero aborrecimento. Porém, para fins de recurso para Tribunal Superior, afirmar que não houve dano demanda o revolvimento da matéria fática – o que é inviável no recurso especial, considerando a Súmula nº 7/STJ. Mas, como se verá na sequência, se o valor é elevado é possível discutir isso.

O pedido foi julgado procedente, com a condenação fixada no valor de R$ 500.000,00 (quinhentos mil reais).

A apelação e a remessa necessárias foram negadas, por unanimidade, mantendo a condenação no valor fixado em 1° grau.[15]

> 15. Tratando-se de Fazenda Pública, existe a remessa necessária (art. 496). Assim, existindo ou não recurso, conforme o valor da causa, deverá haver a análise em 2º grau. Porém, não existe remessa necessária para Tribunal Superior.

Opostos embargos declaratórios para fins de prequestionamento, o v. acórdão foi mantido.

É a breve síntese do necessário.

Percebe-se que o v. acórdão reconhece a existência de dano moral decorrente de inscrição indevida, mas fixa a indenização em valor exorbitante, superior aos valores usualmente fixados por esse E. STJ.

Com a devida vênia, o v. acórdão não merece prosperar. Destarte, necessário que se admita o presente recurso,[16] com sua consequente remessa ao E. STJ, para que então seja conhecido e provido.[17]

> 16. O primeiro juízo de admissibilidade é realizado na origem, usualmente, pelo vice-presidente do Tribunal. O julgador irá apreciar se estão presentes os requisitos do REsp ou do RE (CPC, art. 1.030). Se estiverem presentes, o recurso será admitido. Se não estiverem presentes (o que ocorre na maioria das vezes), a parte, querendo, deverá ingressar com agravo nos próprios autos (CPC, art. 1.042).
>
> 17. Após a admissão por parte do vice-presidente, na origem, o REsp (ou RE) será remetido ao Tribunal Superior, em Brasília. Naquele Tribunal, novo juízo de admissibilidade será realizado, em que o recurso poderá ou não ser conhecido. E, se conhecido, aí é que haverá a apreciação do mérito recursal, com eventual provimento.

## II – DA PRESENÇA DOS REQUISITOS DE ADMISSIBILIDADE[18] PARA O CONHECIMENTO DESTE RECURSO

> 18. Como na maior parte das vezes o REsp não é admitido na origem, é conveniente destacar a pertinência da interposição do recurso em tópico específico para isso.

### 1) DO PREQUESTIONAMENTO DOS DISPOSITIVOS VIOLADOS (CC, arts. 186 e 927[19] – ALÍNEA *A* DO PERMISSIVO CONSTITUCIONAL)[20]

> 19. Como imprescindível o prequestionamento, vale apontar, desde o início, quais são os dispositivos prequestionados/violados.
>
> 20. Isso significa dizer que a parte está ingressando com o REsp por entender que o acórdão recorrido negou vigência à lei federal (CF, art. 105, III, *a*).

Da simples leitura do voto condutor do v. acórdão recorrido, percebe-se que houve o prequestionamento.

Para isso, basta verificar que[21] é feita expressa menção aos dispositivos legais em comento. Mas, como se não bastasse, *ad argumentandum*, houve a oposição de embargos de declaração para o fim específico de prequestionar, de modo que esse requisito está cumprido.[22]

> 21. No caso, deve o advogado verificar, no acórdão, os pontos em que efetivamente houve menção aos dispositivos violados. Se não tiver ocorrido o prequestionamento, deve o advogado opor embargos de declaração previamente à interposição do REsp/RE.
>
> 22. Pela letra do CPC, uma vez opostos os embargos declaratórios para fins de prequestionamento, "consideram-se incluídos no acórdão os elementos que o embargante suscitou", ou seja, o Código prevê o prequestionamento ficto (art. 1.025).

Destarte, como se vê, certo é que houve a discussão acerca da aplicabilidade dos mencionados dispositivos legais, sendo indubitável, portanto, o efetivo prequestionamento de tais artigos.

### 2) DA ADEQUADA APRESENTAÇÃO DE PARADIGMAS,[23] CONFORME O ART. 1.029, § 1º, do CPC (ALÍNEA *C* DO PERMISSIVO CONSTITUCIONAL)[24]

> 23. Julgado de outro Tribunal que, no entender do recorrente, é divergente do julgado recorrido e justifica sua reforma. Tratando-se de recurso endereçado ao STJ, nada melhor que citar um julgado do próprio Tribunal.
>
> 24. Isso significa que a parte está ingressando com o REsp por entender que há divergência entre o acórdão recorrido e outro acórdão, de outro Tribunal (CF, art. 105, III, *c*).

Para permitir a subida do recurso pela alínea *c* do permissivo constitucional, junta a recorrente julgados desse E. STJ, de modo a comprovar a divergência entre a posição do Tribunal *a quo* e o entendimento de outros Egrégios Tribunais.[25]

> 25. O acórdão paradigma, para justificar a divergência, deve ser de Tribunal diverso do Tribunal *a quo* (Súmula nº 13 do STJ).

Os julgados foram obtidos na Internet, a partir da página mantida por esse E. Tribunal (stj.jus.br), conforme autorizado pelo CPC, art. 1.029, § 1º.[26]

> 26. A juntada do paradigma a partir da internet é algo que facilita bastante o trabalho do advogado. Contudo, vale destacar que não basta a juntada da ementa; deve ser anexada aos autos cópia integral do acórdão (ementa, relatório e votos).

Pelo exposto, perfeitamente adequada a apresentação dos julgados paradigmas.

### III – DA NEGATIVA DE VIGÊNCIA À LEI FEDERAL[27] (CF, art. 105, III, *a*): FIXAÇÃO EXORBITANTE DE VALOR PELO DANO

> 27. Após discorrer sobre o cabimento do recurso, deve o recorrente abordar efetivamente o mérito recursal apontando as razões de provimento do recurso.

A v. decisão que manteve a condenação em valor exorbitante, *data venia*, não aplicou o melhor direito e violou, expressamente, dispositivos do CC.[28]

> 28. O que se busca aqui é demonstrar que a interpretação dada a tal dispositivo não foi a mais adequada.

A existência do dano moral – que foi debatida nas instâncias de origem – não é objeto de debate nesta esfera superior.

Contudo, a fixação exorbitante do dano moral já acarreta violação aos próprios dispositivos que tratam da indenização (CC, arts. 186 e 927).

Ora, o dano moral deve restituir a parte ao estado anterior, mas não causar o enriquecimento sem causa do autor – situação que, vale lembrar, é expressamente vedada pela lei (CC, art. 884).[29]

> 29. Se tiver havido prequestionamento também em relação a este dispositivo, seria viável a alegação de violação igualmente a tal dispositivo. Mas, se não houve – como, no caso em hipótese –, não se deve alongar nesse argumento.

Assim, a indenização no valor fixado na origem destoa completamente dos precedentes mais recentes dessa E. Corte Superior, configurando verdadeira teratologia[30] e, assim, está justificado o conhecimento do recurso, sem que se haja de falar em aplicação do óbice da Súmula nº 7.

> 30. Termo muito utilizado no cotidiano forense para apontar erro do julgador, teratologia é o "estudo das monstruosidades".

Nesse sentido, além dos precedentes que abaixo serão mencionados, a doutrina: "(...)".[31]

> 31. Não se trata de algo fundamental, mas, caso haja algum trecho doutrinário relevante, por certo poderá ser citado no corpo do recurso.

Pelo exposto, indubitável é a violação à legislação federal.

### IV – DA INTERPRETAÇÃO DIVERGENTE ENTRE O V. JULGADO RECORRIDO E DECISÕES DESSE E. TRIBUNAL (CF, ART. 105, III, C)[32]

> 32. Acima, atacou-se o julgado recorrido, afirmando que não se aplicou corretamente a lei (alínea *a*). A partir deste momento, apontam-se julgados que divergem do recorrido (alínea *c*).

A alegação de que a quantia fixada a título de indenização é exorbitante encontra respaldo na jurisprudência pátria.

Diversos acórdãos de outros Tribunais – inclusive desse E. STJ – são firmes em apontar que a indenização por dano moral não deve ser exorbitante.

Nessa linha, apresentamos dois acórdãos paradigmas, de lavra desse E. Tribunal – e todos ora juntados, a partir do inteiro teor obtido na Internet.[33]

> 33. Quando se interpõe REsp com base na alínea *c*, os julgados paradigmas devem ser juntados, no seu inteiro teor (não é suficiente a ementa, sendo necessário o relatório, o voto e a certidão de julgamento). Atualmente, é fácil a obtenção do inteiro teor via Internet.

Ambos os julgados tratam de inscrição indevida em cadastro restritivo, os dois igualmente apontando que, somente se for exorbitante, cabe a alteração do valor. E ambos indicam como adequado, para fins de fixação de dano moral, quantia bem inferior ao caso concreto.

Como se verá na sequência, os julgados trazem hipótese de indenização de R$ 10.000,00 (dez mil), no exato caso de inscrição indevida.

Vejamos (grifos nossos):

"AGRAVO INTERNO NO AGRAVO EM RECURSO ESPECIAL. **INDENIZATÓRIA. INSCRIÇÃO INDEVIDA NOS CADASTROS RESTRITIVOS DE CRÉDITO.** DANO MORAL. QUANTUM INDENIZATÓRIO. REVISÃO. IMPOSSIBILIDADE. DISSÍDIO JURISPRUDENCIAL. INVIABILIDADE. AGRAVO INTERNO DESPROVIDO. 1. Somente é admissível o exame do valor fixado a título de danos morais em **hipóteses excepcionais, quando for verificada a exorbitância ou a natureza irrisória da importância arbitrada.** 2. No caso, o montante estabelecido pelo Tribunal de origem em **R$ 10.000,00** (dez mil reais) não se mostra exorbitante nem desproporcional aos danos sofridos pelo agravado, **ante a inscrição indevida do seu nome nos órgãos de proteção ao crédito**, a justificar sua reavaliação em recurso especial. 3. Inviável também conhecer da alegada divergência interpretativa, pois a incidência da Súmula 7 do STJ na questão controversa apresentada é, por consequência, óbice para a análise do apontado dissídio, o que impede o conhecimento do recurso pela alínea *c* do permissivo constitucional. 4. Agravo interno a que se nega provimento" (AgInt no AREsp n. 1.263.609/MS, rel. Min. Raul Araújo, Quarta Turma, j. 28.05.2019, *DJe* 13.06.2019.)"

"AGRAVO REGIMENTAL NO AGRAVO EM RECURSO ESPECIAL. INSCRIÇÃO INDEVIDA. DANO MORAL CARACTERIZADO. AGRAVO REGIMENTAL A QUE SE NEGA PROVIMENTO.

1. A indenização por dano moral decorrente de inscrição indevida em cadastro restritivo de crédito fixada no valor de R$ 10.000,00 (dez mil reais) não demanda revisão por esta Corte, que só altera o valor da condenação quando esta é irrisória ou exorbitante, o que não se verifica no caso em apreço. 2. Agravo regimental a que se nega provimento, com aplicação de multa" (AgRg no AREsp 219.998/TO, rel. Min. Luis Felipe Salomão, 4ª T., j. 02.10.2012, *DJe* 05.10.2012).

Como se percebe, é patente a divergência entre tais julgados e o v. acórdão recorrido. Cabe, inclusive, analisar as especificidades de cada um deles:

Julgado recorrido: indenização de R$ 500.000,00, por dano moral decorrente de inscrição indevida, em que (...)

Paradigma 1: indenização de R$ 10.000,00, por dano moral decorrente de inscrição indevida, em que (...)

Paradigma 2: indenização de R$ 10.000,00, por dano moral decorrente de inscrição indevida, em que (...)[34]

> 34. Esta comparação entre o julgado recorrido e o julgado paradigma é prevista em lei, e deve ser realizada pela parte. O advogado deve cotejar os julgados – sob pena de não conhecimento do recurso (CPC, art. 1.029, § 1º, *in fine*: "mencionar as circunstâncias que identifiquem ou assemelhem os casos confrontados").

Pelo exposto, certo é que o recurso especial deve ser conhecido e provido.

### V – CONCLUSÃO[35]

> 35. Aqui se encontra o pedido do recurso, que deve trazer a síntese daquilo que se pretende.

Diante do exposto, pede e requer o recorrente:

(i) que o presente recurso seja admitido na origem (conhecido) e remetido ao E. STJ, já que ocorrido o prequestionamento e apresentados julgados que deram aplicação distinta à lei federal (declarando o advogado da recorrente que tais julgados são autênticos);

(ii) após a admissão do REsp, quando o recurso for recebido no E. STJ, que seja conhecido e, no mérito, provido, para reduzir o valor da indenização por danos morais para R$ 10.000,00 ou outra quantia que essa Egrégia Corte entenda adequada.

Termos em que pede deferimento.

Cidade, data, assinatura, OAB.

## 11.12 RECURSO EXTRAORDINÁRIO

O recurso extraordinário (RE), por ser, ao lado do REsp, um "recurso de estrito direito", apresenta diversos pontos em comum com tal recurso. Assim, grande parte do que foi exposto anteriormente aplica-se em relação ao RE.

Seu objetivo não é a simples rediscussão da matéria objeto do recurso (como no caso da apelação e dos demais recursos, ditos ordinários). Neste recurso, a finalidade é a observância – e unidade na aplicação – dos ditames constitucionais por todos os Tribunais pátrios.

Com o RE, portanto, busca o STF zelar pela supremacia da Constituição em todo o território nacional. Somente o STF é que julga o RE (CF, art. 102, III).

Quanto ao cabimento do RE, são passíveis de serem atacadas por tal recurso as causas decididas em única ou última instância (aqui não é feita menção a "Tribunais"; portanto, é possível atacar por RE decisões do colégio recursal do JEC). Há esta distinção em relação ao REsp exatamente porque o objeto do RE é manter a supremacia da Constituição (CF, art. 102, III).

Por sua vez, da mesma forma que o REsp, para que se possa utilizar o RE, devem ter sido esgotados os recursos na origem. Logo, a decisão monocrática (CPC, art. 932, III, IV e V) não dá ensejo à interposição de RE.

Já em relação às hipóteses que admitem a interposição de RE, da mesma forma que o REsp, há distinção em relação aos demais recursos.

Não bastam a sucumbência e a irresignação da parte que sucumbiu; deve-se demonstrar no RE que a decisão recorrida viola a Constituição.

As hipóteses estão previstas nas alíneas do art. 102, III, da CF:

a) acórdão que contraria dispositivo da Constituição;

b) acórdão que declara a inconstitucionalidade de tratado ou lei federal;

c) acórdão que julga válida lei local (ou ato de governo) contestada em face da Constituição;

d) acórdão que julga válida lei local contestada em face de lei federal (hipótese inserida com a EC nº 45/2004: isso se justifica porque, como nesse caso a discussão se refere à competência legislativa e esse é um tema constitucional, cumpre ao STF apreciar a matéria).

Tal qual o REsp, o RE somente é recebido no efeito devolutivo, não havendo o efeito suspensivo; contudo, é possível buscar a atribuição de efeito suspensivo a tal recurso nos mesmos moldes verificados em relação ao REsp.

Também no RE se percebe distinção no tocante aos requisitos de admissibilidade, em relação a outros recursos.

Igualmente ao já exposto para o REsp, o art. 1.029, § 3º, prevê que o STF poderá *"desconsiderar vício formal de recurso tempestivo ou determinar sua correção, desde que não o repute grave"*. Ou seja, há oportunidade para que o mérito recursal seja apreciado; resta verificar qual amplitude a jurisprudência dará à expressão **"vício formal grave"**, mas o STF tem sido restritivo na utilização desse dispositivo.

Tal qual no REsp, deve haver o prequestionamento.

Além disso, a partir da EC nº 45/2004, foi criado outro requisito de admissibilidade, constante do § 3º do art. 102:[124] a "repercussão geral das questões constitucionais" – ou seja, o julgamento do recurso há de ser relevante não só em relação as partes, mas para a sociedade como um todo, com repercussão nos âmbitos social, jurídico, econômico ou político;[125] só em tal caso será justificável sua apreciação pelo Tribunal.

Há casos em que essa chamada relevância é pressuposta, conforme previsto no art. 1.035, § 3º, do CPC: ela está configurada quando o acórdão impugnado contraria súmula ou jurisprudência dominante do STF ou quando ele reconheceu a inconstitucionalidade de tratado ou de lei federal, nos termos do art. 97 da CF (cláusula de reserva de plenário).

A competência para apreciar a existência da repercussão geral é exclusiva do STF. O recurso não será conhecido se 2/3 (dois terços) dos Ministros do STF (8 dos 11) entende-

---

[124] "No recurso extraordinário o recorrente deverá demonstrar a repercussão geral das questões constitucionais discutidas no caso, nos termos da lei, a fim de que o Tribunal examine a admissão do recurso, somente podendo recusá-lo pela manifestação de dois terços de seus membros".

[125] O tema também está no CPC/2015, art. 1.035, § 1º: "Para efeito de repercussão geral, será considerada a existência ou não de questões relevantes do ponto de vista econômico, político, social ou jurídico que ultrapassem os interesses subjetivos do processo". Traz o § 3º de tal dispositivo situações de repercussão geral que decorrem de lei: "Haverá repercussão geral sempre que o recurso impugnar acórdão que: I – contrarie súmula ou jurisprudência dominante do Supremo Tribunal Federal; II – (revogado); III – tenha reconhecido a inconstitucionalidade de tratado ou de lei federal, nos termos do art. 97 da Constituição Federal" (o inciso II – "tenha sido proferido em julgamento de casos repetitivos" – se deu por força da Lei nº 13.256/2016).

rem ausente a repercussão geral. A decisão sobre a presença da repercussão é irrecorrível (CPC, art. 1.035, *caput*).

O recorrente deverá demonstrar, em preliminar do RE, a existência da repercussão geral (art. 1.035, § 2º).

Portanto, deverá o advogado, ao interpor o RE, desenvolver muito bem o seu cabimento, destacando a presença da repercussão geral da questão constitucional. Caso contrário, o recurso não será conhecido.

Reconhecida a repercussão geral, o relator determinará a suspensão de todos os processos, individuais ou coletivos, que tratem daquele tema, em todo o País (CPC, art. 1.035, § 5º).[126]

Negada a repercussão geral, a presidência do Tribunal intermediário negará seguimento aos recursos extraordinários sobrestados na origem que versem sobre matéria idêntica (art. 1.035, § 8º).

Como no RE não há uma hipótese de cabimento pela divergência entre Tribunais, não há discussão quanto à forma das cópias do paradigma (é claro que nada impede que se utilize um acórdão para sustentar as razões do recurso; todavia, esta não, em si mesma, é uma hipótese de cabimento do RE).

O prazo para interposição do recurso é de 15 dias (CPC, art. 1.003, § 5º).

Exige-se o recolhimento não só do "porte de remessa e retorno" (se for processo físico), como também de despesas de preparo (consoante tabelas elaboradas pelo STF).

Interposto o RE, a parte contrária será intimada para apresentar contrarrazões no prazo de 15 dias (CPC, art. 1.030). Tal peça permite impugnar tanto o mérito quanto a admissibilidade do recurso.

O processamento do RE é realizado da mesma forma que o REsp. É apresentado no Tribunal de origem e, após a resposta do recorrido, é dirigido à vice-presidência do Tribunal. Então, ainda na origem, será feita a análise da admissibilidade do RE[127] (ou seja,

---

[126] Prevê o Código que o recurso que tiver a repercussão geral reconhecida deverá ser "julgado no prazo de 1 ano" (§ 9º). Contudo, se não ocorrer o julgamento do RE com repercussão geral em 1 ano, não há qualquer consequência prevista na lei (na versão original do NCPC, o § 10 previa que cessará cessaria a suspensão dos processos passado esse prazo de 1 ano – porém, o dispositivo foi revogado pela Lei nº 13.256/2016). Havia dispositivo semelhante para os recursos repetitivos, também revogado.

[127] Ao proceder à admissibilidade, há diversas possibilidades ao desembargador que a realiza – que não precisará se limitar à admissão. Segundo o art. 1.030 (com as inovações da Lei nº 13.256/2016), ele poderá: "I – negar seguimento a RE que discuta questão à qual o STF não tenha reconhecido a existência de repercussão geral ou a RE interposto contra acórdão que esteja em conformidade com entendimento do STF proferido no regime de repercussão geral ou a RE interposto contra acórdão que esteja em conformidade com entendimento do STF proferido no julgamento de recursos repetitivos; II – encaminhar o processo ao órgão julgador (turma ou câmara que proferiu o acórdão), para realização do juízo de retratação, se o acórdão recorrido divergir do entendimento do STF proferido nos regimes de repercussão geral ou de recursos repetitivos (ou seja, depois da prolação do acórdão, houve a decisão do repetitivo no STJ); III – sobrestar o recurso que versar sobre controvérsia de caráter repetitivo ainda não decidida pelo STF; IV – selecionar o recurso como representativo de controvérsia constitucional, para julgamento como repetitivo; V – proceder à admissibilidade do RE, e, no caso de admissão, remeter o recurso ao STF, desde que: a) o recurso ainda não tenha sido submetido ao regime de repercussão geral ou de recursos repetitivos; b) o recurso tenha sido selecionado como representativo da controvérsia; ou c) o Tribunal recorrido tenha refutado o juízo de retratação".

se deve ser admitida a remessa do recurso para julgamento perante o STF, por estarem presentes os requisitos de admissibilidade).

Admitido o recurso, os autos são remetidos para o STF. O Tribunal *ad quem*, quando do julgamento do RE, poderá conhecer ou não de tal recurso (ou seja, não está vinculado ao que decidiu o Tribunal de origem).

Tal como ocorre no REsp, também há dificuldade quanto à admissão do RE, sendo poucos os que "sobem" (são admitidos na origem), especialmente pela questão da repercussão geral.

Não admitido o RE no Tribunal de origem, pode o recorrente agravar (ARE, agravo em recurso extraordinário, interposto em 15 dias, perante o Tribunal de origem – CPC, art. 1.042).

Inova o Código ao prever que, estando o RE no STF, se o relator considerar como reflexa a ofensa à Constituição afirmada no recurso extraordinário, por pressupor a revisão da interpretação de lei federal ou de tratado, o Tribunal remeterá o recurso ao STJ para julgamento como recurso especial (CPC, art. 1.033). Trata-se da *conversão do RE em REsp*.

Não existe, atualmente, o RE retido (recurso que existia no sistema do CPC/1973).

Quanto à forma, o RE é semelhante ao REsp: deve-se destacar com cuidado o cabimento do recurso antes de discutir o mérito. Apenas deve-se ter em mente as distinções existentes entre ambos os recursos (no RE, há a necessidade da repercussão geral, ao passo que não cabe RE fundado em divergência jurisprudencial).

No mais, vale esclarecer que, diante de reiteradas decisões proferidas em sede de RE, é possível que o STF venha a editar súmula vinculante, que deverá ser observada pelos demais órgãos do Poder Judiciário e pelo Poder Executivo, em qualquer esfera (Federal, Estadual e Municipal). O tema é regulado pelo art. 103-A da CF e pela Lei nº 11.417/2006.[128]

Por fim, vale destacar que, no CPC atual, não existe apenas o REsp repetitivo, mas também o RE repetitivo, com as características já expostas. Mas, na prática forense, ele é pouco utilizado, sendo muito mais comum o RE com RG (repercussão geral) do que o RE repetitivo.

Segue tabela elucidativa do cabimento dos recursos excepcionais.

| COMPETÊNCIA RECURSAL DO STJ E DO STF | | |
|---|---|---|
| **Recurso especial** (CF, art. 105, III) | Causas decididas: – Em única ou última instância; – Por Tribunais Regionais Federais ou Tribunais Estaduais | Quando decisão contrariar tratado ou lei federal, ou lhes negar vigência |
| | | Quando decisão julgar válido ato de governo local contestado em face da lei federal |
| | | Dissídio jurisprudencial (interpretação divergente da lei federal daquela que lhe deu outro Tribunal) |

---

[128] O teor das súmulas vinculantes pode ser consultado em <www.stf.jus.br>, clicando em "Jurisprudência" e depois em "Súmulas Vinculantes".

| COMPETÊNCIA RECURSAL DO STJ E DO STF | | |
|---|---|---|
| **Recurso extraordinário** (CF, art. 102, III) | Causas decididas: – Em única ou última instância – Desde que demonstrada a repercussão geral da questão constitucional (o Tribunal poderá recusá-la por decisão de 2/3 de seus membros, não admitindo o recurso) | Quando decisão contrariar dispositivo constitucional |
| | | Quando decisão declarar inconstitucional tratado ou lei federal |
| | | Quando decisão julgar válida lei ou ato local contestado em face da Constituição Federal |
| | | Quando decisão julgar válida lei local contestada em face de lei federal |

## 11.12.1 Modelo de recurso extraordinário comentado

Para ilustrar e fixar os conceitos expostos neste tópico, propomos um problema a partir do qual será elaborado um recurso extraordinário. Para melhor compreensão do tema, os comentários serão feitos no corpo da petição.

Vale novamente destacar que, com o requisito da repercussão geral da questão constitucional (CPC, art. 1.035), o acesso ao STF, via RE, ficou sensivelmente dificultado, já que apenas causas relevantes para a sociedade como um todo serão julgadas por tal Tribunal.

*JOSÉ CARLOS, residente no Rio de Janeiro, é devedor de instituição financeira, por crédito constante de título executivo extrajudicial. Iniciada a execução, foi penhorado um veículo de JOSÉ CARLOS, que figurou como depositário. Diante do perecimento do bem (em um acidente veicular com perda total), o banco requereu a prisão civil do devedor por considerá-lo depositário infiel.*

*O juiz de 1º grau indeferiu o pedido, ao argumento de inexistência de culpa do devedor.*

*Inconformado, o banco interpôs agravo de instrumento, afirmando que houve culpa do depositário (imprudência), mas que o juiz de 1º grau não permitiu que fosse produzida prova nesse sentido e que, portanto, a prisão seria cabível.*

*O TJRJ, em decisão colegiada, deu parcial provimento ao agravo, para determinar nova análise da questão pelo juízo de origem, de modo a se produzir prova em 1º grau para verificar se, de fato, teria havido culpa. Como advogado de JOSÉ CARLOS, atue em seu favor, de modo a tentar afastar desde logo a possibilidade de prisão civil – que, como se percebe, não é iminente.*[129]

---

[129] Se fosse decretada a prisão, além de recurso extraordinário, seria cabível (e seria mais rápido) o uso de *habeas corpus*. Contudo, no caso, como a decisão foi para que a causa volte ao 1º grau, a rigor não seria cabível o HC (além disso, vale destacar que a jurisprudência dos Tribunais Superiores está caminhando para afastar o uso do HC originário no STJ e no STF como substituto do recurso usualmente cabível – cf. HC 239.550, Informativo STJ nº 504). Da mesma forma, a rigor uma opção seria o uso da reclamação (Lei nº 11.417/2006). Contudo, como a hipótese não se enquadra exatamente na súmula vinculante (pois não houve decretação de prisão) e como é possível o uso concomitante das duas medidas, conveniente o uso tanto do RE quanto da reclamação – isso porque o cabimento da reclamação é mais restrito, conforme a jurisprudência.

EXCELENTÍSSIMO SENHOR DOUTOR DESEMBARGADOR PRESIDENTE[1] DO EGRÉGIO TRI-BUNAL DE JUSTIÇA DO RIO DE JANEIRO

> 1. O RE, como o REsp, é sempre endereçado ao Presidente do Tribunal *a quo*.

Autos n. (...)

Recorrente: JOSÉ CARLOS (sobrenome)

Recorrida: BANCO (nome)

JOSÉ CARLOS (sobrenome), já qualificado nos autos,[2] por seu advogado infra-assinado, conforme instrumento de mandato anexo,[3] vem, respeitosamente, à presença de Vossa Excelência, interpor o presente

> 2. Somente há necessidade de nova qualificação se tiver ocorrido alteração.
>
> 3. Apenas há necessidade de juntar nova procuração se houve alteração dos advogados.

## RECURSO EXTRAORDINÁRIO

com fundamento na alínea *a* do inciso III do art. 102 da CF,[4] pelas razões de fato e de direito a seguir expostas, que desta fazem parte integrante.

> 4. É sempre conveniente indicar qual o fundamento (qual das alíneas do art. 102, III, da Constituição) do RE.

Requer seja o presente recurso conhecido e, para tanto, o recorrente demonstra a presença dos requisitos de sua admissibilidade.[5]

> 5. É interessante proceder a tal demonstração para tentar evitar a tão frequente negativa de seguimento ao recurso. Usamos aqui uma estratégia diversa da verificada no REsp ao trazer já na petição de interposição a demonstração dos requisitos. Destacamos que tal abordagem pode ser feita tanto aqui como na petição das razões, logo após a exposição dos fatos. Seja onde for, o importante é destacar a pertinência da interposição do recurso em tópico específico para isso.

**a) Trata-se de acórdão proferido pelo Tribunal de Justiça do Estado do Rio de Janeiro que deu provimento, por unanimidade de votos, a recurso de agravo de instrumento, sendo, portanto, decisão judicial de última instância, nos termos do art. 102, III, da Constituição Federal.[6]**

> 6. Aqui se demonstra o cabimento do recurso, nos termos do art. 1.029, II, do CPC.

**b) A matéria, objeto deste Recurso Extraordinário, foi devidamente PREQUESTIO-NADA,[7] consoante se demonstrará.**

> 7. Aqui o recorrente demonstra que o dispositivo violado foi apreciado pelo Tribunal *a quo*, atendendo ao teor das Súmulas 282 e 356 do STF.

Houve contrariedade à interpretação dada pelo E. STF – inclusive em sede de **súmula vinculante** – ao **art. 5º, LXVII, da Constituição Federal**; a violação foi suscitada em contraminuta de agravo (fls. ...) e em embargos de declaração (fls. ...).

O Tribunal de Justiça *a quo* analisou as questões acima suscitadas, ao julgar os embargos de declaração, afirmando que, como não se estava, no momento, a deferir qualquer prisão, não havia violação à posição do STF – e fez menção expressa ao referido artigo da Constituição (fls. ...).

Ademais, destaque-se que, com o advento do CPC/2015, tem-se o prequestionamento ficto a partir da oposição dos embargos declaratórios, independentemente de maiores formalidades (CPC, art. 1.025)[8].

**c) As questões constitucionais suscitadas no presente Recurso Extraordinário possuem REPERCUSSÃO GERAL,[9] nos termos do § 3º do art. 102 da Constituição Federal e do art. 1.035 do CPC.**

> 8. Esta previsão de prequestionamento ficto é novidade no CPC/2015, de modo que o advogado deve sempre embargar de declaração com essa finalidade e, depois, destacar esse aspecto ao discorrer acerca da admissibilidade do RE.
>
> 9. Como já exposto, o desenvolvimento deste tópico é de suma importância, já que o CPC dispõe no art. 1.035, § 2º, que o recorrente deve demonstrar a ocorrência da repercussão geral. Não há mais a menção a isso ser realizado na preliminar do RE – mas, do ponto de vista formal, trata-se do lugar mais adequado. A alegação pode ser demonstrada já na interposição do recurso ou nas razões, logo no início da fundamentação.

Verifica-se, no caso, a presença da repercussão geral por ao menos duas razões: (i) em razão da existência de relevante questão sob o ponto de vista jurídico que ultrapassa os interesses subjetivos envolvidos na causa e (ii) a decisão recorrida é contrária à súmula e à jurisprudência dominante do STF (CPC, art. 1.035, § 3º, I).

Ora, a discussão relacionada à possibilidade de prisão civil do depositário infiel é de interesse de toda a sociedade. Ao manter a simples discussão relacionada à prisão civil do depositário, já se tem o interesse que justifica a abertura da via extraordinária.

Termos em que, requerendo o recebimento e processamento do presente recurso, com o posterior envio ao Supremo Tribunal Federal,[10] já incluso o preparo e o porte de remessa e retorno,[11] pede deferimento.

> 10. Interposto na origem (juízo *a quo* – Tribunal), o RE será julgado pelo STF.
>
> 11. O RE exige o recolhimento de custas e de porte de remessa e retorno, pago conforme tabela divulgada pelo STF (paga-se, por meio de guia DARF, pelo número de fls. e pela distância entre o juízo de origem e Brasília).

Cidade, data, assinatura, OAB.

(outra página)[12]

> 12. É praxe, no RE e no REsp, uma petição de interposição (comunicando o ingresso do recurso e mencionando os aspectos formais) e, na sequência, iniciando-se, em outra página, as razões recursais.

## RAZÕES DE RECURSO EXTRAORDINÁRIO

Autos n. (...)

Recorrente: JOSÉ CARLOS (sobrenome)

Recorrida: BANCO (nome)

Origem: TJRJ/1ª Vara Cível do Foro da Capital

*EGRÉGIO TRIBUNAL,*

*COLENDA TURMA* [13]

*ÍNCLITOS JULGADORES*

> 13. No STF, a divisão fracionária é entre as Turmas (são 2, cada qual com 5 ministros), e o pleno (composto com os 11 ministros).

### I – BREVE SÍNTESE DA DEMANDA[14]

> 14. Como no caso já houve decisão de 1º grau e do Tribunal, conveniente que se faça uma recapitulação dos fatos no RE para facilitar a compreensão. Não há que ser um resumo minucioso, mas necessário que traga os principais eventos ocorridos no processo.

O banco recorrido intentou ação de execução fundada em título executivo extrajudicial. Houve penhora de veículo de propriedade do executado, ora recorrente, que permaneceu como depositário do referido bem.

Em virtude do uso normal do bem, ocorreu um acidente automobilístico em que o carro sofreu "perda total".

Diante disso, o banco exequente indicou, perante o juízo da execução, o executado como depositário infiel, requerendo sua prisão. Instado a se manifestar, o executado apontou que estava usando o veículo com toda cautela, mas que um ônibus não obedeceu ao semáforo e, assim, provocou o acidente (conforme boletim de ocorrência juntado aos autos). Logo, não havia que se falar em qualquer culpa do depositário. Diante disso, o juiz afastou a prisão civil.

Inconformado, o banco recorreu, apontando que não havia prova da alegação de ausência de culpa do executado-depositário (ora recorrente) e pleiteou a prisão.

O E. TJRJ deu parcial provimento ao recurso, para determinar a devolução dos autos à origem, para que o juízo de 1º grau produza prova a respeito da suposta culpa do depositário no evento. E, por via de consequência, para que avalie a possibilidade de prisão civil.

Opostos embargos de declaração desse v. acórdão, o recurso foi negado, ao argumento de objetivo de alteração da decisão (indevido caráter infringente dos embargos).

A v. decisão recorrida, com a devida vênia, viola a interpretação que se dá ao art. 5º da CF e à Súmula Vinculante nº 25.

Assim, o v. acórdão não merece prosperar, razão pela qual necessário que se admita o presente recurso,[15] com sua consequente remessa ao E. STF, para que então seja conhecido e provido.[16]

> 15. O primeiro juízo de admissibilidade é usualmente realizado pelo Vice-Presidente do Tribunal de origem. O julgador irá apreciar se estão presentes os requisitos do RE. Se estiverem presentes, o recurso será admitido. Se não estiverem presentes (o que ocorre na maioria das vezes), a parte, querendo, deverá ingressar com agravo em RE (CPC, art. 1.042– denominado agravo de decisão denegatória, no cotidiano forense).
>
> 16. Após a admissão por parte do Vice-Presidente, na origem, o RE será remetido ao Tribunal Superior, em Brasília. Naquele Tribunal, novo juízo de admissibilidade será realizado, em que o recurso poderá ou não ser conhecido. E, se conhecido, aí que haverá a apreciação do mérito recursal, com eventual provimento.

## II – DA DEMONSTRAÇÃO DO CABIMENTO DESTE RECURSO[17]

> 17. Aqui apontamos o cabimento em atenção ao art. 1.029, II, já antes indicado, apenas para reafirmar o que foi exposto. Como na parte inicial da interposição já consta a demonstração, tal tópico não é obrigatório.

O v. acórdão do Tribunal de Justiça do Estado do Rio de Janeiro, que deu provimento ao recurso de agravo do recorrido é decisão judicial de última instância, e contraria a interpretação atual do art. 5º, LXVII, conforme se demonstrará. Cumpre ainda consignar que a matéria objeto do presente recurso foi devidamente prequestionada, sendo que as questões suscitadas possuem repercussão geral, conforme já demonstrado na petição de interposição.

## III – DAS RAZÕES DO PEDIDO DE REFORMA DA DECISÃO

A v. decisão recorrida, ao permitir o debate quanto à ocorrência de culpa no perecimento de bem depositado, acabou por permitir o debate a respeito da prisão civil do depositário infiel.

Contudo, após longa evolução jurisprudencial, esse E. STF, a partir da incorporação do Pacto de San José da Costa Rica (Convenção Americana de Direitos Humanos) ao ordenamento jurídico pátrio, acabou por afastar a possibilidade de prisão civil do depositário infiel.

Assim, a interpretação que se dá ao art. 5º, LXVII, da CF é de apenas permitir a prisão civil do devedor de alimentos.

E esse entendimento foi consolidado na Súmula Vinculante nº 25, que tem a seguinte redação: "É ilícita a prisão civil de depositário infiel, qualquer que seja a modalidade do depósito". Exemplifica-se com julgado desse C. STF:

"Agravo regimental no agravo de instrumento. Ação de busca e apreensão. Alienação fiduciária em garantia. Prisão civil. Decreto-Lei nº 911/1969. Súmula vinculante nº 25 deste Tribunal. Ausência de prequestionamento. Súmulas nºs 282 e 356 do STF. Análise de legislação infraconstitucional.

1. O requisito do prequestionamento é indispensável, por isso que inviável a apreciação, em sede de recurso extraordinário, de matéria sobre a qual não se pronunciou

o Tribunal de origem, incidindo os óbices das Súmulas n^os 282 e 356 do Supremo Tribunal Federal.

2. A violação reflexa e oblíqua da Constituição Federal decorrente da necessidade de análise de malferimento de dispositivo infraconstitucional torna inadmissível o recurso extraordinário. Precedentes: RE 596.682, rel. Min. Carlos Britto, *DJe* 21.10.2010, e o AI 808.361, rel. Min. Marco Aurélio, *DJe* 08.09.2010.

3. A prisão civil do depositário infiel foi considerada ilegal por esta Corte, que editou a Súmula Vinculante nº 25 de seguinte teor: "É ilícita a prisão civil do depositário infiel, qualquer que seja a modalidade do depósito."

4. *In casu*, o acórdão recorrido assentou: "Apelação cível – Ação de busca e apreensão – Alienação fiduciária – Citação inválida – rejeitada – Prisão civil – Afastada – Mora do devedor – nulidade de cláusulas contratuais – Impossibilidade – Recurso provido em parte. É possível o ajuizamento da ação de busca e apreensão e a sua conversão em ação de depósito, na hipótese de o bem alienado não ser encontrado ou não se achar na posse do devedor, afastando-se, apenas, a cominação da prisão civil, por não ser cabível em alienação fiduciária. O processo de busca e apreensão não é meio judicial válido para a discussão de cláusulas contratuais, as quais devem ser revistas em processo de cognição adequado." 5. Agravo regimental a que se nega provimento.

(AI 609054 AgR, rel. Min. Luiz Fux, 1ª T., j. 03.04.2012, Acórdão Eletrônico *DJe*-079 Divulg. 23.04.2012 Public. 24.04.2012).

Portanto, a simples possibilidade de debate a respeito da culpa – para fins de avaliação de prisão civil – já encontra óbice na jurisprudência desse Excelso Pretório.

Assim, impõe-se o provimento do presente recurso.

## IV – CONCLUSÃO[18]

18. Aqui se encontra o pedido do recurso, que deve trazer a síntese do que se pretende.

Ante o exposto, pede e requer o recorrente:

a) a oitiva da parte contrária, para, querendo, apresentar contrarrazões de RE, no prazo de 15 dias;

b) que o presente recurso seja admitido na origem (conhecido) e remetido ao E. STF, já que ocorrido o prequestionamento e presente a repercussão geral da questão constitucional (pois viola firme entendimento jurisprudencial, até mesmo sumulado);

c) após a admissão do Recurso Extraordinário, quando o recurso for recebido no E. STF, que seja reconhecida a repercussão geral da questão constitucional, sendo conhecido e, no mérito, provido para afastar qualquer possibilidade de discussão quanto à culpa do depositário ou de sua prisão.

Termos em que

pede deferimento.

Cidade, data, assinatura, OAB.

## 11.13 EMBARGOS DE DIVERGÊNCIA

Os embargos de divergência são um recurso de utilização bem restrita, cabível somente no âmbito do STJ e do STF, quando do julgamento do REsp ou do RE.

Trata-se de recurso utilizado para dirimir conflito existente dentro do próprio Tribunal:

(i) STJ – quando a decisão do REsp divergir do julgamento proferido por outra turma, seção ou órgão especial (corte especial);

(ii) STF – quando a decisão do RE divergir do julgamento proferido por outra turma ou plenário.

De forma específica, são cabíveis os embargos de divergência, segundo o art. 1.043, I e III do CPC, contra decisão que:

a) em recurso extraordinário ou especial, *divergir do julgamento de qualquer outro órgão do mesmo Tribunal,* sendo os acórdãos, embargado e paradigma, *de mérito;*

b) em recurso extraordinário ou especial, *divergir do julgamento de qualquer outro órgão do mesmo Tribunal,* sendo um *acórdão de mérito* e *outro que não tenha conhecido do recurso,* embora tenha apreciado a controvérsia;

Cabe ainda o recurso de julgado da *mesma turma,* se tiver havido *mudança na composição* (art. 1.043, § 3º).

Vale esclarecer, portanto, que a divergência que permite a utilização dos embargos de divergência é interna, ou seja, existente entre os diversos órgãos fracionários do próprio Tribunal (STJ ou STF). Como já visto, se a divergência ocorrer entre Tribunais distintos, é cabível o REsp (CF, art. 105, III, *c*).

Assim, quando do julgamento de algum REsp ou RE, se o Tribunal já tiver julgado de alguma outra forma a questão, por algum outro órgão interno do Tribunal, cabe o recurso em comento. O objetivo será pacificar internamente a questão.

O prazo para oposição do recurso é de 15 dias. Os embargos de divergência são endereçados ao próprio relator do recurso. Após a vista à parte contrária para contrarrazões, haverá o julgamento.

O art. 1.044 do CPC dispõe que o procedimento dos embargos de divergência seguirá o previsto nos regimentos internos dos Tribunais (RISTJ, arts. 266 a 267; RISTF, arts. 330 a 336).

Em qualquer dos Tribunais Superiores, o preparo é devido (no STJ, cf. Lei nº 11.636/2007, com valor previsto em seu anexo; no STF, cf. RISTF, art. 57 e Tabela B de custas).

# COISA JULGADA E AÇÃO RESCISÓRIA

## 12.1 CONSIDERAÇÕES PRÉVIAS

A coisa julgada é um tema relevante no sistema jurídico por promover a estabilidade das decisões judiciais. A finalidade do instituto é que, após uma decisão judicial final, a vida das pessoas prossiga com a premissa de que o conflito esteja decidido (não necessariamente pacificado, mas já solucionado).

A regra nos sistemas jurídicos é que, após a decisão e os respectivos recursos, a decisão final não mais possa ser impugnada; a isso se denomina coisa julgada, cujo conceito será exposto abaixo.

Contudo, no sistema brasileiro existe uma válvula de escape: caso a coisa julgada tenha se formado de maneira indevida, será possível – em determinadas hipóteses especificamente previstas em lei e por determinado prazo (em regra, dois anos do trânsito em julgado) – impugnar tal ocorrência por meio de ação rescisória. Pelo sistema legal, uma vez passado o prazo da rescisória, nada mais poderia ser feito.

Por sua vez, no embate entre a segurança jurídica que decorre de uma decisão judicial coberta pela coisa julgada e o conceito de "justiça" à luz do caso concreto, há quem defenda ser possível afastar a coisa julgada mesmo sem ação rescisória. Nesse sentido, no atual momento histórico do processo brasileiro, por vezes se admite a *relativização da coisa julgada*, ou seja, o afastamento da coisa julgada mesmo após o prazo de ajuizamento da rescisória.

Em outras palavras, a coisa julgada busca promover estabilidade na vida em sociedade, ao impossibilitar a rediscussão do teor de uma decisão judicial. Mas, em alguns casos, admite-se a ação rescisória para impugnar a coisa julgada. E, em situações ainda mais excepcionais, a jurisprudência admite a relativização da coisa julgada, isto é, o afastamento da coisa julgada mesmo ultrapassado o prazo da rescisória.[1]

Neste capítulo, apresentaremos uma visão geral sobre os principais aspectos da coisa julgada e da ação rescisória.

---

[1] Para uma análise mais profunda da relativização da coisa julgada, sugere-se consultar o trabalho de um dos coautores desta obra: DELLORE, Luiz. *Estudos* sobre *coisa julgada e controle de constitucionalidade*. Rio de Janeiro: Forense, 2013.

## 12.2 CONCEITO DE COISA JULGADA

Conforme o art. 502 do CPC, a coisa julgada é "a autoridade que torna imutável e indiscutível a decisão de mérito não mais sujeita a recurso".

De forma simplificada, a coisa julgada pode ser definida como a *imutabilidade e a indiscutibilidade da decisão em virtude de seu trânsito em julgado*.

Para a compreensão do assunto, é necessário definir trânsito em julgado e diferenciá-lo da coisa julgada – que pode ser formal ou material. O panorama é o seguinte: proferida a decisão, não mais sendo possível a interposição de recurso (isto é, com o trânsito em julgado da decisão), surge a coisa julgada formal. Se a decisão proferida for de mérito, teremos então a coisa julgada material.

Em síntese:

a) trânsito em julgado é a impossibilidade de interposição de recurso, seja porque a decisão é irrecorrível, esgotaram-se os recursos cabíveis, não houve interposição de recurso no prazo ou houve concordância da parte com a decisão;

b) coisa julgada formal é a imutabilidade da decisão no próprio processo em que foi prolatada, não se admitindo mais reforma (ela atinge qualquer decisão que aprecie o mérito ou extinga o processo sem mérito – portanto, inclusive as decisões terminativas/processuais);

c) coisa julgada material é a imutabilidade e indiscutibilidade da decisão não só no processo em que foi proferida, como também em qualquer outro processo (ela só atinge as decisões em que houve apreciação do mérito).

Resta, então, diferenciar a imutabilidade da indiscutibilidade, assunto que não é pacífico na doutrina.[2]

A imutabilidade é a impossibilidade de rediscussão da lide já julgada, o que se dá com a proibição de propositura de ação idêntica àquela decidida anteriormente. Assim, diante de duas demandas idênticas (com mesmas partes, causa de pedir e pedido – CPC, art. 337, § 2.º), se a primeira já tiver sido julgada e tiver terminado (com o trânsito em julgado), a segunda será extinta sem resolução de mérito (CPC, art. 485, V). Este é o aspecto mais conhecido e utilizado no cotidiano forense.

Por sua vez, a indiscutibilidade faz com que, em futuros processos (diferentes do anterior), a *conclusão a que anteriormente se chegou seja observada e respeitada*. Assim, a segunda demanda não será extinta sem mérito (exatamente por não ser idêntica à primeira), mas o juiz do segundo processo deverá adotar como premissa a decisão da primeira demanda; portanto, a segunda demanda terá seu *mérito* apreciado. Este aspecto, ainda que não tão usado no cotidiano forense, é bastante relevante.[3]

Para ilustrar a distinção, vamos a um exemplo. Imagine um contrato celebrado entre Cledionice e Dilza. Cledionice ingressa em juízo afirmando que a cláusula 6ª é nula. Dilza contesta, mas na sentença a juíza julga procedente o pedido afirmando a nulidade da re-

---

[2] O tema foi bem enfrentado por BOTELHO DE MESQUITA, José Ignacio. *Coisa julgada*. Rio de Janeiro: Forense, 2014.

[3] Ainda que o tema seja objeto de divergência doutrinária, é acolhido pela jurisprudência. Nesse sentido, cf. STJ, REsp 593.154/MG, *DJe* 22-03-2010.

ferida cláusula 6ª. Meses depois, Dilza ingressa em juízo pleiteando a validade da cláusula 6ª. O que ocorrerá com esse segundo processo? Será extinto sem resolução de mérito por força da *imutabilidade* da coisa julgada. Afinal, ele envolve as mesmas partes (ainda que em polos distintos), a mesma causa de pedir (debate quanto ao mesmo contrato) e o mesmo pedido (declaratório – ainda que no primeiro processo fosse declaratório negativo e, no segundo, seja declaratório positivo).

Pensemos agora em outra hipótese. Meses depois do término da primeira demanda, Dilza ingressa em juízo pleiteando a condenação ao *pagamento de multa* por força de inobservância da cláusula 6ª. O que ocorrerá com esse segundo processo?

*Não* será extinto sem mérito, pois não se trata de ação idêntica. Mas, por óbvio, a decisão do primeiro juiz deverá ser observada por força da *indiscutibilidade* da coisa julgada. Assim, o pedido da segunda demanda deverá ser julgado improcedente, pois o juiz do segundo processo não poderá rediscutir a validade da cláusula.

## 12.3 LIMITES DA COISA JULGADA

O CPC trata dos limites *objetivos* (arts. 503 e 504) e *subjetivos* (art. 506) da coisa julgada.

Na legislação, esses são os únicos limites enfrentados. Contudo, por força de decisões do STF, é possível apontar que também existem *limites temporais* da coisa julgada: depois de determinado tempo (especificamente após uma decisão do STF), a coisa julgada deixará de ter eficácia cessando no tempo – daí a terminologia limite temporal.[4] O assunto é polêmico por aumentar a insegurança jurídica.

Em relação aos *limites objetivos* da coisa julgada (*qual parte* da decisão é coberta pela coisa julgada), há coisa julgada na questão principal (o pedido formulado pelo autor na inicial) e, também, quanto à questão prejudicial (questão de mérito que, do ponto de vista lógico, é de solução necessária para ser analisada a questão principal), desde que decidida expressa e incidentemente no processo e se:

I – dessa resolução depender o julgamento do mérito;

II – a seu respeito tiver havido contraditório prévio e efetivo, não se aplicando no caso de revelia;

III – o juízo tiver competência em razão da matéria e da pessoa para resolvê-la como questão principal (CPC, art. 503, § 1º).

Por isso, não há, no atual Código, a previsão da ação declaratória incidental, que existia no sistema anterior. Apesar disso, nada impede que alguém proponha uma ação declaratória para pleitear que a questão prejudicial seja apreciada de modo que não existam dúvidas quanto à formação da coisa julgada. Nesse sentido esclarece o Enunciado 35/CJF:

---

[4] O assunto foi julgado nos Temas 881 e 885 do STF em fevereiro de 2023. Da tese fixada em repercussão geral, colhe-se o seguinte: "1. As decisões do STF em controle incidental de constitucionalidade, anteriores à instituição do regime de repercussão geral, não impactam automaticamente a coisa julgada que se tenha formado, mesmo nas relações jurídicas tributárias de trato sucessivo. 2. Já as decisões proferidas em ação direta ou em sede de repercussão geral interrompem automaticamente os efeitos temporais das decisões transitadas em julgado nas referidas relações, respeitadas a irretroatividade, a anterioridade anual e a noventena ou a anterioridade nonagesimal, conforme a natureza do tributo".

"Considerando os princípios do acesso à justiça e da segurança jurídica, persiste o interesse de agir na propositura de ação declaratória a respeito da questão prejudicial incidental, a ser distribuída por dependência da ação preexistente, inexistindo litispendência entre ambas as demandas (arts. 329 e 503, § 1º, do CPC)".

Mas não haverá a extensão da coisa julgada à prejudicial se no processo houver restrições probatórias ou limitações à cognição que impeçam o aprofundamento da análise da questão prejudicial (CPC, art. 503, § 2º).

Portanto, no atual sistema haverá coisa julgada quanto à questão prejudicial decidida desde que observados os requisitos do art. 503, § 1º, do Código mesmo que não haja pedido das partes.

Em relação aos *limites subjetivos* da coisa julgada (*quem* é atingido por ela), dispõe o art. 506 do CPC que a sentença não prejudica terceiros. Contudo, a parte inicial do dispositivo destaca que a sentença "faz coisa julgada às partes entre as quais é dada".

A doutrina debate o real alcance dessa previsão legal[5] – especialmente porque no Código anterior o artigo mencionava que a coisa julgada *não beneficiava nem prejudicava* terceiros. A jurisprudência segue em aberto quanto ao assunto, mas vale apontar o que constou do Enunciado nº 36/CJF: "O disposto no art. 506 do CPC não permite que se incluam, dentre os beneficiados pela coisa julgada, litigantes de outras demandas em que se discuta a mesma tese jurídica".

De seu turno, o art. 508 do CPC traz a previsão da eficácia preclusiva da coisa julgada (princípio do deduzido e dedutível): com o trânsito em julgado "considerar-se-ão deduzidas e repelidas todas as alegações e as defesas que a parte poderia opor tanto ao acolhimento quanto à rejeição do pedido".

## 12.4 AÇÃO RESCISÓRIA

Como exposto no item 12.1, uma vez transitada em julgado a decisão e tendo esta sido coberta pela coisa julgada, há ainda possibilidade de impugnação por meio de ação rescisória (AR).

Sua finalidade é *rescindir decisão de mérito transitada em julgado*. Assim, ela enseja revisão da coisa julgada nas hipóteses expressamente previstas na legislação.

É possível, conforme o caso, não só a rescisão do julgado (juízo rescindente) como também que seja proferida uma nova decisão (juízo rescisório).

O *caput* do art. 966 do CPC destaca que a decisão de mérito, transitada em julgado, pode ser rescindida. Assim, cabe ação rescisória não só contra acórdão e sentença, como também contra decisão monocrática e decisão interlocutória (desde que seja final, como a que reconhece a prescrição de parte da pretensão do autor). Quanto às hipóteses de cabimento, as decisões de mérito que admitem AR estão especificamente previstas no art. 966:

I – proferidas por juiz corrupto (prevaricação, concussão ou corrupção);

II – proferidas por juiz impedido ou juízo absolutamente incompetente;

III – resultarem de dolo ou coação da parte vencedora ou de colusão entre as partes;

---

5   O tema é enfrentado com vagar em obra de coautor deste trabalho: DELLORE, Luiz et alii. *Comentários ao CPC*. 4. ed. Rio de Janeiro: Forense, 2022, comentários ao art. 506.

IV – que ofenderem coisa julgada anteriormente formada;

V – que violem manifestação norma jurídica;

VI – fundadas em prova falsa – seja apurada em processo crime, seja demonstrada na própria rescisória;

VII – quando o autor, após o trânsito em julgado, obtiver prova nova;

VIII – fundadas em erro de fato verificável do exame dos autos.

A hipótese de maior utilização do dia a dia forense, bem mais usada que as demais, é a relativa ao inciso V – alegação de que houve violação a norma jurídica. Do ponto de vista de estrutura/argumentação, existe alguma semelhança dessa AR com o recurso especial – mas sem os requisitos específicos do REsp, por certo, como a vedação de discussão de matéria fática e a necessidade de prequestionamento.

Quanto às hipóteses de cabimento, vale apontar:

- deixou de ser cabível AR fundada na invalidação de confissão, desistência ou transação (CPC/1973, art. 485, VIII). Para tentar diminuir os debates quanto ao cabimento de AR ou ação anulatória, o CPC vigente estipula que os "atos de disposição de direitos, praticados pelas partes ou por outros participantes do processo e homologados pelo juízo, bem como os atos homologatórios praticados no curso da execução, estão sujeitos à anulação, nos termos da lei" (art. 966, § 4º), ou seja, utiliza-se, nesse caso, a anulatória (ajuizada em 1º grau) e não a rescisória.

- admite-se AR para impugnar decisão processual (não de mérito) que impeça nova propositura da demanda ou a admissibilidade de recurso (CPC, art. 966, § 2º);

- é possível AR fundada em um capítulo da decisão (CPC, art. 966, § 3º).

Há prazo decadencial para o ajuizamento da AR: dois anos contados do trânsito em julgado da última decisão proferida no processo (CPC, art. 975).

Mas o CPC traz uma exceção: o termo inicial da AR fundada em prova nova (CPC, art. 966, VII) não será a data do trânsito em julgado, mas sim a data da "descoberta da prova nova". Contudo, nesse caso será observado o prazo máximo de cinco anos a partir do trânsito em julgado (CPC, art. 975, § 2º).

Quem defende a relativização da coisa julgada (ou coisa julgada inconstitucional) busca desconstituir a coisa julgada mesmo após o prazo de dois anos. Por tal vertente em casos graves (situações até apontadas como "repugnantes"), quando em jogo princípios como a dignidade da pessoa humana, deve ser aceita a AR mesmo após o prazo previsto em lei.

Já há exemplos de acolhimento dessa tese na jurisprudência de tribunais superiores:

i) caso em que o STF[6] reconheceu a possibilidade de relativizar a coisa julgada em *ações de investigação de paternidade* em que a parte não pôde comprovar o vínculo biológico por força da *inviabilidade da realização do exame de* DNA;[7]

---

[6] O STF, no RE 363.889, reconheceu a possibilidade de relativizar a coisa julgada em ação investigatória de paternidade porque o filho não teve acesso ao exame de DNA por ser beneficiário de gratuidade processual e carecer de verbas para custear a prova. Há decisões anteriores do STJ favoráveis e contrárias à tese de relativização na investigação de paternidade.

[7] TARTUCE, Fernanda. *Processo civil no Direito de Família*: teoria e prática. 8. ed. São Paulo: Método, 2024, p. 419.

ii) casos em que há decisão *condenando a Fazenda Pública* a indenizar alguém em valores elevados e, posteriormente, descobre-se que a *condenação era indevida* (como em uma desapropriação milionária em que, depois do prazo da AR, descobre-se que a área já era do ente expropriante).[8]

A AR é ação de competência originária dos Tribunais. Tratando-se de acórdão a ser rescindido, a competência é do último Tribunal que apreciou o mérito da causa.

Prevê o CPC que, se for reconhecida a incompetência de determinado tribunal para o julgamento da AR, o autor será intimado para emendar a inicial, adequando ao outro tribunal que se entender competente (art. 968, § 5º). A previsão é relevante para evitar que haja extinção e, assim, decadência na repropositura (o que muito ocorria no sistema anterior).

A AR tem procedimento especial (CPC, arts. 966 e s.) e segue o seguinte trâmite:

> Procedimento especial da AR
>
> (ressalvadas as distinções, o CPC determina a observância do procedimento comum – art. 970, parte final)
>
> 1) inicial diretamente no Tribunal;
>
> 2) citação;
>
> • cabe tutela provisória para obstar o cumprimento de sentença (CPC, art. 969).
>
> 3) contestação (prazo: 15 a 30 dias –o relator deverá indicar o prazo quando defere a citação – CPC, art. 970);
>
> 4) instrução (pode ser realizada por carta de ordem para o órgão que proferiu a decisão rescindenda– CPC, art. 972);
>
> 5) após a instrução, memoriais no prazo de 10 dias sucessivamente às partes (CPC, art. 973);
>
> 6) decisão (acórdão);
>
> • cabem, conforme o resultado da ação, embargos de declaração, REsp e RE do acórdão que julga a AR.

## 12.4.1 Modelo de ação rescisória comentado

Para ilustrar e fixar os conceitos expostos neste tópico, propomos um problema a partir do qual será elaborada uma AR. Para melhor compreensão do tema, os comentários serão feitos no corpo da petição.

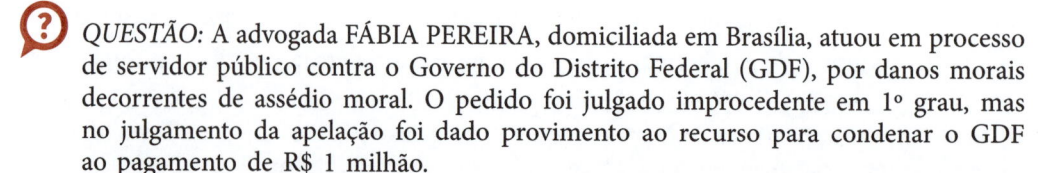 *QUESTÃO:* A advogada FÁBIA PEREIRA, domiciliada em Brasília, atuou em processo de servidor público contra o Governo do Distrito Federal (GDF), por danos morais decorrentes de assédio moral. O pedido foi julgado improcedente em 1º grau, mas no julgamento da apelação foi dado provimento ao recurso para condenar o GDF ao pagamento de R$ 1 milhão.

O acórdão fixou os honorários em 10% do valor da causa em favor do GDF e não de FÁBIA, tendo a decisão transitado em julgado dessa forma. Ao tentar o cumprimento de sentença em 1º grau, o juiz negou o pedido, considerando inexistir título executivo em favor de FÁBIA.

---

8   Neste aspecto, segue a divergência jurisprudencial, mas há precedentes favoráveis à relativização, como o REsp 240.712.

Diante desse caso, o que fazer para que FÁBIA receba seus honorários?

 *RESPOSTA:*

Diante da existência de coisa julgada, a saída seria a utilização da AR apontando violação ao art. 85 do CPC.

A AR será ajuizada com base no art. 966, V, do CPC, e a petição inicial seguirá a base do art. 319 do CPC com as adaptações específicas do procedimento especial da rescisória.

A demanda será ajuizada diretamente no TJDFT. Como se trata de direito da própria advogada, é possível que ela figure no polo ativo (e não só a parte): a advogada tem legitimidade própria, pois o direito em debate é de sua titularidade.

EXCELENTÍSSIMO SENHOR DOUTOR DESEMBARGADOR PRESIDENTE[1] DO EGRÉGIO TRIBUNAL DE JUSTIÇA DO DISTRITO FEDERAL E TERRITÓRIOS

> 1. A rescisória é sempre ajuizada no Tribunal (de sentença e acórdão de tribunal, no próprio tribunal intermediário; se de acórdão de tribunal superior, no tribunal superior).

Autora: FÁBIA PEREIRA

Réu: GOVERNO DO DISTRITO FEDERAL (GDF)

Fábia Pereira, advogada, (estado civil), (RG), com endereço na (endereço) nesta capital[2], usuária do endereço eletrônico (xxx@xxx), por sua advogada abaixo assinada[3], vem, respeitosamente, à presença de Vossa Excelência ajuizar[4] a presente

> 2. Como se trata de petição inicial, há necessidade de apontar qualificação.
>
> 3. No caso, a autora está sendo representada por outra patrona, mas nada obsta que seja ajuizada a demanda em causa própria.
>
> 4. Como se trata de ação (ainda que de competência originária no tribunal), a nomenclatura é "ajuizar", e não "interpor".

### AÇÃO RESCISÓRIA

Em face do Governo do Distrito Federal (GDF), (qualificação completa), com fundamento no art. 966, V, do CPC[5], pelas razões de fato e de direito a seguir expostas.

> 5. Sempre conveniente desde logo indicar qual o fundamento (inciso do art. 966 do CPC) será a base da AR.

### I – SÍNTESE DOS FATOS

Na origem, a autora da AR atuou como patrona de servidor público contra o réu. Em grau recursal, o pedido foi julgado procedente para condenar o ente estatal ao pagamento de R$ 1.000.000,00 (um milhão de reais)[6].

> 6. A inicial da AR deve seguir o padrão de uma petição inicial, já que se trata de uma peça inaugural. Assim, inicialmente narram-se os fatos.

Contudo, por um lapso, o v. acórdão, ao invés de fixar a sucumbência em favor da autora, fixou os honorários em favor dos procuradores do réu. E, igualmente por outro lapso, as partes não perceberam o erro dessa fixação, de modo que não houve embargos de declaração nem outro recurso, e o trânsito em julgado se consumou.

Somente no momento do cumprimento de sentença é que se percebeu a falha, mas juízo de origem não admitiu o cumprimento de sentença dos honorários em face da autora por considerar não existir o título executivo que os mencionasse.

Assim, é a presente rescisória para rescindir o v. acórdão, no que se refere à sucumbência, para que conste do novo julgado que a autora é a beneficiária da verba sucumbencial fixada em 10% sobre o valor da condenação.

Este o breve e necessário relato dos fatos:

## II – FUNDAMENTOS JURÍDICOS

### A) DA LEGITIMIDADE ATIVA DA AUTORA[7]

> 7. Este tópico de legitimidade não costuma ser necessário. Mas, no caso, diante da especificidade de não serem exatamente as mesmas partes da ação original, é justificado.

É certo que a autora não participou, como parte, da relação jurídica processual de origem. Mas é igualmente certo que o direito ora em debate não é de titularidade do servidor público autor da demanda original.

Nos termos da lei processual, o autor da demanda de origem poderia ser parte autora nesta AR (CPC, art. 967, I). Da mesma fora, o terceiro interessado – no caso, a autora, titular do direito aos honorários, tem igualmente legitimidade (CPC, art. 967, II).

Assim, opta-se pelo ajuizamento desta maneira, colocando no polo ativo da AR a advogada que atuou no processo de origem.

### B) DA INOBSERVÂNCIA DA FIXAÇÃO DA SUCUMBÊNCIA EM FAVOR DO PATRONO DO VENCEDOR (VIOLAÇÃO DO ART. 85 DO CPC): RESCISÓRIA COM BASE NO ART. 966, V, DO CPC[8]

> 8. A causa de pedir quanto, na parte relativa ao fundamento jurídico ("Do Direito"), na AR, é exatamente o inciso do art. 966 que justifica o cabimento da rescisória. No caso, como estamos diante do inciso V (o mais frequente), também há necessidade de indicar qual dispositivo foi violado – o art. 85 do CPC.

O que se busca, neste feito, é a rescisão do v. acórdão. A base legal para esta medida é o art. 966, V, do CPC, considerando que a decisão rescindenda do E. TJDFT – sempre com a devida vênia – viola manifestamente norma jurídica, a saber, o art. 85 do CPC.

A previsão legal desse dispositivo é de solar clareza: os honorários são em favor do advogado do vencedor; essa é a regra da sucumbência existente no direito processual pátrio. Vejamos a previsão legal (grifos nossos):

*Art. 85. A sentença condenará o vencido a pagar honorários ao advogado do vencedor.*

Contudo, por um lapso, não foi assim que se deu a fixação – que ocorreu de forma invertida. Independentemente disso, trata-se de flagrante "violação à norma jurídica", exatamente a hipótese constante do inciso V do permissivo legal para a AR.

Sendo assim, considerando que o v. acórdão transitou em julgado, como estamos diante de coisa julgada material, é necessária sua desconstituição pela via da ação rescisória.

Por esses motivos, impõe-se a procedência da rescisória.

### C) DA PROCEDÊNCIA DA AÇÃO RESCISÓRIA, COM NOVO JULGAMENTO DE PARTE DO PROCESSO CONDENATÓRIO RESCINDENDO, PELA CORRETA FIXAÇÃO DE HONORÁRIOS

Na AR, como se sabe, podem existir dois pedidos. O primeiro é o pedido rescindente, pela desconstituição da coisa julgada – pertinente no caso concreto, conforme exposto no tópico acima.

O segundo pedido, que pode ou não existir, é o de novo julgamento (juízo rescisório): ele também deve existir no presente feito[9].

> 9. Toda AR buscar retirar (na íntegra ou parcialmente) a decisão atacada do mundo jurídico. Mas nem toda AR tem o segundo pedido para colocar no lugar uma nova decisão judicial. No caso em análise (e todos em que se está diante do inciso V), há também o juízo rescisório, para haver novo julgamento.
>
> De seu turno, quando se está diante de uma AR que aponta violação à coisa julgada, somente se quer desconstituir a decisão atacada (juízo rescindente), sem colocar nada no lugar.

Ora, ao reconhecer que houve violação de dispositivo processual (art. 85 do CPC, relativo à sucumbência), a conclusão do v. acórdão rescindendo, apenas quanto a esse capítulo do julgado, deve ser revista com a inversão do ônus sucumbencial. Assim, fixação de honorários em 10% sobre o valor da condenação deve ter como beneficiária a advogada da autora.

### III – PEDIDOS E REQUERIMENTOS[10]

> 10. A legislação admite a concessão de tutela provisória (liminar) no âmbito da AR (CPC, art. 969) – em regra, para obstar o cumprimento de sentença em 1º grau. No caso em análise, não temos uma situação de urgência para pleitear liminar.

Diante do exposto, pede e requer a autora:

a) a citação do réu para, querendo, apresentar defesa a esta demanda rescisória;

b) a procedência do pedido para

i) rescindir parte do v. acórdão, nos capítulos dos honorários, diante da violação do art. 85 do CPC e

ii) consequentemente, inverter a sucumbência em favor da autora.

Requer provar o alegado por todos os meios permitidos em lei, em especial, com a prova documental dos autos de origem.

Dá-se à causa o valor de R$ 100.000,00 (cem mil reais), valor do proveito econômico pretendido pela autora[11].

> 11. O valor da causa na AR é variável. Em regra, por certo, o autor vai buscar o recolhimento pelo menor valor possível – para fins de custas e da multa (vide a próxima nota). Sendo assim, o valor da causa pode ser o proveito econômico pretendido (como ora se fez), ou também o valor da causa na ação originária, corrigido monetariamente (STJ, AgInt na AR 6.281/SC, *DJe* 24-08-2021).

Anexam-se aos autos a guia de custas e a guia de depósito no valor da multa de 5% do art. 968 do CPC[12].

> 12. Do ponto de vista financeiro, além das custas, na AR há necessidade de recolher multa no valor de 5% do valor da causa. Isso seria mais um dificultador para o uso irresponsável da rescisória. Por esse motivo, o autor em regra buscará o menor valor possível para o valor da causa. Por sua vez, se for deferida a gratuidade de justiça, não será preciso recolher nem custas, nem multa – e, como de costume, outros consectários, como despesas de citação.

Nestes Termos,

Pede Deferimento

Cidade, data, assinatura, OAB.

# PARTE II
## PRINCIPAIS AÇÕES E RECURSOS
## (COM MODELOS DE PEÇAS)
## PARA A ATUAÇÃO DA ADVOCACIA EM JUÍZO

# INTRODUÇÃO

Assista à aula explicativa sobre este assunto.

> https://uqr.to/fvpx

Conforme já exposto na introdução desta obra, o enfoque desta segunda parte é distinto do apresentado na primeira.

Neste momento, busca-se apresentar ao leitor um enfoque prático de algumas das principais petições com que a advocacia poderá se deparar no cotidiano forense e daquelas mais pedidas em concursos (tendo em mente, especialmente, petição inicial, contestação, agravo e apelação).

Aqui, portanto, apresentamos diversas peças que possam ser fonte de uma consulta rápida. Com isso, o advogado tirará dúvidas em relação a aspectos e requisitos específicos de variadas petições.

Nessa parte, também, é que o bacharel que se prepara para o Exame de Ordem verificará como elaborar a petição na segunda fase (haverá indicação específica quando se tratar de modelos de peças que foram objeto de anteriores Exames).

Como explicado anteriormente, o objetivo do modelo não é ser fonte de cópia; trata-se apenas de um guia para que o profissional elabore sua própria peça.

Exatamente por isso não nos preocupamos, nesta obra, em esgotar todos os modelos possíveis e imagináveis – até porque dificilmente algum livro conseguiria atingir tal objetivo. A realidade humana é imprevisível, sendo incontável a quantidade de problemas que podem surgir no foro. Assim, é impossível que um livro traga todos os modelos que o advogado terá de utilizar no cotidiano forense.

Nessa perspectiva, o profissional que é absolutamente dependente de modelos sempre estará em dificuldades, visto que a realidade prática é muito mais dinâmica do que um conjunto de modelos.

Da mesma forma, é inviável reproduzir aqui, por razões de espaço, todas as questões que foram objeto da 2ª fase de todos os Exames de Ordem (até porque grande parte das temáticas é repetitiva e não haveria acréscimo algum ao consulente em analisar peças praticamente idênticas).

Assim, na sequência, apresentamos uma série de peças que, em nosso entender, são mais que suficientes para os propósitos deste livro, atendendo tanto o advogado que irá utilizar a obra no seu cotidiano como o candidato que se prepara para o Exame de Ordem ou outros concursos.

Para ilustrar nosso entendimento, basta imaginar o ajuizamento de uma petição inicial de processo de conhecimento. Nesta parte do livro, expomos diversas iniciais inerentes ao procedimento comum e a procedimentos especiais.

Se o leitor tiver de elaborar uma petição inicial, com a leitura da primeira parte desta obra (que, inclusive, traz modelos de peças comentados) e a análise das iniciais constantes da segunda parte, estará apto a escrever qualquer peça, sendo certo que não existirão dúvidas sob o ponto de vista formal (em relação ao direito material, é claro, o advogado terá de realizar, sempre, o estudo da jurisprudência e da doutrina pertinentes ao caso).

Apontadas essas premissas, a seguir expomos os modelos, separados por tópicos.

1

# PROCESSO DE CONHECIMENTO

## 1.1 PROCEDIMENTO COMUM

### 1.1.1 Ação de cobrança – empréstimo

 **PROBLEMA**

Em virtude de um empréstimo entre particulares (mútuo), Rodolfo recebeu de Daniela o valor de R$ 100.000,00 (cem mil reais).

Entretanto, passados mais de seis meses do período estipulado em contrato para pagamento do débito, Rodolfo ainda não realizou o pagamento e deixou de responder aos contatos realizados por Daniela. A confissão de dívida somente foi assinada fisicamente pelos contratantes e a quantia devida, atualizada, é de R$ 110.000,00 (cento e dez mil reais).

 **SOLUÇÃO**

Deverá ser proposta ação de cobrança (processo de conhecimento). Considerando o valor da causa, descabe o acesso ao JEC e deverá ser utilizado o procedimento comum.

Não é possível o uso do processo de execução por não haver título executivo. Seria possível, também, o uso de ação monitória, considerando a existência de documento escrito.

No caso, apresentamos a sugestão por audiência de conciliação, inclusive com a indicação de possível conciliador – que teria de ser remunerado pelas partes. Mas, vale destacar, (i) é possível indicar o interesse ou desinteresse pela audiência; e (ii) se houver interesse na audiência, não é necessário indicar um conciliador ou mediador.

 **MODELO DE PEÇA**

**EXMO. SR. DR. JUIZ DE DIREITO DE UMA DAS VARAS CÍVEIS DO FORO DA COMARCA DE (LOCAL DO FORO DE ELEIÇÃO CONTRATUAL[1]; SE INEXISTENTE, DO DOMICÍLIO DO RÉU)**

DANIELA (sobrenome), (qualificação completa), portadora do RG (número) e inscrita no CPF (número), usuária do endereço eletrônico (e-mail) com endereço na Rua (endereço), nesta cidade, vem respeitosamente, por sua advogada, com base nos arts. 318 e seguintes do CPC, ajuizar

---

[1]  Acerca do foro de eleição, considerando a alteração do CPC decorrente da Lei 14.879/2024, vide nota 14 do capítulo 4.

## AÇÃO DE COBRANÇA

a tramitar pelo procedimento comum, em face de RODOLFO (qualificação completa), portador do RG (número) e do CPF (número), usuário do endereço eletrônico (e-mail), com endereço em (endereço), nesta cidade, pelos fatos e pelas razões a seguir expostos.

### I – FATOS E FUNDAMENTOS DO PEDIDO

a) DO CONTRATO E DO DÉBITO.

A autora, mediante contrato de mútuo (doc. anexo), emprestou ao réu a quantia de (valor em reais), a ser paga em (data).

No entanto, até o momento – passados mais de seis meses do prazo estipulado –, o réu não realizou qualquer pagamento. Apesar das tentativas de contato (cf. docs. anexos), o réu nem sequer responde à autora.

Nos termos da planilha anexa, com os juros e a mora previstos em contrato, o débito chega, nesta data, a R$ 110.000,00 (cento e dez mil reais).

Tal conduta viola frontalmente os deveres contratuais assumidos e o Código Civil; este estipula, nos arts. 586 e seguintes, que compete ao mutuário devolver a quantia que recebeu.

A doutrina e a jurisprudência são firmes em atender plenamente aos comandos legais, resguardando reiteradamente pretensões como a da autora.

b) DA OPÇÃO PELA AUDIÊNCIA DE CONCILIAÇÃO

Em atenção ao art. 319, VII, do CPC, a autora manifesta interesse na realização de sessão de conciliação com o objetivo de buscar uma solução consensual para o litígio.

A autora sugere que a conciliadora seja a Sra. MARIZA ALMEIDA, (estado civil), (profissão), portadora da cédula de identidade RG n. (número) e inscrita no CPF sob o n. (número), endereço eletrônico (e-mail), residente em (Rua, número, bairro, CEP), nos termos do art. 168, § 1º, do CPC, em caso de concordância do réu.

### II – PEDIDO

Pelo exposto, pede a autora que V. Exa. CONDENE o réu a lhe pagar a importância do mútuo fixada em R$ 110.000,00 (cento e dez mil reais), corrigida monetariamente, além de juros, despesas e verba honorária.

Requer também a citação do réu, por meio eletrônico (e-mail indicado na qualificação) ou, caso V. Exa. assim não entenda possível, por correio, via ARMP (aviso de recebimento de mão própria), para que compareça à audiência de conciliação a ser designada e que, oportunamente, apresente contestação no prazo legal sob pena de revelia.

Requer provar o alegado pela juntada dos documentos anexos e, se necessário, pela produção de prova oral. De todo modo, ressalta o autor entender possível o julgamento antecipado do mérito (CPC, art. 355, I), pela procedência.

Dá-se à presente o valor de R$ 110.000,00 (cento e dez mil reais).

Termos em que pede deferimento.

Cidade, data, assinatura, OAB.

### 1.1.2 Ação indenizatória – atraso em voo

 **PROBLEMA**

ALBERTO SANTOS, residente no Rio de Janeiro-RJ, viajou a Portugal para participar de um curso de especialização pelo período de dois meses. No primeiro dia do curso haveria uma prova para avaliar os conhecimentos dos alunos. ALBERTO adquiriu da empresa LINHAS AÉREAS EUROPA LTDA. uma passagem aérea para chegar ao destino com dois dias de antecedência. Por falhas da companhia aérea, o voo foi cancelado. Após mais de 6 horas no aeroporto sem qualquer assistência, a companhia área encaminhou ALBERTO a um hotel. Como seu embarque se deu com 48 horas de atraso, chegou a Portugal atrasado e sem possibilidade de descanso para a realização da prova inicial (a ausência à prova importaria em desistência do curso).

Promova a medida judicial cabível para indenizar ALBERTO pelos prejuízos sofridos.

 **SOLUÇÃO**

Deverá ser proposta ação condenatória (processo de conhecimento) em face da companhia aérea pleiteando sua condenação ao pagamento dos danos morais sofrido por ALBERTO.

Conforme o valor da indenização pretendida, caso a competência para apreciar o tema não seja da Justiça Federal (não sendo aplicável o art. 109, I, da Constituição Federal), pode-se optar pelo Juizado Especial Cível – JEC (se o valor da causa for de até 40 salários mínimos) ou pela Justiça Estadual, tramitando a demanda pelo procedimento comum.

Em relação à quantificação da indenização por dano moral, o CPC prevê que o valor da causa corresponderá ao valor pretendido (art. 292, V).

**MODELO DE PEÇA**

EXMO. SR. DR. JUIZ DE DIREITO DE UMA DAS VARAS CÍVEIS DO FORO DA COMARCA DO RIO DE JANEIRO – RJ (domicílio do consumidor – Lei n° 8.078/1990, art. 101, I).

ALBERTO SANTOS, (estado civil), (profissão), portador da cédula de identidade RG n. (...), inscrito no CPF/MF sob n. (...), usuário do endereço eletrônico (e-mail), residente e domiciliado nesta cidade, em (endereço), vem, por sua advogada infra-assinada, com endereço em (endereço), respeitosamente, perante V. Exa., propor a presente

### AÇÃO INDENIZATÓRIA

em face de LINHAS AÉREAS EUROPA LTDA., pessoa jurídica de direito privado inscrita no CNPJ (número), usuária do endereço eletrônico (e-mail), com sede em (endereço), pelas razões de fato e de direito a seguir expostas.

#### I – DOS FATOS

O autor, buscando viajar ao exterior com o fim de realizar curso de especialização, procurou a ré para o fornecimento de serviço de transporte aéreo. Tal curso teria início em (data), na cidade de (cidade), como se vê da matrícula anexa (doc.).

O voo sairia da cidade do Rio de Janeiro em (dia/horário). Tratava-se do voo (número do voo), com chegada prevista para (horário) do dia (data), conforme se vê no documento anexo. Chegar com dois dias de antecedência em relação ao início do curso permitiria que o autor descansasse para a prova inicial a ser realizada no primeiro dia (doc. anexo).

Na data de embarque, já no aeroporto, o autor descobriu que o voo havia sido cancelado. Após tal descoberta houve longa indefinição, sem qualquer assistência da ré e momentos nos quais o autor passou por situações no mínimo desagradáveis. Como se encontrava sozinho e na companhia de suas malas, era inviável ao autor até mesmo dirigir-se ao toalete, visto que não era possível entrar nessas dependências com a bagagem. Obviamente, ele não as deixaria desacompanhadas, visto que tal atitude, além de ser arriscada, seria irresponsável.

Diante disso, o autor sentiu-se completamente desmoralizado e desanimado com a situação. Imaginou que não mais atingiria o objetivo de iniciar o curso. Nos termos contratados, a ausência na prova inicial acarretaria a DESISTÊNCIA da participação no curso.

Após mais de seis horas no aeroporto, iniciou a ré o envio, de maneira confusa e desordenada, dos passageiros a um hotel. Em mais um sinal de desrespeito, não informou a ré ao autor o horário do possível novo embarque.

Embora o envio ao hotel tenha proporcionado algum descanso físico ao autor, mentalmente ele se encontrava desgastado e aborrecido com toda a situação.

Na manhã seguinte, a ré entrou em contato com o autor para informar que APENAS NA NOITE SEGUINTE haveria um voo.

Quando finalmente chegou ao seu destino, o autor apenas passou no seu hotel para deixar a bagagem, dirigindo-se imediatamente à escola para não ficar configurado o desinteresse pelo curso. Neste momento, procedeu o autor, em condição adversa, ao teste inicial: encontrava-se cansado, estressado e nervoso.

Após todo o ocorrido, o autor procurou a ré para ouvir sua proposta de reparação dos danos sofridos, mas não teve resposta.

## II – DO DIREITO

### a) RESPONSABILIDADE PELOS DANOS MORAIS SOFRIDOS

Claro está que o caso envolve uma relação de consumo, devendo ser aplicado o Código de Defesa do Consumidor, além das regras do Código Civil. Há de se ressaltar que também regulam a matéria o Código Brasileiro de Aeronáutica (Lei n° 7.565/1986) e a Convenção de Varsóvia, ratificada pelo Brasil. Reproduzimos abaixo o art. 19 da Convenção e o art. 256, II, da Lei n° 7.565/1986:

> "Art. 19. O transportador é responsável pelo dano ocasionado por atrasos no transporte aéreo de viajantes, mercadorias e bagagens."

> "Art. 256. O transportador responde pelo dano decorrente:

> (...)

> II – de atraso do transporte aéreo contratado".

Devido ao atraso, que configurou vício de qualidade no serviço, a ré deve ser responsabilizada nos termos do art. 20 do CDC.

Também se destaca a infração ao princípio da boa-fé objetiva, constante no art. 4º, III, do CDC, por parte da ré.

Houve evidentes danos morais, prejuízos sobre a esfera íntima do autor; a dignidade e a vida privada são bens juridicamente tutelados, são passíveis de reparação na hipótese de dano, nos termos da Constituição Federal (art. 5º, V e X) e do Código Civil (art. 186).

Muitos foram os transtornos: (i) a falta de informação adequada; (ii) o atraso injustificável; (iii) a angústia em relação ao início do curso e (iv) a ausência de tempo de descanso quanto à prova inicial do curso.

Como há tempos entende o STJ, "o dano moral decorrente de atraso de voo opera-se *in re ipsa*. O desconforto, a aflição e os transtornos suportados pelo passageiro não precisam ser provados, na medida em que derivam do próprio fato" (AgRg nº Ag 1.306.693/RJ, rel. Min. Raul Araújo, 4ª T., *DJe* 6-9-2011).

Os dissabores experimentados pelo autor devem ser indenizados pela ré, uma vez reconhecida a responsabilidade desta pelo dano moral. Neste ponto, já é pacífica a jurisprudência no sentido de acolher pretensão de consumidores vitimados por problemas no transporte aéreo. Abaixo trazemos à colação trechos de decisão sobre caso similar que corrobora o pedido do autor.

(...) DANO MORAL. Atraso considerável em voo nacional (...). Chegada ao destino após 15 horas. Aflição e desconfortos causados ao passageiro. Perda da programação inicial de curso de aperfeiçoamento e avaliação profissional. Dever de indenizar. Caracterização: O dano moral decorrente de atraso de voo, ainda que devido a problemas operacionais, prescinde de prova de culpa, acarretando a sua condenação por dano moral, em virtude de perda de conexão e atraso de mais de 15 horas ao incialmente contratado, o que gera aflição e angústia ao consumidor, mormente quando interfere negativamente em compromissos profissionais. DANO MORAL. Fixação que deve servir como repreensão do ato ilícito. Enriquecimento indevido da parte prejudicada. Impossibilidade. Razoabilidade do *quantum* indenizatório: A fixação de indenização por danos morais deve servir como repreensão do ato ilícito e pautada no princípio da razoabilidade sem que se transforme em fonte de enriquecimento indevido da parte prejudicada. Bem por isso, majora-se a indenização fixada na origem. (...)" (TJSP, AC 1006435-69.2020.8.26.0002, Ac. 14334963, São Paulo, 13ª Câmara de Direito Privado, Rel. Des. Nelson Jorge Júnior, j. 05.02.2021, *DJESP* 11.02.2021, p. 2.157).

No caso, o problema foi em voo nacional e a presença não era determinante para o início do curso; imagine, Exa., a situação de alguém com dificuldades ainda maiores por ser o voo internacional e por ser sua presença imprescindível! Os dissabores experimentados pelo autor foram significativos e afetaram consideravelmente seus direitos de personalidade. Por cerca de três dias, ele ficou tenso imaginando que perderia o curso que planejara há tanto tempo, padecendo de aflição sem contar com informações consistentes por parte da ré. Por essa razão, requer a fixação do montante de R$ 20.000,00 (vinte mil reais), a título de indenização por danos morais. Tal valor mostra-se razoável para reparar minimamente o autor e servir como desestímulo para que a demandada não mais atue da mesma forma.

Os fatos expostos relativos ao vício do serviço resultaram de infrações à boa-fé objetiva e culminaram em prejuízos, sendo aptos a fundamentar o pedido de indenização por danos morais com base no art. 5º, V e X, da CF; arts. 6º, VI, e 7º do CDC; art. 186 do CC; art. 256, II, do Código Brasileiro de Aeronáutica; art. 19 da Convenção de Varsóvia, bem como demais dispositivos da legislação em vigor.

### b) OPÇÃO PELA AUDIÊNCIA DE CONCILIAÇÃO

Em atenção ao art. 319, VII, do CPC, e demais dispositivos cabíveis, o autor manifesta seu interesse na realização de sessão de conciliação com o objetivo de buscar uma solução consensual para o litígio.

### III – DO PEDIDO

Em face do exposto, requer o autor à V. Exa.:

a) o reconhecimento da total procedência do pedido, com a condenação da ré ao pagamento de indenização por danos morais no montante de R$ 20.000,00 (vinte mil reais) e também a pagar os ônus da sucumbência;

b) seja citada a ré, por correio, para comparecer à audiência de conciliação, sob pena de multa (nos termos do art. 334, § 8º do CPC);

c) em relação aos pontos que não puderam ser comprovados com os documentos acostados a esta petição seja declarada a inversão do ônus da prova, devido à hipossuficiência do autor, nos termos do inciso VIII do art. 6º do CDC e demais dispositivos da legislação em vigor.

Requer provar o alegado, por todos os meios de prova admitidos em direito, especialmente por documentos, prova oral e o que mais se fizer necessário ao deslinde do presente feito.

Dá-se à causa o valor de R$ 20.000,00 (vinte mil reais).

Termos em que pede deferimento.

Cidade, data, assinatura, OAB.

## 1.1.3 Ação indenizatória – prestação de serviços turísticos

###  PROBLEMA

Quatro amigos residentes em São José dos Campos contrataram com uma agência de turismo uma viagem para a Chapada Diamantina; pagaram, pelo hotel e por passeios, o valor total de R$ 2.000,00).

No momento da prestação de serviços, inúmeros problemas ocorreram, especialmente envolvendo o transporte na região. Assim, além do estresse, os amigos tiveram que pagar uma quantia adicional, no destino, para usufruir dos passeios turísticos. Sendo os amigos jovens estudantes e de orçamento apertado, a situação gerou diversos transtornos no decorrer da viagem. Elabore a medida judicial para reparar os prejuízos sofridos considerando que a empresa se recusou a indenizá-los durante e após o ocorrido.

### ☼ SOLUÇÃO

Deverá ser proposta ação indenizatória (processo de conhecimento) em face da agência de turismo, pleiteando sua condenação ao pagamento dos prejuízos materiais e morais causados.

É possível ingresso dos amigos de forma individual ou o ajuizamento em litisconsórcio ativo.

Pode ser utilizado o JEC, com a limitação do valor da condenação a 40 salários mínimos ou a Justiça Comum, onde será adotado o procedimento comum.

 ## MODELO DE PEÇA

EXMO SR. DR. JUIZ DE DIREITO DE UMA DAS VARAS CÍVEIS DA COMARCA DE SÃO JOSÉ DOS CAMPOS – SP.

FERNANDO (qualificações), GUILHERME (qualificações), MARK (qualificações) e PEDRO (qualificações) vêm, respeitosamente, perante V. Exa., por seu advogado (procuração anexa), com fundamento nos arts. 318 e seguintes do Código de Processo Civil, promover

### AÇÃO INDENIZATÓRIA

em face de (Empresa de Turismo: denominação completa), inscrita no CNPJ sob n. (número), usuária do endereço eletrônico (e-mail), com sede em (endereço), pela matéria de fato e de direito abaixo exposta.

### I – DOS FATOS

Os autores, tencionando realizar viagem turística à Chapada Diamantina (Lençóis-BA) e desconhecendo a região e suas especificidades, procuraram a ré buscando adquirir um pacote turístico compreendido por passeios e hospedagem, sendo o deslocamento até a referida cidade feito por meio próprio.

O pagamento, realizado antecipadamente à viagem, foi de R$ 2.000,00 (dois mil reais), sendo metade da quantia relativa aos passeios e a outra metade à hospedagem (doc. anexo – objeto dos serviços).

Os autores, tão logo chegaram à cidade de Lençóis, constataram que a agência de turismo local (Lençóis Turismo) não estava informada sobre a programação e desconhecia o que havia sido contratado.

Havia uma profunda discrepância entre o pacote vendido pela ré e o oferecido pela agência local de turismo, especialmente no tocante ao transporte. Para realizar diversos passeios, seria necessária a utilização de veículos específicos (4x4); porém, a ré partiu da premissa de que era possível a realização dos passeios a pé.

Cientes da impossibilidade da realização dos passeios da maneira proposta pela ré, os autores exigiram a restituição da quantia paga de R$ 1.000,00 (mil reais) e sua remessa para a cidade de Lençóis – BA, para que a mesma quantia fosse utilizada no pagamento direto dos passeios a serem prestados pela agência turística local. O pleito foi negado.

Desgastados, constrangidos e preocupados quanto à execução de seus passeios restantes, buscaram os autores um acordo com a agência local para desanuviar a incerteza do porvir.

Assim, para realizar os passeios de forma adequada, tiveram os autores de arcar com a quantia adicional de R$ 400,00 (quatrocentos reais), paga diretamente a tal agência (cf. recibo anexo). Em virtude desse dispêndio, a viagem teve sua duração diminuída considerando o baixo orçamento dos autores.

Terminada a viagem, os autores procuraram a ré visando a um acerto amigável dos pre-juízos experimentados. Novamente sofreram com as escusas reiteradas da ré em atendê-los, limitando-se a dizer pelo telefone que nada mais havia a ser debatido.

## II – DO DIREITO

### a) RESPONSABILIDADE E DANOS SOFRIDOS

O art. 31 do CDC (Lei n° 8.078/1990), conjugado com seu art. 6°, III, estabelece o dever de informação do fornecedor.

A ré é responsável pela existência de vício de qualidade no serviço previsto no art. 20 do CDC.

A não inclusão da utilização de transporte apropriado no serviço oferecido pela ré acar-retava a inviabilização dos passeios. O serviço apresentava-se impossível de ser prestado de maneira satisfatória aos interesses dos autores.

O serviço oferecido pela ré apresentava, além de sérias falhas de informação, um vício de qualidade, de forma que se mostrava impróprio para atingir sua finalidade e realizar satis-fatoriamente os interesses dos autores. De acordo com o Código de Defesa do Consumidor, o fornecedor de serviços é civilmente responsável pelos danos decorrentes da sua prestação, não importando sua ignorância (art. 23).

Os autores, percebendo a existência do vício de qualidade, optaram por exigir a imediata restituição da quantia paga pelo serviço, poder resilitivo constante no art. 20, II, do CDC. Tal dispositivo atribui ao consumidor a faculdade de escolher uma das hipóteses nele expostas; feita a escolha por parte dos autores, no seu exercício de direito, cabia à ré obedecer ao dis-positivo legal constante no dever de restituição de quantia paga.

A não restituição do valor caracterizou, portanto, o não cumprimento de um dever legal imposto pelo art. 20, II, do CDC, o que enseja a responsabilização civil pelas perdas e danos.

Mas não é só. No caso, há também danos morais sofridos pelos autores; são assim con-siderados os prejuízos que atingem a esfera íntima do ser humano.

No caso em questão, configura-se claramente a presença de danos morais. Os autores, perante a situação em que foram colocados, tiveram suas personalidades, nos âmbitos pessoal e social, lesionadas.

As lesões aos direitos de personalidade, resultantes da conduta da ré, merecem ser indenizadas, uma vez reconhecida a responsabilidade pelo dano moral por parte de referida.

Sobre este assunto, tal é o entendimento da 4ª Câm. do Tribunal do RS (ApCív 195.151.303): "(...) experiência, e de sobejo, cumpria à operadora de turismo e seus pre-postos. Não aos autores, turistas, que contrataram os serviços (...) a indenização por dano moral procede pois (...), dadas as circunstâncias pessoais e personalíssimas, viajando tu-risticamente, devendo lhes ser assegurado lazer, momentos de descontração, segurança e tranquilidade, tiveram, por momentos repetidos, aspectos contrários ao contratado e ao expectado".

Os fatos descritos fundamentam o pedido de indenização por danos morais com base nos arts. 5º, V e X, da Constituição Federal, arts. 6º, VI, e 7º do CDC e art. 186 do CC, pelos atos repugnantes praticados pela ré em face dos autores, expostos que foram à situação de incerteza e de profundo constrangimento, em localidade distante do refúgio de seus lares e com sua idoneidade colocada em dúvida.

Além disso, como exposto, em virtude do pagamento adicional, tiveram de diminuir a programação inicial de sua viagem. O que era para ser um passeio transformou-se em algo aborrecedor e constrangedor.

Assim, os autores fazem jus ao ressarcimento do montante de R$ 400,00 (quatrocentos reais) gastos a mais no local, além de indenização por danos morais no montante de R$ 10.000,00 para cada um.

## b) DESINTERESSE EM AUDIÊNCIA DE CONCILIAÇÃO

Em atenção ao art. 319, VII, do CPC, os autores manifestam seu desinteresse na realização de sessão de conciliação. Segundo o art. 3º, § 2º, do mesmo Código, o Estado fomentará a solução dos conflitos sempre que possível. A hipótese dos autos é de impossibilidade: como houve diversas tratativas infrutíferas de composição consensual, os autores não creem na intenção da ré de resolver a situação.

Caso, porém, V. Exa. entenda ser o caso de designar sessão consensual, os autores indicam que preferem a realização de conciliação para que o terceiro imparcial apresente sugestões de acordo.

## III – DO PEDIDO

Em face do exposto, pedem os autores a V. Exa.:

a) a condenação da ré ao pagamento do dano material, na quantia de R$ 400,00 (quatrocentos reais), devidamente corrigida;

b) a condenação da ré ao pagamento de danos morais, arbitrada na quantia de R$ 10.000,00 (dez mil reais) para cada um dos autores, além da condenação ao ônus da sucumbência;

c) a citação da ré, por correio, via AR, para que responda no prazo legal, sob pena de revelia – ou, caso V. Exa. entenda pertinente a designação de sessão consensual, que compareça à audiência de conciliação a ser designada.

Requer provar o alegado por todos os meios de provas previstos em lei, especialmente pelos documentos já acostados, pelo depoimento pessoal do representante legal da ré e pela oitiva do gerente da Lençóis Turismo, por carta precatória.

Dá-se à causa o valor de R$ 40.400,00 (quarenta mil e quatrocentos reais).

Termos em que

pedem deferimento.

São José dos Campos, data, advogado, OAB.

## 1.1.4 Ação revisional de aluguel

 **PROBLEMA (OAB/SP. 106º EXAME – PONTO 1)**

Antônio alugou de Benedito um imóvel residencial situado na cidade de Campinas, celebrando contrato escrito pelo prazo de 48 meses de duração. Decorridos 36 meses, o valor do aluguel pago por Antônio a Benedito tornou-se muito alto (R$ 5.000,00) em relação aos aluguéis de imóveis existentes na região com as mesmas dimensões, que estão sendo oferecidos à locação entre os valores de R$ 2.000,00 e R$ 3.000,00. Benedito se recusa a reduzir o valor do aluguel.

 *QUESTÃO*: Como advogado do locatário e sabendo-se que: a) Benedito tem domicílio em São Paulo, no bairro de Pinheiros, enquanto Antônio reside em Limeira; b) Antônio é casado com Maria pelo regime de comunhão de bens e Benedito é viúvo; c) o contrato não tem foro de eleição; d) Benedito é usufrutuário do imóvel locado, pertencendo a nua propriedade a seu filho José, menor impúbere. Proponha a ação visando à redução do valor do aluguel ao nível de mercado.

 **SOLUÇÃO (SEGUNDO O GABARITO DA OAB/SP – ADAPTADO)**

Deverá ser proposta ação revisional de aluguel pelo locatário Antônio (sem a presença da mulher), contra o locador Benedito (José, nu proprietário, é parte ilegítima), no foro da situação do imóvel (Campinas), atribuindo-se à causa o valor correspondente a 12 vezes o aluguel vigente (ou seja, R$ 60.000,00), também podendo ser considerado correto o valor dado à causa com base no valor do aluguel pretendido (ou seja, 12 vezes o aluguel proposto).

O fundamento legal da ação está no art. 19 da Lei nº 8.245/1991 e o rito deverá ser o comum. Embora o art. 68 da Lei nº 8.245/1991 se refira a rito sumário, no regime do CPC incide o art. 1.049, parágrafo único: na hipótese de a lei remeter ao procedimento sumário, será observado o procedimento comum previsto neste Código, com as modificações previstas na própria lei especial, se houver.

Deverá haver menção ao valor do aluguel pretendido (art. 68, I, da Lei nº 8.245/1991), com expresso requerimento de designação de audiência e expresso requerimento de restituição das diferenças acumuladas a partir da citação (art. 69 da Lei nº 8.245/1991); poderá ser requerida a fixação de aluguel provisório, fazendo-se menção aos elementos apresentados para justificar esse pedido.

Deverá ser requerida a expedição de carta precatória para a citação do réu, que reside em outra Comarca; deverá ser requerida a produção de prova pericial.

 **MODELO DE PEÇA**

EXCELENTÍSSIMO SENHOR DOUTOR JUIZ DE DIREITO DA .... VARA CÍVEL DO FORO DA COMARCA DE CAMPINAS.

**Antônio**, (sobrenome), casado, (profissão), portador da Cédula de Identidade RG n. (número) e inscrito no Cadastro das Pessoas Físicas sob o n. (número), usuário do endereço eletrônico (e-mail), residente e domiciliado na cidade de Limeira, em (endereço), por seu advogado, com escritório nesta cidade, em (endereço), local onde receberá intimações, vem à presença de Vossa Excelência, com fundamento no art. 68 da Lei nº 8.245/1991, propor

## AÇÃO REVISIONAL DE ALUGUEL COM PEDIDO DE LIMINAR

em face de **Benedito**, (sobrenome), viúvo, (profissão), portador da Cédula de Identidade RG n. (número) e inscrito no Cadastro das Pessoas Físicas sob o n. (número), usuário do endereço eletrônico (e-mail), residente e domiciliado na cidade de São Paulo, na Rua (endereço), bairro de Pinheiros, CEP (n.), com base nos motivos de fato e de direito que seguem.

### I – DOS FATOS

O autor firmou com o réu contrato de locação por escrito, pelo prazo determinado de 48 meses, tendo como objeto o aluguel do imóvel residencial situado em (endereço), na cidade de Campinas (Documento 1).

O locatário vem cumprindo todas as obrigações pactuadas, inclusive o pagamento mensal dos aluguéis, que monta atualmente em R$ 5.000,00 (cinco mil reais).

O valor do aluguel mensal pago atualmente, conforme recibo anexo (Documento 2), embora inteiramente de acordo com o estabelecido contratualmente, excede aquele praticado pelo mercado para imóveis com as mesmas características e localização.

O locatário procurou o locador em diversas ocasiões com o objetivo de rever o valor mensal do aluguel. Porém, tais tentativas, até o momento, restaram infrutíferas, levando o autor a procurar os caminhos judiciais.

Verifica-se, pelas avaliações realizadas por imobiliárias que atuam na região, que o valor do aluguel mensal para imóveis semelhantes varia entre R$ 2.000,00 (dois mil reais) e R$ 3.000,00 (três mil reais) (Documentos 3 a 5). O autor entende justa a fixação do aluguel em valor médio, correspondente a R$ 2.500,00 (dois mil e quinhentos reais), conforme demonstrado a seguir.

Exposta a fundamentação fática, passa o autor à fundamentação jurídica.

### II – DO DIREITO

### a) DO DIREITO À REVISÃO

Diante dos fatos expostos, entende o autor que, decorridos 36 meses do início da locação e estando o valor do aluguel em patamares muito superiores àqueles praticados pelo mercado, cabe a presente revisão para adequação do referido valor à realidade atual, evitando que o locatário continue experimentando prejuízo injusto.

A Lei nº 8.245/1991, ao disciplinar as locações, ampara a pretensão do autor. O Capítulo IV regulamenta a ação revisional de aluguel; segundo seu art. 19, "não havendo acordo, o locador ou locatário, após três anos de vigência do contrato ou do acordo anteriormente realizado, poderão pedir revisão judicial do aluguel, a fim de ajustá-lo ao preço de mercado".

Como bem aponta José da Silva Pacheco, a intenção do legislador, ao prever tal hipótese foi "ajustar o aluguel ao nível de mercado", inclusive atentando para as questões sociais que envolvem os contratos, princípio reconhecido pelo novo Código Civil.[2]

Verifica-se, pelas avaliações realizadas por imobiliárias da região, que o aluguel mensal para imóveis semelhantes varia entre R$ 2.000,00 (dois mil reais) e R$ 3.000,00 (três mil reais) (docs. 3-5). O autor entende justa a fixação do aluguel em valor médio, correspondente a R$ 2.500,00 (dois mil e quinhentos reais).

Como se percebe, o valor locatício atual está trazendo onerosidade excessiva ao autor, havendo uma total desproporção entre o valor do contrato e a contraprestação oferecida.

### b) PEDIDO LIMINAR

Presentes os requisitos legais, e não correspondendo o valor nominal ao valor real da locação, torna-se imperiosa a fixação de aluguel provisório, conforme prevê o art. 68, II, *b*, da Lei de Locação: "ao designar a audiência de conciliação, o juiz, se houver pedido e com base nos elementos fornecidos tanto pelo locador como pelo locatário, ou nos que indicar, fixará aluguel provisório, que será devido desde a citação, nos seguintes moldes: (...) b) em ação proposta pelo locatário, o aluguel provisório não poderá ser inferior a 80% (oitenta por cento) do aluguel vigente".

Com base nos elementos que integram a presente demanda, requer seja fixado aluguel provisório no valor de R$ 4.000,00 (quatro mil reais) por mês, conforme consta do laudo imobiliário juntado com a presente, prevalecendo o valor provisório sobre o atual até o final julgamento.

### c) AUDIÊNCIA DE CONCILIAÇÃO

O procedimento especial das ações locatícias tem previsão de audiência inicial de conciliação no art. 68, III da Lei n° 8.245/1991. O autor se manifestará a respeito em atenção ao art. 319, VII, do CPC.

Tendo em vista as prévias tentativas de solução consensual do conflito, o autor opta pela não realização de audiência conciliatória nesse momento, entendendo que tal encontro restaria infrutífero e danoso para as partes. A opção do autor deve ser respeitada, em observância a diversas normas do CPC (art. 3°, § 2°: "o Estado promoverá sempre que possível, a solução consensual dos conflitos"; art. 319, VII "a opção do autor pela realização ou não da audiência de conciliação ou de mediação"; art. 334, § 4°, II "quando não se admitir a autocomposição").

### III – DO PEDIDO

Diante do exposto, requer o autor:

a) seja fixado aluguel provisório no valor de R$ 4.000,00 (quatro mil reais) por mês, conforme consta do laudo imobiliário juntado com a presente, prevalecendo o valor provisório sobre o atual até o final julgamento;

b) concedida a liminar, requer o autor seja, ao final, confirmada, julgando-se procedente o pedido da presente ação para rever o valor da parcela mensal do aluguel, baixando-a para

---

[2] PACHECO, José da Silva. *Tratado das ações de despejo*. 11. ed. São Paulo: RT, p. 670.

R$ 2.500,00 (dois mil e quinhentos reais) mensais e determinando ainda a restituição das diferenças acumuladas a partir da citação, nos termos do art. 69 da Lei nº 8.245/1991. Requer, finalmente, a condenação do réu aos ônus da sucumbência.

Requer ainda o autor a citação do réu por carta precatória para, se quiser, apresentar contestação, sob pena de revelia.

Requer também a produção de todos os meios de provas admitidos em direito, especialmente testemunhal e pericial.

Dá-se à causa do valor de R$ 60.000,00 (sessenta mil reais) para os devidos efeitos legais.

Nestes termos,

aguarda-se deferimento.

Cidade, data, assinatura, OAB

### 1.1.5 Ação de reparação de dano sofrido em acidente de veículos

 **PROBLEMA (OAB/SP. 110º EXAME – PONTO 2 – ADAPTADO)**

Aurélia dirigia seu automóvel pela Avenida Paulista, em São Paulo, quando uma viatura da Polícia Militar, sem a sirene ou as luzes de advertência ligadas, em alta velocidade, abalroou o seu veículo, atirando-o contra um poste. O veículo de Aurélia ficou completamente destruído, sem a menor possibilidade de conserto. Aurélia, que não tinha seguro, ficou ferida no acidente e acabou sendo hospitalizada e submetida a duas cirurgias corretivas no joelho. Por tal razão, gastou R$ 20.000,00 (vinte mil reais) de serviços médicos e não pôde atuar em seu estágio, por 1 (um) ano, sendo que percebia R$ 500,00 (quinhentos reais) mensais.

 *QUESTÃO:* Sabendo-se que Aurélia é domiciliada em Santos; que o seu veículo era novo, adquirido há poucos dias; e que a viatura da Polícia Militar era então dirigida pelo soldado Gilberto, lotado no Batalhão sediado em Campinas, acione a providência judicial cabível, objetivando a mais completa reparação do dano causado a Aurélia.

 **SOLUÇÃO (SEGUNDO O GABARITO DA OAB/SP – ADAPTADO)**

Aurélia deverá propor ação de reparação de dano causado em acidente de veículos (com fundamento no art. 186 do Código Civil), pelo procedimento comum (art. 318 e seguintes do Código de Processo Civil), em face da Fazenda do Estado de São Paulo, perante uma das Varas da Fazenda Pública da Capital. A propositura da ação contra Gilberto, funcionário público que dirigia o veículo, não é a melhor solução em virtude da incerteza do recebimento do crédito. O pedido de procedência da ação deve englobar:

1) os danos emergentes (perda do veículo, pelo seu valor de mercado, podendo até justificar-se a pretensão pelo valor de um veículo novo; reembolso das despesas médicas havidas com a hospitalização; reembolso das despesas com as duas cirurgias sofridas);

2) o pagamento das despesas necessárias à realização da futura cirurgia, cujo valor também estará orçado e, assim, certo e determinado;

3)  o pagamento, a título de lucros cessantes, daquilo que deixou de receber em função da atividade profissional interrompida, mais os meses em que não poderá exercer a profissão pela perda do exame de habilitação;

4)  o pagamento de indenização por dano moral, justificando-se o seu cabimento em função do sofrimento a que foi submetida a autora – o valor deverá ser estimado pela vítima;

5)  o pagamento das verbas sucumbenciais e dos juros de mora a contar da citação. As verbas deverão ser corrigidas monetariamente a partir dos respectivos desembolsos.

Deverá ser requerida a citação da Fazenda Pública, na pessoa do Procurador do Estado de São Paulo, para comparecer à audiência inicial de que trata o art. 334 do CPC.

O valor da causa é a soma de todos os pedidos.

 **MODELO DE PEÇA**

EXMO SR. DR. JUIZ DE DIREITO DE UMA DAS VARAS DA FAZENDA PÚBLICA DA COMARCA DA CAPITAL – SP.

**AURÉLIA** (sobrenome), (estado civil), estagiária de direito, portadora da Cédula de Identidade RG n. (número) e inscrita no Cadastro das Pessoas Físicas sob o n. (número), usuária do endereço eletrônico (e-mail), residente em (endereço), na comarca de Santos, SP, vem, respeitosamente perante V. Exa., por sua advogada que esta subscreve, com escritório em (endereço), com base nos arts. 186 do Código Civil e demais dispositivos aplicáveis à espécie, propor, pelo procedimento comum,

### AÇÃO DE REPARAÇÃO DE DANOS SOFRIDOS EM ACIDENTE DE VEÍCULOS

em face de **FAZENDA PÚBLICA DO ESTADO DE SÃO PAULO**, pessoa jurídica de direito público interno, usuária do endereço eletrônico (e-mail), com sede nesta capital do Estado de São Paulo em (endereço), na pessoa de seu procurador, pelos fatos e fundamentos a seguir expostos.

### I – DOS FATOS

Em (data), a autora dirigia seu veículo, pela Avenida Paulista. Por volta de (horas), uma viatura da Polícia Militar do Estado de São Paulo, em alta velocidade, sem sirene ou luz de advertência, atingiu a traseira de seu veículo. Tamanha foi a força da batida que o veículo foi arremessado em direção a um poste. O veículo era dirigido pelo soldado Gilberto, lotado em Campinas.

A autora teve de ser hospitalizada com urgência e passou por duas cirurgias corretivas no joelho que custaram R$ 20.000,00 (vinte mil reais) (doc. anexo).

Seu veículo, recém-adquirido, foi completamente destruído; a autora não tinha seguro (cf. BO, laudo sobre o veículo e nota fiscal de aquisição do veículo pelo valor de R$ 35.000,00).

Em virtude das cirurgias, não pôde a autora exercer suas atividades de estagiária pelo período de um ano, no qual não percebeu sua bolsa-estágio, no valor de R$ 500,00 (quinhentos reais) (doc. anexo, declaração do escritório).

## II – DO DIREITO

### a) DEVER DE INDENIZAR

No caso, estão presentes todos os requisitos para a responsabilização civil do Estado.

Os danos são inegáveis. Há danos emergentes que envolvem o custo das cirurgias (R$ 20.000,00) e o valor do carro da autora, que ficou completamente destruído (consoante docs. anexos). A autora faz jus ao pagamento do montante referente a um veículo zero km semelhante ao que foi destruído, no montante de R$ 65.000,00 (sessenta e cinco mil reais).

Há também lucros cessantes: ela deixou de perceber sua bolsa-estágio, pelo período de um ano. O montante soma R$ 6.000,00 (seis mil reais), conforme se depreende dos recibos de pagamentos referentes aos meses anteriores.

No que tange aos danos morais, entendidos estes como lesões a direito de personalidade, sua configuração é cristalina. A vida privada da autora foi intensamente prejudicada, já que vem sofrendo dores, angústias e limitações físicas em virtude do acidente causado pelo funcionário da Ré.

Doutrina e jurisprudência reconhecem que o valor da indenização por dano moral deve atender não só ao caráter compensatório, mas, também, ao intuito de desestimular novas condutas. Assim, a Autora requer, a título de reparação por dano moral, que V. Exa. fixe o montante de R$ 40.000,00 (quarenta mil reais) – valor condizente com o atendimento desses dois desideratos. Tal valor já foi reconhecido como pertinente em casos semelhantes, como se nota pelo seguinte julgado:

> Ação de indenização por danos morais e estéticos. Transporte de passageiros. (...) Motorista da empresa de transporte ré que freou abruptamente o coletivo, culminando com lesão física de natureza grave à autora, com fratura em seu crânio, que teve, logo após o ocorrido, que se submeter à cirurgia em sua cabeça, permanecendo internada por vários dias. (...) Valor indenizatório pelos danos extrapatrimoniais experimentados pela autora no caso fixado em R$ 40.000,00, montante que se mostra adequado ao caso e não propicia enriquecimento indevido da parte, tendo em vista que, embora não se olvide da gravidade do acidente sofrido pela autora no interior do coletivo, concluiu o laudo pericial produzido nos autos pela ausência de deformidades visíveis a olho nu na autora ou restrições funcionais, tendo a autora retomado suas atividades habituais algum tempo após o ocorrido. (...) (TJSP, AC 1026697-37.2019.8.26.0564, Ac. 17638910, São Bernardo do Campo, 11ª Câmara de Direito Privado, Rel. Des. Walter Fonseca, j. 01.03.2024, *DJESP* 20.03.2024, p. 1.573).

O nexo causal é inegável: houve o dano em virtude do acidente provocado pela viatura da Polícia Militar, como se depreende do BO anexado a estes autos.

Por fim, há ainda a culpa, tendo em vista que o veículo da Polícia Militar trafegava em alta velocidade e sem sirenes! Assim, estão presentes todos os requisitos necessários à responsabilização civil, nos termos dos artigos 186 e 927 do CC.

De todo modo, no caso concreto nem sequer haveria necessidade de se demonstrar a culpa, tendo em vista que a hipótese é de responsabilidade objetiva do Estado.

Nos exatos termos do art. 37, § 6º, da Constituição da República, o Estado responde independentemente de culpa pelos danos que seu agente causar no exercício de sua atividade. Portanto, indubitavelmente, há dever do Estado de São Paulo de indenizar a autora.

### b) OPÇÃO PELA AUDIÊNCIA DE CONCILIAÇÃO

Em atenção ao art. 319, VII, do CPC, a autora opta pela realização de sessão inicial de conciliação – que se revela, no caso, mais pertinente que a mediação diante da falta de vínculo anterior entre as partes (CPC, art. 165, § 2º).

### III – DO PEDIDO, DOS REQUERIMENTOS E DO VALOR DA CAUSA

Ante o exposto, pede e requer a autora a V. Exa.:

a) a condenação da ré a indenizar a autora pelos danos materiais por ela sofridos – a saber: custos de cirurgia (R$ 20.000,00), veículo zero semelhante ao que foi destruído (R$ 65.000,00) e valor referente à bolsa-estágio, por um ano (R$ 6.000,00) – e danos morais no valor de R$ 40.000,00, além do ônus da sucumbência;

b) a citação da Fazenda, por mandado (CPC, art. 247, III), na pessoa de seu procurador (CPC, art. 75, II) para, querendo, comparecer à audiência de conciliação a ser designada, sob pena de multa;

c) a produção de todos os meios de provas admitidos em direito, especialmente testemunhal e pericial.

Dá-se à causa o valor de R$ 131.000,00 (cento e trinta e um mil reais).

Termos em que,

pede deferimento.

São Paulo, data.

Nome da advogada, número da OAB

## 1.2 PROCEDIMENTOS ESPECIAIS

### 1.2.1 Ação de reconhecimento e extinção de união estável

 **PROBLEMA**

Em janeiro de 2003, Joana Góes, brasileira, solteira, bancária, conheceu Pedro Coelho, brasileiro, divorciado, advogado. Após quatro meses de namoro, Pedro passou a pernoitar na casa de Joana todas as quartas, sábados e domingos, mantendo o casal uma convivência pública.

Em junho de 2004 Pedro comprou um imóvel, em seu nome exclusivamente, pelo valor de R$ 800.000,00 (oitocentos mil reais), contando para tanto com a poupança de Joana no importe de R$ 200.000,00 (duzentos mil reais).

Ocorre, porém, que, no dia 10 de setembro de 2023, Pedro saiu de casa alegando que iria se casar com Maria Silvia; informou então que em 30 dias devolveria a importância de R$ 200.000,00 (duzentos mil reais), acrescida de juros e correção monetária – o que nunca ocorreu.

 *QUESTÃO:* Como advogado de Joana, promova a medida necessária para garantir seus direitos.

 **SOLUÇÃO**

Deverá ser proposta, perante o juízo da Vara da Família (se houver), ação de reconhecimento e dissolução de união estável, na qual, com fulcro nos arts. 1.723, 1.725 e 1.726 do CC, pleitear-se-á a partilha entre as partes, do imóvel mencionado no problema, por eles adquirido e registrado apenas no nome de Pedro Coelho.

A união estável caracterizou-se pelo fato de que o casal manteve relação pública de convivência, residindo no mesmo imóvel e ostentando o mesmo e único orçamento familiar, estando presentes os deveres de respeito, consideração mútuos e assistência recíproca.

A inexistência de filhos, bem como o fato de o demandado dormir no imóvel em apenas três dias por semana, não tem o condão de afastar a configuração da união estável.

Também não há que falar em suposto empréstimo, mas, sim, em aquisição de patrimônio na constância da convivência, o que concede fundamento jurídico ao pedido formulado pela autora concernente à partilha do imóvel em partes iguais.

 **MODELO DE PEÇA**

EXCELENTÍSSIMO SENHOR DOUTOR JUIZ DE DIREITO DA ___ VARA DE FAMÍLIA E DAS SUCESSÕES (SE NÃO HOUVER, VARA CÍVEL) DO FORO DA COMARCA (DO ÚLTIMO DOMICÍLIO DO CASAL OU DOMICÍLIO DO RÉU, NOS TERMOS DO ART. 53, I, do CPC).

**JOANA GÓES**, brasileira, solteira em união estável, bancária, portadora da Cédula de Identidade RG n. (número) e inscrita no Cadastro das Pessoas Físicas sob o n. (número), residente e domiciliada nesta Capital, na Rua (endereço), titular do endereço eletrônico (*e-mail*) vem, por seu advogado, com escritório nesta cidade, em (endereço), local onde receberá intimações, à presença de Vossa Excelência, propor, com base nos arts. 693 e seguintes do CPC,

**AÇÃO DE RECONHECIMENTO e EXTINÇÃO DE UNIÃO ESTÁVEL**
**PELO PROCEDIMENTO ESPECIAL DAS AÇÕES DE FAMÍLIA**

em face de **PEDRO COELHO**, brasileiro, divorciado em união estável, advogado, portador da Cédula de Identidade RG n. (número) e inscrito no Cadastro das Pessoas Físicas sob o n. (número), residente e domiciliado nesta Capital, na Rua (endereço), titular do endereço eletrônico (*e-mail*), tendo em conta os motivos de fato e de direito que seguem:

**I – DOS FATOS**

A autora conheceu o réu em janeiro do ano de 2003, e após quatro meses de namoro ambos passaram a manter uma relação pública de convivência, servindo de lar para o casal o imóvel habitado anteriormente por Joana.

A convivência não gerou filhos, mas compartilhavam o mesmo teto, bem como o mesmo e único orçamento familiar. Havia respeito, consideração mútua e assistências moral e material recíprocas, embora o Réu pernoitasse em companhia da autora somente às quartas-feiras, sábados e domingos.

Após os quatro meses de namoro, Pedro passou a colaborar financeiramente com as despesas anteriormente suportadas por Joana, quais sejam: aluguel, condomínio, conta telefônica, alimentação e empregada doméstica. Joana, por sua vez, passou a cuidar de um lar, das roupas de seu companheiro, alterou o cardápio das refeições, assumiu o controle da agenda social e do orçamento doméstico, tanto que iniciou uma poupança, visando obter uma reserva financeira para fazer frente a qualquer eventualidade, poupança esta que somou a quantia de R$ 20.000,00 (vinte mil reais).

Em junho de 2004, o casal resolveu adquirir um imóvel no valor de R$ 800.000,00 (oitocentos mil reais); para tanto contou em parte com a poupança da autora. O imóvel constitui-se no único bem significativo adquirido durante a união, estando registrado exclusivamente em nome do réu conforme matrícula junto ao Registro de Imóveis da Capital, certidão anexa (documento 1).

Ocorre, porém, que, no dia 10 de setembro de 2023, o réu saiu de casa, alegando que iria se casar com outra mulher (Maria Silvia). Informou então que no prazo de 30 dias devolveria a importância de R$ 200.000,00 (duzentos mil reais), acrescida de juros e correção monetária – o que não se verificou.

A união estável mantida pelo casal foi dissolvida de forma inesperada para a autora e articulada maliciosamente pelo réu.

A autora não necessita de assistência financeira, pois conta com seu trabalho para se manter, porém não pode experimentar prejuízo patrimonial aceitando passivamente a inocorrência de partilha de bens comuns proposta pelo réu.

## II – DO DIREITO

### a) DA CONFIGURAÇÃO DA UNIÃO ESTÁVEL E DA PARTILHA DO IMÓVEL

Não há dúvida de que entre autora e réu estabeleceu-se uma relação de união estável nos termos do Código Civil: "é reconhecida como entidade familiar a união estável entre o homem e a mulher, configurada na convivência pública, contínua e duradoura e estabelecida com o objetivo de constituição de família" (art. 1.723).

Conforme prevê o art. 1.725 do mesmo Código, não há como afastar o direito da autora à meação do imóvel adquirido na constância da relação. Segundo tal dispositivo, salvo contrato escrito entre os companheiros, na união estável, aplica-se às relações patrimoniais, no que couber, o regime da comunhão parcial de bens.

As partes não celebraram pacto de união estável e o bem foi adquirido em sua constância. Pelo regime de bens, não faz sentido a pretensão do réu de simplesmente devolver certo montante à autora como se tivesse havido um simples empréstimo entre eles.

Assim, a presente ação deve ser julgada procedente em seu pedido, eis que estão presentes todos os requisitos para a configuração da união estável.

### b) DA DESIGNAÇÃO DE AUDIÊNCIA INICIAL DE MEDIAÇÃO

Em atenção aos arts. 319, VII, e 695 do CPC, a autora manifesta interesse na realização de sessão de mediação para buscar uma solução consensual para o litígio. A mediação se revela mais pertinente que a conciliação, nesse caso, por conta do vínculo entre as partes (CPC, art. 165, § 3º).

### III – DO PEDIDO

Diante do exposto, requer a autora a procedência do pedido da ação, declarando-se a existência da união estável, bem como seja decretada sua dissolução, condenando o réu:

a) na obrigação de fazer a partilha, em igual parte com a autora, do imóvel sito em (endereço), mediante lavratura de escritura pública, que será averbada junto à matrícula n. do Registro de Imóveis, arcando com todas as despesas para tal fim;

b) ao pagamento das custas processuais e honorários advocatícios.

Outrossim, requer a autora:

a) citação do réu, por Oficial de Justiça, para que, desejando, compareça à audiência de mediação a ser designada ou apresente resposta no prazo legal;

b) deferimento de todos os meios de prova admitidos em direito, inclusive o depoimento pessoal do réu e oitiva de testemunhas e juntada de documentos supervenientes.

Dá-se à causa o valor de R$ 800.000,00 (oitocentos mil reais).

Nestes termos,

Aguarda-se deferimento.

Cidade, data, assinatura, OAB.

## 1.2.2 Ação de reconhecimento e extinção de união estável homoafetiva

 **PROBLEMA (EXAME DE ORDEM OAB 2007.2 – UNB/CESPE)**

Fernanda e Josiana se conheceram no ano de 1998. Nessa época, Fernanda era professora e Josiana, aluna, no curso de Direito. Em março de 1999, elas iniciaram relacionamento afetivo e, em outubro de 1999, resolveram morar juntas. Josiana, então, foi morar no apartamento em que Fernanda residia.

Inicialmente, mesmo contra a vontade de Josiana, o relacionamento não foi assumido publicamente, pois Fernanda argumentava que tal revelação poderia trazer consequências nefastas para ambas, no âmbito familiar, profissional e social.

A relação afetiva foi se tornando duradoura e, havendo ânimo de perpetuá-la, no ano de 2002, Fernanda e Josiana resolveram, de comum acordo, continuar a convivência em um apartamento mais espaçoso. Para isso, adquiriram um imóvel ao preço de R$ 190.000,00, que foi mobiliado com esforço comum, ao custo de R$ 38.000,00. Além disso, adquiriram, também, o automóvel marca CPC, modelo F-1, ano 2001, avaliado em R$ 25.000,00, para uso partilhado.

Com o passar do tempo, tendo o relacionamento ficado intolerável para Josiana, esta decidiu deixar de conviver com Fernanda.

Com base nessa situação hipotética, elabore, de forma fundamentada, a petição inicial da ação judicial cabível para a defesa dos interesses pessoais e(ou) patrimoniais de Josiana, considerando a peremptória discordância de Fernanda em pôr termo ao relacionamento (Os dados ou elementos fáticos ausentes na situação hipotética apresentada que sejam imprescindíveis ao desenvolvimento da peça devem ser complementados, respeitada a pertinência fático-jurídica.)

 **SOLUÇÃO**

Deverá ser proposta, perante o juízo da Vara da Família (se houver), ação de reconhecimento e dissolução de união estável, na qual, com fulcro nos arts. 1.723, 1.725 e 1.726 do CC, pleitear-se-á a partilha entre as partes, do imóvel mencionado no problema, por eles adquirido e registrado apenas no nome de Fernanda.

A união estável caracterizou-se pelo fato de que o casal manteve relação afetiva, residindo no mesmo imóvel e ostentando o mesmo e único orçamento familiar, estando presentes os deveres de respeito e consideração mútuos, e assistência moral e material recíprocas.

A inexistência de filhos, bem como o fato de serem do mesmo sexo, não tem o condão de afastar a ocorrência da união estável.

Cabe aqui uma observação. Quando foi proposto o problema, não havia ocorrido, ainda, o julgamento da Ação Direta de Inconstitucionalidade (ADI) 4.277 e da Arguição de Descumprimento de Preceito Fundamental (ADPF) 132, pelo STF, que reconheceram a união estável para casais do mesmo sexo (5 de maio de 2011), aplicando-se, naquela oportunidade, a Súmula 380 do STF.

 **MODELO DE PEÇA**

EXCELENTÍSSIMO SENHOR DOUTOR JUIZ DE DIREITO DA ___ VARA DE FAMÍLIA E DAS SUCESSÕES (SE NÃO HOUVER, VARA CÍVEL) DO FORO DA COMARCA (DO ÚLTIMO DOMICÍLIO DO CASAL OU DOMICÍLIO DA RÉ NOS TERMOS DO ART. 53, I, do CPC).

**JOSIANA** (sobrenome), brasileira, solteira em união estável, (profissão), portadora da Cédula de Identidade RG n. (número) e inscrita no Cadastro das Pessoas Físicas sob o n. (número), usuária do endereço eletrônico (e-mail), residente e domiciliada nesta Capital, em (endereço), vem, por sua advogada, com escritório nesta cidade, em (endereço), local onde receberá intimações, à presença de Vossa Excelência, propor, com fundamento no art. 693 e seguintes do Código de Processo Civil,

**AÇÃO DE RECONHECIMENTO e EXTINÇÃO DE UNIÃO
ESTÁVEL PELO PROCEDIMENTO ESPECIAL DAS AÇÕES DE FAMÍLIA**

em face de **FERNANDA** (sobrenome), brasileira, solteira em união estável, professora, portadora da Cédula de Identidade RG n. (número) e inscrita no Cadastro das Pessoas Físicas sob o n. (número), usuária do endereço eletrônico (e-mail), residente e domiciliada nesta Capital, na Rua (endereço), pelos motivos de fato e de direito a seguir expostos.

**I – DOS FATOS**

A autora conheceu a ré no ano de 1998, época em que era aluna e a ré professora no curso de Direito da Universidade (nome da instituição).

Em março de 1999, as partes iniciaram um relacionamento afetivo e em outubro de tal ano resolveram morar juntas – a autora foi morar no apartamento em que a ré residia.

A convivência se efetivou firmemente, pois ambas compartilhavam o mesmo teto e um único orçamento familiar. Havia respeito, consideração mútua e assistências moral e material recíprocas – embora a ré nunca quisesse assumir publicamente o relacionamento, vez que entendia que tal revelação poderia trazer consequências nefastas para ambas nos âmbitos familiar, profissional e social.

A prova do ânimo de permanência da convivência se deu inicialmente em 2001, com a aquisição, com recursos provenientes do esforço comum, de um automóvel marca CPC, modelo F-1, ano 2001, avaliado em R$ 25.000,00 (vinte e cinco mil reais), para uso compartilhado (conforme documento anexo).

A confirmação de tal ânimo se deu no ano seguinte, 2002, quando as partes resolveram, de comum acordo, continuar a convivência em um apartamento mais espaçoso. Para isso, adquiriram um imóvel pelo preço de R$ 190.000,00 (cento e noventa mil reais), que foi mobiliado com esforço comum, ao custo de R$ 38.000,00 (trinta e oito mil reais).

Ocorre, porém, que com o passar do tempo o relacionamento se desgastou; como a situação ficou intolerável para autora, ela decidiu deixar de conviver com a ré. Apesar de já haver deixado claro que não pretende voltar ao convívio, a ré se recusa a aceitar o término do relacionamento, resistindo, por consequência, à partilha dos bens.

A autora destaca que não necessita de assistência financeira, pois conta com seu trabalho para se manter; contudo, não concorda em experimentar prejuízo patrimonial aceitando passivamente a resistência na partilha dos bens comuns, que alcançam o montante de R$ 253.000,00 (duzentos e cinquenta e três mil reais).

## II – DO DIREITO

### a) DA CONFIGURAÇÃO DA UNIÃO ESTÁVEL

Não há dúvida de que entre autora e ré estabeleceu-se uma união estável nos termos do art. 1.723 do novo CC: "é reconhecida como entidade familiar a união estável entre o homem e a mulher, configurada na convivência pública, contínua, duradoura e estabelecida com o objetivo de constituição de família".

Ademais, conforme entendimento firmado pelo Supremo Tribunal Federal no julgamento da Ação Direta de Inconstitucionalidade (ADI) 4.277 e da Arguição de Descumprimento de Preceito Fundamental (ADPF) 132, não é possível qualquer discriminação pelo fato de a relação ser homoafetiva.

Relembrando o voto do rel. Min. Ayres Britto, o art. 3º, IV, da Constituição Federal veda qualquer discriminação em virtude de sexo, raça, cor; nesse sentido, ninguém pode ser diminuído ou discriminado em função de sua orientação sexual. Aliás, como bem observou o ministro, "sexo das pessoas, salvo disposição contrária, não se presta para desigualação jurídica".

Cabe observar, que, mesmo que o reconhecimento da relação homoafetiva não tivesse sido acolhido pelo STF, o direito à meação da autora já estava há muito consolidado pela jurisprudência. A Súmula 380 do STF, aprovada na Sessão Plenária de 3 de abril de 1964, afirmava que "comprovada a existência de sociedade de fato entre os concubinos, é cabível a sua dissolução judicial, com a partilha do patrimônio adquirido pelo esforço comum".

## b) DA PARTILHA DE BENS

Como as partes não pactuaram de modo diverso, aplica-se à união estável o regime de comunhão de bens por força do art. 1.725 do Código Civil.

Como já exposto nas alegações de fato, as partes amealharam durante a união um patrimônio cujo perfil vem bem delineado pela documentação anexada.

Não se revela justificável a resistência da ré à partilha dos bens.

A autora destaca que não necessita de assistência financeira, pois conta com seu trabalho para se manter; contudo, não concorda em experimentar prejuízo patrimonial aceitando passivamente a resistência na partilha dos bens comuns, que alcançam o montante de R$ 253.000,00 (duzentos e cinquenta e três mil reais).

Assim, a presente ação deve ser julgada procedente em seu pedido, eis que estão presentes todos os requisitos para a configuração da união estável, sendo reconhecido seu direito à meação.

## c) DA DESIGNAÇÃO DE AUDIÊNCIA INICIAL DE MEDIAÇÃO

Em atenção aos arts. 319, VII, e 695 do CPC, a autora manifesta interesse na realização de sessão de mediação com o objetivo de buscar uma solução consensual para o litígio. A mediação se revela mais pertinente que a conciliação, nesse caso, por conta do vínculo anterior entre as partes (CPC, art. 165, § 3º).

## III – DO PEDIDO

Diante do exposto, requer a autora o reconhecimento da procedência do pedido da ação, declarando-se a existência e extinção da união estável, condenando a ré:

a) na obrigação de fazer a partilha, em igual parte com a autora, dos bens que compõem o acervo patrimonial amealhado durante a união, representado pelo montante de R$ 253.000,00 (duzentos e cinquenta e três mil reais);

b) ao pagamento das custas processuais e honorários advocatícios.

Outrossim, requer a autora:

a) citação da ré, por Oficial de Justiça nos termos do art. 695, § 1º, do CPC;

b) deferimento de todos os meios de prova admitidos em direito, inclusive o depoimento pessoal do réu e oitiva de testemunhas e juntada de documentos supervenientes;

c) seja decretado o segredo de justiça, nos termos do art. 189, II, do CPC.

A autora atribui à causa o valor de R$ 126.500,00 (cento e vinte e seis mil e quinhentos reais).

Nestes termos,

Aguarda deferimento.

Cidade, data, assinatura, OAB.

### 1.2.3 Ação de divórcio litigioso

 **PROBLEMA**

Elisvânia e Argemiro, casados pelo regime da comunhão parcial de bens em 13-8-2000, estão separados de fato desde 05.09.2015.

A esposa quer regularizar a situação por meio do divórcio, mas o marido não.

Proponha a medida cabível para atender ao seu interesse não apenas quanto à dissolução do vínculo conjugal, mas também definindo partilha, alimentos, guarda do filho de 5 anos (oficializando sua guarda de fato), visita e volta do uso do nome de solteira. Considere que Argemiro adquiriu, durante a união, um apartamento no valor de R$ 520.000,00 (quinhentos e vinte mil reais) e um veículo que vale R$ 50.000,00 (cinquenta mil reais).

Atente que Elisvânia é pobre e não pode arcar com os custos da demanda sem prejuízo de sua subsistência e de seu filho.

 **SOLUÇÃO**

Deverá ser proposta ação de divórcio contencioso. Considerando a natureza da causa, deverá ser utilizado o procedimento referente às ações de família.

OBJETO DA CAUSA: *Obter a decretação do divórcio definindo também a questão da partilha, da guarda, dos alimentos e da visita ao filho do casal, assim como a mudança do nome da esposa.*

Obs.: Entendemos como absolutamente viável a cumulação do divórcio com outros pedidos – como partilha, guarda e alimentos – tanto pela pertinência e conveniência de todos os temas serem tratados em conjunto como pelos princípios do acesso à justiça e da economia processual. Porém, no cotidiano forense, infelizmente há muitos juízes que apenas apreciam o divórcio e remetem as partes a outra(s) demanda(s) para pleitear os demais pedidos.

 **MODELO DE PEÇA**

*EXCELENTÍSSIMO SENHOR DOUTOR JUIZ DE DIREITO DA ___ VARA DE FAMÍLIA E SUCESSÕES (SE NÃO HOUVER, VARA CÍVEL) DO FORO DA COMARCA DE (FORO DA GUARDIÃ DO FILHO INCAPAZ, nos termos do ART. 53, I, do CPC).*

**ELISVÂNIA** (sobrenome), brasileira, casada, comerciante, portadora da cédula de identidade RG n. (...), inscrita no CPF/MF sob n. (...), usuária do endereço eletrônico (e-mail), residente e domiciliada nesta cidade, em (endereço), por seus advogados e procuradores infra-assinados, vem, respeitosamente perante vossa excelência, propor

## AÇÃO DE DIVÓRCIO LITIGIOSO
## PELO PROCEDIMENTO ESPECIAL DAS AÇÕES DE FAMÍLIA

contra **ARGEMIRO** (sobrenome), brasileiro, casado, comerciante, portador da cédula de identidade RG n. (...) e inscrito no CPF/MF sob n. (...), usuário do endereço eletrônico (e-mail), residente e domiciliado nesta cidade em (endereço), pelas razões de fato e de direito a seguir aduzidas.

### I. DOS FATOS

As partes são casadas sob o regime de comunhão parcial de bens desde 13-8-2000, conforme se verifica da certidão de casamento (doc. Anexo). Não há pacto antenupcial e da união nasceu um filho, Demóstenes, atualmente com 3 (três) anos de idade (doc. Anexo).

Após 10 (dez) anos de intenso convívio, o casal se separou de fato; desde 5-9-2015 o réu deixou o lar conjugal, ficando o filho (menor impúbere) sob a guarda fática da autora. O casal tem bens a serem partilhados.

Embora o casal se encontre separado de fato, o réu, procurado pela autora, negou-se a acertar consensualmente os termos do divórcio, razão pela qual tornou-se necessária a propositura da presente demanda.

### II. DO DIREITO

### a) DIREITO AO DIVÓRCIO

Consoante se depreende do art. 226, § 6º, da Constituição Federal, o casamento civil pode ser dissolvido pelo divórcio; a EC 66/2010 suprimiu o requisito de prévia separação judicial por mais de 1 (um) ano ou de comprovada separação de fato por mais de 2 (dois) anos.

A autora não tem mais interesse na união. É seu direito potestativo divorciar-se do marido, não havendo motivo jurídico que justifique a manutenção do casamento diante da falta de vontade da autora de seguir casada.

### b) GUARDA, VISITAS E PENSÃO ALIMENTÍCIA

A guarda do filho menor, que já está de fato com a mãe, permanecerá com a autora, por atender tal situação ao melhor interesse da criança.

O direito de visitas é assegurado ao réu e vem se verificando regularmente, não sendo objeto de discordância. O regime é de retirada da criança do lar materno tem sido aquele contemplado usualmente no cenário jurisprudencial: a cada 15 (quinze) dias o réu a leva, na sexta-feira às 18 horas, trazendo-a no domingo às 18 horas. No Dia dos Pais, a criança fica com o réu, o mesmo ocorrendo nas férias escolares nas duas primeiras semanas. No Natal, a criança fica com a autora e, na virada do ano, com o réu.

No que tange ao valor da contribuição para criar e educar o filho, em atenção ao binômio possibilidade/necessidade, requer seja descontado o valor de 1/3 dos rendimentos do réu, diretamente de sua folha de pagamento, para crédito na conta da autora, cujos dados são (...).

Em caso de desemprego, requer desde logo a definição de que o valor da pensão alimentícia equivale a um salário mínimo mensal. Tal referencial atende à proporcionalidade em relação ao cenário atual, considerando que nos dias de hoje o réu aufere cerca de três vezes tal montante.

A autora não requer a fixação de pensão alimentícia em seu favor por ter condições de trabalhar e, no momento, de se manter.

### c) PARTILHA

No tocante aos bens, segue a descrição patrimonial correspondente para que se efetue a partilha considerando o direito da autora à metade de seu valor: imóvel:

– apartamento no valor venal de R$ 520.000,00 (cujos dados mais detalhados constam nos docs. anexos);

– veículo automotor no montante de R$ 50.000,00 (especificações nos docs. anexos).

### d) NOME

A autora voltará a adotar o seu nome de solteira, Elisvânia Souza.

### e) OPÇÃO PELA NÃO REALIZAÇÃO DE AUDIÊNCIA DE MEDIAÇÃO

Tendo em vista a ocorrência de prévias tentativas de resolução consensual do conflito, a autora opta pela não realização de audiência de mediação, por entender que tal procedimento restaria infrutífero e danoso para as partes especialmente em relação ao tempo de decretação do divórcio.

A opção da autora (referenciada no art. 319, VII, do CPC) deve ser respeitada por força dos princípios informadores da mediação – notadamente a autonomia da vontade das partes (CPC, art. 166, e Lei nº 13.140/2015, art. 2º, VI). Nos termos do art. 3º, § 2º, do CPC "o Estado promoverá *sempre que possível*, a solução consensual dos conflitos"; o art. 334, § 4º, II, de tal Código destaca que não será agendada a sessão inicial "quando não se admitir a autocomposição".

No entanto, caso não seja esse o entendimento de Vossa Excelência, requer a designação de audiência de mediação por força do vínculo existente entre as partes.

### III. DOS PEDIDOS E REQUERIMENTOS

Pelo exposto, requer a autora seja julgado procedente o pedido da presente ação, decretando-se o divórcio do casal nos termos pleiteados e sendo o réu condenado a arcar com os ônus da sucumbência.

Requer ainda:

a) a citação do réu, por Oficial de Justiça, sendo o mandado desacompanhado de contrafé (art. 695, § 1º) para que, querendo, apresente defesa no prazo legal. Requer-se, como já indicado, que não seja designada sessão inicial de mediação por conta do potencial infrutífero da iniciativa;

b) a intimação do digníssimo representante do Ministério Público para intervir no feito (CPC, art. 178, II);

c) procedente o pedido, a expedição de mandado determinando a averbação da sentença de divórcio junto ao cartório de registro civil competente, para fins de direito;

d) ante a autorização para que a requerente volte a usar o nome de solteira, a expedição de mandado para a alteração no cartório competente;

e) a concessão dos benefícios da gratuidade, com fundamento no art. 5º, LXXIV, da Constituição Federal e do art. 99, § 3º, do CPC, uma vez que a requerente é pessoa pobre e não tem condições de arcar com as despesas do processo sem prejuízo de sua subsistência.

Requer provar o alegado por todos os meios admitidos em direito, especialmente por juntada de novos documentos, oitiva de testemunhas e depoimento pessoal do réu.

Dá à causa o valor de R$ (soma do valor dos bens a partilhar mais o valor equivalente a 12 vezes o salário mínimo vigente – CPC, art. 292, I, III e VI).

Nestes termos, pede deferimento

Local, data.

Nome do Advogado, número da OAB.

## 1.2.4 Ação de investigação de paternidade

 **PROBLEMA**

JOCASTA manteve por três anos relacionamento amoroso com HÉRCULES, cujo fruto foi o nascimento de ÉDIPO, atualmente com 1 ano de idade.

Há cerca de seis meses o casal se separou e desde então HÉRCULES recusa-se a reconhecer ÉDIPO como seu filho.

Promova a medida judicial cabível para reconhecer o vínculo de paternidade, considerando que JOCASTA não pretende, ao menos agora, pleitear pensão alimentícia para a criança.

 **SOLUÇÃO**

Deverá ser proposta ação de investigação de paternidade (processo de conhecimento, procedimento especial das ações de família – CPC, art. 693). A demanda será proposta por ÉDIPO, representado por sua mãe JOCASTA, em face de HÉRCULES. Tal pedido pode ou não ser cumulado com alimentos.

📄 **MODELO DE PEÇA**

EXMO. DR. JUIZ DE DIREITO DA ..... VARA DE FAMÍLIA E SUCESSÕES (SE NÃO HOUVER, VARA CÍVEL) DO FORO DA COMARCA DE (DOMICÍLIO DO RÉU – CPC, art. 46)

ÉDIPO (sobrenome), menor impúbere neste ato representado por sua mãe, JOCASTA, solteira, do lar, portadora do RG n. (número) e do CPF n. (número), usuária do endereço eletrônico (e-mail), ambos residentes e domiciliados nesta Cidade, em (endereço), vêm, respeitosamente, por seu advogado (mandato anexo), ajuizar a presente

## *AÇÃO DE INVESTIGAÇÃO DE PATERNIDADE*
## *PELO PROCEDIMENTO ESPECIAL DAS AÇÕES DE FAMÍLIA,*

em face de HÉRCULES (sobrenome), solteiro, empreiteiro, portador do RG n. (número) e do CPF n. (número), usuário do endereço eletrônico (e-mail), residente e domiciliado nesta Comarca, em (endereço), pelos fatos e razões a seguir expostos.

### I. DOS FATOS

As partes, durante os últimos três anos, mantiveram relacionamento, conforme comprovam os documentos anexos. Há cerca de um ano nasceu o Autor, fruto dessa união, passando a receber por parte do réu o tratamento de filho (cf. fotos – inclusive em redes sociais – e cartas anexos).

Entretanto, há cerca de seis meses o relacionamento afetivo entre os pais do Autor acabou e o Réu, que havia adiado o reconhecimento formal da paternidade, passou a recusar o Autor como seu filho.

Assim, outra solução não há senão a vinda ao Poder Judiciário.

### II. DO DIREITO

### a) DIREITO AO RECONHECIMENTO DA PATERNIDADE

O Autor tem direito ao reconhecimento do vínculo de paternidade. O Código Civil é pródigo em previsões a respeito, merecendo destaque o art. 1.607 (O filho havido fora do casamento pode ser reconhecido pelos pais, conjunta ou separadamente). Também o Estatuto da Criança e do Adolescente – ECA (Lei n° 8.069/1990) expressa em seus arts. 26 e 27 a extensão de tão importante direito de personalidade.

No que tange à prova da paternidade, merece destaque a norma do art. 1.605 do Código Civil, segundo o qual "na falta, ou defeito, do termo de nascimento, poderá provar-se a filiação por qualquer modo admissível em direito: I – quando houver começo de prova por escrito, proveniente dos pais, conjunta ou separadamente; II – quando existirem veementes presunções resultantes de fatos já certos".

Na hipótese dos autos, o dispositivo pode ser bem aplicado, já que à época da concepção e até após o nascimento do Autor, o Réu e a genitora da criança mantiveram relacionamento estável e exclusivo.

Merece ainda destaque o fato de que o Réu se comportou sociologicamente como pai do Autor pelo período de um ano, apenas deixando de fazê-lo por desentendimentos com a genitora do menor.

O Autor, porém, não pode ser prejudicado em seu vínculo de filiação pelos problemas do casal, razão pela qual, para sua proteção, faz-se necessário o reconhecimento oficial de sua paternidade.

### b) REALIZAÇÃO DE AUDIÊNCIA INICIAL DE MEDIAÇÃO

Em atenção aos arts. 319, VII, e 695, do CPC, o autor manifesta interesse na realização de sessão de mediação na busca de solução consensual para o litígio.

Requer então o autor que a citação seja acompanhada de cópia da petição inicial para resguardar o direito ao contraditório e à ampla defesa (art. 5º, LV, CF), bem como para atender aos princípios informadores da mediação, notadamente a isonomia entre as partes e a autonomia da vontade (art. 2º da Lei nº 13.140/2015 e art. 166 do CPC).

### III. DO PEDIDO

Pelo exposto, pede-se:

a) a procedência do pedido, para declarar que o réu é pai do autor;

b) a condenação do Réu no ônus da sucumbência;

c) a citação do Réu por oficial de justiça, para que compareça a audiência de mediação;

d) a produção de prova documental, testemunhal, pericial (exame de DNA) e depoimento pessoal do réu;

e) que o processo corra em segredo de justiça (CPC, art. 189, II) e que o Ministério Público seja intimado de todos os termos deste processo (CPC, art. 178, e II).

Dá-se à causa o valor de R$ 1.000,00 (mil reais) para fins de distribuição.

Termos em que pede deferimento.

Cidade, data, assinatura, OAB.

## 1.2.5 Ação de investigação de paternidade c/c alimentos

 **PROBLEMA**

TÍCIO e GAIA, estudantes, mantiveram relação amorosa ao longo do curso de medicina realizado na UNICAMP (Campinas-SP). Dessa relação nasceu SEMPRÔNIO.

TÍCIO foi fazer residência em outra cidade e comprometeu-se a reconhecer seu filho quando de seu retorno. Passados três anos, TÍCIO não retornou nem reconheceu a paternidade de SEMPRÔNIO; GAIA está no momento com dificuldades de manter o filho, com quem vive em Campinas.

 **SOLUÇÃO**

Propositura de ação de investigação de paternidade para a declaração do vínculo de parentesco cumulada com alimentos. No caso, a causa terá seu trâmite pelo procedimento comum; nos termos do art. 327, § 2º, do CPC, quando, para cada pedido, corresponder tipo diverso de procedimento, será admitida a cumulação se o autor empregar o procedimento comum (sem prejuízo do emprego das técnicas processuais diferenciadas previstas nos procedimentos especiais a que se sujeitam um ou mais pedidos cumulados, que não forem incompatíveis com as disposições sobre o procedimento comum).

Como houve cumulação de pedidos, a competência pode ser o domicílio do autor (o art. 53, II, do CPC estabelece a competência, quando há pedido de alimentos, do domicílio do alimentando).

## 📄 *MODELO DE PEÇA*

EXMO. SR. DR. JUIZ DE DIREITO DE UMA DAS VARAS DE FAMÍLIA E SUCESSÕES DA CO-MARCA DE CAMPINAS-SP

SEMPRÔNIO (sobrenome), menor impúbere portador do RG n. (número) e inscrito no CPF n. (número), não usuário de endereço eletrônico, neste ato representado por sua genitora, GAIA (sobrenome), solteira, médica, residente e domiciliada em (endereço) com o autor, portadora do RG n. (número), do CPF n. (número) e inscrita no CRM sob n. (número), por seu advogado que esta subscreve (endereço – CPC, art. 106, I), vem respeitosamente à presença de V. Exa. ajuizar a presente

### AÇÃO DE INVESTIGAÇÃO DE PATERNIDADE C/C ALIMENTOS

em face de TÍCIO (sobrenome), solteiro, médico, usuário do endereço eletrônico (e-mail), com endereço em (endereço), demais qualificações ignoradas, pelos fatos a seguir expostos.

### DOS FATOS

A genitora do autor e o réu foram estudantes contemporâneos na UNICAMP, nos anos de (período). Nessa época, mantiveram um relacionamento amoroso estável e duradouro, sendo que por determinado período até mesmo residiram sob o mesmo teto.

Dessa relação nasceu o autor, em (data), conforme prova a certidão de nascimento em anexo.

Ocorre que, pouco antes do nascimento do autor, o réu foi realizar sua residência médica na cidade de Ribeirão Preto, na USP daquela cidade. Na ocasião, afirmou que, quando do seu retorno, a situação seria prontamente regularizada com o reconhecimento da paternidade.

Ocorre que, passados mais de três anos desde tal despedida e já finda a residência, o réu não mais retornou a Campinas. Assim, a prometida regularização não se concretizou, nada obstante as insistentes investidas de GAIA.

Infrutíferas as tentativas da composição amigável para o reconhecimento da paternidade, não resta ao autor alternativa senão o socorro do Poder Judiciário.

### DO DIREITO

### I – DO RECONHECIMENTO DA PATERNIDADE

Nos termos do art. 2º da Lei 5.478/68, o credor exporá suas necessidades provando apenas o parentesco/a obrigação alimentar do devedor e indicando, além dos dados, quanto o devedor ganha aproximadamente ou os recursos de que dispõe.

O réu, segundo informações de testemunhas que serão oportunamente arroladas (colegas de faculdade), possui estável situação financeira, percebendo cerca de R$ 12.000,00 (doze mil reais) mensais. Como vive sozinho e não tem maiores gastos, resta demonstrada a possibilidade do réu.

De seu turno, a genitora do autor passa por dificuldades. Em virtude do nascimento do autor, não conseguiu realizar a residência médica, não possuindo renda própria; no momento ela vive com seus pais, que provêm seu sustento e o do neto.

O autor apresenta as naturais necessidades de uma criança: alimentação, vestuário, saúde, lazer etc.

Assim, nos termos do art. 1.694 do CC, devidamente demonstrado o binômio necessidade e possibilidade, sendo possível a condenação do réu – uma vez reconhecida a paternidade – ao pagamento de alimentos na base de 1/3 dos seus vencimentos. A possibilidade do réu está claramente presente, assim como são evidentes as necessidades do autor.

Conforme documentação anexa, a criança tem gastos de R$ 2.000,00 (dois mil reais) com escola, vestuário, alimentação e lazer. A moradia, que até agora não ensejava custos, precisará ser custeada pelos genitores da criança, já que os avós paternos mudarão para o interior e a genitora da criança passará a pagar R$ 4.000,00 (quatro mil reais) no novo apartamento (aluguel e condomínio); como a criança com ela viverá, é adequado que o pai arque com R$ 2.000,00 do gasto com moradia. Tal valor atende à proporcionalidade, já que o réu, por não ser guardião da criança, tem condições melhores de dedicar-se à carreira e auferir mais ganhos econômicos.

Vale lembrar que, consoante a Súmula 277 do STJ, "Julgada procedente a investigação de paternidade, os alimentos são devidos a partir da citação".

## II – DA OPÇÃO PELA NÃO REALIZAÇÃO DE AUDIÊNCIA DE MEDIAÇÃO

Tendo em vista a prévia tentativa de solução consensual do conflito, o autor opta pela não realização de audiência de mediação, entendendo que tal procedimento restaria infrutífero e danoso para as partes especialmente em relação à demora do processo.

A opção do autor deve ser respeitada em consonância com os princípios informadores da mediação, notadamente a autonomia da vontade das partes (Lei n° 13.140/2015, art. 2°, VI e CPC, art. 166), assim como em observância a outras normas do CPC (art. 3°, § 2°: "o Estado promoverá sempre que possível, a solução consensual dos conflitos"; art. 319, VII, "a opção do autor pela realização ou não da audiência de conciliação ou de mediação"; art. 334, § 4°, II, "quando não se admitir a autocomposição").

Caso, todavia, entenda-se necessária a realização de sessão consensual, requer seja designada audiência de conciliação, sendo cominada multa para o caso de não comparecimento do réu.

### DOS PEDIDOS E REQUERIMENTOS

Ante o exposto, pede o autor:

a) a procedência do pedido, declarando-se, por sentença, que o autor é filho do réu, sendo este condenado a pagar alimentos no valor de R$ 4.000,00 (quatro mil reais) mensais, além do ônus da sucumbência;

b) a não designação de audiência inicial para tentativa de autocomposição, já que o réu vem protelando o atendimento ao direito do autor há anos. Caso, todavia, entenda-se necessária a realização de sessão consensual, requer seja designada audiência de conciliação;

c) a citação do réu, por mandado (oficial de justiça - carta precatória), para que, querendo, conteste a presente demanda ou, caso entenda pertinente este Douto juízo, compareça à audiência de conciliação a ser designada, sendo cominada multa para o caso de não comparecimento do réu com base no art. 334, § 8º, do CC.

Requer provar o alegado por todos os meios de prova permitidos em lei, especialmente (i) depoimento pessoal do réu; (ii) prova testemunhal; e, principalmente, (iii) prova pericial (exame DNA).

Dá-se à causa o valor de R$ 48.000,00 (quarenta e oito mil reais), nos termos do CPC, art. 292, III.

Termos em que pede deferimento.

Cidade, data, assinatura, OAB.

### 1.2.6 Abertura de testamento – testamento público

 **PROBLEMA**

Bento Gonçalves faleceu em seu último domicílio, Porto Alegre, deixando bens, herdeiros e testamento público em favor de Anita Garibaldi.

 **SOLUÇÃO**

Antes de iniciar o inventário, deve-se providenciar a abertura do testamento, procedimento de jurisdição voluntária previsto em lei. O valor da causa pode ser estimado.

 **MODELO DE PEÇA**

EXMO. SR. DR. JUIZ DE DIREITO DE UMA DAS VARAS DE *FAMÍLIA E SUCESSÕES* DO FORO DA COMARCA DE PORTO ALEGRE.

**ANITA GARIBALDI**, (estado civil), (profissão), portadora do RG n. (número) e do CPF n. (número), usuária do endereço eletrônico (e-mail), residente e domiciliada em (endereço), nesta comarca de Porto Alegre, vem, respeitosamente, por seu advogado, com fulcro no art. 736 e demais dispositivos aplicáveis do Código de Processo Civil, requerer a

#### ABERTURA E CONFIRMAÇÃO DE TESTAMENTO PÚBLICO

de **BENTO GONÇALVES**, falecido em (data), (qualificação completa), residente e domiciliado nesta capital, pelas razões de fato e de direito a seguir aduzidas**.**

#### I – DOS FATOS E DO PEDIDO

Consoante se depreende da certidão de óbito anexa, o testador BENTO GONÇALVES faleceu em (data) deixando testamento público (cf. doc. anexo), lavrado no 5º Cartório de Notas de Porto Alegre, Livro (número), fls. (número), em (data).

Em tal testamento, a requerente foi nomeada como testamenteira.

O *de cujus* deixou como beneficiários do testamento as seguintes pessoas: (apontar os nomes).

Assim, nos termos do art. 735 e seguintes do CPC, após a oitiva do MP, requer a testamenteira que V. Exa. determine o registro, o arquivamento e o cumprimento do testamento anexo.

Após a confirmação da requerente como testamenteira, nos termos do art. 735, § 3º, do CPC, será efetivada a abertura do inventário perante esse MM juízo.

### II – DO VALOR DA CAUSA

Dá-se à causa o valor de R$ 1.000,00 (mil reais), para fins de distribuição.

Termos em que

pede deferimento.

Porto Alegre, data, assinatura, OAB.

## 1.2.7 Ação de alimentos movida por descendente

 **PROBLEMA**

MOACYR e MARIA HELENA tiveram um relacionamento amoroso do qual nasceu VICENTE, atualmente com 5 anos. O filho mora com a mãe em ITU-SP, enquanto o pai mora em SOROCABA-SP. MARIA HELENA é empregada doméstica e passa por dificuldades para criar VICENTE, cujas despesas mensais somam R$ 2.500,00. MOACYR é empresário, divorciado, sem filhos e recebe cerca de R$ 10 mil mensais.

 **SOLUÇÃO**

Propositura de ação de alimentos.

 **MODELO DE PEÇA**

EXMO SR. DR. JUIZ DE DIREITO DE UMA DAS VARAS DE FAMÍLIA DA COMARCA DE ITU DO ESTADO DE SP.

**VICENTE** (sobrenome), menor impúbere representado por sua mãe Maria Helena (sobrenome), solteira, doméstica, portadora do RG n. (número) e inscrita no CPF/MF sob o n. (número), não usuária de endereço eletrônico, ambos residentes e domiciliados em (endereço), nesta cidade de Itu, vem, respeitosamente perante V. Exa., por sua advogada que esta subscreve, com escritório em (endereço – CPC, art. 106, I), com base na Lei nº 5.478/1968, propor a presente

### AÇÃO DE ALIMENTOS COM PEDIDO DE LIMINAR

pelo procedimento especial previsto na lei supracitada, em face de **MOACYR** (sobrenome), empresário, divorciado, demais dados de qualificação ignorados, residente em (endereço), na Comarca de Sorocaba, pelos fatos e fundamentos a seguir expostos.

## I – DOS FATOS

O autor é filho do réu (doc. anexo) e vive com sua mãe desde que nasceu. Logo após o nascimento, fruto de um breve relacionamento entre seus pais, o réu abandonou material e emocionalmente o filho, nunca tendo colaborado para o seu sustento.

A genitora do menor, que trabalha como empregada doméstica, sofre dificuldades financeiras, fato que inviabiliza a subsistência do autor. Ela enfrenta dificuldades para prover sozinha moradia, alimentação, vestuário, transporte, educação e lazer ao autor, cujas necessidades somam atualmente o montante de R$ 2.5000,00 (dois mil e quinhentos reais) (consoante recibos de despesas anexados a esta petição).

Por sua vez, o réu é renomado empresário em Sorocaba, havendo informações de que percebe cerca de R$ 10.000,00 (dez mil reais) mensais, sendo divorciado e sem filhos.

Por inúmeras vezes o réu disse que iria auxiliar o autor, mas tais frases não passaram de promessas.

## II – DO DIREITO

O art. 1.694 do Código Civil reconhece ser dever dos parentes prestar alimentos, de modo a arcar com as necessidades dos demais. Outrossim, o § 1º do mesmo artigo é claro ao afirmar que os alimentos devem ser fixados em face do binômio necessidade/possibilidade, sendo este verificado à luz da proporcionalidade.

Segundo o art. 2º da Lei 5.478/68, o credor exporá suas necessidades provando apenas o parentesco/a obrigação alimentar do devedor e indicando, além dos dados, quanto o devedor ganha aproximadamente ou os recursos de que dispõe.

As necessidades do autor foram claramente expostas e comprovadas pelos documentos anexos que mostram despesas médicas, odontológicas, de alimentos, vestuário, educação e lazer que somam R$ 2.500,00. Sendo sua genitora empregada doméstica, só pode arcar com R$ 500,00 deste montante; o réu deve arcar com o valor de R$ 2.000,00 à luz do princípio da proporcionalidade.

A possibilidade econômica do réu resta claramente configurada, visto sua excelente saúde financeira (sinais externos de riqueza, conforme fotos anexadas), além da ausência de outras obrigações com familiares, visto que vive sozinho.

## III – DO PEDIDO, REQUERIMENTO E VALOR DA CAUSA

Ante o exposto, pede e requer o autor a V. Exa.:

a) a fixação de alimentos provisórios, em R$ 2.000,00 (dois mil reais), nos termos do art. 4.º da Lei nº 5.478/1968;

b) posteriormente, a condenação do réu, em definitivo, ao pagamento de pensão mensal, no valor de R$ 2.000,00 (dois mil reais), valor aquém a um terço de seus vencimentos, sendo ainda condenado a arcar com o ônus da sucumbência atinente a custas, despesas e honorários advocatícios;

c) a citação do réu, por correio (Lei n° 5.478/1968, art. 5°, §§ 2° e 8°), para que compareça à audiência e, querendo, apresente contestação;

d) a oitiva do MP (CPC, art. 178, I);

e) a concessão dos benefícios da justiça gratuita, pois o autor e sua representante são pobres na acepção jurídica do termo.

Requer a produção de todas as provas em direito admitidas, especialmente a documental e a oral (testemunhas comparecerão à audiência, nos termos do art. 8° da Lei n° 5.478/1968).

Dá-se à causa o valor de R$ 24.000,00 (vinte e quatro mil reais), nos termos do art. 292, III, do CPC.

Termos em que pede deferimento.

Itu, data, assinatura, OAB.

## 1.2.8 Ação de alimentos movida por ascendente

 **PROBLEMA (IV EXAME DE ORDEM UNIFICADO – OAB 2011 – DIREITO CIVIL)**

Antônio Pedro, morador da cidade Daluz (Comarca de Guaiaqui), foi casado com Lourdes por mais de quatro décadas, tendo tido apenas um filho, Arlindo, morador de Italquise (Comarca de Medeiros), dono de rede de hotelaria. Com o falecimento da esposa, Antônio Pedro deixou de trabalhar em razão de grande tristeza que o acometeu. Já com 72 anos, Antônio começou a passar por dificuldades financeiras, sobrevivendo da ajuda de vizinhos e alguns parentes, como Marieta, sua sobrinha-neta. A jovem, que acabara de ingressar no curso de graduação em Direito, relatando aos colegas de curso o desapontamento com o abandono que seu tio sofrera, foi informada de que a Constituição Federal assegura que os filhos maiores têm o dever de amparar os pais na velhice, carência ou enfermidade. De posse de tal informação, sugere a seu tio-avô que busque o Poder Judiciário a fim de que lhe seja garantido o direito de receber suporte financeiro mínimo de seu filho. Antônio Pedro procura, então, você como advogado(a) para propor a ação cabível.

Elabore a peça processual apropriada ao caso narrado acima.

**SOLUÇÃO (COM ADAPTAÇÕES)**

A peça cabível é Petição Inicial de Alimentos com pedido de fixação *initio litis* de Alimentos Provisórios. A fonte legal a ser utilizada é a Lei n° 5.478/1968. A competência será o domicílio do alimentando, no caso, Comarca de Guaiaqui (art. 53, II, do CPC). Informar que se procede por rito especial (art. 1° da Lei de Alimentos) e requerer prioridade na tramitação, por se tratar de idoso (art. 71 da Lei n° 10.741/2003 c/c art. 1.048 do CPC). Deverá atender aos requisitos da petição inicial (319 do CPC) e aos requisitos específicos disciplinados pela Lei Especial, provando a relação de parentesco, as necessidades do alimentando, e obedecendo ao art. 2° da Lei n° 5.478/1968, bem como a Lei n° 11.419/2006. Deverá demonstrar a necessidade e possibilidade ao pedido de alimentos. O examinando deverá ainda indicar o recolhimento de custas ou fundamentar pedido de concessão de gratuidade de justiça (§ 2º do art. 1º da Lei de Alimentos c/c art. 99 do CPC). No pedido, deverá requerer que o juiz, ao despachar a petição inicial, fixe desde logo os alimentos provisórios, na forma do art. 4º da Lei de Alimentos, a condenação em alimentos definitivos e a intimação do Ministério Público como fiscal da ordem jurídica sob pena de nulidade do feito, visto ser obrigatória a sua intimação nos termos do art. 75 e seguintes do Estatuto da Pessoa Idosa (Lei nº 10.741/2003) c/c art. 279 do CPC. Por fim, requerer a condenação nas custas e honorários de sucumbência e a produção de provas (art. 319, VI, do CPC) e indicar o valor da causa (art. 319, V, do CPC).

 **MODELO DE PEÇA**

EXMO. SR. DR. JUIZ DE DIREITO DA ___ VARA DE FAMÍLIA E SUCESSÕES (SE NÃO HOUVER, VARA CÍVEL) DO FORO DA COMARCA DE GUAIAQUI.

**ANTÔNIO PEDRO** (sobrenome), (nacionalidade), viúvo, desempregado, portador da Cédula de Identidade RG n. (número), inscrito no CPF/MF n. (número), não usuário de endereço eletrônico, residente e domiciliado na cidade de Daluz, em (endereço), vem, respeitosamente perante V. Exa., por seu advogado que esta subscreve, com escritório em (endereço – CPC, art. 106, I), com base na Lei nº 5.478/1968 e demais dispositivos aplicáveis à espécie, propor a presente

### AÇÃO DE ALIMENTOS COM PEDIDO LIMINAR DE ALIMENTOS PROVISÓRIOS

pelo procedimento especial previsto na lei supracitada, em face de **ARLINDO** (sobrenome), (estado civil), empresário, portador da Cédula de Identidade RG n. (número) e inscrito no CPF/MF (número), endereço eletrônico ignorado, residente e domiciliado na cidade de Italquise, em (endereço), pelos fatos e fundamentos jurídicos a seguir expostos.

### I – DOS FATOS

O autor, idoso com 72 anos de idade, é pai do réu (doc. anexo). Como passa por dificuldades financeiras, sobrevive da ajuda de vizinhos e parentes remotos, como sua sobrinha-neta Marieta.

Tais dificuldades surgiram com o falecimento da esposa do autor, uma vez que este, tomado por uma grande tristeza, deixou de trabalhar. Desprovido de emprego e sem qualquer outra receita, o autor enfrenta dificuldades para prover moradia, alimentação, saúde e vestuário de modo satisfatório.

Suas necessidades somam atualmente o montante de R$ (valor em reais), considerando os recibos de despesas anexados a esta petição (alimentação, despesas de mercado e remédios).

Por sua vez, o réu, único filho do autor, é proprietário de uma rede de hotelaria, sendo, portanto, um empresário de sucesso, conforme se apura dos sinais exteriores de riqueza que são de conhecimento notório (página do sítio de um dos hotéis de propriedade do réu).

Demonstrados os motivos de fato, passamos aos motivos de direito.

## II – DO DIREITO

### a) Direito de receber alimentos

Nos termos do art. 229 da Constituição Federal e do art. 1.694 do Código Civil, é dever dos parentes prestar alimentos para arcar com as necessidades dos necessitados. O § 1º do art. 1.694 é claro ao afirmar que os alimentos devem ser fixados em face do binômio necessidade/possibilidade, sendo este verificado à luz da proporcionalidade.

Segundo o art. 2º da Lei 5.478/68, o credor exporá suas necessidades provando apenas o parentesco/a obrigação alimentar do devedor e indicando, além dos dados, quanto o devedor ganha aproximadamente ou os recursos de que dispõe.

As necessidades do autor foram claramente expostas e restam comprovadas pelos documentos anexos, que demonstram a necessidade de atendimento do necessário para uma vida digna em conformidade com o previsto no Estatuto da Pessoa Idosa (arts. 2º e 3º da Lei 10.741/2003).

A possibilidade do réu também resta claramente configurada, visto sua excelente saúde financeira (sinais externos de riqueza, conforme já informado).

### b) Gratuidade processual

Nos termos do § 2º do art. 1º da Lei 5.478/68, "a parte que não estiver em condições de pagar as custas do processo, sem prejuízo do sustento próprio ou de sua família, gozará do benefício da gratuidade, por simples afirmativa dessas condições perante o juiz, sob pena de pagamento até o décuplo das custas judiciais".

Infelizmente, o autor padece de tal precariedade financeira, não dispondo de renda e vivendo da ajuda de familiares. Com base também no art. 99 do CPC, pleiteia o reconhecimento da incidência dos benefícios da gratuidade processual.

## III – DO PEDIDO E DOS REQUERIMENTOS

Ante o exposto, pede e requer o autor a V. Exa.:

a) a fixação de alimentos provisórios, em R$ (valor em reais), nos termos do art. 4º da Lei nº n. 5.478/1968;

b) posteriormente, a condenação do réu, em definitivo, ao pagamento de pensão mensal, no valor de R$ (valor em reais), sendo ainda condenado a arcar com o ônus da sucumbência atinente a custas, despesas e honorários advocatícios;

c) a concessão de gratuidade de justiça (nos termos do § 2º do art. 1º da Lei nº 5.478/1968 e do art. 99 do CPC), pois o autor é pessoa pobre na acepção jurídica do termo.

Outrossim, esta também se apresenta para requerer:

a) a prioridade na tramitação, por se tratar de idoso (art. 71 da Lei nº 10.741/2003 e art. 1.048 do CPC);

b) a citação do réu, por correio (Lei nº 5.478/1968, art. 5º, §§ 2º e 8º), para que compareça à audiência e, querendo, apresente contestação;

c) a intimação do Ministério Público para intervir na causa (art. 74, II, da Lei nº 10.741/2003);

d) a produção de todos os meios de provas em direito admitidos, especialmente o depoimento pessoal, a documental e a testemunhal (testemunhas que comparecerão à audiência, nos termos do art. 8º da Lei nº 5.478/1968).

O autor atribui à causa o valor de R$ (12 vezes o valor pleiteado), nos termos do art. 292, III, do CPC.

Termos em que pede deferimento.

Guaiaqui, data, assinatura, OAB.

## 1.2.9 Arrolamento sumário: herdeiros maiores, sem conflitos

 **PROBLEMA**

Baltazar Fernandes faleceu em dezembro de 2019, deixando bens (carro, aplicações financeiras e casa) e herdeiros (viúva e dois filhos do casal, ambos maiores de idade e casados). Ele era casado com Joana Fernandes sob o regime da comunhão parcial e deixou bens particulares. Não há conflito para a partilha dos bens e o último domicílio do *de cujus* era a cidade de Sorocaba-SP.

 **SOLUÇÃO**

Deverá ser proposto arrolamento sumário (forma mais simplificada de inventário) em que já se apresentará o plano de partilha.

Os requerentes deverão atentar ao prazo: segundo o art. 611 do CPC, "o processo de inventário e de partilha deve ser instaurado dentro de 2 (dois) meses, a contar da abertura da sucessão, ultimando-se nos 12 (doze) meses subsequentes, podendo o juiz prorrogar esses prazos, de ofício ou a requerimento de parte".

Vale destacar que, não havendo testamento ou herdeiros incapazes, há a possibilidade de se proceder à partilha dos bens a partir de escritura pública em cartório (via extrajudicial), nos termos do art. 610 § 1º, do CPC (se todos forem capazes e concordes, o inventário e a partilha poderão ser feitos por escritura pública, a qual constituirá documento hábil para qualquer ato de registro, bem como para levantamento de importância depositada em instituições financeiras).

De qualquer forma, a possibilidade de atuação na via extrajudicial não impede que ele seja feito perante o Poder Judiciário.

 **MODELO DE PEÇA**

EXMO. SR. DR. JUIZ DE DIREITO DA ___ VARA DE FAMÍLIA E SUCESSÕES DO FORO DE SOROCABA – SÃO PAULO.

JOANA FERNANDES, viúva (qualificação completa); filho 1 (qualificação completa) e filho 2 (qualificação completa), vêm, respeitosamente, por sua advogada, com fulcro nos arts. 659 e seguintes do CPC, requerer a abertura e o processamento de

### ARROLAMENTO SUMÁRIO

dos bens deixados por BALTAZAR FERNANDES, que era portador do RG n. (número) e do CPF n. (número), falecido em (data – certidão de óbito em anexo), com último domicílio em (endereço), nos termos que seguem.

## FATOS E FUNDAMENTOS JURÍDICOS

Trata-se de partilha amigável entre herdeiros capazes.

O *de cujus* não deixou testamento e foi casado em únicas núpcias com a requerente sob o regime de comunhão parcial de bens (cf. certidão de casamento em anexo).

Deixou dois filhos maiores, ambos casados, e teve como último domicílio o endereço da requerente. Inexistem dívidas a serem pagas.

Os poucos bens deixados pelo de cujus constam na proposta de partilha anexa a esta petição (doc.).

Como se percebe, incide perfeitamente o teor do art. 659 do CPC à hipótese dos autos. Os dois últimos requerentes não se opõem a que a primeira, sua genitora e viúva do falecido, seja nomeada inventariante.

No que tange à partilha, além de sua meação, a requerente faz jus ao recebimento de um terço dos bens a título de sucessão. Nos termos do art. 1.829, I, do Código Civil, a sucessão legítima defere-se aos descendentes, em concorrência com o cônjuge sobrevivente, salvo se casado este com o falecido no regime da comunhão universal, ou no da separação obrigatória de bens (art. 1.640, parágrafo único); ou se, no regime da comunhão parcial, o autor da herança não houver deixado bens particulares.

No caso, como há bens particulares, a Requerente concorre com seus descendentes no que tange a tal acervo hereditário.

## PEDIDOS E REQUERIMENTOS

Diante do exposto, pedem e requerem a V. Exa.:

I) seja a viúva nomeada inventariante, independentemente de qualquer termo (CPC, art. 660, I);

II) seja a partilha amigável proposta em anexo homologada (CPC, art. 659);

III) seja expedido o competente formal de partilha, observadas as formalidades legais;

IV) por prazo suplementar de 10 (dez) dias para juntar eventuais documentos que V. Exa. entender pertinentes e não presentes nos autos.

Dá-se à causa, correspondendo ao monte-mor, o valor de R$ (valor dos bens).

Termos em que

Pede deferimento.

Sorocaba, data, assinatura, OAB.

(nova folha)

## *DECLARAÇÃO DE HERDEIROS E DE BENS E PARTILHA AMIGÁVEL*

Pelo presente instrumento, os herdeiros e a viúva meeira (inventariante) resolvem fazer a partilha amigável dos bens deixados por BALTAZAR FERNANDES, na forma abaixo discriminada:

1. AUTOR DA HERANÇA: BALTAZAR FERNANDES, (qualificações, data do óbito).

2. VIÚVA – MEEIRA: (qualificações).

3. HERDEIROS:

3.1 (qualificações), casado pelo regime de comunhão total de bens (doc. anexo) com ESPOSA (qualificações), ambos domiciliados na Rua (endereço);

3.2 (qualificações), casado pelo regime de comunhão parcial de bens (doc. anexo) com ESPOSA (qualificações), ambos domiciliados na Rua (endereço).

4. RELAÇÃO DE BENS MÓVEIS E IMÓVEIS (relacionar todos os bens):

4.1 Um automóvel (marca, modelo, ano etc.), avaliado em R$ (valor);

4.2 Aplicações financeiras perante o banco (nome), no valor total de R$ (valor);

4.3 Uma casa situada na Rua (endereço), com terreno medindo 15,00 $m^2$ de frente, por 40,00 $m^2$ da frente aos fundos, com a área de (... – identificar como constam na matrícula). Imóvel com valor venal de R$ (valor);

4.4 (outros bens eventualmente existentes).

5. VALOR DO MONTE-MOR: R$ (valor total).

6. VALOR DA MEAÇÃO: R$ (valor = 1/2 do monte-mor).

7. VALOR DO QUINHÃO DE CADA UM DOS HERDEIROS: R$ (valor = 1/6 do monte-mor).

8. PARTILHA AMIGÁVEL DOS BENS.

O monte-mor será partilhado da seguinte forma:

8.1 A viúva meeira haverá, de sua meação:

a) (descrição do bem 1);

b) (descrição do bem 2).

Referidos bens totalizam a quantia de (valor da meação); além disso, a título de sucessão, a viúva receberá 1/3 do valor restante, equivalente a 1/6 dos bens.

8.2 Ao filho (nome) tocará:

a) (descrição do bem 3);

b) (descrição do bem 4).

Referidos bens totalizam a quantia de (valor do quinhão).

8.3 Ao filho (nome) caberá:

a) (descrição do bem 5);

b) (descrição do bem 6).

Referidos bens totalizam a quantia de (valor do quinhão).

Sorocaba, data.

Assinatura da viúva, herdeiros e esposas.

## 1.2.10 Ação de consignação em pagamento

🔍 **PROBLEMA (OAB/SP. EXAME 108º – PONTO 3)**

Modestino celebrou com a sociedade Mercator Leasing S.A. um contrato de arrendamento mercantil, tendo por objeto uma máquina copiadora importada, cujo pagamento dar-se-ia em 24 prestações mensais e consecutivas, reajustáveis a cada 12 meses, de acordo com o INPC. Depois de uma forte oscilação das taxas de câmbio, a sociedade Mercator enviou a Modestino uma notificação extrajudicial, noticiando um aumento de 25% (vinte e cinco por cento) sobre o valor da última prestação recebida, já vigente a partir da próxima parcela, independentemente dos reajustes anuais, com base em cláusula contratual dispondo que a arrendadora poderia aumentar o valor das parcelas, caso viesse a ocorrer desvalorização no câmbio. Modestino não concordou com o aumento imposto pela sociedade e, ao tentar pagar a parcela vencida na data de ontem, teve a sua oferta, feita com base no valor sem o aumento, recusada pela arrendadora. Depositou a prestação que entendia devida em conta bancária por ele aberta em nome da arrendadora e, ato contínuo, enviou-lhe notificação noticiando o depósito efetuado. A arrendadora, também por escrito, manteve a recusa, sustentando estar correto o valor por ela exigido e ser insuficiente a quantia depositada por Modestino.

❓ *QUESTÃO:* Como advogado de Modestino, sabendo: a) que as parcelas deveriam ser pagas na sede da sociedade, no bairro de Pinheiros, em São Paulo; b) que Modestino é domiciliado em Santos; c) que o valor do contrato é de R$ 10.000,00, o de cada prestação, antes do aumento, de R$ 416,00 e, depois, de R$ 520,00 – proponha a medida judicial apta a liberá-lo da obrigação.

💡 *SOLUÇÃO (COM ADAPTAÇÕES)*

Modestino deverá propor contra a sociedade Mercator uma ação de consignação em pagamento, com fundamento no art. 335, I, do CC, a ser processada na forma dos arts. 539 e seguintes do CPC. Competente é o foro do lugar do pagamento (capital de São Paulo, Foro Regional de Pinheiros), nos termos dos arts. 337 do CC e 540 do CPC e o valor da causa é o correspondente a 12 vezes o valor da prestação que o autor considera devida (art. 292 §§ 1º e 2º, do CPC). Os requerimentos que deverão constar da petição inicial estão no art. 542 do CPC. Não deverá ser requerido o deferimento de prazo para efetuar o depósito da importância consignada.

📑 *MODELO DE PEÇA*

EXCELENTÍSSIMO SENHOR DOUTOR JUIZ DE DIREITO DA ..... VARA CÍVEL DO FORO RE-GIONAL DE PINHEIROS DA COMARCA DA CAPITAL DE SÃO PAULO.

**MODESTINO** (sobrenome), (nacionalidade), (estado civil) (profissão), portador da cédula de identidade RG n. (número), inscrito no CPF/MF sob o n. (número), usuário do endereço eletrônico (e-mail), residente e domiciliado em (endereço), na cidade de Santos, neste ato representado por sua advogada que esta subscreve, constituído nos termos do mandato anexo, com endereço em (endereço), local onde receberá intimações, vem, respeitosamente, perante Vossa Excelência, com fundamento nos arts. 539 e seguintes do CPC, propor

### AÇÃO DE CONSIGNAÇÃO EM PAGAMENTO

em face de **MERCATOR LEASING S.A.**, pessoa jurídica de direito privado inscrita no CNPJ/MF sob o n. (número), usuária do endereço eletrônico (e-mail), com sede em (endereço), pelas razões de fato e de direito a seguir expostas.

### I – FATOS

As partes celebraram um contrato de arrendamento mercantil, tendo por objeto uma máquina copiadora importada, cujo pagamento dar-se-ia em 24 prestações mensais e consecutivas, reajustáveis a cada 12 meses, de acordo com o INPC (documento anexo).

Após uma forte oscilação das taxas de câmbio, a ré enviou ao autor uma notificação extrajudicial (doc. anexo), noticiando um aumento de 25% (vinte e cinco por cento) sobre o valor da última prestação recebida, já vigente a partir da próxima parcela, independentemente dos reajustes anuais, com base em cláusula contratual dispondo que a arrendadora poderia aumentar o valor das parcelas caso viesse a ocorrer desvalorização no câmbio.

O autor não concordou com o aumento imposto pela ré e, ao tentar pagar a parcela vencida na data de ontem, teve a sua oferta, feita com base no valor sem o aumento, recusada pela ré.

O autor depositou a prestação que entendia devida em conta bancária por ele aberta em nome da arrendadora e, ato contínuo, enviou-lhe notificação noticiando o depósito efetuado (doc. anexo). A ré, também por escrito (doc. anexo), manteve a recusa, sustentando estar correto o valor por ela exigido e ser insuficiente a quantia depositada pelo autor.

Nos termos do contrato, as parcelas deveriam ser pagas na sede da sociedade, no bairro de Pinheiros, nesta Capital. O valor do contrato é de R$ 10.000,00 (dez mil reais) e o de cada prestação, antes do aumento, era de R$ 416,00 (quatrocentos e dezesseis reais), passando a ser de R$ 520,00 (quinhentos e vinte reais).

Feita a breve narrativa fática exigida para a compreensão da causa, passa o autor a apontar a manifesta existência de seu direito ao pagamento e à consequente liberação da obrigação.

### II – FUNDAMENTOS JURÍDICOS

Dada a dificuldade na realização do pagamento, apoia-se o autor no Código de Processo Civil que, em seu art. 539 afirma: nos casos previstos em lei, poderá o devedor ou terceiro requerer, com efeito de pagamento, a consignação da quantia ou da coisa devida.

Sobre tais casos previstos em lei, o Código Civil, ao versar sobre o pagamento, dispõe no art. 335 que "a consignação tem lugar: I – se o credor não puder, ou, sem justa causa, recusar receber o pagamento, ou dar quitação na devida forma".

Na hipótese dos autos, a ré, violando frontalmente o contrato, pretende receber do autor valor completamente estranho aos termos da avença. Para tanto, valeu-se pura e simplesmente de uma notificação informando o aumento excessivo, impondo unilateralmente ao autor o cumprimento de uma obrigação em termos diferentes do que foi pactuado. Tal conduta, certamente, configura a falta de justa causa na recusa do recebimento do pagamento. Nesse sentido, podem ser citados diversos autores e colacionados vários precedentes judiciais.

Assim, nos termos da lei civil, o autor tem o direito de pagar a parcela pactuada e ver-se liberado da obrigação. Por tal razão, efetuou o procedimento da consignação extrajudicial previsto no art. 539, § 1º, do CPC, conforme documento anexo. Ressalta o autor a desnecessidade do deferimento de prazo para efetuar o depósito da importância consignada, tendo em vista que já houve sua efetivação em estabelecimento bancário.

Diante da negativa da ré em aceitar o pagamento, porém, incidiu na hipótese o § 3º do art. 539 do CPC, segundo o qual, ocorrendo a recusa, manifestada por escrito ao estabelecimento bancário, caberá ao devedor propor em 30 (trinta) dias a presente ação de consignação em pagamento.

## III – PEDIDOS E REQUERIMENTOS

Diante do exposto, requer seja reconhecida a procedência do pedido da presente ação, declarando-se a quitação referente ao mês atual e daqueles que vencerem no curso do processo, afastando-se a conduta abusiva da ré na cobrança dos valores e liberando o autor das obrigações. Requer ainda a condenação da ré ao pagamento de custas, despesas processuais e honorários advocatícios.

Outrossim, requer:

a) que, já tendo sido efetuado o depósito da quantia devida, quanto às seguintes, nos termos do art. 542 do CPC, possa o autor consignar judicialmente as prestações que se forem vencendo, sendo efetuados os depósitos em até 5 (cinco) dias contados da data do vencimento;

b) a citação da ré por correio para levantar o valor depositado ou, se quiser, apresentar a defesa que entender cabível, sob pena de revelia; tratando-se de procedimento especial, não há falar, neste caso, de realização de audiência de conciliação ou mediação.

Requer ainda a produção de todos os meios de prova em direito admitidos, notadamente o depoimento pessoal do representante da ré, sob pena de confissão, a oitiva de testemunhas, a juntada de documentos supervenientes e outros que se revelem pertinentes.

Dá-se à presente o valor de R$ 4.992,00 (quatro mil, novecentos e noventa e dois reais) (equivalente a doze vezes o valor da prestação mensal de R$ 416,00, nos termos do art. 292 do CPC).

Termos em que

Pede deferimento.

Cidade, data, assinatura, número da OAB.

## 1.2.11 Ação de consignação de aluguéis e acessórios da locação

 **PROBLEMA**

Teófilo firmou com Lúcia e Joana um contrato de locação tendo como objeto o aluguel dos dois primeiros andares de um edifício comercial localizado na região central da Capital do Estado. O contrato de locação está em pleno vigor e vem sendo cumprido em todos os seus termos pelas partes.

Às vésperas do vencimento do aluguel deste mês, Teófilo foi notificado por Antônio para que efetuasse os pagamentos dos aluguéis, a partir de então, à sua pessoa, já que havia adquirido de Lúcia e Joana, mediante contrato de compra e venda, o imóvel locado.

No entanto, antes que efetuasse o pagamento ao suposto novo proprietário do imóvel, Teófilo recebeu outra notificação, subscrita por Joana, informando que ela não tinha concordado com a venda (que nem sequer poderia ter sido feita) e insistindo que os aluguéis continuassem sendo pagos a ela e a Lúcia até que fosse decidida a ação proposta por ambas para anular o contrato de compra e venda.

 *QUESTÃO:* Como advogado de Teófilo, proponha a medida judicial cabível para melhor resguardar os interesses de seu cliente.

 **SOLUÇÃO**

Deverá ser proposta uma Ação de Consignação de Aluguéis e Acessórios da Locação, tendo como polo passivo todos aqueles que disputam o pagamento (CPC, art. 547). A competência é do foro do lugar da situação do imóvel (Lei nº 8.245/1991, art. 58, II). O valor da causa corresponderá a 12 meses de aluguel (Lei nº 8.245/1991, art. 58, III) e a inicial deverá ser instruída com a procuração, o contrato de locação, o recibo do último aluguel pago, as notificações recebidas e a guia de depósito do valor consignado.

 **MODELO DE PEÇA**

EXCELENTÍSSIMO SENHOR DOUTOR JUIZ DE DIREITO DA ..... VARA CÍVEL DO FORO ___ DA COMARCA DA CAPITAL.

**TEÓFILO**, (sobrenome), (estado civil), (profissão), portador da Cédula de Identidade RG n. (número) e inscrito no Cadastro das Pessoas Físicas sob o n. (número), com endereço eletrônico (e-mail), residente e domiciliado nesta Capital, no bairro de Pinheiros, em (endereço), vem, por seu advogado (procuração anexa), com escritório nesta cidade, em (endereço), local em que receberá intimações, à presença de Vossa Excelência, com fundamento nos arts. 67 e seguintes da Lei nº 8.245/1991, propor

## AÇÃO DE CONSIGNAÇÃO DE ALUGUÉIS E ACESSÓRIOS DA LOCAÇÃO,

em face de **LÚCIA**, (sobrenome), (estado civil), (profissão), portadora da Cédula de Identidade RG n. (número) e inscrita no Cadastro das Pessoas Físicas sob o n. (número), usuária do endereço eletrônico (e-mail) e de **JOANA**, (sobrenome), (estado civil), (profissão), portadora da Cédula de Identidade RG n. (número) e inscrita no Cadastro das Pessoas Físicas sob o n. (número), usuária do endereço eletrônico (e-mail), ambas residentes e domiciliadas na cidade de Santos, a primeira em (endereço completo), e a outra em (endereço), e **ANTÔNIO** (sobrenome), (estado civil), (profissão), portador da Cédula de Identidade RG n. (número) e inscrito no Cadastro das Pessoas Físicas sob o n. (número), endereço eletrônico ignorado, residente e domiciliado em (endereço completo), tendo em conta os motivos de fato e de direito que seguem.

### I – FATOS

O autor firmou com as rés Lúcia e Joana um contrato de locação tendo por objeto os dois primeiros andares de edifício comercial situado no centro desta Capital.

O contrato de locação está em pleno vigor e vem sendo cumprido em todos os seus termos pelas partes. Instrui a presente uma cópia do mesmo (doc. anexo).

O valor do aluguel mensal, acrescido dos encargos, totaliza a importância de R$ ............. (valor por extenso), conforme comprova o recibo do último pagamento feito (doc. anexo).

Ocorre que, às vésperas da data do vencimento do aluguel deste mês, o autor foi notificado por Antônio, qualificado no preâmbulo desta, a efetuar os pagamentos a sua pessoa, já que teria adquirido o imóvel locado.

Antes que o autor efetuasse o pagamento, recebeu outra notificação, desta vez subscrita por Joana, informando não ter concordado com a venda, que nem sequer poderia ter sido feita, e insistindo que os aluguéis continuassem sendo pagos a ela e a Lúcia, até que fosse decidida a ação proposta para anular o contrato particular de compra e venda.

Instruem a presente petição cópias das notificações recebidas, que sem dúvidas deixaram o autor incerto quanto ao legítimo credor da obrigação.

Diante dessa incerteza, não querendo o autor incorrer em erro ou em mora no cumprimento da obrigação, só lhe resta buscar o amparo judicial para consignar o valor devido.

### II – FUNDAMENTO JURÍDICO

Não há dúvida quanto ao valor a ser pago; porém, diante dos termos das notificações recebidas pelo autor, há dúvida sobre quem deve legitimamente recebê-lo, restando ao devedor o pagamento por consignação, nos termos do inciso IV do art. 335 do Código Civil (A consignação tem lugar: IV – se ocorrer dúvida sobre quem deva legitimamente receber o objeto do pagamento).

Tal dúvida subjetiva permite o ajuizamento da ação de consignação de aluguéis e encargos, medida que vem prevista expressamente nos arts. 67 e seguintes da Lei de Locação.

Reconhecido o direito do autor, passa a expor seu pedido e a formular seus demais requerimentos.

### III – PEDIDO E REQUERIMENTOS

Por todo o exposto, pede-se a procedência do pedido da presente ação para declarar extinta a obrigação deste mês e aquelas relativas aos aluguéis que vencerem durante o transcorrer do processo e que serão objeto de depósito nos respectivos vencimentos; pede-se também a condenação da parte vencida ao pagamento de custas e honorários advocatícios.

Outrossim, esta também se apresenta para requerer:

a) Com fundamento no art. 319, § 1º, do CPC, a realização de diligências para a obtenção de dados completos sobre a qualificação dos réus. Vale destacar que, como seus endereços foram indicados, é possível sua citação, incidindo o art. 319, § 2º, do mesmo Código;

b) a citação dos réus, por e-mail ou por correio, para levantarem o depósito ou, se quiserem, apresentarem defesa no prazo legal, sob pena de revelia – não sendo o caso de audiência de conciliação ou mediação, considerando o procedimento especial da presente demanda;

c) o deferimento de todos os meios de prova admitidos em direito, inclusive o depoimento pessoal dos réus e a oitiva de testemunhas.

Dá-se à causa do valor de R$ (12 vezes o valor do aluguel mensal).

Cidade, data, assinatura, OAB.

## 1.2.12 Ação de despejo por falta de pagamento

 **PROBLEMA (OAB NACIONAL. EXAME 2007.1 – ADAPTADO)**

Paulo contratou a locação de um apartamento de propriedade de Carlos. Intervieram como fiadores José e Márcio, todos qualificados no instrumento do respectivo pacto locatício, oportunidade em que renunciaram expressamente ao benefício de ordem na forma da lei civil. No momento, Paulo encontra-se inadimplente com suas obrigações locatícias relativas às três últimas prestações.

 *QUESTÃO:* Como advogado de Carlos, ingresse com a medida cabível, de modo a resguardar o interesse de seu cliente da forma mais ampla possível. Considere que (i) o valor da locação é de R$ 2 mil e (ii) que Carlos reside em Brasília e o imóvel, o locatário e os fiadores estão em Goiânia.

 *SOLUÇÃO*

Tem-se uma hipótese de inadimplemento que permite o despejo por falta de pagamento, nos termos da Lei de Locação (Lei nº 8.245/1991, art. 9º, III). Considerando o débito, cabe o pedido cumulado de pagamento dos atrasados (art. 62, I).

Além disso, considerando a existência de fiadores e de renúncia ao benefício de ordem (CC, art. 828, I), cabe incluí-los no polo passivo, no tocante à cobrança dos atrasados (Lei nº 8.245/1991, art. 62, I – especialmente com a redação dada pela Lei nº 12.112/2009).

A causa deve ser ajuizada em Goiânia, foro do local do imóvel, diante de ausência de foro de eleição (Lei nº 8.245/1991, art. 58, II).

O valor da causa deve ser o de 12 (doze) vezes o valor da locação (Lei nº 8.245/1991, art. 58, III).

 **MODELO DE PEÇA**

EXMO. SR. DR. JUIZ DE DIREITO DA ...... VARA CÍVEL DO FORO DA COMARCA DE GOIÂNIA – GO.

**CARLOS** (SOBRENOME), (estado civil), (profissão), com endereço na (endereço), em Brasília-DF, portador de RG e CPF de números (n.) e (n.), respectivamente, usuário do endereço eletrônico (e-mail), vem, respeitosamente, por seu advogado com escritório nesta cidade em (endereço), local onde receberá intimações, perante Vossa Excelência, como locador, nos termos dos arts. 9º, III; 23, I, 59 e 62, I, da Lei nº 8.245/1991 e demais dispositivos aplicáveis à espécie, propor a presente

**AÇÃO DE DESPEJO POR FALTA DE PAGAMENTO**
**C/C COBRANÇA DE ALUGUÉIS**

em face do locatário **Paulo** (sobrenome), (estado civil), (profissão), portador de RG e CPF de números (n.) e (n.), respectivamente, usuário do endereço eletrônico (e-mail) com endereço em (endereço), Goiânia-GO; do fiador **José** (sobrenome), (estado civil), (profissão), portador de RG e CPF de números (n.) e (n.), respectivamente, usuário do endereço eletrônico (e-mail) com endereço em (endereço), nesta Comarca e do fiador **Márcio** (sobrenome), (estado civil), (profissão), portador de RG e CPF de números (n.) e (n.), respectivamente, usuário do endereço eletrônico (e-mail) com endereço em (endereço), nesta Comarca, pelas razões de fato e de direito a seguir expostas.

**I – DOS FATOS**

Em (data) foi celebrado entre as partes contrato de locação referente ao imóvel situado em (endereço), para uso residencial, pelo prazo de 30 (trinta) meses, com aluguel estipulado em R$ 2.000,00 (dois mil reais), conforme contrato de locação anexo.

Há 3 (três) meses o locatário vem descumprindo a obrigação relativa ao pagamento do aluguel. As tentativas de acordo extrajudicial não lograram êxito.

Desta forma, é a presente para obter o despejo dos locatários e a cobrança dos alugueres devidos – este último pedido também em face dos fiadores, considerando que renunciaram ao benefício de ordem, conforme cláusula (número) do contrato (Lei nº 8.245/1991, art. 62). O objeto desta ação, portanto, é obter a retomada do imóvel do locatário pela falta de pagamento e a cobrança dos aluguéis vencidos, em relação a todos os réus, devidamente acrescidos de multa contratual, correção e juros de mora.

**II – DO DIREITO**

As relações de locação são regidas pela Lei nº 8.245/1991. Em seu art. 23, I, entre as obrigações do locatário, há o preceito de que ele deve pagar, pontualmente, o aluguel e os encargos da locação. Por sua vez, o art. 9º, III, atesta que a locação pode ser desfeita em decorrência da falta de pagamento do aluguel.

A mesma lei prevê ainda, no art. 62, I, ser possível cumular a cobrança de aluguéis e acessórios da locação ao pedido de retomada na ação de despejo (inclusive em face dos fiadores), sendo necessário para tanto apresentar cálculo discriminado do débito.

No documento anexo juntado à inicial está presente tal cálculo, que contempla a multa estipulada em contrato (cláusula nº __), os juros de mora e os honorários advocatícios (Lei nº 8.245, art. 62, II). Diante disso, o débito importa em R$ (valor do débito).

**III – DO PEDIDO E REQUERIMENTO**

Em face do exposto, pede-se:

a) seja o pedido da presente ação julgado procedente para rescindir o contrato de locação e despejar o locatário pela violação de disposições legais e contratuais;

b) sejam o locatário e os fiadores condenados a pagar os aluguéis devidos, conforme demonstrativo de débito em anexo (acrescidos de multa, juros de mora, custas e verba honorária), além dos que forem vencendo no curso desta ação;

c) sejam os réus condenados, nos termos do art. 82 do CPC (ônus de sucumbência), em custas e honorários advocatícios;

d) sejam os réus citados por e-mail para, querendo, apresentarem contestação sob pena de revelia, sendo que não é o caso de realização de audiência de conciliação ou mediação, considerando as especificidades do procedimento do despejo;

e) a cientificação de eventuais ocupantes do imóvel (Lei nº 8.245/1991, art. 59, § 2º).

Requer provar o alegado por todos os meios de prova permitidos em lei, especialmente pelos documentos acostados a esta exordial.

Dá-se à causa o valor de R$ 24.000,00 (vinte e quatro mil reais).

Termos em que,

Pede e espera deferimento.

Cidade, data, assinatura, OAB.

## 1.2.13 Ação de despejo – denúncia vazia

**🔍 PROBLEMA (OAB/SP. EXAME 104º – PONTO 5 – ADAPTADO)**

Modestino, casado pelo regime da separação absoluta de bens com Otávia, domiciliado em Florianópolis, Santa Catarina, adquiriu de Fúlvia, separada judicialmente, domiciliada na cidade de São Paulo, um apartamento localizado em Campos do Jordão. A venda foi feita por instrumento particular de promessa de venda e compra, firmado em outubro de 2010, totalmente quitado, celebrado em caráter irrevogável, registrado no serviço de registro de imóveis competente. Em junho de 2011, o imóvel foi locado a Laura, viúva, domiciliada em Taubaté, pelo prazo de 90 dias, por meio de contrato de locação para temporada. Esgotado esse prazo, Laura continuou utilizando o imóvel para passar férias e fins de semana, pagando normalmente os aluguéis. Em julho de 2015 o imóvel foi requisitado pelo locador, porque o aluguel estava muito baixo (R$ 500,00), negando-se a locatária a devolvê-lo, razão pela qual foi notificada para a devolução voluntária no prazo legal, que acabou não ocorrendo.

 *QUESTÃO:* Como advogado do locador, proponha a medida judicial cabível, visando obter a desocupação do imóvel.

##  SOLUÇÃO

Nos termos do art. 50 da Lei n° 8.245/1991, a locação para temporada converteu-se em locação residencial prorrogada por tempo indeterminado, passível de retomada por denúncia vazia. A ação cabível, portanto, é de despejo por denúncia imotivada a ser processada pelo procedimento comum, na forma dos arts. 59, *caput*, e seguintes, da mesma lei. Não poderá ser requerida liminar para despejo em 15 dias, pois já está esgotado, há bastante tempo, o prazo previsto no inciso III do § 1° do art. 59 da Lei n° 8.245/1991. Deverá ser proposta em Campos do Jordão (art. 58, II), por Modestino, em face de Laura, e o valor da causa deverá ser de R$ 6.000,00 (art. 58, III). Deverá ser pedida a procedência da ação, com a rescisão da locação e a consequente decretação do despejo, condenando-se a ré ao pagamento das custas do processo e de honorários advocatícios. A citação de Laura deverá ser requerida por mandado ou pelo correio, para o próprio imóvel, ou por Carta Precatória a ser expedida para Taubaté.

##  MODELO DE PEÇA

EXCELENTÍSSIMO SENHOR DOUTOR JUIZ DE DIREITO DA ..... VARA CÍVEL DO FORO DA COMARCA DE CAMPOS DO JORDÃO.

**Modestino** (sobrenome), casado, (profissão), portador da Cédula de Identidade RG n. (número) e inscrito no Cadastro das Pessoas Físicas sob o n. (número), usuário do endereço eletrônico (e-mail), residente e domiciliado em Florianópolis, no Estado de Santa Catarina, em (endereço), vem, por seu advogado, com escritório nesta cidade, em (endereço), local onde receberá intimações, à presença de Vossa Excelência, com fundamento no art. 59 da Lei n° 8.245/1991, propor

### AÇÃO DE DESPEJO

em face de **Laura** (sobrenome), viúva, (profissão), portadora da Cédula de Identidade RG n. (número) e inscrita no Cadastro das Pessoas Físicas sob o n. (número), usuária do endereço eletrônico (e-mail), residente e domiciliada em Taubaté, no Estado de São Paulo, em endereço), pelos motivos de fato e de direito a seguir expostos.

### I – DOS FATOS

O autor firmou com a ré contrato escrito de locação para temporada com o prazo de 90 dias, tendo como objeto o aluguel do apartamento situado em (endereço), na cidade de Campos do Jordão (documento 1).

O imóvel foi locado em junho de 2011 por 90 dias; findo esse período, continuou ocupado pela locatária, sem qualquer objeção por parte do locador, uma vez que os aluguéis mensais continuaram a ser pagos normalmente. Tal situação perdura até a presente data.

Ocorre que tal locação não mais interessa ao locador; este, uma vez decorridos mais de 30 meses da data da prorrogação legal, quer ver o imóvel desocupado.

A locatária foi notificada para desocupação do imóvel em 30 dias, conforme certifica o Registro de Títulos e Documentos local (doc. anexo). A medida adotada pelo autor não surtiu qualquer efeito, razão pela qual não lhe restou alternativa senão apelar aos caminhos judiciais.

Expostos os fatos, passa o autor a expor a sua fundamentação jurídica.

## II – DO DIREITO

O locador não ofereceu oposição à permanência da locatária, no período de 30 dias que sucedeu o término do prazo da locação para temporada, o que acarretou a prorrogação presumida da locação, tornando-a por tempo indeterminado, conforme a legislação vigente (art. 50 da Lei nº 8.245/1991).

Apesar disso, a pretensão do autor encontra-se amparada nos termos do parágrafo único do mesmo artigo: "ocorrendo a prorrogação, o locador somente poderá denunciar após trinta meses de seu início ou nas hipóteses do art. 47".

Sobre o tema, aliás, comenta José da Silva Pacheco: quanto à locação para temporada prorrogada por prazo indeterminado, "o locador somente poderá denunciar a locação após 30 meses do seu início ou nas hipóteses do art. 47".[3] Ou seja, passa-se a seguir a regra geral da locação residencial.

Decorrido período maior que 30 meses da prorrogação legal pela não oposição do locador, não há motivação para a resistência ao pedido de desocupação do imóvel por parte da locatária.

Exposta a fundamentação jurídica, passa o autor a formular o seu pedido.

## III – DO PEDIDO

Por todo o exposto, pede-se a procedência do pedido da presente ação de despejo para decretar a rescisão do contrato de locação, fixando-se o prazo legal para a desocupação voluntária, sob pena de expedir-se ordem de despejo, inclusive com o arrombamento e emprego de força, se necessário for, bem como a condenação da ré ao pagamento dos honorários advocatícios e demais custas e despesas processuais.

Requer ainda o autor:

a) a citação da ré por correio para, se quiser, apresentar defesa no prazo legal, sob pena de revelia, sendo que não é o caso de realização de audiência de conciliação ou mediação, considerando as especificidades do procedimento do despejo;

b) o deferimento de todos os meios de prova admitidos em direito, inclusive o depoimento pessoal da ré.

Dá-se à causa o valor de R$ 6.000,00 (seis mil reais).

Nestes termos,
aguarda-se deferimento.

Cidade, data, assinatura, OAB.

---

[3] PACHECO, José da Silva. *Tratado das ações de despejo*. 11. ed. São Paulo: RT, p. 422.

## 1.2.14 Embargos de terceiro

 **PROBLEMA**

Por força de um processo executivo, determinado veículo é penhorado; no entanto, o dono do veículo não é parte no processo (e não tem relação com o executado).

Proponha a medida judicial cabível em prol dos interesses do dono do bem.

 **SOLUÇÃO**

Ajuizamento de ação de embargos de terceiro – processo de conhecimento, procedimento especial previsto nos arts. 674 e seguintes do CPC –, a ser distribuída perante o juízo em que tramita a execução com vistas a desconstituir o gravame sobre o bem.

 **MODELO DE PEÇA**

EXCELENTÍSSIMO SENHOR DOUTOR JUIZ DE DIREITO DA ..... VARA CÍVEL DA COMARCA DE ....., ESTADO DE ... (juízo onde tramita a execução).

Autos n. (número) – Execução

Distribuição por dependência (CPC, art. 676)

**FULANO DE TAL** (qualificação cf. art. 319, II), por sua advogada que esta subscreve (procuração anexa), com endereço profissional em (endereço – CPC, art. 106, I), vem, respeitosamente, perante V. Exa., nos termos dos arts. 674 e seguintes do CPC, opor

### EMBARGOS DE TERCEIRO COM PEDIDO DE MEDIDA LIMINAR

contra **BELTRANO DE TAL** (qualificação completa ou já qualificado), exequente nos autos do feito executivo acima indicado, pelos motivos de fato e de direito a seguir expostos.

### I – DOS FATOS

Está em trâmite perante esse respeitável Juízo execução em que figuram como exequente o ora embargado e como executado SICRANO DE TAL.

Nos termos da certidão de objeto e pé anexada aos autos, o embargante NÃO É PARTE EM TAL PROCESSO JUDICIAL.

Não obstante tal situação, na data de (dia e mês), às fls. (..... – doc. anexo), houve a PENHORA de bem de propriedade do embargante.

Foi penhorado o seguinte veículo: (marca, modelo, ano, placa ....., chassi n. ....., Renavam n. .....), conforme se vê do termo de penhora anexo.

Assim, apesar de o embargante não ser parte na execução supramencionada, teve seu bem penhorado.

Consoante certidão expedida pelo Detran e Certificado de Registro de Veículo (cf. docs. anexos), percebe-se claramente que a PROPRIEDADE DO VEÍCULO PENHORADO É DO EMBARGANTE – e não do executado.

Outrossim, como pode ser comprovado por testemunhas, até a véspera da data da penhora, o embargante estava utilizando referido veículo.

Assim, claramente percebe-se que a execução recaiu sobre bem de terceiro, e não do executado, razão pela qual os presentes embargos devem ser providos.

## II – DO DIREITO

Nos exatos termos do art. 674 do CPC, são cabíveis os embargos de terceiro quando alguém, que não é parte na execução, sofre indevido gravame em seu patrimônio.

Conforme documentação acostada a esta inicial, o embargante é dono e possuidor do bem que foi penhorado sem ter qualquer conhecimento do processo em que seu bem foi constrito nem qualquer liame com as partes do feito executivo.

Em cumprimento ao art. 677 do CPC, o autor traz prova sumária de sua posse e da qualidade de terceiro, oferecendo documentos e rol de testemunhas aptos a confirmar tais alegações.

Portanto, provada a propriedade e posse do bem penhorado pelo documento anexo, certo é que a constrição judicial existente (penhora) deve ser prontamente afastada. Incide, na hipótese, a previsão do art. 678 do Código de Processo Civil, fazendo jus o embargante à imediata concessão de medida liminar.

(A peça pode ser enriquecida, se assim se quiser, com julgados/doutrina).

## III – DOS PEDIDOS E REQUERIMENTOS

Diante do exposto, pede e requer o embargante a V. Exa.:

a) que os presentes embargos sejam recebidos e autuados em apartado à execução em trâmite (CPC, art. 676);

b) já que comprovadas a propriedade e a posse do embargante, seja concedida medida liminar para suspender o andamento da execução (CPC, art. 678), até julgamento final destes embargos;

c) caso V. Exa. assim não entenda, o que se admite apenas para argumentar, que seja designada audiência para oitiva das testemunhas ao final arroladas;

d) a citação do embargado para, querendo, responder à presente ação (destaca-se, nos termos do art. 677, § 3º, do CPC, que tal citação não precisará ser pessoal, já que o embargado tem procurador constituído nos autos da ação principal);

e) ao final, que o pedido seja julgado procedente, com o levantamento da penhora realizada sobre o bem de propriedade do embargante, condenando-se o embargado no ônus da sucumbência.

Requer provar o alegado por todos os meios previstos em lei, especialmente pelos documentos já juntados e pela oitiva de testemunhas.

Dá-se à causa o valor de R$ (valor do bem penhorado).

Termos em que

pede deferimento.

Cidade, data, assinatura, OAB.

### ANEXO – ROL DE TESTEMUNHAS

1. (Nome), (profissão), (residência), (local de trabalho).
2. (Nome), (profissão), (residência), (local de trabalho).

## 1.2.15 *Habeas corpus* (prisão civil – não pagamento de alimentos)

###  PROBLEMA

MARCOS APARECIDO, por estar desempregado, não vem pagando a pensão da filha LUDMILA, cujo valor foi fixado em acordo homologado judicialmente. A mãe dela, LAURACY, promoveu em nome de LUDMILA execução de alimentos. Antes mesmo de abrir possibilidade para manifestação do pai, o juiz determinou sua prisão civil com base no art. 528 do CPC.

Considerando que a dívida cobrada se refere aos últimos 10 meses de pensão, como advogado de MARCOS promova a medida cabível.

###  SOLUÇÃO

Uma medida viável é a interposição do recurso de agravo de instrumento com pedido de efeito suspensivo para afastar a prisão civil (CPC, art. 1.015, parágrafo único).

Quando o advogado recebe o caso já tendo decorrido o prazo para o recurso, ou quando entende ser mais veloz a apreciação de *habeas corpus*, pode intentá-lo quando está diante de *error in procedendo*.

No caso houve dois erros: a) o juiz somente poderia decretar a prisão após a manifestação do devedor na execução (CPC, art. 528, § 3º); b) nos termos do art. 528 § 7º, do CPC, que reproduz entendimento jurisprudencial (Súmula 309 do STJ), só se pode executar sob a pena de prisão as três últimas prestações devidas.

Como se trata de *habeas corpus* para impugnar decisão de juiz, deve ser proposto diretamente no Tribunal de Justiça.

### 📄 MODELO DE PEÇA

EXCELENTÍSSIMO SENHOR DOUTOR DESEMBARGADOR PRESIDENTE DO EGRÉGIO TRIBUNAL DE JUSTIÇA DO ESTADO DE (ESTADO DA COMARCA ONDE TRAMITA A EXECUÇÃO DE ALIMENTOS)

MARCOS APARECIDO (qualificação completa) vem, respeitosamente, por seu advogado que esta subscreve, com base no art. 5º, LXVIII, da Constituição Federal e demais dispositivos legais aplicáveis, impetrar o presente

## *HABEAS CORPUS* COM PEDIDO DE MEDIDA LIMINAR

em razão da decisão de prisão civil decretada pelo MM. Juiz de Direito da (local de tramitação), nos autos da execução de alimentos que lhe move LUDMILA (sobrenome), menor impúbere representada por sua genitora Lauracy (qualificação completa), pelos fatos e fundamentos jurídicos que seguem.

1) O paciente responde a uma ação de execução de alimentos perante o r. Juízo impetrado, que tramita sob o n. (número), movida por sua filha LUDMILA, representada por sua mãe.

2) Quando da celebração do acordo que fixou os alimentos, o paciente encontrava-se trabalhando, tendo plenas condições de pagar a quantia ali acertada (doc. anexo).

3) Entretanto, após um ano da celebração do acordo, foi o paciente demitido e não mais logrou encontrar uma colocação profissional. Nos termos de sua carteira de trabalho (doc. anexo), o paciente encontra-se desempregado há longa data, configurando-se o **inadimplemento involuntário e escusável** de sua prestação alimentar. Destarte, não foi possível saldar sua obrigação, sendo justificado seu inadimplemento por força da precariedade econômica que o acometeu.

4) Nada obstante, o impetrante não teve condições de nem mesmo argumentar e demonstrar tal fato: proposta demanda executiva, foi decretada sua prisão antes mesmo de sua manifestação perante o juízo a quo. Diante disso, temos a decretação da prisão permeada por patente ilegalidade; caso semelhante foi apreciado pelo Tribunal do Distrito Federal, que assim decidiu:

1. O devedor de alimentos deve ser intimado pessoalmente para pagar a dívida ou comprovar a impossibilidade de fazê-lo, sendo que, caso não o faça ou caso a justificativa não seja aceita, será expedido mandado de prisão (artigo 528, *caput* e § 3º do Código de Processo Civil). 2. É ilegal a decretação da prisão civil por ausência de pagamento de alimentos, quando não observada a intimação pessoal do devedor para quitação da dívida. 3. Recurso conhecido e desprovido. (TJDF, Proc 07154.91-10.2018.8.07.0000, Ac. 118.1262, Terceira Turma Cível, Rel. Des. Maria de Lourdes Abreu, j. 26.06.2019, *DJDFTE* 03.07.2019).

5) Como se percebe, à luz do art. 528, § 3º, do CPC, a prisão civil só pode ser decretada após a apreciação da justificativa apresentada pelo executado. No caso em tela, o MM. Juiz decretou a prisão em momento anterior a qualquer manifestação por parte do réu (doc. anexo).

6) Não obstante tal ilegalidade, a decretação da prisão em questão ainda apresenta outro óbice: o período de cobrança nos termos do art. 528, § 7º, do CPC. Nos termos de tal regra, somente o inadimplemento das três prestações anteriores ao ajuizamento (mais vincendas) tornam o alimentante sujeito à prisão civil. No que tange às anteriores, a cobrança não enseja o constrangimento da decretação da prisão civil (art. 732 do CPC). É o que restou consolidado na Súmula 309 do E. STJ: "O débito alimentar que autoriza a prisão civil do alimentante é o que compreende as três prestações anteriores ao ajuizamento da execução e as que se vencerem no curso do processo". Ora, *in casu*, o paciente vem sendo executado por todas as prestações vencidas (10 prestações).

7) Dessa forma, revela-se manifestamente ilegal a decretação do mandado de prisão por inadimplemento de prestação alimentícia.

8) Diante do exposto, com a devida vênia, requer-se:

a) seja concedida a **medida liminar**, expedindo-se o competente contramandado de prisão em favor do paciente MARCO APARECIDO;

b) a expedição de ofício dirigido à autoridade aqui apontada como coatora para que, querendo, preste informações;

c) após o processamento deste remédio, seja finalmente anulada a decisão decretadora da prisão civil, observadas as necessárias formalidades legais.

Termos em que

pede e espera deferimento.

Local, data, assinatura, OAB.

## 1.2.16 Ação indenizatória – colisão de veículos – JEC

###  PROBLEMA

Em Cuiabá ocorreu um acidente automobilístico causado por ENRIQUE DA SILVA, preposto do dono de um veículo da marca Ferrari. A vítima, a estudante ANA CAROLINA COX, sofreu danos por força da colisão e a situação não foi resolvida de forma amigável. Apesar de seu veículo ser segurado, ela teve que arcar com o prejuízo sozinha, pagando a franquia (R$ 1.900,00) e sofrendo a perda do desconto quando da renovação do seguro (R$ 600,00). Atue em favor de ANA CAROLINA visando à reparação dos danos experimentados, considerando que o dono do carro é o empresário LUIZ FELIPE MONTANA.

### SOLUÇÃO

Deverá ser proposta ação condenatória (processo de conhecimento) em face do proprietário do veículo pleiteando sua condenação ao pagamento dos prejuízos sofridos pela autora (franquia do seguro e perda do desconto).

A ação poderia ser proposta também em face do preposto. No entanto, se este não tiver patrimônio (e, usualmente, não tem), sua inclusão apenas acarretará mais demora ao processo, não sendo produtivo executá-lo em virtude da potencial ausência de bens penhoráveis.

Pelo valor da causa, a demanda pode ser proposta nos Juizados Especiais Cíveis (solução aqui adotada), mesmo sem advogado. Também pode ser proposta na Justiça Estadual via procedimento comum.

### MODELO DE PEÇA

EXCELENTÍSSIMO SENHOR DOUTOR JUIZ DE DIREITO DO JUIZADO ESPECIAL CÍVEL DA COMARCA DE CUIABÁ – MATO GROSSO.

**ANA CAROLINA COX**, estudante, (estado civil), portadora do RG n. (número) e do CPF n. (número) (doc. 01), usuária do endereço eletrônico (e-mail), residente e domiciliada em (endereço), nesta comarca, por sua advogada que esta subscreve (doc. 02), com escritório em (endereço), local onde recebe intimações, vem respeitosamente propor

## *AÇÃO DE INDENIZAÇÃO POR DANOS MATERIAIS*

em face de **LUIZ FELIPE MONTANA**, empresário, estado civil desconhecido, portador do RG n. (número) e do CPF n. (número), usuário do endereço eletrônico (e-mail), com endereço profissional em (endereço), pelas razões de fato e de direito que passa a expor.

### I – DOS FATOS

Nos termos de boletim de ocorrência anexo, em (dia, mês, ano), por volta de (horário), a autora guiava seu veículo, um automóvel (marca, modelo, cor, ano, placa – doc. 04), pelo (endereço) aguardando para entrar na Avenida (nome) pela faixa da direita.

Enquanto a autora esperava pela oportunidade de entrar na Avenida, o veículo de propriedade do réu – (marca, modelo, cor, ano, placa) – seguia pela mesma via onde ela se encontrava, visando igualmente ingressar na avenida pela faixa imediatamente à esquerda em relação à qual a autora se encontrava.

Ao ingressar na avenida, preocupando-se apenas com os veículos dessa via, o condutor do referido automóvel não observou a presença da autora à direita. Assim, negligentemente colidiu na parte dianteira esquerda do automóvel da autora, ao realizar de forma imprudente uma curva mais fechada para ingressar na via expressa, igualmente causando danos (de menor monta) em seu próprio automóvel na parte dianteira direita.

O automóvel que provocou o acidente, de propriedade do réu, estava sem a placa na frente e era conduzido por ENRIQUE DA SILVA (portador do RG n. e do CPF n.).

Descobriu a autora que o condutor era preposto do réu e que ia fazer entregas para a empresa alimentícia deste.

Obteve a autora todos os dados do veículo do réu (acima expostos e presentes no boletim de ocorrência – B.O.) e sugeriu ao condutor que fossem à delegacia para registrar a ocorrência do fato. Ele não quis ir e entrou em contato com seu patrão, ora réu.

A autora conversou com o réu pelo telefone; ele disse que o condutor precisava fazer uma entrega, mas que logo entraria em contato com a autora novamente, ainda naquela data, para irem à delegacia.

Ledo engano. Não só o réu deixou de retornar a ligação, como nem sequer atendeu aos telefonemas da autora. Assim, ela precisou providenciar boletim de ocorrência sem a presença dele.

Não tendo alternativa, a autora acionou sua seguradora para consertar o seu carro. Soube, então, que teria de arcar com o valor correspondente à franquia do seguro, no montante de R$ 1.900,00 (mil e novecentos reais) e que também perderia, na renovação do seguro, o bônus pela não utilização do seguro (o chamado "prêmio sinistro"), na quantia de R$ 600,00 (seiscentos reais), conforme doc. anexo da corretora de seguros. Assim, os prejuízos de ordem material montam R$ 2.500,00 (mil e duzentos reais).

Diante da inércia do réu, não resta outra solução à autora senão ingressar em juízo com a presente demanda.

## II – DO DIREITO

Nos termos da Lei nº 9.099/1995, art. 4.º, III, o foro do domicílio do autor é competente para as ações de reparação de dano de qualquer natureza. Assim, justificado o ajuizamento da demanda na presente Comarca.

Em relação ao dano material, não resta qualquer dúvida. Dispõe o Código Civil, nos arts. 186 e 927, que quem causar dano a outrem por ato ilícito e culpa será obrigado a ressarcir o dano.

Dúvida não há de que houve imprudência do condutor ao ingressar com o veículo na via expressa sem o mínimo de cuidado.

Da mesma forma, o patrão responde pelo ato de seu preposto (CC, art. 932, III), e aquele que entrega as chaves do veículo a outrem responde por culpa *in vigilando* e *in eligendo*. Neste exato sentido vem se manifestando a jurisprudência majoritária de nossos Tribunais.[4]

Assim, cabalmente presentes o dano, conduta culposa dos agentes e nexo causal (CC, art. 186), impõe-se a responsabilização civil do réu (CC, art. 927).

Além disso, vale apontar que, nos exatos termos do art. 942, parte final, do CC, tendo o dano sido causado por mais de um agente, a responsabilidade é solidária. Portanto, é de reconhecer, no presente feito, a solidariedade do réu e do condutor quanto ao ressarcimento dos danos. Opta a autora por acionar somente o réu.

Portanto, deve o réu ressarcir o prejuízo sofrido pela autora, que se refere ao valor da franquia (R$ 1.900,00), bem como à bonificação perdida em virtude de se utilizar da franquia (R$ 600,00 – se não fosse a colisão, teria a autora de desconto ao renovar sua apólice).

## III – DO PEDIDO

Em face do exposto, pede e requer:

a) seja designada audiência de tentativa de conciliação, segundo o art. 21 da Lei nº 9.099/1995;

b) seja o réu citado por e-mail ou, se V. Exa. assim entender, por correio, com aviso de recebimento de mão própria (ARMP), nos termos do art. 18, I da Lei nº 9.099/1995;

c) seja o pedido da presente demanda julgada procedente para condenar o réu a pagar os **danos materiais** provocados pela colisão em seu veículo, no valor de R$ 2.500,00.

Requer provar o alegado por todos os meios admitidos pela lei, especialmente pela prova documental ora juntada, e pelo depoimento pessoal do réu.

Dá-se à presente causa o valor de R$ 2.500,00 (dois mil e quinhentos reais).

Termos em que

pede deferimento

Cidade, data, Advogado, OAB.

---

4 Cf., a título ilustrativo, o REsp 145.358 do E. STJ.

## 1.2.17 Ação indenizatória – transporte aéreo – JEC

### 🔍 *PROBLEMA*

ÍCARO WRIGHT, engenheiro residente em Camaçari-BA, trabalha em empresa automobilística da região. A trabalho, viajou para Belo Horizonte-MG para lá permanecer por dois dias.

Ao embarcar, percebeu que a companhia o embarcaria para o Sul, e não para Belo Horizonte. Com isso, teve de pegar outro voo, mas sua bagagem acabou sendo despachada para o Sul.

A companhia aérea se comprometeu a entregar sua mala no meio da tarde – mas a bagagem só chegou a Belo Horizonte às 20 horas, tendo sido entregue no hotel de ÍCARO somente à meia-noite.

ÍCARO telefonou 25 vezes para a companhia área (de seu celular e do hotel), gastando, com isso, R$ 600,00.

ÍCARO estava somente com a roupa do corpo e seu computador portátil. Os cabos de seu computador portátil, o recarregador do celular e todo o material para sua reunião estavam na mala.

Considerando estes fatos, promova a medida cabível para obter indenização em favor de ÍCARO.

### 💡 *SOLUÇÃO*

Deverá ser proposta ação condenatória (processo de conhecimento) em face da companhia aérea, pleiteando sua condenação ao pagamento dos danos morais (constrangimentos sofridos por ÍCARO com o não recebimento de sua mala) e danos materiais (prejuízos decorrentes das ligações telefônicas realizadas).

O procedimento a ser escolhido (comum ou especial referente ao JEC) dependerá do valor que se pretende pedir. No caso, pela celeridade e considerando que a mala chegou ao destino (ainda que tardiamente), pode ser conveniente a utilização do JEC.

### 📄 *MODELO DE PEÇA*

EXMO. SR. DR. JUIZ DE DIREITO DO JUIZADO ESPECIAL CÍVEL DA COMARCA DE CAMAÇARI – BA.

**ÍCARO WRIGHT**, engenheiro, casado, portador do RG n. (número) e do CPF n. (número), usuário do endereço eletrônico (*e-mail*), residente em (endereço), nesta Comarca, vem, respeitosamente, propor a presente

#### *AÇÃO INDENIZATÓRIA POR DANOS MORAIS E MATERIAIS*

em face de **VOE LINHAS AÉREAS S.A.**, situada em (endereço), usuária do endereço eletrônico (*e-mail*), pelos fatos e fundamentos a seguir expostos:

O autor, engenheiro da empresa automobilística (nome) viajou, a trabalho, em (data) para Belo Horizonte. Conforme passagem anexa, seu voo (n. do voo) estava marcado para (horário).

Por um erro da companhia aérea, o autor seria embarcado para Porto Alegre. Em virtude disso, o autor acabou tendo de pegar outro voo para chegar ao destino, às (horário – cf. cartão de embarque anexo).

Entretanto, em virtude do erro, a bagagem do autor foi remetida para o Sul. No guichê da empresa aérea, a ré informou que a mala do autor chegaria ao destino no meio da tarde.

Já aborrecido, visto que estava somente com a roupa do corpo e seu computador portátil, o autor informou o endereço do hotel onde ficaria.

Em Belo Horizonte, durante o dia, o autor ficou prejudicado, pois os documentos referentes ao trabalho, assim como os cabos do computador portátil, estavam na mala. Assim, não foi possível trocar a camisa (em pleno verão), utilizar qualquer produto de higiene pessoal nem tampouco recarregar seus aparelhos eletrônicos. São óbvias as perturbações causadas ao autor.

Vale frisar que o autor, por várias vezes, de seu celular, fez ligações interurbanas para a companhia aérea; a informação repetida era que no meio da tarde a situação estaria resolvida (cf. contas telefônicas anexas).

Contudo, após um dia inteiro de trabalho, ao chegar ao hotel por volta de 20 horas soube que a mala não havia sido entregue. Extremamente aborrecido e irritado após um dia estafante de viagem e trabalho, o autor ainda permanecia com a mesma roupa desde as 6 horas da manhã.

Contatou a companhia aérea, ligando seguidas vezes para encontrar o responsável (cf. nota fiscal do hotel anexa), informando que ainda não estava com sua mala. Recebeu a informação de que a mala já estava em Belo Horizonte e que o carro da empresa logo mais deixaria a mala no hotel.

Quase 22h30 da noite, a mala já estaria naquela cidade, mas o autor continuava sem acesso a roupas, objetos de higiene pessoal, recarregador de celular, cabos do *notebook* e o material que deveria ser estudado para a reunião do dia seguinte. Novamente ligou o autor para a companhia aérea, sempre com a informação de que a mala "já estava a caminho".

Finalmente, pouco antes da meia-noite, chegou a mala ao quarto de hotel do cliente (cf. documento anexo) – que permaneceu 18 horas com a mesma roupa, e aguardando, já no hotel, das 20 horas à meia-noite a chegada de sua mala, que era prometida para o meio da tarde – fatos ocorridos em virtude de erros da ré. Em resumo, dois foram os principais fatos que causaram o dano moral:

a) o envio da mala para a cidade errada, privando o autor das possibilidades de trocar de camisa para o trabalho e de roupas após o trabalho, de acessar itens de higiene pessoal, de recarregar seu celular, de usar o notebook e acessar o material necessário para seu trabalho;

b) tal situação se agravou sensivelmente com a chegada do autor ao hotel, já que não havia possibilidade nem sequer de tomar um banho tranquilo – o que se complicou com toda a demora e as falsas promessas de que a mala chegaria rapidamente, efetivamente deixando o autor ainda mais aborrecido e transtornado, chegando a mala só por volta da meia-noite.

O dano material se refere ao custo de todas as ligações que o autor teve de efetuar, de Belo Horizonte, para a companhia aérea: foram, ao total, 25 ligações (R$ 600,00).

Não resta dúvida de que entre as partes há uma relação de consumo, aplicando-se o Código de Defesa do Consumidor ao caso concreto (art. 20), bem como resta configurado o ato ilícito. Assim, aplica-se também o art. 186 do CC, bem como o art. 256, II, da Lei n° 7.565/1986 (O transportador responde pelo dano decorrente: II – de atraso do transporte aéreo contratado).

Desnecessário discorrer mais sobre os dissabores, o aborrecimento, a sensação de impotência e a irritação causados pela ré ao autor; na situação vivenciada resta claramente configurado o dano moral, que deve ser indenizado.

No tocante ao valor do dano moral, é certo que se deve levar em consideração, além da situação do autor, o porte da ré.

Tomando por base o REsp 450.613, do E. STJ (DJ 9-12-2002), foi fixada indenização de 50 salários mínimos na hipótese de extravio de bagagem. É certo que no caso em tela a grande demora na entrega da bagagem equivale ao extravio, tendo o contexto sido agravado pela situação extremamente desagradável de falsas promessas repetidamente feitas pela ré. Assim, pode-se afirmar que um terço desse valor é uma indenização adequada; um terço de tal montante corresponde a 16,5 salários mínimos, atualmente importando em (valor), montante condizente com a situação em questão.

Em face do exposto, pede-se:

a) indenização pelos transtornos, dissabores e inconvenientes configuradores dos danos morais sofridos, no valor de R$ (valor);

b) indenização pelas ligações realizadas, no valor de R$ 600,00 (seiscentos reais);

c) citação da ré, por e-mail cadastrado no domicílio judicial eletrônico, para que, querendo, responda a esta demanda;

d) nos pontos os quais não puderam ser comprovados com os documentos acostados a esta exordial seja declarada a inversão do ônus da prova (hipossuficiência do consumidor, nos termos do inc. VIII, do art. 6°, do CDC);

e) dá-se à causa o valor de R$ (soma das quantias pleiteadas em "a" e "b" *supra*).

Termos em que pede deferimento.

Cidade, data, assinatura, OAB.

## 1.2.18 Ação monitória

 **PROBLEMA (OAB/SP. EXAME 108° – PONTO 2)**

A indústria alimentícia denominada "Cibus Ltda.", com sede em Campinas, vem fornecendo há anos, para Ulpiano, comerciante em nome individual sediado em Americana, vários produtos de sua linha de fabricação. Nos últimos seis meses, alegando problemas de ordem financeira, Ulpiano tem deixado de pagar as mercadorias compradas, prometendo fazê-lo assim que tiver o dinheiro disponível. O débito, no entanto, chegou a R$ 100.000,00 (cem mil reais), sem contar os juros moratórios, razão pela qual a indústria, mediante prévia constituição em mora, cessou o fornecimento e pretende cobrar a dívida pretérita. Ocorre, porém, que a credora não tem títulos aptos a instruir processo de execução contra Ulpiano, pois recebia deste, periodicamente, os pedidos escritos, emitia as correspondentes notas fiscais/faturas para pagamento à vista, mas não sacava as duplicatas, até porque entregava as mercadorias numa transportadora que não cuidava de obter de Ulpiano, a quem as entregava, os respectivos comprovantes de entrega. Existe uma carta de Ulpiano, dirigida à credora, reconhecendo o débito, mas pedindo prazo indefinido para quitá-lo.

 *QUESTÃO:* Como advogado da credora, proponha a medida judicial mais célere e eficaz para o recebimento do crédito, sabendo-se que não há contrato escrito de fornecimento, mas apenas uma série de cartas trocadas pelas partes, visando detalhes do negócio e de condições comerciais a ele inerentes.

###  SOLUÇÃO (SEGUNDO O GABARITO DA OAB/SP – ADAPTADO)

Deverá ser proposta ação monitória com fundamento nos arts. 700 e seguintes do CPC, pela indústria credora contra o devedor. Não há título executivo para instruir processo de execução e a ação de conhecimento é menos célere e eficaz do que a monitória. O crédito é líquido e certo, reconhecido, inclusive pelo devedor, mas as notas fiscais/faturas não podem servir à execução. Há, pois, prova escrita da existência do débito, mas inexiste o título. Competente, pela regra geral do art. 46 do CPC, é o foro do domicílio do réu (Americana). O valor da causa é o do crédito. O pedido deverá ser o de expedição do mandado de citação do réu para o pagamento do débito, no prazo de 15 dias ou para nesse mesmo prazo oferecer embargos, sob pena de constituir-se de pleno direito o título executivo judicial, convertendo-se o mandado inicial em executivo e prosseguindo-se na forma dos arts. 824 e seguintes do Estatuto processual.

Não poderá, na inicial, haver requerimento para realização de penhora, pois os embargos, na ação monitória, independem da segurança do juízo.

###  MODELO DE PEÇA

EXCELENTÍSSIMO SENHOR DOUTOR JUIZ DE DIREITO DA ..... VARA CÍVEL DO FORO DA COMARCA DE AMERICANA – SP.

**CIBUS LTDA.**, pessoa jurídica de direito privado, inscrita no CNPJ/MF sob o n. (número), usuária do endereço eletrônico (e-mail), com sede em Campinas-SP, em (endereço), neste ato representada por seu advogado abaixo assinado, constituído nos termos do anexo instrumento de mandato (doc. 01), com endereço em (cidade), (endereço), local onde receberá intimações, vem, respeitosamente, perante Vossa Excelência, com fundamento nos arts. 700 e seguintes do CPC, propor a presente

**AÇÃO MONITÓRIA**

em face de **ULPIANO** (sobrenome), (nacionalidade), (estado civil), comerciante, portador da cédula de identidade RG n. (número), inscrito no CPF/MF sob o n. (número), usuário do endereço eletrônico (e-mail), residente e domiciliado em Americana, em (endereço), pelas razões de fato e de direito a seguir expostas.

## I – DOS FATOS

A autora vem fornecendo há anos para o réu, comerciante em nome individual, vários produtos de sua linha de fabricação.

Nos últimos seis meses, alegando problemas de ordem financeira, o réu tem deixado de pagar as mercadorias compradas, prometendo fazê-lo assim que tiver o dinheiro disponível.

O débito, no entanto, chegou a R$ 100.000,00 (cem mil reais), sem contar os juros moratórios, razão pela qual a indústria, mediante prévia constituição em mora, cessou o fornecimento e pretende cobrar a dívida pretérita.

A autora não tem títulos aptos a instruir processo de execução contra o réu, pois recebia deste, periodicamente, os pedidos escritos e emitia as correspondentes notas fiscais, faturas para pagamentos à vista, sem sacar as duplicatas – até porque entregava as mercadorias em uma transportadora que não cuidava de obter do réu, a quem as entregava, os respectivos comprovantes de entrega.

Contudo, existe uma carta do réu, dirigida à autora (doc. 02), reconhecendo o débito e pedindo prazo indefinido para quitá-lo.

Há, ainda, uma série de mensagens eletrônicas trocadas entre as partes com detalhes do negócio e das condições comerciais a ele inerentes (doc. 03). Assim, tendo em vista a existência da dívida que não foi paga pelo réu, não restou à autora alternativa senão propor a presente demanda visando ao recebimento do seu crédito.

## II – DO DIREITO

São claros os termos do art. 700 do CPC ao permitir àquele que pretender, com base em documento escrito, o pagamento de soma em dinheiro, entrega de coisa fungível, infungível ou de determinado bem móvel ou imóvel, assim como o adimplemento de obrigação de fazer. Eis seu inteiro teor: "a ação monitória pode ser proposta por aquele que afirmar, com base em prova escrita sem eficácia de título executivo, ter direito de exigir do devedor capaz: I – o pagamento de quantia em dinheiro; II – a entrega de coisa fungível ou infungível ou de bem móvel ou imóvel; III – o adimplemento de obrigação de fazer ou de não fazer".

A autora possui um documento escrito no qual o réu reconhece expressamente o débito; não restam dúvidas, portanto, quanto à procedência do pedido da presente ação para que aquele pague o débito.

Portanto, estando comprovado o direito da autora, fica patente também o dever do réu de cumprir sua obrigação no sentido de efetuar o pagamento do valor devido pela compra das mercadorias.

## III – DOS REQUERIMENTOS

Diante do exposto, com fundamento no art. 700 do CPC, requer seja expedido o competente mandado de pagamento para que o réu pague o valor devido no prazo de 15 (quinze) dias, sob pena de o mandado inicial ser convertido em mandado executivo, seguindo-se o procedimento da fase de cumprimento de sentença.

Havendo pagamento no prazo, nos termos da lei, o réu estará isento do pagamento de custas e honorários.

Na hipótese de o réu oferecer embargos, requer seja deferido à autora prazo para a apresentação de sua impugnação e eventual produção de provas que se fizerem necessárias, tais como depoimento pessoal do réu sob pena de confissão, oitiva de testemunhas, juntada de novos documentos, expedição de ofícios, exames etc.

Requer, ainda, no caso de oposição de embargos, a condenação do réu ao pagamento de custas, honorários advocatícios e demais despesas.

Considerando o procedimento especial da monitória, não é o caso de realização de audiência de conciliação ou mediação.

Dá-se à causa o valor (dívida atualizada monetariamente) de R$ ..... (por extenso).

Nestes Termos,

Pede Deferimento.

Cidade, data, assinatura, OAB.

### Anexo I – Demonstrativo de Débito Atualizado

Autor: CIBUS LTDA

Réu: ULPIANO

Valor principal: R$

Valor corrigido: R$

Valor com acréscimo de juros e multa: R$

Valor total: R$

Cidade, data, assinatura, OAB.

## 1.2.19 Ação de reintegração de posse

 **PROBLEMA (OAB/SP. EXAME 107.º – PONTO 3)**

Gilberto, casado pelo regime da comunhão parcial de bens, antes da Lei n° 6.515/1977, com Luciana, emprestou um imóvel residencial que recebera por partilha nos autos do inventário de seu pai a Marcelo, celebrando contrato escrito de comodato com prazo determinado de duração fixado em 24 meses. Findo, há seis meses, o prazo avençado, Marcelo não desocupou o imóvel nem atendeu à notificação que lhe endereçou o proprietário, continuando, até hoje, a ocupá-lo gratuitamente.

 *QUESTÃO:* Sabendo-se que o referido imóvel está localizado na Comarca do Guarujá; que as partes residem na cidade de Santos; que o contrato não tem foro de eleição; e que Marcelo é viúvo, mas era casado com Adriana pelo regime da comunhão total de bens à época da celebração do contrato, proponha a medida judicial visando à restituição do imóvel ao comodante.

## SOLUÇÃO (SEGUNDO O GABARITO DA OAB/SP – ADAPTADO)

Deverá ser proposta ação de reintegração de posse, por Gilberto (que é o signatário do contrato) contra Marcelo (que detém a posse direta do imóvel), com fundamento nos arts. 1.228 e seguintes e 579, 581, todos do CC, a ser processada na forma dos arts. 554 e seguintes do CPC, com pedido de liminar com base no art. 562 do mesmo diploma.

O foro competente é o da situação do bem (art. 47 do CPC) e o valor da causa, segundo a jurisprudência, deve ser o equivalente ao valor venal do bem (assim entendido o do correspondente lançamento fiscal – *RT* 666/108), ou mesmo um terço desse valor (*JTA* 89/172).

Poderá haver pedido de indenização, se for alegada a deterioração do imóvel (art. 582 do CC e art. 555, I, do CPC) ou de cobrança de valor correspondente ao aluguel após a caracterização do esbulho (CPC, art. 555, parágrafo único, I).

O esbulho está caracterizado pela não devolução do imóvel após a notificação de denúncia do comodato. Assim, trata-se de posse injusta, na modalidade precária.

O pedido deve ser o de procedência da ação, com a confirmação da liminar concedida, declarando-se o autor reintegrado de forma definitiva na posse do imóvel e condenando o réu ao pagamento dos valores correspondentes aos eventuais pedidos cumulados, custas e honorários.

 ## MODELO DE PEÇA

EXCELENTÍSSIMO SENHOR DOUTOR JUIZ DE DIREITO DA ..... VARA CÍVEL DO FORO DA COMARCA DO GUARUJÁ – SP.

**GILBERTO** (sobrenome), (nacionalidade), casado, (profissão), portador da cédula de identidade RG n. (número), inscrito no CPF/MF sob o n. (número), usuário do endereço eletrônico (e-mail), residente e domiciliado em (Santos), com endereço em (endereço), neste ato representado por seu advogado que esta subscreve, constituído nos termos do mandato anexo, com endereço em (cidade), na Rua (endereço), local onde receberá intimações, vem, respeitosamente, perante Vossa Excelência, com fundamento nos arts. 554 e seguintes do CPC, propor a presente

### AÇÃO DE REINTEGRAÇÃO DE POSSE COM PEDIDO DE LIMINAR

em face de **MARCELO** (sobrenome), (nacionalidade), (estado civil), (profissão), portador da cédula de identidade RG n. (número), inscrito no CPF/MF sob o n. (número), usuário do endereço eletrônico (e-mail), residente e domiciliado em Santos, com endereço em (endereço), pelas razões de fato e de direito a seguir expostas.

### I – DOS FATOS

O autor, casado pelo regime da comunhão parcial de bens, antes da Lei n° 6.515/1977, com Luciana, emprestou um imóvel residencial que recebera por partilha nos autos do inventário de seu pai (doc. anexo) ao réu, celebrando, para tanto, um contrato escrito de comodato com prazo determinado de duração fixado em 24 (vinte e quatro) meses, conforme se verifica da cópia anexa.

Ocorre que, findo há seis meses o prazo avençado, o réu não desocupou o imóvel nem atendeu à notificação que o autor lhe endereçou, continuando até hoje a ocupá-lo gratuitamente.

Dessa forma, não restou ao autor alternativa senão propor a presente demanda visando à restituição do imóvel.

Expostos os fatos, passa o autor a expor sua fundamentação jurídica.

## II – DO DIREITO

São claros os termos do art. 1.210 do CC ao prever expressamente o direito do possuidor a ser restituído em caso de esbulho: "O possuidor tem direito a ser mantido na posse em caso de turbação, restituído no de esbulho, e segurado de violência iminente, se tiver justo receio de ser molestado".

Corroborando ainda mais a procedência da presente ação, cabe mencionar o teor do art. 560 do CPC: o possuidor tem direito a ser mantido na posse em caso de turbação e reintegrado em caso de esbulho.

No caso em questão, evidente está a presença do esbulho: o autor foi despojado da sua posse injustamente. No caso, há posse precária por parte do réu – que, mesmo após o fim do contrato e após notificação para desocupar o imóvel, nenhuma atitude adotou, permanecendo no bem até a presente data.

Assim, sendo o autor o proprietário e legítimo possuidor do imóvel esbulhado, tem o legítimo direito de exercer seu direito para reavê-lo.

## III – DA LIMINAR POSSESSÓRIA

Diante do exposto, dúvida não há de que o pedido formulado nesta inicial há de ser julgado procedente. Contudo, também cabível a concessão de liminar para desde logo reintegrar o autor na posse.

Nos termos do art. 562 do CPC, "estando a petição inicial devidamente instruída, o juiz deferirá, sem ouvir o réu, a expedição do mandado liminar de manutenção ou de reintegração (...)".

Assim, considerando que a possa é nova, ou seja, inferior a um ano e um dia (CPC, art. 558), e que o esbulho está cabalmente demonstrado, mister se faz a concessão da liminar sem que se ouça a outra parte.

## IV – DOS PEDIDOS

Diante do exposto, requer seja deferida a medida liminar pleiteada, determinando a expedição do mandado liminar de reintegração de posse e, ao final, seja confirmada a liminar, julgando-se procedente o pedido da presente demanda. Requer ainda a condenação do réu ao pagamento de custas, despesas processuais e honorários advocatícios.

Caso V. Exa. não entenda possível a concessão da liminar de plano, requer-se a designação de audiência de justificação (CPC, arts. 562 e 563).

Requer, finalmente, que seja aplicada ao réu multa diária no valor de R$ 500,00 (quinhentos reais) – ou outra quantia que V. Exa. entender conveniente – para cada ato de esbulho, nos termos do art. 555, parágrafo único, I, do CPC. O autor requer ainda:

a) a citação do réu, por correio, para que apresente resposta no prazo legal, sob pena de revelia;

b) a produção de todos os meios de prova em direito admitidos, sem exceção, notadamente depoimento pessoal do réu, sob pena de confissão; oitiva de testemunhas – cujo rol segue anexo, para o caso de Vossa Excelência entender ser o caso de audiência de justificação –; prova pericial, juntada de documentos supervenientes; expedição de ofícios; vistorias etc.;

c) seja à presente aplicado o art. 554 do CPC – reconhecendo a fungibilidade entre as ações possessórias – caso V. Exa. entenda não ser esta a medida judicial cabível para que o autor faça jus à adequada proteção possessória.

Dá-se à presente o valor de R$ ........ (valor venal do imóvel).

Termos em que

Pede deferimento.

Cidade, data, assinatura, OAB.

### ANEXO I – ROL DE TESTEMUNHAS

1. (Nome), (profissão), (estado civil), (idade), (números de inscrição no Cadastro de Pessoas Físicas e de registro de identidade), endereços completos da residência e do local de trabalho).

2. (Nome), (profissão), (estado civil), (idade), (números de inscrição no Cadastro de Pessoas Físicas e de registro de identidade), endereços completos da residência e do local de trabalho).

## 1.2.20 Ação de interdito proibitório

 ***PROBLEMA (OAB/SP. EXAME 129º)***

Israel Lima, proprietário e possuidor de uma fazenda em Presidente Prudente (SP), depara-se, no dia 18 de outubro do ano passado, com uma barraca montada em frente à sua fazenda. Nesse dia, apenas uma família chega ao local, monta a barraca e passa a ali "residir".

Uma semana depois, chegam ao local mais duas famílias e, ao final de um mês, o acampamento conta com pelo menos 40 famílias, todas com bandeiras e designações do movimento dos trabalhadores sem-terra.

Israel toma conhecimento de que a maioria das fazendas, naquela região, já sofreu invasões do grupo. Preocupado, Israel procura um advogado para realizar uma consulta e saber se é possível precaver-se contra a ameaça que está sentindo. Na consulta, informa o advogado que, até aquele momento, nenhum dos trabalhadores do movimento atravessou sua propriedade ou chegou até ela.

Em fevereiro deste ano, Israel já não consegue prever o número de pessoas que moram no acampamento. Israel é domiciliado em Campinas e decide tomar uma medida que possa lhe dar proteção.

 *QUESTÃO:* Elabore a ação cabível.

## SOLUÇÃO (COM ADAPTAÇÕES)

Interdito Proibitório com pedido de liminar direcionado à comarca de Presidente Prudente. Causa de pedir: justo receio de ser molestado na posse – art. 567 do CPC.

Atentar para o fato de que, como ainda não há violação, não há de se falar em posse nova ou velha.

 ## MODELO DE PEÇA

EXMO. SR. DR. JUIZ DE DIREITO DA ___ VARA CÍVEL DO FORO DA COMARCA DE PRESIDENTE PRUDENTE – SP.

**ISRAEL LIMA**, (estado civil), (profissão), portador do RG n. (número) e do CPF n. (número), usuário do endereço eletrônico (e-mail), residente e domiciliado em Campinas, em (endereço), vem, respeitosamente, por meio de seu advogado que esta subscreve, perante Vossa Excelência, pelo procedimento especial previsto nos arts. 554 e seguintes do CPC, propor, pelo procedimento especial, a presente

### AÇÃO DE INTERDITO PROIBITÓRIO COM PEDIDO LIMINAR

em face do **MOVIMENTO DOS TRABALHADORES RURAIS SEM TERRA**, associação civil de qualificações desconhecidas, que deverá ser citado na pessoa de seu líder em acampamento situado em frente ao imóvel rural do autor, situado em (endereço), na zona rural desta Comarca.

### I – DOS FATOS

O autor, nos termos da matrícula atualizada anexada, é proprietário de uma fazenda situada na zona rural desta Comarca de Presidente Prudente. Consoante se depreende dos documentos anexos, é, também, possuidor de tal propriedade rural (cf., dentre outros documentos, comprovante de pagamento de ITR, conta de luz, carteiras assinadas de trabalhadores rurais).

Em 18 de outubro próximo passado, ao deixar a propriedade rural, vislumbrou o autor uma barraca montada em frente à sua fazenda. Nesse dia, havia apenas uma família no local.

Uma semana depois, chegaram ao local mais duas famílias e, ao final de um mês, pelo que se pode perceber, já existiam ao menos 40 famílias.

Consoante se depreende das fotos anexas, o referido acampamento é ocupado por membros do MST – Movimento dos Trabalhadores Rurais Sem Terra (cf. bonés, faixas e bandeiras nas fotos).

Como é cediço, a maioria das fazendas da região já sofreu invasões do grupo. Trata-se de fato notório, que independe de prova (CPC, art. 374, I), e que seguramente já foi debatido no foro perante V. Exa. em outra demanda.

Não obstante, junta o autor notícias de jornal local demonstrando a invasão de outras propriedades rurais – e de notícias apontando que houve decisão liminar judicial determinando a desocupação de tais áreas.

Vale destacar que, até o momento, nenhum dos trabalhadores do movimento invadiu ou atravessou a propriedade do autor. O objetivo desta demanda é, exatamente, evitar que esta situação ocorra.

Conveniente apontar que, no momento, já não é mais possível prever o número exato de pessoas que estão no acampamento situado às portas da fazenda do autor.

## II – DOS REQUISITOS NECESSÁRIOS À CONCESSÃO DA PROTEÇÃO POSSESSÓRIA (CPC, arts. 561 e 567)

A posse justa do autor decorre da aquisição da fazenda e da sua exploração agropecuária, conforme demonstram os documentos anexos.

Não há, até o momento, esbulho ou turbação. Mas considerando: (I) o acampamento existente às portas da fazenda; (II) a grande quantidade de pessoas acampadas; e (III) o histórico de invasões realizadas na região, dúvida não há de que existe a ameaça de esbulho ou turbação.

Assim, demonstrada a posse (CPC, art. 561, I) e o justo receio de moléstia (CPC, art. 567), impõe-se o deferimento da proteção possessória.

Ora, um dos efeitos da posse é, exatamente, sua proteção, ainda que seja a hipótese de ameaça de moléstia à posse (CC, art. 1.210).

De seu turno, tratando-se de ameaça, por certo não há que se falar em perda da posse por parte do autor ou data da moléstia.

## III – DO CABIMENTO DA LIMINAR (CPC, art. 562)

Devidamente comprovados a posse do autor e o risco de esbulho ou turbação iminentes (cf. fotos anexas), também é cabível a concessão da medida liminar, nos termos do art. 562 do CPC, o que desde já se requer.

## IV – DO PEDIDO

Diante de todo o exposto, pede o autor a V. Exa.:

a) a concessão de liminar possessória, sem ouvir previamente a outra parte, com a expedição de mandado de interdito proibitório, destacando-se que não deve ocorrer o esbulho ou turbação (preceito mencionado no CPC, art. 562), sob pena pecuniária fixada por V. Exa.; ou

b) caso V. Exa. entenda necessária, que antes da apreciação da liminar seja realizada audiência de justificação (CPC, art. 562);

c) seja o réu citado, no local do acampamento, na pessoa de seu líder ou responsável pelo acampamento, por oficial de justiça para, querendo, responder à presente demanda (ou comparecer à audiência de justificação), sob pena de revelia;

d) no mérito, seja confirmada a concessão da liminar e julgado procedente o pedido, fixando-se pena pecuniária no caso de transgressão do preceito (esbulho ou turbação);

e) no caso de efetivo esbulho ou turbação, seja aplicada a regra que prevê a fungibilidade entre as possessórias (CPC, art. 554);

f) seja o réu condenado ao pagamento de custas e honorários.

Requer provar o alegado por todos os meios de prova permitidos em lei, especialmente pelos documentos acostados a esta exordial, depoimento pessoal dos líderes do réu, oitiva de testemunhas e inspeção judicial ou constatação por meio de oficial de justiça.

Dá-se à causa, nos termos da lei, o valor de R$ 1.000,00 (mil reais), valor estimado para fins de distribuição.

Termos em que

pede e espera deferimento.

Cidade, data, assinatura, OAB.

## 1.2.21 Ação renovatória (locação)

🔍 **PROBLEMA (OAB/SP. EXAME 104º – PONTO 1 – ADAPTADO)**

A empresa Sernil Paulista "A" Ltda., com sede na capital paulista no bairro do Ipiranga, na Praça Cosmopolita, 20, deu em locação imóvel de sua propriedade, localizado na Rua Tito, 317 – Lapa, na Capital, para a empresa de embalagens "Cia. Americana de Embalagens", com sede social na Rua Direita, n. 400, sobreloja, Centro, também na capital. A locação iniciou-se há quatro anos, tendo o prazo de 60 meses; o valor do aluguel atual mensal é de R$ 2.500,00 (dois mil e quinhentos reais), além do condomínio que cabe à locatária, sendo certo que o justo valor locativo é de R$ 4.000,00 (quatro mil reais). O antigo fiador veio a falecer em dezembro passado.

💬 *QUESTÃO:* Na qualidade de advogado da sociedade dedicada à comercialização de embalagens, proponha a medida judicial pertinente visando à manutenção do contrato inquilinário.

 **SOLUÇÃO**

Propositura de ação renovatória, que terá o procedimento previsto nos incisos do art. 58 da Lei nº 8.245/1991. Os fundamentos jurídicos serão os arts. 51 e incisos e 71 e incisos de tal Lei. O Foro competente será o foro regional da Lapa, uma vez que se trata do foro da situação do imóvel – inciso II do art. 58 da Lei das Locações. As partes são absolutamente definidas. Autora: "Cia. Americana de Embalagens"; Ré: Empresa Sernil Paulista Ltda. O pedido deverá conter a postulação da decretação judicial da renovação compulsória da locação pelo justo valor locativo, isto é, R$ 4.000,00 (quatro mil reais), por mais 60 meses, bem como, de forma acessória, a averbação na matrícula do imóvel da locação renovada, além da condenação da sociedade-ré ao pagamento das custas e despesas processuais a que deu causa, bem como dos honorários advocatícios. O valor da causa será equivalente a 12 (doze) vezes o valor da locação, tomando-se como referência o aluguel do mês em que a ação for ajuizada (*RT* 705/161).

Os documentos necessários são: procuração *ad judicia*, estatuto social, ata da última assembleia que elegeu a diretoria, contrato de locação, recibos de pagamento dos aluguéis, notas fiscais provando estar a locatária na exploração da mesma atividade mercantil nos últimos três anos, recibo de pagamento dos IPTUs, e ainda "condomínios", quitados. Tendo em vista o falecimento do fiador, tal como noticiado no enunciado da questão, mister se faz a juntada de carta de fiança acompanhada de prova de idoneidade do novo fiador e capacidade para suportar a fiança (art. 71, V, da Lei n° 8.249/1991), requisitos que podem ser demonstrados por meio de certidões negativas dos cartórios de protesto e certidões de domínio dos cartórios de registro de imóveis.

 ## MODELO DE PEÇA

EXCELENTÍSSIMO SENHOR DOUTOR JUIZ DE DIREITO DA ..... VARA CÍVEL DO FORO REGIONAL DA LAPA DA COMARCA DE SÃO PAULO.

**CIA. AMERICANA DE EMBALAGENS**, Sociedade Anônima inscrita no CNPJ sob o n. (número), Inscrição Estadual (número), usuária do endereço eletrônico (*e-mail*), com sede nesta capital em (endereço), por seu advogado que esta subscreve – procuração anexa: doc. 01 –, vem, respeitosamente, à presença de V. Exa., com fundamento no art. 71 da Lei n° 8.245/1991, ajuizar a presente

### AÇÃO RENOVATÓRIA DE LOCAÇÃO

em face de **SERNIL PAULISTA "A" LTDA.**, empresa comercial inscrita no CNPJ sob o n. (número), Inscrição Estadual (número), usuária do endereço eletrônico (*e-mail*), com sede nesta Capital, na Praça Cosmopolita n. 20, Ipiranga, pelos seguintes motivos de fato e de direito

### I – DOS FATOS

As partes celebraram contrato de locação por escrito, tendo como objeto o imóvel situado em (endereço), nesta Capital, pertencente à ré (doc. 02 – contrato de locação).

O contrato foi firmado por prazo determinado de 60 (sessenta) meses e iniciou em (data constante do contrato) – há mais de 4 anos, portanto (doc. 02).

A autora explora desde o início do contrato o mesmo ramo de comércio (comercialização de embalagens) e o faz de forma ininterrupta, conforme comprovam os documentos n. 03, 04 e 05 (cópia de inscrição na Junta Comercial, inscrição no CNPJ/MF e notas fiscais).

A autora sempre cumpriu com exação o contrato em curso, pagando pontualmente os aluguéis, os impostos e as taxas cujos pagamentos lhe incumbiam, de acordo com a cláusula (número) do contrato de locação (docs. 06 a 70, cópias de recibos de aluguel, condomínio, água, luz, IPTU).

A autora ultimamente tem pagado como aluguel o valor de R$ 2.500,00 (dois mil e quinhentos reais), além do condomínio.

A autora que, ultimamente, vem pagando aluguel de R$ 2.500,00 (dois mil e quinhentos reais) – além do condomínio – tem interesse em renovar a locação, cujo contrato terá término em (data constante do contrato) próximo futuro, oferecendo para tanto ao locador proposta no valor de R$ 4.000,00 (quatro mil reais) para o aluguel a partir da renovação.

Tal valor foi obtido por meio de pesquisa no mercado imobiliário (docs. 71 a 78 – anúncios e declarações de imobiliárias da região do imóvel), sendo o valor do aluguel real, atual e justo para o imóvel em questão.

Tendo falecido o fiador do contrato em dezembro passado, a autora indica como novo fiador o Sr. (nome) (nacionalidade), (estado civil), (profissão), RG n. (número), CPF/MF n. (número), residente e domiciliado nesta capital, em (endereço), juntando desde já a carta de fiança outorgada pelo fiador, com a outorga uxória de seu cônjuge, bem como certidões negativas dos cartórios de protesto e certidões de domínio dos cartórios de registro de imóveis, que comprovam sua idoneidade e capacidade financeira para suportar a fiança (docs. 79 a 85).

Exposta a fundamentação fática, passa a autora a analisar as questões jurídicas que envolvem a lide.

## II – DO DIREITO

A Lei de Locação confere o benefício da renovação do contrato ao locatário de imóvel locado para fins não residenciais que preencha as condições exigidas pelos arts. 51, I a III, e 71, I a VI, da Lei n° 8.245/1991.

Quanto ao instituto da ação renovatória, lembra Maria Helena Diniz que a "lei está aqui se referindo à renovação da locação, que não se confunde com a prorrogação nem com a novação. (...) Na renovação, o contrato existente não se estende no tempo, pois sempre se terá um novo contrato, que se justapõe ao anterior",[5] o que justificará, também, o pedido de registro da cláusula de vigência da locação renovada na matrícula do imóvel no competente registro de imóveis nos termos do art. 167, I, 3, da Lei n° n. 6.015/1973.

O objetivo da autora é proteger o seu ponto comercial, continuando a atender sua clientela formada após anos de trabalho. Como se vê, ademais, a autora atendeu a todas as formalidades previstas no art. 71 da Lei de Locação, sendo inafastável o seu direito à renovação.

A autora preenche todos os requisitos legais, tendo, portanto, direito à renovação do contrato de locação, mas a ré se recusa a renovar o presente contrato em evidente abuso de direito, não restando à autora outra opção senão ajuizar a presente ação.

Exposta a fundamentação jurídica, passa a autora a formular o seu pedido.

## III – DO PEDIDO

Diante do exposto, requer a autora a procedência do pedido da ação com decretação da renovação compulsória da locação pelo valor locativo de R$ 4.000,00 (quatro mil reais) por mais cinco anos, com o registro da locação renovada na matrícula do imóvel no competente registro de imóveis (art. 167, I, 3, da Lei n° n. 6.015/1973) e a condenação da ré ao pagamento de custas e honorários advocatícios.

---

[5]   DINIZ, Maria Helena. *Lei de Locação de Imóveis Urbanos comentada* (Lei n° 8.245, de 18-10-1991). 11. ed. São Paulo: Saraiva, p. 221.

Outrossim, requer a autora:

a) a citação da ré, por e-mail (endereço cadastrado no domicílio judicial eletrônico), para contestar a presente ação, sob pena de revelia – não sendo o caso de audiência de conciliação, considerando as especificidades do procedimento da renovatória;

b) a produção de provas testemunhal, documental e pericial, além do depoimento pessoal da ré e demais que se fizerem necessárias.

Por fim, a autora atribui à causa o valor de R$ 30.000,00 (trinta mil reais), em observância ao disposto no art. 58, III, da Lei n° n. 8.245/1991.

Nestes termos pede deferimento.

Cidade, data, assinatura, OAB.

## 1.2.22 Ação de retificação de registro civil (retificação de assento)

 **PROBLEMA**

Uma família de ascendência italiana tem a grafia no nome equivocada. O sobrenome correto é PENNACCHI, mas a grafia constante das certidões de nascimento traz um "c" a menos. Tal erro tem gerado dificuldade para a obtenção da cidadania italiana.

Há diversos documentos dos demais parentes trazendo a grafia correta dos nomes.

 **SOLUÇÃO**

Inicialmente, cabe verificar, junto ao cartório de registro civil, a possibilidade de promover procedimento de retificação pela via administrativa (Lei de Registros Públicos, art. 110). Caso inviável (por exemplo, por terem conseguido na Itália apenas a certidão da tia-avó, mas não da avó), deverá ser proposta ação de retificação de registro civil (assento), com trâmite por procedimento especial (jurisdição voluntária e Lei de Registros Públicos, art. 109). Não há réu e o pedido é de retificação de todos os registros, mediante mandado a ser enviado ao cartório de registro civil.

Obs.: Nas comarcas onde não houver vara especializada de registros públicos (na capital de São Paulo há, mas na maioria das Comarcas não há), a ação deverá ser proposta perante a vara cível.

 **MODELO DE PEÇA**

EXMO. SR. DR. JUIZ DE DIREITO DE UMA DAS VARAS DE REGISTROS PÚBLICOS DO FORO CENTRAL DA COMARCA DA CAPITAL DE SÃO PAULO

**MARIA PENNACHI**, casada, empresária, portadora do RG n. (número) e do CPF n. (número), usuária do endereço eletrônico (e-mail), com domicílio em (endereço) vem, respeitosamente, propor a presente

## AÇÃO DE RETIFICAÇÃO DE ASSENTO

pelo procedimento especial previsto na Lei n° 6.015/1973 (LRP), arts. 109 e seguintes, pelos fatos e fundamentos a seguir expostos:

### I – DOS FATOS

1. A requerente descende de família de origem italiana e tenciona obter a dupla cidadania.

2. Para que tal objetivo seja alcançado, mister se faz, como é cediço, a apresentação de uma série de certidões de modo a comprovar a ascendência italiana. Da mesma forma, é imprescindível que a grafia dos nomes esteja absolutamente correta (em atenção ao princípio da continuidade).

3. Contudo, a grafia do apelido PENNACCHI não está correta no nome da requerente: houve a supressão de um "C": PENNAC_HI em vez do correto PENNACCHI.

4. Tal erro ocorreu em relação à requerente, como se vê da certidão de nascimento juntada.

5. Conforme se depreende das certidões anexas, o genitor da requerente chamava-se JOÃO PENNACCHI. Juntam-se, no momento, de modo a comprovar tal fato, as certidões de nascimento (documentos italianos e traduções juramentadas), casamento e óbito do mesmo.

6. Da mesma forma, a irmã da primeira requerente tem em seu nome a grafia correta de tal apelido, consoante sua certidão de nascimento anexa (HELENA PENNACCHI).

7. Pelo exposto, pede-se a alteração do apelido da requerente MARIA, para adotar a grafia correta: PENNACCHI. Assim, deve-se proceder à retificação das certidões de nascimento e casamento (doc. anexo) da requerente MARIA, para constar o apelido PENNACCHI de seus genitores, na grafia correta.

### II – DO DIREITO

8. Preliminarmente, é de apontar que o foro competente é efetivamente esse Juízo da capital, já que este é o domicílio do requerente (STJ-RT 800/215).

9. O interesse de agir da requerente quanto às alterações pleiteadas reside no fato de que, para fins de obtenção de dupla cidadania, há a necessidade de apresentar todas as certidões aqui mencionadas. É certo que, se não há a perfeita harmonia das informações constantes nas diversas certidões, o pedido não é deferido.

10. Outrossim, é de solar clareza que os registros públicos devem exprimir a verdade real, devendo proceder às retificações necessárias para que todas as informações estejam corretas (neste exato sentido, cf. julgado do E. TJSP, ApCív 123.299-4/5, rel. Des. Carlos Stroppa).

11. No mais, dada a ínfima diferença decorrente da alteração do assento da requerente (simples acréscimo de uma letra), já se percebe que não há qualquer objetivo de fraudar terceiros. Não obstante, juntam-se certidões cíveis, criminais e de protesto para demonstrar que não há qualquer débito envolvendo a requerente.

**III – DO PEDIDO**

Pelo exposto, é certo que o assento da requerente não está correto, não restando outra solução senão buscar o Poder Judiciário para, observado o procedimento previsto na LRP, após a oitiva do douto membro do Ministério Público, corrigir o apelido da requerente, para constar de sua certidão de nascimento e casamento o apelido PENNACCHI, em vez de PENNACHI.

Requer provar o alegado por todos os meios permitidos em lei, especialmente pela documentação já juntada e por outros documentos que eventualmente V. Exa. determine a juntada.

Dá-se à causa o valor de R$ 1.000,00 (mil reais).

Termos em que

pede deferimento.

São Paulo, data, assinatura, OAB.

## 1.2.23 Ação revisional de alimentos

 **PROBLEMA**

CARLOS FARIAS (solteiro, segurança) paga alimentos ao filho VITOR OLIVEIRA conforme acordo celebrado em ação de alimentos. A decisão prevê o pagamento de 30% dos seus vencimentos líquidos ou, no caso de desemprego, o pagamento de dois salários mínimos.

No entanto, após celebrar o acordo CARLOS perdeu o emprego e vem tendo dificuldades para pagar a quantia estipulada, já que recebe pouco mais do que dois salários por mês.

 **SOLUÇÃO**

Deverá ser proposta ação revisional de alimentos demonstrando-se a mudança de fortuna de CARLOS para que o juiz minore a pensão mensal.

 **MODELO DE PEÇA**

EXMO. SR. DR. JUIZ DE DIREITO DE UMA DAS VARAS DA FAMÍLIA E SUCESSÕES DO FORO DA COMARCA DE (DOMICÍLIO DO RÉU ALIMENTANDO)

**CARLOS FARIAS**, solteiro, segurança desempregado, portador do RG n. (número) e inscrito no CPF n. (número), usuário do endereço eletrônico (e-mail), domiciliado em (endereço), nesta Capital, vem respeitosamente, perante Vossa Excelência, por seu advogado que esta subscreve, promover a presente

## AÇÃO REVISIONAL DE ALIMENTOS
## COM PEDIDO DE ANTECIPAÇÃO DE TUTELA

em face de **VITOR OLIVEIRA**, menor impúbere, neste feito representado por sua mãe, LAURA OLIVEIRA, solteira, atendente, portadora do RG n. (número) e inscrita no CPF n. (número), usuária do endereço eletrônico (e-mail), residente e domiciliada em (endereço), bairro de Itaquera, nesta Capital, expondo e requerendo, pelos fatos e fundamentos jurídicos seguinte, o quanto segue.

### I – DOS FATOS

Em acordo ocorrido em ação de alimentos, cujo trâmite se deu perante (local de tramitação) as partes se compuseram, nos termos da cópia da r. sentença que homologou tal acordo (doc. anexo).

Na eventualidade de desemprego do alimentante, ora autor, previu-se que este deveria colaborar com o sustento de seu filho, ora réu, com o montante de dois salários mínimos.

Desgraçadamente, perdeu o autor o emprego (doc. anexo) e desde então não mais conseguiu trabalhar com vínculo empregatício, o que acabou ensejando uma situação de penúria.

Insensível à triste realidade que afeta o autor, a representante legal do menor não aceitou a revisão amigável do quantum a ser pago. Dessa forma, torna-se necessário recorrer ao Poder Judiciário para modificar a presente situação.

Não obstante inúmeras tentativas, até o presente momento não encontrou o autor qualquer possibilidade de inserção formal ao mercado de trabalho. Apenas esporadicamente é capaz de conseguir alguns "bicos" como segurança privado, auferindo parcos rendimentos.

Ressalte-se que, se não fosse pela ajuda de seus genitores, o autor não lograria subsistir-se com suas próprias forças, sendo indubitável a precária situação a qual se encontra. Há de se aduzir que tem ciência do dever legal e moral de pai, estando agoniado por não poder contribuir com mais para o sustento de seu filho.

Destarte, tem se mostrado completamente inviável honrar o presente valor da parcela mensal de alimentos devida. Atente-se para o fato de que, nos últimos meses, por meio de "bicos", o autor logrou receber pouco mais de dois salários, em média (cf. extrato de sua conta corrente anexo).

### II – DO DIREITO

Conforme o § 1º do art. 1.694 do CC, na fixação de alimentos deve ser observado o binômio necessidade do alimentado/possibilidade do alimentante. Este preceito, sendo observado, inviabiliza o pagamento mensal de dois salários por parte do autor.

Destaca-se, então, que se encontra descartada a possibilidade de manutenção da pensão no valor atual. Nesse sentido, pode ser ressaltado que as alterações nas condições financeiras do autor devem ser consideradas, como bem assinala o eminente Professor Yussef Said Cahali:

"(...) o objeto da obrigação alimentícia depende não só das necessidades de quem recebe, mas também dos recursos de quem presta (art. 1.694, § 1º, do CC), não faz sentido a afirmação expressa de inalterabilidade da pensão a partir do momento em que o obrigado passa a ter, legitimamente, novos encargos sobre si; (...)".[6]

Pelo outro lado, não busca o autor se eximir do pagamento da pensão mensal. Ciente está de que deve cumprir com sua obrigação moral e legal de pai; não podendo fazê-lo de forma mais completa por notória impossibilidade.

Dessa forma, devido à precariedade de sua situação econômica, necessita o requerido da redução de sua obrigação, culminando com a fixação da pensão em um salário mínimo.

Por sua vez, se voltar a trabalhar com carteira assinada, prevaleceria o estipulado em anterior acordo – 30% de seus vencimentos líquidos, descontados em folha.

## III – DA ANTECIPAÇÃO DE TUTELA

Na hipótese, é crucial que seja desde logo definido o valor da obrigação alimentar em novas bases, incidindo os requisitos para antecipação de efeitos prevista no art. 300 do CPC.

A probabilidade do direito mencionada no caput do dispositivo mencionado está claramente presente. Não é possível que o autor continue pagando dois salários mínimos a título de pensão ao filho sem prejuízo de sua própria subsistência, já que este montante revela o total que percebe por mês. A prova inequívoca apta a convencer o magistrado decorre dos documentos juntados a esta petição, assim como da máxima de experiência do magistrado em relação aos fatos narrados.

Quanto ao perigo de dano previsto no art. 300, I, do CPC, sua presença é patente: se a obrigação persistir no montante atual, o Autor poderá ser preso em execução de alimentos proposta pelo Autor.

Assim, requer seja desde logo reduzido o valor da pensão para o valor de um salário mínimo. Merece destaque o fato de que o Autor destinará 50% de seus vencimentos ao filho, o que equivale a mais do que os 30% reconhecidos como devidos pela jurisprudência majoritária.

## IV – DO PEDIDO

Em face do exposto, pede-se e requer-se à V. Exa.:

a) seja deferida a antecipação de tutela pleiteada, sendo os alimentos revistos e fixados na quantia de um salário mínimo mensal, atualmente importando em R$ (valor), sendo ao final reconhecida a procedência do pedido da ação para que os alimentos sejam fixados na quantia de um salário mínimo mensal em caso de desemprego;

b) a expedição do competente mandado de citação do réu, na pessoa de sua representante legal, para que responda, querendo, à presente demanda, no prazo legal;

---

[6]  CAHALI, Yussef Said. *Dos alimentos*. 5. ed. São Paulo: RT, p. 692.

c) seja o representante do Ministério Público intimado deste e de todos os atos processuais (CPC, art. 178, I);

e) o pagamento de custas e honorários advocatícios, devidos pelo princípio da sucumbência, por parte do réu (CPC, arts. 82 e ss.);

f) a concessão dos benefícios da justiça gratuita ao autor, por ser pobre na acepção jurídica do termo, não podendo arcar, sem prejuízo do próprio sustento, com o pagamento de custas processuais e honorários advocatícios.

Requer provar o alegado por todos os meios de provas previstos em lei, especialmente pelo depoimento pessoal das partes, juntada de documentos e oitiva de testemunhas,

Dá-se à causa o valor de R$ (valor correspondente a doze vezes o valor do salário mínimo), nos termos do CPC, art. 292, III.

Termos em que

pede deferimento.

Local, data, assinatura, OAB.

## 1.2.24 Ação de divórcio consensual

 **PROBLEMA**

Casal separado de fato desde dezembro de 2022, cada qual domiciliado em uma residência, ambas em Volta Redonda, quer regularizar o fim da união. Não há conflito nem bens comuns. O casal tem um filho de 14 anos.

 **SOLUÇÃO**

Deverá ser proposta ação de divórcio consensual. Havendo filho menor, deve ser realizada perante o Poder Judiciário, não sendo viável a adoção da via extrajudicial.

 **MODELO DE PEÇA**

EXCELENTÍSSIMO SENHOR DOUTOR JUIZ DE DIREITO DA _____ VARA DE FAMÍLIA E SUCESSÕES DO _____ FORO REGIONAL DA COMARCA DE VOLTA REDONDA – RJ

**ANA OLIVEIRA**, brasileira, casada, médica, portadora da carteira de identidade RG n. (número), inscrita no CPF/MF n. (número), usuária do endereço eletrônico (e-mail), residente e domiciliada nesta comarca em (endereço) e **JOSÉ OLIVEIRA**, brasileiro, casado, comerciante, portador da carteira de identidade RG n. (número), inscrito no CPF/MF n. (número), usuário do endereço eletrônico (e-mail), residente e domiciliado nesta comarca, em (endereço), pelo procurador que os representa, vêm, respeitosamente, promover demanda de

### DIVÓRCIO CONSENSUAL

nos termos do art. 731 do CPC, com base nos motivos a seguir expostos.

## I – DOS FATOS

Em julho de 1996, os requerentes contraíram matrimônio sob o regime da comunhão parcial de bens, conforme comprova a certidão anexa, indicando a lavratura do competente assento no livro próprio de Registro de Casamentos (Registro Civil das Pessoas Naturais) desta comarca.

O casal possui um filho, a saber, Pedro Oliveira, nascido em (data), atualmente com 14 (quatorze) anos, conforme comprova a certidão anexa.

Apesar do esforço dos requerentes, não foi possível a manutenção do casamento, motivo pelo qual desde dezembro de 2022 o casal se separou, passando a viver cada qual em endereço próprio e de forma independente, nesta comarca.

## II – DO DIREITO

A pretensão dos cônjuges em obter o divórcio direto e pelo meio consensual encontra amparo na Constituição Federal (art. 226, § 6º) e na legislação vigente, sendo que a EC nº 66/2010 suprimiu o requisito de prévia separação judicial por mais de 1 (um) ano ou de comprovada separação de fato por mais de 2 (dois) anos.

Os cônjuges pretendem dissolver o casamento pelo divórcio observados os termos abaixo discriminados.

### II.1 – DESCRIÇÃO DE BENS E RESPECTIVA PARTILHA

O casal não possui bens imóveis nem dívidas conhecidas. A responsabilidade pelo pagamento de eventual dívida que aparecer será exclusiva de quem a firmou, ressalvados os casos de participação conjunta do casal, ocasião em que cada qual arcará com a metade do montante devido.

Os demais bens resultantes da união já se consumiram com o tempo, nada mais restando que detenha valor econômico ou que seja digno de nota, destacando que o casal está separado desde fevereiro de 2016.

### II.2 – ACORDO RELATIVO À GUARDA DO FILHO MENOR E AO REGIME DE VISITAS

O filho permanecerá sob a guarda da mãe, como sempre esteve desde a separação de fato.

Os requerentes estabelecem o regime de visitas do genitor nos seguintes termos:

a) **encontros periódicos regulares**: em finais de semana alternados, pode o pai retirar o filho a partir das 8 horas do sábado e devolvê-lo até as 20 horas do dia seguinte, domingo;

b) **férias escolares**: de verão, a primeira do mês de janeiro, podendo viajar dentro do território nacional e de inverno, a segunda quinzena do mês de julho, também podendo viajar dentro do território nacional;

c) **dias festivos**: aniversários do pai (data) e dias dos pais, podendo o genitor retirar o filho a partir das 8 horas do referido dia e devolvê-lo até as 22 horas do mesmo dia; véspera de natal e natal em anos pares e véspera de ano-novo em anos ímpares com o respectivo dia, podendo o genitor retirar o filho a partir das 8 horas do referido dia da véspera e devolvê-lo até as 20 horas do dia seguinte; aniversários do filho em anos ímpares, podendo o genitor retirar o filho a partir das 8 horas do referido dia e devolvê-lo até as 22 horas do mesmo dia;

d) **ressalvas especiais**: fica assegurado à genitora o direito de alterar o final de semana de visita para garantir a permanência com o filho no dia das mães e no dia de seu aniversário (data).

## II.3 – VALOR DA CONTRIBUIÇÃO PARA CRIAR E EDUCAR O FILHO

O genitor cumprirá a responsabilidade de sustento de seu filho, contribuindo, mensalmente, até o quinto dia útil de cada mês, com o valor referente a dois salários mínimos (atuais R$), que já vem sendo efetuado desde a separação de fato do casal.

O pagamento dos alimentos será realizado diretamente à mãe, mediante depósito em conta-corrente bancária, valendo o comprovante de depósito como recibo.

## II.4 – DESNECESSIDADE DE PENSÃO ALIMENTÍCIA ENTRE OS CÔNJUGES

Ambos os cônjuges se encontram em condições de promover a própria manutenção, motivo pelo qual nenhuma pensão alimentícia será fixada para tal finalidade.

## II.5 – MANUTENÇÃO DO NOME

Nos termos da lei civil (CC, art. 1.571, § 2.º), a mulher pretende manter o nome obtido com o casamento, a saber, Ana Oliveira.

## III – DO PEDIDO

Diante do exposto, os autores requerem o decreto do divórcio nos termos apresentados, expedindo-se o competente mandado ao registro civil das pessoas naturais desta comarca, para averbação à margem do assento de casamento, nos termos do art. 97 da Lei n° 6.015/1973.

Outrossim, esta também se apresenta para requerer:

a) o cumprimento do previsto no art. 178 do CPC, com a oitiva do Ministério Público;

b) a produção de todos os meios de prova em direito admitidos.

Os requerentes atribuem à causa o valor de R$ (doze vezes o valor dos alimentos fixados).

Nestes termos,

pede deferimento.

Volta Redonda, data.

Advogado/OAB/RJ n.

## 1.2.25 Ação de usucapião

 **PROBLEMA**

Idracir e Anésio, companheiros, firmaram em 4-7-1996 um contrato particular de compra e venda de um terreno antes pertencente a Pedro, localizado no bairro de Perus, na Capital Paulista, com 260 m².

Foi ajustado o pagamento em uma entrada no valor de 40% e três parcelas de 20% do valor total a vencerem no final de cada ano. Embora a última parcela não tenha sido paga, o casal não foi procurado por Pedro.

Em 1997, o casal construiu sua casa no terreno e seguiu nela morando, nunca tendo sido incomodado em sua posse por Pedro.

Agora, preocupada com seu estado de saúde, Idracir consulta um advogado para saber como transmitir o imóvel aos filhos do casal antes de seu falecimento. Descobre, então, que não é proprietária registral do bem, que não tem direito à adjudicação (pois não quitou o contrato) e que, ainda que tivesse quitado, o imóvel não está registrado em nome do vendedor.

Promova a medida cabível para defender os interesses de Idracir e Anésio.

 **SOLUÇÃO**

Deverá ser proposta ação de usucapião em nome do casal. Como o imóvel se situa na capital de SP, a Lei de Organização Judiciária do Estado prevê a competência da Vara de Registros Públicos.

 **MODELO DE PEÇA**

EXCELENTÍSSIMO SENHOR DOUTOR JUIZ DE DIREITO DA _____ VARA DE REGISTROS PÚBLICOS DA COMARCA DE SÃO PAULO – SP

**IDRACIR** (sobrenome), brasileira, em união estável, costureira, portadora da carteira de identidade RG n. (número), inscrita no CPF/MF n. (número), usuária do endereço eletrônico (e-mail) e seu companheiro **ANÉSIO** (sobrenome), brasileiro, em união estável, taxista, portador da carteira de identidade RG n. (número), inscrito no CPF/MF n. (número), usuário do endereço eletrônico (e-mail), ambos residentes e domiciliados em (endereço), nesta Capital, pela procuradora que os representa, vêm, respeitosamente, à presença de Vossa Excelência, propor, com base no art. 1.238 do Código Civil,

### AÇÃO DE USUCAPIÃO DE TERRAS PARTICULARES

Pelo procedimento comum, em face de **PROPRIETÁRIO REGISTRAL** (qualificação completa – analisar a certidão imobiliária), **CONFRONTANTES** (qualificação completa – analisar certidão imobiliária), pelos motivos a seguir expostos,

### I – DOS FATOS

Os autores vivem em união estável e firmaram em 4-7-1996 um contrato particular de compra e venda de um terreno de Pedro Ludmilo Silva, localizado no bairro de Perus, na Capital Paulista.

Foi ajustado o pagamento em uma entrada no valor de 40% e três parcelas de 20% a vencerem no final de cada ano a partir de então (doc.). Embora a última parcela não tenha sido paga, os autores não foram procurados pelo Sr. Pedro.

Em 1997, os autores construíram no terreno sua casa e seguiram nela morando, nunca tendo sido incomodados em sua posse pelo Sr. Pedro ou por qualquer outra pessoa.

Agora, preocupados com seu estado de saúde e potenciais problemas sucessórios para seus filhos, os autores consultaram um advogado e descobriram que o Sr. Pedro nem sequer constava na matrícula do imóvel como proprietário.

## II – DO DIREITO

Os autores preenchem todos os requisitos previstos no art. 1.238 do Código Civil, a ensejar aquisição do imóvel por usucapião, com data retroativa ao preenchimento.

Veja, Exa., que os requerentes exercem posse mansa e pacífica por mais de 15 anos, sem interrupção, e sem nunca qualquer pessoa lhes tê-la turbado.

Como já exposto, o casal vem exercendo posse do local desde 1997, data do contrato de compromisso de compra e venda.

Como prova do exercício da posse ao longo dos anos, há farta documentação com contas de consumo e correspondências recebidas no endereço, assim como fotos do local (docs. anexos).

A mansidão da posse pode ser atestada pela certidão vintenária negativa de existência de ações possessórias (doc.).

Como se percebe, os proprietários abandonaram o bem e não têm exercido função social nos últimos 20 anos, razão pela qual se configurou a usucapião, prescrição aquisitiva em favor dos autores.

## III – DO PEDIDO

Ante o exposto, requerem os autores que V. Exa. se digne a julgar procedente o pedido da presente ação, declarando-se em favor dos requerentes a aquisição do domínio do imóvel (qualificação), por usucapião na modalidade extraordinária.

Requerem ainda:

a) a citação por correio do proprietário registral **FULANO DE TAL** (endereço);

b) a citação por correio dos confrontantes X (endereço), Y (endereço) e Z (endereço), nos termos do art. 246, § 3º, do CPC;

c) a citação por edital de todos os eventuais interessados;

d) a intimação da União, da Fazenda Pública Estadual e da Fazenda Pública Municipal, para que manifestem se têm interesse na causa;

e) a intimação do Ministério Público para que atue como fiscal da lei;

f) a produção de provas por todos os meios admitidos em direito, notadamente perícia técnica antecipada, pelos benefícios que ela traz à celeridade do processo e por facilitar a correção das citações;

g) O reconhecimento aos requerentes dos benefícios da assistência judiciária gratuita, por serem pobres na acepção jurídica do termo e não poderem arcar com custas e despesas processuais sem prejuízo de seu sustento, declaração que fazem por seus procuradores na forma e sob as penas da Lei.

Dá à causa o valor de R$ 150.000,00 (valor venal do imóvel).

Nestes termos, pede deferimento.

São Paulo, data.

Nome do Advogado, número da OAB.

## 1.2.26 Protesto interruptivo de prescrição

 **PROBLEMA**

COMÉRCIO DE COLCHÕES LTDA. locou um imóvel de JÚLIA CORTINES. Ao sair do imóvel, a empresa deixou em aberto os aluguéis referentes a dois anos. Após seis meses de negociação, ciente das dificuldades da empresa, JÚLIA aceitou receber o débito daqui a um ano. Contudo, ela está preocupada com a ocorrência da prescrição.

 *QUESTÃO:* Como advogado de JÚLIA, proponha a medida cabível para interromper a prescrição. As partes têm endereço em São Bernardo do Campo – SP.

 **SOLUÇÃO**

Considerando que o prazo prescricional para cobrança de aluguéis é de três anos (CC, art. 206, § 3º, I), deverá ser proposta medida de protesto interruptivo de prescrição (CC, art. 202, II) para evitar que ela se consume.

O protesto, interpelação ou notificação é uma medida *sui generis*, um procedimento especial no qual não há propriamente processo – não há resposta, não há sentença; trata-se, tão somente, de um modo de "manifestar formalmente sua vontade a outrem sobre assunto juridicamente relevante" prevenir responsabilidade, prover a conservação e ressalva de seus direitos ou manifestar qualquer intenção de modo formal (CPC, art. 726).

Nos termos do CC, art. 202, II, o protesto judicial é uma das formas de obter a interrupção da prescrição.

📄 **MODELO DE PEÇA**

EXCELENTÍSSIMO SENHOR DOUTOR JUIZ DE DIREITO DA ..... VARA CÍVEL DO FORO DA COMARCA DE SÃO BERNARDO DO CAMPO – SP.

**Júlia Cortines** (qualificação completa), por sua advogada (procuração anexa), com endereço em (endereço), vem à presença de Vossa Excelência, respeitosamente, apresentar, nos termos do art. 726 do CPC e art. 202, II, do CC,

### PROTESTO INTERRUPTIVO DE PRESCRIÇÃO

em face de **COMÉRCIO DE COLCHÕES LTDA.**, (qualificação completa), pelos motivos a seguir expostos.

1. A requerente celebrou contrato de locação com a empresa requerida, consoante se vê do documento anexo.

2. Ao desocupar o imóvel em (data), a requerida deixou em aberto um débito correspondente ao período de dois anos de aluguéis.

3. Até o momento não houve pagamento.

4. O tempo está passando e o débito segue sendo renegociado.

5. Diante desse quadro, há risco de se ver consumada a prescrição, que extinguirá sua pretensão nos termos do que prevê o art. 206, § 3º, I, do Código Civil.

6. Por tal razão, promove a requerente o presente protesto interruptivo de prescrição para que seja formalmente interrompido o prazo prescricional, nos termos do art. 202, II, do CC.

7. Em razão do exposto, requer:

   7.1. a intimação da requerida, de modo a se formalmente interromper o lapso prescricional do art. 206 do CC;

   7.2. feita a intimação, requer sejam os autos desta medida entregues ao interessado, independentemente de traslado (CPC, art. 729).

Dá à causa o valor de R$ 1.000,00 (mil reais).

Termos em que,

pede e espera deferimento.

Local, data, Advogado, OAB.

## 1.2.27 Contestação nos Juizados Especiais Cíveis (JEC)

 **PROBLEMA (OAB/SP. EXAME 118º – PONTO 1)**

Tiago adquiriu, da Magnum Eletrônica Ltda., aparelho portátil de rádio e reprodutor de CDs, pelo preço de R$ 400,00 (quatrocentos reais). Passados quatro meses da compra, Tiago, sem ter antes procurado o serviço de atendimento ao consumidor da Magnum Eletrônica, dirigiu-se ao Juizado Especial Cível da Comarca de Vitória e ali aforou ação visando ao recebimento de indenização, porque desde o momento da compra havia percebido que a antena externa do aparelho estava danificada, o que impedia o rádio de funcionar. A indenização pedida era de R$ 600,00 (seiscentos reais), valor equivalente ao preço de aparelho de nível superior, o que, no entender de Tiago, ajudá-lo-ia a compensar os contragostos decorrentes da compra do aparelho danificado.

*QUESTÃO:* Na qualidade de advogado da Magnum Eletrônica, atue no seu interesse considerando que a audiência de tentativa de conciliação restou infrutífera.

 **SOLUÇÃO (GABARITO SEGUNDO A OAB/SP)**

Oferecimento de contestação ao Juizado Especial Cível da Comarca de Vitória, em que deverá ser arguida a decadência do direito de exigir a indenização (CDC, art. 26, II), pois já transcorridos mais de 90 dias. Além disso, deverá o candidato sustentar, subsidiariamente, que o pedido de indenização é excessivo, pois no máximo poderia o consumidor exigir um aparelho da mesma espécie, em perfeitas condições ou a restituição da quantia paga (CDC, art. 18, § 1º, I e II).

 **MODELO DE PEÇA**

EXCELENTÍSSIMO SENHOR DOUTOR JUIZ DE DIREITO DA ..... VARA DO JUIZADO ESPECIAL CÍVEL DA COMARCA DE VITÓRIA.

*Autos* n. (número)

*Autor:* TIAGO (sobrenome)

*Réu:* MAGNUM ELETRÔNICA LTDA.

Magnum Eletrônica Ltda., empresa com sede em (endereço), na comarca de (nome da comarca), inscrita no CNPJ/MF n. (número), endereço eletrônico (e-mail), vem à presença de V. Exa., por seu advogado (procuração anexa), com fundamento na lei, apresentar a presente

### CONTESTAÇÃO

à ação condenatória proposta por Tiago (sobrenome), já qualificado, com base nos fatos e fundamentos a seguir expostos.

### I – SÍNTESE DA INICIAL

Trata-se de demanda em que o autor pleiteia indenização por danos materiais e morais. Ele argumenta na inicial que o autor adquiriu aparelho eletroeletrônico junto à ré no valor de R$ 400,00 (quatrocentos reais) e que, desde o momento da compra, o produto se apresentou defeituoso (com dano na antena externa).

Depreende-se ainda da exordial que: (i) a demanda é ajuizada passados quatro meses da compra do bem e (ii) não houve qualquer reclamação prévia por parte do autor, tendo ele permanecido silente até o presente momento.

Diante disso, pede indenização no valor de R$ 600,00 (seiscentos reais), quantia essa que, no dizer do autor, seria suficiente para adquirir um aparelho de nível superior e, assim, "compensar os contragostos decorrentes da compra do aparelho danificado". É a síntese do necessário.

## II – MÉRITO

Com a devida vênia ao autor, o pedido deve ser julgado improcedente. No caso, busca-se verdadeiro enriquecimento ilícito, como a seguir se demonstrará.

Por sua vez, inicialmente é de se apontar a existência de decadência.

### 1. DECADÊNCIA DO DIREITO DE RECLAMAR PELOS VÍCIOS DO PRODUTO

O direito de reclamar por eventuais vícios existentes no referido bem já foi vitimado pela decadência.

Como visto no relato dos fatos, o produto já foi comprado há 4 (quatro) meses, sendo que o direito de reclamar dos vícios aparentes caduca em 90 (noventa) dias, que corresponde ao período de 3 (três) meses.

É o que se percebe da simples leitura do disposto no art. 26, II, do CDC.

Tal artigo é expresso ao reconhecer ser de 90 (noventa) dias o prazo de decadência para reclamar de vícios de fácil constatação de bens duráveis.

É indubitável que uma antena externa quebrada de um equipamento de som se enquadra como um "vício aparente" em um "produto durável".

Destarte, certo é que estamos diante da decadência, o que acarreta a extinção do processo com resolução do mérito, nos termos do art. 487, II, do CPC.

### 2. INEXISTÊNCIA DE DANO MORAL (PREVISÃO LEGAL DE TROCA DO BEM, DEVOLUÇÃO DOS VALORES OU ABATIMENTO DO PREÇO EM HIPÓTESES DE DEFEITOS NOS PRODUTOS)

*Ad argumentandum tantum*, na hipótese de não se reconhecer a decadência, não restam dúvidas de que, no caso, inexiste o alegado dano moral.

Se um suposto defeito na antena de um eletroeletrônico der causa a dano moral – especialmente diante da longa inércia do autor, que nem sequer reclamou junto à ré –, então a vida em sociedade será absolutamente insuportável.

Dano moral não é qualquer aborrecimento corriqueiro a que todos os que vivem em sociedade estão sujeitos. Para que se configure tal espécie de dano, imprescindível uma situação verdadeiramente vexatória e capaz de causar angústia.

No caso concreto, qual teria sido o "aborrecimento" sofrido pelo autor? Em verdade, nenhum! Por mais que se leia a inicial, nada há ali que indique um efetivo dano.

Outrossim, vale lembrar que o CPC prevê a solução para o caso de produtos danificados em seu art. 18.

Como se percebe da simples leitura de tal dispositivo, constatado um vício no produto, e caso não sanado tal vício pelo fornecedor no prazo de 30 (trinta) dias, pode o consumidor exigir (i) a troca do produto por outro (art. 18, I) ou (ii) a restituição dos valores pagos, devidamente corrigidos (art. 18, II) ou (iii) o abatimento do valor (art. 18, III).

Portanto, a própria legislação consumerista traz soluções para os casos de vício do produto, não havendo previsão em relação ao cabimento de dano moral, o que inviabiliza o pedido formulado pelo autor.

A situação é ainda mais gritante no caso concreto, pois não houve qualquer atitude da ré em relação ao suposto vício, visto que o autor não formulou reclamação junto a esta empresa.

Portanto, inexiste conduta da ré capaz de ter dado causa ao propalado dano, o que afasta a possibilidade de responsabilização civil (CC, art. 186).

Caso, todavia, assim não se entenda (o que se admite apenas por amor ao debate), o valor pleiteado é excessivo, sendo superior ao próprio valor do bem adquirido. Assim, caso V. Exa. entenda ser devida alguma verba indenizatória, requer desde logo seja ela fixada em valor inferior ao pleiteado na inicial.

## III – CONCLUSÃO

Ante o exposto, pedem e requerem os réus a V. Exa.:

a) o reconhecimento da decadência, com a extinção do processo com resolução de mérito;

b) caso assim não entenda V. Exa., a improcedência do pedido de indenização por danos morais ou, em último caso, sua procedência parcial em valor inferior ao postulado pelo autor.

Requer provar o alegado por todos os meios de prova admitidos em direito, especialmente pelos documentos já juntados aos autos.

Termos em que pede deferimento.

Cidade, data, nome do Advogado, número da OAB.

# EXECUÇÃO, CUMPRIMENTO DE SENTENÇA E SUAS DEFESAS

## 2.1 EXECUÇÃO POR QUANTIA – TÍTULO EXECUTIVO EXTRAJUDICIAL

 **PROBLEMA**

Em um contrato de locação celebrado entre as partes, o locatário desocupa o imóvel, deixando, porém, uma série de débitos (aluguéis e acessórios). O contrato foi firmado sob a presença de duas testemunhas.

Promova a medida judicial cabível.

 **SOLUÇÃO**

Ajuizamento de ação de execução de quantia certa.

É possível o ajuizamento de execução porque o contrato de locação, especialmente se assinado por duas testemunhas, é título executivo extrajudicial (CPC, art. 784, III e VIII). Deve-se apresentar memória discriminada do débito e deve ser requerida a citação do executado, nos termos do art. 829 do CPC.

 **MODELO DE PEÇA**

EXMO SR. DR. JUIZ DE DIREITO DE UMA DAS VARAS CÍVEIS DO FORO DA COMARCA DE SALVADOR – BA

*(espaço)*

**JORGE AMADO**, casado, empresário, residente e domiciliado na Rua (endereço), portador do RG n. (número) e do CPF n. (número), com endereço eletrônico (e-mail), vem, respeitosamente, perante V. Exa., por meio de suas procuradoras que esta subscrevem (doc. anexo), propor com fundamento na lei (CPC, arts. 784, III e VIII, e 829) a presente

## EXECUÇÃO DE QUANTIA CERTA

figurando no polo passivo **CRAVO E CANELA COMÉRCIO LTDA.**, pessoa jurídica inscrita sob o CNPJ n. (número), com sede na Rua (endereço), nesta Comarca, com endereço eletrônico (e-mail) pelos fatos e razões a seguir expostos.

### I – DOS FATOS E DO DIREITO

1. Celebrou o exequente, com a executada, contrato de locação comercial (doc. anexo). Entretanto, há longo tempo tal contrato não vem sendo corretamente adimplido. Há débito de longa data, tendo a executada já desocupado o imóvel. A dívida, atualmente, importa em R$ (.....).

2. Diante de infrutíferas tentativas de composição extrajudicial, não resta alternativa senão o socorro do Poder Judiciário.

3. Nos termos do Código de Processo Civil, o crédito, documentalmente comprovado, decorrente de aluguel de imóvel, é título executivo extrajudicial (nesse sentido, o contrato anexo). Vale dizer, também em sede executiva, podem ser incluídos os encargos, *in casu*, IPTU (CPC, art. 784, VIII). Além disso, vale destacar que o contrato foi assinado por duas testemunhas (CPC, art. 784, III).

4. Outrossim, o contrato é título de obrigação certa, líquida e exigível (CPC, art. 783), memória de cálculos segue em anexo (art. 798, I, *b* – elaborada nos termos do previsto no art. 798, parágrafo único) e houve o inadimplemento (art. 786), o que enseja a presente execução.

### II – DO PEDIDO E DOS REQUERIMENTOS

5. Em face do exposto, pede-se e requer-se a V. Exa.:

a) nos termos do art. 829 do CPC seja a executada citada, para, em 3 (três) dias, pagar o principal, juros, correção e honorários – sendo que, se houver o pagamento nesse prazo, os honorários serão reduzidos à metade (CPC, art. 827, § 1º);

b) a citação do executado, nos termos da legislação processual;

c) ocorrida a citação, e não havendo o pagamento, que se proceda à penhora em tantos bens quantos bastem para garantir o principal mais acessórios (art. 831 do CPC);

d) com base na faculdade prevista em lei (CPC, art. 829, § 2º), desde já, indica o exequente à penhora os seguintes bens: (i) dinheiro porventura existente em contas do executado (penhora *on-line* expressamente prevista no CPC, art. 854) ou (ii) não encontrada qualquer quantia em conta, requer-se a penhora do seguinte bem: (_____);

e) não sendo encontrados os representantes da executada, que se proceda ao arresto dos seus bens, tantos quantos bastem para garantir a execução, por meio eletrônico (art. 830 do CPC);

f) por fim, que as intimações deste r. juízo sejam feitas em nome das advogadas que firmam a presente.

Dá-se à presente o valor de (valor do débito).

Termos em que

Pede e espera deferimento.

Salvador, data, assinatura, OAB.

## 2.2 CUMPRIMENTO DE SENTENÇA – TÍTULO EXECUTIVO JUDICIAL

 **PROBLEMA**

Após o devido processo de conhecimento, GUIMARÃES ROSA foi condenado a pagar a RACHEL DE QUEIROZ o valor de R$ 40.000,00, com juros de mora de 1% ao ano desde a citação e correção monetária desde o ajuizamento, além de honorários advocatícios na base de 10% do valor da condenação. A sentença transitou em julgado.

O processo de conhecimento teve seu trâmite perante a 2ª Vara Cível de Fortaleza (proc. 0013298-11.2021.8.06.0075) e já se encontra novamente em 1º grau. Efetivada a intimação para cumprimento da sentença, GUIMARÃES ROSA está inerte há 20 (vinte) dias.

 **SOLUÇÃO**

Rachel de Queiroz deve formular pedido de cumprimento de sentença, com fulcro nos arts. 513 e ss. do CPC, em face de Guimarães Rosa.

 **MODELO DE PEÇA**

EXCELENTÍSSIMO SENHOR DOUTOR JUIZ DE DIREITO DA 2ª VARA CÍVEL DO FORO DA COMARCA DE FORTALEZA – CE.

(espaço)

Processo n. 0013298-11.2021.8.06.0075

Autora: RACHEL DE QUEIROZ

Réu: GUIMARÃES ROSA

**RACHEL DE QUEIROZ**, já qualificada nos autos em epígrafe, por seu advogado, vem, respeitosamente, perante V. Exa., pleitear o início do

### CUMPRIMENTO DE SENTENÇA

tendo em vista a inércia de **GUIMARÃES ROSA**, *igualmente já qualificado, em cumprir com a obrigação fixada em sentença.*

### I – DA SENTENÇA NÃO CUMPRIDA

A r. sentença – que não foi voluntariamente adimplida – condenou o devedor ao pagamento de indenização no valor de R$ 40.000,00 (quarenta mil reais), quantia devidamente corrigida desde o ajuizamento e com juros de 1% ao ano.

Por sua vez, houve também condenação no ônus da sucumbência, na base de 10% do valor da condenação.

### II – DA INÉRCIA DO DEVEDOR E DA NECESSIDADE DE INÍCIO DA FASE DE CUMPRIMENTO DE SENTENÇA

Transitada em julgado a r. sentença, os autos retornaram ao primeiro grau, momento em que V. Exa. determinou a intimação do devedor para cumprimento da sentença. Contudo, permaneceu o executado inerte.

Assim, necessária a manifestação da credora para que tenha início o cumprimento de sentença, nos termos do art. 523 do CPC, com a expedição do mandado de penhora.

O valor histórico de R$ 40.000,00 (quarenta mil reais), atualmente monta a R$ .... (valor atualizado). Sobre esse valor deve ser acrescida a multa de 10% (dez por cento), bem como honorários advocatícios nesse percentual, nos termos do art. 523 do CPC.

Junta a credora planilha em que demonstra a evolução do débito até o *quantum* atual (CPC, art. 509, § 2º, elaborada observando os requisitos do art. 534).

### III – REQUERIMENTO

Diante do exposto, requer a credora que tenha início a fase de cumprimento de sentença (CPC, art. 513 e seguintes), com a expedição de mandado de penhora e avaliação (CPC, art. 523), já sendo incluídos no valor do débito a multa e honorários na base de 10% (tudo conforme cálculo anexo).

Desde já a credora requer a penhora *on-line* de eventuais quantias existentes em nome do devedor.

Termos em que

Pede deferimento

Cidade, data, assinatura, OAB

## 2.3 EMBARGOS DO DEVEDOR (DEFESA DO DEVEDOR NA EXECUÇÃO DE TÍTULO EXECUTIVO EXTRAJUDICIAL)

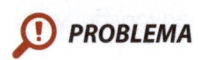 **PROBLEMA**

GUILHERME SALVO e ANDERSON GOLD celebraram contrato em que o primeiro se comprometeu a entregar ao segundo um projeto arquitetônico, ocasião em que o segundo pagaria ao primeiro uma elevada soma em dinheiro.

GUILHERME, apesar de não ter cumprido de forma adequada sua obrigação, ingressou em juízo pleiteando o adimplemento de ANDERSON.

Como o contrato havia sido firmado perante duas testemunhas, GUILHERME ajuizou ação de execução afirmando que o projeto foi entregue e pleiteando o valor contratualmente previsto.

Distribuído o processo à 4ª Vara Cível do Foro Regional de Santana, na capital de SP, ANDERSON foi citado; até o momento não se efetivou ato de penhora.

 *QUESTÃO:* Na condição de advogado de ANDERSON, elabore a defesa pertinente, considerando que GUILHERME não cumpriu a prestação que lhe correspondia.

 *SOLUÇÃO*

Oposição de embargos do devedor, endereçados à 4ª Vara Cível do Foro Regional de Santana da comarca da Capital. Cabe alegar excesso de execução (CPC, art. 917, III), visto que GUILHERME não cumpriu sua parte, mas exigiu o adimplemento do devedor (CPC, arts. 917, § 2º e 787).

Vale lembrar que não há necessidade de penhora para apresentação da defesa (CPC, art. 914).

O problema não apresenta situação que justifique o pedido de efeito suspensivo.

 *MODELO DE PEÇA*

EXCELENTÍSSIMO SENHOR DOUTOR JUIZ DE DIREITO DA 4ª VARA CÍVEL DO FORO REGIONAL DE SANTANA DA COMARCA DA CAPITAL DE SP.


Processo n. (número)

Distribuição por dependência

**ANDERSON GOLD**, (nacionalidade), (estado civil), (profissão), portador da cédula de identidade RG n. (número), inscrito no CPF/MF sob o n. (número), residente e domiciliado nesta cidade, com endereço na Rua (endereço), endereço eletrônico (e-mail), neste ato representado por sua advogada que esta subscreve, constituída nos termos da procuração anexa, vem, respeitosamente, perante Vossa Excelência, com fundamento no art. 917 do Código de Processo Civil e demais disposições aplicadas à espécie, opor os presentes

### EMBARGOS DO DEVEDOR

em face de **GUILHERME SALVO** (nacionalidade), (estado civil), arquiteto, portador da cédula de identidade RG n. (número), inscrito no CPF/MF sob o n. (número), residente e domiciliado nesta cidade, em (endereço), endereço eletrônico desconhecido, pelos motivos de fato e de direito a seguir expostos.


#### I – DOS FATOS

O embargante celebrou contrato com o embargado em que este se comprometeu a elaborar um projeto arquitetônico.

Como usualmente ocorre, o pagamento somente seria realizado quando da conclusão do referido projeto.

Contudo, apesar de NÃO TER CUMPRIDO SUA OBRIGAÇÃO, o embargado promoveu execução por quantia certa em face do embargante, pleiteando o valor contratualmente previsto.

Ou seja, sem cumprir com sua obrigação, busca o embargado o cumprimento da obrigação do outro contratante.

Vale destacar que até o momento não foi realizada a penhora.

Destaca o embargante que junta aos presentes embargos as principais peças do processo de execução, ora declaradas autênticas pelo advogado subscritor (CPC, art. 914, § 1º, c/c o art. 425, IV).

É a síntese do necessário.

## II – DO DIREITO: OCORRÊNCIA DE EXCESSO DE EXECUÇÃO

De início, importa consignar ser possível a oposição de embargos mesmo sem a efetivação de penhora com base no art. 914 do CPC.

A situação narrada nos autos é típica de excesso de execução.

Dispõe o CPC, em seu art. 917, III, que é lícito ao embargante apontar a existência de excesso de execução.

Define o legislador o que seja excesso de execução no art. 917, sendo que uma das hipóteses, prevista no inciso IV, indica o seguinte: "o exequente, sem cumprir a prestação que lhe corresponde, exige o adimplemento da prestação do executado".

Ou seja, com fulcro nos arts. 917, § 2º, IV, e 787 do CPC, percebe-se claramente que estamos diante de uma situação de excesso de execução.

Um dos contratantes somente pode exigir a prestação do outro se já tiver cumprido a sua (contrato sinalagmático).

No caso, como não há valor devido, não há que se falar em indicação do *quantum* incontroverso.

Diante disso, é certo que a presente execução deve ser EXTINTA, já que o embargado não cumpriu sua parte na avença, ou seja, não apresentou o projeto arquitetônico como deveria.

## III – DO PEDIDO E DOS REQUERIMENTOS

Diante do exposto, requer e pede o embargante:

a) a intimação do embargado, na pessoa de seu procurador, para que apresente sua defesa no prazo de 15 (quinze) dias, sob pena de revelia (CPC, art. 920);

b) ao final, a procedência dos presentes embargos do devedor, declarando a inexistência de qualquer débito entre as partes, com a consequente extinção do processo executivo ante a ocorrência de excesso;

c) a condenação do embargado ao pagamento de custas, honorários advocatícios e demais despesas.

Requer provar o alegado por todos os meios em direito admitidos, especialmente pelos documentos já juntados, mas também, se necessário, por oitiva de testemunhas, juntada de documentos supervenientes, perícia, expedição de ofícios etc.

Dá-se à causa o valor de R$ _____ (valor da execução).

Nestes Termos,

Pede Deferimento.

Local/Data

(Nome e assinatura da Advogada)

OAB n. (número)

## 2.4 IMPUGNAÇÃO (DEFESA DO DEVEDOR NA FASE DE CUMPRIMENTO DE SENTENÇA – TÍTULO EXECUTIVO JUDICIAL)

###  *PROBLEMA*

Sem saber da existência de qualquer processo judicial, RUBENS SILVER tem sua conta-corrente penhorada (por bloqueio *on-line*) e, ao buscar informações, descobre que foi condenado, à revelia, em um processo decorrente de uma colisão de veículos ocorrida há dois anos.

O processo (n. 0006338-11.2011.8. 09.0175, 5ª Vara Cível) foi ajuizado por TATIANA MARATO na comarca de Goiânia (local do acidente e onde ambos residem) e o pedido foi julgado procedente. Como não houve pagamento, teve início a fase de cumprimento de sentença e ocorreu a mencionada penhora.

*QUESTÃO:* Ingresse com a medida para defender os interesses de RUBENS, que passa por dificuldades para cumprir suas obrigações cotidianas (aluguel, água, luz etc.), considerando que sua conta está bloqueada. Consultando os autos, percebe-se que foi apontado como endereço de RUBENS a Avenida S-1, n. 100, sendo que seu endereço na verdade é Avenida S-11, n. 100.

### *SOLUÇÃO*

Deve ser apresentada impugnação apontando-se nulidade de citação (CPC, art. 525, § 1º, I), tendo em vista a consideração de endereço errôneo do demandado. Deve ainda ser pedido efeito suspensivo, tendo em vista a presença dos requisitos (CPC, art. 525, § 6º).

### *MODELO DE PEÇA*

EXCELENTÍSSIMO SENHOR DOUTOR JUIZ DE DIREITO DA 5ª VARA CÍVEL DA COMARCA DA GOIÂNIA – GO.

Processo n. 006338-11.2011.8.09.0175

**RUBENS SILVER**, (estado civil), (profissão), portador da cédula de identidade RG n. (número), inscrito no CPF/MF sob o n. (número), residente e domiciliado em (endereço), nesta Comarca, não usuário de endereço eletrônico, neste ato representado por seu advogado (procuração em anexo), vem, respeitosamente perante Vossa Excelência, com fundamento no art. 525 do Código de Processo Civil e demais disposições aplicáveis à espécie, apresentar a presente

## IMPUGNAÇÃO com pedido de efeito suspensivo

em face de **TATIANA MARATO**, já qualificada, pelos fatos e fundamentos a seguir expostos.

## I – DOS FATOS

O impugnante foi surpreendido com o bloqueio de sua conta-corrente ao tentar realizar uma transação. Surpreso e atordoado, foi informado de que isso decorria de um processo judicial.

Após muito custo, descobriu que a constrição decorreu do presente processo judicial, que correu à REVELIA.

A impugnada promoveu ação condenatória colocando no polo passivo o impugnante e indicando ENDEREÇO ERRÔNEO.

Como se vê da petição inicial, o impugnante foi qualificado como residindo na Av. S-1. Contudo, como se vê dos documentos anexos, na verdade ele RESIDE – e SEMPRE RESIDIU – na Av. S-11.

Assim, é certo que o impugnante nunca poderia ter sido encontrado na Av. S-1.

Apesar desse flagrante erro, a citação foi realizada (!), o réu foi decretado revel, o pedido foi julgado procedente e teve início a fase de cumprimento de sentença com a penhora da conta corrente do impugnante.

Neste momento, considerando a constrição judicial, o impugnante passa por sérias dificuldades para pagar suas contas básicas, como aluguel, água, luz, telefone etc. (cf. contas anexas, não pagas e já vencidas).

É a síntese do necessário.

## II – DA NULIDADE DE CITAÇÃO: INDICAÇÃO ERRÔNEA DO ENDEREÇO DO RÉU, ORA IMPUGNANTE (CPC, art. 525, § 1º)

Da narração dos fatos supra já se percebe cabalmente a nulidade da citação.

Foi indicado um endereço que não é o do impugnante, e foi citado alguém que, por consequência, não é ele.

Trata-se de grave falha processual que acarreta a nulidade de TODO O PROCESSADO.

Assim, não há como prosseguir o cumprimento de sentença, nos termos do art. 525, § 1º, I, do CPC.

## III – DA CONCESSÃO DE EFEITO SUSPENSIVO À PRESENTE IMPUGNAÇÃO

Diante da presença dos requisitos previstos em lei, esta impugnação deve ser recebida no efeito suspensivo.

Consoante art. 525, § 6º, do CPC, os requisitos para que seja atribuído efeito suspensivo à impugnação são os seguintes: (i) garantia do juízo (há penhora), (ii) fundamentos relevantes da defesa e (iii) grave dano no prosseguimento da execução.

O que foi acima exposto demonstra claramente que a citação é nula. Logo, sem dúvida, são relevantes os argumentos.

Por sua vez, a penhora INDEVIDA está causando vários prejuízos ao impugnante, que está com dificuldade de arcar com suas obrigações cotidianas em virtude do bloqueio de sua conta corrente.

Nesse sentido, basta analisar as contas anexas, vencidas e não pagas.

Logo, não só há risco de dano, mas há sim efetivo dano já provocado por esta demanda.

### IV – DO PEDIDO E DOS REQUERIMENTOS

Diante do exposto, requer-se e pede-se:

a) liminarmente, a atribuição de efeito suspensivo a esta impugnação;

b) a intimação da impugnada, na pessoa de seu procurador, para que, querendo, apresente resposta a esta impugnação;

c) o levantamento da penhora realizada, tendo em vista ser totalmente indevida e por causar prejuízo ao impugnante;

d) a procedência desta impugnação, reconhecendo-se como nula a citação ocorrida no processo de conhecimento e, consequentemente, anulando todo o processo, desde a citação;

e) a condenação do impugnado ao pagamento de custas, honorários advocatícios e demais despesas;

f) requer provar o alegado por todos os meios em direito admitidos, especialmente pelos documentos ora juntados.

Nestes Termos,

Pede Deferimento.

Local/Data

(Nome e assinatura do Advogado)

OAB n. (número)

## 2.5 APELAÇÃO EM CUMPRIMENTO DE SENTENÇA

 **PROBLEMA (PROVA PRÁTICO-PROFISSIONAL – OAB – EXAME DE ORDEM UNIFICADO 2009.2 UNB/CESPE – ATUALIZADA CONFORME O CPC ATUAL)**

Vicente propôs contra Hélder uma ação de conhecimento pelo procedimento comum para a cobrança da quantia de R$ 125.000,00. O pedido foi julgado procedente e, após o exaurimento das vias recursais, a decisão transitou em julgado. Vicente, então, ingressou com pedido de cumprimento da sentença, o que ensejou a penhora de bem imóvel de propriedade do executado, avaliado em R$ 150.000,00. Intimado da penhora, Hélder ingressou, no prazo legal, com impugnação ao requerimento do cumprimento da sentença, sob a alegação de novação. A impugnação foi recebida no efeito suspensivo e, após regular processamento, foi julgado totalmente procedente o pedido do impugnante, extinguindo-se a execução. A referida decisão foi publicada, no órgão oficial, em uma quinta-feira, no dia 6 de setembro do ano de 200X. Considerando a situação hipotética acima apresentada, na condição de advogado(a) contratado(a) por Vicente, elabore a peça processual cabível à defesa dos interesses de seu cliente. Se necessário, acrescente os dados eventualmente ausentes da situação hipotética, guardada a respectiva pertinência técnica. Date a peça no último dia do respectivo prazo.

##  SOLUÇÃO

Deverá ser elaborado o recurso de apelação (requisitos objetivos e subjetivos, bem como observância das formalidades do art. 1.010 do CPC), tendo em vista que a sentença extinguiu a execução. O candidato deve observar a impossibilidade da alegação da novação, uma vez que a oportunidade para essa defesa precluiu, aplicando-se, portanto, o previsto no art. 508 do CPC. O recurso deverá ser dirigido ao juízo competente, mencionando o nome das partes e descrevendo os fatos. Não se deve atribuir valor à causa ou protestar pela produção de provas, eis que não se trata de uma petição inicial. Não se deve requerer a citação, pelos mesmos motivos, mas a intimação para, querendo, apresentar as contrarrazões. Também não é cabível a menção à revelia do apelado, caso não responda ao recurso. Deve formular adequadamente os pedidos, solicitando o conhecimento e provimento, mencionando a rejeição da impugnação e o seguimento normal do cumprimento do título executivo judicial com a condenação do apelado ao pagamento da verba de sucumbência. A data da peça deverá ser 24 de setembro de 200X, posto que sendo dia 7 de setembro feriado nacional, o dia inicial da contagem do prazo é 10 de setembro e o final, 24 de setembro.

##  MODELO DE PEÇA

EXCELENTÍSSIMO SENHOR DOUTOR JUIZ DE DIREITO DA (N.) VARA CÍVEL DO FORO DA COMARCA DE (NOME DA COMARCA).

(espaço)

**VICENTE (SOBRENOME)**, já qualificado nos autos, por seu advogado devidamente constituído nos autos da ação de conhecimento, que se processa pelo procedimento comum, em face de **HÉLDER (SOBRENOME)**, também já qualificado nos autos, inconformado com a r. sentença de fls., vem, respeitosamente, à presença de Vossa Excelência, com fundamento nos arts. 1009 e seguintes do CPC, interpor tempestivamente a presente

### APELAÇÃO

pelos motivos de fato e de direito que ficam fazendo parte integrante desta.

Nos termos do art. 1.012 do CPC, este recurso é dotado de duplo efeito, devolutivo e suspensivo.

Requer ainda que, após os trâmites legais (oitiva da parte contrária, para contrarrazões), sejam os autos encaminhados ao Egrégio Tribunal de Justiça, para que o presente recurso, uma vez conhecido e processado na forma da lei, seja integralmente provido.

Informa, outrossim, que nos termos do art. 1.007 do CPC o preparo e o porte de remessa e retorno foram recolhidos, o que se comprova pela guia devidamente quitada que ora se junta aos autos.

Termos em que

Pede deferimento.

Cidade, 24 de setembro de 20XX.

Assinatura, Nome do Advogado, OAB.

(outra página)

## RAZÕES DE RECURSO

Apelante: **VICENTE (SOBRENOME)**

Apelado: **HÉLDER (SOBRENOME)**

Autos: (número)

Vara de Origem: (Nº) Vara Cível do Foro da Comarca de (Nome da Comarca)

Egrégio Tribunal,

Colenda Câmara,

Nobres Julgadores:

## I – BREVE SÍNTESE DOS FATOS

O apelante ajuizou ação de conhecimento pelo procedimento comum para a cobrança da quantia de R$ 125.000,00, obtendo procedência de seu pedido com trânsito em julgado certificado às fls. (número) dos presentes autos.

Inerte o devedor, o credor requereu o cumprimento da sentença, verificando-se a penhora de bem imóvel de propriedade do executado, ora apelado, avaliado em R$ 150.000,00 e a apresentação de impugnação nos termos do art. 525 do CPC, sob o argumento de existência de novação.

A impugnação foi recebida no efeito suspensivo e, após regular processamento, foi julgada totalmente procedente, com a extinção da execução.

Em que pese o costumeiro acerto do Juízo *a quo*, não pode o apelante concordar com a r. sentença em questão, tendo em vista a incorreta aplicação do direito na hipótese.

## II – DAS RAZÕES DO INCONFORMISMO

Conforme exposto na resposta à impugnação, o apelante destaca a impossibilidade do acolhimento da alegação de novação formulada pelo apelado, diante da preclusão ocorrida nos termos do art. 508 do CPC.

Afinal, como bem sabemos, o art. 336 do CPC determina expressamente que "incumbe ao réu alegar, na contestação, toda a matéria de defesa, expondo as razões de fato e de direito, com que impugna o pedido do autor e especificando as provas que pretende produzir".

Ora, assim não o fazendo, sofreu a parte apelada os efeitos da coisa julgada, conforme claramente dispõe o art. 508 do CPC:

"Transitada em julgado a decisão de mérito, considerar-se-ão deduzidas e repelidas todas as alegações e defesas, que a parte poderia opor assim ao acolhimento como à rejeição do pedido".

Aliás, não é por outro motivo que o art. 525, § 1º do CPC limitou a matéria que poderia ser objeto da impugnação, deixando claro que a alegação de novação só seria possível se ela fosse *superveniente* à sentença. Destacamos:

"Na impugnação, o executado poderá alegar:

VII – qualquer causa modificativa ou extintiva da obrigação, como pagamento, *novação*, compensação, transação ou prescrição, *desde que supervenientes à sentença.*" (itálicos nossos)

Resta claro, portanto, que não pode o devedor, no momento do cumprimento da sentença transitada em julgado, trazer como defesa qualquer causa modificativa ou extintiva da obrigação que seja anterior à sentença.

Com efeito, apresentados todos os fundamentos para a reforma da r. sentença, passamos ao pedido de reforma.

### III – DO PEDIDO DE NOVA DECISÃO

Assim, diante de todo o exposto, requer seja o presente recurso recebido, conhecido e provido para o fim de reformar a sentença, rejeitando a impugnação, determinando o seguimento normal do cumprimento do título executivo judicial e condenando o apelado ao pagamento da verba de sucumbência.

Cidade, 24 de setembro de 200X.

Assinatura, Nome do Advogado, OAB.

## 2.6 CUMPRIMENTO DE SENTENÇA – DECISÃO QUE CONDENA AO PAGAMENTO DE HONORÁRIOS SUCUMBENCIAIS

 **PROBLEMA**

Em processo de conhecimento declaratório, foi reconhecida a nulidade de determinado contrato celebrado entre as partes JOSÉ CARLOS e ADA. A sentença condenou a ré ao pagamento de honorários advocatícios, na quantia de 10% sobre o valor da causa, em favor do patrono do autor, o advogado TEORI.

ADA interpõe apelação, que não é provida, com a majoração dos honorários para 15% sobre o valor da causa (CPC, art. 85, § 11). A decisão transitou em julgado, mas não houve o pagamento dos honorários advocatícios.

Diante disso, TEORI, em nome próprio, pleiteou a intimação de ADA para pagar a quantia devida a título de honorários. Mas esta, mesmo após a ultrapassagem do prazo de pagamento, nada fez.

 *SOLUÇÃO*

TEORI (advogado titular do crédito) deve pleitear o início do cumprimento de sentença, com base nos arts. 513 e ss. do CPC, em face de ADA.

Vale ressaltar que o art. 82, § 3º, do CPC[1], dispensa o adiantamento do pagamento de custas em cumprimentos de sentença referentes a honorários advocatícios (tal regra foi incluída no Código pela Lei nº 15.109/2025).

 *MODELO DE PEÇA*

EXCELENTÍSSIMO SENHOR DOUTOR JUIZ DE DIREITO DA 1ª VARA CÍVEL DO FORO DA COMARCA DE (CIDADE) – (ESTADO).

(espaço)

Processo n. 1973.2015.806.0010

Autor: JOSÉ CARLOS

Ré: ADA

Exequente: TEORI

**TEORI (SOBRENOME)**, já qualificado nos autos em epígrafe, advogado em causa própria, vem, respeitosamente, perante V. Exa., pleitear o início da fase de

### CUMPRIMENTO DE SENTENÇA

tendo em vista a ausência de pagamento por parte de **ADA (SOBRENOME),** já qualificada.

### I – DA SÍNTESE DOS FATOS: R. DECISÃO QUE CONDENOU AO PAGAMENTO DE HONORÁRIOS E AUSÊNCIA DE PAGAMENTO

O exequente é patrono do autor **JOSÉ CARLOS**, que se sagrou vencedor em demanda declaratória ajuizada contra a executada. Em 1º grau, houve condenação de honorários em 10% sobre o valor da causa, sendo que à causa foi atribuído o valor de R$ xxxxx.

Inconformada, a executada interpôs apelação, mas a r. sentença foi mantida, por unanimidade, em v. acórdão que majorou os honorários para 15%, em virtude da sucumbência recursal.

Com o trânsito em julgado do v. acórdão (fls. XX), para o autor o objetivo da demanda (reconhecimento da nulidade contratual) foi atingido, sem necessidade de fase executiva.

Contudo, permanece em aberto o valor devido a título de honorários sucumbenciais de titularidade do advogado.

---

[1] "Nas ações de cobrança por qualquer procedimento, comum ou especial, bem como nas execuções ou cumprimentos de sentença de honorários advocatícios, o advogado ficará dispensado de adiantar o pagamento de custas processuais, e caberá ao réu ou executado suprir, ao final do processo, o seu pagamento, se tiver dado causa ao processo".

Diante disso, às fls. XXX o exequente requereu a intimação da devedora para que pagasse a quantia devida a título de honorários.

Porém, infelizmente, nada aconteceu.

Assim, faz-se necessária esta iniciativa do exequente para que tenha início o cumprimento de sentença, nos termos do art. 523 do CPC, com a expedição do mandado de penhora.

O valor do débito, devidamente atualizado, chega a R$ .... (valor atualizado), conforme planilha ora anexada (elaborada conforme parâmetros do art. 534).

A planilha aponta, ainda, (i) a multa de 10% (dez por cento) e (ii) os novos honorários advocatícios, também em 10%, incidentes agora por força do cumprimento de sentença. Tudo conforme o art. 523 do CPC.

## II – REQUERIMENTOS

Diante do exposto, requer o exequente:

a) o efetivo início da fase de cumprimento de sentença (CPC, art. 513 e seguintes), com a expedição de mandado de penhora e avaliação de bens (CPC, art. 523), já sendo incluídos no valor do débito a multa e os honorários na base de 10% (tudo conforme cálculo em anexo);

b) a realização da penhora *on-line* de eventuais quantias existentes em nome da devedora;

c) a intimação dos atos do processo em nome do patrono que esta subscreve;

d) deixa o exequente de recolher as custas processuais deste cumprimento de sentença, considerando o previsto no art. 82, § 3º, do CPC.

Termos em que

Pede deferimento

Cidade, data, assinatura, OAB.

# TUTELA PROVISÓRIA

## 3.1 TUTELA PROVISÓRIA CAUTELAR ANTECEDENTE DE ARRESTO

### 🔍⚠ PROBLEMA (OAB/SP. EXAME 112º – PONTO 3)

Antônio é credor de Benedito, pelo valor de R$ 140.000,00 (cento e quarenta mil reais), por força de contrato de mútuo celebrado há 30 (trinta) dias e com vencimento no próximo dia 30. Sabe-se que Benedito, que reside na Comarca de Santos-SP, tenciona mudar de Estado e está oferecendo à venda seus bens. Antônio, inclusive, teve acesso a uma proposta de venda escrita, em que Benedito oferece a Caio um de seus imóveis, localizado na Comarca de Guarujá-SP, pelo valor de R$ 120.000,00 (cento e vinte mil reais). Ao que consta, esse imóvel é o bem de maior valor de Benedito e a venda pode comprometer sua solvabilidade. Além disso, seu valor real de mercado deve superar R$ 150.000,00 (cento e cinquenta mil reais).

### ❓ 

*QUESTÃO*: Como advogado de Antônio, exerça o instrumento judicial adequado para inibir a dilapidação do patrimônio de Benedito e assegurar o recebimento do crédito decorrente do mútuo. Considere, para tanto, que o contrato de mútuo foi devidamente formalizado.

###  SOLUÇÃO (SEGUNDO O GABARITO DA OAB/SP – ADAPTADO PARA O CPC ATUAL)

O examinando deverá promover requerimento de tutela cautelar antecedente de arresto, com fundamento no art. 301, do CPC, invocando a condição de credor de Antônio. Deverá requerer medida liminar para que sejam expedidos os competentes mandados judiciais para os Cartórios de Registro de Imóveis, em que estejam matriculados os imóveis de titularidade de Benedito, registrando-se o arresto junto às respectivas matrículas, nos termos dos arts. 167, I, 5; e 239 da Lei de Registros Públicos. Deverá indicar como pedido principal o de cobrança do crédito, que poderá adotar a via executiva. O pedido deverá ser dirigido à Comarca de Santos-SP.

📄 *MODELO DE PEÇA*

EXCELENTÍSSIMO SENHOR DOUTOR JUIZ DE DIREITO DA ..... VARA CÍVEL DO FORO DA COMARCA DE SANTOS – SP.

**ANTÔNIO** (sobrenome), (nacionalidade), (estado civil), (profissão), portador da cédula de identidade RG n. (número), inscrito no CPF/MF sob o n. (número), endereço eletrônico (e-mail), residente e domiciliado em (cidade), com endereço em (endereço), por seu advogado que esta subscreve, constituído nos termos do mandato anexo, vem, respeitosamente, perante Vossa Excelência, com fundamento no art. 301 do CPC e mais disposições aplicadas à espécie, propor a presente

### TUTELA DE URGÊNCIA CAUTELAR ANTECEDENTE DE ARRESTO COM PEDIDO DE MEDIDA LIMINAR

em face de **BENEDITO** (sobrenome), (nacionalidade), (estado civil), (profissão), portador da cédula de identidade RG n. (número), inscrito no CPF/MF sob o n. (número), endereço eletrônico (e-mail), residente e domiciliado em (cidade), com endereço em (endereço), pelos motivos de fato e de direito a seguir expostos.

### I – DOS FATOS

O requerente é credor do requerido pelo valor de R$ 140.000,00 (cento e quarenta mil reais), por força de contrato de mútuo celebrado há 30 (trinta) dias e com vencimento no próximo dia 30 (trinta), conforme se verifica pela inclusa cópia de tal documento.

Cumpre informar que o requerido, que reside nesta Comarca, tenciona mudar de Estado e está oferecendo à venda seus bens. Prova disso é a anexa proposta de venda em que o réu oferece a Caio um de seus imóveis, localizado na Comarca de Guarujá – São Paulo, pelo valor de R$ 120.000,00 (cento e vinte mil reais).

Entretanto, ao que consta, esse imóvel é o bem de maior valor do requerido e a venda pode comprometer sua solvabilidade. Ademais, seu valor real de mercado deve superar R$ 150.000,00 (cento e cinquenta mil reais), conforme avaliação anexa. Dessa forma, não restou ao requerente alternativa, com o intuito de garantir a satisfação do seu crédito, senão propor a presente demanda.

Feita a breve narrativa fática exigida para a compreensão, passa o requerente a apontar a manifesta existência de seu direito.

### II – DO DIREITO

Segundo o art. 300 do CPC, é de rigor a concessão da tutela de urgência quando houver elementos (1) que indiquem a probabilidade e (2) que evidenciem perigo de dano ou risco para o resultado útil do processo.

O CPC ainda dispõe, no art. 301, que: "a tutela de urgência de natureza cautelar pode ser efetivada mediante arresto, sequestro, arrolamento de bens, registro de protesto contra alienação de bem e qualquer outra medida idônea para asseguração do direito".

Na hipótese dos autos estão presentes os requisitos necessários, sendo necessária a concessão da medida pleiteada. Diante da inexistência de requisitos específicos para o arresto no CPC atual, é possível adotar uma interpretação histórica, ou seja, partir daquilo que era necessário para o arresto no sistema anterior.

## A) DA PROBABILIDADE DO DIREITO QUE SE VISA ASSEGURAR

Como demonstrado, o requerente necessita assegurar-se do recebimento do crédito decorrente do contrato de mútuo, devidamente formalizado, conforme se verifica por meio de uma simples análise da cópia ora juntada.

O contrato de mútuo firmado entre o requerente e requerido caracteriza mais do que indício da probabilidade do direito: tal prova cabal da dívida, que vence no próximo dia 30 (trinta), deixa evidente a procedência do pleito aqui formulado, descartando qualquer alegação quanto ao seu prosseguimento em virtude de o requerente ter um título apto a ser executado.

No regime do CPC anterior, o arresto era cabível quando o requerente da medida dispusesse prova literal da dívida líquida e certa (art. 814, I); tal elemento encontra-se claramente presente no caso.

Fica demonstrado, assim, o direito que assiste ao requerente para assegurar uma futura execução por quantia certa, fazendo jus ao crédito a que tem direito.

## B) DO RISCO AO RESULTADO ÚTIL DO PROCESSO.

Demonstrada a probabilidade do direito, passa o requerente a expor os motivos que caracterizam o risco ao resultado útil do processo.

No regime do CPC anterior eram claros os termos do art. 813, II, a, e III ao prever expressamente atitudes ilegais que se encontram presentes no caso em tela; o réu tenciona mudar de Estado e está oferecendo à venda o bem de maior valor que possui, por preço muito inferior ao de mercado.

Tal pretensão deve ser imediatamente impedida por esse douto Juízo a fim de que o requerente não seja prejudicado com uma provável insolvência daquele.

A jurisprudência formada no sistema anterior se consolidou no sentido de que, para a concessão do arresto, basta a existência de dano e perigo da demora; eis trecho de decisão nesse sentido:

> "A finalidade do arresto cautelar é assegurar o resultado prático e útil do processo principal, bastando assim para concessão da medida o risco de dano e o perigo da demora (...)" (TJMT, AI 39964/2015, Capital, rel. Desª Cleuci Terezinha Chagas, j. 2-12-2015, *DJMT* 9-12-2015, p. 69).

Não resta assim, qualquer dúvida de que o arresto do imóvel localizado na Comarca do Guarujá-SP, objeto de uma pretensa alienação por parte do requerido por valor muito inferior ao do mercado, é totalmente cabível no caso em tela.

## C) DO PEDIDO LIMINAR

Superados os motivos que deixam flagrante tanto a probabilidade do direito quanto o risco ao resultado útil do processo, revela-se imperiosa a concessão da tutela provisória pleiteada em face da urgência na prestação jurisdicional do direito do requerente.

O art. 300, § 2º, do CPC estabelece que "A tutela de urgência pode ser concedida liminarmente ou após justificação prévia". No caso em tela, é evidente que a medida cautelar se tornará ineficaz se ouvido o requerido, pois, se souber da existência da presente demanda, certamente realizará com maior velocidade a transação pretendida.

Ora, se o requerido já se encontra em fase de negociação do bem em questão, tendo ciência antes da devida proteção liminar, resultaria em uma futura sentença de procedência absolutamente ineficaz, uma vez que serviria como meio de otimizar o ato fraudulento que tem em mente como está prestes a ocorrer, conforme comprovado pela proposta de venda juntada.

Cabe informar a Vossa Excelência que, caso assim entenda, o requerente não se opõe à eventual determinação de que seja prestada a respectiva caução, nos termos do art. 300, § 1º, do CPC.

## D) DO PEDIDO PRINCIPAL

Informa o autor, em atenção ao disposto no art. 308 do CPC, que no prazo de 30 (trinta) dias, contados da efetivação da tutela cautelar, irá apresentar, nestes autos, a cobrança judicial do valor de R$ 140.000,00 (cento e quarenta mil reais), objeto do contrato de mútuo firmado entre as partes.

## III – DO PEDIDO

Diante do exposto, requer o autor:

a) concessão de medida liminar para que o bem que o requerido pretende alienar seja imediatamente arrestado sendo expedido ofício ao Cartório de Imóveis da Comarca do Guarujá-SP, para que o arresto conste da matrícula do imóvel, obstando, assim, futuras alegações de ignorância sobre a constrição judicial.

b) ao final, com o aditamento da petição inicial, que a liminar ora pleiteada seja confirmada por sentença, julgando o pedido de cobrança totalmente procedente e condenando o réu ao ônus da sucumbência;

c) a citação do réu, nos termos do art. 306 do CPC, para, no prazo de 5 (cinco) dias, contestar o pedido e indicar as provas que pretende produzir;

Requer a produção de todos os meios de provas em direito admitidos.

Dá-se à presente causa o valor de R$ 140.000,00 (cento e quarenta mil reais).

Termos em que pede deferimento.

Cidade, data, assinatura, OAB

## 3.2 TUTELA PROVISÓRIA CAUTELAR ANTECEDENTE DE SEPARAÇÃO DE CORPOS

 *PROBLEMA (OAB/SP. EXAME 113º – PONTO 2)*

João e Maria são casados pelo regime da comunhão parcial de bens desde agosto de 2016. Não possuem filhos e a casa onde residem, no bairro de Santo Amaro, é de propriedade comum do casal, tendo sido adquirida em fevereiro de 2017. Nos últimos meses, João, desempregado, passou a adotar conduta extremamente violenta com Maria. Frequentemente, chega a casa tarde da noite e bêbado, causando arruaça na vizinhança e acordando Maria aos berros. Na última semana, após algumas ameaças, agrediu Maria com utensílios domésticos, o que tornou insustentável o convívio do casal, com o inevitável rompimento da relação conjugal.

 *QUESTÃO:* Na qualidade de advogado de Maria, proponha a ação judicial cabível para defender seus interesses e afastá-la imediatamente do convívio de João. Considere, para esse efeito, que Maria pretende permanecer residindo no imóvel do casal.

 *SOLUÇÃO (SEGUNDO O GABARITO – DA OAB/SP – ADAPTADO PARA O CPC ATUAL)*

O candidato deverá propor ação cautelar de separação de corpos, com fundamento no art. 7º, § 1º, da Lei nº 6.515/1977 e nos arts. 294 e seguintes do CPC, perante algum dos Juízos de Família e Sucessões do Foro Regional de Santo Amaro. O pedido deverá incluir o requerimento de concessão de medida liminar para a expedição de alvará de separação de corpos que impeça João de se aproximar de Maria ou da residência do casal, podendo, se for o caso, ressalvar dia e hora para João retirar seus pertencentes pessoais. O candidato deverá, ainda, indicar como pedido seguinte o de divórcio, a ser apresentado em 30 (trinta) dias a partir da efetivação da liminar.

📄 **MODELO DE PEÇA**

EXCELENTÍSSIMO SENHOR DOUTOR JUIZ DE DIREITO DA ..... VARA DE FAMÍLIA E SUCESSÕES DO FORO REGIONAL DE SANTO AMARO DA COMARCA DA CAPITAL DE SÃO PAULO

**MARIA** (sobrenome), (nacionalidade), casada, (profissão), portadora da cédula de identidade RG n. (número), inscrita no CPF/MF sob o n. (número), residente e domiciliada em (cidade), com endereço em (endereço) e endereço eletrônico (e-mail), neste ato representada por seu advogado que esta subscreve, constituído nos termos do mandato anexo, com endereço em (endereço), local onde receberá intimações, vem, respeitosamente, perante Vossa Excelência, com fundamento nos arts. 294 e seguintes do CPC, requerer

### TUTELA PROVISÓRIA CAUTELAR ANTECEDENTE
### DE SEPARAÇÃO DE CORPOS COM PEDIDO DE LIMINAR

em face de **JOÃO** (sobrenome), (nacionalidade), casado, (profissão), portador da cédula de identidade RG n. (número), inscrito no CPF/MF sob o n. (número), usuário do endereço eletrônico (e-mail), residente e domiciliado em (cidade), com endereço em (endereço), pelas razões de fato e de direito a seguir expostos.

## I – DOS FATOS

As partes são casadas pelo regime da comunhão parcial de bens desde agosto de 2016. Não possuem filhos e a casa onde residem, no bairro de Santo Amaro, é de propriedade comum do casal, tendo sido adquirida em fevereiro de 2017.

Nos últimos meses, o requerido, desempregado, passou a adotar conduta extremamente violenta com a requerente. Frequentemente, chega a casa tarde da noite e bêbado, causando arruaça na vizinhança e acordando a requerente aos berros. Na última semana, após algumas ameaças, agrediu-a com utensílios domésticos, o que tornou insustentável o convívio do casal, com o inevitável rompimento da relação conjugal.

Feita a breve narrativa fática exigível para a compreensão da demanda, passa a autora a apontar a manifesta existência de seu direito ao afastamento do cônjuge do lar conjugal.

## II – DO DIREITO

### A) DA PROBABILIDADE DO DIREITO DA REQUERENTE

A atitude do requerido, totalmente inaceitável, deve ser censurada pelo Poder Judiciário.

Na hipótese dos autos, é indiscutível a procedência do pleito da requerida. Afinal, vêm sendo descumpridos os deveres do casamento previstos no art. 1.566, V, do CC, no que tange ao respeito e à consideração entre os cônjuges.

Ademais, as recentes atitudes do requerido (de chegar bêbado, agressivo e causar arruaças na rua) constituem conduta desonrosa e esta caracteriza a insuportabilidade da vida em comum, nos termos do art. 1.573, VI, do mesmo Código.

Assim, percebe-se claramente a plausibilidade do direito da requerente. Presente, assim, o requisito do art. 305 do CPC ante a exposição sumária do direito ameaçado.

### B) DO PERIGO DE DANO À REQUERENTE

No caso em tela, o perigo de dano em virtude da demora na entrega da prestação jurisdicional é evidente: os prejuízos que a autora sofrerá com a permanência do requerido na moradia do casal até que a demanda de divórcio seja processada são consideráveis. Sua integridade física e psicológica pode ser comprometida, já que as atitudes do requerido têm tornado insuportável a convivência do casal.

O boletim de ocorrência anexo, relativo à agressão com utensílios domésticos demonstra cabalmente o risco vivenciado pela requerente – que pode se agravar se o convívio com o requerido prosseguir.

## III – DO PEDIDO LIMINAR

Demonstrados os requisitos "probabilidade do direito" e "perigo de dano", revela-se imperiosa a concessão da tutela cautelar. Ocorre, entretanto, que, ainda que a cautelar seja modalidade de tutela de urgência, a situação em tela exige ainda mais celeridade na proteção do direito da autora.

O art. 300, § 2º, do CPC estabelece que "a tutela de urgência pode ser concedida liminarmente ou após justificação prévia".

É evidente que no presente caso a tutela cautelar se tornará inútil se ouvido o réu logo no início: será imprevisível a conduta dele ao ser cientificado da presente ação, podendo ele agredir a requerente mais gravemente a ponto de ensejar a ineficácia da futura proteção jurisdicional. Por tal razão, faz-se de rigor a concessão da medida inaudita altera parte.

De qualquer forma, caso entenda V. Exa. pela necessidade de audiência de justificação, a autora desde logo traz subsídios para tanto, juntando no anexo o rol das testemunhas cuja oitiva pretende.

### IV – DO PEDIDO PRINCIPAL A SER APRESENTADO NESTES AUTOS

Em atenção ao disposto no art. 308 do CPC, a autora informa que, no prazo de 30 dias da efetivação da tutela cautelar formulará, nestes mesmos autos, o pedido principal de divórcio objetivando de forma definitiva o fim do vínculo conjugal. Vale destacar que em tal demanda não serão pleiteados alimentos nem haverá bens a serem partilhados, razão pela qual o valor da causa será fixado em valor estimado.

### V – DO PEDIDO

Diante do exposto, a autora pleiteia a concessão de medida liminar para que o réu seja afastado da residência do casal e, no final da demanda, que a liminar de separação de corpos seja confirmada por sentença, quando será julgado também o pedido de divórcio e condenado o réu a arcar com os ônus da sucumbência.

Requer ainda:

a) a citação do requerido por oficial de justiça – nos termos do art. 247, V do CPC, justifica-se tal modalidade de citação para atender à conveniência de que o oficial realize, a um só tempo, a intimação sobre o deferimento da tutela de urgência e a citação – para que apresente contestação no prazo legal;

b) a produção de todos os meios de prova em direito admitidos.

Dá-se à presente causa o valor de R$ 1.000,00 (mil reais), para fins de distribuição.

Termos em que

Pede deferimento.

Cidade, data, assinatura, OAB

## 3.3 TUTELA PROVISÓRIA CAUTELAR ANTECEDENTE DE SUSTAÇÃO DE PROTESTO

### 🔍 PROBLEMA (OAB/SP. EXAME 103º – PONTO 1)

A pessoa jurídica "ABC Ltda.", com sede em São José do Rio Preto, recebeu aviso do Cartório de Protesto dessa cidade, indicando a apresentação para protesto de uma duplicata mercantil no valor de R$ 10.000,00. A suposta credora, "Indústria Y Ltda.", com sede em Araraquara, sacou a referida duplicata sem que tivesse ocorrido a correspondente compra e venda mercantil, entregando-a para cobrança, por endosso mandato, ao "Banco X S/A", com sede em São Paulo e agência (onde foi negociado o título) em São José do Rio Preto, que, no aviso do cartório, figura como apresentante do referido título.

 *QUESTÃO:* Como advogado da "ABC Ltda.", proponha a medida judicial cabível, visando evitar o protesto do título.

 **SOLUÇÃO ( CONFORME GABARITO ADAPTADO PARA O CPC ATUAL)**

Deverá ser apresentado requerimento de tutela provisória cautelar em caráter antecedente para buscar sustar o protesto, com fundamento no art. 297 do CPC e requerimento expresso de concessão da liminar para sustar o protesto da duplicata em função da inexistência da compra e venda mercantil. A medida deve ser proposta contra a Indústria Y Ltda., que é a endossatária do título e, portanto, a titular do crédito, uma vez que ocorreu o endosso mandato, que não transfere a titularidade da duplicata.

O foro competente é o do Cartório de Protesto, que, aliás, deve ser o mesmo do pagamento do título (São José do Rio Preto); se a ação for proposta em Araraquara (sede da ré e, portanto, foro competente para demandá-la na causa principal – art. 299 do CPC), desde que o examinando justifique a escolha do foro, a opção pode ser considerada correta, a critério do examinador; o valor da causa é o do próprio título (R$ 10.000,00).

Deverá constar da peça a demonstração específica da existência da probabilidade do direito (a inexistência da compra e venda mercantil) e do perigo de dano (prejuízo à imagem e ao crédito da sacada, caso venha a ocorrer o protesto).

Deverá, ainda, ser apontado o pedido principal, qual seja, a declaratória de nulidade ou de inexigibilidade do título trazido a protesto, por inexistir o crédito por ele representado.

A autora deverá, finalmente, justificar a concessão da medida sem a prestação de caução, uma vez que não se verificou a compra e venda, fazendo a ressalva, porém, de eventualmente prestá-la caso assim seja determinado pelo juízo.

O pedido deve ser o de procedência da tutela cautelar, com a sustação definitiva do protesto do título e a condenação da ré ao pagamento de custas e honorários.

 **MODELO DE PEÇA**

EXCELENTÍSSIMO SENHOR DOUTOR JUIZ DE DIREITO DA ..... VARA CÍVEL DO FORO DA COMARCA DE SÃO JOSÉ DO RIO PRETO – SP.

**ABC LTDA.**, pessoa jurídica de direito privado, inscrita no CNPJ/MF sob o n. (número), com endereço em São José do Rio Preto, em (endereço), endereço eletrônico (e-mail), por seu advogado que esta subscreve, constituído nos termos do mandato anexo, vem, respeitosamente, perante Vossa Excelência, com fundamento nos arts. 297 e seguintes do CPC e demais disposições aplicadas à espécie, requerer

### TUTELA PROVISÓRIA CAUTELAR ANTECEDENTE DE SUSTAÇÃO DE PROTESTO COM PEDIDO DE LIMINAR

em face de **INDÚSTRIA Y LTDA.**, pessoa jurídica de direito privado, inscrita no CNPJ/MF sob o n. (número), com sede em (endereço), Araraquara-SP, usuária do endereço eletrônico (e-mail), na pessoa de seu representante legal, pelos motivos de fato e de direito a seguir expostos.

## I – DOS FATOS

A autora recebeu aviso do Cartório de Protesto da cidade de São José do Rio Preto, local onde está sediada, indicando a apresentação para protesto de uma duplicata mercantil no valor de R$ 10.000,00 (dez mil reais).

Ocorre que a suposta credora, ora ré, sacou a referida duplicata sem que tivesse ocorrido a correspondente compra e venda mercantil, entregando-a para cobrança, por endosso mandato, ao Banco X S/A, com sede em São Paulo e agência em São José do Rio Preto, local onde o título em questão foi protestado; o referido Banco figura como seu apresentante junto ao cartório.

## II – DO DIREITO

### A) DA PROBABILIDADE DO DIREITO

A atividade da requerida de sacar duplicata sem que tivesse ocorrido a correspondente compra e venda mercantil, entregando-a para cobrança, deve ser amplamente rechaçada pelo Poder Judiciário.

A duplicata não poderia ter sido emitida sem que houvesse a respectiva compra e venda – e muito menos ter sido enviada à cobrança, por endosso-mandato. A Lei nº 5.474/1968 é clara ao estabelecer que a duplicata é título causal, só podendo ser extraída para documentar o crédito decorrente de compra e venda ou prestações de serviços.

Dessa forma, resta cabalmente comprovado que, se a duplicata jamais poderia ter sido sacada pela requerida, já que está desprovida de regularidade formal, ela é absolutamente inexigível.

### B) DO PERIGO DE DANO

No caso sub judice, indubitavelmente a requerente receia a ocorrência de grave lesão em seu patrimônio.

O perigo de ineficácia da prestação jurisdicional em virtude da demora na sua entrega é evidente. Não é difícil imaginar os prejuízos, tanto materiais como morais, que a requerente sofrerá com o indevido protesto de título, já que uma anotação junto aos órgãos de proteção ao crédito – consequência natural do protesto – manchará o bom nome que a requerente mantém perante seus clientes, fornecedores e parceiros comerciais. Assim, o protesto poderá acarretar perda de fornecedores e até mesmo colocar em risco a sobrevivência da requerente.

## III – DO PEDIDO LIMINAR

Demonstrados os requisitos da probabilidade do direito e do perigo de dano, imperiosa a concessão da tutela cautelar pleiteada. Ocorre, entretanto, que, ainda que a cautelar seja modalidade de tutela de urgência, a situação em tela exige ainda mais rapidez na proteção do direito do requerente.

O art. 300, § 2º, do CPC estabelece que "a tutela de urgência pode ser concedida liminarmente ou após justificação prévia".

É evidente que no presente caso a medida cautelar se tornará ineficaz se ouvida a ré, pois a espera pela citação ensejará demora e, nesse ínterim, já estará protestado o nome da autora.

Justifica-se, no caso dos autos, a concessão da medida sem a prestação de caução, uma vez que não se verificou a compra e venda. Contudo, a autora se dispõe, caso V. Exa. assim entenda, a prestar a caução mencionada no art. 300, § 1º, do CPC.

## IV – DO PEDIDO PRINCIPAL

Em atenção ao disposto no art. 308 do CPC, a autora informa que, no prazo de 30 dias da efetivação da tutela cautelar, formulará nos mesmos autos o pedido principal de declaração de inexistência de relação jurídica cambial para desobrigá-la do pagamento do valor constante da duplicata mercantil objeto da presente demanda cumulada com pedido de indenização por danos morais no valor de R$ 10.000,00 (dez mil reais).

## V – DO PEDIDO

Diante de todo o exposto, requer:

a) seja concedida a medida liminar para que o protesto seja imediatamente sustado – determinando-se imediatamente a expedição de ordem ao Cartório de Protesto competente para tanto;

b) ao final da demanda, a liminar seja confirmada por sentença, sendo o réu condenado a arcar com os ônus da sucumbência.

Requer ainda a citação do réu, por Oficial de Justiça – iniciativa que se justifica (CPC, art. 247, V) pela conveniência de intimação e citação simultâneas –, para que, querendo, apresente resposta no prazo legal, sob pena de revelia.

Dá-se à presente causa o valor de R$ 10.000,00 (dez mil reais).

Termos em que

Pede deferimento.

Cidade, data, assinatura do advogado, OAB

### 3.3.1 Variação do problema anterior: ação indenizatória decorrente de protesto indevido, com pedido liminar de tutela provisória cautelar antecedente de sustação de protesto

 *SOLUÇÃO: PETIÇÃO INICIAL COM PEDIDO DE TUTELA DE URGÊNCIA*

No caso acima indicado, a petição inicial se limitou a pleitear a tutela de urgência com posterior aditamento da inicial para formulação do pedido final.

Nada impede – sendo essa uma escolha do advogado e do cliente, considerando as especificidades do caso concreto – que já seja apresentada a petição inicial na íntegra com todos os possíveis pedidos (sem necessidade de posterior aditamento), havendo um tópico específico para formular o pedido de tutela de urgência, nos moldes acima expostos.

## 3.4 TUTELA PROVISÓRIA CAUTELAR ANTECEDENTE (PRESTAÇÃO DE SERVIÇOS MÉDICOS)

### 🔍 *PROBLEMA (OAB – V EXAME UNIFICADO – CIVIL – 2011 – datas adaptadas)*

Em 19 de março de 2019, Agenor da Silva Gomes, brasileiro, natural do Rio de Janeiro, bibliotecário, viúvo, aposentado, residente na Rua São João Batista, n. 24, apartamento 125, na Barra da Tijuca, Rio de Janeiro, RJ, contrata o Plano de Saúde Bem-Estar para prestação de serviços de assistência médica com cobertura total em casos de acidentes, cirurgias, emergências, exames, consultas ambulatoriais, resgate em ambulâncias e até mesmo com uso de helicópteros, enfim, tudo o que se espera de um dos melhores planos de saúde existentes no País.

Em 4 de julho de 2024, foi internado na Clínica São Marcelino Champagnat, na Barra da Tijuca, Rio de Janeiro, vítima de grave acidente vascular cerebral (AVC). Seu estado de saúde piora a cada dia, e seu único filho Arnaldo da Silva Gomes, brasileiro, natural do Rio de Janeiro, divorciado, dentista, que reside em companhia do pai, está seriamente preocupado.

Ao visitar o pai, no dia 16 de julho do mesmo mês, é levado à direção da clínica e informado pelo médico responsável, Dr. Marcos Vinícius Pereira, que o quadro comatoso do senhor Agenor é de fato muito grave, mas não há motivo para que ele permaneça internado na UTI (Unidade de Tratamento Intensivo) da clínica, e sim em casa com a instalação de *home care* com os equipamentos necessários à manutenção de sua vida com conforto e dignidade. Avisa ainda que, em 48 horas, não restará outra saída senão dar alta ao senhor Agenor para que ele continue com o tratamento em casa, pois certamente é a melhor opção de tratamento.

Em estado de choque com a notícia, vendo a impossibilidade do pai de manifestar-se sobre seu próprio estado de saúde, Arnaldo entra em contato imediatamente com o plano de saúde, e este informa que nada pode fazer, pois não existe a possibilidade de instalar *home care* para garantir o tratamento do paciente.

Desesperado, Arnaldo procura você, advogado(a), em busca de uma solução. Redija a peça processual adequada, fundamentando-a apropriadamente.

###  *SOLUÇÃO (COM ADAPTAÇÕES)*

Trata-se da hipótese em que o(a) examinando(a) deverá se valer de tutelas provisórias de urgência, sendo cabíveis cautelares antecedentes, com pedido de concessão de medida liminar, ou ação de conhecimento com pedido de concessão dos efeitos da tutela pretendida. Qualquer das modalidades eleitas pelo(a) examinando(a) são aceitas desde que a via processual guarde correlação com a fundamentação utilizada, raciocínio e argumentação jurídicos que apresentem elementos técnicos hábeis a pleitear a tutela jurisdicional à luz do caso exposto no enunciado. Assim, são considerados elementos como o endereçamento ao juízo competente de acordo com a natureza da ação e o rito processual escolhido pelo(a) examinando(a). No tocante à legitimidade processual, a indicação deverá guardar correlação lógica no discorrer da peça prático-profissional. Assim, caso o(a) examinando(a) indique o pai enfermo como autor da ação, necessariamente deverá fazer menção à juntada posterior do instrumento de procuração, conforme autoriza o art. 104 do CPC e/ou art. 5º, § 1.º, da Lei nº 8.906/1994 (Estatuto da OAB). Na hipótese do apontamento do filho do doente como autor da ação, deverá indicá-lo na qualidade de substituto processual e os dispositivos legais correspondentes. O mesmo deverá ser observado se houver o aponte do pai enfermo representado pelo filho. Em relação ao demandado, são consideradas as indicações do plano de saúde, do hospital, ou de ambos, em litisconsórcio passivo. Igualmente a escolha deverá ser devidamente fundamentada a guardar coerência com a medida eleita e fundamentação jurídica apresentada. A peça deverá conter os elementos obrigatórios: fato, fundamentação e pedido (art. 319, III, do CPC), e a omissão de qualquer desses elementos, importará em perda da pontuação, ainda que a via eleita seja dos juizados especiais cíveis, orientada por princípios próprios que lhe garantem a simplicidade e informalidade, mas por se tratar de peça simulada ajuizada por advogado, deve guardar conhecimento técnico e de elementos formais mínimos. No tocante à necessidade de pleito por concessão de liminar, o(a) examinando(a) deverá demonstrar a existência de probabilidade do direito e perigo de dano ou risco ao resultado útil do processo, requisitos indispensáveis para o seu deferimento. No caso da liminar requerida em tutela cautelar antecedente, a fundamentação se encontra no art. 305 do CPC e, em sede de antecipação de tutela na ação cognitiva, o fundamento legal é o art. 536, do CPC, sendo admitido o apontamento do art. 300 do CPC. Por fim, o(a) examinando(a) deve formular corretamente os pedidos na forma do art. 319 do CPC para que o(s) réu(s) seja(m) citado(s) e, no pedido principal, requerer a instalação imediata dos equipamentos de *home care* necessários e a transferência do idoso, sob pena de multa diária. Alternativa ou cumulativamente requerer a continuidade do tratamento ou a proibição de alta, sob pena de multa diária. Deve requerer a confirmação dos efeitos da tutela antecipada, indicar as provas que pretende produzir e que procedeu com o recolhimento das custas ou indicar o pedido de justiça gratuita. Requerer a condenação dos honorários de sucumbência, salvo se a via eleita for de competência dos juizados especiais cíveis. Ao final, indicar o valor da causa e apontar indicativos de data e local para o representante processual, apor sua assinatura, demonstrando conhecimento de que as petições devem, necessariamente, ser datadas e assinadas, embora na prova simulada não deva haver identificação.

 ## MODELO DE PEÇA

EXCELENTÍSSIMO SENHOR DOUTOR JUIZ DE DIREITO DA ___ VARA CÍVEL DO FORO DA COMARCA DA CAPITAL DO ESTADO DO RIO DE JANEIRO.

**AGENOR DA SILVA GOMES**, brasileiro, viúvo, aposentado, portador da Cédula de Identidade RG n. (número), inscrito no CPF sob o n. (número), residente nesta Capital, na Rua São João Batista, n. 24, apartamento 125, CEP n. (número), com endereço eletrônico (e-mail), neste ato representado pelo seu filho **ARNALDO DA SILVA GOMES**, brasileiro, divorciado, dentista, portador da Cédula de Identidade RG n. (número), inscrito no CPF sob o n. (número), usuário do endereço eletrônico (e-mail), residente e domiciliado nesta Capital, na Rua São João Batista, n. 24, apartamento 125, CEP n. (número), por seu advogado que esta subscreve, constituído nos termos do mandato anexo, e com domicílio na (endereço), onde receberá as intimações, vem, respeitosamente, perante Vossa Excelência, com fundamento nos arts. 297 e seguintes do CPC e demais disposições aplicadas à espécie, requerer

### TUTELA PROVISÓRIA CAUTELAR ANTECEDENTE *COM PEDIDO DE LIMINAR*

em face de **PLANO DE SAÚDE BEM-ESTAR**, pessoa jurídica de direito privado, inscrita no CNPJ/MF sob o n. (número), usuário do endereço eletrônico (e-mail), com endereço em Araraquara, em (endereço), na pessoa de seu representante legal, pelos motivos de fato e de direito a seguir expostos.

## I – DOS FATOS

O autor se encontra internado na Clínica São Marcelino Champagnat, na Barra da Tijuca, Rio de Janeiro, vítima de grave acidente vascular cerebral (AVC) desde o dia 4 de julho de 2024.

Outrora, em 19 de março de 2019, o requerente contratou o réu para prestação de serviços de assistência médica **com cobertura total** em casos de acidentes, cirurgias, emergências, exames, consultas ambulatoriais, resgate em ambulâncias e até mesmo com uso de helicópteros, enfim, tudo o que se espera de um dos melhores planos de saúde existentes no País.

Passados mais de 10 dias, o estado de saúde do requerente piora a cada dia e, em razão disso, o médico responsável, Dr. Marcos Vinícius Pereira, entendeu adequado ao tratamento retirar o requerente da UTI (Unidade de Tratamento Intensivo) da clínica e transferi-lo para sua casa, após a instalação de *home care* com os equipamentos necessários à manutenção de sua vida com conforto e dignidade.

Em razão de tal indicação médica, em 48 horas, o requerente terá alta hospitalar, sendo necessária a adequação da sua residência.

Apesar da existência de indicação médica e da cobertura total de seu plano de saúde, surpreendentemente a empresa requerida se nega a atender ao comando médico, dizendo que nada pode fazer e que não existe a possibilidade de instalar *home care* para garantir o tratamento do paciente.

Note-se, porém, que a ré, além de negar atendimento médico adequado, não apresenta outra solução - como a transferência para outro hospital -, o que coloca em risco a vida do requerente.

O autor está representado nos presentes autos pelo seu único filho, uma vez que se encontra em estado comatoso, sendo certo que já foi distribuída a competente ação de curatela – que pende de apreciação conforme comprova a certidão anexa aos autos. Tão logo ocorra a nomeação, será promovida a regularização do feito.

Assim, diante do quadro de grave risco em que se encontra o requerente, idoso e em coma, claro está o cabimento da presente medida.

## II – DO DIREITO

Na apresentação dos fundamentos jurídicos é indispensável a demonstração probabilidade do direito e do risco de dano ou perigo ao resultado útil do processo, que passamos a apresentar.

### A) DA PROBABILIDADE DO DIREITO

O autor tem pleno direito ao atendimento conforme solicitado, uma vez que a lei garante tal situação. Vejamos.

A Lei nº 8.080/1990 estabeleceu o Sistema Único de Saúde e determinou no seu art. 19-I que

"são estabelecidos, no âmbito do Sistema Único de Saúde, o atendimento domiciliar e a internação domiciliar:

§ 1º Na modalidade de assistência de atendimento e internação domiciliares incluem-se, principalmente, os procedimentos médicos, de enfermagem, fisioterapêuticos, psicológicos e de assistência social, entre outros necessários ao cuidado integral dos pacientes em seu domicílio.

§ 2º O atendimento e a internação domiciliares serão realizados por equipes multidisciplinares que atuarão nos níveis da medicina preventiva, terapêutica e reabilitadora.

§ 3º O atendimento e a internação domiciliares só poderão ser realizados por indicação médica, com expressa concordância do paciente e de sua família".

Por sua vez, a Lei nº 9.656/1998, que dispõe sobre planos e seguros privados de assistência à saúde, determinou no seu art. 10:

"É instituído o plano-referência de assistência à saúde, com cobertura assistencial médico-ambulatorial e hospitalar, compreendendo partos e tratamentos, realizados exclusivamente no Brasil, com padrão de enfermaria, centro de terapia intensiva, ou similar, quando necessária a internação hospitalar, das doenças listadas na Classificação Estatística Internacional de Doenças e Problemas Relacionados com a Saúde, da Organização Mundial de Saúde, respeitadas as exigências mínimas estabelecidas no art. 12 desta Lei, exceto:

I – tratamento clínico ou cirúrgico experimental;

II – procedimentos clínicos ou cirúrgicos para fins estéticos, bem como órteses e próteses para o mesmo fim;

III – inseminação artificial;

IV – tratamento de rejuvenescimento ou de emagrecimento com finalidade estética;

V – fornecimento de medicamentos importados não nacionalizados;

VI – fornecimento de medicamentos para tratamento domiciliar, ressalvado o disposto nas alíneas 'c' do inciso I e 'g' do inciso II do art. 12;

VII – fornecimento de próteses, órteses e seus acessórios não ligados ao ato cirúrgico;

VIII – (Revogado).

IX – tratamentos ilícitos ou antiéticos, assim definidos sob o aspecto médico, ou não reconhecidos pelas autoridades competentes;

X – casos de cataclismos, guerras e comoções internas, quando declarados pela autoridade competente".

Tendo o autor contratado plano de saúde com cobertura total, não poderia o requerido escusar-se da prestação de serviço de *home care*, uma vez que tais serviços não estão excepcionados pelo art. 10 da Lei nº 9.656/1998, incluindo-se entre aqueles que devem ser prestados pelo Sistema Único de Saúde.

Ora, se é o Estado que tem o dever de prestar o atendimento domiciliar (*home care*), maior dever tem o requerido que ofereceu plano de atendimento com cobertura total.

Dessa forma, resta cabalmente comprovado o dever de prestar o atendimento domiciliar, não havendo qualquer possibilidade da negativa do atendimento.

## B) DO PERIGO DE DANO

No caso *sub judice*, o autor receia a ocorrência de grave lesão à saúde.

Como exposto, ele está há mais de 10 dias internado numa UTI (Unidade de Tratamento Intensivo) e seu quadro comatoso é permanente, sendo indicada sua transferência para casa após a instalação de *home care* com os equipamentos necessários à manutenção de sua vida com conforto e dignidade.

Tal ocorrerá em 48 horas, e se o réu não tomar qualquer providência, o requerente poderá falecer.

Com efeito, o perigo de ineficácia da prestação jurisdicional em virtude da demora na sua entrega é evidente, não sendo necessária a apresentação de outros argumentos.

## III – DO PEDIDO LIMINAR

Demonstrados os requisitos da probabilidade do direito e do perigo de dano, imperiosa a concessão da tutela cautelar pleiteada. Ocorre, entretanto, que, ainda que a cautelar seja modalidade de tutela de urgência, a situação em tela exige ainda mais rapidez na proteção do direito do requerente.

O art. 300, § 2º, do CPC estabelece que "a tutela de urgência pode ser concedida liminarmente ou após justificação prévia".

É evidente que no presente caso a tutela cautelar se tornará ineficaz se ouvida a ré, já que a espera pela citação ensejará demora; nesse ínterim, o autor já estará de alta hospitalar, com sério risco de abalo à saúde ou mesmo morte.

Considerando a urgência da medida, o requerente se disponibiliza, caso V. Exa. assim entenda, a prestar a caução mencionada no art. 300, § 1º, do CPC.

## IV – DO PEDIDO PRINCIPAL

Em atenção ao disposto no art. 308 do CPC, o autor informa que, no prazo de 30 dias da efetivação da tutela cautelar, formulará nos autos o pedido principal de cumprimento de obrigação de fazer para a instalação dos equipamentos de *home care* necessários na residência do requerente, sob pena de multa diária a ser arbitrada pelo Juízo, além de pedido de indenização por danos morais no montante de R$ 10.000,00 (dez mil reais).

## V – DO PEDIDO

Diante do exposto, requer o autor seja concedida a medida liminar para a instalação imediata dos equipamentos de *home care* necessários na residência do requerente, para que seja possível a sua transferência, sob pena de multa diária a ser arbitrada por esse MM. Juízo, confirmando-se ao final a decisão liminar na r. sentença; com o julgamento de procedência dos pedidos (tanto cautelar quanto principal, a ser formulado), requer também a condenação da ré ao pagamento de custas processuais e honorários advocatícios a serem arbitrados por Vossa Excelência, nos termos do art. 85 do CPC.

Requer ainda:

a) a citação do requerido, por Oficial de Justiça – iniciativa que se justifica (CPC, art. 247, V) pela conveniência de intimação e citação simultâneas –, para que, querendo, apresente resposta no prazo legal, sob pena de revelia;

b) a produção das provas reputadas necessárias por V. Exa.

Dá-se à causa o valor de R$ 10.000,00 (dez mil reais), para fins de distribuição, comprovando o recolhimento das custas conforme guias que seguem.

Termos em que
Pede deferimento.
Rio de Janeiro, data, assinatura do advogado, OAB

## 3.5 PRODUÇÃO ANTECIPADA DE PROVAS

 **PROBLEMA (OAB/SP. EXAME 134º – PONTO 2)**

Túlio possui um terreno baldio, adquirido há vinte anos, que não é utilizado para nenhuma atividade econômica e cuja configuração permanece original. Após a ocorrência de chuvas de intensidade excepcional, no verão, o muro desse terreno tombou, tendo uma grande quantidade de água com terra invadido a casa de Marco, localizada abaixo do terreno de Túlio.

Por acreditar que Túlio seja o responsável pelos danos causados em sua residência, em razão de ter ele providenciado a realização de recente terraplanagem no imóvel, Marco pretende propor uma ação de reparação de danos. Contudo, receia que o estado geral do terreno possa ser alterado por atuação humana ou por causas naturais, o que tornaria impossível ou muito difícil a produção de provas no curso da ação de indenização.

 **SOLUÇÃO (SEGUNDO O GABARITO DA OAB – ADAPTADO PARA O CPC ATUAL)**

Deverá ser requerida produção antecipada de provas, com fundamento nos arts. 381 e seguintes do Código de Processo Civil e com pedido de concessão de medida liminar. Deve ser justificada, ainda que de forma sumária, a necessidade de antecipação, bem como devem ser mencionados com precisão os fatos sobre os quais há de recair a prova. Deve ser demonstrado o fundado receio de que venha a se tornar impossível ou muito difícil a verificação dos fatos na pendência da ação de indenização, expondo, ainda que de forma sumária, o direito ameaçado e o receio da lesão.

 **MODELO DE PEÇA**

EXCELENTÍSSIMO SENHOR DOUTOR JUIZ DE DIREITO DA ___ VARA CÍVEL DO FORO CENTRAL DA COMARCA DE SÃO PAULO – SP.

**MARCO** (sobrenome), (nacionalidade), (estado civil), (profissão), portador da cédula de identidade RG n. (número), inscrito no CPF/MF sob o n. (número), endereço eletrônico (e-mail), residente e domiciliado em (cidade), com endereço em (endereço), por seu advogado que esta subscreve, constituído nos termos do mandato anexo, vem, respeitosamente perante Vossa Excelência, com fundamento no art. 381 do Código de Processo Civil e mais disposições aplicadas à espécie, requerer

**PRODUÇÃO ANTECIPADA DE PROVAS**

em face de **TÚLIO** (sobrenome), (nacionalidade), (estado civil), (profissão), portador da cédula de identidade RG n. (número), inscrito no CPF/MF sob o n. (número), usuário do endereço eletrônico (e-mail), residente e domiciliado em (cidade), com endereço em (endereço), pelos motivos de fato e de direito a seguir expostos.

**I – DOS FATOS**

No último dia (data), após a ocorrência de chuvas de intensidade excepcional, o muro do imóvel localizado na Rua (endereço), de propriedade do requerido Túlio, tombou, fazendo com que uma grande quantidade de água com terra invadisse a casa do ora requerente.

É importante destacar que tal situação se deu em virtude de o requerido possuir um terreno, adquirido há vinte anos, que não é utilizado para qualquer finalidade, permanecendo em situação de aparente abandono.

Assim, como a casa do requerente está localizada abaixo do terreno do requerido, ela acabou suportando toda a água e terra que não foi detida pelo muro lá existente, tendo sofrido danos de grande monta, ainda não efetivamente liquidados, diante da necessidade de remoção de toda a terra para tanto.

Feita a breve narrativa fática que se exigia para a compreensão da ação, passa o requerente a apontar a manifesta existência de seu direito.

## II – DO DIREITO

### A) DO FUNDADO RECEIO DA DIFICULDADE DE VERIFICAÇÃO DOS FATOS NA PENDÊNCIA DA AÇÃO

Conforme demonstrado, o requerente acabou por sofrer danos de grande monta em sua residência decorrentes da negligência do requerido na manutenção do muro que ruiu, com a precipitação de chuvas após a realização de obras de terraplanagem no local.

Com efeito, para o ajuizamento da ação de reparação de danos, o requerente necessita se assegurar da adequada produção de provas, que está sob o risco de se perder, pois o estado geral do terreno pode ser alterado por atuação humana ou por causas naturais (novas chuvas).

Assim, torna-se indispensável a produção antecipada de provas, uma vez que poderá ser impossível ou muito difícil a produção de provas no curso da ação de indenização que será ajuizada, com a realização de obras para a remoção da terra ali acumulada.

O requerente encontra amparo ao seu pleito no determinado pelo art. 381, I, do CPC, que assim dispõe:

"a produção antecipada da prova será admitida nos casos em que:

I – haja fundado receio de que venha a tornar-se impossível ou muito difícil a verificação de certos fatos na pendência da ação."

Demonstrado assim, o direito que assiste o requerente, resta a demonstração do risco ao resultado útil do processo.

### B) DA NECESSIDADE DA ANTECIPAÇÃO DE PROVAS PARA JUSTIFICAR OU EVITAR O AJUIZAMENTO DE AÇÃO

Conforme o art. 381, inciso III, é de rigor a concessão da permissão de antecipação de provas se as provas possam justificar ou evitar o ajuizamento da ação.

Conforme informado, a área em questão está sob o risco de ter o seu estado geral alterado, seja pela atuação humana (remoção de terra), seja por causas naturais (novas chuvas ou ação da gravidade).

Assim, a produção de provas deve ter o seu início o quanto antes, uma vez que ela poderá se tornar impossível ou muito difícil com o passar do tempo.

É necessário ao autor averiguar quais foram os fatos causadores do dano gerado em sua propriedade, e se existe responsabilidade ou não do proprietário do terreno baldio vizinho.

Tal concessão também pode atender ao inciso II do artigo 381, possibilitando outro meio adequado de resolução do conflito, notadamente a autocomposição.

### III – DO PEDIDO LIMINAR

Superados os motivos que deixam flagrante o cumprimento dos requisitos legais para o deferimento da produção antecipada de provas, imperiosa a concessão da liminar para que seja produzida a prova pericial imediatamente, face à urgência na prestação jurisdicional do direito do requerente.

Fica clara a presença do requisito dos arts. 300, § 2º, e 381, I, do CPC: caso o réu seja citado, a medida poderá se tornar ineficaz porque o passar do tempo em situações como a dos autos é suficiente para alterar o status quo e prejudicar a produção da prova, tornando inútil a prestação jurisdicional.

Especificamente a prova deverá apurar os danos que foram produzidos, bem como o nexo de causalidade entre tais danos e o desmoronamento de água e terra do terreno vizinho e, naturalmente, se o desmoronamento foi provocado por alguma ação culposa do requerido.

### IV – DO PEDIDO

Diante de todo o exposto, requer seja julgada procedente o pedido deduzido para determinar que seja produzida a prova pericial, com a observância do disposto nos arts. 464 e seguintes do CPC, com a finalidade de apurar os danos que foram gerados, bem como o nexo de causalidade entre tais danos e o desmoronamento de água e terra do terreno vizinho e, naturalmente, se o desmoronamento foi provocado por alguma ação culposa do requerido.

Requer seja o requerido condenado ao pagamento de custas processuais e dos honorários advocatícios a serem arbitrados por Vossa Excelência, nos termos do art. 85 do Código de Processo Civil.

Requer ainda:

a) a citação do requerido para que, querendo, apresente resposta no prazo legal, sob pena de revelia;

b) a intimação de todos os termos do presente pedido, ao advogado do requerente, no seu domicílio profissional.

Dá-se à presente causa o valor de R$ 1.000,00 (mil reais), valor estimado para fins de distribuição.

Termos em que,

Pede Deferimento.

Local/Data

Nome e assinatura do Advogado, OAB n. (número)

**4**

# RECURSOS

## 4.1 AGRAVO DE INSTRUMENTO COM PEDIDO DE ANTECIPAÇÃO DE TUTELA RECURSAL

 **PROBLEMA (OAB/SP. EXAME 115º – PONTO 1)**

Orlando, domiciliado em São Paulo, no bairro do Tucuruvi, é proprietário de um imóvel rural, localizado na Comarca de Limeira, onde explora atividade agropecuária. Um dos imóveis rurais lindeiros foi comprado, recentemente, por Romário, também domiciliado em São Paulo, no bairro de Santo Amaro, o qual, tão logo tomou posse do imóvel por ele adquirido, começou a realizar, exatamente na divisa com Orlando, um vultoso aterro. Os antigos marcos divisórios foram soterrados, assim como antigas árvores existentes no local praticamente desapareceram sob a terra. E, pior, o aterro feito por Romário alterou o limite entre os dois imóveis, pois acabou modificando o curso de um pequeno rio que lhes servia de divisa.

Orlando propôs, no juízo competente, uma ação demarcatória com queixa de esbulho, formulando pedido de antecipação parcial da tutela para evitar que as obras prosseguissem. Pretendia, com tal requerimento, interromper a ampliação do aterro e impedir que a terra movimentada pelo vizinho avançasse ainda mais sobre a área de seu imóvel. No despacho inicial, foi ordenada a citação do réu, mas a antecipação da tutela foi negada, uma vez que não vislumbrou, o magistrado, perigo de dano irreparável, assim como sustentou ser dúbia a verossimilhança do direito do autor.

 *QUESTÃO:* Como advogado do autor da ação, atue no interesse do cliente.

-ᗡᓄᓂ- **SOLUÇÃO (SEGUNDO O GABARITO DA OAB/SP – ADAPTADO PARA O CPC/2015)**

Deverá Orlando interpor recurso de agravo de instrumento contra a decisão que negou a antecipação da tutela, pleiteando ao relator a concessão da providência negada pela decisão recorrida (antecipação de tutela recursal).

Deve-se destacar o cabimento do recurso por se tratar da hipótese prevista no art. 1.015, I, do CPC. O recurso deverá ser interposto diretamente ao Tribunal de Justiça do Estado de São Paulo.

Deverá o examinando indicar os advogados que atuam no processo e os respectivos endereços (no caso, explicando que o réu pode ainda não ter contestado a ação, ou nem mesmo ter sido citado), assim como deverá, de forma articulada, expor os motivos de fato e de direito e formular pedido de reforma da decisão atacada, justificando suas razões.

O recurso **depende** de preparo, razão pela qual **deverá ser mencionado** o recolhimento dessas custas. As peças de traslado necessário (art. 1.017, I, do CPC) e as de traslado útil deverão, igualmente, estar mencionadas na petição de interposição do recurso.

Nas razões do pedido de reforma da decisão, deverá o recorrente destacar a presença dos requisitos necessários à concessão da tutela antecipada (art. 300 do CPC), sustentando possibilidade do direito e o perigo de dano. Justificando o pedido de antecipação de tutela recursal, fundamentado no art. 1.019, I, do CPC, o recorrente deverá destacar a probabilidade de admissão do pedido deduzido na petição inicial e a possibilidade de sofrer dano irreparável ou de difícil reparação, se não for concedida a antecipação da tutela.

Considerando à época estarmos diante de processo físico, fala-se em juntada de documentos que instruem o agravo (CPC, art. 1.017) e juntada de cópia na origem (CPC, art. 1.018) – sendo que essas providências não são obrigatórias no caso de autos eletrônicos.

 ## MODELO DE PEÇA

EXCELENTÍSSIMO SENHOR DOUTOR DESEMBARGADOR PRESIDENTE DO EGRÉGIO TRIBUNAL DE JUSTIÇA DO ESTADO DE SÃO PAULO – SP

**ORLANDO** (sobrenome), (nacionalidade), (estado civil), (profissão), portador da cédula de identidade RG n. (número), inscrito no CPF/MF sob o n. (número), usuário do endereço eletrônico (e-mail), residente e domiciliado na Rua (endereço), no bairro do Tucuruvi, na cidade de São Paulo, por seu advogado que esta subscreve, vem, respeitosamente, à presença de V. Exa., nos termos dos arts. 1.015 e seguintes do CPC, interpor o presente

### AGRAVO DE INSTRUMENTO
### COM PEDIDO DE ANTECIPAÇÃO DE TUTELA RECURSAL

contra r. decisão proferida pelo Juízo da (...) Vara Cível do foro da Comarca de Limeira, nos autos da ação de demarcação de terras autuada sob o n. (número), que indeferiu pedido de tutela antecipada formulado em face de **ROMÁRIO** (sobrenome), (nacionalidade), (estado civil), (profissão), portador da cédula de identidade RG n. (número), inscrito no CPF/MF sob o n. (número), usuário do endereço eletrônico (e-mail), residente e domiciliado na Rua (endereço), no bairro de Santo Amaro, na cidade de São Paulo, pelas razões a seguir que passa a expor.

Justifica-se a interposição do presente agravo de instrumento considerando estarmos diante de uma das situações previstas no rol do art. 1.015 do CPC, especificamente no inciso I (tutela provisória de urgência, já que negada a liminar na origem). Tratando-se de tutela antecipada para restaurar os limites entre os imóveis, que foram removidos pelo agravado, visa-se a interromper a ampliação do aterro por ele construído e impedir que a terra movimentada pelo vizinho avance ainda mais sobre a área do imóvel do agravante. Eis por que se faz de rigor a devolução imediata da matéria a este E. Tribunal, para o fim de propiciar sua reforma.

Requer seja deferida inaudita altera parte a tutela antecipada pleiteada e, após os regulares trâmites, seja o agravo conhecido e integralmente provido.

Em cumprimento ao art. 1.016, IV, informa a agravante nome e endereço dos advogados constantes do processo:

– Pelo agravante: Dr. (nome completo), com escritório em (endereço).

– Pelo agravado: deixa de informar seus dados por não os conhecer, em decorrência de o agravado ainda não ter juntado procuração aos autos.

Com fulcro no art. 1.017, I e III, do CPC, vem indicar as peças que instruem o presente recurso:

### Das peças obrigatórias (art. 1.017, I):[1]

– cópia da petição inicial;

– cópia de decisão agravada;

– certidão da intimação da decisão agravada;

– procuração outorgada ao advogado da agravante;

– deixa de juntar a procuração outorgada ao advogado do agravado e a contestação em decorrência de ainda não se terem juntado aos autos – CPC, art. 1.017, II;

Nos termos do art. 425, IV, do CPC, as cópias das peças do processo são declaradas autênticas pelo próprio advogado, sob sua responsabilidade pessoal.

Informa, outrossim, que, em cumprimento ao art. 1.018 do CPC, no prazo legal de três dias, juntará aos autos do processo de origem cópia do presente recurso, da prova de sua interposição e do rol dos documentos que o instruem, requisito obrigatório somente caso o processo não seja eletrônico.

Informa ainda que, nos termos do art. 1.017, § 1º, do CPC, recolheu a taxa judiciária prevista legalmente, relativa ÀS CUSTAS E AO PORTE DE RETORNO, o que se comprova pela guia devidamente quitada que junta aos autos.

Termos em que

Pede deferimento.

Cidade, data, assinatura, OAB

(outra página)

### RAZÕES RECURSAIS

Agravante: Orlando (sobrenome)

Agravado: Romário (sobrenome)

Autos: (número)

Vara de Origem: (...) Vara Cível da Comarca de Limeira

---

[1] A juntada é obrigatória no processo físico; no processo eletrônico, é mera faculdade.

Egrégio Tribunal,

Colenda Câmara,

Nobres Julgadores:

## I – DOS FATOS/BREVE SÍNTESE DA DEMANDA

O agravante é proprietário de um imóvel rural, localizado na Comarca de Limeira, onde explora atividade agropecuária. Um dos imóveis rurais lindeiros foi comprado, recentemente, pelo agravado, o qual, tão logo tomou posse do imóvel por ele adquirido, começou a realizar, exatamente na divisa com o agravante, um vultoso aterro. Os antigos marcos divisórios foram soterrados, assim como antigas árvores existentes no local praticamente desapareceram sob a terra. E, pior, o aterro feito pelo agravado alterou o limite entre os dois imóveis, pois acabou modificando o curso de um pequeno rio que lhes servia de divisa.

O agravante propôs, no juízo competente, ação demarcatória com queixa de esbulho com pedido de antecipação parcial da tutela para evitar que as obras prosseguissem. Pretendia, com tal requerimento, interromper a ampliação do aterro e impedir que a terra movimentada pelo vizinho avançasse ainda mais sobre a área de seu imóvel. No despacho inicial, foi ordenada a citação do réu (ora agravado), mas a antecipação da tutela foi negada, uma vez que não vislumbrou o magistrado perigo de dano irreparável, assim como sustentou ser dúbia a verossimilhança do direito do autor.

Tal decisão, todavia, não merece prosperar, conforme se demonstrará.

## II – DAS RAZÕES DO INCONFORMISMO

## 1. DO PEDIDO DE REFORMA DA DECISÃO

A conduta do agravado, em clara violação ao direito de propriedade do agravante e ao direito de vizinhança, precisa cessar, razão pela qual foi proposta a adequada ação de demarcação de terras com queixa de esbulho no juízo competente.

Afinal, com base no art. 1.297 do CC, "o proprietário tem direito a cercar, murar, valar ou tapar de qualquer modo o seu prédio, urbano ou rural, e pode constranger o seu confinante a proceder com ele à demarcação entre os dois prédios, a aviventar rumos apagados e a renovar marcos destruídos ou arruinados, repartindo-se proporcionalmente entre os interessados as respectivas despesas".

Como sua atividade tem se intensificado a cada dia, em claro prejuízo ao direito do agravante, revela-se necessária a concessão da tutela antecipada, cujos requisitos estão indubitavelmente presentes no caso em tela. Assim, faz-se de rigor que ao presente recurso seja dado integral provimento para reformar a decisão de primeiro grau que negou a parcial antecipação pretendida.

A verossimilhança do direito do agravante é evidente, uma vez que, sendo proprietário, tem o direito a ver delimitados os limites de seu imóvel, que foram indevidamente removidos pelo réu, ora agravado.

O fundado receio de dano irreparável justifica-se pelos deletérios efeitos que podem advir da confusão pela falta de delimitação dos terrenos. A atividade do réu, ora agravado, precisa cessar com urgência.

## 2. DO PEDIDO DE ANTECIPAÇÃO DA TUTELA RECURSAL

Dispõe o art. 1.019, I, do CPC que o relator pode deferir a antecipação, total ou parcial, da tutela recursal.

O art. 300 do CPC explicita os requisitos de concessão da tutela antecipada, referindo-se, em seu caput, à probabilidade do direito e perigo de dano, ou risco ao resultado útil do processo. No caso em tela, estão presentes ambos os requisitos, sendo de rigor tal concessão; senão, vejamos.

Pelas circunstâncias fáticas da causa, que se aceleram com o passar do tempo com uma rapidez preocupante, para que não se agrave a situação e possa o agravante ver restabelecido seu direito de propriedade em sua integridade, é necessária a concessão, pelo relator, da antecipação de tutela recursal, nos termos do art. 1.019, I, do CPC, com vistas a interromper a ampliação do aterro e impedir que a terra movimentada pelo vizinho avance ainda mais sobre a área de seu imóvel.

Como já exposto, o provimento definitivo deste agravo é altamente provável, em virtude da violação clara aos limites dos imóveis e do direito de propriedade; há, portanto, a probabilidade do direito indicada pelo caput do art. 300 do CPC.

Ademais, a possibilidade de que venha a sofrer dano irreparável ou de difícil reparação, se não for concedida a antecipação da tutela, é evidente, já que a obra do aterro vem aumentando e o prejuízo do agravante o faz na mesma proporção, já que suas terras vêm sendo, dia após dia, cada vez mais atingidas, prejudicando a atividade econômica que nelas desenvolve.

Devidamente demonstrado o preenchimento dos requisitos do art. 300 do CPC, revela-se imperiosa a concessão da tutela antecipada pretendida, nos termos do art. 1.019, I, do CPC.

## III – CONCLUSÃO E PEDIDO

Por todo o exposto, requer-se seja o recurso conhecido, concedendo-se de imediato a antecipação de tutela para interromper a ampliação do aterro e impedir que a terra movimentada pelo vizinho avance ainda mais sobre a área do imóvel do agravante, sendo, no mérito, dado integral provimento ao presente recurso, confirmando a antecipação de tutela e reformando a decisão ora impugnada.

Considerando que o agravado ainda não foi citado, não se mostra possível a intimação da parte contrária por seu advogado. Assim, caso V. Exa. entenda necessário ouvi-lo, requer sua intimação por correio (CPC, art. 1.019, II).

Desejo zerar minhas estatísticas

Termos em que

Pede deferimento.

Cidade, data, assinatura, OAB

## 4.2 AGRAVO DE INSTRUMENTO COM PEDIDO DE ANTECIPAÇÃO DOS EFEITOS DA TUTELA RECURSAL

### 🔍 PROBLEMA

Vítima de furto teve alguns de seus cheques utilizados de forma indevida por fraudador que realizou compras no MERCADO X. Como não havia provisão de fundos, os títulos foram devolvidos. Não obstante a informação do banco de que os cheques foram objeto de furto, o MERCADO X enviou o nome do autor ao Serasa. O autor então moveu, na comarca de seu domicílio (Presidente Prudente), ação para declaração de inexistência de relação jurídica em face do MERCADO X, pleiteando antecipação de tutela para evitar que seu nome fosse negativado no Serasa; o pedido, contudo, foi negado pelo juiz.

### 💡 SOLUÇÃO

Interposição de agravo de instrumento, com pedido de antecipação de tutela, para que seu nome seja, liminarmente, retirado dos cadastros do Serasa.

### 📄 MODELO DE PEÇA

EXMO SR. DR. DESEMBARGADOR PRESIDENTE DO EGRÉGIO TRIBUNAL DE JUSTIÇA DO ESTADO DE SÃO PAULO

**FULANO** (qualificação completa), por seu advogado que esta subscreve (procuração anexa), vem, respeitosamente, nos termos do art. 1.015 do CPC e demais dispositivos aplicáveis, interpor o presente

**AGRAVO DE INSTRUMENTO COM PEDIDO LIMINAR
DE ANTECIPAÇÃO DOS EFEITOS DA TUTELA RECURSAL**

buscando reformar a r. decisão interlocutória que denegou a antecipação de tutela pleiteada pelo autor, ora agravante, nos autos do processo movido em face de **MERCADO X** (qualificação completa), pelas razões de fato e de direito a seguir aduzidas.

Considerando o disposto no artigo 1.015, inciso I, do Código de Processo Civil, é cabível agravo de instrumento da decisão interlocutória que versar sobre tutelas provisórias.

Instrui o agravante o presente recurso com cópias dos documentos obrigatórios indicados no art. 1.017 do CPC – ainda que não seja obrigatório por se tratar de processo eletrônico, assim se faz para facilitar a compreensão da causa por parte de V. Exa.:

(i) petição inicial e contestação,

(ii) decisão agravada,

(iii) certidão de intimação da decisão agravada e

(iv) procurações outorgadas aos advogados do agravante e do agravado.

Além disso, junta o agravante as seguintes cópias facultativas:

(v) outros documentos, capazes de comprovar as alegações do agravante.

Declara o subscritor deste recurso que as cópias anexadas são autênticas, conforme autorizado pelo art. 425, IV, do CPC.

Outrossim, nos termos do art. 1.016, IV, do CPC, informa o agravante o endereço dos patronos das partes:

– Pelo Agravante: nome e endereço.

– Pelo Agravado: nome e endereço.

Informa ainda o devido recolhimento dos valores exigidos a título de preparo e porte de retorno, pedindo assim a juntada da respectiva guia.

Termos em que

Pede e espera deferimento.

Cidade, data.

Advogado, OAB.

[outra página]

## MINUTA DE AGRAVO DE INSTRUMENTO

Agravo de Instrumento

Dados Origem

Processo n. 0006978-11.2022.8.26.0387

1ª Vara Cível de Presidente Prudente

Agravante: FULANO

Agravado: MERCADO X

Egrégio Tribunal,

Colenda Turma,

Ínclitos Julgadores:

## I – EXPOSIÇÃO DO FATO E DO DIREITO

Trata-se de agravo de instrumento contra a r. decisão interlocutória que denegou pedido de antecipação dos efeitos da tutela (tutela provisória de urgência) para excluir o nome do autor, ora agravante, de cadastro restritivos de crédito (Serasa).

Consoante se vê na petição inicial e nos documentos anexos, o talonário do agravante foi furtado, tendo sido alguns cheques utilizados de forma indevida por fraudador que realizou compras no MERCADO X.

Como não havia provisão de fundos, os títulos utilizados foram devolvidos. Não obstante a informação do banco de que os cheques foram objeto de furto, o MERCADO X enviou o nome do autor ao Serasa.

Ajuizada a demanda, o pedido liminar foi denegado sob o argumento de que "ausente a verossimilhança necessária à concessão da tutela provisória antecipatória".

Vale consignar que, apesar da denegação da liminar, o julgador afirmou estar presente, no caso, o "perigo de dano" (CPC, art. 300).

Dessa r. decisão é que, tempestivamente, recorre o agravante.

## II – RAZÕES DO PEDIDO DE REFORMA DA R. DECISÃO

Com a devida vênia ao julgador a quo, a r. decisão interlocutória recorrida não pode prevalecer.

A antecipação dos efeitos da tutela deve ser concedida quando estiver presente a "probabilidade do direito e o perigo de dano" (CPC, art. 300).

Ora, no presente feito, é mais que provável a alegação do agravante de que foi furtado – e, consequentemente, seu direito a não ter o nome negativado. Neste exato sentido, basta conferir os documentos anexos (i) boletim de ocorrência de furto; (ii) documento de sustação dos cheques; (iii) cópia de cheque devolvido, em que se percebe a olho nu a gritante diferença entre a assinatura constante do título e a assinatura do ora agravante, titular da conta; (iv) informação do banco ao agravado informando-o da ocorrência do furto.

Se tal conjunto de documentos não for capaz de comprovar a verossimilhança da alegação, como será possível obter uma antecipação de tutela no Judiciário? Deve-se lembrar que a tutela provisória antecipada constitui provimento de urgência que, por sua própria natureza, é configurada por uma cognição sumária e não exauriente dos elementos de convicção. Não se pode exigir demais do postulante sob pena de denegação de justiça.

Destarte, fica evidente que a r. decisão recorrida merece ser reformada.

## III – DA ANTECIPAÇÃO DOS EFEITOS DA TUTELA RECURSAL

Além de estarem presentes os requisitos necessários ao provimento do agravo, certo é que igualmente estão presentes os requisitos para que se conceda, no presente feito, a antecipação dos efeitos da tutela recursal – ou seja, que se retire o nome do agravante dos cadastros restritivos desde já. É o que permite o CPC, conforme os arts. 300 e 1.019, I.

No que tange ao "perigo de dano" a que alude o art. 300 do CPC, o próprio julgador a quo reconheceu sua presença. A cada momento que passa, perdura a situação grave para o agravante: seu nome encontra-se inscrito, injustamente, em cadastro restritivo de crédito, que lhe causa toda sorte de transtornos e dissabores, para realizar qualquer compra a crédito ou transação comercial (fato notório que independe de prova – CPC, art. 374, I).

De outra banda, em relação à "probabilidade do direito" (CPC, art. 300, caput), por amor à brevidade nos reportamos ao tópico II supra, em que se percebe claramente que não foi o agravante quem emitiu referidos cheques, mas sim terceiro, que furtou o talonário; há suficientes elementos de convicção neste sentido.

### IV – PEDIDO

Pelo exposto, sendo certo que o agravante está sofrendo prejuízos por ato que não cometeu, merece imediata reforma a r. decisão interlocutória.

Diante disso, pede e requer o agravante a V. Exa. que:

a) liminarmente, sejam concedidos os efeitos da antecipação da tutela recursal, para que o nome do agravante seja excluído dos cadastros restritivos de crédito (CPC, art. 1.019, I);

b) seja o agravado intimado para que responda a este agravo (CPC, art. 1.019, II);

c) seja reformada a r. decisão recorrida em definitivo, para que se exclua o nome do agravante de cadastros restritivos, com o conhecimento e provimento do presente recurso.

Termos em que

Pede e espera deferimento.

Cidade, data, advogado, OAB.

## 4.3 AGRAVO DE INSTRUMENTO COM PEDIDO DE EFEITO SUSPENSIVO

 ### PROBLEMA

Maria Pereira ajuíza demanda de cobrança em face do espólio do devedor falecido; contudo, o juiz determina a emenda da inicial, em dez dias, para que corrija o polo passivo (em que devem figurar os herdeiros), sob pena de extinção do processo sem resolução de mérito. O inventário do falecido ainda não terminou.

 ### SOLUÇÃO

Interposição de agravo de instrumento para que o Tribunal reconheça que o polo passivo possa ser ocupado pelo espólio. Também deverá ser feito o pedido de efeito suspensivo para obstar a extinção do processo até o julgamento do agravo.

OBJETO DESTE RECURSO: *Obter, liminarmente, ordem judiciária concedendo efeito suspensivo ao agravo de instrumento para sobrestar o feito até decisão deste E. Tribunal, obstando a extinção do processo sem resolução de mérito. Ao final, visa-se obter a reforma da r. decisão recorrida, que determinou a substituição do espólio pelos herdeiros do falecido.*

Quanto ao cabimento do agravo, trata-se de um bom exemplo de que se pode valer da "taxatividade mitigada" a justificar o uso do recurso.

 **MODELO DE PEÇA**

EXMO. SR. DR. DESEMBARGADOR PRESIDENTE DO EGRÉGIO TRIBUNAL DE JUSTIÇA DO ESTADO DO PARANÁ.

**MARIA PEREIRA**, (qualificação completa), vem, respeitosamente, perante Vossa Excelência, por seus advogados infra-assinados, com fundamento na lei (CPC, arts. 1.015 e seguintes), interpor o presente recurso de

### AGRAVO DE INSTRUMENTO
### COM PEDIDO LIMINAR DE EFEITO SUSPENSIVO

em face da r. decisão de fls. que, na ação de cobrança em trâmite perante a 4ª Vara Cível do Foro de Paranaguá, sob n. (nº dos autos), determinou o aditamento da inicial, de forma a modificar o polo passivo da demanda, substituindo-se o **ESPÓLIO DE HENRIQUE COELHO**, representado pelo inventariante JOÃO COELHO (qualificações), por todos os herdeiros, individualmente.

### I – EXPOSIÇÃO DO FATO E DO DIREITO

A autora, ora agravante, promoveu ação para cobrar empréstimo efetuado ao falecido Henrique Coelho um ano antes de sua morte.

Foi aberto o arrolamento (nº dos autos, 4ª Vara Cível de Paranaguá) dos bens deixados pelo autor da herança; a agravante tentou habilitar seu crédito, mas foi rechaçada em sua pretensão porque o juízo entendeu que deveria antes promover ação de cobrança pela via ordinária.

Ajuizado o pedido condenatório, por não estar encerrada a sucessão – portanto tratando-se de universalidade, conforme a melhor jurisprudência –, foi colocado no polo passivo o espólio, representado pelo inventariante (CPC, art. 75, VII).

No entanto, a r. decisão recorrida (doc. anexo), conforme exposto, ordenou a emenda da exordial, com a presença de todos os herdeiros do *de cujus*.

Com a devida vênia, tal decisão não pode prosperar, consoante se demonstrará.

### II – CABIMENTO DESTE RECURSO

O recurso deve ser admitido por estarem presentes todos os seus requisitos. Senão, vejamos: o recurso é tempestivo; houve sucumbência da agravante; a decisão foi interlocutória, portanto cabível o agravo; recurso formalmente regular e preparo porte de retorno, recolhido.

É cabível a utilização do agravo de instrumento com base na tese da "taxatividade mitigada" consagrada em recurso especial repetitivo no STJ.

Como se sabe, aquele E. Tribunal firmou o seguinte entendimento: "o rol do artigo 1.015 do CPC é de taxatividade mitigada, por isso admite a interposição de agravo de instrumento quando verificada a urgência decorrente da inutilidade do julgamento da questão no recurso de apelação" (REsp 1.696.396 e REsp 1.704.520).

Ora, se não houver esse agravo, como não será possível atender ao comando do r. juízo de origem, o processo será extinto; portanto, resta demonstrada a inutilidade do julgamento da questão apenas quando da apelação, considerando todo o tempo decorrido.

### III – JUNTADA DAS PEÇAS OBRIGATÓRIAS E FACULTATIVAS

Nesta oportunidade são juntadas as peças obrigatórias (docs. anexos), a saber: cópia reprográfica da petição inicial, da r. decisão agravada, da certidão da intimação desta r. decisão e da procuração outorgada pela agravante (CPC, art. 1.017, I).

Não há que falar em procuração do agravado ou contestação visto não haver ocorrido a citação (CPC, art. 1.017, II).

O endereço do patrono da agravante é o seguinte: (endereço).

Facultativamente, é juntada cópia do pedido realizado no arrolamento do *de cujus*.

As cópias são declaradas autênticas pelo advogado que interpõe este recurso (CPC, art. 425, IV).

### IV – RAZÕES DO PEDIDO DE EFEITO SUSPENSIVO

Com a devida vênia, em face do já exposto, não deve prosperar o entendimento do MM. Juiz a quo. Claro resta que, não encerrada a partilha, deve o polo passivo ser ocupado pelo espólio.

Assiste, então, com base na jurisprudência pacífica desse Eg. Tribunal, direito à agravante. Presente, destarte, a relevância da fundamentação mencionada no art. 1.019, I, do CPC, apta a ensejar o efeito suspensivo.

Quanto à lesão grave e de difícil reparação, em face da falta de emenda da inicial, provável é que, conforme entendimento do ilustre magistrado, ocorra a extinção do processo sob o fundamento de falta de condição da ação (ilegitimidade passiva do espólio). Tal sentença, com a demora para ser reformada, seguramente resultaria em perigo de dano (CPC, art. 1.019, I) para a agravante, dificultando em demasia a obtenção da devida prestação jurisdicional.

E não é só. Se julgado extinto o processo, o arrolamento prosseguirá, ficando praticamente impossível à agravante a obtenção do numerário a que faz jus.

Portanto, nos termos da lei, que faculta ao relator suspender o cumprimento da decisão até o pronunciamento definitivo da câmara (CPC, art. 1.019), pleiteia-se a suspensão do processo até a decisão a ser proferida neste recurso.

### V – PEDIDO E REQUERIMENTOS

Em face do exposto, pede-se e requer-se a V. Exa.:

a) seja concedida a liminar inaudita altera parte, de modo a sobrestar o processo até decisão final deste recurso;

b) ao final seja provido este agravo e reformada a r. decisão interlocutória recorrida, para reconhecer a legitimidade do espólio;

c) seja o agravado intimado, por correio, para, querendo, manifestar-se quanto aos termos do agravo (CPC, art. 1.019, II);

d) seja ouvido o Ministério Público (CPC, art. 1.019, III, c/c o art. 178), por haver herdeiros menores do *de cujus*.

Termos em que

pede e espera deferimento.

Osasco, data, assinatura, OAB

## 4.4 AGRAVO EM RECURSO ESPECIAL (AGRAVO "DE DECISÃO DENEGATÓRIA DE RECURSO ESPECIAL" – CPC, ART. 1.042)

###  PROBLEMA

Por força de um atraso aéreo, KÁTIA ROBERTA COSTA e seu marido promoveram demanda pleiteando danos morais. A sentença foi de procedência, em valor elevado, apesar de a empresa aérea ter sustentado força maior (problema de mau tempo determinou o fechamento de um aeroporto e gerou atrasos no país inteiro).

A apelação da empresa aérea não foi provida, mantendo-se a elevada condenação. Após embargos de declaração para fins de prequestionamento, foi interposto REsp, não admitido no Tribunal de Justiça de Minas Gerais, sob os argumentos de que não foram observados os requisitos constitucionais, de que não teria havido prequestionamento e de que a discussão envolveria matéria fática.

###  SOLUÇÃO

Deverá ser interposto agravo em recurso especial (CPC, art. 1.042). Recurso interposto na origem (Tribunal intermediário), a ser julgado pelo Tribunal de destino (no caso, tratando-se de REsp, STJ).

### 📄 MODELO DE PEÇA

EXCELENTÍSSIMO SENHOR DOUTOR DESEMBARGADOR PRESIDENTE DO EGRÉGIO TRIBUNAL DE JUSTIÇA DO ESTADO DE MINAS GERAIS – MG.

PROCESSO N.: (nº dos autos)

AGRAVANTE: EMPRESA AÉREA LTDA.

AGRAVADOS: KÁTIA ROBERTA COSTA E OUTRO

EMPRESA AÉREA LTDA., pessoa jurídica de direito privado inscrita no CNPJ n. (número), com endereço na (endereço) e endereço eletrônico (e-mail), neste ato representada por sua advogada que esta subscreve, vem, respeitosa e tempestivamente, à presença de Vossa Excelência, com fundamento no artigo 1.042 do Código de Processo Civil e demais dispositivos pertinentes, interpor o presente

## AGRAVO EM RECURSO ESPECIAL

contra v. decisão que não admitiu o recurso especial, pelas razões de fato de direito expostas na minuta anexa.

Conforme art. 1.042 do CPC, não há necessidade de juntar quaisquer cópias, já que se trata de agravo nos próprios autos do recurso.

Outrossim, o recurso independe do recolhimento de custas e despesas postais (§ 2º do artigo retrocitado).

Requer digne-se Vossa Excelência a determinar o seu regular processamento, com oitiva da parte contrária e reconsideração. Contudo, caso não haja reconsideração, requer-se a remessa deste recurso ao COLENDO SUPERIOR TRIBUNAL DE JUSTIÇA, em conformidade com o trâmite processual exigido.

Termos em que,

pede e espera deferimento.

Belo Horizonte, data.

Assinatura, OAB

## RAZÕES DE AGRAVO EM RECURSO ESPECIAL
### (DECISÃO DENEGATÓRIA DE RECURSO ESPECIAL)

PROCESSO N.: (nº dos autos)

AGRAVANTE: EMPRESA AÉREA LTDA.

AGRAVADOS: KÁTIA ROBERTA COSTA E OUTRO

Origem: TJMG


Colendo Superior Tribunal de Justiça,

Egrégia Turma,

Eméritos Ministros,

Em que pese o costumeiro acerto, o nobre Tribunal *a quo*, no caso em comento, afastou-se da melhor solução jurídica.

Insurge-se a agravante, por meio do presente recurso, em face da v. decisão monocrática que não admitiu o Recurso Especial interposto perante o v. acórdão proferido pelo E. Tribunal *a quo*.

Referido acórdão decidiu apelação interposta pela EMPRESA com o escopo de reformar a r. sentença proferida por juízo de 1º grau, que julgou o pedido procedente, condenando a ora agravante a pagar aos agravados, por atraso em viagem aérea, a quantia exorbitante de 300 (trezentos) salários mínimos. O v. acórdão julgou a apelação e manteve a r. decisão de 1º grau, tal como lançada. Foram opostos embargos declaratórios para fins de prequestionamento (nos termos do art. 1.025 do CPC).

Sustentou-se, durante todo o feito, a inexistência de dolo ou culpa da EMPRESA, tratando-se de hipótese de força maior o atraso, já que houve fechamento de um aeroporto por questões de mau tempo – e que isso, em efeito cascata, acarretou o atraso do voo dos agravados. Alegou-se, ainda, em grau recursal, que o valor concedido a título de indenização era deveras elevado, destoando da jurisprudência e criando clara situação de enriquecimento sem causa.

Inconformada com o V. Acórdão, a ora Agravante interpôs, tempestivamente, Recurso Especial, o qual não foi admitido.

O MM. Desembargador Vice-Presidente do E. Tribunal de Justiça de Minas Gerais fundamentou a não admissão do Recurso Especial nos seguintes tópicos:

a) o Recurso Especial não se amolda à hipótese constitucional de admissibilidade prevista no art. 105, III, *a* e *c*;

b) ausência de prequestionamento;

c) impossibilidade de revisão de valor da indenização por se tratar de matéria fática, o que é vedado pela Súmula 7 do C. STJ.

*Data maxima venia*, a v. decisão que negou seguimento ao Recurso Especial merece reforma, pois a interposição deste obedeceu aos requisitos legais e constitucionais e às exigências jurisprudenciais, de sorte que os fundamentos trazidos pelo Tribunal a quo para justificar a não admissão deste devem ser afastados.

## I – DA SUBSUNÇÃO DA HIPÓTESE À NORMA PREVISTA NO ART. 105, INCISO III, *A* E *C*, BEM COMO DA EXISTÊNCIA DE PREQUESTIONAMENTO

É patente a observância, pela agravante, dos critérios exigidos na Constituição Federal, quando interpôs o Recurso Especial.

Ao compulsar a peça recursal, podemos aferir a subsunção da interposição à norma constitucional, vejamos:

O atendimento ao disposto na alínea a, do inciso III, do art. 105 da Carta Magna evidencia-se na discussão, aventada no Recurso Especial, sobre a aplicação de dispositivos de leis federais, que foram violados.

As referidas **normas, que foram discutidas e devidamente prequestionadas** em Recurso Especial e que merecem apreciação por esse C. Superior Tribunal de Justiça, são:

a) arts. 186 e 927 do Código Civil (fls. xxx);

b) art. 393, caput e parágrafo único, do Código Civil (fls. xxx);

c) art. 884 do Código Civil (fls. xxx).

Tais artigos foram claramente expostos no Recurso Especial; a Agravante, inclusive, apontou onde residem as violações. Ressalte-se que, como acima observado, consta entre parênteses a localização em que a matéria indicada foi objeto de debate no v. acórdão a quo. Houve previamente a discussão da matéria supramencionada, cumprindo-se, assim, o requisito do prequestionamento.

Mas, ainda que assim não o fosse, considerando a oposição de embargos declaratórios para esse fim, considera-se realizado o prequestionamento, ainda que o Tribunal não tenha, em sua resposta, se pronunciado sobre os dispositivos questionados. É a previsão do art. 1.025 do CPC.

Portanto, **foi preenchido o requisito previsto na alínea** a **do inciso III do art. 105 da Constituição Federal**.

Quanto ao atendimento ao artigo 105, inciso III, alínea c, da Carta Magna, é importante observar que a agravante trouxe à colação, em sede de Recurso Especial, decisões proferidas por outros Tribunais, que divergem do entendimento exposto no v. Acórdão recorrido – foram, inclusive, apresentados diversos arestos do próprio C. Superior Tribunal de Justiça.

A agravante obedeceu ao preceito constitucional supracitado, mencionando os acórdãos que divergem da decisão recorrida em sede de Recurso Especial, demonstrando os pontos divergentes e trazendo cópia das decisões para comprovar a divergência. É o que se apura da análise do Recurso Especial. Assim, **houve a demonstração do dissídio jurisprudencial** nos moldes exigidos por essa Egrégia Corte.

## II – DA NÃO VIOLAÇÃO À SÚMULA 07 DO C. STJ

Ainda no que tange à admissibilidade do presente Recurso Especial, não se aplica a disposição contida na Súmula nº 07 desse Egrégio Superior Tribunal, segundo a qual "A pretensão de simples reexame de prova não enseja recurso especial".

O que se requer no presente recurso não é a análise dos fatos, além dos tratados no v. acórdão. No presente recurso, busca-se a sua exata qualificação jurídica.

Os fatos discutidos já estão definidos no v. acórdão recorrido, de modo que o âmbito de conhecimento do recurso já está por este delimitado. O que se pretende é a aplicação do melhor direito sobre aquela matéria, ou seja, a exata qualificação jurídica para efeito de subsunção aos dispositivos legais pertinentes.

A identificação da hipótese de valoração jurídica da prova distingue-se do mero reexame da prova.

Outrossim, especificamente em relação à revisão de valor de dano moral, a jurisprudência do C. STJ é firme no sentido de destacar que, se o dano for fixado em quantia exorbitante ou ínfima – exatamente o que se verifica no presente feito –, não há que se falar em óbice pela Súmula 7.

Neste exato sentido, inclusive com grande semelhança fática, pedimos vênia para reproduzir o seguinte julgado do C. STJ, na parte útil:

> PROCESSUAL CIVIL. AGRAVO REGIMENTAL NO AGRAVO EM RECURSO ESPECIAL. RESPONSABILIDADE CIVIL. (...) INCIDÊNCIA DA SÚMULA N. 7/STJ. VALOR FIXADO A TÍTULO DE DANO MORAL. RAZOABILIDADE DO QUANTUM ARBITRADO. REEXAME. INADMISSIBILIDADE. ÓBICE DA SÚMULA N. 7/STJ. DECISÃO MANTIDA. (...)
>
> 4. A análise da insurgência contra o valor arbitrado a título de indenização por danos morais esbarra na vedação prevista no mesmo enunciado. Apenas em hipóteses excepcionais, quando manifestamente irrisória ou exorbitante a quantia fixada, é possível a revisão do quantum por esta Corte, situação não verificada no caso dos autos.
>
> 5. Agravo regimental a que se nega provimento (AgRg no AREsp 717.401/GO, rel. Min. Antonio Carlos Ferreira, 4ª T., j. 3-12-2015, *DJe* 10-12-2015).

Assim, buscando a recorrente a estrita aplicação dos preceitos legais antes mencionados, viável é o presente recurso, eis que prescinde de reexame de matéria probatória e fática.

### III – CONCLUSÃO

Pelas razões e fundamentos jurídicos aduzidos, requer a EMPRESA, respeitosamente, dignem-se Vossas Excelências a conhecer e dar PROVIMENTO ao presente AGRAVO, de modo a admitir o recurso especial (art. 1.042 do CPC).

Termos em que,

Pede e espera deferimento.

Belo Horizonte, data.

Assinatura, OAB.

## 4.5 APELAÇÃO (COM PRELIMINAR E PEDIDO DE REFORMA)

### 🔍 *PROBLEMA (OAB/SP. EXAME 119º – PONTO 3)*

Do apartamento nº 151, situado no 15º andar do CONDOMÍNIO EDIFÍCIO STELLA MARIS, com frente para a Rua Carbúnculo, n° 17, no subdistrito de Penha de França, Capital, locado por SOLON a QUILON, mediante contrato a prazo certo, caiu um vaso de metal com flores naturais, sobre PITACO, jovem estudante de 14 anos que transitava pela via pública, causando-lhe a morte, por perda de massa encefálica. A genitora da vítima CLIO, viúva, demandou SOLON e QUILON, pleiteando perdas e danos, morais e materiais pelo fato da morte, sendo, após regular tramitação do processo, com produção de provas, atendida em sua pretensão, com a condenação dos corréus, em caráter solidário, ao pagamento das despesas com funeral, danos morais de 50 salários mínimos e materiais correspondentes à prestação alimentar mensal equivalente a 10 salários mínimos, pelo tempo de duração provável da vida do menor, estimado em 65 anos, além de honorários à taxa de 20% sobre o valor total da condenação, tudo sob a égide dos preceitos dos arts. 186, 948, incisos I e II, e 942, segunda parte do CC. Impôs, ainda, a obrigação de compor patrimônio hábil a garantir o êxito da condenação, ut art. 503 do Código dos Ritos.

*QUESTÃO*: Instituído advogado de SOLON, atue com a diligência precisa, considerando-se que o título sentencial foi intimado por publicação oficial há menos de uma quinzena.

 ## SOLUÇÃO (SEGUNDO O GABARITO DA OAB/SP – ADAPTADO PARA O CPC/2015)

Recurso de apelação ao Egrégio Tribunal de Justiça do Estado pleiteando a reforma do julgado adverso. Frisar a concorrência dos requisitos do tipo impugnativo manipulado. Suscitar *ab initio* em sede de preliminar a questão da ilegitimidade passiva do constituinte. Aduzir a ausência de culpa e a inexistência de nexo de causalidade do evento danoso dado à vigência do contrato de locação transmissivo da posse direta da coisa ao locatário. *Ad eventum* combater o montante das verbas de indenização destacando as circunstâncias da idade, estado civil e qualidade de estudante da vítima, bem como atacar a duração da obrigação de reparar. Pôr em destaque a desfiguração da solidariedade.

**Obs.:** O recurso deve ser interposto perante o juízo de 1º grau em que tramitou a demanda – art. 1.010, *caput*, do CPC.

 ## MODELO DE PEÇA

EXCELENTÍSSIMO SENHOR DOUTOR JUIZ DE DIREITO DA ..... VARA CÍVEL DO FORO REGIONAL DE PENHA DE FRANÇA DA COMARCA DA CAPITAL DE SÃO PAULO.

Processo n. ...

SOLON, já devidamente qualificado nos autos, por seu advogado devidamente constituído nos autos da ação de reparação de danos materiais e morais que lhe move CLIO, também já devidamente qualificada nos autos, inconformado com a r. sentença de fls., vem, respeitosamente, à presença de Vossa Excelência, com fundamento nos arts. 1.009 e seguintes do CPC, interpor tempestivamente a presente **APELAÇÃO**, pelos motivos de fato e de direito que ficam fazendo parte integrante dessa.

Considerando a matéria debatida, o presente recurso é dotado de duplo efeito (art. 1.012 do CPC).

Requer ainda que, após os trâmites legais (oitiva da parte contrária), sejam os autos encaminhados ao Egrégio Tribunal de Justiça do Estado de São Paulo, para que o recurso, uma vez conhecido e processado na forma da lei, seja integralmente provido.

Informa, outrossim, que, nos termos do art. 1.007 do CPC, o preparo e o porte de remessa e retorno foram recolhidos, o que se comprova pela guia devidamente quitada que ora se junta aos autos.

Termos em que

Pede deferimento.

Cidade, data, assinatura, OAB.

[nova página]

**RAZÕES DE RECURSO**

Apelante: SOLON (sobrenome)

Apelado: CLIO (sobrenome)

Autos: (número)

Vara de Origem: ..... Vara Cível do Foro Regional de Penha de França da Comarca da Capital de São Paulo

Egrégio Tribunal,

Colenda Câmara,

Nobres Julgadores:

## I – BREVE SÍNTESE DOS FATOS

Do apartamento n. 151, situado no 15º andar do CONDOMÍNIO EDIFÍCIO STELLA MARIS, com frente para a Rua Carbúnculo, n. 17, no subdistrito de Penha de França, Capital, locado pelo Apelante a QUILON, mediante contrato a prazo certo, caiu um vaso de metal com flores naturais sobre PITACO, filho da apelada, jovem estudante de 14 anos que transitava pela via pública, causando-lhe a morte, por perda de massa encefálica.

A genitora da vítima – CLIO, ora apelada –, demandou o apelante e QUILON, pleiteando perdas e danos, morais e materiais pelo fato da morte, sendo, após regular tramitação do processo, com produção de provas, atendida em sua pretensão, com a condenação dos corréus, em caráter solidário, ao pagamento das despesas com funeral, danos morais de 50 salários mínimos, e materiais correspondentes à prestação alimentar mensal equivalente a 10 salários mínimos, pelo tempo de duração provável da vida do menor, estimado em 65 anos, além de honorários à taxa de 20% sobre o valor total da condenação, tudo sob a égide dos preceitos dos arts. 186, 948, incisos I e II, e 942, segunda parte do CC.

Impôs, ainda, a obrigação de compor patrimônio hábil a garantir o êxito da condenação, nos termos do art. 533 do CPC.

Entretanto, em que pese o costumeiro acerto do D. juízo a quo, não pode o apelante concordar com a r. sentença em questão, tendo em vista a má aplicação do direito na hipótese.

## II – DAS RAZÕES DO INCONFORMISMO

### A) PRELIMINARMENTE: DA ILEGITIMIDADE PASSIVA DO RÉU ORA APELANTE

Conforme exposto, o apelante locou imóvel a Quilon; foi da janela deste apartamento que o vaso caiu e, portanto, a relação jurídica de responsabilidade civil estabeleceu-se entre ele (o ocupante do imóvel) e a vítima do evento danoso.

O apelante, proprietário do apartamento e locador, não tem qualquer pertinência subjetiva em relação à lide em questão; afinal, por força de sua condição de locador, transferiu a posse direta do imóvel ao locatário, que é quem efetivamente deve responder pelas coisas caídas ou lançadas do apartamento. O apelante, assim, não tem qualquer relação jurídica com a autora, ora apelada.

Portanto, demonstrada a errônea inclusão do apelante no polo passivo da demanda, faz-se de rigor a extinção do processo sem resolução de mérito, no que concerne ao ora apelante, por falta de condição da ação (ausência de legitimidade passiva), nos termos do art. 485, VI, do CPC.

## B) NO MÉRITO: DA NECESSÁRIA REFORMA DA R. SENTENÇA CONDENATÓRIA

Ainda que se entenda pela legitimidade passiva do apelante, o que se admite apenas para argumentar, não há como configurar sua responsabilidade na hipótese.

Segundo o art. 938 do CC, aquele que habitar prédio, ou parte dele, responde pelo dano proveniente das coisas que dele caírem ou forem lançadas em lugar indevido.

Diferentemente do afirmado na sentença, portanto, proclama a lei que a responsabilidade é do ocupante, e não do proprietário. Este, afinal, não praticou conduta alguma em relação à vítima do evento danoso, não podendo ser responsabilizado.

Assim, faz-se necessária a reforma da sentença, julgando improcedente o pedido em relação ao apelante.

Em atenção ao princípio da eventualidade, porém, passa o apelante a impugnar outros pontos da condenação.

No que tange à solidariedade, não há fundamento que a justifique. Afinal, a solidariedade não se presume, mas decorre de lei ou contrato.

Não se aplica, no caso, a regra da parte final do art. 942 do CC, segundo a qual, "se a ofensa tiver mais de um autor, todos responderão solidariamente pela reparação". Afinal, não há pluralidade de autores do ato ilícito: o apelante não foi autor da ofensa, não tendo havido qualquer conduta danosa de sua parte. No caso, portanto, não há norma legal que autorize tal responsabilidade solidária, razão pela qual deve ser excluída da sentença.

No que tange ao montante da indenização, este se revela por demais elevado e desproporcional: os montantes fixados são notoriamente excessivos. No que se refere aos danos materiais, o valor de 10 salários mínimos é alto demais para a hipótese dos autos, devendo ser reduzido tal valor para o montante entre meio e dois salários mínimos, conforme precedentes judiciais de nossos Tribunais, que estipulam essa média. O mesmo ocorre quanto aos danos morais, cujo valor merece ser reduzido por destoar do padrão da jurisprudência.

Também não merece ser mantida a decisão no tocante à condenação ao pagamento de honorários no percentual de 20% do valor da condenação. Não se vislumbra, no trabalho realizado pelo profissional, a presença dos requisitos do art. 85, § 2º, do CPC, não tendo havido excessivos esforços ou dificuldades que justifiquem tal verba.

Impugna ainda o apelante a obrigação imposta por aquele douto juízo de compor patrimônio hábil a garantir o êxito da condenação. Além de absurda, tal exigência de constituição de capital caracteriza excessiva onerosidade ao apelante, que não tem qualquer relação jurídica com os fatos narrados nos autos.

Ademais, nos termos do § 2º do art. 533 do CPC, é possível ao juiz substituir a constituição do capital pela (i) inclusão do exequente em folha de pagamento de pessoa jurídica de notória capacidade econômica ou, a requerimento do executado, (ii) por fiança bancária ou ainda (iii) por garantia real, em valor a ser arbitrado de imediato pelo juiz.

Percebem-se, assim, os equívocos da decisão de primeiro grau, que deve ser completamente modificada.

### III – DO PEDIDOS E DOS REQUERIMENTOS

Diante de todo o exposto, pede e requer seja o presente recurso recebido, conhecido e provido para o fim de reformar a sentença, julgando extinto processo sem resolução de mérito em relação ao apelante; caso assim não entenda V. Exa., requer seja o pedido julgado improcedente ou, então, que seja reduzido o valor da verba condenatória.

Termos em que

Pede deferimento.

Cidade, data, assinatura, OAB.

## 4.6 APELAÇÃO (COM PEDIDO DE ANULAÇÃO/REFORMA)

 **PROBLEMA (PROVA PRÁTICO-PROFISSIONAL – OAB – EXAME UNIFICADO 2010.2 – ADAPTADO)**

Em janeiro de 2014, Antonio da Silva Júnior, 7 anos, voltava da escola para casa, caminhando por uma estrada de terra da região rural onde morava, quando foi atingido pelo coice de um cavalo que estava em um terreno à margem da estrada.

O golpe causou sérios danos à saúde do menino, cujo tratamento se revela longo e custoso. Em ação de reparação por danos patrimoniais e morais, movida em janeiro de 2018 contra o proprietário do cavalo, o juiz proferiu sentença julgando improcedente a demanda, ao argumento de que Walter Costa, proprietário do animal, "empregou o cuidado devido, pois mantinha o cavalo amarrado a uma árvore no terreno, evidenciando-se a ausência de culpa, especialmente em uma zona rural onde é comum a existência de cavalos". Além disso, o juiz argumentou que já teria ocorrido a prescrição trienal da ação de reparação, quer no que tange aos danos morais, quer no que tange aos danos patrimoniais, já que a lesão ocorreu em 2014 e a ação somente foi proposta em 2018.

Como advogado(a) contratado(a) pela mãe da vítima, Isabel da Silva, elabore a peça processual cabível.

 **SOLUÇÃO (SEGUNDO O GABARITO DA OAB – ADAPTADO PARA O CPC/2015)**

Além dos aspectos fundamentais do recurso de apelação (requisitos objetivos e subjetivos, bem como observância das formalidades do art. 1.010 do CPC), o candidato deve prever, corretamente, a representação do incapaz na petição de interposição e nas razões do recurso. Deve dirigir o recurso ao juízo competente, mencionar o nome das partes e descrever os fatos. Não deve atribuir valor à causa ou protestar pela produção de provas, eis que não se trata de uma petição inicial. Não deve requerer a citação, pelos mesmos motivos, mas a intimação para, querendo, apresentar as contrarrazões.

Também não é cabível a menção à revelia do apelado, caso não responda ao recurso. Igualmente, devem ser explorados os pontos de direito substancial. Assim, deve esclarecer que a responsabilidade por fato do animal é objetiva no CC de 2002, que eliminou a excludente relativa ao emprego do "cuidado devido" pelo proprietário ou detentor (art. 936), de modo que a ausência de culpa é irrelevante para a caracterização da responsabilidade do réu no caso concreto. Quanto à prescrição, o candidato deve esclarecer que não corre contra os absolutamente incapazes (art. 198, I) do CC. Tais circunstâncias devem ser explicadas na peça recursal, observados os fatos descritos no enunciado e indicados os dispositivos legais pertinentes. Não basta repetir as mesmas palavras do enunciado ou apenas indicar o dispositivo legal sem qualquer fundamento ou justificação para sua aplicação. A ideia é que o candidato demonstre capacidade de argumentação, conhecimento do direito pátrio e concatenação de ideias. Deve formular adequadamente os pedidos, solicitando o conhecimento e provimento, mencionando danos materiais e morais, justificadamente, pedindo a inversão do ônus da sucumbência, fixação de honorários, intimação do Ministério Público.

 ### MODELO DE PEÇA

EXCELENTÍSSIMO SENHOR DOUTOR JUIZ DE DIREITO DA_____VARA CÍVEL DO FORO DA COMARCA DA (NOME DA COMARCA).

Autos do processo n. ...

**ANTONIO SILVA JÚNIOR**, menor já devidamente qualificado nos autos, representado por sua mãe, **ISABEL DA SILVA**, também já qualificada, por seu advogado devidamente constituído nos autos da ação de reparação por danos patrimoniais e morais que move em face de **WALTER COSTA**, também já devidamente qualificado nos autos, inconformado com a r. sentença de fls., vem, respeitosamente, à presença de Vossa Excelência, com fundamento nos arts. 1.009 e seguintes do CPC, interpor tempestivamente a presente **APELAÇÃO**, pelos motivos de fato e de direito que ficam fazendo parte integrante desta.

Nos termos do art. 1.012 do CPC, considerando a matéria debatida, a hipótese é de recurso com duplo efeito (devolutivo e suspensivo).

Requer ainda que, após os trâmites legais (oitiva do apelado para, querendo, apresentar contrarrazões), sejam os autos encaminhados ao Egrégio Tribunal de Justiça do Estado de (Nome do Estado), destacando-se a necessidade de intimação do Ministério Público e esperando-se que o recurso, uma vez conhecido e processado na forma da lei, seja integralmente provido.

Informa, outrossim, que, nos termos do art. 1.007 do CPC, o preparo e o porte de remessa e retorno foram recolhidos, o que se comprova pela guia devidamente quitada que ora se junta aos autos.

Termos em que

Pede deferimento.

Cidade, data, assinatura, OAB.

## RAZÕES DE RECURSO

Apelante: ANTONIO SILVA JÚNIOR

Apelado: WALTER COSTA

Autos: (número)

Vara de Origem: (N.) Vara Cível do Foro da Comarca da (nome da Comarca)


Egrégio Tribunal,

Colenda Câmara,

Nobres Julgadores:

### I – BREVE SÍNTESE DOS FATOS

Conforme se verifica dos presentes autos, o autor, representado por sua mãe, ajuizou, em janeiro de 2018, ação de reparação por danos patrimoniais e morais, em face do réu, proprietário do cavalo que lhe desferiu um coice em janeiro de 2014.

Tal fato ocorreu quando o autor contava com 7 anos de idade e voltava da escola para casa, caminhando por uma estrada de terra da região rural onde morava.

Os danos foram descritos na petição inicial, acarretando graves prejuízos à saúde do autor, cujo tratamento ainda persiste, uma vez que é longo e custoso.

Apesar de tais fatos, o MM. Juiz julgou improcedente o pedido formulado, entendendo, (I) que o réu não tinha culpa, posto que "empregou o cuidado devido, pois mantinha o cavalo amarrado a uma árvore no terreno", "especialmente em uma zona rural onde é comum a existência de cavalos", e (II) que já teria ocorrido a prescrição trienal da ação de reparação, já que a lesão ocorreu em 2014 e a ação somente foi proposta em 2018.

Em que pese o costumeiro acerto do d. Juízo a quo, não pode o apelante concordar com a r. sentença em questão, tendo em vista a má aplicação do direito na hipótese.

### II – DAS RAZÕES DO INCONFORMISMO

Os motivos que levaram à improcedência não podem prosperar, sendo certo que o pedido formulado merece ser acolhida integralmente, de modo que a apelação deve ser provida.

Como foram dois os motivos da improcedência, o ora apelante apresentará o seu pedido de reforma apontando a incorreção de cada motivo em tópico específico.

### A) DA INOCORRÊNCIA DE PRESCRIÇÃO

Conforme exposto, o apelante, menor, contando com 7 anos de idade, em janeiro de 2014 foi atingido pelo coice de um cavalo, vindo a sofrer uma série de danos patrimoniais e morais.

A ação foi ajuizada em janeiro de 2018 e o Juízo de primeiro grau entendeu aplicável o art. 206, § 3º, V do Código Civil, declarando a prescrição da presente ação.

Ocorre, porém, que no caso presente não há que se falar em prescrição, uma vez que esta não corre contra os absolutamente incapazes, conforme preceitua o art. 198, I, do Código Civil (também não corre a prescrição: I – contra os incapazes de que trata o art. 3º).

Com efeito, sendo inaplicável a prescrição no presente caso, caberia ao MM. Juiz a apreciação do mérito em toda a sua extensão, motivo pelo qual se pleiteia a reforma do julgado, já que possível a apreciação dos pedidos em sua integralidade e, subsidiariamente, a anulação do julgado, necessária que seja a produção de provas necessárias ao conhecimento integral da demanda.

## B) DA RESPONSABILIDADE OBJETIVA

No tocante à suposta ausência de culpa caracterizadora da responsabilidade do réu, melhor sorte não merecerá a r. sentença.

Assim se dá, porque a responsabilidade por fato do animal é objetiva, conforme se verifica do disposto no art. 936 do Código Civil: "o dono, ou detentor, do animal ressarcirá o dano por este causado, se não provar culpa da vítima ou força maior."

Ora, não existe nos autos qualquer prova de culpa da vítima ou da ocorrência de algum evento de força maior e, portanto, a alegação de ausência de culpa é irrelevante para a caracterização da responsabilidade do réu no caso concreto, posto que a lei não reclama culpabilidade para a responsabilização.

Com efeito, sendo inaplicável a excludente de culpabilidade do réu no presente caso, caberia ao MM. Juiz julgar procedente o presente pedido, em toda a sua extensão, motivo pelo qual se pleiteia a reforma do julgado, já que possível a apreciação dos pedidos em sua integralidade.

Por fim, embora não seja necessário repisar, é importante destacar o cabimento da fixação dos danos morais, tendo em vista, inclusive, que, provado o ato ilícito, resta comprovado o dano moral. Nesse sentido, RSTJ 152/389: "a responsabilização do agente se opera por força do simples fato da violação, de modo a tornar-se desnecessária a prova do prejuízo concreto".

Apresentados os motivos que embasam o pedido de reforma, resta tão somente formulá-lo.

## III – DO PEDIDO DE REFORMA

Diante de todo o exposto, requer seja o presente recurso conhecido e provido para o fim de reformar a sentença, julgando totalmente procedentes os pedidos formulados na inicial, em toda sua extensão, incluindo a condenação na verba de sucumbência.

Cidade, data, assinatura, OAB.

## 4.7 APELAÇÃO (PEDIDO DE RECONSIDERAÇÃO E/OU ANULAÇÃO)

### PROBLEMA

Em razão de colisão de veículos, Tício propôs ação indenizatória em face de Gaio, proprietário do carro envolvido no acidente – embora não fosse o condutor no momento. O juiz da 1ª Vara Cível de Bauru indeferiu a petição inicial de plano, extinguindo o processo sem resolução de mérito com fulcro nos arts. 485, I e VI, e 330, II, do CPC, entendendo pela ilegitimidade passiva do proprietário, já que o condutor era conhecido (Mévio).

### SOLUÇÃO

Interposição de apelação pleiteando a reforma da sentença para reconhecer a legitimidade passiva do proprietário do veículo.

### MODELO DE PEÇA

EXMO SR. DR. JUIZ DE DIREITO DA 1ª VARA CÍVEL DA COMARCA DE BAURU – ESTADO DE SÃO PAULO

**Autos n.** (nº dos autos)

TÍCIO, já qualificado nos autos do processo em epígrafe, vem, por seu advogado que esta subscreve, respeitosamente, nos termos dos arts. 331 e 1.009 e seguintes do CPC e demais dispositivos aplicáveis, interpor a presente

**APELAÇÃO**

buscando reformar a r. decisão recorrida que não reconheceu a legitimidade passiva ad causam do réu GAIO, ora apelado (já qualificado), nos autos da ação indenizatória que lhe move por acidente de veículo que tramita pelo procedimento comum, tendo sido indevidamente extinto o processo sem resolução de mérito.

Nos termos do art. 331 do Código de Processo Civil, requer o apelante que V. Exa. reconsidere a r. decisão recorrida e reconheça a legitimidade do réu, determinando sua citação e o regular prosseguimento do feito.

Caso assim não proceda, requer ainda que, após os trâmites legais, sejam os autos encaminhados ao Egrégio Tribunal de Justiça do Estado de São Paulo. Espera-se que o recurso, uma vez conhecido e processado na forma da lei, seja integralmente provido.

Junta o apelante comprovante do recolhimento de preparo e porte de remessa e retorno.

Termos em que

Pede e espera deferimento.

Cidade, data.

Advogado, OAB.

[outra página]

## RAZÕES DE APELAÇÃO

Processo n. (nº dos autos) – 1ª Vara Cível de Bauru

Apelante: TÍCIO

Apelado: GAIO

Egrégio Tribunal,

Colenda Turma,

Ínclitos Julgadores:

### I – EXPOSIÇÃO DO FATO E DO DIREITO

Trata-se de apelação interposta contra r. decisão que não reconheceu a legitimidade passiva de proprietário de veículo automotor para figurar em processo judicial no qual se pleiteia a reparação de danos decorrentes de acidente provocado exatamente por tal veículo.

Sustenta o MM. juiz a quo que, sendo conhecido o condutor do veículo que provocou o acidente, este é que seria parte legítima ad causam para figurar no polo passivo de demanda em que se pleiteia o ressarcimento de danos. Acrescenta o douto magistrado em sua r. sentença que o proprietário seria legitimado para a causa somente se houvesse alegação de culpa de sua parte ao entregar veículo a terceiro, e que tal situação não decorre da causa de pedir presente na inicial.

Assim, como havia tão somente o proprietário como réu, o processo foi extinto sem resolução de mérito, com o indeferimento da inicial (CPC, art. 485, I e VI).

Com a devida vênia, não merece prosperar a r. sentença recorrida, cabendo inclusive a reforma da decisão atacada, consoante previsto no art. 331 do CPC – o que desde já o apelante requer.

### II – RAZÕES DO PEDIDO DE REFORMA DA R. DECISÃO

Com o respeito devido ao órgão que proferiu a r. decisão, tal entendimento não deve prevalecer.

É certo que o proprietário de veículo automotor, mesmo que não seja o condutor no momento de acidente, é parte legítima para a causa. É o que decorre da lei e da jurisprudência.

O Código Civil é claro ao dispor, em seus arts. 186 e 927, que aquele que agir com culpa e causar dano deve ser responsabilizado a ressarcir os prejuízos.

Assim, o proprietário de veículo também responde pelos prejuízos causados, já que assumiu o risco de resultados danosos ao permitir que terceiro cause danos em virtude da utilização de seu carro.

Logo, tanto o condutor como o proprietário do veículo são responsáveis pelo ato ilícito – conduta culposa que acabou por provocar o dano no veículo do apelante –, razão pela qual ambos são responsáveis solidários, nos termos do art. 942, parte final, do CC (sendo o dano causado por mais de um agente, a responsabilidade é solidária).

Portanto, se condutor e proprietário do veículo são devedores solidários, nada impede que o apelante ajuíze a demanda tão somente em face do proprietário.

Pelo exposto, sem dúvidas o proprietário de veículo automotor é parte legítima passiva para esta demanda.

### III – CONCLUSÃO

Diante do exposto nesta apelação, é certo que a r. decisão recorrida merece reforma, razão pela qual pede e requer o apelante:

a) que V. Exa. reconsidere a r. decisão recorrida, nos termos do art. 331 do CPC, com o consequente prosseguimento do feito, determinando-se a citação do ora apelado;

b) caso assim não entenda V. Exa., que os autos sejam remetidos imediatamente ao E. Tribunal de Justiça;

c) que esse E. Tribunal admita o recurso e lhe dê provimento para reconhecer o erro presente na r. decisão recorrida, reformando-a para que seja reconhecida a legitimidade passiva do proprietário do veículo, ora apelado, com a consequente anulação da r. sentença e devolução dos autos para o prosseguimento do feito.

Termos em que

Pede e espera deferimento.

Cidade, data. Advogado, OAB.

## 4.8 EMBARGOS DE DECLARAÇÃO – OMISSÃO

 **PROBLEMA**

Em demanda indenizatória por danos materiais e morais, o pedido foi julgado parcialmente procedente para condenar o réu ao pagamento dos danos materiais pleiteados, não tendo havido qualquer menção aos danos morais pedidos pelo autor Eleutério.

 **SOLUÇÃO**

Oposição de embargos de declaração para sanar a ausência de apreciação de um dos pedidos, suprindo a omissão da sentença.

 **MODELO DE PEÇA**

EXMO. SR. DR. JUIZ DE DIREITO DA 7ª VARA CÍVEL DO FORO CENTRAL DA COMARCA DE SALVADOR.

Autos n. (número)

Ação de reparação de danos

**ELEUTÉRIO** (sobrenome), por sua advogada, nos autos da ação de reparação por danos materiais e morais pelo rito ordinário que move em face de **COMPANHIA XPTO**

**LTDA.**, vem, respeitosamente, à presença de Vossa Excelência, no prazo legal de cinco dias, com base no disposto nos arts. 1.022, II e 1.023, ambos do Código de Processo Civil, opor os presentes

### EMBARGOS DE DECLARAÇÃO,

tendo em vista que a r. sentença proferida nestes autos apresenta omissão, por não ter apreciado o pedido de danos morais formulado pelo autor, nos termos adiante especificados.

### I – BREVÍSSIMO RELATO DOS FATOS

O Embargante ajuizou ação indenizatória que, regularmente processada, teve seu pedido julgado parcialmente procedente para condenar a embargada a pagar os danos materiais pleiteados.

Todavia, com a devida vênia, não houve manifestação de V. Exa. no tocante ao pagamento dos danos morais pleiteados e provados.

### II – DA OMISSÃO

Os presentes Embargos de Declaração pugnam pela supressão da omissão apontada, que consiste na ausência de apreciação de um dos pedidos formulados pelo embargante. Ou seja, está-se diante de uma decisão *citra* (ou *infra*) *petita*.

A causa versou sobre a tentativa de inscrição indevida do nome do embargante junto aos órgãos de proteção ao crédito pela alegada falta de pagamento, valores supostamente devidos à embargada. Conforme demonstrado nos autos da ação indenizatória, o pagamento já havia sido efetuado, razão pela qual se pediu a condenação nos danos materiais e morais sofridos com o constrangimento indevidamente infligido ao embargante.

No que tange ao dano material, houve acolhimento na íntegra do pedido do embargante, tendo sido determinada a condenação a pagar todos os prejuízos e despesas despendidas com o transtorno indevido gerado pelo embargado.

Quanto aos danos morais, porém, não houve qualquer menção na sentença. No caso, a omissão é patente por não haver referência aos danos morais nem mesmo no relatório da sentença.

### III – CONCLUSÃO

Diante do exposto, espera o embargante sejam os presentes embargos conhecidos e providos para que haja a supressão da omissão ora existente na r. sentença embargada – portanto, com a apreciação do pedido de danos morais.

Considerando que há possibilidade de modificação da decisão, requer-se a manifestação da parte embargada, para que possa exercer o contraditório (CPC, art. 1.024, § 4º).

Cidade, data.

Advogado, OAB.

## 4.9 EMBARGOS DE DECLARAÇÃO – PREQUESTIONAMENTO

 **PROBLEMA**

Ré condenada a pagar quantia ao autor, com juros moratórios com base em juros de 1% ao mês e correção monetária. Interposto recurso para afastar a condenação ou, subsidiariamente, a aplicação de juros e correção, tendo em vista que a jurisprudência e legislação afastam essa forma de correção.

No acórdão, manteve-se a sentença e a condenação em juros e correção, sem apreciação dos dispositivos legais apontados pela recorrente.

De modo a viabilizar a interposição do REsp para discutir a atualização da condenação, promova o recurso cabível.

 **SOLUÇÃO**

Oposição de embargos de declaração para fins de prequestionamento.

 **MODELO DE PEÇA**

EXCELENTÍSSIMO SENHOR DESEMBARGADOR DA C. SEGUNDA CÂMARA DO E. TRIBUNAL DE JUSTIÇA DO CEARÁ

Autos nº (número)

Apelante: EMPRESA ALPHA

Apelada: EMPRESA GAMA

EMPRESA ALPHA, já qualificada nos autos do processo em epígrafe, vem, respeitosamente, perante V. Exa., por meio de seu advogado, opor os presentes

### EMBARGOS DE DECLARAÇÃO

com fulcro nos arts. 1.022, II, e 1.025, ambos do CPC, e demais dispositivos aplicáveis à espécie, pelas razões a seguir expostas, para fins de supressão de omissão, requerendo seja o presente recurso conhecido e provido.

Vale ressaltar que, como se trata de recurso com claro caráter de prequestionamento, não há que se falar em oposição de embargos protelatórios, a teor da Súmula 98 do STJ ("Embargos de declaração manifestados com notório propósito de prequestionamento não têm caráter protelatório").

### I – BREVÍSSIMO RELATO DOS FATOS

Trata-se de processo de conhecimento pelo procedimento comum, em que a autora, ora embargada, obteve sentença favorável, em que a ré, ora embargante, foi condenada ao pagamento de elevada quantia.

A atualização dos valores foi feita com base na taxa de juros de 1% ao mês e correção monetária. Na apelação, a embargante apontou a impertinência desse critério, tendo em vista o previsto na legislação e a posição da jurisprudência do E. STJ.

Nada obstante, a r. sentença foi mantida, sendo que o v. acórdão não fez qualquer menção aos dispositivos apontados pela embargante como violados, em relação à forma de atualização monetária da condenação.

Assim, é interposto o presente recurso para suprir a omissão, de modo a afastar o silêncio em relação à aplicação dos juros de 1% e da taxa SELIC.

### II – DA OMISSÃO

A r. sentença recorrida determinou a aplicação de juros de 1% a.m. e correção monetária para atualizar o débito.

Em apelação, a embargante apontou que (i) essa não era a adequada interpretação do art. 406 do CC, especialmente considerando a alteração legislativa decorrente da Lei 14.905/2024, que é expressa ao apontar, apenas, a correção pela taxa SELIC (o que, inclusive, já foi decidido pelo E. STJ no REsp 1.795.982).

Ora, o v. acórdão, ao negar provimento à apelação e manter a atualização do débito como antes fixado, NÃO SE MANIFESTOU quanto a esse dispositivo legal, residindo aí a OMISSÃO.

Assim, os presentes embargos devem ser conhecidos e providos.

### III – CONCLUSÃO

Diante do exposto, pede a embargante o conhecimento e o provimento do recurso para que esse E. Tribunal, suprindo a omissão da apelação, manifeste-se, para fins de prequestio-namento (considerando, inclusive, o previsto no art. 1.025 do CPC), acerca da aplicação do art. 406 do CC.

Termos em que pede e espera deferimento.

Cidade, data, assinatura, OAB

## 4.10 RECURSO ORDINÁRIO CONSTITUCIONAL

 **PROBLEMA**

Em virtude do não pagamento de dívidas alimentares antigas, o juiz decretou a prisão civil do devedor; alegando ilegalidade na determinação da prisão (já que pagara as três últimas pensões alimentícias e parte das que venceram no curso do processo), o executado impetrou pedido de *habeas corpus*. Após julgamento pelo Tribunal de Justiça de Pernambuco, a ordem é denegada.

 **SOLUÇÃO**

Interposição de ROC (Recurso Ordinário Constitucional), apontando o erro do Tribunal de Justiça e pedindo a reforma total do v. acórdão, que em única instância denegou o *habeas corpus*, visto que o paciente se encontra na iminência de sofrer coação ilegal.

O recurso será interposto no Tribunal de Justiça, mas será julgado pelo Superior Tribunal de Justiça.

📄 *MODELO DE PEÇA*

EXCELENTÍSSIMO SENHOR DOUTOR DESEMBARGADOR PRESIDENTE DO EGRÉGIO TRIBU-
NAL DE JUSTIÇA DO ESTADO DE PERNAMBUCO.

Autos n. (número dos autos)

**MANOEL GONÇALVES** (qualificações), com fundamento no art. 105, II, a, da Constituição
Federal, art. 30 da Lei nº 8.038/1990 e, ainda, art. 1.027, II, a do Código de Processo Civil de 2015,
não se conformando, data vênia, com a v. decisão proferida por esse E. Tribunal, que no *habeas
corpus* indicado no qual figura como autoridade coatora o MM. Juiz de Direito da 1ª Vara de
Família de Olinda, em única instância, denegou o writ, vem, respeitosamente, interpor o presente

### RECURSO ORDINÁRIO CONSTITUCIONAL

no prazo legal, nos termos dos dispositivos já acima indicados, com base nas razões anexas.

Assim, requer-se a intimação da autoridade impetrada e o encaminhamento destes
autos ao Egrégio Superior Tribunal de Justiça, que deverá acolhê-lo, cumpridas as necessárias
formalidades legais.

Termos em que

Pede deferimento.

Recife, data, assinatura, OAB.

[outra página]

### RAZÕES DE RECURSO ORDINÁRIO CONSTITUCIONAL

Recurso em Habeas Corpus n. (número dos autos)

Recorrente/Paciente: Manoel Gonçalves

Recorrido: MM Juiz de Direito da 1ª Vara de Família de Olinda.

Egrégio Tribunal,
Colenda Câmara,

Ínclitos Julgadores:

### I – EXPOSIÇÃO DO FATO E DO DIREITO

O paciente figura no polo passivo de uma ação de execução de alimentos perante o r.
Juízo recorrido, movida por seus filhos. Aquele se encontra desempregado e sofre problemas
de saúde; sua parca renda advinda de "bicos" totaliza menos de um salário mínimo mensal.

Em decorrência dessas dificuldades, houve atraso no pagamento da pensão mensal, o
que ensejou o ajuizamento da execução referida. Contudo, apesar das dificuldades, o autor

pagou as três prestações anteriores ao ajuizamento e vem saldando parcialmente as parcelas vincendas, como demonstrado nos autos.

Entretanto, nos autos da execução nem sequer foi designada audiência para tentativa de conciliação. Assim, o paciente se viu na iminência de ter contra si expedida ordem de prisão, visto que não tem qualquer condição de adimplir o total da dívida alimentar.

Por essa razão, foi impetrado habeas corpus, cuja ordem foi denegada sob a alegação de que "alimentos atrasados inadimplidos não perdem atualidade se exigidos permanentemente pela credora" e também que o Judiciário não poderia conceder um salvo-conduto, sem limite temporal, para o paciente.

Ressalvada a douta opinião do órgão a quo, com a devida vênia, merece ser reformada tal decisão.

## II – RAZÕES DO PEDIDO DE REFORMA DA V. DECISÃO

Como comprovado nos autos, resta absolutamente claro que o paciente não é devedor contumaz, somente passando por dificuldades. Assim, é cediço que houve o pagamento das últimas 3 (três) prestações alimentares e que os alimentos, ora executados, são pretéritos (CPC, art. 528, § 7º e Súmula 309/STJ).

Destarte, resta totalmente descabida a hipótese de cobrança dos atrasados sob o rito do art. 528 do CPC, sob pena de prisão.

Ora, com a devida vênia, é pacífico o entendimento dessa E. Corte de que apenas as 3 (três) últimas parcelas de alimentos são passíveis de cobrança sob pena de prisão (Súmula 309 do STJ: "O débito alimentar que autoriza a prisão civil do alimentante é o que compreende as três prestações anteriores ao ajuizamento da execução e as que se vencerem no curso do processo"), comando esse positivado no CPC (art. 528, § 7º).

Com a devida vênia ao nobre relator do E. Tribunal, não se pode entender que a exigência dos alimentos os torne sempre atuais. Indubitável que a dívida permanece; mas, desprovida de caráter de urgência, tem regime executivo padrão – ou seja, sob pena de penhora (e não sob pena de prisão).

Logo, no caso em tela, são desprovidas de imprescindibilidade para a sobrevivência dos alimentados as parcelas ora executadas.

Além disso, resta claro que nos autos está demonstrada a impossibilidade de o executado adimplir totalmente o débito, o que igualmente afasta a hipótese de prisão por não se tratar de inadimplemento voluntário nem inescusável. Neste exato sentido decidiram os seguintes arestos:

"Prisão civil. Decretação contra devedor de pensão alimentícia. Inadmissibilidade. **Situação de penúria do réu**, (...). Impossibilidade, pois, de pagar o débito, aliás, vultoso. Constrangimento ilegal caracterizado. Concessão de habeas corpus. Inteligência do art. 733 e seguintes do novo Código de Processo Civil. Não cumprida a obrigação alimentar, mas havendo justificação não desprezível de plano, por impossibilidade presente de pagar, constitui **constrangimento ilegal** o decreto de prisão **sem apreciação expressa dos fatos** e sem nenhuma investigação das reais condições econômicas do paciente, que pediu e protestou por provas" (RT 466/313). (Destaques nossos)

"A **prisão civil** por dívida de alimentos **é medida excepcional**, que **somente deve ser empregada em casos extremos de contumácia, obstinação, teimosia, rebeldia**

**do devedor** que, embora possua os meios necessários para saldar a dívida, procura por todos os meios protelar o pagamento judicialmente homologado. **No caso, porém, dada a ausência de má vontade do alimentante em saldar o débito, tanto que o vem fazendo, (...) não restou cristalina a necessidade** legitimadora **da prisão** administrativa que, deve, assim, ser revogada mediante o remédio heroico constitucional" (RT 697) (Destaques nossos).

Nos termos do inc. LXVIII do art. 5º da Constituição Federal, será concedido habeas corpus se alguém estiver ameaçado de sofrer ameaça à sua liberdade de locomoção, em decorrência de ilegalidade. Como exposto, está o paciente ameaçado em sua liberdade fundamental, sem justa causa, o que enseja a concessão do presente remédio.

Por fim, e de extrema relevância, podendo ser entendido como o cerne do presente feito, não se busca, com este recurso, um salvo-conduto por tempo indefinido para o paciente. Em verdade, somente se pleiteia que, em decorrência dos alimentos ora executados, na referida execução, não seja expedida tal ordem.

Tanto é assim que claro é que, se o paciente deixar de adimplir uma parcela atual, e seja proposta a execução em face de uma parcela que contenha efetivamente caráter alimentar, então caberá a prisão civil.

### III – PEDIDO E REQUERIMENTOS

Em face do exposto, pede-se e requer-se a esse E. Tribunal:

a) o conhecimento e provimento do presente recurso, a fim de reformar a v. decisão atacada, concedendo a ordem pleiteada, de forma a afastar qualquer hipótese de prisão civil em decorrência dos alimentos cobrados pela execução em questão;

b) que constem das intimações e publicações referentes ao presente *habeas corpus* o nome do advogado que esta subscreve.

Termos em que

Pede e espera deferimento.

Recife, data, assinatura, OAB

# BIBLIOGRAFIA

ABDO, Helena Najjar. Comentários ao artigo 247. In: DIDIER JR., Fredie et al (Org.). *Breves comentários ao Código de Processo Civil*. São Paulo: RT, 2015.

ARAUJO CINTRA, Antonio Carlos de; DINAMARCO, Cândido Rangel; GRINOVER, Ada Pellegrini. *Teoria geral do processo*. 26. ed. São Paulo: Malheiros, 2010.

ARNOLD, Tom. 20 Common Errors in Mediation Advocacy. In RISKIN, Leonard L.; WESTBROOK, James E. *Dispute Resolution and Lawyers*. St. Paul: West Group, 1997.

ASSIS, Carlos Augusto; PAGANI, André; CARACIOLA, Andrea, SIMARDI, Luís; DELLORE, Luiz. *Teoria Geral do Processo Contemporâneo*. 6. ed. São Paulo: Atlas, 2023.

AZEVEDO, André Gomma de; SILVA, Cyntia Cristina de Carvalho. Autocomposição, processos construtivos e a advocacia: breves comentários sobre a atuação de advogados em processos autocompositivos. *Revista do Advogado*, São Paulo, ano 26, n. 87, set. 2006.

BARBOSA MOREIRA, José Carlos. *Comentários ao Código de Processo Civil*. 17. ed. Rio de Janeiro: Forense, 2013. v. 5. Edição eletrônica.

BARBOSA MOREIRA, José Carlos. *O novo processo civil brasileiro*. 28. ed. Rio de Janeiro: Forense, 2010.

BORDONE, Robert C.; MOFFITT, Michael L.; SANDER, Frank E. A. The next thirty years: directions and challenges in dispute resolution. In: MOFFITT, Michael L.; BORDONE, Robert C. *The handbook of dispute resolution*. San Francisco: Jossey-Bass, 2005.

BRAGA NETO, Adolfo. O uso da mediação e a atuação do advogado. *Valor Econômico*, 19 out. 2004/Caderno E2.

BRAGA NETO, Adolfo. Alguns aspectos relevantes sobre a mediação de conflitos. In: GRINOVER, Ada Pellegrini; LAGRASTA NETO, Caetano; WATANABE, Kazuo (coords.). *Mediação e gerenciamento do processo*: revolução na prestação jurisdicional. 2. tir. São Paulo: Atlas, 2007.

CAMBI, Eduardo et al. *Curso de processo civil completo*. 2. ed. São Paulo: Thomson Reuters Brasil, 2019.

CARNELUTTI, Francesco. *Sistema di diritto processuale*. Padova: Cedam, 1936. v. 1.

CEBOLA, Cátia Marques. Mediação voluntária ou obrigatória: eis a questão! *Notícias Mediare*, Porto, 3.ª newsletter, 2017.

COELHO, Marianna Keller Lima. Tecnologia no direito das famílias: perspectivas e inovações. Disponível em: <https://www.migalhas.com.br/depeso/355798/tecnologia-no-direito-das-familias-perspectivas-e-inovacoes>. Acesso em: 6 dez. 2021.

COOLEY, John W. *A advocacia na mediação*. Trad. René Loncan. Brasília: Universidade de Brasília, 2001.

CORREIA DA SILVA, Julia Vianna. Breve análise do uso de elementos do *visual law* no âmbito do Poder Judiciário. Disponível em: <https://emporiododireito.com.br/leitura/breve-analise-do-uso-de-elementos-do-visual-law-no-ambito-do-poder-judiciario>. Acesso em: 30 nov. 2021.

DELLORE, Luiz. *Estudos sobre coisa julgada e controle de constitucionalidade*. Rio de Janeiro: Forense, 2013.

DELLORE, Luiz. Pedido de indenização e o CPC: fim da indústria do dano moral? *Jota*, 22 fev. 2016. Disponível em: <http://jota.info/colunas/novo-cpc/novo-cpc-e-o-pedido-de-indenizacao-fim-da-industria-do-dano-moral-22022016>. Acesso em: 10 jan. 2022.

DELLORE, Luiz; MARTINS, Ricardo Maffeis. *No NCPC, a inadmissão de REsp/RE admite dois agravos?* 2017. Disponível em: <https://www.jota.info/opiniao-e-analise/colunas/novo-cpc/no-ncpc-a-inadmissao-de-respre-admite-dois-agravos-13112017>.

DELLORE, Luiz; ROQUE, Andre; DUARTE, Zulmar; GAJARDONI, Fernando. *Comentários ao CPC de 2015*. 5. ed. Rio de Janeiro: Forense, 2022.

DELLORE, Luiz; ROQUE, Andre; DUARTE, Zulmar; GAJARDONI, Fernando. A jurisprudência defensiva ainda pulsa no novo CPC. 2013. Disponível em: <http://www.conjur.com.br/2013-set-06/jurisprudencia-defensiva-ainda-pulsa-codigo-processo-civil>. Acesso em: 30 jan. 2017.

DEMARCHI, Juliana. Técnicas de conciliação e mediação. In: GRINOVER, Ada Pellegrini; LAGRASTA NETO, Caetano; WATANABE, Kazuo (coords.). *Mediação e gerenciamento do processo*: revolução na prestação jurisdicional. 2. tir. São Paulo: Atlas, 2007.

DINAMARCO, Cândido Rangel. *Instituições de direito processual civil*. São Paulo: Malheiros, 2013. v. 1, 2 e 3.

DINIZ, Maria Helena. *Lei de Locação de Imóveis Urbanos comentada* (Lei n. 8.245, de 18-10-1991). 11. ed. São Paulo: Saraiva, 2010.

DUARTE, Zulmar. Elasticidade na preclusão e o centro de gravidade do processo. Disponível em: <http://jota.info/elasticidade-na-preclusao-e-o-centro-de-gravidade-do-processo>. Acesso em: 8 fev. 2016.

FABRÍCIO, Adroaldo Furtado. Justificação teórica dos procedimentos especiais. Disponível em: https://www.fabricioadvogados.com.br/Artigos/art1.htm. Acesso em: 30 jan. 2025.

GOLDHAR, Tatiane Gonçalves Miranda. O que é *Legal Design*: 5 mitos que te contam sobre a área. Disponível em: <https://blog.sajadv.com.br/o-que-e-legal-design/>. Acesso em: 6 dez. 2021.

HIGHTON DE NOLASCO, Elena I.; ALVAREZ, Gladys S. *Mediación para resolver conflictos*. 2. ed. Buenos Aires: Ad Hoc, 2008.

IWAKURA, Cristiane Rodrigues. Visual Law é modismo? Disponível em: <https://www.migalhas.com.br/coluna/elas-no-processo/353530/visual-law-e-modismo>. Acesso em: 30 nov. 2021.

IWAKURA, Cristiane Rodrigues; TARTUCE, Fernanda. Audiências telepresenciais e eventuais falhas: justa causa ou litigância de má-fé? Disponível em: <https://www.migalhas.com.br/coluna/elas-no-processo/367730/audiencias-telepresenciais-e-eventuais-falhas>. Acesso 15 mar. 2024.

LAGRASTA, Valeria Ferioli. *Histórico evolutivo brasileiro*. In: SILVEIRA, José Custódio da (org. e coord.). *Manual de negociação, conciliação, mediação e arbitragem*. Belo Horizonte: Letramento, 2018.

LEMES, Selma Ferreira. Oito anos da Lei de Arbitragem. Disponível em: <http://www.egov.ufsc.br/portal/sites/default/files/anexos/29753-29769-1-PB.pdf>. Acesso em: 23 out. 2012.

LOPES, Miguel Maria de Serpa. *Curso de direito civil*. Obrigações em geral. São Paulo: Freitas Bastos, 1966. v. II.

MACHADO, Antonio Cláudio da Costa. *Código de Processo Civil interpretado*: artigo por artigo, parágrafo por parágrafo. Barueri: Manole, 2013.

MALUF, Carlos Alberto Dabus. *A transação no direito civil*. São Paulo: Saraiva, 1985.

MANCUSO, Rodolfo Camargo. O plano-piloto de conciliação em segundo grau de jurisdição, do egrégio Tribunal de Justiça de São Paulo, e sua possível aplicação aos feitos de interesse da Fazenda Pública. *Separata da Revista dos Tribunais,* ano 93, v. 820, p. 11-49, fev. 2004.

MANCUSO, Rodolfo Camargo. *Recursos especial e extraordinário*. São Paulo: RT, 2012.

MARCATO, Antonio Carlos. *Procedimentos especiais*. 17. ed. São Paulo: Atlas, 2017.

MARQUES DE MEDEIROS NETO, Elias. A citação eletrônica e sua regulamentação pelo CNJ. Disponível em: <https://www.migalhas.com.br/coluna/cpc-na-pratica/373873/a-citacao-eletronica-e-sua-regulamentacao-pelo-cnj>. Acesso em:12 mar. 2024.

MENEGON, Flávia Osmarin Tosti; BELLINETTI, Luiz Fernando. Exclusão digital no contexto pós-pandêmico: desafios para a virtualização da tutela jurisdicional à luz da Recomendação – CNJ nº 101, de 12 de julho de 2021. *Revista de Política Judiciária, Gestão e Administração da Justiça, Encontro Virtual* v. 7, n. 2, p. 19-36, jul./dez. 2021. Disponível em: https://indexlaw.org/index.php/revistapoliticiajudiciaria/article/view/8163. Acesso em: 4 mar. 2024.

MILARÉ, Gustavo. A mediação e os honorários de advogado. Disponível em: <https://www.migalhas.com.br/dePeso/16,MI261857,31047-A+mediacao+e+os+honorarios+do+advogado>. Acesso em: 8 set. 2019.

MNOOKIN, Roberto. PEPPET, Scott R. TULUMELLO, Andrew. *Mais que vencer: negociando para criar valor em negócios e disputas*. Trad.: Mauro Gama. Rio de Janeiro: BestSeller, 2009.

MONTEIRO SALLES, Sergio Luiz. *Breviário teórico e prático de direito processual civil*. São Paulo: Malheiros, 1993.

MONTENEGRO FILHO, Misael. *Curso de direito processual civil:* medidas de urgência, tutela antecipada e ação cautelar, procedimentos especiais. São Paulo: Atlas, 2012. v. 3.

MOREIRA, Felipe Leoni Carteiro Leite; CAVALCANTE, Renata. Lei 14.620/23: Uma nova era para a validade dos títulos executivos assinados eletronicamente, *Migalhas*, 25 jul. 2023. Disponível em: https://www.migalhas.com.br/depeso/390458/era-para-a-validade-dos-titulos-executivos-assinados-eletronicamente. Acesso em: 12 fev. 2024.

NEGRÃO, Theotonio; GOUVEIA, José Roberto. *Código de Processo Civil e legislação processual em vigor*. São Paulo: Saraiva, 2018.

OLIVEIRA, Euclides de. *Direito de herança:* a nova ordem da sucessão. São Paulo: Saraiva, 2005.

PRESGRAVE, Ana Beatriz et al. Visual Law: o *design* em prol do aprimoramento da advocacia. Brasília: OAB Editora, 2021.

PRUNES, Lourenço Mário. *Honorários de advogado*. São Paulo: Sugestões Literárias, 1975.

RASQUEL, Raquel Mota. Alteração do CPC para reconhecer o "título executivo eletrônico", *Migalhas*, 23 jul. 2023. Disponível em: https://www.migalhas.com.br/depeso/390394/alteracao-do-cpc-para-reconhecer-o-titulo-executivo-eletronico. Acesso em: 12 fev. 2024.

RISKIN, Leonard L. Mediation and lawyers (1982). In: RISKIN, Leonard L.; WESTBROOK, James E. *Dispute Resolution and Lawyers*. St. Paul: West Group, 1997.

ROCHA, Gustavo. Afinal, *Visual Law* é importante? Disponível em: <https://www.jornaljurid.com.br/noticias/afinal-visual-law-e-importante.> Acesso em: 30 nov. 2021.

ROQUE, Andre Vasconcelos. *STJ e o prazo do art. 523 do CPC*: muita calma nessa hora! 2017. Disponível em: <https://www.jota.info/opiniao-e-analise/colunas/novo-cpc/stj-e-o-prazo-do-art-523-do-cpc-muita-calma-nessa-hora-04122017>. Acesso em: 9 jan. 2018.

ROQUE, Andre Vasconcelos et al. Releitura do princípio do acesso à Justiça: a necessidade de prévio requerimento e o uso da plataforma consumidor.gov.br. Disponível em: <https://www.migalhas.com.br/TendenciasdoProcessoCivil/134,MI304544,91041-Releitura+do+principio+do+acesso+a+Justica+A+necessidade+de+previo>. Acesso em: 27 ago. 2019.

ROQUE, Andre Vasconcelos; DELLORE, Luiz; DUARTE, Zulmar; GAJARDONI, Fernando; LEITE, Rodrigo; MACHADO, Marcelo; TARTUCE, Fernanda. *CPC na Jurisprudência*. 3. ed. Indaiatuba: Foco, 2023.

SANTOS, Ronan; CRUZ, André Santa. Contratos eletrônicos podem valer como título executivo sem assinatura de testemunhas, *Migalhas*, 19 jul. 2023. Disponível em: https://www.migalhas.com.br/depeso/390223/contratos-eletronicos-podem-valer-como-titulo-executivo. Acesso em: 12 fev. 2024.

TARTUCE, Fernanda. Assistência judiciária gratuita: suficiência da afirmação de pobreza – acórdão comentado. *Revista do Direito Brasileiro*, São Paulo: Lex, v. 46, p. 74-82, 2010.

TARTUCE, Fernanda. Comentários aos artigos 165 a 175. In: WAMBIER, Teresa Arruda Alvim; DIDIER JR., Fredie; TALAMINI, Eduardo; DANTAS, Bruno (Org.). *Breves comentários ao Código de Processo Civil*. São Paulo: RT, 2015.

TARTUCE, Fernanda. Mediação de conflitos: proposta de emenda constitucional e tentativas consensuais prévias à jurisdição. *Revista Magister de Direito Civil e Processual Civil*, v. 82, p. 5-21, 2018.

TARTUCE, Fernanda. *Mediação nos conflitos civis*. 7. ed. rev., atual. e ampl. São Paulo: Método, 2024.

TARTUCE, Fernanda. *Processo civil no Direito de Família*: teoria e prática. 8. ed. São Paulo: Método, 2024.

TARTUCE, Fernanda. *Processo civil* – Estudo didático. São Paulo: Método, 2011.

TARTUCE, Fernanda. *Resumão jurídico* – Novo CPC. São Paulo: Barros e Bafisa, 2015.

TARTUCE, Fernanda. Soluções consensuais e honorários advocatícios. In: SICA, Leonardo (org.). *Honorários e prerrogativas*: pilares da advocacia. São Paulo: Tirant lo Blanch, 2024, p. 93-98.

TARTUCE, Fernanda; BRANDÃO, Debora. Convivência familiar por meios tecnológicos. In: EHRHARDT JÚNIOR, Marcos; CATALAN, Marcos; MALHEIROS, Pablo (Coord.). *Direito civil e tecnologia*. Belo Horizonte: Fórum, 2021. t. II, p. 449-462.

TARTUCE, Fernanda; DELLORE, Luiz. *1.001 dicas sobre o novo CPC*: Lei 13.105/2015. 2. ed. Indaiatuba: Foco Jurídico, 2016.

TARTUCE, Fernanda; FALECK, Diego; GABBAY, Daniela. *Meios alternativos de solução de conflitos*. Rio de Janeiro: FGV, 2014.

TARTUCE, Flávio. *Direito civil*: direito das sucessões. São Paulo: Método, 2020. v. 6.